BIBLIOTHEK ULLSTEIN

1691 – 1723

Die Memoiren des Herzogs von Saint-Simon

VOLLSTÄNDIGE AUSGABE IN 4 BÄNDEN
ZUSAMMEN 1427 SEITEN

HERAUSGEGEBEN UND ÜBERSETZT VON
SIGRID VON MASSENBACH

ERSTER BAND
1691–1704

ZWEITER BAND
1705–1709

DRITTER BAND
1710–1715

VIERTER BAND
1715–1723

ZEITTAFEL UND
BIOGRAPHISCHES PERSONENREGISTER

BIBLIOTHEK ULLSTEIN

BAND I

Die Memoiren des Herzogs von Saint-Simon
1691 - 1704

Übersetzt und herausgegeben von
Sigrid von Massenbach

BIBLIOTHEK ULLSTEIN

BIBLIOTHEK ULLSTEIN
Ullstein Buch Nr. 26214
im Verlag Ullstein GmbH, Frankfurt/M – Berlin

Ungekürzte Ausgabe in vier Bänden

Umschlag- und Kassettengestaltung:
Theodor Bayer-Eynck unter Verwendung
eines Gemäldes von Jean-Baptiste Pater,
© Archiv für Kunst und Geschichte, Berlin
Idee für die Bildrückenkonzeption:
Monika Handschuch
Alle Rechte vorbehalten
Französischer Originaltitel: ›Memoires‹
© 1977 by Verlag Ullstein GmbH, Frankfurt/M – Berlin
Printed in Germany 1991
Verlag Ullstein GmbH, Frankfurt/M – Berlin
Druck und Verarbeitung: Ebner Ulm
ISBN 3 548 26214 7

Oktober 1991

Die Deutsche Bibliothek – CIP-Einheitsaufnahme

Saint-Simon, Louis de Rouvroy Duc de:
[Die Memoiren]
Die Memoiren des Herzogs von Saint-Simon / übers. und hrsg.
von Sigrid von Massenbach. – Ungekürzte Ausg. in 4 Bd. –
Frankfurt/M; Berlin: Ullstein.
Einheitssacht.: Mémoires <dt.>
ISBN 3-548-26218-X
Ungekürzte Ausg. in 4 Bd.
Bd. 1. 1691–1704. – 1991
(Ullstein-Buch; Nr. 26214: Bibliothek Ullstein)
ISBN 3-548-26214-7
NE: GT

Inhalt

(1691/92). – Entstehung der Memoiren. – Eintritt Saint-Simons in die Armee. – Erster Feldzug als Musketier. – Belagerung von Namur in Anwesenheit des Königs. 13

Hochzeit des Duc de Chartres. – Die Anfänge des späteren Kardinals Dubois. – »Appartement«. 20

Hochzeit des Duc du Maine. – (1693). – Saint-Simons Eintritt in eine Kavalleriekompanie im Royal-Roussillon. – Ernennung von sieben Marschällen. – Tod der Grande Mademoiselle. – Ihre freiwilligen und erzwungenen Schenkungen. 30

Der König in Flandern. – Tod des alten Duc de Saint-Simon. – Der König sichert Saint-Simon die Nachfolge. – Rückblick auf die Regierungszeit Ludwigs XIII. und die Karriere des alten Duc de Saint-Simon. 35

Beziehungen des alten Saint-Simon zum Hofe, nachdem er sich nach Blaye zurückgezogen hatte. 41

Die Königliche Armee schließt den Herzog von Oranien in Flandern ein. – Unbegreifliche Abreise des Königs nach Versailles und Abbruch der Belagerung. – Auf dem Rückmarsch: Schlacht von Neerwinden. 43

Saint-Simon kauft bei seiner Ankunft in Paris ein Kavallerieregiment. – D'Aquin, Erster Leibarzt des Königs, fällt in Ungnade; Fagon tritt an seine Stelle. – Leben und Tod von La Vauguyon. – Pontchartrain. 47

Ursprung von Saint-Simons enger Freundschaft zum Duc de Beauvillier. – La Trappe und Saint-Simons Beziehungen zu Rancé. 55

Erneuter Feldzug. – Saint-Simon zieht statt nach Flandern nach Deutschland. – Mme. du Roure. 63

Intrigen um die Prinzessinnen und um Monseigneur. – Die Lächerlichmachung des Bischofs von Noyon bei seiner Aufnahme in die Académie française. – Dauphiné d'Auvergne und Comté d'Auvergne. 65

Barcelona bleibt durch Verrat bei Spanien. – Einführung der Kopfsteuer. – Mme. de Nemours setzt einen Bastard des letzten Comte de Soissons unter dem Namen eines Prince de Neufchâtel in dessen Besitzungen ein und verheiratet ihn mit der Tochter des Marschalls de Luxembourg. 77

Tod des Marschalls de Luxembourg. – Zerwürfnis zwischen Roquelaure und den Vendôme. – Tod der Prinzessin von Oranien. – Königsmarck und die Herzogin von Hannover. – Tausch der Gouverneursämter in Guyenne und Bretagne. – Beziehungen Saint-Simons zum Marschall Lorge und seiner Gemahlin. – Saint-Simon heiratet deren älteste Tochter, Lauzun die jüngere. – Tod La Fontaines. 82

M. de Noailles gewinnt die Gunst des Königs zurück und bringt Vendôme an die Spitze der Armee. – Erkrankung des Marschalls Lorge am Rhein. – Belagerung von Namur durch den Prinzen von Oranien. – Feigheit des Duc du Maine. – Der Fall von Namur. 99

Tod des Erzbischofs von Cambrai. – Fénelons Aufstieg und sein Verhältnis zu Mme. Guyon. – Tod des Erzbischofs von Paris. – Seine Nachfolge. – Der Marschall Lorge im Ruhestand. – Kindisches Treiben der Prinzessinnen. 107

Geheimer Machtkampf zwischen dem Erzbischof von Cambrai und dem Bischof von Chartres. – Mme. Guyon aus Saint-Cyr ausgewiesen, dann in die Bastille eingeliefert. 119

Cavoye. – Jakobs II. Rückkehr nach England scheitert. – Tod der Mme. de Sévigné. – Tod La Bruyères. 123

Friedensschluß mit Savoyen. – Bedingung: Verheiratung der Prinzessin von Savoyen mit dem Enkel des französischen Königs. – Der Hofstaat der zukünftigen Duchesse de Bourgogne: Mme. de Lude, Mme. de Mailly. – Die Comtesse de Blanzac in Ungnade. – Die Duchesse d'Arpajon. – Dangeau. – Mme. d'O. 127

Geburt von Saint-Simons Tochter. – Geheimes Porträt des M. de La Trappe. – Der König begrüßt die zukünftige Duchesse de Bourgogne in Montargis. – Ihre Ankunft bei Hofe. – Entzücken beim König und bei Mme. de Maintenon. 137

Wahl eines Kandidaten für die polnische Königswürde. – Der Prince de Conti. – Mme. de Castries. 143

Staatsrat La Reynie. – Ruvigny und seine Söhne. – Pontchartrains Sohn, Phélypeaux, heiratet, nachdem der König eine Verbindung mit Mll. de Malauze verboten hat, eine Schwester des Comte Roucy. 146

Die *Instructions sur les Etats d'oraison* des Bischofs von Meaux. – Die *Maximes des Saints* von Fénelon. – Theologischer Streit. – Der König läßt die italienischen Komödianten wegen Beleidigung von Mme. de Maintenon vertreiben. 151

Nachrichten aus Polen: Polignac und Conti aus dem Rennen. – Tod des berühmten Santeul. – Wie der Prinz von Hessen-Darmstadt ein spanischer Grande wurde. – D'Aubigné, Bruder von Mme. de Maintenon, zieht sich nach Saint-Sulpice zurück. – Lebensweise der kleinen Prinzessin von Savoyen. – Hochzeitsvorbereitungen. – Vorliebe des Königs für Prachtentfaltung bei Hofe. 159

Hochzeitsfeierlichkeiten für den Duc und die Duchesse de Bourgogne. – Geschichte des Prince de Vaudémont. 167

Stellung des Kurfürsten von Sachsen in Polen. – Der Zar und seine Reisen. – Wilhelm von Oranien. 172

Mißlungener Versuch des Kardinals Bouillon, seinen Neffen, den Abbé d'Auvergne, zum Kardinal zu machen. – Hochzeit des Comte d'Ayen mit Mlle. d'Aubigné. 175

Gefahr für den Duc de Chevreuse, Beauvillier und die Anhänger des Erzbischofs von Cambrai. – Mehrere Angehörige des Hofstaats schmählich entlassen. – Verhör der Mme. Guyon in der Bastille.   180

Charnacés Streiche. – Streit des Prince de Conti mit dem Großprior, der in die Bastille geworfen und erst nach ausdrücklicher Entschuldigung freigelassen wird. – Geburt von Saint-Simons Sohn. – In Dijon wird der Pfarrer von Seurre, ein Freund Mme. Guyons, bei lebendigem Leibe verbrannt. – Tod der Duchesse de Choiseul.   187

Das prunkvolle Feldlager von Compiègne.   192

Mademoiselle heiratet den Duc de Lorraine. – Breteuil wird Zeremonienmeister. – Seine grenzenlose Dummheit. – Die Anfänge des Abbé Fleury: wie er Bischof von Fréjus wird. – Der Prince de Conti gewinnt endgültig den Prozeß gegen Mme. de Nemours. – Mme. de Blanzac wieder in Gnaden aufgenommen. – Skandal und Trennung des Paares Barbezieux.   198

Die Schrift *Problem*. – Tod Coislins. – Torcys Karriere. – Zwei Opfer der Spielwut: Renéville und Permillac.   203

Verurteilung des Buches von Fénelon durch den Papst. – Seine Unterwerfung unter den Spruch. – Tod Racines. – Über dessen Zerstreutheit. – Der König bezahlt die Spielschulden für Angehörige seines Hauses und erhöht einige Apanagen. – Vendômes Krankheit. – Ermordung Savarys. – Die Comtesse de Gramont fällt vorübergehend in Ungnade.   208

Die merkwürdige Reise eines Hufschmieds aus Salon-en-Provence an den Hof. – Leben und Tod des Kanzlers Boucherat. – Pontchartrain wird sein Nachfolger.   216

Chamillarts Aufstieg zum Generalkontrolleur der Finanzen. – Tod der Comtesse de Fiesque. – Tod Pomponnes.   227

Porträt des alten Duc de Gesvres. – Ballsaison bei Hofe. – Streiche. – Spielschulden. – Langlée.   236

Der Spanische Teilungsvertrag. – Lotteriewesen. – Die Jesuiten werden von der Sorbonne wegen ihrer China-Haltung verurteilt. – Le Peletier visitiert Seestädte und Häfen. – Der Erzbischof von Reims tritt den Vorsitz der Versammlung des Klerus an den Kardinal Noailles ab. – Le Nôtres Tod. 244

Mme. de Verue, ihr Unglück und ihre Flucht aus Turin nach Frankreich. – Der Duc du Maine erwirbt das Schloß Sceaux. – D'Antin gibt das Spiel feierlich auf und wird rückfällig. – Tod des Abts von La Trappe. – Tod Papst Innozenz' XII. 252

Tod des Königs von Spanien. – Fragen der Erbfolge. – Annahme der Königswürde durch den Duc d'Anjou. 258

(1701). – Europäische Kriegsvorbereitungen zur Durchsetzung der Erbfolge in Spanien. – Chamillart und Barbezieux. – Rose, des Königs Sekretär. – Witterung. – Ankunft des neuen Königs von Spanien in Madrid. 264

Hochzeit des Königs von Spanien mit einer Prinzessin aus dem Hause Savoyen. – Oberkommando der Streitkräfte in Italien und Flandern. – Der Duc de Chartres wird übergangen. – Verstimmung bei Monsieur, seinem Vater. – Getrübte Beziehungen zum König bis zum Tode Monsieurs. – Die seltsame Trauer bei Hofe. – Vorgeschichte. 272

Kriegsausbruch. – Ségur. – Chamillart. – Einfluß der Damen Lillebonne und Espinoy auf Monseigneur. – Vaudémont in Italien. – Sein Verhältnis zu Catinat. – Dessen Ablösung durch Marschall Villeroy. 294

Krankheit der Duchesse de Bourgogne. – Saint-Hérem. – Der italienische Kriegsschauplatz. – Die Princesse des Ursins im Dienst der jungen Königin von Spanien. 305

Tod König Karls II. Stuart. – Ludwigs XIV. politisch unkluge Anerkennung der Erbfolge Stuart. – Die Große Allianz gegen Frankreich und Spanien. – La Feuillade heiratet die Tochter Chamillarts. – Tod des M. de Montespan. 313

(1702). – Feste bei Hof. – Tod Wattevilles. – Folgen der Heeresreform. – Saint-Simons Abschied vom Militärdienst. – Cremona gerettet. – Vendôme zum General der Truppen in Italien ernannt. – Madames Vertraute. – Medaillen zum Ruhm Ludwigs XIV. – Catinat rehabilitiert und Oberkommandierender der Rheinarmee. 319

Tod Wilhelms von Oranien. – Der Duc de Bourgogne trifft auf der Durchreise in Cambrai entgegen dem Verbot mit Fénelon zusammen. – Der Duc d'Orleans. – Kriegsereignisse in Italien und am Rhein. – Villars. – Tod des Marschalls Lorge. 338

Kriegsereignisse. – Die Princesse d'Harcourt, Favoritin von Mme. de Maintenon. – Tod des Chevalier de Lorraine. – Orry in Spanien. 352

Die neuen Marschälle von Frankreich. 362

Aufstand der Protestanten in Südfrankreich. – Lage am Rhein. – Neue Gesichter bei Hof: Mme. de Brancas, Mareschal, die Comtesse de Gramont, der Erzbischof von Reims. 376

Intrigen der Mme. des Ursins am spanischen Hof und ihr Bündnis mit Mme. de Maintenon. – Der spanische König eine Marionette in diesem Spiel. 386

Desmaretz. – Saint-Evremonds Tod. – Der Erzherzog von Österreich zum König von Spanien proklamiert. – Die Kämpfe in Deutschland. 394

Der Herzog von Alba Gesandter in Frankreich. – Hochzeiten und Todesfälle. 400

(1704). – Mme. de Ventadour künftige Erzieherin der Thronfolgerkinder. – Die Religionskriege in Südfrankreich dauern an. 404

Die französische Armee in Spanien. – Mißstände aufgedeckt. – Mme. des Ursins als mitschuldig entlassen. – Der Duc de Gramont wird neuer Gesandter in Spanien. 407

Troisvilles darf nicht in die Académie française aufgenommen werden. – Lage in Südfrankreich und Spanien. – Neue Finanzintendanten durch Nepotismus. 415

Die blamable Niederlage von Höchstädt. – Die prunkvollen Feierlichkeiten zur Geburt des Duc de Bretagne. 419

Französischer Sieg in einer Seeschlacht. – Spanische Angelegenheiten. – Das Ränkespiel um die Verheiratung des Herzogs von Mantua. 428

Bekehrte Hugenotten. – Verliebtheit der Duchesse de Bourgogne in Nangis. – Auftauchen eines Konkurrenten: Maulévrier. – Dieser wird nach Spanien abgeschoben. – Tod des Marschalls Duras. 439

Antagonismus zwischen Pontchartrain und dem Comte de Toulouse als Admiral im Mittelmeer. – Tod von Caylus. 449

(1691/92). – Entstehung der Memoiren. – Eintritt Saint-Simons in die Armee. – Erster Feldzug als Musketier. – Belagerung von Namur in Anwesenheit des Königs.

Ich bin in der Nacht vom 15. zum 16. Januar 1675 geboren als einziges Kind aus der Ehe des Duc de Claude Saint-Simon, Pair von Frankreich, und seiner zweiten Frau, Charlotte d'Aubespine. Von seiner ersten Frau, Diane de Budos, hatte mein Vater nur eine Tochter und keinen Sohn gehabt. Diese Tochter hatte er mit dem Duc de Brissac, Pair von Frankreich und einzigem Bruder der Duchesse de Villeroy, verheiratet. Sie starb 1684 kinderlos, schon seit langem getrennt von einem Ehemann, für den sie zu gut gewesen; in ihrem Testament hatte sie mich als ihren Universalerben eingesetzt.

Ich trug den Titel eines Vidame von Chartres und wurde mit großer Sorgfalt und Aufmerksamkeit erzogen. Meine Mutter, die viel Seelenkraft und gesunden Menschenverstand besaß, war unablässig um meine körperliche und geistige Ausbildung bemüht. Sie wollte vermeiden, daß es mir so ergehe wie jenen jungen Leuten, die sich in gesicherten Verhältnissen wähnen und dann unversehens ihre eigenen Herren sind. Denn mein Vater, der 1606 geboren war, würde kaum noch so lange leben, um mich vor diesem Ungemach bewahren zu können. Und meine Mutter prägte mir immer wieder ein, daß ein junger Mann wie ich, der als Sohn eines Günstlings Ludwigs XIII. über keinerlei gesellschaftliche Beziehungen verfüge, unbedingt etwas aus sich machen müsse; die Freunde meines Vaters seien gestorben oder längst außerstande, mir beizustehen, und sie selbst, meine Mutter, sei von Kind auf bei ihrer Verwandten, der alten Duchesse d'Angoulême (der Großmutter mütterlicherseits des Duc de Guise), aufgewachsen und dann mit einem Greis verheiratet worden. So habe sie nur mit deren alten Freunden und Freundinnen verkehrt und niemals Freundschaften mit ihren eigenen Altersgenossen schließen können. Überdies besäße ich, fügte meine Mutter hinzu, keine näheren Verwandten, weder Onkel, Tanten noch Vettern, so daß mir nichts anderes übrigbliebe, als mich beizeiten auf eigene Füße zu stellen. Ihre beiden Brüder führten ein Schattendasein, der älteste war ruiniert und prozessierte fortwährend gegen seine Familie, und der einzige Bruder meines Vaters hatte keine Kinder, war überdies acht Jahre älter als er.

So suchte meine Mutter mir den nötigen Mut einzuflößen, damit ich mich darauf vorbereite, alle diese lästigen Schwierigkeiten zu überwinden. Es gelang ihr auch tatsächlich, diesen Wunsch in mir wachzurufen. Zwar verspürte ich für das Studium und die exakten Wissenschaften nur wenig Neigung, desto stärker aber war meine gleichsam angeborene Leselust und die Vorliebe für die Geschichte, daraus erwuchs das Verlangen, den Vorbildern, die ich darin fand, nachzueifern und etwas zu leisten, ein Ausgleich für meine Gleichgültigkeit gegen die Wissenschaften. Hätte man mich weniger Zeit auf jene verwenden und statt dessen ernstlich Geschichte studieren lassen – ich hätte es auf diesem Gebiet wohl zu etwas bringen können.

Die Lektüre der Geschichtswerke, und besonders die Memoiren aus unserer französischen Geschichte der neueren Zeit von Franz I. an, in die ich mich aus eigenem Antrieb versenkte, weckte in mir das Verlangen, ebenfalls Memoiren zu schreiben über das, was ich erleben würde, in der Absicht und in der Hoffnung, die Ereignisse meiner Zeit möglichst klar zu erkennen und wiederzugeben. Ich war mir der Unannehmlichkeiten, die sich daraus ergeben könnten, durchaus bewußt, aber der feste Entschluß, meine Memoiren geheimzuhalten, schien mir allem vorzubeugen. Ich begann also mit der Niederschrift im Juli 1694 im Lager von Ginsheim am Rhein; ich war damals Oberst eines Kavallerieregiments, das meinen Namen trug, bei der Armee, die der Marschall de Lorge befehligte.

Im Jahre 1691 hatte ich meinen Schulunterricht beinahe beendigt und begann in der Ritterakademie der Herren Mesmont und Rochefort mit Reitunterricht. Ich fand nunmehr meine übrigen Lehrer und das Studium sehr langweilig und wünschte sehnlichst, in die Armee einzutreten. Die Belagerung von Mons, die in den ersten Frühlingstagen vom König persönlich eingeleitet wurde, übte auf fast alle meine Altersgenossen eine große Anziehungskraft aus, es war der erste Feldzug für uns; was mich allerdings am meisten daran reizte, war, daß auch der Duc de Chartres daran teilnahm. Ich war sozusagen mit ihm erzogen worden, nur acht Monate jünger als er, und sofern dieser Ausdruck bei Leuten so ungleichen Ranges erlaubt ist, in Freundschaft mit ihm verbunden. So entschloß ich mich, nun die Kindheit endgültig abzustreifen. Ich will die Listen, derer ich mich bediente, um mein Ziel zu erreichen, lieber verschweigen. Ich wandte mich an meine Mutter, merkte aber bald, daß sie mich mit leeren Reden abspeiste; also ging ich zu meinem Vater, den ich zu überzeugen suchte, daß der König nach der großen Belagerung in diesem Jahr sich im nächsten gewiß ausruhen würde. Ich täuschte meine Mutter, die meinen Plan erst entdeckte, als er fast ausgeführt war und ich meinen Vater so weit beeinflußt hatte, daß er keine Einwände mehr gelten ließ.

Der König bestand darauf, daß – abgesehen von den Prinzen von Geblüt und seinen Bastarden –, ausnahmslos jeder, der in seinen Dienst träte, zunächst ein Jahr in einer seiner beiden Musketierkompanien, gleichviel in welcher, zu dienen habe; alsdann mußte man, um gehorchen zu lernen, längere oder kürzere Zeit an der Spitze einer Kavalleriekompanie oder als Subalterner in dem vom König besonders bevorzugten Leibregiment bei der Infanterie Dienst tun, ehe man die Genehmigung erhielt, ein Kavallerie- oder Infanterieregiment zu kaufen.

Mein Vater führte mich nach Versailles, wohin er nach seiner Rückkehr aus Blaye – er glaubte damals dem Tode nahe zu sein – nicht wieder hatte kommen können. Er machte dem König seine Aufwartung und stellte mich ihm als Anwärter auf einen Platz in einem der Musketierregimenter vor; dies geschah am Tage der Heiligen Simon und Judas (28. Oktober 1691), als der König mittags aus dem Conseil kam.

Seine Majestät erwies meinem Vater die Ehre einer dreimaligen Umarmung, und als dann die Rede auf mich kam, meinte der König, der mich recht klein und schmächtig fand, ich müsse wohl noch sehr jung sein, worauf mein Vater erwiderte, daß ich ihm dafür um so länger dienen könne. Nun fragte der König ihn, in welche der beiden Kompanien er mich geben wolle, und mein Vater wählte die erste, weil er mit deren Hauptmann Maupertuis eng befreundet war. Er hoffte, daß jener sich um mich kümmern würde, und überdies wußte er, wie angelegentlich sich der König bei diesen Hauptleuten, zumal bei Maupertuis, über die jungen Leute von Stand erkundigte, die in ihren Kompanien Dienst taten, und wie sehr die Urteile dieser beiden das erste, so entscheidende Bild beeinflußten, das sich der König von den Jünglingen machte. Mein Vater täuschte sich nicht, und ich verdanke es Maupertuis, daß der König gleich zu Anfang eine gute Meinung von mir bekam.

Als ich drei Monate Musketier war, also im März des folgenden Jahres, hatte sich der König zur Besichtigung seiner Leibgarde und der schweren Reiter nach Compiègne begeben, und ich wurde einmal zur Wache beim König eingeteilt.

Am 10. Mai (1692) brach der König mit den Damen auf, und ich zog wie die anderen Musketiere diese ganzen zwei Monate mit dem Troß und der Truppe zu Pferde einher. Zwei Edelleute begleiteten mich, der eine gehörte schon lange zu unserem Hause und war mein Erzieher, der andere war Stallmeister bei meiner Mutter. Die Armee des Königs sammelte sich im Lager von Givry. Der Marschall de Luxembourg lag in unmittelbarer Nähe. Die Damen blieben in Mons, zwei Meilen davon entfernt. Der König ließ sie in sein Lager kommen, wo er sie bewirtete, dann bot er ihnen den Anblick der glänzendsten Heerschau, die man sich vorstellen kann. Die beiden Armeen waren in zwei Linien auf einer Breite von drei Meilen aufgestellt, wobei der rechte Flügel des Marschalls de Luxembourg an den linken Flügel des Königs anschloß.

Nachdem die beiden Armeen sich zehn Tage in Givry aufgehalten hatten, trennten sie sich und setzten sich in Marsch. Zwei Tage später begann man mit der Belagerung von Namur. Nach fünftägigem Marsch langte der König vor der Stadt an. Monseigneur, Monsieur, Monsieur le Prince, der Marschall d'Humières kommandierten alle vier – ein jeder dem anderen ranggemäß unterstellt – die Armee des Königs unter dessen Oberbefehl, indes der Marschall de Luxembourg als alleiniger Befehlshaber seiner Armee die Belagerung deckte und den Feind beobachtete. Die Damen waren inzwischen nach Dinant gefahren. Am dritten Marschtag wurde Monsieur le Prince beordert, die Stadt Namur einzuschließen. Gegen den Willen des Baron de Bressey, der den Platz befestigt hatte und der wollte, daß man die Belagerung von beiden Seiten zugleich unternähme, setzte der berühmte Vauban, die Seele aller vom König unternommenen Belagerungen, es durch, daß man die Stadt und das Schloß gesondert angriff.

Monsieur le Prince, der Marschall d'Humières und der Marquis de Boufflers setzten also einzeln zum Angriff an. Doch ereignete sich während dieser zehntägigen Belagerung nichts Nennenswertes. Am elften Tag nach Öffnung der Laufgräben kam es zur Verhandlung. Die Belagerten zogen sich ins Schloß zurück. Es wurde vereinbart, daß das Schloß von der Stadt her nicht angegriffen und daß vom Schloß aus kein Schuß auf die Stadt abgegeben würde. Während dieser Belagerung war der König ständig persönlich anwesend.

Um das Schloß einzukreisen, wechselte die Armee die Stellung. Als jeder an dem ihm bestimmten Platz angelangt war, traf das Infanterieleibregiment des Königs auf seinem Gelände ein kleines feindliches Korps, das sich dort verschanzte. Es entwickelte sich alsbald ein kurzes, recht heftiges Einzelgefecht. Das Regiment erntete dabei viel Ehre und hatte nur wenig Verluste, denn die Feinde waren rasch in die Flucht geschlagen. Der König war darüber besonders erfreut, weil er dieses Regiment liebte und es als das seine betrachtete.

Seine Zelte und die des ganzen Hofes wurden auf einer schönen Wiese aufgeschlagen, etwa fünfhundert Meter entfernt von dem Kloster Marlagne. Doch das Wetter änderte sich plötzlich, es regnete in Strömen und so anhaltend, wie es noch niemand in der Armee erlebt hatte. So kam es, daß der heilige Medardus, dessen Fest auf den 8. Juni fällt, in aller Munde geriet. Es goß an diesem Tage ohne aufzuhören, und es heißt ja, daß das Wetter, das an diesem Tag herrscht, 40 Tage lang andauere. Der Zufall wollte es, daß das in jenem Jahr tatsächlich zutraf. Die Soldaten waren verzweifelt über diese Sintflut, sie verwünschten und beschimpften den heiligen Medardus, stöberten überall nach Bildern von ihm, zerstörten und verbrannten diese, wo sie sie fanden. Diese Regengüsse ließen die Belagerung zu einer Plage werden. Man konnte die Zelte des Königs nur erreichen, wenn man die Pfade mit Reisigbündeln belegte, aber die Reisigbündel mußten täglich erneuert werden, da sie immer wieder im Morast versanken. Die Lagerplätze und die Quartiere waren ebenso unzugänglich, und die Gräben standen voller Wasser und Schlamm. Man brauchte oft drei Tage, um die Kanone von einer Batterie zur anderen zu befördern. Karren waren unbrauchbar, so daß der Transport von Granaten, Kanonenkugeln usw. nur auf dem Rücken von Maultieren und Pferden bewerkstelligt werden konnte. Diese Unwegsamkeit des Geländes machte auch der Armee des Marschalls de Luxembourg jeden Gebrauch von Wagen unmöglich. Daher hatte sie sehr unter Kornmangel zu leiden. Um diesem Übelstand abzuhelfen, gab der König Befehl, daß Abteilungen seiner Garde täglich Säcke mit Getreide aufs Pferd lüden, um sie in ein Dorf zu bringen, wo sie dann von den Offizieren des Marschalls de Luxembourg in Empfang genommen und gezählt wurden. Obwohl die Garden des Königs durch das Reisigtragen, die Wachen und die anderen laufenden Dienste während der Belagerung niemals zur Ruhe kamen, zog man sie auch noch zu dieser Arbeit heran; denn die Kavallerie war gleichfalls fortwährend in Anspruch genommen, und die Pferde hatten kaum anderes Futter als das Laub von den Bäumen.

Aber mit solchen Einsichten gaben sich die Garden, die jede Art von Bevorzugung gewöhnt waren, schwerlich zufrieden. Sie beklagten sich bitter. Der König blieb unerbittlich und verlangte Gehorsam. Man mußte sich also fügen.

Schon am ersten Tag begann die Abteilung der Schweren und Leichten Gardereiterei, als sie frühmorgens zum Getreidedepot kam, zu murren und zu schimpfen. Mit bösen Reden stachelten die Leute einander auf, bis sie schließlich die Säcke zu Boden warfen und sich rundweg weigerten, sie zu tragen. Cresnay, in dessen Brigade ich stand, hatte mich höflich gefragt, ob ich bereit sei, mich am Säcketragen zu beteiligen, wenn nicht, würde er mich einer anderen Abteilung zuweisen. Ich war durchaus bereit, denn ich ahnte, daß sich das nach all dem Ärger, den die Sache schon ausgelöst hatte, entschieden zu meinen Gunsten auswirken würde. In der Tat kam ich mit meiner Musketierabteilung gerade in dem Augenblick an, als die Roten Truppen den Dienst verweigerten. Ich lud vor ihren Augen meinen Sack auf. Marin, der Generaloberst der Kavallerie und Leutnant der Garde, der das Aufladen der Säcke zu beaufsichtigen hatte, wies, als er meiner ansichtig wurde, voller Zorn über die Arbeitsverweigerung der anderen auf mich hin, packte mich am Arm, nannte meinen Namen und sagte, wenn ich diese Arbeit nicht unter meiner Würde fände, dürfte es für die Schweren und Leichten Reiter wohl keine Schande sein, meinem Beispiel zu folgen. Diese Ermahnung und vor allem die strenge Miene Marins wirkten im Nu. Ohne Widerworte wetteiferten die Roten Truppen geradezu im Aufladen der Säcke. Von nun an ging die Arbeit reibungslos vonstatten. Marin überwachte den Abmarsch der beladenen Truppen und begab sich alsbald zum König, um über das Vorgefallene Bericht zu erstatten. Er betonte, welch gute Wirkung mein Beispiel ausgeübt habe. Diese Erwähnung trug mir etliche anerkennende Worte des Königs ein, der mir im Verlauf der Belagerung, jedesmal wenn er mich sah, freundlich entgegenkam. Ich war Marin für diese Aufmerksamkeit um so dankbarer, als ich ihn kaum kannte. Am 27. Tag nach Öffnung der Laufgräben, es war Dienstag, der 1. Juli, ließ der Ortskommandant, Prince de Barbançon, die Übergabe anbieten; und es war höchste Zeit für die Belagerer, deren Kräfte und Mittel durch das fortwährend schlechte Wetter, das das ganze Land in einen einzigen Sumpf verwandelt hatte, völlig erschöpft waren. Sicher hätte man das alles nie so lange ausgehalten ohne die Anwesenheit des Königs, dessen unermüdlicher Eifer die Seele der Belagerung war und der, ohne es zu fordern, das Unmögliche möglich machte; so übermächtig war der Wunsch, ihm zu gefallen und sich auszuzeichnen.

Zwei Tage nach Abzug der feindlichen Garnison begab sich der König nach Dinant zu den Damen und kehrte mit ihnen nach Versailles zurück. Ich hatte gehofft, Monseigneur würde mit einer Abteilung der Musketiere die Schlacht zu Ende führen, und ich wäre dabei. Also machte ich mich nun nicht ohne Bedauern mit der ganzen Kompanie wieder auf den Weg nach Paris.

Bevor ich jedoch fortfahre, muß ich zurückgreifen und zwei Hochzeiten erwähnen, die zu Beginn dieses Jahres am Hofe gefeiert wurden; die erste überraschend am 18. Februar, die andere einen Monat danach.

Hochzeit des Duc de Chartres. – Die Anfänge des späteren Kardinals Dubois. – »Appartement«.

Der König, der sich angelegentlich um die Versorgung seiner illegitimen Kinder kümmerte und der täglich etwas tat, um ihre Stellung zu erhöhen, hatte bereits zwei seiner Töchter mit Prinzen von Geblüt verheiratet. Die einzige Tochter des Königs und der Mme. de La Vallière, die Princesse de Conti, war frühzeitig verwitwet und kinderlos. Die andere, die älteste Tochter des Königs und der Mme. de Montespan, war mit Monsieur le Duc verheiratet. Seit langem schon sannen der König, und mehr noch Mme. de Maintenon, darüber nach, wie sie weitere Rangerhöhungen dieser Art vornehmen könnten; seit langem schon dachten sie daran, Mlle. de Blois, die zweite Tochter des Königs und der Mme. de Montespan, mit dem Duc de Chartres zu verheiraten. Er war der direkte und einzige Neffe des Königs und stand als Enkel des verstorbenen Königs und aufgrund der Hofhaltung seines Vaters im Rang noch über den Prinzen von Geblüt. Schon die Heirat mit den beiden Prinzen von Geblüt hatte allgemeine Empörung erregt. Der König wußte das wohl und konnte also ermessen, welchen Eklat eine derartige Mesalliance hervorrufen würde. Er erwog diesen Plan bereits seit vier Jahren und hatte auch schon die ersten Maßnahmen getroffen; der Durchführung standen jedoch einige Schwierigkeiten im Wege. Denn Monsieur war ängstlich auf die Wahrung seiner Würde und seines Ansehens bedacht, und Madame, die aus einem Lande stammte, in dem man Bastarde und Mesalliancen verabscheute, war so geartet, daß man kaum annehmen konnte, sie würde eine solche Heirat ohne weiteres billigen.

Um alle diese Hindernisse zu überwinden, bat der König M. Le Grand, der von jeher sein Vertrauen genoß, er möge seinen Bruder Lothringen, der von jeher Monsieur beherrschte, zu gewinnen suchen. Der Chevalier hatte früher bezaubernd ausgesehen: Monsieurs Neigungen galten nicht den Frauen, woraus er durchaus kein Hehl machte;

durch eben diese Neigung aber war er der Herrschaft des Lothringers ausgeliefert; und so blieb es zeit seines Lebens. Die beiden Brüder konnten sich nichts Besseres wünschen und waren nur allzu bereit, dem König in einer so heiklen Sache dienen zu können, um daraus, geschickt wie sie waren, ihren Nutzen zu ziehen. Diese einleitenden Schritte geschahen im Sommer 1688. Damals gab es höchstens noch ein Dutzend Ritter des Heilig-Geist-Ordens, und jeder wußte, daß neue Ernennungen nicht mehr lange aufgeschoben werden konnten. Die beiden Brüder wollten unbedingt in den Orden aufgenommen werden, und zwar in höherem Rang als die Herzöge. Dazu konnte sich der König, der wegen dieses Anspruches noch keinem Mitglied des Hauses Lothringen diesen Orden verliehen hatte, nur schwerlich entschließen; aber die beiden Brüder gaben nicht nach, und sie erreichten ihr Ziel. Der Chevalier de Lorraine, der somit schon im voraus bezahlt worden war, verbürgte sich für Monsieurs Einwilligung in die Heirat und versprach, Mittel und Wege zu finden, auch Madame und den Duc de Chartres so weit zu bringen.

Diesen jungen Fürst hatte man, nachdem er der Obhut der Frauen entwachsen, in die Hände Saint-Laurents gegeben. Saint-Laurent, Unter-Zeremonienmeister bei Monsieur, war einfacher Leute Kind und sah nach nichts aus, doch war er wie geschaffen, einen Fürsten zu erziehen und einen großen König heranzubilden. Wegen seiner niederen Herkunft konnte man ihn nicht zum offiziellen Erzieher ernennen, aber seine ungewöhnlichen Fähigkeiten bewirkten, daß man ihm völlig freie Hand ließ, und als es die Schicklichkeit erforderte, daß man einen Hofmeister anstellte, geschah dies nur zum Schein, während Saint-Laurent nach wie vor das gleiche Vertrauen und die gleiche Autorität genoß.

Er war sehr mit dem Pfarrer von Saint-Eustache befreundet und selbst ein sehr redlicher Mensch. Dieser Pfarrer hatte einen Diener namens Dubois, der zuvor bei dem theologischen Beirat des Erzbischofs von Reims, Le Tellier, in Stellung gewesen war. Jener Theologe hatte Dubois' Begabung erkannt und ihn studieren lassen. So verfügte der Diener nun über beachtliche Kenntnisse der Literatur, ja sogar der Geschichte; aber da er nur ein Diener war und kein Vermögen besaß, hatte er sich nach dem Tode seines ersten Herren dem Pfarrer von Saint-Eustache verdingt. Und der Pfarrer, zufrieden mit diesem Diener, trat ihn, weil er ihm nicht weiterzuhelfen vermochte, an Saint-Laurent ab, in der Hoffnung, dieser vermöchte eher etwas für ihn tun. Saint-Laurent gewöhnte sich rasch an Dubois und bediente sich seiner, um die Schreibarbeiten für den Duc de Chartres zu erledigen; um ihn jedoch mit höheren Aufgaben betrauen zu können, bewog er ihn, die geistliche Laufbahn einzuschlagen; so war Dubois kein niederer Diener mehr, und Saint-Laurent konnte ihn als Lehrer beim Duc de Chartres einführen und sich selbst auf diese Weise ein wenig entlasten. Dubois half dem Prinzen, seine Lektionen vorzubereiten, seine Aufsätze zu schreiben und Wörter im Lexikon nachzuschlagen. Ich habe ihn in diesen Anfängen seiner Karriere wohl tausendmal gesehen, wenn ich kam, um mit dem Duc de Chartres zu spielen. Späterhin, als Saint-Laurent krank wurde, übernahm Dubois den Unterricht, er war ein vorzüglicher Lehrer und gestaltete die Lektionen zudem so, daß sie dem jungen Fürsten kurzweilig erschienen.

Plötzlich aber starb Saint-Laurent. Vorerst unterrichtete Dubois vertretungsweise weiter; inzwischen war er fast Abbé, und es war ihm gelungen, sich beim Lothringer und dem Marquis d'Effiat beliebt zu machen. Diese beiden waren innig befreundet, und der Marquis d'Effiat, Monsieurs Oberstallmeister, hatte ebenfalls großen Einfluß auf seinen Herrn. Dubois zum Prinzenerzieher ernennen zu lassen konnte allerdings nicht auf Anhieb gelingen; doch jene Gönner, auf die Dubois sich stützte, zögerten die Neubesetzung der Stelle zunächst hinaus, dann beriefen sie sich auf die Fortschritte des jungen Prinzen, um einen Lehrerwechsel zu vermeiden und Dubois weiter in Diensten zu behalten; bis sie ihn schließlich als offiziellen Prinzenerzieher präsentierten. Nie sah ich einen zufriedeneren Menschen, und er hatte wahrlich allen Grund dazu. Diese außerordentliche Dankesschuld und mehr noch das Bedürfnis, sich eine Rückendeckung zu sichern, banden Dubois immer enger an seine Gönner, und so verstand es sich von selbst, daß der Lothringer sich seiner bediente, um den Duc de Chartres zu der Einwilligung in die geplante Heirat zu bewegen.

Dubois hatte das Vertrauen des Prinzen gewonnen. Es war ihm also ein leichtes, diesem gänzlich unerfahrenen, ahnungslosen Jüngling Angst vor dem König und Angst vor Monsieur einzuflößen und ihm gleichzeitig die glänzendsten Zukunftsbilder auszumalen. Aber alles, was er erreichen konnte, war, eine direkte Weigerung auszuschließen, doch das stellte den Erfolg des Unternehmens schon so gut wie sicher. Übrigens sprach der Abbé Dubois mit dem Duc de Chartres erst, als der Plan schon zur Durchführung drängte. Monsieur hatte bereits zugestimmt, und sobald der König die Bestätigung des Abbé Dubois bekam, beschleunigte er die Entscheidung. Ein oder zwei Tage zuvor hatte Madame Wind von der Sache bekommen; mit aller ihr zu Gebote stehenden Energie führte sie ihrem Sohn die Würdelosigkeit und Schmach dieser Heirat vor Augen und entriß ihm das Versprechen, diesen Vorschlag keinesfalls anzunehmen. Schwäche also gegenüber seinem Hofmeister, Schwäche gegenüber seiner Mutter, Abneigung einerseits, Furcht andererseits, allseits aber Ausweglosigkeit.

Als ich eines Tages kurz nach dem Mittagessen durch die große Galerie ging, sah ich den Duc de Chartres mit verstörter und trauriger Miene aus der rückwärtigen Tür seiner Gemächer kommen; nur ein Offizier der Leibwache Monsieurs folgte ihm; und da ich ihm nun einmal nicht ausweichen konnte, fragte ich ihn, wohin er denn um diese Stunde so eilig ginge; er erwiderte mir kurz angebunden und in mißmutigem Ton, er gehe zum König, der ihn habe rufen lassen. Ich hielt es für unangebracht, ihn zu begleiten, wandte mich vielmehr an meinen Erzieher und sagte zu ihm, es handle sich vermutlich um die Heiratsfrage, die nun zum Abschluß käme; ich hatte nämlich vor einigen Tagen so etwas läuten hören, und da ich überzeugt war, es würde zu heftigen Auseinandersetzungen kommen, machte mich meine Neugier äußerst wach und hellhörig.

Der Duc de Chartres fand den König allein mit Monsieur in seinem Arbeitszimmer; seinem Vater dort zu begegnen überraschte den jungen Fürsten. Der König kam ihm mit großer Freundlichkeit entgegen und erklärte ihm, er habe die Absicht, ihn zu verheiraten; die allgemeinen Kriegswirren beraubten ihn jedoch der Möglichkeit, eine passende Prinzessin für ihn zu suchen, und die Prinzessinnen von Geblüt seien alle nicht seines Alters; er könne ihm also seine Zuneigung nicht besser beweisen, als daß er ihm seine eigene Tochter anböte, deren Schwestern bereits beide mit Prinzen von Geblüt verheiratet seien; durch diese Heirat würde er nicht nur sein Neffe sein, sondern überdies sein Schwiegersohn werden; aber sosehr er persönlich diese Heirat auch wünsche, läge es ihm dennoch fern, seinen Neffen zwingen zu wollen; die Entscheidung stünde ganz bei ihm. Dieser mit der dem König angeborenen, überwältigenden Majestät dargelegte Vorschlag, brachte den ohnehin schüchternen Fürsten gänzlich aus der Fassung. Er glaubte ausweichen zu können, indem er sich hinter Monsieur und Madame verschanzte, und erwiderte stotternd, der König sei zwar der Herr, doch er als Sohn habe sich dem Willen seiner Eltern zu fügen. »Das steht Ihnen wohl an«, entgegnete der König, »aber sobald Sie sich einverstanden erklären, werden weder Ihr Vater noch Ihre Mutter sich dem widersetzen. Ist es nicht so, mein Bruder?« fragte er, sich an Monsieur wendend. Monsieur stimmte zu, wie er es bereits getan, als er mit dem König unter vier Augen gesprochen hatte; also handle es sich nur noch um Madame, fuhr der König alsbald fort, und ließ sie auf der Stelle herbeirufen; unterdessen plauderte er mit Monsieur, und beide taten ganz so, als bemerkten sie gar nicht, wie verstört und niedergeschlagen der Fürst war.

Madame erschien, und unverblümt sagte der König zu ihr, er rechne fest damit, daß sie keinen Widerspruch erhebe gegen einen Plan, den Monsieur befürworte und mit dem der Duc de Chartres sich einverstanden erkläre, nämlich dessen Heirat mit Mlle. de Blois; einen Plan, den er persönlich, wie er gestehe, von Herzen gern verwirklicht sähe; und er wiederholte kurz noch einmal alles, was er zuvor dem Duc de Chartres gesagt hatte. Er sprach in einem Ton, der jede Auflehnung ausschloß, und so als zweifle er gar nicht, daß Madame nur hell entzückt sein könne von diesem Plan, obwohl er wußte, daß das Gegenteil der Fall war. Madame, die sich darauf verlassen hatte, daß ihr Sohn sein Versprechen halten und dieses Angebot ablehnen würde – was er mit seiner so verlegenen und so bedingten Antwort bis zu einem gewissen Grade auch getan hatte –, sah sich nun in der Falle und zum Schweigen verurteilt. Sie warf Monsieur und dem Duc de Chartres einen zornigen Blick zu, sagte, sie habe, da sie es so wollten, weiter nichts mehr hinzuzufügen, machte eine kurze Reverenz und begab sich wieder in ihre Gemächer. Ihr Sohn folgte ihr auf dem Fuße, doch ohne ihm Zeit zu lassen, ihr zu erklären, wie sich die Sache zugetragen, beschimpfte sie ihn und jagte ihn unter einer Flut von Tränen davon.

Kurz darauf erschien Monsieur, der bis dahin beim König gewesen; zwar jagte sie ihn nicht davon wie ihren Sohn, aber sie behandelte ihn nicht viel besser, so daß er sie voller Bestürzung verließ, ohne daß es ihm möglich gewesen wäre, auch nur ein einziges Wort an sie zu richten. Die ganze Auseinandersetzung dauerte bis vier Uhr nachmittags, und am Abend war Appartement, was im Winter dreimal in der Woche stattfand, drei weitere Tage waren dem Theater vorbehalten, sonntags geschah nichts.

Appartement nannte man, wenn sich der ganze Hof zwischen sieben und zehn Uhr abends – die Stunde, da der König sich zu Tisch setzte – im »großen Appartement« versammelte, den Räumen, die von einem der Salons am Ende der großen Galerie bis zum Ende der Tribüne reichten. Es begann mit einem Konzert; dann wurden in allen Räumen Tische aufgestellt, man spielte die verschiedensten Spiele, hier eine Partie Landsknecht, an der Monseigneur und Monsieur sich stets beteiligten, dort ein Billard; es herrschte völlige Freiheit, man konnte spielen, mit wem man wollte, und wenn alle Tische besetzt waren, konnte man weitere aufstellen lassen. Hinter dem Billardzimmer gab es einen Raum, in dem man Erfrischungen zu sich nehmen konnte; alles war hell erleuchtet. Als dieser Brauch entstand, erschien auch der König regelmäßig, um eine Weile am Spiel teilzunehmen. Schon lange aber kam er nicht mehr; dennoch wünschte er, daß man sich ständig dort blicken ließ; und jeder drängte sich, ihm zu Gefallen zu sein. Er indes verbrachte die Abende bei Mme. de Maintenon, um nacheinander mit den verschiedenen Ministern zu arbeiten.

An jenem Abend nun ließ der König, kurz nachdem die Musik verstummt war, Monseigneur, Monsieur, Madame, den Duc de Chartres und Mlle. de Blois zu sich rufen; Monsieur und Monseigneur saßen bereits beim Landsknecht; Madame vor einer Partie Lhombre, der sie jedoch kaum Beachtung schenkte; der Duc de Chartres spielte trübsinnig Schach. Mlle. de Blois war gerade erst in die Gesellschaft eingeführt worden, und obwohl sie an diesem Abend sehr reich geschmückt war, wußte und ahnte sie von nichts. Da sie von Natur aus sehr schüchtern war und schreckliche Angst vor dem König hatte, glaubte sie, man habe sie rufen lassen, um ihr eine Strafpredigt zu halten; sie zitterte so sehr, daß Mme. de Maintenon sie auf den Schoß nahm und nur mühsam zu beruhigen vermochte. Kaum hatte es sich herumgesprochen, daß jene Mitglieder der Königlichen Familie und mit ihnen Mlle. de Blois zu Mme. de Maintenon gebeten worden waren, da schwirrte, während der König die Heirat im engsten Kreise verkündete, schon das Gerücht durch das Appartement. Es dauerte nur wenige Augenblicke, bis sie alle wieder in das Appartement zurückkamen, wo nun die Verlobung offiziell bekanntgegeben wurde. Ich traf genau zu diesem Zeitpunkt ein. Überall stand man in Gruppen zusammen, und alle Gesichter drückten das größte Erstaunen aus. Ich erfuhr bald die Ursache, war aber aufgrund der Begegnung am Nachmittag kaum überrascht.

Madame ging mit ihrer Favoritin, der wahrlich mustergültigen Châteautiers in der Galerie auf und ab; sie machte große Schritte, das Taschentuch in der Hand, hemmungslos weinend, laut vor sich hin redend, gestikulierend, ganz wie Ceres nach dem Raub ihrer Tochter Proserpina, wenn sie diese verzweiflungsvoll sucht und sie schließlich von Jupiter zurückverlangt. Aus Achtung vermied man es, ihren Weg zu kreuzen, und schlängelte sich unauffällig vorbei, um in die Gesellschaftsräume zu gelangen. Monseigneur und Monsieur saßen wieder beim Landsknecht. Ersterer sah aus wie gewöhnlich, aber Monsieurs Gesicht spiegelte tiefste Beschämung, er wirkte förmlich zerstört, und dieser Zustand dauerte über einen Monat. Sein Sohn machte den Eindruck trostloser Verzweiflung, und seine Zukünftige sah ebenfalls recht verlegen und niedergeschlagen aus. So jung sie auch war und so glanzvoll diese Heirat auch sein mochte, sie sah und spürte sehr wohl, was rings um sie vorging, und sie ahnte die üblen Folgen. Mit Ausnahme einiger weniger fühlte sich jeder wie vor den Kopf geschlagen, die beiden Lothringer allerdings triumphierten. Sodomie und doppelter Ehebruch leisteten nun ihnen selbst den besten Dienst. Sie sonnten sich in ihren Erfolgen; und da alle Schande sie kalt ließ, hatten sie guten Grund, sich zu beglückwünschen.

Dem Anschein nach lastete die Heiratspolitik auf diesem Appartement, in Wirklichkeit aber machte sie es anregend und spannend. Obwohl es so lange dauerte wie sonst auch, kam es mir kurz vor; es schloß mit dem Abendessen des Königs, das ich nicht versäumen wollte. Der König schien ganz unverändert. Der Duc de Chartres saß neben Madame, die weder ihn noch Monsieur eines Blickes würdigte. In ihren Augen standen Tränen, die ihr zuweilen über die Wangen rannen und die sie dann abtrocknete, wobei sie von einem zum anderen blickte, jeden aufmerksam ansah, als suche sie sein Mienenspiel zu enträtseln. Auch die Augen ihres Sohnes waren vom Weinen gerötet, und beide aßen so gut wie nichts. Ich bemerkte, daß der König fast von jedem Gericht, das vor ihm stand, Madame etwas anbot und daß sie alle gereizt zurückwies, was jedoch den König nicht hinderte, ihr bis zum Schluß mit der größten Höflichkeit zu begegnen. Ferner wurde allgemein vermerkt, daß sich der König nach Aufhebung der Tafel und Beendigung des Cercle mit einer betont zeremoniellen und tiefen Verbeugung von Madame verabschiedete; sie aber drehte sich mit kühnem Schwung auf dem Absatz herum, so daß der König, als er sich aufrichtete, sie nur noch von rückwärts sah, da sie bereits an der Tür stand.

Anderentags machte der ganze Hof Monsieur, Madame und dem Duc de Chartres seine Aufwartung, doch ohne ein Wort zu sagen; man beschränkte sich auf eine stumme Verneigung, und alles vollzog sich unter vollkommenem Schweigen. Darauf begab man sich wie üblich in die Galerie, um die Staatsratssitzung abzuwarten, nach deren Beendigung der König zur Messe zu gehen pflegte. Auch Madame erschien, ihr Sohn ging ihr entgegen, um ihr wie jeden Tag die Hand zu küssen; in diesem Augenblick verpaßte ihm Madame eine so schallende Ohrfeige, daß es weithin hallte, und das vor den Augen des ganzen Hofes; der arme Prinz wäre vor Scham fast in den Boden versunken, und die zahlreichen Zuschauer, zu denen auch ich gehörte, waren sprachlos vor Staunen. Noch am gleichen Tage wurde die riesige Mitgift bekanntgegeben, und anderentags machte der König Monsieur und Madame einen Besuch, der freilich nicht allzu heiter verlief; von da an dachte man nurmehr an die Hochzeitsvorbereitungen.

Am Fastnachtssonntag fand beim König ein großer Ball statt, der mit einem Rundtanz eröffnet wurde. Ich besuchte am Morgen Madame, die sich nicht enthalten konnte, mir in ärgerlich verbittertem Ton zu sagen, ich schiene mich offenbar sehr auf diese Bälle zu freuen und meiner Jugend sei das wohl angemessen, sie aber sei alt und wäre froh, wenn das alles schon hinter ihr läge. Monseigneur, der Duc de Bourgogne, tanzte an diesem Abend zum erstenmal und eröffnete mit Mademoiselle den Rundtanz. Auch für mich war es der erste Ball beim König; ich führte Mlle. de Sourches, die Tochter des Großprofos zum Tanz; sie tanzte vorzüglich. Es war eine überaus glanzvolle Gesellschaft.

Bald darauf fand im Arbeitszimmer des Königs in Gegenwart des ganzen Hofes die offizielle Verlobung und die Unterzeichnung des Ehevertrages statt; am selben Tage wurde auch der Hofstaat der künftigen Duchesse de Chartres ernannt. Der König bewilligte ihr einen Ehrenkavalier und eine Erste Kammerzofe, die beide bislang nur den legitimen Töchtern des Königs vorbehalten waren, und entsprechend dieser seltsamen Neuerung auch noch eine Ehrendame. Der Ehrenkavalier war Villars, die Ehrendame die Marschallin de Rochefort, Erste Kammerfrau die Comtesse de Mailly und erster Stallmeister der Comte de Fontaine-Martel.

Am Rosenmontag begab sich die ganze prächtig geschmückte, königliche Hochzeitsgesellschaft, dazu die jungen Eheleute, kurz vor Mittag in das Kabinett des Königs und von dort in die Kapelle. Diese war nicht anders geschmückt als sonst auch, nur daß man zwischen den Betschemel des Königs und den Altar zwei Kissen gelegt hatte für das Brautpaar, das mit dem Rücken zum König kniete; alsbald kam der Kardinal Bouillon im vollen Ornat aus der Sakristei und vollzog die Trauung. Unmittelbar danach ging man zur Tafel, die in Hufeisenform aufgestellt worden war; zur Rechten und Linken saßen nach ihrem Rang die Prinzen und Prinzessinnen von Geblüt, anschließend die beiden illegitimen Kinder des Königs, daneben zum erstenmal die Duchesse de Verneuil; so wurde ihr Vater, der Duc de Verneuil, der illegitime Sohn Heinrichs IV., ohne sich das je träumen zu lassen, Jahre nach seinem Tode in den Rang eines Prinzen von Geblüt erhoben. Mit Ausnahme der Duchesse de Sully und der Duchesse de Lude – Tochter und Schwiegertochter der Duchesse de Verneuil – ließ sich keine andere Herzogin blicken. Am Nachmittag kamen der König und die Königin von England mit ihrem Hofstaat nach Versailles. Es erklang festliche

Musik, man spielte mit hohem Einsatz, der König war fast stets zugegen; prächtig geschmückt und bester Laune, trug er wie zum Abend zuvor sein blaues Ordensband auf dem Überrock. Das Souper verlief ebenso wie das Mittagsmahl. Rechts neben dem König von England saß seine Gemahlin, links von ihm der König von Frankreich, und jeder benutzte sein eigenes Kuvert. Anschließend geleitete man die Neuvermählten in die Gemächer der jungen Duchesse de Chartres; die Königin von England überreichte der Herzogin das Hemd, und dem Herzog reichte es der König von England, nachdem er sich zunächst geweigert hatte, weil er, wie er sagte, zu tief im Unglück steckte, um anderen Glück zu bringen. Das Bett segnete der Kardinal de Bouillon, der eine Viertelstunde auf sich warten ließ, ein Benehmen, das man allgemein recht unschicklich fand für jemanden, der solange im Exil gewesen, weil er Madame la Duchesse seinerzeit nur hatte trauen wollen, wenn er auch zum königlichen Diner zugelassen würde.

Am Fastnachtsdienstag war großer Empfang bei der Duchesse de Chartres; der König und die Königin von England fanden sich ein, und auch der König mit dem ganzen Hof; dann ging man zur Messe, darauf setzte man sich zum Bankett wie am Tag zuvor. Die Duchesse de Verneuil hatte man bereits am frühen Morgen nach Paris zurückgeschickt, da man fand, es sei nun genug für sie getan worden. Am Nachmittag zog sich der König mit dem englischen Königspaar zurück; abends fand wieder derselbe Ball statt, jeder trug das gleiche Gewand und hatte die gleiche Tänzerin, nur daß die junge Duchesse de Chartres diesmal der Duc de Bourgogne zum Tanz führte.

Ich muß noch von einem höchst lächerlichen Abenteuer berichten, daß dem jungen Montbron auf beiden Bällen zustieß. Dieser Montbron war zum Tänzer auf einem Ball beim König so wenig geschaffen wie sein Vater zum Ordensritter, zu dem man ihn dennoch 1688 ernannt hatte. Der junge Montbron, der erst wenige Male bei Hofe erschienen war, führte Mlle. de Moreuil, Tochter der Ehrendame von Madame la Duchesse, die dieser Ehre allerdings ebensowenig würdig war wie sie. Man hatte ihn gefragt, ob er gut tanze, und er hatte mit solcher Selbstgefälligkeit geantwortet, daß man sich versucht fühlte, das Gegenteil anzunehmen, worin man sich dann auch völlig bestätigt fand. Bei der ersten Verneigung schon geriet er ins Schwanken, bei den ersten Schritten kam er aus dem Takt, was er durch gezierte Mienen und viel zu hoch angesetzte Armbewegungen zu vertuschen suchte. Dadurch wurde er jedoch erst recht zur komischen Figur und rief ein Gelächter hervor, das bei allem Respekt vor dem König – der selber nur mühsam das Lachen unterdrückte – schließlich in einen wahren Tumult ausartete. Anstatt nun zu verschwinden oder wenigstens zu schweigen, entschuldigte Montbron sich am anderen Morgen mit der Gegenwart des Königs, die ihn verwirrt habe; er verhieß für den nun bevorstehenden Ball wahre Glanzleistungen. Ich gehörte zu seinen Freunden, er tat mir leid, und ich hätte ihn auch noch gewarnt, wenn ich nicht hätte fürchten müssen, er würde mich, weil ich besser tanzte, mißverstehen. Kaum, daß man ihn des Abends beim Tanze erblickte, drängte man sich in seine Nähe; wer weiter entfernt war, reckte sich in die Höhe, und die Schadenfreude steigerte sich derart, daß man laut in die Hände klatschte. Jeder, selbst der König, lachte ganz ungeniert, ja etliche barsten schier vor Gelächter. Ich glaube kaum, daß irgend jemand jemals eine solche Erniedrigung hat hinnehmen müssen. Er verschwand dann auch sogleich danach und ließ sich lange Zeit nicht wieder blicken. Später erhielt er das Infanterieregiment des Dauphin und starb bald darauf unverheiratet. Es war schade um ihn, denn er war sehr tapfer und ehrenhaft.

Hochzeit des Duc du Maine. – (1693). – Saint-Simons Eintritt in eine Kavalleriekompanie im Royal-Roussillon. – Ernennung von sieben Marschällen. – Tod der Grande Mademoiselle. – Ihre freiwilligen und erzwungenen Schenkungen.

Der Aschermittwoch machte all diesen traurigen, gezwungenen Freudenfesten ein Ende, und man sprach nur noch von jenen, die jetzt bevorstanden. Der Duc du Maine wollte sich ebenfalls verheiraten. Der König riet ihm jedoch davon ab und sagte ihm ganz offen, es stünde Leuten seiner Art schlecht an, Nachkommen zu erzeugen. Aber auf das Zureden Mme. de Maintenons, die ihn großgezogen hatte und die für ihn noch immer die Schwächen einer Amme hegte, entschloß sich der König, ihn wenigstens mit dem Hause Condé zu verbinden, mit einer Tochter von Monsieur le Prince. Jener war hoch erfreut darüber, sah er doch Rang und Ansehen der illegitimen Kinder von Tag zu Tag steigen. Für ihn waren solche Verbindungen seit der Heirat seines Sohnes nichts Ungewöhnliches mehr, und diese jetzige Heirat brachte ihn dem König doppelt näher. Sie erfolgte unmittelbar nach der Hochzeit des Duc de Chartres. Ganz besonders erfreut darüber war Madame, die in Todesangst geschwebt hatte, der König könne, nachdem er ihr den Sohn entrissen, nun auch noch die Augen auf ihre Tochter richten; die Heirat des Duc du Maine mit einer Tochter von Monsieur le Prince erschien ihr wie eine Erlösung.

Der Duc du Maine hatte zwischen drei Töchtern die Wahl. Er gab der zweiten den Vorzug, weil sie einen Zoll größer war als die anderen. Alle drei waren ungewöhnlich klein; die erste war schön, klug und sehr geistreich. Der harte Zwang – um keine schlimmere Bezeichnung zu gebrauchen –, den Monsieur le Prince all denen auferlegte, die sich unter seinem Joch befanden, brachte dieser Ältesten das schrecklichste Herzeleid. Sie wußte ihr Los mit standhafter Gelassenheit zu ertragen; ihre Haltung erregte allgemeine Bewunderung. Aber sie mußte teuer dafür bezahlen; diese dauernde Überanstrengung untergrub ihre Gesundheit, die zeit ihres Lebens sehr anfällig blieb.

Als der König sich mit Monsieur le Prince über die Wahl geeinigt hatte, machte er Madame la Princesse in Versailles seine Aufwartung; gegen Ende der Fastenzeit wurde die Verlobung im Kabinett des Königs bekanntgegeben. Mme. de Montespan trat niemals in Erscheinung und unterzeichnete keinen der beiden Eheverträge. Am 19. März wurde die Hochzeit gefeiert, am anderen Morgen empfing die Jungvermählte auf ihrem Bett sitzend den ganzen Hof, die Princesse d'Harcourt war vom König dazu ausersehen, die Honneurs zu machen. Mme. de Saint-Valery wurde zur Ehrendame ernannt, und Montchevreuil, der bisherige Hofmeister des Duc du Maine, behielt diesen Posten und blieb auch weiterhin erster Kammerherr.

Mein Dienstjahr bei den Musketieren war fast abgelaufen, und mein Vater fragte den König, was er ferner über meine Zukunft zu beschließen geruhe. Da der König die Entscheidung ihm überließ, bestimmte mein Vater mich zur Kavallerie; überdies wollte mir der König, ohne daß ich sie zu kaufen brauchte, in einem seiner Regimenter eine Kavalleriekompanie geben. Aber es mußte erst eine frei werden, und so vergingen vier bis fünf Monate. Während dieser Wartezeit versah ich wie bisher pünktlich meinen Dienst bei den Musketieren. Mitte April endlich ließ Saint-Pouenge mich fragen, ob ich gewillt sei, eine eben frei gewordene Kompanie im Regiment Royal-Roussillon zu übernehmen; sie läge in Mons in Garnison, sei allerdings sehr heruntergekommen. Da ich Sterbensängste ausstand, den bevorstehenden Feldzug nicht mitmachen zu können, bat ich meinen Vater flehentlich, darauf einzugehen. Ich bedankte mich beim König, der mir sehr wohlwollend antwortete. Die Kompanie war innerhalb von vierzehn Tagen wieder vollkommen instand gesetzt.

Ich befand mich in Versailles, als der König am 17. März die Comtesse de Choiseul und de Tourville, die Ducs de Villeroy und de Noailles sowie die M. Marquis Joyeuse, Boufflers und Catinat zu Marschällen von Frankreich ernannte.

Die neue Beförderung zeitigte eine Menge Unzufriedener. Die Gesellschaft fand es vor allem befremdlich, daß man die Ducs de Choiseul, Maulévrier und Montal übergangen hatte. In Choiseuls Fall war der Grund seltsam genug; seine Frau, eine Schwester der La Vallière, schön wie eine Göttin, wich nicht von der Seite der Princesse de Conti, deren Kusine und enge Freundin sie war. Sie hatte zahllose aufsehenerregende Liebschaften gehabt. Der König, der ihre allzu nahe Beziehung zu seiner Tochter ungern sah, hatte sie warnen lassen, dann empfindlich zurechtgewiesen, schließlich entfernt, aber hernach wieder verziehen. Doch als er sah, daß sie unverbesserlich blieb, gedachte er, da er selbst nicht eingreifen wollte, ihren Gemahl dazu zu veranlassen, um sie ein für allemal loszuwerden. Er nahm also eine Beförderung zum Anlaß und beauftragte M. de La Rochefoucauld, einen guten Freund des Duc de Choiseul, diesem den Schaden vor Augen zu führen, den ihm das liederliche Betragen seiner Frau zufüge, ja ihm dringend zu empfehlen, sie in einem Kloster unterzubringen. Und wenn er sich dazu nicht entschließen könne, solle er ihm verständlich machen, daß der ihm zugedachte Marschallstab nur um diesen Preis zu haben sei.

Was der König vorausgesehen hatte, geschah. Der Duc de Choiseul, ein hervorragender Soldat, dabei aber ein wenig zu gutmütig, war trotz seines Alters immer noch ein wenig verliebt in seine Frau, die ihm weismachen konnte, was sie nur wollte. Daher konnte er sich zu einer derart drastischen Maßnahme nicht entschließen, so daß de La Rochefoucauld die Redekünste verließen und er sich gezwungen sah, auf die Bedingungen für den Marschallstab einzugehen. Aber gerade das verdarb alles. Der Duc de Choiseul war entrüstet, daß der Lohn für seine Dienste und für den Ruf, den er sich im Kriege zu Recht erworben, mit einer Privatangelegenheit, die nur ihn etwas angehe, verquickt werde, und er weigerte sich mit aller Hartnäckigkeit. Diese Haltung kostete ihn den Marschallstab, was öffentliches Ärgernis auslöste. Für ihn aber war das Schlimmste, daß seine Frau bald danach vom Hofe entfernt wurde und sie es derart trieb, daß er sie schließlich selbst aus dem Hause jagte, und sich endgültig von ihr trennte.

Mademoiselle, la Grande Mademoiselle, wie man sie im Unterschied zur Tochter Monsieurs nannte, oder Mlle. de Montpensier, die älteste und einzige Tochter des Gaston d'Orléans aus erster Ehe, starb nach langer, schmerzhafter Krankheit am Sonntag, dem 5. April, im Alter von dreiundsechzig Jahren in ihrem Palais de Luxembourg als die reichste Prinzessin Europas. Der König hatte sie kurz zuvor noch besucht, und sie hatte ihm nahegelegt, ihren entfernten Verwandten, M. de Joyeuse, zum Marschall von Frankreich zu ernennen. Sie zeigte Interesse für jeden, der die Ehre hatte, mit ihr, wenn auch nur um verschiedene Ecken, verwandt zu sein; obwohl sie sehr stolz war, verhielt sie sich in dieser Hinsicht ganz anders, als es die Prinzen von Geblüt später taten. Sie legte selbst für unbedeutende und entfernte Familienmitglieder stets Trauer an und erklärte einem, in welcher Beziehung und durch wen sie mit ihnen verwandt sei. Monsieur und Madame blieben, als sie erkrankte, fast ständig bei ihr. Monsieur war von jeher sehr eng mit ihr befreundet gewesen, überdies hoffte er, etwas von der reichen

Erbschaft zu ergattern, und er wurde in der Tat ihr Universalerbe; die fettesten Brocken aber waren ihm schon entgangen.

Die inzwischen veröffentlichten Memoiren dieser Prinzessin verhehlen weder ihre Neigung für M. de Lauzun, noch beschönigen sie dessen Torheit; denn statt sie sofort zu heiraten, als der König die Erlaubnis gegeben, hatte er abwarten wollen, bis man die Hochzeit mit größerem Pomp und Prunk feiern könne. Als dann der König die Erlaubnis wieder zurücknahm, gerieten die beiden in tiefste Verzweiflung; die im Heiratskontrakt vorgesehenen und bereits abgetretenen Schenkungen konnten jedoch nicht wieder rückgängig gemacht werden und blieben aufgrund weiterer Akte rechtsgültig. Von Monsieur le Prince angestachelt, hatte Monsieur den König gedrängt, die Erlaubnis zu widerrufen; die eigentlichen Anstifter aber waren Mme. de Montespan und Louvois, und auf diese beiden richtete sich der Zorn der Prinzessin und der ganze Grimm des Favoriten; tatsächlich stand Lauzun damals hoch in Gunst, allerdings nur kurze Zeit, denn allzuoft ließ er sich gegen den König und noch öfter gegen die Mätresse zu Ausfälligkeiten hinreißen, so daß der Minister leichtes Spiel hatte, ihn ins Verderben zu stürzen. Er ließ ihn verhaften und nach Pignerol überführen, wo er auf seinen Befehl hin besonders übel behandelt wurde. Er blieb zehn Jahre dort. Mademoiselles Liebe zu ihm erkaltete auch während seiner Abwesenheit nicht; und das wußte man sich zunutze zu machen, um den Duc du Maine aufs glänzendste zu versorgen – auf Kosten Mademoiselles und auf Kosten Lauzuns, der damit seine Freiheit erkaufte. Eu, Aumale, Dombes und andere Ländereien wurden zum großen Leidwesen Mademoiselles dem Duc du Maine abgetreten; und unter dem Vorwand der Dankbarkeit – in Wirklichkeit nur, um seine Bastarde noch weiter zu erhöhen – hieß sie der König von nun an die Livree der Prinzessin, also die des Gaston d'Orléans, tragen. Dieser aufgezwungene Erbe war Mademoiselle stets ein Dorn im Auge, und sie war unablässig darauf bedacht, die ihr verbliebenen Besitztümer, die der König ihr für seinen lieben Sohn auch noch entreißen wollte, zu verteidigen.

Die unwahrscheinlichen Abenteuer Lauzuns, die gelungene Rettung der Königin von England und des Prinzen von Wales hatten ihn wieder in Gnaden an den Hof gebracht. Mit Mademoiselle, die ständig eifersüchtig auf ihn war und die ihn auch in ihrer Todesstunde nicht sehen wollte, hatte er sich entzweit. Von ihren Schenkungen waren ihm Thiers und Saint-Fargeau geblieben. Er gab bei jeder Gelegenheit zu verstehen, daß er mit Mademoiselle verheiratet gewesen sei, und er erschien vor dem König in großer Hoftrauer, was diesem gar nicht gefiel. Nach dem Trauerjahr wollte Lauzun seine alte Livree nicht wieder anlegen und wählte statt dessen eine braunschwarze mit blauen und weißen Borten, um seinen Kummer über den Tod Mademoiselles ständig zum Ausdruck zu bringen, auch stellte er ihre Porträts überall auf.

Ihr schönes Haus in Choisy hatte die Prinzessin Monseigneur vermacht, der sehr froh war, nun ein Lustschlößchen zu haben, wohin er sich ab und an zurückziehen konnte, mit wem er wollte.

Die Prinzessin ist durch ihre eigenen Memoiren und die Memoiren über den Bürgerkrieg so bekannt geworden, daß man nichts mehr hinzuzufügen braucht. Der König hatte ihr den Tag von Saint-Antoine nie vollkommen verziehen. Ich habe selbst gehört, wie er ihr scherzend, aber nicht ohne Schärfe bei der Abendtafel einmal vorwarf, daß sie die Kanone der Bastille auf seine Truppen hatte abfeuern lassen; sie wurde zwar ein wenig verlegen, zog sich jedoch recht geschickt aus der Affäre.

Ihre Leichenfeier entsprach vollkommen der Etikette. Mehrere Tage lang hielten an ihrem Leichnam eine Herzogin oder Prinzessin und zwei Damen von Stand in dichten, schwarzen Kreppschleiern abwechselnd die Wache. Die Comtesse de Soissons weigerte sich zu erscheinen: der König wurde ärgerlich und drohte, sie davonzujagen, woraufhin sie gehorchte.

Bei dieser Leichenfeier kam es zu einer grotesken Szene; unter schrecklichem Getöse zerbarst am hellichten Mittag plötzlich die Urne, in der die Eingeweide enthalten waren, und alsbald verbreitete sich ein unerträglicher Gestank. Die Damen fielen entweder auf der Stelle in Ohnmacht oder ergriffen blindlings die Flucht, die Wappenherolde und die psalmodierenden Mönche wurden von der Menge, die zu den Ausgängen drängte, fast erstickt, das Durcheinander war unbeschreiblich. Die meisten suchten in den Garten oder in die Höfe zu entkommen. Die Eingeweide waren mangelhaft einbalsamiert worden, so daß der Gärungsprozeß dieses Getöse verursacht hatte. Als alles wiederhergestellt und in Wohlgerüche gehüllt war, wandelte sich der Schrecken in Gelächter. Die Eingeweide wurden ins Zölestinerkloster gebracht, das Herz in die Kapelle des Val-de-Grâce, und der Leichnam wurde von der Duchesse de Chartres, in ihrem Gefolge die Duchesse de La Ferté, die Princesse d'Harcourt und Edeldamen, nach Saint-Denis geleitet.

Der König in Flandern. – Tod des alten Duc de Saint-Simon. – Der König sichert Saint-Simon die Nachfolge. – Rückblick auf die Regierungszeit Ludwigs XIII. und die Karriere des alten Duc de Saint-Simon.

Am 3. Mai erklärte der König, er würde zusammen mit dem neuen Marschall Boufflers das Oberkommando einer seiner Armeen in Flandern übernehmen, ihnen beiden unterstellt sei Monseigneur, zwischen ihnen Monsieur le Prince wie in Namur. Der Duc de Luxembourg war für die andere Armee in Flandern bestimmt, ihm unterstellt die Marschälle Villeroy und Joyeuse; dazu seine übrigen Armeen, d.h. der Marschall de Lorge in Deutschland, der Marschall Catinat in Italien und der neue Marschall de Noailles in Katalonien.

Am gleichen Tage widerfuhr mir das Unglück, gegen zehn Uhr abends meinen Vater zu verlieren. Er war siebenundachtzig Jahre alt und hatte sich von der schweren Krankheit, die ihn zwei Jahre zuvor in Blaye befallen hatte, nie mehr ganz erholt. Seit drei Wochen machte ihm die Gicht ein wenig zu schaffen. Meine Mutter, die seine Kräfte täglich schwinden sah, riet ihm, er möge sein Haus bestellen, was er als guter Vater alsbald besorgte, auch mahnte sie ihn, rechtzeitig seine Herzogs- und Pairswürde auf mich zu übertragen. Er hatte, da er ständig von Gesellschaft umgeben war, mit seinen Freunden gegessen und legte sich, ohne irgendeine Beschwerde oder ein Unbehagen zu spüren, des Abends zu Bett. Während man noch mit ihm plauderte, stieß er plötzlich drei kurze, heftige Seufzer aus; er war tot, noch ehe man es aussprach, daß er sich elend fühlte: das Öl in der Lampe war aufgezehrt.

Ich vernahm die traurige Nachricht nach dem Coucher des Königs, der am anderen Morgen seine Reinigungskur durchführen und das Bett hüten wollte. Die Nacht überließ ich mich meinen natürlichen Empfindungen. Am nächsten Tag suchte ich in aller Frühe Bontemps und danach den Duc de Beauvillier auf, der in diesem Jahr den Dienst als erster Kammerherr beim König zu versehen hatte und dessen Vater mit dem meinen befreundet gewesen war. Der Herzog pflegte mir bei den Prinzen, deren Hofmeister er war, tausend Gefälligkeiten zu erweisen, und so versprach er mir, gleich beim Öffnen des Bettvorhanges den König für mich um die Gouverneurswürde meines Vaters zu bitten. Die Bitte wurde sofort erhört. Während ich auf der Tribüne wartete, eilte Bontemps herbei, um es mir mitzuteilen; dann erschien M. de Beauvillier selbst und sagte mir, ich solle mich um drei Uhr in der Galerie einfinden, dort würde er mir Bescheid geben und mich nach dem Diner des Königs durch die Nebenräume eintreten lassen.

Die Menge hatte das Gemach des Königs bereits verlassen. Kaum daß Monsieur, der unmittelbar neben dem Bett des Königs stand, meiner ansichtig wurde, rief er aus: »Ah, da ist ja der Duc de Saint-Simon!« Ich näherte mich dem Bett und brachte mit einer tiefen Verbeugung meinen Dank zum Ausdruck. Der König gab sein Wohlwollen für meinen Vater und für mich zu erkennen und fragte mich, wie mein Vater gestorben sei; er wußte seinen Gnadenbeweisen stets die nötige Würze zu geben. Er bedauerte, daß mein Vater die Sterbesakramente nicht mehr habe empfangen können, ich erwiderte ihm, daß mein Vater sich kurz zuvor noch einige Tage nach Saint-Lazare zurückgezogen hätte, wo er zu beichten und zu beten pflegte; ich fügte noch hinzu, daß er zeit seines Lebens sehr fromm gewesen sei. Die Unterredung dauerte ziemlich lange und endete mit Ermahnungen; ich möge mich auch weiter eines klugen und würdigen Verhaltens befleißigen, er, der König, wolle sich stets meiner annehmen.

Zur Zeit, als mein Vater in Blaye erkrankte, waren bereits einige Leute beim König vorstellig geworden, um ihn um das Gouvernement Blaye zu bitten – unter anderem auch d'Aubigné, der Bruder von Mme. de Maintenon –, aber der König hatte ihnen schroffer, als es sonst seine Art war, zur Antwort gegeben: »Er hat doch wohl einen Sohn!« In der Tat hatte der König, wiewohl er entschlossen war, den Söhnen fortan die Amtsnachfolge nicht mehr zu bewilligen, meinem Vater immer zu verstehen gegeben, daß er sein Gouverneursamt mir vorbehalten würde. Monsieur le Prince liebäugelte sehr mit dem Gouverneursamt von Senlis, das mein Onkel innegehabt hatte, und als dieser 1690 starb, hatte Monsieur le Prince den König darum gebeten; der König jedoch gab sie meinem Vater, und so erhielt ich nun auch diese gleichzeitig mit der von Blaye.

Vornehme Herkunft und Reichtum sind nicht immer miteinander verbunden. Mancherlei Kriegswirren und Familienzwistigkeiten hatten unsere Linie finanziell ruiniert, und meine unmittelbaren Vorfahren hatten für ihre militärischen Leistungen nur ein recht geringes Entgelt erhalten. Mein Großvater, der als leidenschaftlicher Royalist alle Kriege seiner Zeit mitgemacht hatte, mußte sich auf seine Güter zurückziehen; sein geringer Wohlstand zwang ihn, sich der Mode der Zeit anzupassen und seine beiden ältesten Söhne als Pagen in die Dienste Ludwigs XIII. eintreten zu lassen, wo man damals lauter Leute von Rang und Namen antraf.

Der König ging leidenschaftlich gern zur Jagd, aber querfeldein und im wilden Forst, ohne diese Meute von Hunden, ohne Vorreiter und ohne alle die Bequemlichkeiten, die sein Sohn dann später eingeführt hat; er jagte am liebsten in unberührten Wäldern. Mein Vater bemerkte, welche Ungeduld der König beim Pferdewechsel zeigte, und kam auf den Einfall, das Pferd, das er ihm brachte, so hinzustellen, daß es mit dem Kopf die Kruppe desjenigen berührte, von dem der König absteigen wollte, so daß der König, der behende war, geschwind von einem Pferd auf das andere springen konnte, ohne den Fuß auf den Boden setzen zu müssen. Das gefiel dem König, und er verlangte nun bei jedem Pferdewechsel nach diesem Pagen; er zog Erkundigungen über ihn ein und schenkte ihm nach und nach seine Zuneigung. Da Baradat, der erste Stallmeister, durch seinen Hochmut und sein anmaßendes Wesen dem König unerträglich geworden war, entließ dieser ihn und übertrug sein Amt meinem Vater. Nach dem Tode Blainvilles – der Ritter des Heilig-Geist-Ordens und Gesandter in England gewesen – ernannte er meinen Vater auch noch zum ersten Kammerherrn. Mein Vater wurde zum Günstling, und er verdankte diese Bevorzugung einzig und allein dem Wohlwollen des Königs; er suchte niemals Rückhalt bei einem Minister, nicht einmal bei dem Kardinal Richelieu, und das rechnete ihm Ludwig XIII. besonders hoch an. Mein Vater hat mir erzählt, daß der König, bevor er ihn zu dieser Stellung erhob, sich in aller Stille über seine Person und sein Herkommen – über die er schwerlich Genaueres wissen konnte – erkundigt habe, um sich zu versichern, ob er solchen Aufstieges würdig wäre und ob man nicht einen jähen Rückfall zu befürchten hätte. Das hat der König meinem Vater selbst erzählt.

Ludwig XIII. schätzte die Leute von Stand, suchte sie kennenzulernen und auszuzeichnen, daher das geflügelte Wort von den drei Plätzen und den drei Standbildern in Paris: auf dem Pont-Neuf Heinrich IV. mit seinem Volk, auf der Place Royale – die damals im vornehmsten Viertel lag – Ludwig XIII. mit den Leuten von Stand und auf der Place de la Victoire Ludwig XIV. mit seinen Steuereinnehmern; die Place de Vendôme, die erst später entstand, hat ihn in keine bessere Gesellschaft gebracht.

Als 1630 der Luxemburger starb, der Bruder des Konnetabel von Luynes, stellte der König meinem Vater zur Wahl, welche der frei gewordenen Stellungen er haben wolle; Luxembourg besaß die Leichte Garde sowie das Gouvernement Blaye. Mein Vater flehte den König an, er möge diese Belohnung Herren zukommen lassen, die sie mehr verdienten als er, der bereits mit so viel Wohltaten überhäuft worden sei. Der König und er gerieten in einen seltsamen Disput. Schließlich meinte der König verärgert, daß es weder meinem Vater noch sonst jemandem zustehe, seine Gunstbezeugungen auszuschlagen; er gebe ihm vierundzwanzig Stunden Zeit, dann möge er ihm sagen, welche Wahl er getroffen habe. Am nächsten Morgen fragte ihn der König sofort; mein Vater antwortete, er glaube, es sei das beste, seine Majestät selber träfe die Wahl. Der König lächelte heiter, lobte ihn und erklärte, die Leichten Reiter seien zwar vorzüglich, Blaye jedoch sei etwas Solides; eine Festung, die an Guyenne und Saintonge angrenze und auf die es in wirren Zeiten einmal ankäme. Man könne nie wissen, was noch geschehen würde; wenn nach seinem, des Königs Tod, ein Bürgerkrieg ausbräche, wären die Leichten Reiter nichts; Blaye indes böte ihm festen Rückhalt; deshalb rate er ihm, dieses Angebot vorzuziehen. So kam mein Vater in den Besitz dieses Gouvernements, und die Folgen haben gezeigt, wie richtig Ludwig XIII. die Lage vorausgesehen hatte. Die Verurteilung des Duc de Montmorency hätte meinen Vater fast zu Fall gebracht, weil er mit allzu großer Wärme und Hartnäckigkeit um Gnade für ihn gebeten hatte.

Es würde zu weit führen, wenn ich mich über all das verbreiten wollte, was ich von meinem Vater erfahren habe. Wie sehr habe ich es bedauert, daß der große Altersunterschied zwischen uns es mir nicht ermöglichte, noch mehr von ihm zu erfahren. Ich will mich mit einigen allgemeinen Bemerkungen begnügen. Ich brauche auf den berühmten »Tag der Geprellten« nicht näher einzugehen. Damals hatte mein Vater das Schicksal des Kardinals Richelieu in Händen. Ich habe alles, was mein Vater mir erzählt hat, bei Le Vassor bestätigt gefunden. Nicht daß mein Vater besonders an dem Kardinal Richelieu hing, aber der Charakter der Königinmutter und die Vielzahl der Personen, die durch sie zu regieren und zu herrschen beanspruchten, dünkten ihn verhängnisvoll. Ferner glaubte er, daß es aufgrund der vom Ersten Minister erzielten Erfolge sehr gefährlich sei, während der außenpolitischen Krise, in der sich der Staat damals befand, einen Wechsel vorzunehmen. Einzig diese Gesichtspunkte leiteten ihn. Es ist sehr verständlich, daß der Kardinal ihm großen Dank wußte, und dies um so mehr, als keinerlei persönliche

Beziehungen zwischen ihnen bestanden. Seltsam aber ist, daß der Kardinal, wiewohl es ihn heimlich grämte, einen Augenblick meinem Vater ausgeliefert gewesen zu sein und ihm gewissermaßen die Festigung seiner Macht sowie den Triumph über seine Feinde zu verdanken, dennoch genügend Charakterstärke besaß, sich nie das Geringste anmerken zu lassen; und mein Vater bezeugte ihm deshalb auch nicht mehr Anhänglichkeit. Die Folge war einzig und allein, daß dieser Mann, der mißtrauisch war bis zum Extrem, von der Verläßlichkeit meines Vaters indessen durch diese geradezu lebensentscheidende Erfahrung völlig überzeugt, ihn seither in verdächtigen Situationen aufzusuchen pflegte. Mein Vater wurde häufig mitten in der Nacht von einem Kammerdiener geweckt, der – eine Kerze in der Hand – den Bettvorhang zurückzog; hinter ihm stand dann der Kardinal Richelieu, der die Kerze nahm und sich auf den Bettrand setzte, wobei er zuweilen ausrief, er sei verloren; er kam, um meinen Vater bei mancherlei Ungelegenheiten um Rat und Hilfe zu bitten.

Mein Vater erzählte mir auch von der Bestürzung, die Paris und den Hof ergriff, als die Spanier Corbie einnahmen, und von dem Staatsrat, der dann abgehalten wurde. Der König wünschte seine häufige Anwesenheit; nicht daß er bei seinem jugendlichen Alter eine Stimme abgeben sollte, sondern um ihn in Staatsgeschäften zu schulen, ihn bei wichtigen Entscheidungen unter vier Augen zu befragen, um seine Urteilsfähigkeit zu erproben, ihn zu loben oder zurechtzuweisen und ihm zu erklären, in welchen Punkten und weshalb er richtig oder falsch geurteilt hatte, ganz wie ein Vater, dem es Freude macht, seinen Sohn geistig heranzubilden.

Aber sosehr der König meinen Vater auch liebte, er ersparte ihm keinen Tadel, wovon mein Vater mir zwei Beispiele gab. Der Duc de Bellegarde, Oberstallmeister und erster Kammerherr des Königs, war verbannt worden. Mein Vater aber, gleichfalls erster Kammerherr und Oberstallmeister, war sein Freund und stand in höchster Gunst. Diese Sonderstellung sowie seine Ämter verpflichteten ihn zu unablässigem Eifer, so daß er, weil er sonst keine freie Zeit fand, eines Tages, während er den Aufbruch des Königs zur Jagd abwartete, einen Brief an den Duc de Bellegarde zu schreiben begann. Als er gerade seinen Brief beenden wollte, kam der König aus seinem Gemach und sah voller Überraschung, wie mein Vater mit einem Ruck aufstand und ein Blatt verbarg. Ludwig XIII., der von seinen Günstlingen mehr noch als von jedem anderen alles wissen wollte, fragte ihn, was es mit diesem Zettel auf sich habe, den er nicht zeigen wolle; mein Vater wurde sehr verlegen und gestand notgedrungen, es sei ein Brief, den er an M. de Bellegarde geschrieben habe. »Zeigt mir den Brief«, sagte der König, nahm das Blatt Papier und las es. »Daß Ihr Eurem Freunde schreibt, obwohl er in Ungnade ist«, sagte er zu meinem Vater, »dagegen habe ich nichts einzuwenden, denn ich bin gewiß, daß Ihr ihm nichts Unrechtes schreibt; aber ich finde es schlimm, daß Ihr ihm nicht die Ehrerbietung erweist, die Ihr einem Herzog und Pair schuldig seid, und daß Ihr ihm, nur weil er verbannt ist, den Titel *Monseigneur* vorenthaltet.« Und er zerriß das Blatt und sagte: »Da ist Euer Brief, schreibt ihn nach der Jagd noch einmal, und verseht ihn mit dem richtigen Titel!«

Mein Vater hat mir erzählt, daß er sich dieses Tadels, der ihm in aller Öffentlichkeit erteilt wurde, zwar sehr geschämt habe, daß er jedoch froh gewesen, so leichten Kaufes davongekommen zu sein, denn er habe weit Schlimmeres befürchtet, weil er immerhin einem Manne geschrieben, der in tiefster Ungnade stand und der das Wohlwollen des Königs nie wieder erlangen sollte.

Der zweite Tadel betraf etwas ganz anderes und war viel ernster. Der König war sehr heftig verliebt in Mlle. d'Hautefort. Ihretwegen suchte er die Königin öfter auf als sonst und sprach dann stets mit Mlle. d'Hautefort; ständig erzählte er meinem Vater von ihr. Mein Vater war jung und galant und begriff nicht, daß ein König, der so verliebt war und so unfähig, es zu verbergen, gar nichts weiter unternahm; er glaubte, es geschehe aus Schüchternheit, und deshalb äußerte er, als der König eines Tages wieder voller Leidenschaft von diesem Mädchen schwärmte, seine Verwunderung und bot seinem Herrn an, den Gesandten zu spielen und seine Sache zu gutem Ende zu bringen. Der König ließ ihn reden. Dann aber sagte er mit ernster Miene: »Es ist wahr, ich habe mich verliebt. Ich suche ihre Nähe, ich spreche gern und oft von ihr, und noch öfter denke ich an sie; ebenso wahr aber ist es, daß sich das alles gegen meinen Willen in mir abspielt, weil ich eben ein Mensch und folglich schwach bin; doch gerade weil meine Stellung als König es mir soviel leichter macht als jedem anderen, mein Verlangen zu befriedigen, muß ich vor Sünde und Ärgernis um so mehr auf der Hut sein. Für dieses Mal will ich Eurer Jugend verzeihen; aber laßt es Euch niemals wieder einfallen, mir einen solchen Vorschlag zu unterbreiten, wenn Ihr wollt, daß ich Euch weiterhin gewogen bleibe.« Das war ein Donnerschlag für meinen Vater; die Schuppen fielen ihm von den Augen: die Vorstellung, der König könne schüchtern sein in der Liebe, verblaßte vor dem alles überstrahlenden Glanz dieser reinen Tugend.

*Beziehungen des alten Saint-Simon zum Hofe, nachdem er sich nach
Blaye zurückgezogen hatte.*

Mein Vater, der seine glänzende Stellung nur der unmittelbaren Beziehung zum König verdankte, sowie zwei Feldzügen, in denen er ehrenvoll eingesetzt war, verbrachte nun also vier Jahre in Blaye, als er plötzlich durch einen Brief des Königs zurückgerufen wurde; Kardinal Richelieu lag in den letzten Zügen. Mein Vater begab sich alsbald an den Hof, er wurde bestens empfangen, was ihn jedoch kaum berührte angesichts des traurigen Zustands, in dem er den König fand; auch dieser sollte nur noch wenige Monate leben. Man weiß, wie sehr Ludwig XIII. durch seinen Mut, seine tiefe Frömmigkeit, seine vollkommene Überwindung der Welt, die Freiheit und Klarheit seines Denkens all jene, die Zeugen seiner letzten Tage wurden, in Erstaunen gesetzt hat. Und man weiß, mit welcher klugen Voraussicht er seine Anordnungen hinsichtlich der Verwaltung des Staates nach seinem Tode traf.

Es hatte nach dem schmählichen Tode des Cinq-Mars keinen Oberstallmeister mehr gegeben. Dieses hohe Amt wurde nun meinem Vater anvertraut. Doch außer sich vor Gram konnte mein Vater dem König, als er ihm seine Ernennung mitteilte, nicht anders antworten, als daß er sich vor ihm niederwarf und seine Hände mit Tränen benetzte.

Die Nähe des Hofes hatte für meinen Vater nach dem Verlust seines geliebten Herrn und unter einer Regentin, die ihm alsbald das Oberstallmeister-Amt entzog, keinen Reiz mehr. So beschloß er also, sich wieder nach Blaye zurückzuziehen, wo er als großer Herr lebte, von allen vornehmen Leuten in Bordeaux und den Nachbarprovinzen geliebt und geschätzt.

Während er dort weilte, wurde die Lage bedrohlich. Monsieur le Prince erhob die Waffen gegen den Hof; der Bürgerkrieg brach aus. Mein Vater war mit Monsieur le Prince und auch mit Mme. de Longueville befreundet; da er so gut mit ihnen stand und mit dem Hof nichts zu tun haben wollte, bezweifelten sie nicht, bei ihm Rückhalt zu finden. Nach ihren geglückten Maßnahmen in Guyenne und den benachbarten Provinzen glaubten sie mit Recht, sie könnten, wenn Blaye zu ihrer Verfügung stünde, das Königreich an der Loire teilen.

Mein Vater jedoch blieb gegen ihre Bitte taub und gedachte sich zu verschanzen. Monsieur le Prince und seine ganze Partei brachen in lautes Gezeter aus und haben ihm, was bemerkenswert ist, diese Haltung niemals verziehen. Währenddessen ließ mein Vater eine starke Kanone gießen als Ersatz für diejenige, die der Hof mangels einer anderen von ihm erbeten hatte; er legte fünfhundert bewaffnete Edelleute nach Blaye, kleidete und bezahlte die Garnison und blieb achtzehn Monate auf diesem Posten, ohne auch nur das geringste aus dem Umland zu requirieren. So stürzte er sich in große Schulden, die ihn sein Leben lang gedrückt haben und mir sogar heute noch zu schaffen machen. Wohingegen alle Schulden, die Monsieur le Prince, der Marschall Bouillon und viele andere als Staats- und Königsfeinde machten, in der Folgezeit vollkommen zurückerstattet worden sind, und obendrein vom König selbst.

Den Rest seines langen, körperlich und geistig gesunden Lebens verbrachte mein Vater ohne besondere Gunstbezeugungen, aber im Genuß einer allgemeinen Wertschätzung, die der König ihm zu erweisen sich verpflichtet fühlte und die auf die Minister (mit Colbert war mein Vater befreundet) einen gewissen Einfluß hatte. Die Tugend galt damals noch etwas. Die wichtigsten großen Herren, die weit jünger waren als er, und die meisten Vertreter des Hofes besuchten ihn und speisten zuweilen bei ihm. Er hatte viele Freunde in allen Ständen und eine Reihe Bekanntschaften, die er pflegte, dazu ein paar besonders enge Freunde.

Bis in sein hohes Alter empfing er sie alle und hatte immer Gäste zur Mittagstafel. Niemals vermochte er sich über den Tod Ludwigs XIII. zu trösten. Wenn er von ihm sprach, hatte er stets Tränen in den Augen, niemals nannte er ihn anders als »mein Herr, der König«; nie versäumte er es, am 14. Mai nach Saint-Denis zum Requiem zu fahren und auch in Blaye ein solches lesen zu lassen, wenn er nicht nach Saint-Denis reisen konnte. Abgesehen von seiner Würde, seinen Ämtern, seinem Vermögen, die er, da er von seiner Familie nichts geerbt hatte, ganz und gar Ludwig XIII. verdankte, war er vor allem für die Güte des Königs empfänglich, für dessen väterlicher Sorge, ihn auszubilden, und für dessen Zuneigung und unbedingtes Vertrauen. Und an diesen Verlust konnte er sich niemals gewöhnen.

Die Königliche Armee schließt den Herzog von Oranien in Flandern ein. – Unbegreifliche Abreise des Königs nach Versailles und Abbruch der Belagerung. – Auf dem Rückmarsch: Schlacht von Neerwinden.

Nachdem ich meinem Vater die letzten Ehren erwiesen hatte, begab ich mich nach Mons zur Royal-Roussillon-Kavallerie, deren Hauptmann ich war.

Am 18. Mai machte sich der König mit den Damen auf den Weg, blieb mit ihnen acht oder zehn Tage in Quesnoy, schickte sie dann nach Namur und begab sich am 2. Juni an die Spitze der Armee des Marschalls de Boufflers, mit der er am 7. das Lager von Gembloux bezog, dergestalt, daß zwischen seiner Linken und der Rechten des Marschalls de Luxembourg kaum eine halbe Meile Abstand war, so daß man in aller Ruhe hinüber- und herübergehen konnte. Der Prinz von Oranien lag bei der Abtei Parc nahe Louvain. Er konnte daher weder Hilfsmittel erhalten noch sich irgendwie bewegen, ohne einer der beiden Armeen des Königs in die Hände zu fallen. Er verschanzte sich also in aller Eile und bereute es sehr, sich dort so prompt hatte einkesseln zu lassen. Man erfuhr später, daß er dem Prince Vaudémont, seinem engen Freund, der damals die spanische Armee in Flandern kommandierte, mehrmals schrieb, er sei verloren, nur noch ein Wunder könne ihn retten. In einer so aussichtsreichen Position und angesichts der vier Monate, die man vor sich hatte, erklärte der König dem Duc de Luxembourg am 8. Juni, er wolle nach Versailles zurückkehren und gedächte Monseigneur und den Marschall de Boufflers mit einer großen Abteilung nach Deutschland zu entsenden. Der Marschall de Luxembourg war völlig verblüfft. Er machte den König darauf aufmerksam, wie leicht es sei, die Schanzen des Prinzen von Oranien zu überrennen, ihn mit einer der beiden Armeen zu schlagen und mit der anderen den Sieg zu vollenden, zumal die Jahreszeit günstig sei und ihnen kein Heer mehr gegenüberstehe. Mit dem gegenwärtig sich bietenden so gewissen und großen Vorteil zog der Marschall gegen jenen entfernteren Vorteil zu Felde, nämlich in Heilbronn den Prinzen Ludwig von Baden zu schlagen. Er malte dem König aus, wie leicht Deutschland dem Marschall de Lorge anheimfallen könne, wenn die Kaiserlichen erst große Abteilungen nach Flandern schickten, Abteilungen, die ohnehin kaum ausreichen würden und die, da sie gar nicht ankämen, die gesamten Niederlande unseren beiden Armeen ausliefern würden. Aber der Entschluß war nun einmal gefaßt. In seiner Verzweiflung, sich einen so viel versprechenden und mühelosen Feldzug entgleiten zu sehen, fiel Luxembourg vor dem König auf beide Knie, doch es half nichts. Mme. de Maintenon hatte vergebens versucht, den König an der Reise nach Flandern zu hindern. Sie fürchtete das Alleinsein; aber solch ein glücklich eröffneter Feldzug hätte den König lange Zeit auf dem Schlachtfeld festgehalten, denn gewiß hätte er selbst die Lorbeeren ernten wollen. Ihre Tränen beim Abschied und die Briefe, die sie ihm schrieb, fielen mehr ins Gewicht als die dringendsten staatspolitischen und militärischen Erfordernisse und die glänzenden Aussichten auf Ruhm.

Außer sich vor Kummer und Zorn sprach M. de Luxembourg am Abend dieses unheilvollen Tages mit dem Marschall de Villeroy, mit Monsieur le Duc, dem Prince de Conti und mit seinem Sohn, die es allesamt nicht glauben konnten und ihrer Verzweiflung Ausdruck gaben. Anderntags, dem 9. Juni, wußte noch niemand etwas davon. Zufällig begab ich mich allein zum Duc de Luxembourg zum Befehlsempfang; das tat ich oft, um zu erfahren, was sich zugetragen hatte und was am anderen Tage zu erwarten stand. Ich war höchst erstaunt, keine Menschenseele anzutreffen und zu hören, daß alle bei der Armee des Königs weilten. Nachdenklich bestieg ich mein Pferd, ich sann noch über diesen seltsamen Vorfall nach und schwankte gerade, ob ich zurückkehren oder bis zur Armee des Königs weiterreiten sollte, da sah ich den Prince de Conti, ebenfalls allein, nur von einem Pagen, einem Reitknecht und einem Reservepferd gefolgt, aus unserm Lager herausreiten. »Was machen Sie denn hier?« rief er mir zu. Und beim Näherkommen erklärte er mir, über meine Verblüffung lachend, daß er jetzt vom König Abschied zu nehmen gedächte. Ich täte gut daran, dasselbe zu tun und mit ihm zu kommen. »Abschied nehmen? Was soll das heißen?« fragte ich ihn, woraufhin er alsbald seinem Pagen und seinem Reitknecht befahl, sich etwas abseits zu halten, und mir für die meinen dasselbe empfehlend, erzählte er nun unter schadenfrohem Gelächter vom Rückzug des Königs. Ich sperrte Mund und Nase auf, aber mein unbeschreibliches Staunen ließ mir gerade eben die Freiheit zu ein paar Fragen.

Beim König angelangt, sahen wir in allen Gesichtern Verblüffung, in einigen sogar Empörung. Als wir dann wieder in unser Lager zurückkamen, sprachen wir von nichts anderem als von dieser Neuigkeit. Der König und Monseigneur brachen anderentags nach Namur auf, von wo aus Monseigneur nach Deutschland marschierte und der König, von den Damen begleitet, nach Versailles zurückkehrte, um sich nie wieder an der Grenze blicken zu lassen.

Als der Marschall de Luxembourg am 14. Juli einen Furageplatz bei der Abtei Heylissem inspizierte, bekam er Nachricht, daß Tilly mit einem Kavalleriekorps von 6000 Mann auf dem Marsch sei, um seinen Nachschub zu stören. Daraufhin ließ unser General in der Nacht vierundvierzig Schwadronen seines rechten Flügels, der sich in Reichweite befand, aufsitzen und zog Tilly in Begleitung der Prinzen mitsamt den Dragonern entgegen. Der Marschall de Villeroy machte sich inzwischen mit einer großen Abteilung der Armee an die Einnahme von Huy. Das Ganze wurde in drei Tagen bewerkstelligt.

Am Dienstag, dem 28. Juli, brach man das Feldlager ab, und die Armee marschierte nach Waremme und durchquerte die kleine Stadt, die Abteilung von Marschall Joyeuse für sich, aber die beiden Marschälle zusammen. Als die Spitze der Armee eine halbe Meile hinter Waremme war, bekam man Nachricht, daß der Prinz von Oranien an der Geete Lager bezogen habe. Daraufhin setzte sich der Duc de Luxembourg mit dem Marschall de Villeroy, dem Duc de Chartres, dem Prince de Conti und einigen Truppen in Bewegung, um sich von dem Sachverhalt zu überzeugen. Der Prince de Conti kam zurück, bestätigte die Nachricht und übernahm die Infanterie. Die Armee marschierte sehr rasch, machte aber von Zeit zu Zeit Pause, um das Nachkommen der Infanterie abzuwarten; sie langte abends um acht Uhr drei Meilen hinter Waremme auf einer Ebene an, wo man die Truppen in Schlachtordnung aufstellte.

Früh um vier Uhr hörte man die feindlichen Kanonen. Die unseren waren etwas zu weit entfernt aufgestellt und daher erst eine Stunde später bereit. Die Feinde hielten alle Anhöhen besetzt, ein Dorf zur Rechten, ein anderes zur Linken, in denen sie sich gut verschanzt hatten. Unter dem Oberbefehl des Marschall de Villeroy griff der Prince de Conti Bas-Landen, das Dorf zu unserer Rechten, an. Gleichzeitig griff Montchevreuil unter dem Marschall Joyeuse das Dorf zu unserer Linken an; es hieß Neerwinden und hat der Schlacht den Namen gegeben. Montchevreuil ist dort gefallen und wurde durch einen anderen Generalleutnant, Rubentel, ersetzt und durch den Duc de Berwick, der dort in Gefangenschaft geriet. Die beiden Angriffe auf der Rechten und auf der Linken wurden heftig abgewehrt, und ohne den Prince de Conti wäre die Unordnung auf der Rechten sehr groß geworden. Als der Marschall de Luxembourg sah, daß die Infanterie fast gänzlich zurückgeschlagen war, ließ er die gesamte Kavallerie langsam vorrücken, gleichsam als wolle er die Frontgräben zwischen den beiden Dörfern erstürmen. Schließlich marschierte Conti an der Spitze der französischen und Schweizer Garderegimenter geradewegs auf Neerwinden zu. Jede Schwadron zwängte sich hindurch, wo es nur ging, durch die ausgehobenen Gräben, durch Hecken, Gärten, Hopfenfelder, Häuser und Scheunen, die man weitgehend niederriß, um sich Durchgang zu verschaffen, während weiter vorn im Dorf die Infanterie auf beiden Seiten voll Hartnäckigkeit sowohl angriff als auch verteidigte. Schließlich gerieten die Feinde ins Schwanken. Sie zogen sich zurück und gaben das Dorf auf, dessen Pfarrer das ganze Spektakulum von der Höhe des Kirchturms aus verfolgt hatte.

Der Duc de Chartres, der an der Spitze seiner tapferen Schwadronen kämpfte, bewies große Geistesgegenwart und Tapferkeit. Monsieur le Duc, dem ein wesentlicher Teil des Endkampfes zufiel, befand sich fortwährend zwischen dem feindlichen Feuer und dem unseren. Indessen ging unsere Kavallerie, die sich immer wieder in der Ebene aufstellte, fünfmal zum Angriff über und schlug nach heftiger Gegenwehr die feindliche Kavallerie, trieb sie bis an die Geete, in der sehr viele ertranken.

Der Prince de Conti, der eine Quetschung an der rechten Seite davongetragen hatte, sowie einen Säbelhieb, den das Eisen seiner Kopfbedeckung abgefangen hatte, war endlich Herr von Neerwinden. Nach zwölfstündiger Kampftätigkeit in glühender Sonnenhitze war zwischen vier und fünf Uhr nachmittags alles beendet. Man schätzte, daß die Feinde etwa zwanzigtausend Mann verloren hatten, wir ungefähr die Hälfte.

Die Feinde hatten sich in Richtung Brüssel zurückgezogen. Der Marschall de Luxembourg brauchte eine Atempause und mußte eine Zeitlang an die Auffüllung seiner Truppen denken.

Saint-Simon kauft bei seiner Ankunft in Paris ein Kavallerieregiment. – D'Aquin, Erster Leibarzt des Königs, fällt in Ungnade; Fagon tritt an seine Stelle. – Leben und Tod von La Vauguyon. – Pontchartrain.

Nach einer tapferen Verteidigung bot Charleroi die Kapitulation an; die Armee begann mit der Vorbereitung der Winterquartiere, ich jedoch war, nachdem ich Tournai und seine prächtige Zitadelle besichtigt hatte, nur noch bestrebt, mich abzusetzen und nach Hause zu kommen. Die Wege und die Poststationen waren in üblem Zustand; zu allem Unheil geriet ich auch noch an einen taubstummen Postillion, der mich mitten in der Nacht in Quesnoy festfuhr.

Als ich durch Noyon kam, besuchte ich dort den Bischof. Er war ein Clermont-Tonnerre, ein Freund und Verwandter meines Vaters, berühmt seiner Eitelkeit sowie der Taten und Aussprüche, die dieser Eitelkeit entsprangen. Sein Haus war von oben bis unten mit Wappen geschmückt; auf allen Vertäfelungen prunkten Grafen – und Pairsmäntel ohne Bischofshut; wohin man auch blickte: Schlüssel, sogar auf dem Tabernakel seiner Kapelle; seine Wappenzeichen auch auf dem Kamin zusammen mit allen nur denkbaren Ornamenten, mit Tiaren, Rüstungen, Bischofshüten usw.; in seiner Galerie hing eine Karte, ich hätte sie für die Darstellung eines Konzils gehalten, wären nicht rechts und links zwei Nonnen gewesen; es war eine Versammlung der männlichen und weiblichen Heiligen seiner Familie. Dann gab es noch zwei weitere genealogische Tafeln, auf der einen las man die Überschrift: »Die Abstammung des allererlauchtigsten Hauses Clermont-Tonnerre von den Kaisern des Orients«, und auf der anderen: ». . . von den Kaisern des Okzidents«. Er zeigte mir alle diese Herrlichkeiten, die ich in aller Eile bewunderte, jedoch in einem ganz anderen Sinne als er.

Nach Überwindung etlicher Schwierigkeiten langte ich endlich in Paris an. Ich hatte mich bei der Armee mit dem Chevalier Rozel befreundet. Er war Regimentsoberst, ein wackerer Kämpe, ein guter, allgemein geschätzter Offizier. Wenige Tage bevor wir uns trennten, hatte er mir anvertraut, daß er eine Brigade bekommen und infolgedessen sein Regiment verkaufen würde; ich sollte doch versuchen, es zu erwerben; und dafür, daß er mir diesen Hinweis gegeben, verlangte er von mir statt des festgesetzten Kaufpreises von 22 500 Livres 26 000. Mir war dieser Hinweis hochwillkommen, und ich bedankte mich herzlich bei Rozel.

Als ich nach Paris kam, war die Sache schon allgemein bekannt, ich schrieb an M. de Beauvillier, und innerhalb von vierundzwanzig Stunden gehörte das Regiment mir, wofür ich dem König gleich bei der ersten Aufwartung nach meiner Rückkehr dankte. Ich hielt Rozel Wort und bezahlte ihm die 26 000 Livres, ohne daß irgend jemand etwas davon erfuhr, und wir blieben zeit unseres Lebens miteinander befreundet.

Ich fand bei Hofe eine äußerst überraschende Veränderung vor. D'Aquin, der Leibarzt des Königs, eine Kreatur Mme. de Montespans, hatte bei der endgültigen Entfernung dieser Mätresse zwar nichts von seinem Kredit eingebüßt, doch zu Mme. de Maintenon, der alles, was mit ihrer Vorgängerin in Beziehung stand, stets mehr als verdächtig war, hatte er niemals ein gutes Verhältnis herzustellen vermocht. D'Aquin war ein gewandter Höfling, dabei auf Reichtum versessen, geizig, habgierig und unablässig bemüht, seine Familie unterzubringen. Der König war seiner ewigen Bitten und Belästigungen allmählich überdrüssig geworden, und Mme. de Maintenon, die alle Zugänge zum König zu bewachen pflegte und die sehr gut wußte, welchen Einfluß ein kluger und geschickter Leibarzt gewinnen konnte, je älter der König und je schwächer seine Gesundheit würde, arbeitete schon lange gegen d'Aquin, um dann, als der König besonders erzürnt war, die Gelegenheit zu ergreifen, ihn davonjagen und Fagon an seine Stelle setzen zu lassen. Das war Allerheiligen, einem Dienstag, der Tag, an dem Pontchartrain bei ihr arbeitete; Pontchartrain bekam also den Auftrag, am anderen Morgen vor sieben Uhr zu d'Aquin zu gehen und ihm mitzuteilen, daß er sich ohne jeden Versuch, mit dem König zu sprechen oder ihm zu schreiben, auf der Stelle nach Paris zurückzuziehen habe; der König gäbe ihm 6000 Livres Pension. Kaum jemals hatte sich der König so angelegentlich mit d'Aquin unterhalten wie bei seinem Souper und Coucher am Abend zuvor, und es schien, als habe er ihm noch niemals soviel Liebenswürdigkeit erwiesen; dieses Ereignis traf d'Aquin wie ein vernichtender Blitz aus heiterem Himmel. Der Hof war äußerst erstaunt, als aber der König bei seinem Lever am Allerseelentag Fagon zum Leibarzt ernannte, erfuhr jeder, was d'Aquin selbst erst zwei Stunden zuvor erfahren hatte, und man wußte sofort, aus welcher Wolke dieser Blitz gekommen war. Fagon gehörte zu den ersten Gelehrten Europas, interessiert an allem, was seinen Beruf betraf, ein großer Botaniker, ein guter Chemiker, ein geschickter und erfahrener Chirurg, ein ausgezeichneter und kenntnisreicher Mediziner und praktischer Arzt; es gab zudem keinen besseren Physiker und keinen beschlageneren Mathematiker als ihn. Er war nicht auf seinen Vorteil bedacht, ein zuverlässiger Freund, aber ein Feind, der niemals verzieh.

Er war ein erbitterter Gegner der Scharlatane, d. h. der Leute, die sich anmaßten, im geheimen zu wirken und Mittel und Tränklein zu verabreichen. In dieser Hinsicht ging sein Vorurteil entschieden zu weit. Er schätzte seine Universität Montpellier über alles und trieb die Verehrung der medizinischen Wissenschaft fast bis zum Kult; seiner Ansicht nach sollte als Arzt nur zugelassen werden, wer eine medizinische Ausbildung auf den Universitäten erhalten hatte, deren Gesetze und Ordnungen ihm heilig waren. Bei alledem war Fagon ein gewandter Höfling, er kannte den König, er kannte auch Mme. de Maintenon, den Hof und die Gesellschaft gut. Er hatte die illegitimen Kinder des Königs seit Mme. de Maintenon, deren Gouvernante sie war, ärztlich betreut, und aus dieser Zeit stammte ihrer beider Einvernehmen; danach wurde er zum Arzt der königlichen Enkel und später dann zum Leibarzt ernannt.

Ein anderes Ereignis verursachte weniger Überraschung, gab aber um so mehr Anlaß, über Schicksalswendungen und Glücksfälle nachzusinnen. Als der König am 29. November aus der Abendandacht kam, erfuhr er vom Baron de Beauvais, daß André de La Vauguyon sich am Morgen zwei Pistolenschüsse in die Brust gejagt habe; er hatte noch zu Bett gelegen und unter dem Vorwand, allein sein zu wollen, alle seine Diener zur Messe geschickt. La Vauguyon entstammte dem niedrigsten und ärmsten Adel Frankreichs: sein Name war Bétoulat, und er nannte sich Fromenteau. Er war vorzüglich gewachsen, sehr dunkelhäutig, ein fast spanischer Typ, er bewegte sich mit großer Anmut, hatte eine wohlklingende Stimme und war ein guter Sänger, der sich auf der Laute oder Gitarre selbst begleiten konnte. Überdies traf er bei Frauen den rechten Ton, hatte Esprit und wußte sich einzuschmeicheln.

Mit diesen und anderen – verborgeneren, aber für Liebeshändel recht nützlichen – Talenten erwarb er sich Hausrechte bei Mme. de Beauvais. Sie war erste Kammerfrau und Vertraute der Königinmutter, von aller Welt hofiert, nicht zuletzt weil sie auch mit dem König, den sie, wie es hieß, in die Liebe eingeführt, auf recht vertrautem Fuße stand. Ich habe sie selbst noch gesehen bei der Toilette der Dauphine; sie war schon sehr alt, triefäugig und halb blind, aber der ganze Hof überschüttete sie mit Liebenswürdigkeiten, weil sie ab und an nach Versailles kam und sich dort mit dem König, der ihr immer noch große Achtung bezeugte, unter vier Augen zu unterhalten pflegte. Ihr Sohn, der sich Baron Beauvais nannte, war Jagdmeister in den Ebenen vor Paris; er war als Spielgefährte des Königs aufgewachsen und erzogen worden, hatte an dessen Ballettaufführungen, Spielen und Ausflügen teilgenommen. Da er ein galanter, kühner und gutgewachsener Bursche war, hatte er sich im Vertrauen auf seine Mutter und auf die persönliche Zuneigung des Königs inmitten der Elite des Hofes in glanzvoller Weise zu behaupten gewußt und wurde sein Leben lang vom König mit solcher Auszeichnung behandelt, daß man ihn zugleich fürchtete und suchte. Er war ein durchtriebener geschliffener und verwöhnter Hofmann, aber ein Freund, mit dessen Hilfe man beim König etwas erreichen konnte, und ein ebenso unerbittlicher Feind; alles in allem ein *honnête homme*.

Fromenteau ließ sich also von der Beauvais aushalten; sie pflegte ihn ihren sämtlichen Besuchern zu präsentieren, die um ihretwillen diesem Schürzenjäger allenthalben großes Wohlwollen entgegenbrachten. Mit der Zeit gelang es ihr, ihn bei der Königinmutter einzuführen und ihm dann auch Zutritt beim König zu verschaffen. Durch diese Protektion wurde er zum Hofmann, bald darauf machte er sich bei den Ministern lieb Kind. Als Freiwilliger zog er in den Krieg und bewies viel Tapferkeit; schließlich entsandte man ihn an einige deutsche Fürstenhöfe, und allgemach stieg er weiter auf; wurde offizieller Gesandter in Dänemark, bekam danach den Gesandtschaftsposten in Spanien; überall war man mit ihm zufrieden, und der König gab ihm eine der drei Staatsratstellen, auch ernannte er ihn zur Empörung des Hofes 1688 zum Ritter des Heilig-Geist-Ordens. Zwanzig Jahre zuvor hatte Fromenteau die Tochter Saint-Maigrins geheiratet; sie war Witwe und hatte von M. de Broutay einen Sohn. Im übrigen war sie die Häßlichkeit selbst. Durch diese Heirat nun war Fromenteau Seigneur geworden und hatte damals den Namen Comte de La Vauguyon angenommen. Solange er Gesandter gewesen und solange der Sohn seiner Frau noch ein Kind war, hatte er sein Auskommen gehabt, als dann aber die Mutter sich gezwungen sah, ihr Vermögen mit dem Sohn zu teilen, gerieten sie in armselige Verhältnisse. Da La Vauguyon so weit über seine Erwartungen hinaus mit Ehren und Ämtern überhäuft worden war, schilderte er dem König mehr als einmal den jammervollen Zustand seines Vermögens, erhielt indes stets nur einige wenige, höchst bescheidene Gratifikationen.

Die Armut machte ihn langsam verrückt, aber man bemerkte es lange nicht. Ein erstes Aufflackern seines Wahnsinns zeigte sich bei Mme. Pellot, der Witwe des Ersten Parlamentspräsidenten von Rouen, die alle Abende für ihren engsten Freundeskreis ein Souper und anschließend ein Spielchen veranstaltete. Sie empfing nur die beste Gesellschaft, und La Vauguyon war fast jeden Abend bei ihr zu Gast. Als sie einmal miteinander Krimpel spielten, forderte sie ihn mit einem hohen Einsatz heraus, er ging jedoch nicht darauf ein; worüber sie sich ein wenig lustig machte und zu ihm sagte, es komme ihr eigentlich ganz gelegen, daß er solch ein Feigling sei. La Vauguyon gab keine Antwort; aber nachdem das Spiel zu Ende war, ließ er die Gesellschaft fortgehen, riegelte, als er sich mit Mme. Pellot allein sah, die Tür ab, zog sich den Hut tief ins Gesicht, drängte sie bis hart an den Kamin, nahm mit rohem Griff ihren Kopf zwischen beide Hände und meinte, er wisse eigentlich gar nicht, was ihn zurückhalte, jetzt zuzudrücken, damit sie lerne, was es heiße, ihn einen Feigling zu nennen. Da stand nun die maßlos erschrockene Frau; wehrlos seinen harten Fäusten ausgeliefert, erging sie sich in allen möglichen Entschuldigungen, Lobreden und Komplimenten; er aber steigerte sich nur immer weiter und stieß wutschnaubend die wildesten Drohungen aus. Endlich – sie war mehr tot als lebendig – ließ er sie los und ging fort. Diese überaus gute und taktvolle Frau gab zwar all ihren Dienern die Weisung, sie unter keinen Umständen jemals mit La Vauguyon allein zu lassen, war aber so großmütig, diesen Vorfall, solange Vauguyon lebte, mit keiner Silbe zu erwähnen und ihn weiter in ihrem Hause zu empfangen, wo er sich auch alsbald wieder einstellte, so als sei nicht das geringste vorgefallen.

Etliche Zeit später traf er in Fontainebleau eines Nachmittags gegen zwei Uhr in jenem dunklen Gang, der von dem Salon oben vor der Tribüne längs der Kapelle führt und auf eine Terrasse mündet, den Prince de Courtenay und zwang ihn, seinen Degen zu ziehen, obwohl jener ihm zu bedenken gab, daß dies kaum der passende Ort sei, und obwohl die beiden niemals irgendeinen Streit miteinander gehabt hatten. Beim Klirren der Waffen stürzten die Leute aus dem großen Salon, trennten die beiden und holten die Schweizergarde zu Hilfe. La Vauguyon – damals bereits Ritter des Heilig-Geist-Ordens – entwand sich der Wache, rannte zum König, öffnete die Tür, stieß den Türhüter beiseite, warf sich dem König zu Füßen und rief, er komme ihm seinen Kopf auszuliefern. Der König kam gerade von der Mittagstafel, und obwohl er Überraschungen nicht liebte und sonst niemand bei ihm eintrat, ohne gebeten zu sein, fragte dennoch teilnahmsvoll, was denn geschehen sei. Noch immer auf den Knien liegend gestand La Vauguyon dem König, er habe im Bezirk des Schlosses den Degen gezogen, weil er von M. de Courtenay beleidigt worden sei; sein Ehrgefühl habe ihn seine Pflicht vergessen lassen. Der König hatte die größte Mühe, ihn zum Fortgehen zu bewegen; er versicherte ihm, er werde die Angelegenheit genauestens untersuchen lassen, worauf er alsbald alle beide von den Dienern des Großprofos verhaften und auf ihre Zimmer bringen ließ. Indessen holte man aus der Remise zwei königliche Karossen, die von keinem Wappen geschmückt waren und deren sich Bontemps zur Erledigung verschiedener Aufträge bediente. Die Gerichtsdiener setzten jeden der beiden Duellanten in eine Karosse und schafften sie nach Paris in die Bastille, wo sie sieben oder acht Monate lang blieben. Sie wurden beide vollkommen gleich behandelt; nach Ablauf des ersten Monats durften ihre Freunde sie dort besuchen. Man kann sich denken, welches Aufsehen dieser Vorfall erregte, niemand konnte sich die Ursache erklären. Der Prince de Courtenay war ein mustergültiger *honnête homme,* tapfer aber sanftmütig, und noch nie in seinem Leben hatte er mit jemandem Streit gehabt. Er beteuerte, daß zwischen ihm und La Vauguyon kein böses Wort gefallen sei, daß dieser ihn angegriffen und gezwungen habe, den Degen zu ziehen, um sich zur Wehr zu setzen. La Vauguyon wiederum – von dessen Geistesverwirrung man damals noch nichts ahnte – versicherte, der andere habe ihn angegriffen und beleidigt. Man wußte also nicht, wem man glauben noch was man von dem Ganzen halten sollte. Jeder von beiden hatte seine Freunde, aber niemand billigte es, daß allen beiden eine so vollkommen gleiche Behandlung zuteil wurde. Da es jedoch keine Möglichkeit gab, die Schuldfrage eindeutig zu klären, und da das Vergehen nun reichlich gesühnt war, wurden beide schließlich aus dem Gefängnis entlassen und erschienen bald darauf wieder bei Hofe.

Einige Zeit später warf eine neue Eskapade mehr Licht auf die Sache. Auf dem Wege nach Versailles trifft La Vauguyon einen Reitknecht in der Livree von Monsieur le Prince, wie er sich mit einem gesattelten Reservepferd am Zügel in Richtung Sèvres und Paris bewegt. La Vauguyon hält an, steigt aus seinem Wagen, ruft den Reitknecht herbei und fragt ihn, wem das Pferd gehöre. Der Reitknecht antwortet, es gehöre Monsieur le Prince; La Vauguyon meint, Monsieur le Prince habe bestimmt nichts dagegen, wenn er es reiten würde, und schon schwingt er sich in den Sattel. Der Reitknecht ist baß erstaunt, weiß nicht, wie er sich verhalten soll gegen einen Mann, der mit dem blauen Ordensband auf dem Rock seiner Equipage entsteigt. Er reitet also hinter ihm her. La Vauguyon rast in kurzem Galopp bis zur Porte de la Conférence, gelangt über den Wall, springt bei der Bastille vom Pferd, gibt dem Reitknecht ein Trinkgeld und verabschiedet ihn. Er geht hinauf zum Gouverneur der Bastille, erklärt ihm, er habe zu seinem Unglück dem König mißfallen und bitte nun, man möge ihm ein Zimmer zuweisen. Der Gouverneur schüttelt verwundert den Kopf, verlangt den Befehl des Königs zu sehen. Als sich herausstellt, daß gar keiner vorhanden ist, wächst sein Staunen; hartnäckig widersteht er allen Bitten La Vauguyons; schließlich willigt er aus Gefälligkeit ein, ihn solange bei sich zu behalten, bis er von Pontchartrain, den er mit Eilboten benachrichtigt, eine Antwort bekommen habe; und Pontchartrain berichtet die Sache dem König, der ebenfalls höchlichst verwundert ist. Dem Gouverneur wird befohlen, La Vauguyon keinesfalls bei sich aufzunehmen, aber es kostet viele Mühe, bis es jenem gelingt, seinen Besucher endgültig abzuschütteln. Diese neue Tollheit, dazu die Szene mit dem Pferd von Monsieur le Prince brachten allerlei Gerüchte hervor und warfen auf das Duell mit Courtenay ein ganz neues Licht. Indes ließ der König La Vauguyon mitteilen, er könne wieder bei Hofe erscheinen, und so kam er wieder regelmäßig wie zuvor; aber jeder mied ihn, und man hatte große Angst vor ihm, obwohl ihm der König aus lauter Güte mit besonderer Freundlichkeit entgegenzukommen bestrebt war.

Man kann sich denken, daß diese absonderlichen Auftritte in der Öffentlichkeit von den entsprechenden häuslichen Ereignissen begleitet wurden, die man allerdings möglichst geheimhielt, doch schließlich wurden sie für seine Frau, die viel älter war als er und die ein stilles und zurückgezogenes Leben führte, so unerträglich, daß sie sich entschloß, Paris zu verlassen und auf ihre Güter zu übersiedeln. Es war nur ein kurzes Verweilen, denn schon Ende Oktober des gleichen Jahres starb sie; dieser letzte Schlag brachte ihren Ehemann endgültig um den Verstand; mit seiner Frau verlor er seinen einzigen finanziellen Rückhalt; er selbst besaß keinerlei Vermögen, und vom König bekam er so gut wie nichts. Er überlebte seine Frau nur einen Monat. Er war vierundsechzig Jahre alt geworden, fast zwanzig Jahre jünger als sie, Kinder hatten sie niemals gehabt. Man weiß, daß er in den letzten zwei Jahren seines Lebens ständig Pistolen im Wagen bei sich hatte und auf der Fahrt zwischen Versailles und Paris häufig den Kutscher oder den Postillion zu bedrohen pflegte. Zweifellos wäre er ohne den Baron Beauvais, der ihm mit Geldmitteln beistand und sich seiner sehr annahm, häufig in schlimmste Bedrängnis geraten. Beauvais schilderte dem König mehr als einmal die elende Lage, in der La Vauguyon sich befand, und es ist unfaßbar, daß der König diesen Mann, den er so hoch erhoben und dem er stets besonderes Wohlwollen bezeugt hatte, so ohne weiteres hat vor Elend verrückt werden und vor Hunger sterben lassen.

Zum Jahresende übertrug Pontchartrain sein Amt des Staatssekretärs seinem Sohn, M. de Maurepas. Der Marschall de Boufflers heiratete die Tochter des Duc de Gramont in Paris, und der König belohnte Dangeau mit der Großmeisterschaft des Ordens Notre-Dame-du-Mont-Carmel und den damit verbundenen Orden Saint-Lazare. Den Winter zuvor hatte der König den Sankt-Ludwigs-Orden gestiftet; das war der Anlaß, die Großmeisterschaft von Saint-Lazare neu zu übertragen. Beide Orden sind so bekannt, daß ich mich nicht bei ihrer Erklärung aufzuhalten brauche. Ich will lediglich bemerken, daß der König, da es ihm an handfesten Belohnungen mangelte, es sich angelegen sein ließ, allem was zum Wettbewerbsgeist beitrug, den Charakter von Gratifikationen zu geben. So war er nach Kräften bemüht, diesen neuen Sankt-Ludwigs-Orden auf jede Weise zur Geltung zu bringen.

Schließlich kamen zum Jahresende die Brüder Vendôme von der Armee des Marschalls Catinat zurück; wie gut sie empfangen wurden, fiel allgemein auf. Es überraschte, zumal man Monsieur le Duc als Schwiegersohn des Königs – nur recht kühl und den Prince de Conti sehr eisig empfangen hatte, und mit M. de Luxembourg, der doch während des ganzen Feldzugs von sich hatte reden machen, sprach der König erst mehr als vierzehn Tage nach dessen Ankunft darüber, und auch dann nur sehr kurz.

Ursprung von Saint-Simons enger Freundschaft zum Duc de Beauvillier. – La Trappe und Saint-Simons Beziehungen zu Rancé.

Meine Mutter hatte sich während des ganzen Feldzuges sehr um mich geängstigt und bat mich inständig, keinen zweiten mitzumachen, ohne mich vorher zu verheiraten. Also begannen wir diese wichtige Angelegenheit ernstlich zu beraten. Ich war zwar noch sehr jung, aber ich hatte gegen den Plan nichts einzuwenden, nur wollte ich mich nach meinem Belieben verheiraten. Trotz meiner recht ansehnlichen Stellung fühlte ich mich sehr allein in einem Lande, wo Einfluß und Ansehen mehr ins Gewicht fielen als alles übrige. Sohn eines Günstlings Ludwig XIII. und einer Mutter, die nicht mehr ganz jung war, als sie mein Vater geheiratet, und die einzig und allein für ihn gelebt hatte, besaß ich weder Onkel noch Tanten noch Vettern, noch hatte ich nützliche Freunde von seiten meiner Eltern, da sie beide durch ihr Alter völlig abseits standen, und so war ich vollkommen allein. Zu einer Mesalliance konnte mich auch die Mitgift von Millionen nicht verlocken, und weder die Mode noch meine Bedürfnisse hätten mir ein solches Zugeständnis abgenötigt.

Eingedenk seiner Freundschaft mit meinem Vater hatte mir der Duc de Beauvillier, wenn ich den Prinzen, deren Hofmeister er war, meine Aufwartung machte, stets das größte Wohlwollen bewiesen, so daß ich mich beim Tode meines Vaters und auch später wegen der Bewilligung des Regiments an ihn gewandt hatte. Seine Lauterkeit, seine Sanftmut, seine Höflichkeit, kurz sein ganzes Wesen hatten mich für ihn eingenommen. Er stand damals in höchster Gunst; seit dem Tode Louvois' war er Staatsminister. Schon als ganz junger Mann war er in der Nachfolge des Marschalls de Villeroy Chef des Finanzrates geworden, und von seinem Vater hatte er das Amt des ersten Kammerherrn übernommen. Der Ruf, dessen sich die Duchesse de Beauvillier erfreute, und das herzliche Einvernehmen, in dem das Ehepaar lebte, bestärkte noch meine Zuneigung. Der wunde Punkt war die Vermögensfrage: ich hätte dringend Geld gebraucht, um meine eigenen, sehr in Mitleidenschaft gezogenen Finanzen zu sanieren. M. de Beauvillier allerdings war Vater von zwei Söhnen und acht Töchtern; gleichviel überwog meine Neigung, und meine Mutter stimmte mir zu.

Nachdem ich meinen Entschluß gefaßt hatte, hielt ich es für schicklicher, geradenwegs auf mein Ziel loszusteuern, ohne Umwege und ohne Vermittlung Dritter. Meine Mutter übergab mir eine genaue Aufstellung meines Besitzes und meiner Schulden, meiner Ämter, Einkünfte sowie der Prozesse, in die ich verwickelt war; ich nahm dieses Verzeichnis mit nach Versailles und ließ M. de Beauvillier bitten, er möge mir sagen lassen, zu welcher Zeit ich einmal allein und in aller Ruhe mit ihm sprechen könne. Louville war es, der bei ihm anfragte, ein Edelmann bester Herkunft. Die Familie seiner Mutter war immer sehr befreundet mit meinem Vater gewesen. Louville war in denselben Ansichten erzogen worden, und M. de Beauvillier schätzte ihn sehr. Er war im übrigen ein geistreicher Mann, besaß viel Einbildungskraft, was ihn der Gesellschaft sehr empfahl. Zudem besaß er viel Verständnis für Regierungsgeschäfte und gab die besten und solidesten Ratschläge. Beauvillier bestellte mich auf acht Uhr abends in das Kabinett seiner Gemahlin; der Herzog empfing mich allein. Ich erklärte ihm, weshalb ich zu ihm gekommen und daß ich es vorzöge, mich direkt an ihn zu wenden, statt, wie sonst allgemein üblich, einen anderen für mich sprechen zu lassen. Nachdem ich ihm meine Bitte unterbreitet und ihn von der Ernsthaftigkeit meiner Absicht überzeugt hatte, legte ich ihm jene Aufstellung über meinen Vermögensstand und meine laufenden Geschäfte vor und bat ihn, er möge, wenn es ihm irgend möglich sei, dem noch etwas hinzufügen, damit seine Tochter mit mir glücklich werden könne, weitere Bedingungen hätte ich nicht zu stellen. Alles, was ich von ihm erbäte, sei, mir die Hand seiner Tochter zu geben, er möge den Heiratskontrakt ganz nach seinem Gutdünken ausfertigen lassen, meine Mutter und ich würden ihn unbesehen unterzeichnen.

Der Herzog hatte mich, während ich sprach, unverwandt angesehen. Er dankte mir nun für meine Bewerbung, meinen Freimut und mein Vertrauen. Er bat mich, ihm etwas Zeit zu lassen, um die Sache gemeinsam mit Mme. de Beauvillier zu beraten. Dann unterrichtete er mich über seine Familienverhältnisse. Er sagte mir, die älteste seiner acht Töchter würde gerade fünfzehn Jahre alt, die zweite wäre so sehr verkrüppelt, daß man sie keinesfalls verheiraten könne, und die nächste zähle noch keine dreizehn Jahre, alle anderen seien noch Kinder, die er den Benediktinerinnen in Montargis in Obhut gegeben habe. Seine Älteste, fügte er hinzu, wolle Nonne werden; als er sie das letzte Mal von Fontainebleau aus in Montargis besucht habe, sei sie mehr als je dazu entschlossen gewesen. Was das Vermögen betreffe, so besitze er nur wenig und wisse nicht, ob mir das zusage, doch wolle er in dieser Hinsicht, versicherte er mir, alles für mich tun, was in seinen Kräften stehe. Ich antwortete ihm, es sei doch aus meinen Ausführungen deutlich hervorgegangen, daß ich nicht wegen des Vermögens zu ihm käme, nicht einmal seiner Tochter wegen, die ich ja nie gesehen hätte; daß vielmehr er es sei, der mich bezaubere, den ich heiraten wolle, ihn und Mme. de Beauvillier. »Aber«, erwiderte er mir, »wenn meine Tochter nun durchaus Nonne werden will?« – »Dann«, gab ich zur Antwort, »bitte ich Sie um die dritte.« Auf diesen Vorschlag hielt er mir zwei Einwände entgegen: einmal ihre große Jugend und dann die Notwendigkeit, für die älteste die gleiche Mitgift sicherzustellen, falls sie doch noch anderen Sinnes würde und nach der Heirat der dritten nicht mehr im Kloster bleiben wolle, was ihm indessen die größten Schwierigkeiten bereiten würde. Ich entkräftete seinen ersten Einwand mit dem Hinweis auf seine eigene Schwägerin, die sogar noch jünger war, als sie den inzwischen verstorbenen Duc de Mortemart geheiratet hatte; was den zweiten Punkt betraf, schlug ich ihm vor, er solle mir diese dritte Tochter geben, und zwar mit der gleichen Mitgift, die er ihr bewilligen würde, wenn die älteste sich verheiraten würde, wobei es ihm freistünde, mir den Rest nachzuzahlen, sobald die älteste das Gelübde abgelegt habe; ändere jedoch diese tatsächlich ihren Entschluß, wäre ich bereit, mich mit der Aussteuer einer jüngeren Tochter zu begnügen, und es würde mich von Herzen freuen, wenn seine älteste einen besseren Gemahl finden würde als mich.

Darauf geriet der Herzog fast außer sich; den Blick gen Himmel gerichtet, beteuerte er mir, er sei noch niemals auf solche Weise belagert worden; er müsse alle seine Kräfte zusammennehmen, um mir seine Tochter nicht auf der Stelle zu geben. Er rühmte mein Verhalten gegen ihn und beschwor mich, ich möge ihn fortan als meinen Vater betrachten, gleichviel ob die Heirat zustande käme oder nicht; er wolle mir in allem behilflich sein, ich hätte ihn mir derart verpflichtet, daß es nur selbstverständlich sei, wenn er mir seine Unterstützung anböte. Er umarmte mich ganz so, als sei ich wirklich sein Sohn. Beim Abschied sagte er mir, er wolle mir am anderen Morgen beim Lever des Königs mitteilen, wann wir uns wiedersehen könnten. Und dort flüsterte er mir dann im Vorübergehen ins Ohr, ich solle mich am gleichen Tage um drei Uhr nachmittags im Kabinett des Duc de Bourgogne einfinden, denn um diese Zeit sei der Herzog im Ballspiel.

Aber man kann den Neugierigen eben niemals entgehen; auf meinem Weg zu dem Rendezvous begegnete ich gleich deren zwei, die sich wunderten, mir um diese Zeit und an diesem Ort zu begegnen, und die mich mit ihren Fragen belästigten. Ich suchte ihnen auszuweichen, so gut ich konnte, und gelangte endlich in das Gemach des jungen Prinzen, wo ich nur dessen Hofmeister antraf, der einen zuverlässigen Kammerdiener vor die Tür gestellt hatte, um außer mir jedem anderen den Zutritt zu verwehren. Wir setzten uns am Arbeitstisch einander gegenüber, und nun wurde mir die rührendste, leider aber abschlägige Antwort zuteil; die Gründe waren die religiöse Berufung seiner Tochter, sein geringes Vermögen, das es ihm unmöglich mache, sie, falls sie nach der Heirat ihrer jüngeren Schwester doch noch anderen Sinnes würde, ebenso auszustatten wie jene, und überdies die Tatsache, daß die Bezahlung seiner Gehälter seit langem stockte und es ihm peinlich sei, als erster Minister zur Hochzeit seiner Tochter nicht das sonst übliche Geschenk vom König zu erhalten, was indes bei dem gegenwärtigen Stand der Finanzen wirklich nicht zu erwarten sei. In jeder erdenklichen Weise gab er mir zu erkennen, wie sehr er mich schätzte, wie sehr er mich in sein Herz geschlossen und wie sehr er mich allen anderen vorzöge. Ich antwortete mit den gleichen Beteuerungen, und wir trennten uns, indem wir einander schweigend umarmten, da wir uns beide nicht mehr fähig fühlten, auch nur ein einziges Wort zu sagen.

Am nächsten Tage hatte ich abermals eine Unterredung mit dem Herzog. Ich traf ihn in jenem kleinen Salon, der am Ende der Galerie liegt, die in die Gemächer der Königin führt, die niemand betrat, weil diese Gemächer nach dem Tod der Dauphine verschlossen blieben. Zwischen Furcht und Hoffnung schwebend, gestand ich dem Herzog, unser Gespräch am Abend zuvor habe mich derart erschüttert, daß es abgekürzt hätte aus dem Bedürfnis, den ersten heftigen Schmerz in der Einsamkeit zu bewältigen; und so verhielt es sich wirklich. Da er mir jedoch gestattete, noch einmal auf die Sache zurückzukommen, müsse ich ihm sagen, daß ich eigentlich nur zwei Schwierigkeiten sähe: das Vermögen und die religiöse Berufung seiner Tochter. Was das Vermögen betreffe, so hätte ich das Verzeichnis des meinen nochmals mitgebracht und bäte ihn, es an sich zu nehmen und danach alles so zu regeln, wie er es für gut und richtig halte. Im Hinblick auf das Kloster malte ich ihm aus, zu welch bitterer Enttäuschung es führe, wenn sich, wie es häufig geschieht, die religiöse Berufung als Irrtum erwiese, und mit welch schmerzlicher Sehnsucht man nun all jener Wonnen gedächte, deren man entsagt hat, ohne sie jemals auch nur gekostet zu haben, um mit Leib und Seele in unentrinnbarer Gefangenschaft zu verschmachten. Seine Tochter fände im Hause ihres Vaters, so fügte ich hinzu, genügend Beispiele hehrster Tugend.

Es schien, als hätte meine Beredsamkeit den Herzog tief berührt; er sagte mir, er sei in innerster Seele bewegt, wiederholte mir abermals, daß er, selbst wenn der Comte de Toulouse ihn um die Hand seiner Tochter bäte, mich jedenfalls vorziehen würde. Er werde sich sein Leben lang nicht darüber trösten, mich nicht zum Schwiegersohn zu bekommen. Er nahm mein Verzeichnis an sich, um zusammen mit Mme. de Beauvillier nochmals alle Möglichkeiten zu erwägen, sowohl im Hinblick auf die Mitgift als auch auf das Kloster. »Aber, wenn es nun wirklich ihre Berufung ist«, meinte er abschließend, »was kann ich dann tun? Wir müssen in allem blindlings dem Willen Gottes folgen, er wird meine Familie schon schützen. Ihm zu gefallen, ihm treulich zu dienen, muß das einzige Ziel unseres Handelns ein.« Nachdem wir noch über dies und jenes gesprochen hatten, trennten wir uns. Eine solch fromme und selbstlose Sprache von einem Manne zu vernehmen, der so hohe Würden und Ämter innehatte, das bestärkte mich noch – sofern das überhaupt möglich war – in meiner Achtung und Bewunderung, und zugleich auch in meinem Verlangen.

Am Abend war Appartement; ich wählte meinen Platz so, daß ich M. de Beauvillier, der hinter den Prinzen stand, ungestört und in aller Muße betrachten konnte. Beim Hinausgehen konnte ich mich nicht enthalten, ihm ins Ohr zu flüstern, daß ich gewiß sei, einzig und allein mit seiner Tochter glücklich werden zu können, und ohne eine Antwort abzuwarten, eilte ich davon. Ich erzählte all das Louville, und dieser war der Ansicht, ich solle nun Mme. de Beauvillier aufsuchen, und er riet mir, mich anderntags um acht Uhr abends bei ihr einzufinden.

Am folgenden Morgen besuchte ich also Mme. de Beauvillier. Sie dankte mir für alles und zählte mir fast dieselben Hindernisse auf; aber es schien mir recht deutlich, daß nicht die Vermögensfrage, sondern die religiöse Berufung der Tochter das eigentliche Hindernis war. Ich sagte nun der Mutter dasselbe, was ich bereits dem Vater gesagt hatte: Ich fügte noch hinzu, sie habe zwischen zwei Berufen zu wählen; es sei nur die Frage, welcher von beiden der sicherere sei und welchen aufzugeben gefährlicher wäre: Nonne zu werden oder zu heiraten. Ihre Tochter habe den ihren ohne alle Erfahrung gewählt, ich hingegen hätte mich entschlossen, nachdem ich zuvor sämtliche vornehmen jungen Mädchen in Betracht gezogen hätte; ihr Entschluß sei womöglich einem Stimmungsumschwung unterworfen, der meine dagegen fest und unerschütterlich; wenn man dem ihren mit einem Machtspruch entgegenträte, so brächte das keinen Schaden, da man sie nur ihrem natürlichen Stande zuführte und in den Schoß einer Familie zurückbrächte, wo sie ebensoviel, wenn nicht noch mehr Tugend und Frömmigkeit fände wie dort in Montargis; würde man sich hingegen meinem Entschluß widersetzen, so hieße das, mich unglücklich machen und mich zu einer schlechten Ehe verurteilen.

Die zwingende Kraft meiner Beweisführung und der Eifer, mit dem ich die Verbindung mit ihrer Familie erstrebte, setzte die Herzogin in Erstaunen. Sie entgegnete mir, daß auch ich von der religiösen Berufung ihrer Tochter überzeugt wäre, wenn ich die Briefe gesehen hätte, die sie dem Abbé Fénelon geschrieben habe. Sie als Mutter habe alles getan, was in ihrer Macht stehe, ihre Tochter zu veranlassen, auf sieben oder acht Monate nach Hause zu kommen, um den Hof und die Gesellschaft kennenzulernen, was ohne Gewalt jedoch nicht möglich sei. Schließlich sei sie vor Gott zwar für den Beruf ihrer Tochter, keineswegs aber für den meinen verantwortlich. Ich sei jedoch ein so guter Kasuist, daß ich sie tatsächlich in Verlegenheit brächte; sie wolle sich also noch einmal mit M. de Beauvillier beraten; und sie bedachte mich mit denselben herzlichen, aufrichtigen Worten wie ihr Gemahl. Plötzlich erschien die Duchesse de Sully – und dies, obwohl der Eintritt jedermann untersagt war – und unterbrach unser Gespräch; ich verabschiedete mich und ging fort, tief betrübt, denn ich spürte nur allzu deutlich, daß so fromme und so uneigennützige Menschen sich niemals der religiösen Berufung ihrer Tochter widersetzen würden.

Zwei Tage später beim Lever des Königs hieß mich M. de Beauvillier, ihm unauffällig bis in einen dunklen Gang zu folgen. Zwischen der Tribüne und dem neuen Flügel, wo M. de Beauvilliers Wohnung lag, gab er mir mein Vermögensverzeichnis zurück und sagte, er habe daraus ersehen, daß ich wie in allem, auch was den Besitz angehe, ein Grandseigneur sei, aber daß ich gerade deshalb nicht länger zögern dürfe und daß ich mich so schnell wie möglich verheiraten müsse; er gab abermals seinem Bedauern Ausdruck und beschwor mich zu glauben, daß niemand anders als Gott allein, der seine Tochter zur Braut begehre, den Vorzug vor mir habe und es auch vor dem Dauphin hätte, sofern dieser um seine Tochter anhielte. Sollte seine Tochter jedoch in der Folge ihren Entschluß wirklich ändern und ich dann noch frei sein, so hätte ich den Vorzug vor jedermann, und er selbst sähe damit seine kühnsten Wünsche erfüllt. Er würde mir, wäre es um seine Vermögensverhältnisse nicht so schlecht bestellt, die 80 000 Livres, die ich brauchte, leihen oder sich für mich verbürgen; so aber könne er nichts anderes tun als mir raten, mich entsprechend zu verheiraten, er sei bereit, die Vermittlung zu übernehmen und meine Sache künftig als die seine zu betrachten. Ich sagte ihm, wie tief ich es beklagte, daß meine Finanzlage es mir nicht erlaube, auf seine jüngste Tochter zu warten, denn sie würden doch wohl nicht alle Nonne werden. Die Unterredung endete mit herzlichen Freundschaftsversicherungen, er versprach, mir in allen Dingen Beistand zu leisten; von nun an wollten wir uns als Schwiegervater und Schwiegersohn betrachten und in der engsten Verbindung miteinander bleiben.

Ich habe mich bei dieser Darstellung vielleicht zu sehr in Einzelheiten verloren, aber ich hielt das für notwendig, denn hier liegt der Schlüssel zu meiner so unbefangenen und nahen Beziehung zu M. de Beauvillier; sein unbedingtes Vertrauen zu mir und die Freiheit, die ich mir ihm gegenüber in allen Dingen nahm, wäre sonst unverständlich geblieben, zumal bei dem großen Altersunterschied zwischen uns und bei dem äußerst verschwiegenen, einzelgängerischen oder vielmehr zurückhaltenden Wesen des Herzogs.

Es galt nun also eine andere Heirat für mich ausfindig zu machen. Durch einen Zufall ergab es sich, daß man meiner Mutter die älteste Tochter des Marschalls Duc de Lorge vorschlug, aber die Sache wurde einstweilen fallengelassen: Ich ging nach La Trappe, um mich dort über die Unmöglichkeit einer Verbindung mit dem Duc de Beauvillier zu trösten.

La Trappe ist ein so bekannter Ort und sein Reformator so berühmt, daß ich hier auf eine nähere Darstellung verzichten kann. Ich will nur bemerken, daß diese Abtei fünf Meilen entfernt ist von Ferté-au-Vidame oder Arnaud, denn so lautete der eigentliche Name dieses Ferté zum Unterschied zu den anderen Fertés in Frankreich, die alle den Gattungsnamen dessen, was sie einst gewesen, nämlich Forts oder Festungen (firmitas), behalten haben. Ludwig XIII. hatte gewünscht, daß mein Vater diese Domäne, die schon lange gerichtlich zum Verkauf angeboten wurde, erwarb. Die Nähe zu Saint-Germain und Versailles, das von La Ferté nur etwa zwanzig Meilen entfernt ist, gab schließlich den Ausschlag. Das war mein einziger Landsitz, und mein Vater pflegte dort den Herbst zu verbringen. Er war mit dem M. de La Trappe schon befreundet, als dieser noch in der Welt lebte, und da die Abtei in unmittelbarer Nähe lag, war die Freundschaft zwischen beiden immer enger geworden; mein Vater verbrachte fast jedes Jahr etliche Tage in dem Kloster. Er hatte auch mich dorthin mitgenommen. Obwohl ich eigentlich noch ein Kind war, übte La Trappe einen unendlichen Zauber auf mich aus, und die Heiligkeit des Ortes entzückte mich. Immer wieder wollte ich dorthin zurückkehren, und ich kam diesem Wunsch jedes Jahr nach, mitunter sogar mehrmals. Oft blieb ich acht Tage hintereinander dort. Niemals wurde ich dieses erhabenen Schauspiels müde, und immer aufs neue mußte ich jenen bewundern, der es zur Ehre Gottes und zur Heiligung seiner selbst wie zur Heiligung vieler seiner Mitmenschen veranstaltete. Der Abt erwiderte die Zuneigung, die der Sohn seines Freundes zu ihm empfand; er liebte mich, als sei er mein Vater, und ich blickte mit kindlicher Ehrfurcht zu ihm auf. Es war eine für mein jugendliches Alter einzigartige Beziehung, die mir das Vertrauen dieses so erhabenen und so ungewöhnlich heiligen Mannes bescherte, und ich werde es zeit meines Lebens bedauern, dieses Geschenk nicht besser genutzt zu haben.

*Erneuter Feldzug. – Saint-Simon zieht statt nach Flandern nach
Deutschland. – Mme. du Roure.*

Die Armeen wurden wie üblich verteilt. Der Duc de Luxembourg bekam die große flandrische, der Marschall de Boufflers eine kleinere und der Marquis d'Harcourt sein fliegendes Feldlager, die für Deutschland bestimmte Armee erhielt der Marschall de Lorge, die für Piemont der Marschall Catinat, indes der Duc de Noailles zu Hause im Roussillon blieb. Der Marschall de Villeroy wurde Stellvertreter des Duc de Luxembourg, und der Marschall Joyeuse wurde dem Marschall de Lorge beigegeben. Der Marschall de Choiseul ging mit einer sehr ausgedehnten Befehlsgewalt in die Normandie.

Das Regiment, das ich gekauft hatte, lag im Verwaltungsbezirk von Paris, war also für Flandern bestimmt, aber dort hinzugehen hatte ich nach all dem Ärger mit dem Duc de Luxembourg keine Lust. Auf Anraten des Duc de Beauvillier legte ich dem König kurz und bündig schriftlich meine Gründe dar und überreichte ihm meinen Brief, als er vom Lever kam und sein Arbeitszimmer betrat. An jenem Morgen wollte er zur Revue nach Chantilly und Compiègne fahren, um alsbald wieder zurückzukehren. Ich folgte ihm in die Messe und von dort bis zu seiner abfahrbereiten Karosse. Er setzte den Fuß bereits auf das Trittbrett, zog ihn dann aber wieder zurück und sagte zu mir gewandt: »Monsieur, ich habe Ihren Brief gelesen, ich werde mich seiner erinnern.« In der Tat erfuhr ich kurze Zeit darauf, daß man mich mit dem in Toul liegenden Regiment Sullys ausgetauscht hatte und daß er an meiner Stelle nach Flandern und ich an seiner Stelle nach Deutschland gehen sollte. Ich freute mich um so mehr, dem Duc de Luxembourg dank einem besonders freundlichen Entgegenkommen zu entrinnen, als ich erfuhr, daß dies dem Duc de Luxembourg entschieden Verdruß bereitet hatte.

Einige Jahre zuvor hatte sich Monseigneur sehr heftig in eine Tochter des Duc de La Force verliebt, die man, da ihre Familie aus religiösen

Gründen in alle Welt verstreut war, zum Ehrenfräulein der Dauphine ernannt hatte. Sie war die erste Herzogstochter, die eine solche Stellung je eingenommen hatte. Die Ehrendame der Dauphine, die Duchesse d'Arpajon, war vom König beauftragt, sich um Mlle. de La Force zu kümmern; sie verköstigte sie also und ließ sie, nachdem die Kammer der Ehrenfräulein aufgelöst worden war, in ihrem Appartement in Versailles bei sich wohnen. Man hat sie alsdann mit dem Sohn des Comte du Roure verheiratet, dem der König dafür die Anwartschaft auf das Amt des Generalleutnants im Languedoc und eine Summe Geldes bewilligte, um so die ganze Affäre auf anständige Weise zu beenden. Später hatte man ihr durch M. de Seigneley offiziell verbieten lassen, ferner bei Hofe zu erscheinen. Monseigneur nahm das alles mit ehrerbietigem Schweigen hin und bediente sich des Marquis de Créquy, um diesen Liebeshandel heimlich fortzusetzen. Indessen fanden aber der Marquis und Mme. du Roure Gefallen aneinander; Monseigneur erfuhr es: es kam zum Zerwürfnis, jeder gab dem anderen – eine Seltenheit bei einem Dauphin – seine Geschenke zurück, und der Marquis wurde ins Ausland verbannt, wo er einige Zeit blieb.

Diesen Winter loderte nun das niemals ganz erloschene Feuer wieder auf: Mme. du Roure konnte ihre Besuche bei Monseigneur in Versailles aber nicht so verheimlichen, daß der König nichts davon erfahren hätte. Er redete Monseigneur ins Gewissen, ohne etwas zu erreichen. Monseigneur ging Ostern nicht zur Beichte und zur Kommunion, was den König sehr erzürnte; so sehr, daß er die Dame bis auf weiteres in die Normandie auf ihre väterlichen Güter verbannte. Monseigneur wußte sich keinen anderen Rat, als ihr durch seinen ersten Kammerdiener Joyeux 1000 Livres zu übersenden und nachträglich seine religiösen Pflichten zu erfüllen.

Der König hätte ihn gern nach Deutschland geschickt, er aber gab wegen einer Intrige, die sich während des Feldzuges entspann, Flandern den Vorzug.

*Intrigen um die Prinzessinnen und um Monseigneur. –
Die Lächerlichmachung des Bischofs von Noyon bei seiner
Aufnahme in die Académie française. – Dauphiné d'Auvergne und
Comté d'Auvergne.*

Inzwischen hatten die Prinzessinnen – dieser Titel stand ausschließlich den drei Töchtern des Königs zu – einigen Ärger gehabt. Monsieur hatte vorgeschlagen, daß die Duchesse de Chartres die beiden anderen stets mit ›meine Schwester‹, daß jene sie hingegen nie anders als mit ›Madame‹ anreden sollten. Das war berechtigt, und der König hatte es ihnen befohlen, wodurch die beiden sich sehr gekränkt fühlten. Die Princesse de Conti fügte sich dieser Anordnung ohne Widerrede, während Madame la Duchesse es sich einfallen ließ, Mme. de Chartres als Tochter derselben Mutter *Mignonne* zu nennen. Nun hätte nichts weniger *mignon* sein können als deren Gesicht, deren Gestalt, kurz deren ganze Erscheinung. Doch wagte Mme. de Chartres nicht, es zu beanstanden, Monsieur aber wurde zornig, als es ihm schließlich zu Ohren kam, denn er spürte, wie lächerlich diese Anrede war und daß sie nur als Ausflucht diente, um sich das ›Madame‹ zu ersparen. Der König verbot nun diese Vertraulichkeit aufs strengste, wodurch sich Madame la Duchesse noch mehr beleidigt fühlte, was sie sich allerdings nicht anmerken ließ.

Als sie nach einem Ausflug in Trianon übernachteten, ließen die Prinzessinnen, die immerhin noch sehr jung waren, es sich einfallen, nach Anbruch der Dunkelheit im Garten umherzustreifen und sich mit dem Abbrennen von Feuerwerkskörpern zu vergnügen. Eines Nachts nun – war es Bosheit der beiden ältesten, war es Unvorsichtigkeit – brannten sie ihr Feuerwerk just unter Monsieurs Fenster ab und weckten ihn auf, worüber er sehr erzürnt war. Er beschwerte sich beim König, der dafür sorgte, daß man sich bei ihm entschuldigte, die Prinzessinnen gehörig ausschalt und alle Mühe hatte, seinen Bruder zu besänftigen. Monsieurs Gereiztheit machte sich vor allem im eigenen Hause bemerkbar: die Duchesse de Chartres bekam seine üble Laune noch recht lange zu spüren, ich kann mir nicht denken, daß das ihren beiden Schwestern besonders leid getan hätte. Man bezichtigte Madame la Duchesse sogar, einige Spottlieder auf Mme. de Chartres verfaßt zu haben. Schließlich wurde alles wieder beigelegt, und nachdem ihm Mme. de Montespan, die er immer sehr geliebt hatte, in Saint-Cloud einen Besuch abgestattet hatte, verzieh Monsieur seiner Schwiegertochter vollkommen. Mme. de Montespan versöhnte überdies ihre beiden Töchter, auf die sie immer noch großen Einfluß ausübte und von denen sie mit viel Ehrerbietung behandelt wurde.

Die Princesse de Conti erlebte noch ein anderes Abenteuer, das viel Aufsehen erregte und recht peinliche Folgen zeitigte. Man hatte ihr bei ihrer Heirat die Comtesse de Bury als Ehrendame zugeteilt, eine Frau von großer Tugend, Sanftmut und Höflichkeit, und diese hatte ihre Nichte, Mlle. Choin, aus der Dauphiné kommen lassen und sie zum Ehrenfräulein der Prinzessin gemacht. Ein dickes, untersetztes, stumpfnasiges, häßliches Mädchen, aber sehr gewitzt, zumal in Intrigen. Tag für Tag bekam sie nun Monseigneur zu Gesicht, da er und die Mme. la Princesse schier unzertrennlich waren. Mlle. Choin unterhielt ihn vorzüglich und schlich sich, ehe man sich dessen versah, ganz in sein Vertrauen ein. Mme. de Lillebonne und ihre beiden Töchter, die ebenfalls bei der Prinzessin aus und ein gingen und die sich aufs engste an Monseigneur angeschlossen hatten, bemerkten als erste, welch rückhaltloses Vertrauen die Choin sich erworben hatte, und wurden alsbald ihre besten Freundinnen. Der Marschall de Luxembourg jedoch, der eine feine Nase hatte, verstand es, den Rahm abzuschöpfen; der König liebte ihn nicht und bediente sich seiner nur aus purer Not; der Marschall wußte das sehr wohl und hatte sich daher gänzlich Monseigneur zugewandt, bei dem Prinz von Conti ihn und seinen Sohn, den Duc de Montmorency, vorzüglich eingeführt hatte. Dieser Prinz kam dem Marschall nicht nur aus Freundschaft so sehr entgegen, sondern auch, um von ihm informiert und belobigt zu werden, denn er hoffte, so den Oberbefehl über die Armee zu erhalten; gemeinsame Ausschweifungen hatten ein übriges getan, ihre Verbindung zu festigen. Der Duc de Vendôme, der auf den Prince de Conti in jeder Hinsicht eifersüchtig war, – hatte sich, da er offen nichts zu unternehmen wagte, mit dem Marschall de Luxembourg überworfen, was ihn veranlaßte, die Armee Catinats zu wählen, wo er niemanden über sich hatte; und der Duc du Maine stand wegen der leidigen Frage des Vorranges auch nicht gerade zum besten mit dem Marschall; alles das fesselte ihn also immer enger an den Prince de Conti und bewog ihn, sich mit wachsendem Eifer Monseigneur zuzuwenden. Das war auch der Grund, weshalb Monseigneur lieber nach Flandern statt nach Deutschland ging, wohin der König ihn entsenden wollte, da er etwas von diesem Intrigennetz, das der Marschall de Luxembourg um Monseigneur gesponnen hatte, zu ahnen begann.

Monseigneur hatte nämlich an Clermont de Chaste, einem Fähnrich der Leibgarde, Gefallen gefunden. Ein großer, vorzüglich gewachsener Mann, der nichts besaß als übersteigertes Ehrgefühl, Tapferkeit und ein ausgesprochenes Talent zur Intrige und der sich dem Marschall de Luxembourg unter Berufung auf seine Verwandtschaft mit ihm angeschlossen hatte. Dieser machte es sich zur Ehrenpflicht, den jungen Mann in seinen Kreis aufzunehmen, und fand ihn bald für seine Zwecke sehr geeignet. Clermont hatte es verstanden, sich bei der Princesse Conti Zutritt zu verschaffen und ihr den Verliebten vorzuspielen; sie jedoch verliebte sich tatsächlich in ihn. Dank dieser Unterstützungen wurde er sehr bald zum Günstling Monseigneurs, und da er bereits durch den Marschall de Luxembourg eingeweiht war, begriff er sehr rasch, welche Pläne der Marschall und der Prince de Conti geschmiedet hatten, um Monseigneur unter ihre Herrschaft zu bringen, damit sie sich, sobald er König geworden, des Staates bemächtigen könnten. Zu diesem Zweck rieten sie Clermont, sich an die Choin anzuschließen, ihr Liebhaber zu werden und den Anschein erwecken, als wolle er sie heiraten. Sie vertrauten ihm an, was sie bei Monseigneur für die Choin entdeckt zu haben glaubten und daß Clermont auf diesem Wege zweifellos sein Glück machen würde. Clermont, der arm war, glaubte ihnen bereitwillig: er spielte seine Rolle, und die Choin zeigte sich nicht unzugänglich; die Liebe, die er heuchelte, die er ihr aber dennoch bezeugte, flößte Vertrauen ein; sie verhehlte ihm also nicht, welche Gefühle Monseigneur für sie hegte, und bald machte auch Monseigneur selbst ihm gegenüber kein Geheimnis mehr aus seiner Freundschaft zu der Choin; am Ende war die Princesse de Conti die von allen betrogene. Hierauf brach man zur Armee auf, wo Clermont alle Auszeichnungen erhielt, die M. de Luxembourg zu vergeben hatte.

Beunruhigt über die Kabale, die er um seinen Sohn sich anspinnen sah, ließ der König sie alle aufbrechen, um sich dann das Postgeheimnis zunutze zu machen. Die Kuriere brachten ihn zwar häufig um seine Beute, aber da man so unvorsichtig war, die Post nicht ausschließlich den Kurieren anzuvertrauen, wurde die Intrige dann doch offenbar. Der König bekam etliche Briefe in die Hand: er erfuhr nun von Clermonts und der Choins Absicht zu heiraten, von ihrer beider Liebe, von dem Plan, Monseigneur sowohl gegenwärtig wie nach seinem, des Königs,

Tod zu beherrschen; er erfuhr ferner, in welchem Maß Luxembourg die Seele dieses ganzen Unternehmens war und welche Herrlichkeiten er sich davon versprach; welch grenzenlose Verachtung Clermont und die Choin für die Princesse de Conti empfanden, deren Briefe Clermont schamlos der Choin preisgab. Sie befanden sich in dem gleichen von der Post abgefangenen Paket – viele andere hatte der König, nachdem Abschriften gefertigt waren, weiterbefördern lassen –, dazu noch ein Begleitbrief für seine Opfergabe, in dem Clermont sich schonungslos über die Princesse de Conti äußerte; Monseigneur wurde von beiden stets nur als »unser fetter Freund« bezeichnet, und es schien, als machten sie hier aus ihrem Herzen keine Mördergrube. Nun glaubte der König, Unterlagen genug zu besitzen, und an einem regnerischen Nachmittag, an dem er nicht ausging, ließ er der Princesse de Conti sagen, sie möge in sein Kabinett kommen, er habe mit ihr zu sprechen. Er war überdies auch im Besitz von Briefen, die sie an Clermont und die Clermont an sie geschrieben hatte, und in denen beider Liebe recht unmißverständlich zum Ausdruck kam, Briefe, über die Clermont und die Choin sich dann weidlich lustig machten.

Die Princesse de Conti, die ebenso wie ihre Schwester den König nur zwischen Souper und Coucher aufzusuchen pflegte, war über diese Botschaft sehr erstaunt. Besorgt fragte sie sich, was der König wohl von ihr wolle, denn er wurde von seinen nächsten Familienmitgliedern womöglich noch mehr gefürchtet als von seinen übrigen Untertanen. Ihre Ehrendame blieb in einem Vorzimmer, und der König führte sie allein in sein Arbeitszimmer. Dort verkündete er ihr in strengem Ton, er wisse über alles Bescheid, sie solle keinerlei Versuch machen, ihre Schwäche für Clermont zu leugnen, denn er sei im Besitz ihrer und seiner Briefe; und er zog diese Briefe aus der Tasche! »Kennen Sie diese Schrift?« fragte er seine Tochter; es war ihre eigene und die Clermonts. Nach dieser Eröffnung sank die arme Prinzessin in Ohnmacht; der König, Mitleid mit ihr hatte, brachte sie, so gut er konnte, wieder zu sich, überreichte ihr die Briefe und erteilte ihr einen wenn auch recht milden Verweis. Dann gab er ihr zu verstehen, das sei noch nicht alles, er besitze noch weitere Briefe, aus denen sie ersehen könne, wie töricht sie ihre Neigung vergeudet habe und welcher Rivalin sie geopfert werde. Dieser neue Schlag, der vielleicht noch vernichtender war als der erste, warf die Prinzessin abermals nieder; der König richtete sie auch diesmal wieder auf, doch nur, um sie einer grausamen Sühne zu unterziehen: er forderte, daß sie in seiner Gegenwart sowohl ihre eigenen von Clermont preisgegebenen Briefe als auch die Briefe Clermonts und die der Choin läse. Da glaubte sie, sterben zu müssen. Tränenüberströmt, außerstande, auch nur ein Wort hervorzubringen, warf sie sich dem König zu Füßen: man vernahm nur noch wildes Schluchzen, erstickte Verzweiflungs- und Wutausbrüche, flehentlich gestammelte Bitten um Verzeihung, um Gerechtigkeit und um Rache. Dem wurde bald Genüge getan: die Choin bereits am nächsten Tage davongejagt, und M. de Luxembourg bekam Order, Clermont in die nächst gelegene Stadt, d. h. nach Tournai zu schicken, überdies wurde Clermont befohlen, seine Charge niederzulegen, sich in die Dauphiné zurückzuziehen und diese Provinz nicht mehr zu verlassen. Gleichzeitig unterrichtete der König Monseigneur von dem, was sich zwischen ihm und seiner Tochter zugetragen hatte, womit er ihm jede Möglichkeit nahm, den beiden Unglücklichen etwa Schutz zu bieten. Man kann sich denken, wie es dem Prince de Conti und vor allem M. de Luxembourg und dessen Sohn nach dieser Entdeckung zumute war und welcher Schrecken zumal die beiden letzteren ergriff.

Da jedoch durch diese Briefe auch Monseigneurs Neigung zu der Choin offenbar geworden war, hütete sich die Princesse de Conti, allzuharte Maßnahmen zu treffen. Sie schickte Mlle. Choin in einer Karosse nach Paris in die Abtei Port-Royal, gewährte ihr eine Pension und stellte ihr Wagen für den Umzug zur Verfügung. Comtesse de Bury, die von dem Treiben ihrer Nichte nicht die leiseste Ahnung gehabt hatte, war untröstlich und beschloß, sich so bald wie möglich zurückzuziehen. Mme. de Lillebonne und ihre Töchter hatten nichts Eiligeres zu tun, als die Choin zu besuchen, allerdings ganz im geheimen und mit der größten Vorsicht; es war dies ein sicheres Mittel, die unmittelbare Verbindung zu Monseigneur aufrechtzuerhalten; andererseits aber wollten sie es weder mit dem König verderben noch mit der Princesse de Conti, die mit größter Rücksichtnahme zu behandeln sie alle Ursache hatten. Denn, obwohl sie Prinzessinnen waren, wußten sie infolge der Verschwendungssucht des M. de Lillebonne oft buchstäblich nicht, wo sie Kleidung und Nahrung hernehmen sollten. M. de Louvois war ihnen oft behilflich gewesen; die Princesse de Conti hatte sie an den Hof gezogen, beköstigte sie, machte ihnen ständig Geschenke, verschaffte ihnen jede Art von Annehmlichkeit, und schließlich hatten sie es ja auch ihr zu verdanken, daß sie Monseigneurs Bekanntschaft gemacht, seines ständigen Umgangs und endlich seiner erklärten und besonderen Freundschaft gewürdigt worden waren. Spottlieder taten das ihrige, dieses seltsame Abenteuer der Prinzessin und ihrer Vertrauten allgemein bekanntzumachen.

Eine weitere Gelegenheit zum Spott bot bei unserer Rückkehr der Bischof von Noyon, was ihm um so peinlicher war, als alle Welt sich auf seine Kosten belustigte. Die Eitelkeit dieses Prälaten, die ihn alles als Auszeichnung ansehen ließ, ergötzte den König. Nun war in der Académie française ein Platz frei geworden, und der König wollte M. de Noyon aufnehmen lassen. Er befahl Dangeau, der bereits der Akademie angehörte, den übrigen Mitgliedern diesen seinen Wunsch zu verstehen zu geben. Dergleichen war noch nie dagewesen, und der Bischof von Noyon, der sich viel auf sein Wissen einbildete, war überglücklich. Er begriff nicht, daß der König sich nur einen Spaß machen wollte. Es läßt sich denken, daß der Prälat alle Stimmen erhielt, ohne sich auch nur um eine einzige beworben zu haben, und der König betonte gegenüber Monsieur le Prince und gegenüber jeder Persönlichkeit bei Hofe, daß es ihm sehr genehm sei, wenn sie sich alle zu der feierlichen Aufnahme einfänden. So wurde der Bischof von Noyon das erste Akademiemitglied auf königlichen Wunsch, ohne daß er selbst jemals daran gedacht hätte, und überdies der erste, zu dessen Aufnahme der König feierlich eingeladen hatte.

Der Abbé Caumartin war damals Direktor der Akademie und mußte also auf die Antrittsrede, die der Prälat dort zu halten hatte, seinerseits mit einer Rede antworten. Er kannte die Eitelkeit des Bischofs und dessen eigenartigen Redestil. Er war sehr geistreich und gebildet, überdies jung und der Stiefbruder des Marquis Saint-Ange, der als Finanzintendant damals sehr im Mittelpunkt stand und unter dem Generalkontrolleur Pontchartrain, seinem nahen Verwandten und vertrauten Freund, fast sämtliche wichtigen Finanzgeschäfte abzuwickeln hatte. Diese Verbindung ermutigte den Abbé, und in dem sicheren Bewußtsein, den Beifall der Gesellschaft zu ernten und vom Minister gestützt zu werden, nahm er sich vor, auf Kosten des Bischofs, den er aufzunehmen hatte, das Publikum zu erheitern.

Er verfaßte also eine wirre Rede, die genauestens den Stil des Bischofs nachahmte; ein Gewebe aus übertriebenen Lobsprüchen und emphatischen Vergleichen, deren pompöses Durcheinander eine einzige Satire auf die Eitelkeit des Prälaten war, eine Rede mithin, die jenen gänzlich lächerlich machte.

Als Caumartin seine Ausführungen noch einmal durchlas, fand er sie derart maßlos, daß ihm plötzlich angst wurde; um sich Rückendeckung zu verschaffen, unterbreitete er das Schriftstück dem Bischof von Noyon wie ein Schüler seinem Lehrer, wie ein Novize, der vermeiden möchte, eine von den Würdigungen, die er einem hohen Prälaten schuldet, auszulassen oder gar etwas zu äußern, was nicht dessen Geschmack entspräche oder nicht dessen Billigung fände. Diese ehrerbietige Aufmerksamkeit befriedigte den Bischof ungemein; er las die Rede und las sie abermals; er war begeistert von ihr, konnte es sich aber nicht versagen, einige kleinere stilistische Korrekturen anzubringen und hier und da noch ein paar Bemerkungen zu seinem eigenen Lobe hinzuzufügen. Mit großem Vergnügen sah der Abbé sein Werk wieder, und als er die vom Bischof persönlich angebrachten Verbesserungen und Erweiterungen erblickte, war er seinerseits überglücklich, weil die Falle, die er jenem gestellt, so vollkommen zugeschnappt war und er nun einen Beweis seiner Zustimmung in Händen hielt, der ihn vor jeder Anlage schützen mußte.

Am Tage der Aufnahme war der Saal überfüllt, alles was bei Hofe oder in der Stadt Rang und Namen besaß, hatte sich eingefunden; man war gekommen, weil man sich beim König beliebt machen wollte und weil man sich eine Belustigung versprach. Der Bischof von Noyon erschien mit stattlichem Gefolge, er grüßte nach allen Seiten, bermerkte mit unverhohlener Genugtuung die erlesene, zahlreiche Gesellschaft und hielt alsdann mit dem ihm eigenen Selbstvertrauen seine Rede, deren Ausdrucksweise, Verworrenheit und Pathos alle Erwartungen der Zuhörer vollkommen erfüllte. Der Abbé Caumartin antwortete mit bescheidener Miene, in gedämpftem Ton, und sofern die allgemeine Schadenfreude auch nur einen Augenblick nachgelassen hätte, wäre es ihm ein leichtes gewesen, durch eine unmerkliche Veränderung des Stimmklanges bei den lächerlichsten und für den Prälaten bezeichnendsten Wendungen die Aufmerksamkeit all seiner Hörer sofort wiederzuerwecken. Aber die vor Geist und Kunstfertigkeit funkelnde Bosheit des Abbé übertraf noch bei weitem das, was man hätte erwarten können, wäre man von seinem kühnen Plan unterrichtet gewesen; das Vergnügen wurde also durch die Überraschung noch erhöht. Man spendete ihm ungeheuren Beifall, und wie auf Verabredung trug jeder dazu bei, den Bischof mehr und mehr zu berauschen, da man ihm allgemein beteuerte, seine eigene Rede trage ihre Größe in sich selbst, und die des Abbé habe nur Gefallen gefunden, weil er es verstanden habe, ihn in so würdiger Weise zu loben. Voller Entzücken über den Abbé und das Publikum verließ der Prälat die Versammlung, ohne den leisesten Argwohn zu schöpfen.

Man kann sich denken, welches Aufsehen diese Geschichte erregte und welche Figur der Bischof von Noyon abgeben mußte, wenn er sich in größeren und kleineren Gesellschaften mit seiner Rede und der ihr zuteil gewordenen Antwort brüstete, sich der Zahl wie der Erlesenheit seiner Zuhörer sowie des Entgegenkommens des Königs rühmte. Harlay, der Erzbischof von Paris, bei dem er besonders zu glänzen gedachte, mochte ihn gar nicht; der Bischof von Noyon hatte ihm einmal eine Demütigung zugefügt, und das nagte seit langem an seinem Herzen. Harlay war damals noch nicht Herzog, und der Hof hielt sich in Saint-Germain auf, wo es keine kleinen Höfe gab wie in Versailles. Da begegnete der Bischof von Noyon, als er einmal mit seiner Karosse in den Schloßhof fuhr, dem Erzbischof von Paris, der zu Fuß ging. Er ruft ihm etwas zu; der Erzbischof geht auf ihn zu und meint, er würde aussteigen; aber mitnichten, der andere bleibt in seinem Wagen sitzen, ergreift seine Hand und führt ihn so neben sich her, wobei er ständig auf den vor Wut kochenden Erzbischof einredet und ihm Komplimente macht. Ohne sich im geringsten seiner Unschicklichkeit bewußt zu sein, stieg M. de Noyon munter plaudernd die Treppe mit ihm hinauf, so daß der Erzbischof von Paris es nicht wagte, aus der Angelegenheit eine Affäre zu machen; gleichviel grämte ihn dieser Vorfall. Da der Erzbischof von Paris damals im besten Einvernehmen mit dem König stand, da er die Versammlungen des Klerus mit seiner ganzen Autorität leitete und da er des weiteren bei der Verteilung der Pfründe ein gewichtiges Wort mitzureden hatte, ein Anrecht, das er später verlor, erachtete er es allmählich für überflüssig, den Prälaten – und selbst den vornehmsten – einen Besuch abzustatten, obwohl sie alle ihn ihrerseits sehr häufig besuchten. Das ärgerte den Bischof von Noyon, und er gab es mehrfach mit aller Deutlichkeit zu verstehen; die einzige Antwort aber waren Entschuldigungen. Als der Bischof endlich begriff, daß es immer bei diesen Entschuldigungen bleiben würde, beschwerte er sich beim König und redete so lange auf ihn ein, bis er diesen endlich veranlaßte, dem Erzbischof zu befehlen, dem Bischof von Noyon einen Besuch abzustatten. Harlay war darüber um so ärgerlicher, als er es nun bei keiner Gelegenheit mehr wagen durfte, jene vorgeschriebenen Besuche zu versäumen, er durch Ausnahme aber andererseits weit bedeutenderen Prälaten gegenüber in ein schiefes Licht geriet.

Man kann sich also vorstellen, daß diese Aufnahme des Bischofs in die Akademie für den Erzbischof eine köstliche Komödie bedeutete, aber das war ihm noch nicht genug, solange der Bischof von Noyon sich selber weiter zu seinen Erfolgen beglückwünschte. Also versäumte der Erzbischof nicht, diesem anläßlich seines Besuches die Augen zu öffnen und ihm als sein Diener und Bruder im Herrn zu verstehen zu geben, was er ihm in aller Unmittelbarkeit zu sagen nicht wagte. Er erging sich in Anspielungen und brauchte lange Zeit, ohne daß es ihm gelang, sich einem Manne verständlich zu machen, der derart von sich selber eingenommen war, daß es ihm niemals in den Sinn gekommen wäre, anzunehmen, man könne ihn verspotten. Endlich aber fand er Gehör und bat den Bischof, den jungen Mann, der, wie er sagte, die Ehre des Episkopates beleidigt habe, nicht noch durch weitere Torheiten zu ermutigen, sondern vielmehr seine wahren Freunde um Rat zu fragen. Der Bischof von Noyon brummelte noch eine ganze Weile vor sich hin, bevor er klein beigab; schließlich aber konnte er sich des Argwohns nicht mehr erwehren und sah sich gezwungen, dem Erzbischof zu danken und ihm zu versprechen, die Angelegenheit mit dem Pater La Chaise zu beraten. Kaum hatte er das erzbischöfliche Palais verlassen, eilte er sogleich zu dem Pater. Er erzählte ihm von seinen Befürchtungen und bat ihn so inständig, ihm die Wahrheit zu sagen, daß der Beichtvater, der selbst ein vollkommen reines Gewissen hatte – indes noch schwankte, ob er den Bischof von Noyon in dieser äußerst lächerlichen Situation preisgeben oder ob er statt dessen den Abbé Caumartin in Ungelegenheiten stürzen sollte –, es am Ende doch nicht über sich brachte, einen Mann zu täuschen, der sein ganzes Vertrauen in ihn setzte. Also bestätigte er ihm so behutsam wie möglich die Wahrheit dessen, was ihm der Erzbischof von Paris soeben mitgeteilt hatte. Dem überschwenglichen Entzücken folgte nun schäumende Wut. In dieser Verfassung kehrte der Bischof nach Hause zurück, um sich am anderen Morgen nach Versailles zu begeben, wo er sich beim König bitter über den Abbé Caumartin beklagte, der ihn zu einer Marionette und zum Gegenstand allgemeinen Gespötts gemacht habe. Der König, der sich zwar ein wenig hatte belustigen wollen, der jedoch immer und überall auf die Einhaltung einer bestimmten Ordnung und einer gewissen Schicklichkeit bestand, hatte bereits erfahren, was sich zugetragen, und fand den Vorfall recht ärgerlich. Die Beschwerden waren ihm besonders peinlich, weil er sich selbst als unschuldigen Urheber dieser ausgesprochen albernen und nun öffentlich bekanntgewordenen Szene ansehen mußte und weil er, obwohl er sich gern über die Narrheiten des Bischofs erheiterte, es ihm gegenüber doch nie an Entgegenkommen und Achtung hatte fehlen lassen. Also mußte Pontchartrain kommen, und er befahl ihm, seinem Verwandten gehörig den Kopf zu waschen und ihm eine *lettre de cachet* auszuhändigen, damit er in seiner Abtei in der Bretagne zur Besinnung käme und den rechten Umgangston erlerne. Pontchartrain wagte nichts zu erwidern, er führte den ersten Teil des Befehls unverzüglich aus, den Rest verschob er auf den nächsten Tag, bat um Gnade, brachte die

Jugend des Abbé ins Spiel und die Versuchung, sich die Lächerlichkeit des Prälaten zunutze zu machen, vor allem wies er hin auf die von dem Bischof eigenhändig verbesserte und ergänzte Antwort. Nach einer solch genauen Überprüfung könne sich jener nur selbst Vorwürfe machen, wenn er in der Rede nichts von dem bemerkt habe, was alle Welt darin zu erkennen gemeint hatte. Dieser letzte, von einem beliebten und geistreichen Minister mit Geschick vorgebrachte Einwand änderte zwar nichts an der Verstimmung des Königs, machte aber die *lettre de cachet* unwirksam. Mehr erhoffte sich Pontchartrain zunächst auch nicht. Er sprach dann von der Reue des Abbé, von seiner Bereitschaft, den Bischof um Verzeihung zu bitten und ihm zu bezeugen, daß er niemals beabsichtigt habe, es ihm gegenüber an Achtung fehlen zu lassen und sein Mißfallen zu erregen. In der Tat ließ er ihn die Erlaubnis einholen, dem Bischof diese Ergebenheit persönlich zu bestätigen; aber der beleidigte Prälat wollte nichts davon wissen, und nachdem er sich in maßlosen Wutausbrüchen gegen Caumartin ergangen hatte, begab er sich, um seine Beschämung zu überwinden, in seine Diözese, wo er lange Zeit blieb. Kurz nach seiner Rückkehr nach Paris – um das vorwegzunehmen – erkrankte er dann so schwer, daß er die Sterbesakramente empfing; doch noch ehe er sie empfing, ließ er den Abbé Caumartin holen, verzieh ihm, umarmte ihn, zog von seinem Finger einen schönen Diamantring, den zu behalten und in liebevollem Gedenken an ihn zu tragen er ihn bat; und als er dann wieder genesen war, versuchte er alles, was in seiner Macht stand, um den König wieder mit Caumartin auszusöhnen; daran hat er sein ganzes Leben lang mit Ausdauer und Eifer gearbeitet; auch hat er jede Gelegenheit wahrgenommen, um Caumartin zum Bischof zu machen; aber mit jenem Streich hatte Caumartin beim König ein für allemal ausgespielt, und der Bischof von Noyon erwarb sich durch seine großherzige Handlungsweise nur das Wohlgefallen vor Gott und die Ehre vor der Welt.

Um diese Zeit verursachte der Hochmut des Kardinals Bouillon einen ganz besonderen Auftritt. Um das zu verstehen, muß man erwähnen, daß es in der Provinz Auvergne zwei private Domänen gibt, deren eine die Comté d'Auvergne und deren andere die Dauphiné d'Auvergne genannt wird. Die Comté besitzt einen normalen Umfang ohne besondere Rechte und ohne irgend etwas, was sie von sonstigen Gebieten unterscheidet; die Dauphiné ist im Umfang kleiner als die Comté und steht, obwohl zum Fürstentum erhoben, weder im Rang noch in der Vornehmheit über den anderen Domänen, auch verfügt sie über keinerlei Sonderrechte; aber die Distinktion des Namens *Prince Dauphin* hatte dem Zweige Montpensier gefallen, der diese Domänen besaß. Einige Mitglieder dieser Familie trugen diesen Titel schon zu Lebzeiten ihres Vaters, noch ehe sie zu Herzögen ernannt wurden. Die Comté d'Auvergne war durch Heiraten und Erbfolgen an das Haus La Tour gekommen. Dieser Name war ein so lockender Leckerbissen für Leute, die darauf erpicht waren, ihren Namen (La Tour) in »von Auvergne« umzuwandeln, daß sie dem König in den Ohren lagen, er möge ihnen diese Domäne wieder zurückerstatten. Deshalb trägt der Bruder des Herzogs und des Kardinals Bouillon den Namen Comte d'Auvergne.

Die Dauphiné d'Auvergne war durch Mademoiselles testamentarische Verfügung Monsieur zugefallen, und alsbald wurde der Kardinal Bouillon von maßloser Begierde gepackt, diese auch noch an sich zu reißen. Er wandte sich an Béchameil, den Haushofmeister Monsieurs, und an den Chevalier de Lorraine, und er schmeichelte all jenen, die möglicherweise Monsieur dazu bestimmten konnten, ihm diese Domäne zu verkaufen; aufgrund beträchtlicher Summen wurden sie endlich handelseinig; Monsieur trug die Sache dem König vor, der sich indes zu seiner Überraschung ablehnend verhielt. Monsieur gab nicht nach und konnte die Weigerung nicht begreifen. »Ich wette, mein Bruder«, sagte der König, »das ist nur eine neue Extravaganz des Kardinals Bouillon, der seine Neffen zum *Prince Dauphin* ernennen lassen will. Schlagen Sie sich diesen Handel aus dem Kopf.« Monsieur, der fest zugesagt hatte und dem dieser Handel recht gut gefiel, gab nicht nach; der König jedoch blieb standhaft und sagte zu Monsieur, er brauche ja nur bei dem Kardinal anfragen zu lassen, ob er eine solche Absicht hege.

Der ablehnende Bescheid wurde dem Kardinal im Namen Monsieurs durch den Chevalier de Lorraine schriftlich übermittelt und erfüllte ihn mit Ingrimm. Ein solch einzigartiger Titel, wie geschaffen, um Dummköpfe, die stets in der Überzahl sind, zu blenden, ein Titel überdies, den bislang die Prinzen von Geblüt getragen hatten, hätte ihn in seinen Hochmut hoch erfreut: die Verweigerung erfüllte ihn mit Gram. Da er es nicht wagte, sich unmittelbar gegen den König zu wenden, antwortete er dem Chevalier de Lorraine mit einer Flut von Unverschämtheiten, die er mit der Bemerkung krönte, daß ihn diese Verweigerung um so mehr betrübe, als sie ihn hindere, Monsieur auch weiterhin mit dem gleichen Eifer zu dienen, wie er es bisher getan habe. Monsieur war eher geneigt, über eine solche Kriegserklärung zu lachen, als darüber beleidigt zu sein. Der König indes nahm sie zunächst ernster, aber gerührt durch die Bitten des Kardinals de Bouillon und wohl wissend, welche schwere Sühne eine derartige Frechheit eigentlich verdient hätte, entschied er sich dann, diesen Übergriff zu ignorieren, und der Kardinal kam mit der Beschämung davon und brauchte sich nur vierzehn Tage in seinem schönen Haus in Saint-Martin de Pontoise zu verbergen.

Monsieur erlaubte Châtillon, seinem alten Günstling, seine Charge an seinen älteren Bruder zu verkaufen. Auch der Comte de Tonnerre, Neffe des Bischofs von Noyon, verkaufte seine Charge als erster Kammerherr Monsieurs, die er seit langer Zeit innehatte, an Sassenage, der den Militärdienst quittierte. Tonnerre besaß viel Geist, aber das war auch alles: er äußerte zuweilen sehr Witziges, wodurch er sich allerdings stets in Abenteuer verwickelte, denen er nicht gewachsen war, was ihn dennoch nicht veranlassen konnte, sich zurückzuhalten, und es war schließlich so weit gekommen, daß es als entehrend galt, einen Streit mit ihm anzufangen. Deshalb legte man sich bei den Antworten, die man ihm gab, keinerlei Zwang auf. Aufgrund seiner Bonmots war er unter den Höflingen Monsieurs seit langem sehr unbeliebt: er war so unvorsichtig gewesen, verlauten zu lassen, er wisse tatsächlich nicht, was ihn bewöge, noch ferner in diesem Laden zu bleiben, Monsieur sei das albernste Frauenzimmer von der Welt und Madame das dümmste Mannsbild, dem er jemals begegnet. Die beiden erfuhren das und waren sehr beleidigt darüber; dennoch erfolgte nichts weiter. Aber diese ewige Schandmaulerei und die vollkommene Mißachtung, in die er geraten, vertrieben ihn schließlich und verurteilten ihn zu einem recht jammervollen Leben.

Barcelona bleibt durch Verrat bei Spanien. – Einführung der Kopfsteuer. – Mme. de Nemours setzt einen Bastard des letzten Comte de Soissons unter dem Namen eines Prince de Neufchâtel in dessen Besitzungen ein und verheiratet ihn mit der Tochter des Marschalls de Luxembourg.

Auf einen merkwürdigen Zwischenfall des diesjährigen Krieges muß ich noch zu sprechen kommen. M. de Noailles und M. de Barbezieux, Staatssekretär des Krieges, waren sich spinnefeind; alle beide waren beim König gut angeschrieben, beide waren sehr hochmütig und beide sehr verwöhnt. M. de Noailles hatte in seinem Gouvernement Roussillon eine Reihe Vergünstigungen beantragt und durchgesetzt, so daß er dort fast völlig unabhängig von dem Staatssekretär Louvois schalten und walten konnte. Mme. de Maintenon, Louvois' Feindin, hatte ihm zu diesen Vergünstigungen verholfen, und Louvois' Sohn, Barbezieux, der über weit weniger Vollmachten verfügte als sein Vater, war es nicht gelungen, etwas daran zu ändern; da Barbezieux M. de Luxembourg, der sehr eng mit M. de Noailles befreundet war, gar nicht leiden konnte, bildeten sich zwei Gruppen, die einander argwöhnisch beobachteten.

Noailles Erfolge in Katalonien hatten Barbezieux sehr gewurmt; er fürchtete, es möchten neue hinzukommen, die er als Vorzeichen seines eigenen Untergangs betrachtete, da sie den Kredit seiner Feinde erhöhten. All das, was in Katalonien ausgeführt worden war, ebnete die Wege für eine Belagerung von Barcelona, womit die Eroberung jener ganzen Provinz besiegelt und der König am Ende des Winters instandgesetzt war, einen erfolgreichen Angriff im Inneren Spaniens zu unternehmen, und das war schon immer seine Absicht gewesen, und M. de Noailles wußte, wie sehr dem König an diesem Plan gelegen war, und als er nun endlich die Möglichkeit zur Verwirklichung gekommen sah, wünschte er seinerseits die Durchführung nicht weniger, zumal er sich davon die Sicherung seines Vizekönigtums versprach. Er würde sein Ansehen und seine Gunst vermehren, er würde selbstverständlich zum General der Armee ernannt werden, die im kommenden Jahr Spanien an den verwundbarsten Stellen angreifen und es zum Frieden zwingen würde, ein Frieden, dessen ganzer Ruhm ihm, Noailles, zufallen sollte. Er legte also dem König nahe, ihm beizeiten seine Befehle zu erteilen und ihm zu ermöglichen, in aller Ruhe die nötigen Vorbereitungen zur Belagerung von Barcelona zu treffen. Barbezieux, den er dadurch zur Verzweiflung brachte, wagte nichts gegen seine Befehle zu unternehmen.

Am 3. Oktober segelte eine Flotte von 52 Kriegsschiffen mit 5200 Mann an Bord von Toulon ab. Sie stammten aus M. de Vendômes Truppen in der Provence. Man brauchte also nur noch Hand ans Werk zu legen, alles war bereit, da wollte M. de Noailles dem König noch besondere Rechenschaft ablegen und seine Ordre unmittelbar von ihm in Empfang nehmen, und zwar ohne Wissen von Barbezieux. Zur Ausführung dieses für ihn so wichtigen Auftrags wählte er Genlis, einen Mann, der ihm, da er weder über Vermögen noch über Aufstiegsmöglichkeiten verfügte, unbedingt ergeben war. Dieser Genlis gewann M. de Noailles' Freundschaft in solchem Maße, daß er die Eifersucht seiner ganzen kleinen Armee erregte. M. de Noailles verschaffte ihm ein Regiment, stellte ihn unvermittelt an die Spitze einer Brigade und ließ ihn zum Generalmajor befördern. Genlis war schlau und berechnend, er hatte keine andere Beziehung und Protektion als jene, durch die ihm alles zugefallen war. M. de Noailles glaubte also nichts Klügeres tun zu können, als ihn, mit einem schlichten Beglaubigungsschreiben versehen, dem König als lebendigen Brief zu schicken, der ihm an Ort und Stelle mündlich Auskunft geben und, ohne ihn mit einem langen Schreiben zu behelligen, ihm in einer halben Stunde mehr mitteilen könne, als er selber ihm in mehreren Tagen schriftlich zu berichten vermöchte. Worte verfliegen, die Schrift ist von Dauer. Ein Kurier kann bestohlen, kann krank werden oder seine Depeschen verlieren; diese Lösung jedoch beugte von vornherein derartigen Zwischenfällen vor und überließ M. de Barbezieux seiner Unwissenheit und Angst, was dem König nun durch Genlis übermittelt werden würde.

Barbezieux, der in Katalonien um so zahlreichere und um so bessere Spione hatte, je gefährlicher dieser Bereich für ihn war, wurde von der Entsendung Genlis' und von dem Tag seiner Abreise benachrichtigt und erfuhr überdies, daß er sich geradewegs zum König begeben sollte und daß es ihm ausdrücklich verboten sei, ihn, Barbezieux, aufzusuchen. Daraufhin faßte er einen kühnen Entschluß; er ließ Genlis kurz vor Paris abfangen und ihn dann, ohne ihn aus den Augen zu lassen, zu sich nach Versailles bringen. Als er ihn bei sich hatte, schmeichelte er ihm so ungeheuer und verstand es so geschickt, durchblicken zu lassen, welch besondere Bedeutung die Freundschaft eines noch so jugendlichen und so hochgestellten Mannes, wie er selbst es sei, für ihn haben könne und wie anders seine weitere Laufbahn aussehen würde, wenn er mit ihm, dem Staatssekretär, befreundet wäre, statt bei M. de Noailles gut angeschrieben zu sein, daß es ihm tatsächlich gelang, Genlis zu dem schwärzesten Verrat zu verleiten, nämlich mit dem König – ganz im Gegensatz zu seinem Auftrag – nur in seinem, Barbezieux', Beisein zu sprechen. Genlis gehorchte ihm aufs Wort und berichtete dem König gerade das Gegenteil von dem, was er ihm hätte sagen sollen; denn nachdem er ihm den ganzen Inhalt seines Berichtes entlockt hatte, schrieb Barbezieux Genlis den Wortlaut seiner Aussagen vor, und Genlis sprach ihm gehorsam nach. Durch diese Machenschaften scheiterte die geplante Belagerung von Barcelona kurz vor ihrer Durchführung, und dies, obwohl nach menschlichem Ermessen der Erfolg so gut wie gewiß war und obwohl keineswegs zu befürchten stand, daß die spanischen Streitkräfte an diese seit ihrer Niederlage verödete Grenze Entsatz schicken würden. Die Verantwortung für den Fehlschlag jenes Unternehmens lastete nach Ansicht des Königs auf Noailles, und zwar gerade weil dieser so vorsichtig gewesen, Genlis lediglich mit einem Beglaubigungsschreiben zu versehen, so daß nun alles, was sein Bote im Widerspruch zu seinem Auftrag gesagt hatte, des Gegenbeweises entbehrte und als die von Noailles selbst vertretene Ansicht gelten mußte. Man kann sich denken, daß Barbezieux ohne Säumen die nötigen Befehle erließ, um augenblicklich alle bereits getroffenen Vorbereitungen rückgängig zu machen und die Flotte schleunigst nach Toulon zurückzuordnern; man kann sich überdies denken, daß M. de Noailles wie vom Donner gerührt war, aber die Ränke waren so fein gesponnen, daß es ihm niemals gelang, sich vor dem König von dieser Schuld reinzuwaschen; es wird sich zeigen, daß die Folgen eben dieser Intrige M. de Vendôme als Basis für seinen Aufstieg dienen sollten.

Um jene Zeit wurde die Kopfsteuer eingeführt, eine Erfindung Bâvilles, des berühmten Intendanten von Languedoc. Steuern, die auf so willkürliche und so bequeme Art zu erheben und ebenso bequem zu erhöhen und leicht einzutreiben waren, mußten für einen Generalkontrolleur, der nicht wußte, wo er die Geldmittel hernehmen sollte, sehr verführerisch sein. Dennoch widersetzte sich Pontchartrain dieser Steuer, solange er konnte; er sah die furchtbaren Folgen voraus, und es war ihm klar, daß diese Abgabe zeitlich unbegrenzt war. Zum Schluß aber waren ihm durch die immer dringender werdenden Bedürfnisse des Staates und allerlei Umtriebe die Hände gebunden.

Am 27. November wurde der Comte de Toulouse, der das Herzogtum Damville gekauft und dadurch seine Stellung abermals erhöht hatte, in seiner Eigenschaft als Pair im Parlament empfangen, so wie vor ihm M. du Maine und nach ihm M. de Vendôme empfangen wurden.

Der Marschall de Luxembourg leitete, als er von der Armee zurückkam, eine seltsame Hochzeit für seine Tochter in die Wege. Vom Tode des letzten der Longueville und von seinem Testament zugunsten seines Vetters, des Prince de Conti, war schon die Rede. Mme. de Nemours war Longuevilles Stiefschwester; sie war die kinderlose Witwe des letzten Duc de Nemours aus dem Hause Savoyen; eine sehr stolze, ungewöhnliche und geistvolle Frau. Sie lebte recht zurückgezogen im Palais de Soissons in Paris. Da sie steinreich war, konnte sie ein glanzvolles Leben führen, und obwohl ihr Aussehen und ihr Aufzug sehr sonderbar waren, umgab sie stets das Flair der großen Dame. Sie hatte von der Mutterseite her den Haß des Zweiges Soissons auf den Zweig Condé geerbt, und dieser Haß hatte sich noch gesteigert, als nach dem Tode ihrer Mutter, der Schwester von Monsieur le Prince, die Verwaltung der großen Besitztümer Longuevilles nicht ihr, sondern Monsieur le Prince und danach dessen Sohn zugefallen war. Das Testament zugunsten des Prince de Conti schmälerte sie um nichts. Denn es fand sich ein später verfaßtes, das zu ihren Gunsten lautete; sie berief sich auf dessen Gültigkeit und wollte das erste anfechten lassen. Der Prince de Conti pochte auf das seinige und focht das zweite an, da es, wie er sagte, bei geistiger Umnachtung verfaßt worden sei: das führte zu einem langwierigen Prozeß.

In ihrem Zorn über das Ganze und in der Verachtung, die sie schon immer für ihre Erben gehegt hatte, entschloß sich Mme. de Nemours, einen alten, etwas wunderlichen Bastard des letzten Comte de Soissons auszugraben; dieser lebte von den Einkünften der Abtei La Couture und verbrachte seine Tage in Weinschenken. Er war völlig ungesellig und hatte niemals im Heer gedient noch jemals mit einem vernünftigen Menschen Umgang gehabt. Mme. de Nemours lud ihn zu sich ein, gab ihm alles, was sie ihm geben konnte, und das war nicht eben wenig; von da an ließ sie ihn Prince de Neufchâtel nennen (die Orléans-Longueville waren seit 1504 Besitzer Neufchâtels) und bemühte sich, ihm durch eine große Heirat den Rücken zu stärken. Mlle. de Luxembourg war zwar alles andere als schön, jung oder geistreich, doch sie weigerte sich, Nonne zu werden, und eine Mitgift wollte man ihr nicht geben. Die Duchesse de Meckelbourg machte nun diesen neuen Heiratsplan ausfindig. Es widerstrebte weder ihrem noch dem Stolz ihres Bruders, an dergleichen zu denken; sie schrieb ihrem Bruder, dem Duc de Luxembourg, von diesem Plan; es verlockte ihn immerhin gewaltig, sich in Hinblick auf die Souveränität von Neufchâtel, die diesem Bastard gegeben worden war, die Möglichkeit einer eigenen Rangerhöhung vorzustellen. Aber da M. de Luxembourg, als er zum Heer aufbrach, bereits eine große, einstweilen noch geheime Vergünstigung erhalten hatte, wagte er es nicht, um dieses weitere Entgegenkommen zu bitten; er überließ es also der Geschicklichkeit seiner Schwester, die Angelegenheit durchzufechten, und um dem Zwiespalt zu entgehen, ob er diese Gunst erbitten solle oder nicht, erwähnte er in seinen Briefen an den König diese Heirat mit keiner Silbe. Als aber Mme. de Meckelbourg zum König ging, um ihn um die Einwilligung zu dieser Heirat zu bitten, hatte sich das Vorhaben und die Hoffnung auf die Rangerhöhung schon herumgesprochen. Kaum tat Mme. de Meckelbourg den Mund auf, da unterbrach sie der König auch schon und erwiderte ihr, zwar habe ihm M. de Luxembourg noch keine Mitteilung von der Sache gemacht, aber er habe keine Einwände gegen das, was sie und ihr Bruder für notwendig erachteten, sofern es ihnen nicht in den Sinn käme, unter irgendeinem Vorwand eine Rangerhöhung für den Chevalier de Soissons zu erbitten; die würde er unter keinen Umständen bewilligen. Damit schob er dem schönen Wahn ein für allemal einen Riegel vor. Gleichviel kam die Hochzeit zustande. Sie wurde im kleinsten Kreis sofort nach der Rückkehr des Herzogs ohne viel Aufhebens im Hôtel de Soissons gefeiert. Mme. de Nemours ließ die Neuvermählten bei sich wohnen und überhäufte sie mit Geld, Geschenken und Revenuen, sie faßte wärmste Zuneigung für den Ehemann sowie für die Frau, die sich beide eng an sie anschlossen und die außer mit den Leuten, die bei ihr verkehrten, mit niemand Umgang pflegten.

Tod des Marschalls de Luxembourg. – Zerwürfnis zwischen Roquelaure und den Vendôme. – Tod der Prinzessin von Oranien. – Königsmarck und die Herzogin von Hannover. – Tausch der Gouverneursämter in Guyenne und Bretagne. – Beziehungen Saint-Simons zum Marschall Lorge und seiner Gemahlin. – Saint-Simon heiratet deren älteste Tochter, Lauzun die jüngere. – Tod La Fontaines.

M. de Luxembourg überlebte diese schöne Heirat nicht lange. Mit siebenundsechzig Jahren tat er, als sei er erst fünfundzwanzig, und vergnügte sich, als sei er ein junger Mann. Da ihm Liebesabenteuer aufgrund seines Alters und seines Aussehens versagt blieben, suchte er diesem Umstand mit Geld abzuhelfen, und die Intimität, die zwischen ihm, seinem Sohn, dem Prince de Conti und Albergotti bestand, beruhte fast ausschließlich auf der Ähnlichkeit ihres Lebenswandels und den Orgien, die sie in Gesellschaft von Dirnen miteinander zu veranstalten pflegten. Die Ausarbeitung der Marschrouten, alle Anordnungen, Befehle und die Zuteilung von Lebensmitteln fielen bei einem Feldzug Puységur zu. Doch vor dem Feinde am Tage der Schlacht hatte M. de Luxembourg mit einem Blick alles erfaßt, mit unübertrefflicher Sicherheit übersah er jede Lage, niemand hätte einfallsreicher, umsichtiger, wachsamer, vorausschauender sein können als er; kühner Kampfesmut, Selbstvertrauen verbunden mit Kaltblütigkeit befähigten ihn, mitten im stärksten Feuer und im entscheidenden Gefahrenmoment alles wahrzunehmen und alles zu überschauen: unter solchen Umständen zeigte er seine Größe. Im übrigen war er die Trägheit selbst, kaum daß er ohne zwingende Notwendigkeit spazierenritt; fortwährend Spiel, Unterhaltung mit seinen Vertrauten, an der täglichen Abendtafel saßen einige wenige Leute, fast immer die gleichen: lag eine Stadt in der Nähe, trug man Sorge, auch einige weibliche Wesen aufzutreiben. Dann war er für niemanden und nichts zu sprechen, und wenn irgendein unvorhergesehenes Ereignis eintrat, mußte Puységur die Entscheidung treffen. Ob bei der Armee, oder in Paris oder bei Hofe, wo er seine Tage in Gesellschaft und seine Nächte mit Lustbarkeiten verbrachte, der Lebenswandel dieses großen Generals blieb sich stets gleich, bis schließlich sein Alter sich bemerkbar machte und seine Körperkräfte ihn im Stich ließen; er wurde krank, bekam in Versailles eine Lungenentzündung, die

Fagon von Anfang an für recht bedenklich hielt, seine Tür wurde von allem, was Rang und Namen hatte, belagert, die Prinzen von Geblüt wichen Tag und Nacht nicht von der Stelle, und auch Monsieur erschien etliche Male. Als Fagon ihn bereits aufgegeben hatte, übernahm Caretti, ein Italiener, der mit seinen Geheimkuren schon viel Erfolg gehabt hatte, die Behandlung des Kranken und verschaffte ihm auch einige Erleichterung; aber dieser Hoffnungsschimmer erlosch bald wieder. Der König ließ sich einige Male erkundigen, aber mehr aus Höflichkeit als aus Zuneigung; denn wie ich bereits bemerkte, liebte er M. de Luxembourg nicht, doch der Gedanke an den Ruhmesglanz seiner Feldzüge und die Schwierigkeit, diesen Marschall zu ersetzen, bereiteten ihm einige Unruhe. Als sich sein Zustand ernstlich verschlechterte, bemächtigte sich der Pater Bourdaloue, der berühmte Jesuit – dem seine wunderbaren Predigten Unsterblichkeit verleihen müßten –, seiner ganz und gar. Es handelte sich darum, ihn mit den Brüdern Vendôme auszusöhnen; durch deren Eifersucht auf M. de Luxembourgs Freundschaft und Vorliebe für den Prince de Conti war es zu einem offenen Bruch zwischen M. de Luxembourg und den Vendôme gekommen. Roquelaure, aller Freund und niemandes Vertrauter, führte die beiden Brüder nacheinander an M. de Luxembourgs Sterbebett, wo sich alles mit wenigen Worten ganz friedlich regelte. Der Marschall empfing die Sakramente und zeigte sich sehr ergeben und tapfer. Er starb am Morgen des 4. Januar 1695, wurde von vielen Leuten betrauert, obwohl er als Privatmann von niemandem geschätzt und von kaum jemandem geliebt worden war.

Gegen Ende des Sommers und zu Beginn des Winters versuchte man Friedensverhandlungen einzuleiten; worauf sie begründet waren, weiß ich nicht. Crécy begab sich in die Schweiz, die als neutrales Land ein Pufferstaat war, zwischen dem Kaiser und dem Herzog von Savoyen und nicht allzu entfernt von Venedig. Crécy, ein Bruder des Jesuitenpaters Verjus, hatte sich an mehreren deutschen Höfen aufgehalten; er hatte das deutsche Staatsrecht studiert, war an verschiedenen Fürstenhöfen gewesen, deren Interessen ihm genau bekannt waren. Er war ein vorsichtiger und zurückhaltender Mann; hinter nicht allzu geschliffenen Umgangsformen, die, weil er so lange in der Fremde gewesen, eher einen Ausländer als einen Franzosen vermuten ließen, verbarg er eine ungewöhnliche Anpassungsfähigkeit und Geschicklichkeit. Durch seine rasche Auffassungsgabe, die es ihm ermöglichte, die Absichten der Leute, mit denen er zu verhandeln hatte, sofort zu durchschauen und immer nur das zu verstehen, was er eben verstehen wollte; durch seine unermüdliche Geduld und Beharrlichkeit, durch seine erfinderische Gabe, etwas, was bereits abgelehnt war, in den verschiedensten Umgestaltungen wieder aufs neue anzubieten, pflegte er sein Ziel fast immer zu erreichen.

Der Abbé Morel ging nach Aachen, um mit dem Reich zu verhandeln. Er war ein hervorragender Kopf, scharfsinnig und mit großer Urteilskraft begabt; Saint-Pouenge, den er bei Gelagen und Lustbarkeiten kennengelernt hatte, war seinem Fortkommen nützlich gewesen. Er wurde zunächst von Louvois und später vom König, der sich vorzüglich bedient sah, auf geheime Reisen geschickt. Er hatte einen Bruder, der ihm jedoch nur darin ähnelte, daß er den Wein, obwohl er ihn weit schlechter vertrug, noch mehr liebte als er, und durch Vermittlung dieses Bruders wurde er schließlich Königlicher Almosenier.

Harlay, Staatsrat und Schwiegersohn des Kanzlers Boucherat, ein zwar gebildeter, aber sonst recht unbedeutender Mann, war nach Maastricht gegangen, um die Holländer zu sondieren. Seine Verhandlungstaktik hatte jedoch nur zur Folge, daß die Feinde sich noch mehr in die Brust warfen und sich dem Frieden um so abgeneigter zeigten, je mehr Grund sie zu der Annahme hatten, daß wir ihn notwendig brauchten. Die ganze Dringlichkeit der Verhandlungstaktik, die in solchem Widerspruch stand zu dem Hochmut, mit dem man zuvor behauptet hatte, alle Kriege beenden zu können, machten sie stutzig. Das war das ganze Ergebnis, das jene Gesandten während der ersten Wintermonate erzielten. Die Holländer besaßen sogar die Unverschämtheit, dem ungewöhnlich dürren und bleichen Harlay zu verstehen zu geben, sie sähen in ihm ein genaues Abbild des jammervollen Zustandes, in dem Frankreich sich befände; worauf er, ohne sich zu erregen, scherzhaft erwiderte, daß sie sich vielleicht doch eine andere Ansicht über den Zustand des Königreichs bilden würden, falls sie ihm noch die Zeit gewährten, seine Frau kommen zu lassen; sie war in der Tat sehr üppig, wohlgenährt und von blühender Gesichtsfarbe. Er wurde recht unvermittelt heimgeschickt und beeilte sich, wieder über die Grenze zu kommen.

Die Winterzeit verläuft selten ohne allerlei Zänkereien und Zwischenfälle. Der Duc d'Elbeuf fand es unterhaltend, den Liebhaber der jung verheirateten Duchesse de Villeroy zu spielen, obwohl sie ihm keinerlei Anlaß dazu gab. Man ersuchte ihn, sich einige Zeit in Paris aufzuhalten, bis er diese Laune, die eigentlich nur darauf abzielte, Villeroy zu beleidigen, wieder vergessen hätte. Nicht daß M. d'Elbeuf Ursache gehabt hätte, sich über das Ehepaar zu beklagen, aber er war ein Mensch, dessen überhitzte Einbildungskraft sich mit Vorliebe an ungewöhnlichen und leidenschaftlichen Szenen ergötzte und den sein Aussehen, sein Herkommen und die Gunstbezeugungen des Königs gründlich verdorben hatten.

Roquelaure, Herzog auf Lebenszeit, geborener Harlekin, Spaßmacher und Spötter, hatte sich zeit seines Lebens in großer Gesellschaft bewegt und war von jeher ein intimer Freund des M. de Vendômes gewesen. Da er überall dabeisein wollte, hatte er sich auch in den Freundeskreis des Marschalls de Luxembourg eingeschmuggelt, von dessen glänzender Stellung er einmal Nutzen zu ziehen hoffte, wobei er Monseigneurs Hof vor Augen hatte, welchen der mit dem Prince de Conti engstens befreundete Marschall – sobald der König einmal das Zeitliche gesegnet haben würde – in allen wesentlichen Punkten zu bestimmen gedachte. Die Schwierigkeit für Roquelaure bestand darin, mit beiden einander so feindlichen Parteien auf gutem Fuße zu bleiben, eine Schwierigkeit, die seit dem offenen Bruch zwischen den Brüdern Vendôme und dem Marschall de Luxembourg ständig unüberwindbarer wurde; das Zerwürfnis war so eindeutig, daß er sich entscheiden mußte, und Roquelaure, der nicht in der Zukunft lesen konnte, zögerte keinen Augenblick, seinen alten Freund aufzugeben zugunsten jener, die er soeben erworben hatte und von denen er sich viel versprach. Vendôme fühlte sich dadurch aufs tiefste beleidigt, aber er fand keine Gelegenheit mehr, das zum Ausdruck zu bringen; die Entfernung Italiens, wohin er sich von Flandern aus zurückgezogen hatte, bewirkte, daß er nur in Abständen bei Hofe auftauchte und mit Roquelaure nur ganz kurz und flüchtig ins Gespräch kam, wenn beide sich dort begegneten. Deshalb konnte Roquelaure – wie ich bereits erwähnte – die Brüder Vendôme auch noch an M. de Luxembourgs Sterbebett führen, aber eben jener Auftritt ließ sie ihren Gram über Roquelaures Abtrünnigkeit besonders schmerzlich empfinden, dergestalt, daß sie in der Leere, die M. de Luxembourg hinterließ, im Bewußtsein ihrer Rangerhöhung sowie ihrer Verbindung mit M. du Maine, der ihnen zu diesem Aufstieg verholfen hatte, nunmehr die Umgangsformen vergaßen, die sie bisher im Verkehr mit Roquelaure gewahrt hatten.

Kurze Zeit nach dem Tode des Marschalls de Luxembourg kam Roquelaure eines Tages zu Le Grand, der von morgens bis abends offene Tafel für den Hof hielt und der den ganzen Tag über Spiele veranstaltete, so daß die Menge der Höflinge wie bei einer Kirche hinein- und herausströmte und es – zumal beim Landsknecht – an Spielern niemals fehlte. Vendôme, der zu den Bankhaltern gehörte, war mit einem anderen über sechs Pistolen in Streit geraten. Er war ein guter Spieler, aber wie überall sonst ein hartnäckiger Streithammel, die übrigen Bankhalter gaben ihm unrecht; er bezahlte, erhob sich und kam gegen diesen Schiedsspruch hadernd an den Kamin, wo er Roquelaure traf, der sich dort wärmte; jener antwortete ihm in dem plump vertraulichen Ton, den er sich stets anmaßte, und mit einem Anflug von scherzhaftem Spott, er sei tatsächlich im Unrecht und der Schiedsspruch nur billig gewesen. Vendôme, der durch diesen Vorfall ohnehin schon gereizt war, geriet über diese Taktlosigkeit außer sich; wutschnaubend schrie er Roquelaure an, er sei ein Scheißschiedsrichter und mische sich ständig in Sachen, die ihn nichts angingen. Verwundert über diesen Ausspruch lenkte Roquelaure ein und meinte, daß er ihn keineswegs habe kränken wollen, aber Vendôme steigerte sich mehr und mehr in seine Wut, warf ihm Grobheiten an den Kopf mit einer Lautstärke und Schroffheit, die nur ein Dienstbote sich hätte gefallen lassen. Roquelaure, der zwar beleidigt, aber weit mehr verwirrt war, begnügte sich mit der Entgegnung, er werde ihm anderenorts die entsprechende Antwort erteilen, worauf Vendôme ihm bedrohlich dicht auf den Leib rückte und ihn anbrüllte, er kenne ihn nur allzu gut, er sei doch hier wie dort derselbe aufgeblasene Feigling. Unterdessen kam der Großprior, der etwas weiter entfernt gestanden hatte, zu ihnen heran, packte Roquelaure am Kragen und überschüttete ihn in seinem üblichen phlegmatischen Ton mit Beleidigungen, die nicht hinter denen seines Bruders zurückstanden; mit einem Schlag geriet das ganze Haus in Aufruhr. Mme. d'Armagnac und der Marschall de Villeroy kamen an den Kamin gestürzt; sie suchte eilends die Brüder Vendôme wegzubringen, und der Marschall führte Roquelaure hinaus, der weder Mut genug hatte, die Konsequenzen aus einer solchen Beleidigung zu ziehen noch sich beim König zu beschweren. Das schlimmste aber war, daß er sich schon einen Tag nach dieser öffentlichen Bloßstellung von Mme. d'Armagnac mit den Vendôme aussöhnen ließ. Um das Maß vollzumachen, erzählte die Duchesse de Roquelaure überall herum, wie ärgerlich sie über den Vorfall sei, aber man hätte besser getan, sich gar nicht erst mit ihrem Mann anzulegen; es komme eben nichts dabei heraus, und das habe nur aus Dummheit und Unwissenheit geschehen können. Man begriff nicht, was sie sich von derart lächerlichen Behauptungen versprach. Roquelaure schien, so unverfroren er auch war, für einige Tage fassungslos, doch bald darauf verfiel er wieder in seine üblichen Harlekinaden und fand sich ohne alle Scham in Marly und Choisy und überall ein, wo er mit den Vendôme zusammentreffen mußte, auch ging er ihnen zu aller Erstaunen nicht einmal aus dem Weg.

Als er sich lange Zeit später eines Abends beim König besonders laut und lärmend gebärdete und man sich darüber verwunderte, entgegnete ich kühl, daß die Ursache dieser Ausgelassenheit sehr leicht zu erraten sei, da die beiden Vendôme sich heute Abend vom König verabschiedet hätten, um in die Provinz zurückzukehren. Diese Bemerkung wurde Roquelaure zugetragen, aber ich war nicht böse darüber, weil ich keinen Grund hatte, ihm besonders zugetan zu sein.

Im Ausland folgten kurz aufeinander zwei Ereignisse. Ende des Jahres starb in London die Prinzessin von Oranien. Der Hof von Versailles nahm keinen Anteil daran, denn der König von England bat den König, man möge keine Trauer anlegen, und so wurde selbst M. de Bouillon und M. de Duras sowie allen anderen, die mit dem Prinzen von Oranien verwandt waren, die Trauerkleidung verboten; man gehorchte und schwieg, aber man fand diese Art Rache recht erbärmlich. Man wiegte sich in der Hoffnung auf einen Regierungswechsel in England, doch diese Hoffnung erlosch alsbald, denn der Prinz von Oranien schien dort mehr als je an Macht und Ansehen gewonnen zu haben. Die Prinzessin, die mit ihrem Gemahl stets sehr verbunden gewesen war, hatte bei seiner Usurpation nicht weniger Eifer an den Tag gelegt als er und hatte sich nicht minder geschmeichelt gezeigt, sich auf Kosten ihres Vaters und dessen übriger Kinder auf dem Thron des Landes zu sehen. Sie wurde sehr betrauert, und der Prinz von Oranien, der sie sehr geliebt und der das vollste Vertrauen in sie gesetzt hatte, lag einige Tage vor Gram krank danieder.

Das andere Ereignis war höchst befremdend. Der Herzog von Hannover, ältester Sohn der Herzogin Sophie, der zum neuntenmal die Kurfürstenwürde erstrebte, war infolge der englischen Revolution als nächster Angehöriger der protestantischen Linie nach dem Prinzen und der Prinzessin von Oranien und nach der Prinzessin von Dänemark zum englischen Thronfolger erklärt worden. Sein Großvater mütterlicherseits war jener Kurfürst, der sich zum König von Böhmen krönen ließ und dabei seiner Würde und seiner Staaten verlustig ging, seine Großmutter war eine Tochter Jakobs I. von Schottland und später von England; Sohn der berühmten Maria Stuart und Sohn Karls I., die beide geköpft wurden, Großvater König Jakobs II., der von dem Prinzen von Oranien entthront wurde. Dieser Herzog von Hannover hatte seine älteste Kusine geheiratet, Tochter des Herzogs von Celle aus demselben Hause, sie war schön, und er lebte lange Zeit in Eintracht mit ihr. Dann kam der junge und gutgewachsene Graf Königsmarck an seinen Hof und gab ihm Anlaß zum Argwohn. Er wurde eifersüchtig, überwachte die beiden und hielt sich – aber bis dahin dauerte es geraume Zeit – von etwas überzeugt, was er zeit seines Lebens lieber nicht hätte wissen wollen. Da überkam ihn ein wilder Zorn; er ließ den Grafen verhaften und unverzüglich in einen brennenden Kalkofen werfen, anschließend schickte er seine Frau zu ihrem Vater zurück, der sie in eines seiner Schlösser verbannte, wo sie unter strenger Bewachung der Leute des Herzogs von Hannover ihr Leben zubrachte. Er indes rief das Konsistorium zusammen, um seine Ehe scheiden zu lassen. Man faßte den höchst seltsamen Beschluß, daß für ihn die Ehe ungültig wäre und er eine andere Frau heiraten könne, daß für sie aber die Ehe weiterhin gültig sei und sie nicht wieder heiraten könne. Was die Kinder betraf, die sie während ihrer Ehe bekommen hatte, so seien diese legitim. Letzteres vermochte den Herzog nicht ganz zu überzeugen.

Der König, der alle Anstrengungen daransetzte, Stellung und Ansehen seiner natürlichen Kinder zu festigen, hatte dem Comte de Toulouse sämtliche Auszeichnungen, Machtvollkommenheiten und Vorteile gewährt, die sich aus dessen Admiralsposten herausholen ließen. Schon lange zuvor – beim Tode des alten Roquelaure – hatte er ihm das Gouvernement Guyenne übertragen – bis zu seiner Mündigkeit hatte der Duc de Lorge deren Verwaltung und Einkünfte innegehabt, auch dann noch, als er nach dem Tode des Marschalls Humières das Gouvernement Lothringen zugesprochen bekam. Gouverneur der Bretagne war schon seit langer Zeit der Duc de Chaulnes, der dort hoch verehrt wurde. Zu diesem Gouvernement gehörte noch die Admiralität der Provinz, die ungeheuer viel einbrachte. Nichts konnte einem Admiral von Frankreich willkommener sein als die Verleihung dieser Würde zusammen mit dem Gouvernement dieser weiträumigen und auf drei Seiten vom Meer umbrandeten Halbinsel. Dem König war besonders viel daran gelegen, und zwar um so mehr, als er Monsieur das erste frei werdende Gouvernement für den Duc de Chartres versprochen hatte, ein Versprechen, das er anläßlich der Hochzeit des jungen Fürsten abgegeben hatte. M. de Chaulnes war alt und ungeheuer fett; der König befürchtete also, die Bretagne könne unversehens frei werden und ihm für den Comte de Toulouse entgehen. Um dem vorzubeugen, beschloß er, die beiden Gouvernements auszutauschen; er gedachte dem Duc de Chaulnes, der dabei am meisten verlor, den Tausch zu erleichtern, indem er dem Duc de Chevreuse, den dieser liebte, war er doch der Neffe, der Freund und Erbe des Duc de Chaulnes, und dem er aus seiner permanenten Finanzmisere heraushelfen wollte (Chevreux glaubte nämlich geschäftstüchtig zu sein, während er sich in Wahrheit mit riesigen

Projekten ruinierte), das Gouvernement von Guyenne verlieh. Der König ließ also den Duc de Chaulnes eines Morgens in sein Kabinett bitten und vergoldete ihm die Pille, so gut er konnte, wobei er allerdings von vornherein jeden Widerspruch ausschloß. Der Duc de Chaulnes, aufs höchste überrascht und beleidigt, fühlte sich zu jedem Einwand außerstande. Er könne nur gehorchen, meinte er, und verließ tränenden Auges das Kabinett des Königs. Unverzüglich begab er sich nach Paris und wandte sich voller Zorn gegen den Duc de Chevreuse, von dem er mit Gewißheit annahm, daß er an der Sache beteiligt und vielleicht sogar selber diesen für ihn so nützlichen Plan dem König unterbreitet habe. Tatsächlich erfuhren sowohl der Duc wie die Duchesse de Chevreuse von dem Tausch nicht eher als Chaulnes selbst, aber dieser wollte weder seinen Neffen noch seine Nichte je wiedersehen, und Mme. de Chaulnes, die sich so daran gewöhnt hatte, Königin in der Bretagne zu sein, und die dort leidenschaftlich geliebt und verehrt wurde, regte sich noch mehr auf als ihr Ehemann. Beide machten aus ihrem Kummer so wenig einen Hehl, daß ich dem Duc de Chaulnes sagte, ich wolle ihn mit Glückwünschen verschonen und diese statt dessen dem Duc de Chevreuse überbringen. Er umarmte mich und versicherte mich seiner Dankbarkeit für dieses Mitgefühl. Es brauchte lange, um die beiden wieder zu besänftigen, schließlich erhielten M. de Beauvillier und andere gemeinsame Freunde von M. und Mme. de Chaulnes die Zusicherung, daß sie bereit seien, M. und Mme. de Chevreuse zu empfangen. Der Besuch fand statt, wurde aber sehr kühl aufgenommen. Es war Chaulnes nicht auszureden, daß Chevreuse zu diesem gewaltsamen Tausch etwas beigetragen habe, und weder sein Neffe noch Mme. de Chevreuse vermochten jemals das Eis zwischen sich und dem Ehepaar Chaulnes wieder zum Schmelzen zu bringen. Die Bretonen waren tief betrübt: alle bezeugten es durch ihre Briefe, ihre Tränen und ihre Eingaben; wer von ihnen sich in Paris aufhielt, fand sich noch eifriger als sonst im Palast Chaulnes' ein; gerührt von dieser so allgemeinen und so beharrlichen Zuneigung versanken der M. und Mme. de Chaulnes nur immer mehr in Trübsinn. Sie konnten sich mit den Gegebenheiten nicht abfinden und überlebten die Sache beide nur kurze Zeit.

Der Tausch der beiden Gouverneursämter war nach dem Lever des Königs bekanntgegeben worden. Monsieur, der erst viel später zu erwachen pflegte, erfuhr davon, als er seinen Bettvorhang aufzog, und er war sehr entrüstet darüber; wenig später erschien der Comte de Toulouse und überbrachte ihm selber die Nachricht. Monsieur unterbrach ihn und sagte angesichts aller Leute, die bei seinem Lever anwesend waren zu ihm: »Da hat Ihnen der König wahrlich ein schönes Geschenk gemacht; ein Beweis, wie sehr er Sie liebt, aber ich frage mich, wieweit das noch mit den politischen Spielregeln zu vereinbaren ist.« Noch am gleichen Tage begab sich Monsieur wie üblich zwischen dem Staatsrat und dem Mittagessen zum König, der allein in seinem Kabinett war. Dort konnte Monsieur sich nicht enthalten, seinem Bruder Vorwürfe zu machen, daß dieser ihn hintergangen habe mit dem erzwungenen Tausch, der nur einer möglichen Vakanz und der darauffolgenden Verfügbarkeit der Bretagne für den Duc de Chartres zuvorkommen sollte. Der König, der sich in der Tat von diesem Beweggrund hatte leiten lassen, ließ – zufrieden, seine Absicht erreicht zu haben – das Grollen des Bruders seelenruhig über sich ergehen. Er hielt dessen übler Laune ungerührt stand, wußte er doch ein sicheres Mittel, den Bruder wieder zu besänftigen. Der Chevalier de Lorraine bekam seinen üblichen Auftrag, und durch ein Sümmchen Geld zum Spielen und zur Verschönerung von Saint-Cloud war aller Kummer über den Verlust der Bretagne bald in Vergessenheit geraten.

Während dieses ganzen Winters war meine Mutter ausschließlich davon in Anspruch genommen, eine gute Heirat für mich zu ermitteln; es grämte sie sehr, daß die zuvor geplante nicht zustande gekommen war. Ich war einziger Sohn, und meine Stellung und meine Würde bewirkten, daß man mich immerhin in Erwägung zog. Es war – allerdings nur flüchtig – die Rede von Mlle. d'Armagnac, Mlle. de La Trémoïlle und etlichen anderen. Die Duchesse de Bracciano lebte schon seit geraumer Zeit in Paris, fern von ihrem Ehegatten und von Rom. Sie wohnte ganz in unserer Nähe und war mit meiner Mutter befreundet, die sie oft besuchte. Ihr Geist, ihre Anmut, ihre Lebensart hatten mich bezaubert: sie empfing meine Besuche mit großer Freundlichkeit, und ich hielt mich so oft wie möglich bei ihr auf. Man traf sie meist in Gesellschaft von Mlle. de Cosnac, einer ihrer Verwandten und Mlle. de Royan, Tochter ihrer Schwester und wie sie selbst aus dem Hause La Trémoïlle; alle beide reiche Erbinnen, die weder Vater noch Mutter mehr hatten. Mme. de Bracciano verspürte die größte Lust, mir Mlle. de Royan zur Frau zu geben. Sie lenkte das Gespräch oft auf Familienpolitik und sprach auch mit meiner Mutter häufig über dieses Thema in der Hoffnung, daß man ihr ein Stichwort gäbe, an daß sie anknüpfen könne. Das wäre eine vornehme und reiche Heirat gewesen; aber ich stand allein, und ich wünschte mir einen Schwiegervater und eine Familie, an der ich Rückhalt finden könnte.

Phélypeaux war der einzige Sohn Pontchartrains und besaß bereits die Anwartschaft auf dessen Amt als Staatssekretär. Die Blattern hatten ihn einäugig, das Glück aber hatte ihn blind gemacht; eine Erbin aus dem Hause La Trémoïlle wäre ihm durchaus angemessen erschienen; er pirschte sich vorsichtig heran und machte immer wieder die entsprechenden Anspielungen. Sein Vater kam aus denselben Gründen der Tante des Mädchens mit größter Zuvorkommenheit entgegen, was Mme. de Bracciano sich als gewandte Frau zunutze zu machen wußte, wobei sie sich heimlich über die Ursache dieser Zuvorkommenheit lustig machte. Pontchartrain war von jeher ein Freund meines Vaters gewesen, und er hatte ernstlich gewünscht, ich würde nun der Freund seines Sohnes, der mir auch alle erdenkliche Aufmerksamkeit erwies; wir standen im besten Einvernehmen miteinander, nur fürchtete er, daß Mlle. de Royan mich ihm vorziehen könne, und während er mir von allerlei Heiraten erzählte, versuchte er zu ergründen, was ich über Mlle. de Royan dächte. Ich machte mir zwar weder über seine Neugierde noch über seine Absichten irgendwelche Gedanken, aber ich hielt mich zurück und gab ihm nur ausweichende Antwort.

Inzwischen war meine Heirat so gut wie beschlossen. Im vergangenen Jahr schon hatte man die älteste Tochter des Marschall de Lorge für mich in Erwägung gezogen, doch waren die Verhandlungen, noch ehe sie recht begannen, wieder abgebrochen worden, und beide Teile hegten nun entschieden den Wunsch, diese Fäden wiederanzuknüpfen. Der Marschall, der kein Vermögen besaß und dessen erste Entlohnung die Verleihung des Marschallstabes war, hatte unmittelbar nachdem er zum Marschall geworden, die Tochter Frémonts geheiratet. Frémont war Königlicher Schatzmeister, hatte sich unter Colbert ein großes Vermögen erworben und war zu einem der geschicktesten und gesuchtesten Finanzmänner geworden. Bald nach seiner Heirat bekam der Marschall de Lorge eine Kompanie der Garde du Corps. Er stand im Rufe, sich im Dienst stets tapfer, ehrenhaft und umsichtig erwiesen und die Armee mit soviel Erfolg befehligt zu haben, wie Louvois' ererbter Haß auf Turenne und auf alle dessen Angehörige ihm, dem Lieblingsneffen und Schüler des großen Feldherrn, notgedrungen hatte zugestehen müssen. Die Redlichkeit, der Freimut und die Offenheit des Marschall de Lorge gefielen mir ungemein. Während des Feldzuges, den ich in seiner Armee mitgemacht, hatte ich diese Eigenschaften etwas näher kennengelernt. Die Hochachtung und die Liebe, die ihm die ganze Armee entgegenbrachte; das hohe Ansehen, das er bei Hofe genoß; der glanzvolle Lebensstil, den er allenthalben zu entfalten pflegte, seine ausgezeichnete Herkunft, seine nahen verwandtschaftlichen Bindungen zum Hochadel, die ein Gegengewicht bildeten zu jener Heirat, die er als erster seiner Familie einzugehen genötigt gewesen; ein älterer, gleichfalls hochangesehener Bruder; das einzigartige Zusammentreffen, daß beide Brüder die gleichen Würden und die gleichen Chargen innehatten; vor allem aber die herzliche Eintracht, in der die beiden, ja in der die ganze, große, zahlreiche Familie miteinander lebte, und die heute so selten gewordene Güte, Natürlichkeit und Wahrheitsliebe des Marschall de Lorge hatten in mir den Wunsch nach dieser Heirat gestärkt; damit glaubte ich alles gefunden zu haben, was mir fehlte, um mich zu behaupten und weiterzukommen und um inmitten solch zahlreicher, erlauchter Verwandtschaft und im Kreise einer so liebenswerten Familie ein angenehmes Leben führen zu können.

Überdies sah ich in dem untadeligen Lebenswandel der Marschallin, in der Einfühlungsgabe, mit der sie es vermocht hatte, endlich ihren Mann und Louvois einander näherzubringen und ersteren als Preis für diese Versöhnung zum Herzog ernennen zu lassen, die sicherste Gewähr für das Verhalten einer jungen Frau, die ich bei Hofe zu sehen wünschte, wo ihre Mutter dank ihrer liebenswürdigen, klugen und vornehmen Art, mit der sie für die beste Gesellschaft stets ein offenes Haus führte, während sie sich immer der größten Bescheidenheit befleißigte und nichts vergeudete von dem, was ihrem Mann gehörte, die allgemeine Anerkennung und Zustimmung gefunden hatte, so daß sowohl die Familie des Marschalls als auch der Hof und die Gesellschaft ihre Herkunft gänzlich vergaßen; man zollte ihr uneingeschränkte Bewunderung und persönliche Zuneigung, im übrigen lebte sie nur für ihre Familie. Der Marschall vertraute ihr in allem und lebte mit ihr wie mit sämtlichen Verwandten im besten Einvernehmen, was ihm entschieden zur Ehre gereichte. Sie hatten nur einen Sohn, der erst zwölf Jahre alt war und den sie über alles liebten. Überdies besaßen sie fünf Töchter. Die beiden ältesten hatten ihre Kindheit in Conflans verbracht bei den Benediktinerinnen, deren Priorin eine Schwester Mme. Frémonts war; seit zwei oder drei Jahren wurden sie bei ihr, der Mutter der Marschallin, erzogen; ihr Haus und das der Marschallin waren unmittelbar benachbart; das älteste Mädchen war siebzehn und die nächste fünfzehn Jahre alt. Ihre Großmutter verlor die beiden niemals aus den Augen. Sie war eine verständige, tüchtige Frau, der man ansah, daß sie einmal sehr schön gewesen. Sie war sehr fromm und widmete ihr Leben wohltätigen Werken, vor allem aber der Erziehung ihrer beiden Enkelinnen. Ihr Gatte war schon seit langem von einer Lähmung und anderen Krankheiten befallen, war jedoch noch im Besitz seiner geistigen Kräfte und leitete noch all seine Geschäfte selbst. Der Marschall war ihnen beiden sehr zugetan, und auch sie achteten ihn sehr und liebten ihn zärtlich.

Die Großeltern und der Vater gaben insgeheim Mlle. de Lorge den Vorzug, die Marschallin indes bevorzugte ihre jüngere Tochter, Mlle. de Quintin. Sie hatte es nicht an inständigen Bitten und Bemühungen fehlen lassen, die älteste dazu zu bewegen, ins Kloster zu gehen, um die Jüngere, ihren Liebling, besser verheiraten zu können. Diese jüngere war brünett und hatte schöne Augen; die ältere war blond, hatte einen herrlichen, blühenden Teint, war von schlankem Wuchs, ein unendlich liebliches Gesicht, und der bescheiden vornehme Ausdruck natürlicher Sanftmut, innerer Kraft verlieh ihr einen Anflug von schwer zu beschreibender Majestät. Sie war es auch, der sich, als ich beide zum ersten Male erblickte, ohne Zögern mein Herz zuwandte, von ihr erhoffte ich das Glück meines Lebens, und ihr verdanke ich es einzig und allein. Da sie meine Frau geworden ist, enthalte ich mich weiteren Lobes, ich will nur noch sagen, daß sie alles in Schatten stellte, was man mir von ihr versprochen, und sogar alles, was ich mir selbst von ihr erhofft hatte.

Unser Advokat Érard und der Staatsrat Bignon berieten uns. Letzterer war so gut mit meinem Vater befreundet gewesen, daß er, ohne mit mir verwandt zu sein, bereitwillig die Vormundschaft für mich übernommen hatte, als ich 1684 zum Universalerben der kinderlos gestorbenen Duchesse de Brissac, der einzigen Tochter aus meines Vaters erster Ehe, geworden war. Der Ruf, den Bignon aufgrund seiner Fähigkeit sich als Generalstaatsanwalt erworben hatte, wurde im Ministerrat in jeder Weise bestätigt. Der Staatssekretär und Generalkontrolleur Pontchartrain, dessen Schwester er geheiratet hatte, liebte Bignon ganz besonders und behandelte seine Kinder stets, als ob es seine eigenen wären. So wurden schließlich alle Schwierigkeiten durch 4000 Livres behoben, ohne daß ich auf irgend etwas Verzicht zu leisten brauchte.

Als die Absprachen so weit gediehen waren, die Sache aber noch geheim bleiben sollte, glaubte ich, ich könne aufgrund der scheinbaren Freundschaft mit Phélypeaux ihm diese vertrauliche Mitteilung einige Tage zuvor zukommen lassen, und dies um so mehr, als Phélypeaux ein Neffe Bignons war. Kaum aber wußte er mein Geheimnis, als er nach Paris eilte, um es bei der Duchesse de Bracciano auszuplaudern. Ich besuchte sie ebenfalls, als ich nach Paris kam, und ich war überrascht, daß sie mir auf alle Weise zusetzte, um mir das Geständnis zu entlocken, daß ich im Begriff stünde, mich zu verheiraten. Ich half mir eine Weile mit scherzhaftem Geplänkel, schließlich aber nannte sie den Namen meiner zukünftigen Frau und bewies mir, daß sie genau unterrichtet war. Da sprang mir der Verrat in die Augen, aber ich blieb bei dem, was ich gesagt, ohne etwas zu leugnen und ohne etwas einzugestehen, und beschränkte mich darauf zu bemerken, sie dächte mir eine so treffliche Heirat zu, daß ich nur wünschen könne, die Sache sei wirklich wahr. Sie nahm mich noch zwei oder dreimal beiseite in der Hoffnung, auf diese Weise eher etwas zu erreichen als durch die Vorwürfe, die sie und ihre Nichten mir wegen meines mangelnden Vertrauens gemacht hatten. Es wurde mir klar, daß es ihre Absicht war, die Verbindung zu hintertreiben durch ein Geständnis, womit das Geheimnis, auf das der Marschall so besonderen Wert legte, an den Tag gekommen wäre, oder durch eine eindeutige Leugnung, die zur Ursache einer Klage hätte werden können. Sie kam jedoch nicht zum Ziel und vermochte mir weder die eine noch die andere Aussage zu entlocken. Äußerst ergrimmt über Phélypeaux beendete ich diese Unterredung. Eine Aufklärung zu fordern oder gar ihm Vorwürfe wegen seines Verrates zu machen, hätte bei einem Mann seiner Stellung und seines Berufes üble Folgen für mich zeitigen können: Ich entschloß mich also zu schweigen und ihn gar nichts merken zu lassen, mich aber fortan der Zurückhaltung zu befleißigen, die ein solcher Verrat verdient. Mme. de Bracciano gestand mir später die ganze Wahrheit, und ich hatte das Vergnügen, daß sie mir selber ihre törichten Hoffnungen beichtete und sich mit mir weidlich darüber amüsierte.

Als meine Heirat endgültig beschlossen und alles geregelt war, unterrichtete der Marschall de Lorge in seinem und meinem Namen den König davon, um von vornherein alles Gerede zu vermeiden. Der König war sehr huldvoll und sagte ihm, daß er es nicht besser habe treffen können, auch äußerte er sich sehr lobend über mich, wie mir der Marschall später voller Freude berichtete.

Am Donnerstag vor Palmsonntag unterzeichneten wir im Palast der Lorge den Ehevertrag. Zwei Tage später überbrachten wir ihn dem König. Ich kam bereits jeden Abend in den Palast der Lorge, da drohte wegen einer undeutlichen Formulierung im Vertrag, die jeder sich auf seine Weise auszulegen versteifte, die Heirat plötzlich hinfällig zu werden. Als man sich derart festgefahren hatte und beide Seiten auf ihrer Ansicht bestanden, kam glücklicherweise M. d'Auneuil, Untersuchungsrichter und einziger Bruder der Marschallin de Lorge, vom Lande zurück, wohin er einen Ausflug gemacht hatte, und behob die Schwierigkeit auf seine Kosten. Für diese ehrenhafte Tat bin ich ihm zeit meines Lebens zur Dankbarkeit verpflichtet geblieben. So läßt Gott den, der ihm wohl gefällt, auf unerwartete Weise zum Ziel gelangen. Dieser Zwischenfall kam fast niemandem zu Ohren, und die Hochzeit wurde am 8. April – einem Tag, den ich mit gutem Grund für den glücklichsten meines Lebens ansehe – im Palast der Lorge gefeiert. Dabei zeigte sich meine Mutter als die beste der Welt. Wir begaben uns um sieben Uhr abends in den Palast der Lorge, der Vertrag wurde unterzeichnet, man servierte den beiderseitigen nächsten Familienangehörigen ein festliches Mahl, um Mitternacht las der Pfarrer von Saint-Roche in der Hauskapelle die Messe und traute uns. Am Abend zuvor hatte meine Mutter an Mlle. de Lorge Juwelen im Werte von 40000 Livres und ich ein Körbchen voller kleiner Geschenke und 6000 Livres gesandt.

Wir schliefen in dem großen Gemach des Palastes der Lorge. Am nächsten Tag gab M. d'Auneuil, der gegenüber wohnte, ein prächtiges Diner für uns, danach empfing die Neuvermählte an ihrem Bett im Hause Lorge ganz Frankreich; gesellschaftliche Verpflichtung und Neugier veranlaßten eine Menge Leute zu kommen, und die erste, die erschien, war die Duchesse de Bracciano mit ihren Nichten. Meine Mutter war noch in Halbtrauer und ihre Gemächer schwarzgrau ausgeschlagen, weshalb wir es vorzogen, den Empfang im Palast der Lorge zu geben. Am nächsten Tag – denn wir opferten den Besuchern nur einen Tag – fuhren wir nach Versailles, am Abend geruhte der König, die junge Ehefrau bei Mme. de Maintenon zu begrüßen, wo meine und ihre Mutter sie ihm vorstellten; indes wir uns dorthin begaben, scherzte der König und hatte die Güte, die Damen mit viel Auszeichnung und Lob zu bedenken. Dann wurden sie zum Souper gebeten, wo die neue Herzogin ihr Taburett einnahm. Als man zu Tisch ging, sagte der König zu ihr: »Madame, setzen Sie sich.« Die Serviette des Königs war schon ausgebreitet, da sah er, daß alle Prinzessinnen und Herzoginnen noch standen, erhob sich von seinem Stuhl und sagte zu Mme. de Saint-Simon: »Madame, ich habe Sie bereits gebeten, Platz zu nehmen«. Worauf alle, die ein Recht dazu hatten, sich setzten, Mme. Saint-Simon zwischen meiner Mutter und ihrer eigenen. Am anderen Morgen empfing sie abermals an ihrem Bett den ganzen Hof, jedoch im Gemach der Duchesse d'Arpajon, das bequemer war, weil es im Erdgeschoß lag. Der Marschall de Lorge und ich fanden uns nur bei den Besuchen der königlichen Familie ein. Am folgenden Tag ging es nach Saint-Germain, dann nach Paris, wo ich am Abend der ganzen Hochzeitsgesellschaft ein großes Festessen bei mir zu Hause gab. Am nächsten Tag veranstaltete ich ein kleines Souper für die noch überlebenden alten Freunde meines

Vaters. Kurz darauf heiratete auch Mlle. de Quintin. M. de Lauzun hatte sie bei dem Empfang ihrer Schwester zwischen den anderen heiratsfähigen jungen Mädchen erblickt. Sie zählte fünfzehn Jahre und er mehr als dreiundsechzig; ein recht befremdlicher Altersunterschied, aber sein Leben war bislang ein Roman gewesen, er hielt ihn durchaus nicht für abgeschlossen und hegte noch immer den Ehrgeiz und die Hoffnungen eines jungen Mannes.

Seit er an den Hof zurückgekehrt war und die Ehrenstellungen und Auszeichnungen, die er früher innegehabt, wieder bekleidete und seit der König und die Königin von England, denen er dies zu verdanken hatte, ihm sogar noch die Herzogswürde verschafft hatten, ließ er nichts unversucht, um durch ihre Vermittlung das Vertrauen des Königs wiederzuerlangen, ohne daß es ihm jedoch gelungen wäre. Er wiegte sich nun in der Hoffnung, er könne durch die Heirat mit der Tochter eines kommandierenden Generals bei den Operationen am Rhein als Zwischenträger zwischen König und General fungieren und sich auf diese Weise einen Weg bahnen, um die Nachfolge seines Schwiegervaters anzutreten.

In solchen Vorstellungen befangen, ließ er bei Mme. de Lorge anfragen; sie aber kannte seinen Ruf zu gut und liebte ihre Tochter zu sehr, um in eine Heirat einzuwilligen, die diese nur unglücklich machen konnte. M. de Lauzun verdoppelte seine Anstrengungen, erklärte sich bereit, sie ohne Mitgift zu heiraten, und ließ in diesem Sinne mit Mme. de Frémont, M. de Lorge und M. de Duras Verhandlungen anknüpfen. Der Vorschlag wurde im Hause des letzteren beraten und aufgrund der gewichtigen Tatsache »ohne Mitgift« dann angenommen, sehr zum Mißvergnügen der Mutter, die sich aber schließlich damit abfand, weil es schwierig war, auch diese Tochter zur Herzogin zu machen wie die älteste, der sie die jüngste unter allen Umständen gleichstellen wollte. Phélypeaux, der glaubte, daß für ihn alles zu haben sei, wollte sie wegen der sich für ihn ergebenden Stellungen und Verbindungen gleichfalls ohne Mitgift heiraten; und aus Angst vor ihm erklärte sich Mlle. de Quintin mit Freuden bereit, den Duc de Lauzun zu ehelichen, der immerhin einen großen Namen, Rang und Vermögen besaß. Ihre jugendliche Unerfahrenheit verleitete sie, diese Ehe nur als eine Art Notlösung anzusehen, einen vorrübergehenden Zustand, der höchstens zwei bis drei Jahre dauern würde, worauf sie dann als große Dame würde leben können. Ohne diese Hoffnungen hätte sie, wie sie mir später selber gestand, niemals eingewilligt. Die Verhandlung wurde ganz im geheimen geführt. Als der Marschall de Lorge dem König davon berichtete, entgegnete dieser: »Sie sind sehr kühn, Lauzun in Ihre Familie aufnehmen zu wollen; ich hoffe, Sie werden es nicht zu bereuen haben. Es steht Ihnen frei, über Ihre Angelegenheiten zu verfügen, wie es Ihnen gutdünkt, was jedoch meine Angelegenheiten betrifft, so gestatte ich Ihnen diese Heirat nur unter der Bedingung, daß Sie darüber zu Lauzun niemals auch nur das geringste Wort sagen.« An dem Tag, an dem die Heirat bekanntgegeben wurde, ließ der Marschall de Lorge mich schon am frühen Morgen holen und erklärte mir seine Gründe für diesen Entschluß; ausschlaggebend war, daß er keine Mitgift zu stellen brauchte und daß M. de Lauzun sich mit der Zusicherung von 4000 Livres nach dem Tode M. de Frémonts begnügte, sofern außer dem Erbteil der Kinder noch soviel übrigbliebe, und daß er überdies, wenn er stürbe, seiner Witwe beträchtliche Einkünfte hinterlassen wollte. Als wir dem König den Ehevertrag zur Unterzeichnung vorlegten, neckte dieser Lauzun und fing laut zu lachen an. M. de Lauzun erwiderte, er betrachte seine Heirat als besonderes Glück, da er seit seiner Rückkehr den König nun zum ersten Male lachen sehe. Man setzte den Hochzeitstermin so kurzfristig fest, daß niemand mehr Zeit fand, sich um seine Gewänder zu kümmern. M. de Lauzun schenkte der Braut Stoffe, Juwelen, Galanterien, aber kein Geld. Bei der Trauung, die um Mitternacht im Palast der Lorge stattfand, waren insgesamt nur sieben oder acht Personen zugegen. M. de Lauzun wollte sich allein mit seinen Kammerdienern entkleiden, und er betrat das Gemach seiner Frau erst, als alle hinausgegangen waren, sie hinter geschlossenen Vorhängen in ihrem Bett lag und er sicher war, auf dem Wege zur ihr niemandem zu begegnen.

Am anderen Tag rühmte er sich stolz seiner nächtlichen Heldentaten. Seine Frau empfing die Besuche an ihrem Bett im Hause Lorge, wo sie und ihr Ehemann künftig wohnen sollten. Am folgenden Tag begaben wir uns nach Versailles, wo die junge Frau von ihrer Mutter Mme. de Maintenon vorgestellt wurde und dann beim Souper ihr Taburett einnahm, andertags empfing sie den ganzen Hof, und es verlief alles genauso wie bei meiner Hochzeit. Die Heirat Lauzuns rief allgemeine Mißbilligung hervor. Man begriff weder den Schwiegervater noch den Schwiegersohn: die Gründe, die jenen bewogen hatten, waren niemandem einsehbar, das »ohne Mitgift« war nur der engsten Familie bekannt, so gab es keinen Menschen, der bei Lauzuns Unberechenbarkeit und seiner Gemütsart nicht einen baldigen Bruch voraussah. Als wir nach Paris zurückkehrten, trafen wir auf dem Cours de la Reine die ganze Schar der heiratsfähigen jungen Mädchen von Stand, und dieser Anblick tröstete die Marschallin de Lorge ein wenig, hatte sie doch ihre beiden in der Karosse neben ihr sitzenden Töchter in so kurzer Zeit trefflich untergebracht.

Viel Aufsehen erregte der Tod zweier berühmter Männer. Es starben der durch seine Fabeln und Novellen so bekannt gewordene und doch in der Unterhaltung so ermüdende La Fontaine und Mignard, den sein Pinsel so berühmt gemacht hat. Sein bevorzugtes Modell war seine einzige, wunderbar schöne Tochter. Man findet ihr Porträt auf mehreren jener prächtigen, historischen Gemälde, die der Versailler Galerie und den beiden Salons zum Schmuck gereichen und die nicht wenig dazu beigetragen haben, ganz Europa gegen den König aufzureizen und es zu veranlassen, sich weit mehr noch gegen seine Person als gegen sein Reich zu verbünden.

Da der König daran gewöhnt war, seine Familie mindestens ebenso unumschränkt zu beherrschen wie seine Höflinge und sein Volk, und da er jedes Familienmitglied immer in seiner nächsten Nähe wissen wollte, war er wenig einverstanden damit, daß man Monseigneur Choisy zum Geschenk gemacht hatte und daß dieser mit einem kleinen, selbstgewählten Gefolge häufig dorthin reiste. Dadurch entstand eine Trennung des Hofes, die seit der Schenkung dieses Hauses datierte und die sich bei dem Alter seines Sohnes schwerlich vermeiden ließ. Aber der König wollte Monseigneur wenigstens etwas näher zu sich heranholen. Meudon, das weit stattlicher war und in das Louvois Millionen hineingesteckt hatte, schien ihm zu diesem Zwecke geeignet; er schlug also Barbezieux – dessen Mutter das Schloß bei der Erbschaftsteilung für fünfmal 100000 Livres übernommen hatte – einen Tausch vor und trug ihm auf, ihr dafür 4000 Livres mehr und ihr überdies noch Choisy als Gegenwert anzubieten. Mme. de Louvois, für die Meudon zu weiträumig war und der es schwerfiel, dies für sie viel zu große Haus auszufüllen, war froh, 900000 Livres zu bekommen samt einem Hause, das ihren Verhältnissen besser entsprach und überdies sehr hübsch und bequem war. So wurde der Tausch am gleichen Tag, da der König ihn wünschte, auch schon abgeschlossen. Der König hatte Monseigneur, für den die leisesten Wünsche des Vaters Befehl waren, übrigens vorher davon in Kenntnis gesetzt. Mme. de Louvois verbrachte seitdem die Sommermonate in guter Gesellschaft in Choisy, und Montseigneur entschlüpfte, sooft er konnte, von Versailles nach Meudon, wo er in Nachahmung des Königs viele Veränderungen vornahm und die Wunderwerke, welche die Kardinäle von Meudon und von Lothringen sowie die Herren Servien und Louvois dort geschaffen hatten, noch überbot.

M. de Noailles gewinnt die Gunst des Königs zurück und bringt Vendôme an die Spitze der Armee. – Erkrankung des Marschalls Lorge am Rhein. – Belagerung von Namur durch den Prinzen von Oranien. – Feigheit des Duc du Maine. – Der Fall von Namur.

Die Armeen hatten die gleichen Generale wie im Vorjahr, nur daß der Marschall Villeroy dem Marschall de Luxembourg gefolgt war, und er hatte den Duc de Chartres als Kavalleriegeneral, die beiden Prinzen von Geblüt und M. du Maine und andere als Generalleutnants; und der Comte de Toulouse stand an der Spitze seines Regiments.

M. de Noailles hatte nach der durch die Hinterlist Barbezieux' gescheiterten Belagerung von Barcelona beim König, wie ich bereits sagte, sozusagen ausgespielt. Und er hatte den ganzen Winter über keine Gelegenheit gefunden, die Machenschaften aufzudecken. Er wußte, wie gefahrvoll es war, bei dieser angespannten Lage eine Armee zu befehligen. Und da er den Marschallstab besaß, schien es ihm am ratsamsten, dem König ein Opfer zu bringen und ihn wieder vollkommen zu versöhnen. Er war ein zu gewitzter Höfling, um nicht die stetig wachsende Neigung des Königs zu seinen Bastarden zu bemerken, denn für diese tat jener alles, während er Monsieur le Duc und dem Prince de Conti fast niemals etwas zukommen ließ. So nahm sich M. de Noailles also vor, die Gunst des Königs vollkommen zurückzugewinnen, indem er dessen Vorliebe für erstere entgegenkam und ihm gleichzeitig alle Schwierigkeiten mit letzteren ersparte. Unter dem Siegel der Verschwiegenheit weihte er M. de Vendôme in seinen Plan ein, damit dieser sowie der Duc du Maine sich ihm gegenüber verpflichtet fühlten. Dann erklärte er dem König, er könne sich nach seiner wenn auch unverschuldeten Niederlage vor Barcelona nicht entschließen, die Armee wiederum zu befehligen. Wegnehmen wolle er sie sich aber auch nicht lassen. Er zöge es also vor, freiwillig zu verzichten und auf diese Weise dem König, allerdings ganz im geheimen ein Opfer zu bringen, so gedenke er sich, wie sonst auch, nach Katalonien zu begeben, dort werde er sofort nach der Ankunft erkranken, immer kränker werden und schließlich durch einen Kurier seine Abberufung erbitten lassen; da sich aber nun niemand an dieser Grenze befinde, der geeigneter sei, in Katalonien zu befehligen, als M. de Vendôme, der bereits in der Gegend von Nizza ein Korps befehlige, könne der König, sofern er mit diesem Arrangement einverstanden sei, M. de Vendôme die Generalspatente alsbald übertragen und sie ihm zur gleichen Zeit, da er ihn, Noailles, zurückberiefe, übersenden lassen.

Dieser Vorschlag wurde vom König mit unsagbarer Erleichterung und Befriedigung angenommen. Zwischen dem Prince de Conti und Vendôme herrschte ungeheure Eifersucht. Der König wollte aus taktischen Gründen, und seit der Fahrt nach Ungarn auch aus Abneigung, weder den Prince de Conti noch irgendeinen anderen Prinzen von Geblüt zum Befehlshaber ernennen; aber gerade deshalb konnte er schwerlich M. de Vendôme eine solche Beförderung zukommen lassen. Seine Sympathie für Vendômes illegitime Herkunft und mehr noch der Wunsch, ihn zum Vorreiter für den Duc du Maine zu machen, reizte ihn zwar dazu, doch hatte er bisher nicht gewußt, wie er es bewerkstelligen sollte, ohne die Prinzen von Geblüt zu erzürnen und ohne die an sich schon so lästigen Verdienste des bei Hofe und in der Stadt so beliebten Prince de Conti wieder ins Licht zu rücken. M. de Noailles enthob ihn nun all dieser Unannehmlichkeiten: ein General stieß zu seiner Armee, sah sich plötzlich außerstande, diese zu befehligen; man mußte ihn also auf der Stelle durch einen anderen ersetzen und mußte den nehmen, den man am schnellsten erreichen konnte. War M. de Vendôme erst einmal General, konnte er in keiner anderen Eigenschaft mehr dienen: der Fall war somit erledigt, und erledigt durch einen Zufall, über den die Prinzen von Geblüt zwar erbost, aber durch den sie nicht beleidigt sein konnten. Saß dieser Vorreiter erst einmal im Sattel, war schon der halbe Weg für Maine zurückgelegt.

Von nun an stand M. du Noailles mehr als je beim König in Gunst. Der Monarch zog M. de Vendôme ins Vertrauen und billigte ihm überdies für seinen Bruder, den Großprior, die Befehlsgewalt über das Korps bei Nizza zu. Diese Abmachung blieb ein strenges Geheimnis zwischen dem König, den Brüdern Vendôme und Noailles. Die Prinzen von Geblüt ahnten, was hier gespielt worden war, aber da der Schein vollkommen gewahrt blieb, waren sie zum Schweigen verurteilt. M. de Noailles kam aus Perpignan zurück und wurde seiner Geschicklichkeit entsprechend herzlich willkommen geheißen. Er tat, als könne er sich vor Rheumatismus kaum rühren, und hielt diese Rolle lange Zeit durch; nur ab und an kam es vor, daß er sie vergaß und der Gesellschaft ein leises Lächeln entlockte. Er blieb bei Hofe, wo er sich größter Gunst erfreute und wo er viel mehr gewann, als er sich im Kriege hätte erhoffen können; zum größten Ärger Barbezieux', der das Nachsehen hatte, da er jetzt mit Vendôme rechnen mußte, der seinerseits, unterstützt durch den Duc du Maine, nicht eben rücksichtsvoll mit ihm verfuhr.

Alle brachen nun zu ihren Armeen auf. Die am Rhein überquerte den Fluß, aber kaum stand sie dem Prinzen von Baden gegenüber, als der Marschall de Lorge im Lager von Unter-Neisheim ernstlich erkrankte. Es ging ihm so schlecht, daß ich, da die Ärzte, die man aus Straßburg hatte kommen lassen, aufgaben, es auf mich nahm, ihm Opiumtropfen zu verordnen. Die Wirkung trat zwar langsam ein, war aber erstaunlich. Das Bewußtsein kehrte wieder und allmählich kam überall ein Ausschlag zum Vorschein; dieser Ausschlag war seine Rettung, aber keineswegs das Ende der Krankheit.

Nach verschiedenen Scheinmanövern und nachdem er mehrere unserer Festungen bedroht hatte, wandte sich der Prinz von Oranien – der zur Verschleierung seiner wahren Absicht alle Sicherheitsvorkehrungen getroffen hatte – plötzlich nach Namur, um es in den ersten Julitagen einzuschließen. Der Kurfürst von Bayern, der beim Gros der Armee geblieben war, stieß mit einer stärkeren Abteilung zu ihm und ließ den Rest unter Vaudémonts Führung zurück.

Indessen suchte der Marschall Villeroy an Vaudémont heranzukommen, so nahe er konnte; dieser, der weit schwächer war, bemühte sich nach Kräften um hinhaltenden Widerstand. Beide spürten, daß alles von ihnen abhing: Vaudémont, daß sein Heil von seinem Erfolg, den er bei der Belagerung Namurs hatte, bestimmt würde; und Villeroy, daß sein Sieg das Schicksal der Niederlande besiegeln und sehr wahrscheinlich einen ruhmreichen Frieden mit all den für ihn glorreichen Auszeichnungen herbeiführen würde. Er traf seine Maßnahmen so geschickt, daß er das an der Mandel gelegene von 500 Mann besetzte Schloß einnahm und sich am 13. des Monats gegen Abend Vaudémont so weit näherte, daß dieser ihm unmöglich entkommen konnte, wovon er dem König durch einen Kurier sofort Mitteilung machen ließ. Am 14. stand im Morgengrauen alles gefechtsbereit; Monsieur le Duc befehligte den rechten Flügel, der Duc du Maine den linken, der Prince de Conti die ganze Infanterie, Chartres die Kavallerie. Der linke Flügel mußte den Angriff beginnen, weil er dem Feind am nächsten stand. Vaudémont, der ohne Deckung war, hatte nicht gewagt, sich während dieser Nacht vor einem ihm so nahen und ihm an Zahl so überlegenen Gegner zurückzuziehen. Er wagte es jedoch auch nicht, ohne irgendeine Deckung den Feind abzuwarten, so blieb ihm nichts anderes übrig als der Entschluß, bei Tage zu marschieren und dies mit allen Vorsichtsmaßnahmen eines Generals, der einkalkulieren mußte, auf dem Marsch womöglich angegriffen zu werden, während er das größte Interesse hatte, sich zügig fortzubewegen, um seiner mißlichen Lage zu entrinnen und ein gut drei Meilen weit entferntes geschütztes Gelände zu erreichen.

Sobald es Tag war, übermittelte Marschall Villeroy dem Duc du Maine den Befehl, anzugreifen und das Gefecht zu eröffnen: er wolle ihn dann mit seiner ganzen Armee unterstützen. Damit diese jedoch zur Zeit eintreffen könne, müsse der Feind aufgehalten und durch das Gefecht mit unserem linken Flügel am Vormarsch gehindert werden. Als auf seinen Befehl hin nichts erfolgte, wurde der Marschall ungeduldig. Wieder und wieder schickte er – und zwar fünf- bis sechsmal – Eilboten zum Herzog. Maine jedoch gedachte erst einmal zu rekognoszieren, dann zu beichten und dann seinen Flügel aufzustellen, der indes längst gefechtsbereit war und voller Ungeduld und Kampfeseifer den Einsatz erwartete. Während all dieser Verzögerungen beschleunigte Vaudémont seinen Marsch, soweit die Vorsicht ihm das erlaubte. Die Generale und Generalstabsoffiziere auf unserer Linken murrten. Montrevel, der älteste Generalleutnant, konnte das ganze nicht länger mit ansehen, er bestürmte den Duc du Maine, rief ihm die Dringlichkeit der vom Marschall Villeroy wiederholten Befehle ins Gedächtnis. Er stellte ihm vor, wie leicht und sicher der Sieg zu gewinnen, wie wichtig er sei für seinen Ruhm, wie unerläßlich für die Eroberung Namurs und welch reiche Ernte zu erwarten stünde, da die Niederlande nach der Zersplitterung der einzigen Armee bar aller Hilfsmittel wären; flehentlich und tränenden Auges ergriff er die Hände des Herzogs; nichts wurde verweigert, nichts widerlegt, und doch blieb alles vergebens. Maine redete hin und her, verlor sich in Gestammel und zauderte so lange, bis die Gelegenheit verpaßt war, so daß Vaudémont davonkam und der drohenden Gefahr entrann, denn seine Armee wäre einer vollständigen Niederlage ausgeliefert gewesen, wenn der Feind, der sie Mann für Mann übersehen konnte, auch nur die geringste Angriffsbewegung unternommen hätte.

Unsere ganze Armee war verzweifelt, jeder äußerte rückhaltlos, was der Eifer und der Zorn ihm eingaben, selbst die einfachen Soldaten bekundeten laut und deutlich ihren Ingrimm, kurzum – Offiziere wie Mannschaften – alle waren mehr empört als überrascht. Das einzige, was der Marschall Villeroy noch tun konnte, war, die feindliche Nachhut mit drei Dragonerregimentern unter Generalmajor Artagnon angreifen zu lassen; sie erbeuteten einige Fahnen und brachten die Nachhut etwas durcheinander.

Obwohl am heftigsten erbost, war der Marschall doch ein zu guter Höfling, um die Schuld auf andere zu schieben. Er war zufrieden mit dem Zeugnis seiner ganzen Armee, die den Hergang nur allzu genau beobachtet und begriffen und daraufhin mit Kundgebungen ihrer Entrüstung nicht gespart hatte. Er schickte also einen seiner Edelleute zum König mit der Nachricht, Vaudémont habe ihn durch die Geschwindigkeit seines Rückzugs um den so sicher erhofften Sieg gebracht; und ohne auf irgendeine Einzelheit einzugehen, verbreitete er sich über die möglichen Folgen, die sich für ihn daraus ergeben könnten. Der König, der in Erwartung einer so entscheidenden Siegesnachricht bereits jede Stunde des Tages zählte, war äußerst überrascht, als er nun statt eines Würdenträgers nur einen einfachen Edelmann erblickte, und äußerst betrübt, als er vernahm, wie ereignislos der Tag verlaufen war. Ein derart knapper und nichtssagender Bericht über ein so wichtiges, aber dennoch erfolglos gebliebenes Unternehmen versetzte den König in Unruhe. Er hielt sich jedoch zurück und wartete, daß die Zeit Aufklärung brächte. Er ordnete an, ihm alle holländischen Zeitungen herbeizuschaffen: in der ersten, die erschien, las er einen Bericht über das große Gefecht auf dem linken Flügel und übersteigerte Lobeshymnen auf die Tapferkeit, ja den Heldenmut des Duc du Maine, nur seine Verwundung, hieß es, habe den Siegeslauf der Franzosen aufgehalten und Vaudémont gerettet; der Duc du Maine sei auf einer Tragbahre weggebracht worden. Dieser dick aufgetragene Spott reizte den König; aber es kam noch besser. Die nächste Ausgabe der Zeitung widerrief den Bericht vom Kampf und fügte hinzu, daß der Herzog nicht einmal verwundet worden sei. Alles das verbunden mit dem Schweigen, das seit jenem Tage herrschte; und mit der so kurzgehaltenen Darstellung, die der Marschall Villeroy ihm ohne jeden Entschuldigungsversuch übersandt hatte, erfüllte den König mit Argwohn.

La Vienne, der als Bademeister in Paris großen Zulauf gehabt hatte, war zur Zeit, als der König seine Liebschaften unterhielt, in dessen Dienst getreten, und da er ihn durch Drogen des öfteren instand setzte, sich bei seinen Liebesaffären größere Befriedigung zu verschaffen, hatte er die Gunst des Königs erworben und war schließlich zu einem der vier ersten Kammerdiener geworden. Er war ein braver, aber bäurisch grober, freimütiger Mann, und gerade diese Freimut des im übrigen völlig aufrichtigen Mannes hatte den König daran gewöhnt, ihn nach dem zu befragen, was er von anderen nicht in Erfahrung zu bringen vermochte, jedenfalls sofern es Dinge betraf, die den Horizont des Kammerdieners nicht überschritten. Also wartete er, bis man nach Marly reiste, um La Vienne über die Begebenheiten in den Niederlanden auszuforschen. La Vienne hatte in der Überraschung nicht Geistesgegenwart genug, seine Verlegenheit zu verbergen; diese Verlegenheit verdoppelte die Neugier des Königs, und er befahl ihm nur um so dringender zu reden. La Vienne wagte es nun nicht länger zu verschweigen, was dieser niemals im Leben hätte erfahren wollen und was ihn schier zur Verzweiflung brachte. Wenn er soviel Eifer und Mühe darein gesetzt hatte, den Duc de Vendôme an die Spitze seiner Armeen zu stellen, so nur um schließlich dem Duc du Maine zu diesem Posten zu verhelfen; all sein Streben zielte darauf ab, ihm den Weg zu ebnen, nicht zuletzt dadurch, daß er die Prinzen von Geblüt durch ihre gegenseitige Eifersucht langsam ausschaltete. Da der Comte de Toulouse bereits Admiral war, brauchte man sich um seine Laufbahn keine Gedanken mehr zu machen; alle Bemühungen des Königs galten fortan dem Duc du Maine; da plötzlich sah er sie alle scheitern, was ihm unerträglichen Schmerz verursachte. Er spürte, wie schrecklich der Anblick seiner Armee und der harte Spott des Auslandes, der ihm aus den Zeitungen kund wurde, auf seinem geliebten Sohn lasten mußte, und sein Ingrimm steigerte sich bis zur Weißglut.

Dieser äußerlich sonst so beherrschte Fürst, der auch bei den empfindlichsten Schicksalsschlägen jede seiner Gemütsbewegungen in der Gewalt hatte, geriet bei dieser Gelegenheit einmal aus der Fassung. Als er in Marly in Gegenwart der Damen und aller Höflinge von der Tafel aufstand, fiel sein Blick auf einen Diener, der beim Abräumen des Nachtischs einen Biskuit in seine Tasche steckte. Im selben Augenblick vergaß der König all seine Würde; und den Stock, den man ihm soeben samt dem Hut überreicht hatte, fest in der Hand, stürzte er sich auf den Diener, der genauso wie alle Umstehenden völlig arglos war, beschimpfte ihn und schlug ihn, bis der Stock zerbrach; es war allerdings nur ein schwaches Rohr und nicht gerade sehr widerstandsfähig; mit dem abgebrochenen Ende in der Hand und der Miene eines Menschen, der nicht mehr ganz bei sich ist, noch immer den Diener beschimpfend, der längst das Weite gesucht hatte, durchquerte er dann den kleinen Salon und das Vorzimmer und begab sich zu Mme. de Maintenon, wo er fast eine Stunde verweilte, wie er es in Marly häufig nach dem Diner zu tun pflegte. Als er sie verließ, um in seine Gemächer zurückzukehren, begegnete er dem Pater La Chaise, dem er, kaum daß er ihn unter den Höflingen erblickte, mit lauter Stimme zurief: »Ehrwürdiger Vater, ich habe zwar einen Taugenichts geprügelt und ihm meinen Stock auf dem Rücken zerschlagen, ich glaube indes, Gott nicht beleidigt zu haben«, und er berichtete von dem vermeintlichen Vergehen. Alle Anwesenden zitterten nun dessentwillen, was sie soeben selber gesehen oder von Zuschauern zu hören bekommen hatten, und bei der Erzählung überfiel sie ein neuer Schrecken: die Vertrautesten murrten gegen den Diener, und der arme Pater schien murmelnd seine Billigung zu erteilen, um den König angesichts aller Leute nicht weiter zu reizen. Man kann sich denken, wie dieser Vorfall wirkte und welches Entsetzen er auslöste; denn wenn auch damals noch niemand die wahre Ursache ahnte, so erriet doch jeder leicht, daß sich hinter dem offensichtlichen Anlaß in Wirklichkeit etwas anderes verbarg. Endlich aber trat alles zutage; von einem Freunde zum anderen sprach es sich langsam herum, daß La Vienne, vom König in die Enge getrieben, diesen höchst sonderbaren und höchst unziemlichen Auftritt ausgelöst hatte.

Um das Bild zu vervollständigen, will ich noch eine Bemerkung Elbeufs hinzufügen. Ein so eingefleischter Höfling er auch war, der steile Aufstieg, den die Bastarde genommen hatten, nagte doch sehr an ihm. Als der Feldzug dem Ende zuging und die Prinzen sich zum Aufbruch rüsteten, bat er in Gegenwart aller Leute den Duc du Maine, er möge ihm doch kundtun, wo er den nächsten Feldzug mitzumachen gedächte, denn wo immer das sei, dort wolle er – d'Elbeuf – dann gleichfalls dienen. Als man ihn bedrängte und den Grund wissen wollte, gab er zur Antwort, daß man dort jedenfalls seines Lebens sicher wäre. Dieser unmißverständliche und niederschmetternde Spott erregte einiges Aufsehen. Der Duc du Maine schlug die Augen nieder und wagte kein Wort zu erwidern: ohne Zweifel vergaß er d'Elbeuf diese Bloßstellung nicht; aber jener stand persönlich und durch seine Verwandten so gut mit dem König, daß ihn das nicht weiter zu kümmern brauchte.

Je ungehaltener der König über diesen Zwischenfall war, der all seine Unternehmungen beeinträchtigte und der ihm aus persönlichen Gründen besonders peinlich war, um so dankbarer mußte er dem Marschall Villeroy sein und um so freundschaftlicher kam Madame de Maintenon diesem entgegen. Die Gunst, in der er stand, sowie die Eifersucht aller, selbst derer, die vom König am besten behandelt wurden, sowie die Furcht der Minister ließen sich fortan nicht mehr übersehen.

Die bittere Frucht jenes flandrischen Ereignisses war die Einnahme der Stadt Namur, die nach 24tägiger Verteidigung am 4. August vor dem Feind kapitulierte.

Der Marschall Joyeuse stand, durch den Rhein getrennt, dem Prinzen von Baden gegenüber, während der Duc und die Duchesse de Lorge sich in Landau aufhielten, wo ich sie, als wir wieder dort vorbeikamen, besuchte. Kaum wiederhergestellt strebte der Marschall voller Ungeduld danach, an die Spitze seiner Armee zurückzukehren, und die Marschallin begab sich nach Paris.

Bald darauf wurde die Armee, um die Nachschubfrage zu vereinfachen, in zwei Teile geteilt. Die Marschälle blieben mit einem Teil im Elsaß, und Tallard führte den anderen in die Gegend von Nahe und Hunsrück, wohin auch ich mich mit meinem Regiment begab. Ich war erst kurze Zeit dort, als ich erfuhr, daß der Marschall de Lorge einen Schlaganfall bekommen hatte. Alsbald machte ich mich zusammen mit seinem Neffen, dem Comte de Roucy, und dem Chevalier de Roye zu ihm auf den Weg. Der Anfall wäre harmlos gewesen, hätte man beizeiten Vorsichtsmaßnahmen getroffen, aber es gehört zu dieser Art Leiden, daß man sie zu spät bemerkt. Und es gab keine Möglichkeit, den Kranken von der Notwendigkeit zu überzeugen, sich ein wenig zu schonen. Dergestalt nahm das Übel solches Ausmaß an, daß man zu den äußersten Mitteln greifen mußte, die trotz ihrer Gefährlichkeit ihre Wirkung taten. Mme. de Lorge, die kaum Zeit gehabt hatte, sich in Paris ein wenig zu erholen, kam sofort nach Straßburg. Wir alle besuchten sie und blieben so lange bei ihr, bis sie mit dem Marschall nach Vichy reiste. Indessen richtete man die Winterquartiere ein, und ich begab mich nach Paris.

Tod des Erzbischofs von Cambrai. – Fénelons Aufstieg und sein Verhältnis zu Mme. Guyon. – Tod des Erzbischofs von Paris. – Seine Nachfolge. – Der Marschall Lorge im Ruhestand. – Kindisches Treiben der Prinzessinnen.

Bevor ich auf das zu sprechen komme, was sich seit meiner Rückkehr von der Armee ereignete, muß ich berichten, was sich während des Feldzuges bei Hofe zutrug. M. de Bryas, der Erzbischof von Cambrai, war im November gestorben, und der König hatte diesen fetten Bissen dem Abbé Fénelon, dem Erzieher der königlichen Enkel gegeben. Fénelon war ein Edelmann, der zwar keinerlei Vermögen, aber viel Geist, zumal jenen einschmeichelnden, bezaubernden Geist besaß, dazu viele Talente, Begabungen und Kenntnisse, und da er sich dessen bewußt war, war er von ungeheurem Ehrgeiz erfüllt. Er hatte lange Zeit an alle Türen angeklopft, ohne daß sich ihm eine geöffnet hatte. Verärgert über die Jesuiten, an die er sich, da sie die wichtigsten geistlichen Ämter zu vergeben hatten, zunächst gewandt, von denen er aber in einer Form abgewiesen worden war, die es ihm unmöglich machte, die Beziehung zu ihnen wiederaufzunehmen, wandte er sich nun den Jansenisten zu, denn kraft seines Verstandes und aufgrund des Ruhmes, den bei ihnen zu erwerben er sich schmeichelte, hoffte er dort, seinen Gram über die ihm entgangenen Glücksgüter zu vergessen. Er brauchte beträchtliche Zeit, um sich bei ihnen einzuführen; schließlich aber erreichte er es, zu den exklusiven Mahlzeiten eingeladen zu werden, die einige ihrer mächtigsten Anhänger ein- oder zweimal wöchentlich bei der Duchesse de Brancas zu veranstalten pflegten. Ich weiß nicht, ob Fénelon ihnen vielleicht doch zu schöngeistig war oder ob er persönlich sich anderswo Besseres versprach als von Leuten, mit denen es nichts als Wundmale zu teilen gab; jedenfalls kühlte seine Beziehung zu ihnen allmählich ab. Da er mit aller Entschiedenheit in Saint-Sulpice herumstrich, gelang es ihm tatsächlich, dort eine neue Verbindung anzuknüpfen, von der er sich mehr erhoffte. Diese Priestergemeinschaft begann sich langsam durchzusetzen und größeren Zulauf zu finden. Ihre Unwissenheit, die Kleinlichkeit ihrer Praktiken, der Mangel an jeglicher Protektion und an jeglichem Mitglied von Rang und Bedeutung bewog sie zu einem blinden Gehorsam gegen Rom und dessen Maximen und ließ sie einen weiten Bogen machen um alles, was auch nur im entferntesten als Jansenismus gelten konnte. Ihre Unterwerfung unter die Bischöfe bewirkte, daß diese bestrebt waren, sie nach und nach in zahlreichen Diözesen einzusetzen. Die Prälaten, die sowohl den Hof als auch die Abhängigkeit von den Jesuiten fürchteten, betrachteten die Sulpicianer als nützliche Hilfskräfte. Auf diese Weise gewann die Kongregation in kurzer Zeit große Anhängerschaft, aber niemand unter ihnen konnte sich auch nur annähernd mit dem Abbé Fénelon messen, so daß er hier das rechte Feld für seine Herrschsucht fand und überdies die Möglichkeit, sich Beschützer zu suchen, denen daran gelegen war, ihn unter ihre Fittiche zu nehmen, um dann ihrerseits von ihm protegiert zu werden. Seine Frömmigkeit, seine Doktrin, die er der von Saint-Sulpice anglich – wobei er im stillen allem abschwor, was er etwa von jenen, die er im Stich gelassen, Unreines angenommen – seine Liebenswürdigkeit, seine Sanftmut, seine Zuvorkommenheit machten ihn für diese neue Kongregation zu einem teuren Freund; er wiederum fand in ihnen, was er seit langem suchte: bündnisfähige Leute, die ihn zu fördern bereit und fähig waren. Indes er stets weiter nach günstigen Gelegenheiten Ausschau hielt, kam er ihnen weitgehend entgegen, wobei er allerdings keinen Augenblick lang der seinen Absichten und Plänen zweifellos hinderlichen Versuchung erlag, sich diesem Kreis allzu eng anzuschließen; vielmehr war er nach wie vor darauf erpicht, Bekanntschaften zu machen und Freunde zu gewinnen. Er war ausgesprochen gefallsüchtig und darauf bedacht, von den mächtigsten Personen, aber auch von Handwerkern und Lakaien anerkannt und bewundert zu werden; seine Fähigkeiten und Talente kamen diesen seinen Wünschen trefflich zustatten.

Zu jener Zeit, als Fénelon noch unbekannt war, hörte er von Mme. Guyon reden; sie hat inzwischen soviel Aufsehen in der Gesellschaft erregt, und sie ist so bekannt geworden, daß ich sie nicht weiter zu beschreiben brauche. Er sah sie; beide spürten ihre Geistesverwandtschaft, ihre schönen Seelen verschmolzen in eins. Ich weiß nicht, ob sie wirklich in jenem System und jener neuen Sprache, die sich dann bei ihnen entwickelte, so ganz miteinander übereinstimmten; jedenfalls redeten sie es sich gegenseitig ein, und die Verbindung zwischen ihnen war beschlossene Sache. Zwar war Mme. Guyon damals schon bekannter als Fénelon, doch war sie noch nicht so bekannt, daß die Beziehung der beiden bemerkt worden wäre, da niemand ihrer achtete und nicht einmal Saint-Sulpice von dieser Seelenfreundschaft etwas wußte.

Der Duc de Beauvillier war, ohne daß er jemals daran gedacht hatte und fast wider Willen zum Hofmeister des Duc de Bourgogne ernannt worden. Aufgrund der Achtung und der hohen Meinung, die der König ihm bezeugte, war er nach dem Tode des Marschalls Villeroy bereits Chef des Finanzrats geworden. Das Vertrauen des Königs zu Beauvillier war so groß, daß er ihm die Wahl der Erzieher und der untergeordneten Lehrer sowie der sämtlichen übrigen Dienstboten des jungen Fürsten ganz und gar überließ, sosehr Beauvillier sich dagegen auch wehrte. Als der Herzog sich nun genötigt sah, einen Erzieher zu wählen, fragte er bei Saint-Sulpice an, wohin er schon seit langem zur Beichte zu gehen pflegte; er war dieser Kongregation sehr zugetan und begünstigte sie nach Kräften; des öfteren schon hatte er dort den Abbé Fénelon rühmlich erwähnen hören; man pries ihm dessen Frömmigkeit und Klugheit, sprach von seinen Kenntnissen und vielseitigen Begabungen und brachte ihn schließlich bei Beauvillier in Vorschlag. Er suchte ihn auf, war von ihm entzückt und ernannte ihn zum Erzieher. Kaum hatte Fénelon diesen Posten inne, schon begriff er, wie wichtig es für sein weiteres Fortkommen war, sowohl denjenigen, der ihm zu diesem glücklichen Anfang verholfen wie auch dessen Schwager, den Duc de Chevreuse – die ein Herz und eine Seele waren – gänzlich für sich einzunehmen; denn beide Herzöge genossen beim König und bei Mme. de Maintenon größtes Vertrauen. Diesem Ziel also galt sein vornehmstes Bemühen; und er sollte so über Erwarten erfolgreich sein, daß er sehr bald die Gefühle und Gedanken der beiden Herzöge beherrschte und zu ihrem Beichtvater wurde. Mme. de Maintenon pflegte ein- oder zweimal in der Woche im Palais Beauvillier oder Chevreuse zu speisen; sie saß als fünfte zwischen deren beiden Schwestern und deren Ehemännern; auf dem Tisch stand eine kleine Glocke, damit man auf die Anwesenheit von Dienern verzichten und ohne jeden Zwang plaudern konnte. Es war dies eine geweihte Stätte, auf die der ganze Hof mit Ehrfurcht blickte und zu der Fénelon endlich zugelassen wurde. Er hatte bei Mme. de Maintenon fast ebensoviel Erfolg wie bei den beiden Herzögen; seine mystische Frömmigkeit bezauberte sie. Der Hof wurde sehr bald gewahr, mit welch Riesenschritten der glückliche Abbé voranstürmte, und man drängte sich in seine Nähe; aber der Wunsch, frei zu bleiben, sowie die Furcht, den Herzögen und Mme. de Maintenon zu mißfallen, die ein abgesondertes und zurückgezogenes Leben zu führen wünschten, veranlaßten den Abbé, sich hinter Bescheidenheit und hinter seinen erzieherischen Pflichten zu verschanzen, wodurch er sich eben jenen Personen, die er umgarnt hatte – und deren Anhänglichkeit sich zu erhalten so sehr in seinem Interesse lag –, nur um so kostbarer machte.

Über all diesen ernsten Sorgen vergaß er keineswegs seine Treue Freundin Mme. Guyon; er hatte bereits den Herzögen und Mme. de Maintenon ihr Loblied gesungen; er hatte sie ihnen – aber erst nach umständlichen Vorkehrungen und nur für kurze Augenblicke – einmal vorgeführt, als eine Frau, die einzig in Gott lebe, die aus Demut und Neigung zur Kontemplation fast nie unter Menschen gehe und die nichts mehr fürchte, als bekannt zu werden. Ihre Denkweise gefiel Mme. de Maintenon ungemein; Mme. Guyons unmerkliche – mit Schmeicheleien vermischte – Zurückhaltung nahm sie für sie ein. Sie wollte sich über religiöse Fragen mit ihr unterhalten; es war jedoch nicht leicht, Mme. Guyon zu einer Äußerung zu bewegen. Als sie sich endlich dazu herbeiließ, erweckte es den Anschein, als habe sie sich nur von dem gütigen Entgegenkommen und der Frömmigkeit Mme. de Maintenons überwältigen lassen, und in solch feingesponnenen Netzen ließ jene sich dann auch tatsächlich fangen. In dieser Lage befand sich Fénelon, als er Erzbischof von Cambrai wurde, was dazu beitrug, daß man ihn noch mehr bewunderte, denn er hatte nicht das geringste unternommen, um in den Genuß dieser großen Pfründe zu gelangen. Er gab sogar zur selben Zeit eine schöne Abtei zurück, die er erhalten hatte, als er zum Erzieher des Prinzen ernannt wurde, und die, bis er das Erzbistum Cambrai bekam, sein einziger Besitz war. Er hätte sich wohl gehütet, sich um Cambrai zu bewerben: der kleinste Funke von Ehrgeiz hätte sein ganzes Gebäude zum Einsturz gebracht, und überdies war Cambrai durchaus nicht das Ziel seiner Wünsche.

Inzwischen hatte er sich aus der kleinen Herde, die Mme. Guyon um sich gesammelt hatte, einige vornehme Schafe auserlesen, die er, allerdings nach den Anweisungen der Prophetin, unter seine Obhut nahm. Die Duchesse de Mortemart, Schwester von Mme. de Chevreuse und Mme. de Beauvillier, dazu Mme. de Morstein, Tochter der ersteren, insbesondere aber die Duchesse de Béthune waren die wichtigsten unter ihnen; sie alle lebten in Paris und kamen nur insgeheim und nur auf kurze Zeit nach Versailles, dann nämlich, wenn der Hof seine Ausflüge nach Marly unternahm, an denen der junge Duc de Bourgogne noch nicht teilnahm und denen folglich auch sein Hofmeister fernblieb; alsbald verließ Mme. Guyon in aller Stille Paris, um im Hause des Duc de Beauvillier all diesen Damen Unterweisungen zu erteilen. Die Comtesse de Guiche, älteste Tochter M. de Noailles', die ihr Leben bei Hofe verbrachte, entschlüpfte, sooft sie nur konnte, um sich gleichfalls an diesem Manna zu laben, auch L'Echelle und Du Puy, Edelleute aus dem Gefolge des Duc de Bourgogne, waren zugelassen, aber all das vollzog sich streng im geheimen, und der Charakter des Mysteriums verlieh diesen Gunstbezeugungen noch einen weiteren Reiz.

Cambrai traf die ganze kleine Herde wie ein Blitz aus heiterem Himmel. Wußten sie doch, daß der Erzbischof von Paris vom Tode gezeichnet war, und Paris war es, das sie alle erträumten, nicht Cambrai, das sie mit Verachtung als Landdiözese bezeichneten, deren Übernahme es unerläßlich machte, daß Fénelon sich zeitweise dort aufhielt, wodurch sie nun ihres Hirten beraubt würden. Paris hätte ihn an die Spitze des gesamten Klerus gestellt und hätte ihm eine Position verschafft, in der er unmittelbares und dauerhaftes Vertrauen genoß, so daß alle Welt mit ihm hätte rechnen müssen und er in der Lage gewesen wäre, sich mit Erfolg für Mme. Guyon einzusetzen und das Wagnis auf sich zu nehmen, ihre Lehre zu verkünden, die einstweilen noch als Geheimnis von ihnen gehütet wurde. Was die anderen als ungeheuerlichen Glücksfall ansahen, bereitete also der kleinen Herde den tiefsten Kummer, und die Comtesse de Guiche war so betroffen, daß sie ihre Tränen nur mit Mühe zu verbergen vermochte. Der neue Prälat hatte es nicht versäumt, die wichtigsten Würdenträger aufzusuchen, die es ihrerseits als Auszeichnung empfanden, mit ihm in Berührung zu kommen. Saint-Cyr, diese so erhabene und so unzugängliche Stätte, wurde zu seiner Bischofsweihe auserkoren, und der Bischof von Meaux, Bossuet, der damalige Diktator des Episkopates und der offiziellen Lehrmeinung, erteilte Fénelon die Weihen. Die königlichen Prinzen waren zugegen, auch Mme. de Maintenon mit ihrem kleinen erlesenen Kreis wohnte der feierlichen Handlung bei; niemand war eingeladen, die Türen blieben allem schmeichlerischen Drängen verschlossen.

In diesem Sommer hatte eine Versammlung des Klerus stattgefunden, und zwar die große – denn alle fünf Jahre findet eine große und eine kleine Versammlung statt –, zu denen jede Provinz vier oder auch zwei Abgesandte schickt. Der Kanzler Boucherat hielt, seit er die große Machtbefugnis dieses Amtes innehatte, seine Tore zunächst vor den Karossen der Verwaltungsbeamten verschlossen, dann auch vor den Leuten von Stand, die keine Titel besaßen, und endlich sogar vor den Prälaten. Nie zuvor war ein Kanzler auf einen solchen Einfall gekommen, und die Neuerung erschien um so befremdlicher, als die Prinzen von Geblüt ihre Tore noch vor keiner Karosse verschlossen hatten. Man fand es empörend, man spottete darüber, aber jeder hatte irgendwann mit dem Kanzler zu tun, und da heutzutage in erster Linie die Interessen entscheiden, gab man klein bei; die Sache machte Schule, und man sprach nicht weiter darüber. Gegen Ende dieser Versammlung des Klerus, die in Saint-Germain stattfand, wurde eine Abordnung zum Kanzler geschickt, um das Ganze rechtmäßig zum Abschluß zu bringen. Als die Karossen der Kleriker an der Kanzlei zu Versailles vorfuhren, blieben die Tore verschlossen: man begann zu verhandeln, die Abgeordneten behaupteten, daß der Kanzler verpflichtet sei, sie hereinzulassen, nicht in ihrer Eigenschaft als Bischöfe, sondern als Abordnung des ersten Standes im Königreich; man hielt ihnen entgegen, sie hätten das mißverstanden: das Ende vom Lied, sie kamen nicht herein, aber da sie sich weigerten, den Kanzler in seinen Privaträumen aufzusuchen, einigte man sich darauf, alles in jenem Raum des Schlosses auszuhandeln, in dem der Kanzler die Kassationsurteile zu überprüfen pflegt.

Harlay, der Erzbischof von Paris, führte den Vorsitz der Versammlung, aber er, der aufgrund der Gunst und des Vertrauens des Königs stets über den Klerus geherrscht hatte, sah sich nun allen möglichen Unannehmlichkeiten ausgesetzt; schon die Tatsache, daß der Pater La Chaise es erreicht hatte, ihn nach und nach von jeder Beratung über die Verteilung der Pfründen auszuschließen, hatte ihn langsam dem König entfremdet, und Mme. de Maintenon, deren tiefstes Mißfallen er erregt hatte, als er – der eine von den drei Trauzeugen – sich der Bekanntgabe der Heirat widersetzte, ließ ihn vollends in Ungnade fallen. Das Verdienst, das er sich bei der berühmten Generalversammlung von 1682 um das ganze Königreich erworben und das ihn fester in der Gunst verankert hatte, dieses Verdienst sollte ihm nun, da andere Richtlinien Geltung gewannen, zum Nachteil gereichen. Seine gründlichen Kenntnisse, seine Beredsamkeit, die leichte Verständlichkeit seiner Predigten, die glänzende Wahl der Themen, sowie die geschickte Leitung seiner Diözese und selbst seine Fähigkeiten als Geschäftsmann und das Ansehen, das er dadurch beim Klerus gewonnen hatte, all das zählte nun nicht mehr angesichts seines Privatlebens, seiner galanten Neigungen und seines höfischen Gehabes; obwohl gerade dies seit Anbeginn seines Episkopates untrennbar zu ihm gehörte und ihm niemals geschadet hatte, wurde es nun unter den Augen der Madame de Maintenon zu einem Verbrechen. Seit ihr Haß sie vor einigen Jahren dazu getrieben hatte, den Erzbischof zu verderben, hörte sie nicht auf, ihm Verdruß zu bereiten. Sein vielseitig, gründlich gebildeter und dennoch üppig blühender Geist, der ihn für die Regierung zu einem großen Bischof und für die Gesellschaft zu einem liebenswürdigen Grandseigneur und einem – allerdings im edelsten Sinne – vollkommenen Höfling hatte werden lassen, vermochte sich nicht an diesen Niedergang und den damit verbundenen Mißkredit zu gewöhnen. Der Klerus, der das sehr wohl bemerkte und dem der Neid nicht fremd ist, fand Gefallen daran, sich nun für seine, wenn auch sanfte und gemäßigte Herrschaft, zu rächen; er leistete also Widerstand, allein schon aus Vergnügen, dies wagen und durchsetzen zu können. Die Angehörigen der Gesellschaft, denen Harlay nun für die Erlangung von Bistümern und Abteien nicht mehr von Nutzen war, ließen ihn im Stich. All seine unendlich reichen angeborenen, körperlichen und geistigen Gaben welkten dahin. Der einzige Trost, der ihm blieb, war, sich mit seiner guten Freundin, der Duchesse de Lesdiguières, zurückzuziehen; die beiden sahen sich täglich, entweder in ihrem Hause oder bei ihm in Conflans, das er in einen köstlichen Garten verwandelt hatte, den er so peinlich in Ordnung hielt, daß, während die beiden darin umhergingen, ihnen von weitem ein Gärtner folgte, um die Spuren ihrer Schritte wieder mit der Harke zu beseitigen.

Nun wurde der Erzbischof von Schwindelanfällen heimgesucht, die sich bald verschlimmerten und sich zu leichten epileptischen Anfällen entwickelten. Er war sich dessen bewußt und verbot seiner Dienerschaft, darüber zu sprechen oder Hilfe zu holen, wenn sie ihn in solchen Zuständen sähen, und er verbot es mit solchem Nachdruck, daß man seinen Befehl nur allzu genau befolgte. So verbrachte Harlay seine zwei bis drei letzten Lebensjahre. Die Enttäuschungen über die jüngst stattgehabte Versammlung warfen ihn vollends darnieder; als sie im Juli zu Ende war, begab er sich sofort nach Conflans, um sich etwas Ruhe zu gönnen. Die Duchesse de Lesdiguières pflegte zwar nie dort zu übernachten, sie kam jedoch alle Nachmittage nach Conflans, und immer waren die beiden ganz allein miteinander. Am 6. August verbrachte der Erzbischof den Vormittag in gewohnter Weise. Sein Haushofmeister erschien, um ihm zu melden, daß angerichtet sei; er fand ihn in seinem Arbeitszimmer auf das Kanapee zurückgesunken: er war tot. Der Pater Gaillard hielt die Leichenpredigt. Die Materie war mehr als heikel und das Ende furchtbar; der berühmte Jesuit wußte sich zu helfen: er lobte alles, was Lob verdiente, ohne auf die moralische Frage überhaupt einzugehen. Seine Predigt war ein Musterbeispiel für Beredsamkeit und Pietät.

Der König fühlte sich entschieden erleichtert und Mme. de Maintenon noch mehr. Harlays Platz an der Sorbonne übernahm der Bischof von Reims; sein Amt als Superior des Kollegs von Navarra erhielt der Bischof von Meaux und sein blaues Ordensband der Bischof von

Noyon. Die Verleihung seiner frei gewordenen Kardinalswürde und seines Erzbistums muß etwas ausführlicher behandelt werden; die Kardinalswürde wurde dem Bischof von Orléans zuteil, und zwar auf die angenehmste Weise, da weder er selbst noch einer seiner Angehörigen auch nur die Zeit gefunden hatten, an diese Möglichkeit zu denken. Der Erzbischof von Paris war am 6. August, Sonnabend nachmittag, in Conflans gestorben; der König erfuhr es erst am Abend, und als er am Montag morgen sein Arbeitszimmer betrat, um wie gewöhnlich seine Tagesordnung bekanntzugeben, ging er geradenwegs auf den Bischof von Orléans zu, der ihm auswich, weil er annahm, der König wolle weitergehen; der König aber nahm ihn wortlos beim Arm und zog ihn langsam hinter sich her zu den Kardinälen Bouillon und Fürstenberg, die am anderen Ende des Gemaches miteinander plauderten. Er unterbrach sie und sagte: »Meine Herren, ich glaube, Sie werden mir dankbar sein für einen Konfrater wie den Bischof von Orléans, den ich als Kardinal vorschlage.« Bei diesen Worten warf sich der Bischof, der nicht hatte ahnen können, weshalb der König ihn hinter sich herführte, und der auf alles andere gefaßt war, zu dessen Füßen; großer Beifall der Kardinäle, dann aller im Kabinett Anwesenden, schließlich des ganzen Hofes und der gesamten Öffentlichkeit, bei der dieser Prälat ungewöhnliche Verehrung genoß.

Er war mittelgroß, vierschrötig, untersetzt, hatte rote Wangen, offene Gesichtszüge, eine stark gebogene Nase. Seine schönen Augen zeigten einen Ausdruck von Reinheit, Wohlwollen und Lauterkeit, der einen sofort für ihn einnahm und der einen, wenn man ihn näher kennenlernte, noch stärker berührte. Er war der Bruder des Duc de Coislin, Sohn der ältesten Tochter des Kanzlers Séguier. Der Bruder des Kanzlers war Bischof von Meaux und erster Almosenier Ludwigs XIII., später Ludwigs XIV. gewesen. Der König hatte ihm die Amtsnachfolge für seinen damals noch sehr jungen Großneffen bewilligt, so daß dieser sein Leben meist bei Hofe zugebracht hatte. Aber seine Jugend war dennoch so rein und unberührt geblieben, daß er nicht nur über jeden Verdacht erhaben war, sondern daß sogar weder junge noch alte Leute es wagten, in seiner Gegenwart nur ein einziges, allzu freies Wort zu gebrauchen, und doch erstrebten sie alle den Umgang mit ihm, so daß er stets mit der besten Gesellschaft des Hofes verkehrte. Er besaß viele Abteien und Priorschaften, aus denen er seine Einkünfte bezog. Von dem Einkommen seines Bistums, das er bereits in sehr jugendlichem Alter erhielt, rührte er nie etwas an, sondern stiftete jedes Jahr den gesamten Betrag für wohltätige Zwecke. Mindestens sechs Monate des Jahres verbrachte er in seiner Diözese, nahm gewissenhaft alles in Augenschein und erfüllte seine bischöflichen Obliegenheiten mit größter Sorgfalt. Auch verstand er es, mit sicherem Unterscheidungsvermögen glänzende Mitarbeiter für die Verwaltung und für die Unterweisung seiner Diözese auszuwählen. Seine Lebenshaltung, seine Möbel, seine Einrichtung und seine Tafel bezeugten episkopale Frugalität und Bescheidenheit. Und obwohl er stets zahlreiche Gäste, ja sogar die vornehmste Gesellschaft zu Tisch hatte, wurden diese zwar mit leckeren Speisen, aber ohne Üppigkeit und ohne jeden Aufwand bewirtet. Der König empfing ihn stets mit freundlicher Zuvorkommenheit und besonderer Achtung; nur über die Frage seiner Abreise und seiner Rückkehr nach Orléans gerieten die beiden oft miteinander in Streit; der König pries den Eifer, den der Bischof in seiner Diözese an den Tag legte, war jedoch gekränkt, sobald jener Versailles verließ, und war es noch mehr, wenn der Bischof zu lange Zeit hintereinander in Orléans weilte. Die Bescheidenheit und Schlichtheit, mit der der Bischof von Orléans seine Ernennung entgegennahm, die Gleichförmigkeit seiner Lebensweise, seines Auftretens und all seiner bisherigen Gewohnheiten, die er seitdem unverändert beibehielt, erhöhten die allgemeine Achtung nur um so mehr.

Auch die Ernennung des Erzbischofs von Paris konnte nicht lange mehr auf sich warten lassen; und sie wurde die Frucht des weisen Opfers, das der Duc de Noailles gebracht hatte, als er Vendôme den Oberbefehl über seine Armee abtrat; überdies erlangte er damit seine ehemalige Gunst vollkommen zurück. Der Bruder des Herzogs war 1680 zum Bischof von Cahors geweiht worden und sechs Monate später nach Châlons-sur-Marne berufen worden. Diese Versetzung hatte ihn in Gewissenskonflikte gestürzt, er wies sie zurück und fügte sich erst auf ausdrücklichen Befehl Innozenz' XI. Er wirkte dort mit der ganzen Unschuld eines Täuflings und errichtete eine makellose Stätte, widmete sich einzig und allein seinen Visiten, der Verwaltung der Diözese und mannigfachen wohltätigen Werken.

Auf diesen Prälaten also fiel die Wahl des Königs für Paris. Der Bischof, der das schon lange befürchtet hatte, beeilte sich, es vielen anderen Bischöfen gleichzutun und dem Buch des Paters Quesnel über die *Réflexions morales* ebenfalls seine Zustimmung zu geben, um damit seines unbedingten Ausschlusses seitens der Jesuiten gewiß zu sein. Aber es geschah – vielleicht zum ersten Mal – daß der Pater La Chaise gar nicht zu Rat gezogen wurde. Mme. de Maintenon wagte es – vielleicht gleichfalls zum ersten Mal –, die Sache zu ihrer eigenen zu machen. Sie zeigte dem König die Bittschriften der M. Tiberge und Brisacier –

der beiden Superioren der Auslandsmission –, die sie bei dem König in Mode gebracht hatte, um damit den Jesuiten, deren Einfluß ihr anstößig war, entgegenzuarbeiten. Es war ihr daran gelegen, daß das Erzbistum von Paris nicht auf deren, sondern auf ihrer Seite stand; und Noailles gewährleistete ihr das. Kurzum, sie behielt die Oberhand, und der Bischof von Châlons wurde ohne sein Wissen und ohne Wissen des Paters La Chaise zum Erzbischof von Paris ernannt. Eine ausgesprochene Überrumpelung, deshalb haben die Jesuiten diesem Prälaten auch nie verziehen. Er war jedoch so völlig unbeteiligt daran, daß er sich bei seiner Ernennung, die trotz seiner Gegenwehr erfolgte, nicht zur Annahme entschließen konnte und er sich erst nach wiederholten Ermahnungen, denen er sich nicht zu widersetzen vermochte, bereit erklärte, sein Haupt unter dieses – wie er sagte – zu schwere Joch zu beugen.

M. und Mme. de Lorge waren aus Vichy zurückgekommen und begaben sich alsbald nach Versailles, wo sie vom König mit größter Zuvorkommenheit empfangen wurden. Aber es schien, als sei der Gesundheitszustand des M. de Lorges in Versailles noch schlechter geworden, als er es bereits in Paris gewesen, und kaum daß er den Marschallstab wieder in Händen hielt, sah er sich bereits gezwungen, ihn dem Marschall Villeroy zu übersenden. Der König verhehlte nicht, daß Lorge nach zwei so schweren und so rasch aufeinanderfolgenden Erkrankungen zum Dienst nicht mehr tauglich sein würde, auch wollte er sich inmitten eines Feldzuges nicht den Risiken aussetzen, die aus dem körperlichen Versagen eines Generals entstehen könnten. Aber es kostete ihn Überwindung, selbst mit dem Marschall zu sprechen. Deshalb beauftragte er M. de La Rochefoucauld, er möge seinem vertrauten Freund, M. de Lorge, die Sache begreiflich machen und ihn vor allem davon abzuhalten, mit dem König sprechen oder ihm schreiben zu wollen. La Rochefoucauld speiste also bei dem Marschall in Paris und sprach nach dem Essen mit ihm und der Marschallin allein. Die Eröffnung war für beide sehr bitter. Der Marschall glaubte sich durchaus noch imstande, die Armee zu befehligen. Er bestand auf einer Audienz beim König, und sie wurde ihm auch gewährt. Der König zeigte sich voller Verständnis und Rücksichtnahme, aber er vermochte seine Ansicht nicht zu ändern, und M. de Lorge unterwarf sich klaglos, obwohl es ihn tief bekümmerte, nutzlos zu werden – besonders um meinetwillen und auch seines Neffen wegen. Auch wir waren sehr betroffen und niedergeschlagen, nicht zuletzt, weil das eine beträchtliche Minderung unseres Ansehens bei der Armee, ja sogar unseres allgemeinen

Ansehens bewirkte. Einige Tage danach veranstaltete man einen Ausflug nach Marly; es war der erste, an dem ich teilnahm, und in Marly spielte sich dann ein sonderbarer Auftritt ab. Der König und Monseigneur führten dort mittags und abends zur gleichen Zeit und im gleichen Raum jeder an einer Tafel den Vorsitz; die Damen verteilten sich ohne allen Zwang, nur daß die Princesse de Conti stets an Monseigneurs Tisch saß und ihre beiden Schwestern stets am Tische des Königs Platz nahmen.

Die Prinzessinnen waren, wie man bereits gesehen hat, nur ganz oberflächlich miteinander versöhnt, und die Princesse de Conti war über Monseigneurs Neigung zu der Choin – eine Neigung, die sie schwerlich übersehen konnte – im Innersten erbost; sie wagte jedoch nicht, sich das auch nur im geringsten merken zu lassen. Bei einem dieser Mittagessen, bei dem sie, da Monseigneur auf der Jagd war, an dessen Tisch den Vorsitz führte, beliebte es dem König, mit Madame la Duchesse ein paar Scherze zu machen, er streifte seine ernste Würde ab, die er sonst stets zu wahren pflegte, um zum größten Erstaunen der Tafelrunde mit der Herzogin das Olivenspiel zu spielen. Madame la Duchesse bekam Durst und trank ein paar Glas Wein; der König tat, als tränke er gleichfalls, und so vergnügte man sich, bis der Nachtisch abgeräumt und die Tafel aufgehoben wurde. Als der König dann auf dem Weg zu Mme. de Maintenon an der Princesse de Conti vorbeikam, sagte er – vermutlich gereizt über die kühle Zurückhaltung, die diese zur Schau trug – ohne Umschweife zu ihr, ihre steife Ernsthaftigkeit vertrüge sich schlecht mit seiner und der Herzogin Trunkenheit. Beleidigt ließ die Prinzessin den König vorbeigehen, dann wandte sie sich während des Durcheinanders, da jeder den Mund spülte, an Mme. de Châtillon und sagte zu ihr, lieber sei sie ernsthaft als ein Weinfaß, womit sie auf einige üppige Gelage anspielte, die ihre beiden Schwestern unlängst veranstaltet hatten. Mme. de Chartres hörte diese Bemerkung und entgegnete in ihrem schleppenden, näselnden Ton laut und vernehmlich, sie ihrerseits sei lieber ein Weinfaß als ein Lumpensack; das war eine deutliche Anspielung auf Clermont und die Offiziere der Leibwache, von denen einige wegen der Prinzessin davongejagt oder entfernt worden waren. Diese Bemerkung traf so ins Schwarze, daß keine Antwort erfolgte und daß sie alsbald in Marly die Runde machte, dann in Paris und schließlich überall. Madame la Duchesse war nicht nur sehr anmutig und geistvoll, sondern sie verfügte zudem über die Kunst, gepfefferte Spottlieder zu ersinnen, und so stimmte sie nun im selben Ton einige besonders verwegene Liedchen an. Die Princesse de Conti war ganz verstört, und da sie nicht über solche Waffen verfügte, wußte sie sich keinen Rat mehr. Monsieur, sonst stets zu Streitereien geneigt, spielte diesmal den Vermittler, weil er fand, daß hier beide Seiten zu weit gegangen seien. Monseigneur mischte sich ebenfalls ein und gab den Damen ein großes Diner in Meudon. Zuerst erschien die Princesse de Conti; sie war allein gefahren, die anderen kamen in Begleitung Monsieurs. Die drei Schwestern sprachen kaum miteinander, alles verlief ganz steif und förmlich, und sie verließen Meudon in derselben Verfassung, in der sie gekommen waren.

Zum Jahresende ging es in Marly recht stürmisch zu. Die Duchesse de Chartres und Madame la Duchesse hatten sich aus Abneigung gegen die Princesse de Conti wieder enger aneinander angeschlossen, und so veranstalteten sie beim nächsten Aufenthalt in Marly nach dem Coucher des Königs im Zimmer von Mme. de Chartres aus dem Stegreif ein kleines Abendessen. Monseigneur saß bis zur späten Stunde im Salon beim Spiel. Bevor er sich in seine Gemächer zurückzog, schaute er noch einmal bei den Prinzessinnen herein: sie waren eifrig beim Rauchen, die Pfeifen hatten sie sich bei den Schweizergarden ausleihen lassen. Monseigneur, der voraussah, welche Folgen es haben würde, wenn dieser Qualm erst durch das Haus zöge, veranlaßte sie, dies Treiben einzustellen; aber der Rauch hatte sie schon verraten. Der König erteilte ihnen anderentags einen strengen Verweis, worüber die Princesse de Conti triumphierte. Indessen kam es fortwährend zu neuen Streitereien, und der König, der gehofft hatte, sie würden von selbst wieder abklingen, verlor allmählich die Geduld. Als sich die Schwestern eines Abends in Versailles nach dem Souper in seinem Kabinett einfanden, machte er ihnen ernste Vorhaltungen und versicherte ihnen, daß er sie, sobald ihm wieder etwas von ihren Streitereien zu Ohren komme, alle drei aufs Land verbannen würde. Diese Drohung tat ihre Wirkung. Ruhe und Anstand kehrten wieder ein und ersetzten die Freundschaft.

Geheimer Machtkampf zwischen dem Erzbischof von Cambrai und dem Bischof von Chartres. – Mme. Guyon aus Saint-Cyr ausgewiesen, dann in die Bastille eingeliefert.

Der neue Erzbischof von Cambrai beglückwünschte sich indessen zu seinen Erfolgen bei Mme. de Maintenon, und da er so treffliche Fürsprecher hatte, hielt er sich zu den größten Hoffnungen berechtigt, doch glaubte er diese nur verwirklichen zu können, sofern es ihm gelänge, Mme. de Maintenons Geist uneingeschränkt zu beherrschen. Nun unterhielt Godet, der Erzbischof von Chartres, die engsten Beziehungen zu ihr: Saint-Cyr gehörte zu seiner Diözese. Er war der einzige Beichtvater des Hauses und überdies der Beichtvater Mme. de Maintenons. Sein Lebenswandel, seine Lehre, seine Frömmigkeit, seine bischöfliche Amtsführung, alles war untadelig. Er kam nur selten und stets nur für kurze Zeit nach Paris, und er pflegte dann im Seminar Saint-Sulpice zu wohnen. Noch seltener und immer nur wie ein Blitz zeigte er sich bei Hofe, dafür besuchte er Mme. de Maintenon sehr oft und sehr ausgiebig in Saint-Cyr, und alles, was er sonst zu regeln hatte, erledigte er brieflich. Das war ein recht merkwürdiger Rivale, den es kaltzustellen galt; aber so gut seine Stellung auch gefestigt sein mochte, er machte den Eindruck eines Dorfküsters, und das beruhigte Fénelon, denn er meinte, Godet sei in der Tat nur eine Art Küster; mit seinem langen, ungepflegten, hageren Gesicht, seinem törichten Gebaren roch der Bischof von Chartres in der Tat unverkennbar nach Saint-Sulpice, sein einziger Umgang bestand aus kleinen, unbedeutenden Priestern, kurzum Fénelon hielt ihn für einen Mann ohne gesellschaftlichen Hintergrund und ohne eigentliche Begabung, einen Mann, der nur einen beschränkten Horizont und geringe Kenntnisse besaß und der es allein deshalb so weit gebracht hatte, weil Saint-Cyr zufällig zu seiner Diözese gehörte, der im übrigen ganz und gar von seinen Ämtern aufgezehrt wurde, bar jeden Rückhalts und bar jeder Beziehung. In dieser Vorstellung befangen zweifelte Fénelon nicht, daß es ihm gelingen würde, Godet bald den Boden unter den Füßen wegzuziehen, und zwar vor allem mit Hilfe der neuen mystischen Frömmigkeit Mme. Guyons, die von Mme. de Maintenon bereits so wohlwollend aufgenommen worden war. Es war ihm nicht entgangen, wie leicht sich Mme. de Maintenon für alles Neue begeisterte; und so schmeichelte er sich, den Bischof von Chartres, dessen Unwissenheit Mme. de Maintenon allmählich bemerken und schließlich verachten würde, ausschalten zu können, so daß sie fortan alles nur durch seine, Fénelons Augen sehen würde.

Um dieses Ziel zu erreichen, suchte er Mme. de Maintenon zu überreden, Mme. Guyon nach Saint-Cyr kommen zu lassen, denn dort, meinte er, habe sie mehr Zeit und vermöchte diese auf ganz andere Weise zu prüfen und zu beobachten als während der kurzen Nachmittagsbegegnungen im Hause Chevreuse oder Beauvillier. Er hatte Erfolg: Mme. Guyon kam zwei- oder dreimal nach Saint-Cyr, und bald lud Mme. de Maintenon, die zusehends mehr Gefallen an ihr fand, sie ein, dort zu übernachten. Von Mal zu Mal blieb sie länger, und die Besuche erfolgten in immer kürzeren Abständen. Mme. Guyon hielt nun in Saint-Cyr Ausschau nach Personen, die geeignet wären, ihre Anhängerinnen zu werden, und sie fand etliche. Bald bildete sich in Saint-Cyr eine kleine abgesonderte Herde, deren religiöse Grundsätze und deren mystische Ausdrucksweise dem übrigen Haus recht eigentümlich und dem Bischof von Chartres höchst befremdlich erschienen. Dieser Prälat glich durchaus nicht dem Bild, das Fénelon sich von ihm gemacht hatte: er war sehr gelehrt und vor allem ein gründlicher Theologe; überdies war er geistreich, ja er besaß sogar eine gewisse Sanftmut und Standhaftigkeit und zeigte sich zuweilen recht liebenswürdig im Umgang. Was jedoch bei einem Mann, der unter Priestern aufgewachsen und der niemals aus diesem engen Umkreis herausgekommen, am meisten überraschte, war sein sicheres Auftreten in der Gesellschaft und bei Hofe; die gewandtesten Höflinge hätten ihn schwerlich überbieten, sondern eher noch von ihm lernen können. Doch dieses Talent blieb der Umgebung verborgen, denn er griff nur, wenn es die Umstände unbedingt erforderten, darauf zurück; sein mangelnder Ehrgeiz, seine Frömmigkeit und Rechtschaffenheit brachten ihn selten in diese Lage, und so wie er mit ihr stand, ersetzte Mme. de Maintenon ihm alles.

Sobald Godet von diesen eigenartigen Lehren Wind bekam, sorgte er dafür, daß zwei Damen aus Saint-Cyr, auf deren Klugheit und Urteilsvermögen er bauen konnte und die auch auf Mme. de Maintenon Eindruck machen mußten, in den Kreis der Mme. Guyon aufgenommen wurden. Er wählte sich zwei, die ihm treu ergeben waren, und erteilte ihnen genaueste Instruktionen; diese neuen Proselytinnen schienen zu

Anfang entzückt und allmählich völlig von Guyon bezaubert zu sein, sie schlossen sich enger als alle anderen an ihre neue Seelenführerin an, die sich, da es ihr nicht entging, wie klug die beiden waren und welches Ansehen sie im Hause genossen, bald zu dieser Eroberung beglückwünschte, eine Eroberung, die es ihr erleichtern sollte, das Ziel, das sie sich gesteckt hatte, zu erreichen. Sie tat daher alles, diese beiden jungen Mädchen ganz für sich zu gewinnen. Sie machte sie zu ihren Lieblingsschülerinnen, und da sie sie für befähigt hielt, sich ihre Lehre zu eigen und im Hause bekanntzumachen, eröffnete sie sich ihnen mit aller Freimut. Sie, sowie der Erzbischof von Cambrai, den sie über alle Fortschritte auf dem laufenden hielt, triumphierte, und die kleine Herde frohlockte. Der Erzbischof von Chartres, mit dessen Einwilligung Mme. Guyon nach Saint-Cyr gekommen war und dort als externe Lehrerin wirkte, ließ sie gewähren, aber er behielt sie ständig im Auge. Seine Getreuen erstatteten ihm genauen Bericht von allem, was sie über Dogmen und über religiöse Praktiken zu hören bekamen. Er war also vollkommen im Bilde und prüfte jede Einzelheit mit größter Sorgfalt; als er die Zeit dann für gekommen hielt, schlug er zu.

Mme. de Maintenon war sehr bestürzt über all das, was er ihr über ihre neue Schule mitteilte, und noch mehr über das, was er ihr aufgrund der mündlichen Aussagen und schriftlichen Aufzeichnungen seiner beiden Vertrauten bewies. Sie befragte nun andere Schülerinnen, aus deren Antworten – mochten diese nun mehr oder weniger eingeweiht sein, mochten sie das Vertrauen ihrer Lehrerin mehr oder weniger genießen – sie sah, daß alles dem gleichen Ziel zustrebte und daß dieses Ziel sowie der Weg, der zu ihm führte, höchst sonderbar waren. Zunächst bereitete ihr das einiges Kopfzerbrechen, dann empfand sie Gewissensbisse; sie beschloß, mit dem Erzbischof von Cambrai zu reden. Dieser, der nicht ahnte, daß sie so gut unterrichtet war, verwickelte sich in Widersprüche und bestärkte ihren Argwohn. Jählings wurde Mme. Guyon aus Saint-Cyr ausgewiesen, und man war dort fortan emsig bestrebt, alles, was sie gelehrt hatte, bis auf die letzten Spuren zu tilgen. Das kostete einige Mühe, denn sie hatte immerhin etliche Schülerinnen bezaubert, die sich ernstlich an sie und ihre Lehre gebunden hatten. Der Bischof von Chartres benutzte die Gelegenheit, um vor der Gefahr eines so schrecklichen Giftes zu warnen und den Erzbischof von Cambrai in üblen Verdacht zu bringen. Eine so gewaltige und so unerwartete Niederlage versetzte diesem zwar einen Schlag, warf ihn jedoch nicht zu Boden. Er wappnete sich mit Geist und berief sich auf anerkannte Mystiker. Seine vornehmsten Freunde unterstützten ihn. Der Bischof von Chartres, der Mme.

de Maintenons Vertrauen nun zurückgewonnen und seines Einflusses auf sie wieder sicher war, mochte gegen einen Mann, der so gute Freunde hatte, nichts weiter unternehmen, sein Beichtkind hingegen schauderte vor Entrüstung, so hart an den Abgrund geführt worden zu sein, und verhielt sich zusehends kühler gegen den Erzbischof von Cambrai und immer feindlicher gegen Mme. Guyon. Man brachte in Erfahrung, daß diese in Paris nach wie vor viel Besuch empfing. Man verbot es ihr bei hoher Strafe, worauf sie sich noch mehr zurückzog, aber sie konnte es nicht lassen, ihre Lehren auch weiterhin im verborgenen zu verkünden, ebensowenig wie ihre kleine Herde es lassen konnte, sich an verschiedenen Orten gruppenweise um sie zu versammeln. Als man dahinterkam, befahl man ihr, Paris zu verlassen; sie gehorchte, doch kurz darauf verkroch sie sich in ein kleines, unansehnliches Haus im Faubourg Saint-Antoine. Da man sie aufmerksam beobachtet hatte, ohne sie indes irgendwo aufspüren zu können, vermutete man, sie sei nach Paris zurückgekehrt, und nach einigen Nachforschungen richtete sich der Verdacht auf ein Haus, dessen Tür sich nach Aussagen der Nachbarn nur bei gewissen Geheimzeichen öffnete. Man wollte der Sache auf den Grund gehen: also folgte man einer Magd, die mit Brot und Gemüse beladen heimkehrte, unmerklich so dicht auf den Fersen, daß man mit ihr zusammen ins Haus gelangte: da fand sich Mme. Guyon, und man schickte sie alsbald in die Bastille, mit der Anordnung, sie gut zu behandeln, aber auf keinen Fall irgendeinen Besuch zuzulassen, und das Schreiben sowie das Empfangen von Briefen zu verbieten. Das war ein Donnerschlag sowohl für den Erzbischof von Cambrai und dessen Freunde wie für die kleine Herde, die sich jedoch nun nur um so öfter versammelte.

Cavoye. – Jakobs II. Rückkehr nach England scheitert. – Tod der Mme. de Sévigné. – Tod La Bruyères.

Es gibt an allen Höfen eigenartige Personen, denen es ohne besondere Geistesgaben, ohne vornehme Herkunft, ohne Verwandtschaft und Beziehung gelingt, sich in das Vertrauen derer einzuschleichen, die die glänzendsten Stellungen innehaben und die es schließlich – man weiß nicht weshalb – fertigbringen, daß die Gesellschaft sie ernst nimmt: zu dieser Art Leute gehörten Cavoye, ein Mann aus ganz kleinem Adel, der eigentlich Oger hieß. Er war Quartiermeister des Königs, und der Roman, dem er dieses Amt verdankt, ist immerhin erwähnenswert. Cavoye war eng befreundet mit Seignelay, in dessen Haus die auserlesensten Vertreter des Hofes bewirtet wurden. Diese entscheidende Verbindung, die Cavoye durch den Einfluß des Ministers zu allem verhalf, sollte dennoch einen Kummer verursachen, der wie ein nagender Wurm an seinem Leben fraß. Dank seiner Charge und seiner hochstehenden Freunde, die ihn bei Hofe in den Vordergrund spielten, und dank der offenkundigen Gunstbeweise des Königs schmeichelte sich Cavoye, bei der Ernennung von 1688 zum Ritter des Heilig-Geist-Ordens gemacht zu werden. Der König besprach es so mit Louvois, der Ordensmeister war, doch der Minister – der einen großen Krieg aufzuziehen gedachte, ihn auch bereits hatte erklären lassen und ihn viel weiter ausdehnte, als der König jemals beabsichtigt hatte – trachtete nur danach, diese Gelegenheit zu benutzen, um sich Kreaturen zu schaffen. Er stellte also – das erste Mal, daß dies der Fall war – die Ernennung ausschließlich unter militärische Gesichtspunkte und tat alles, um nach Möglichkeit all jene, die er nicht liebte, von vornherein auszuschließen: aufgrund seiner Freundschaft mit Seignelay – Louvois' Feind – zählte auch Cavoye zu diesen Personen; es wurde also nichts aus seiner Ernennung, und er glaubte, vor Kummer sterben zu müssen.

Cavoye war einer der bestgewachsenen und gutaussehendsten Männer Frankreichs. Sein glänzendes Auftreten machte überdies auf die

Damen Eindruck. Zu jener Zeit, als man sich trotz aller Verbote ständig duellierte, erwarb Cavoye, der kühn und behende war, einen solchen Ruf, daß er fortan »der tapfere Cavoye« genannt wurde. Mlle. de Coëtlongon, eine der jungen Ehrenfräulein der Königin Marie Therese, verliebte sich in Cavoye, und zwar bis zur Tollheit. Sie war häßlich, wohlerzogen, kindlich und beliebt, ein rührendes Geschöpf. Niemand wäre es eingefallen, ihre Gefühle unangebracht zu finden, sondern jeder hatte, und das ist wahrhaftig ein Wunder, Mitleid mit ihr. Sie kam Cavoye auf alle erdenkliche Weise entgegen. Er war grausam, zuweilen sogar brutal, ihre Gefühlsbekundungen erfüllten ihn mit tödlichem Überdruß. Er verhielt sich derart, daß selbst der König und die Königin ihm Vorwürfe machten und ihn ermahnten, sich etwas menschlicher zu betragen. Er mußte zur Armee, wo er jedoch keine Verwendung fand. Die Coëtlongon begann laut zu klagen und zu weinen; und solange der Feldzug dauerte, verbannte sie jeden Schmuck, um ihn erst, als Cavoye zurückkehrte, wieder anzulegen. Man bog sich förmlich vor Lachen. Im Winter fand ein Zweikampf statt, in dem Cavoye als Sekundant diente, worauf man ihn in die Bastille sperrte: abermals großer Jammer. Jeder sprach der Armen sein Beileid aus; sie legte wiederum allen Schmuck ab und trug nur noch die ältesten Kleider. Sie ging zum König und bat um Gnade für Cavoye, da er ihr jedoch dessen Freilassung nicht bewilligte, beschimpfte sie ihn und warf ihm sogar gröbliche Beleidigungen an den Kopf. Der König brach in schallendes Gelächter aus; darüber geriet sie derart außer sich, daß sie Anstalten machte, ihm mit den Fingernägeln ins Gesicht zu fahren. Der König sah ein, daß es klüger sei, sich dem zu entziehen. Er pflegte damals des Mittags und des Abends täglich gemeinsam mit der Königin vor den Augen des Hofes zu speisen: mittags hatten die Damen der Duchesse de Richelieu und die Ehrenfräulein der Königin bei Tisch zu bedienen. Aber solange Cavoye in der Bastille saß, wollte Mlle. de Coëtlongon dem König unter keinen Umständen die Speisen auftragen; sie suchte entweder eine Ausrede, oder sie weigerte sich ganz einfach und sagte, er verdiene es nicht, daß sie ihm die Speisen auftrage. Sie bekam Gelbsucht, schwere Migränen und verfiel in Trübsinn. Schließlich wurde es so arg, daß der König und die Königin die Duchesse de Richelieu allen Ernstes baten, sie möge Mlle. de Coëtlongon zu einem Besuch bei Cavoye in der Bastille begleiten, und das geschah dann auch zwei- oder dreimal. Endlich kam er frei: die Coëtlongon war selig und schmückte sich aufs neue; aber sich mit dem König zu versöhnen kostete sie einige Überwindung. Das Mitleid und der Tod des Oberquartiermeisters kamen ihr zu Hilfe. Der König ließ Cavoye herbeizitieren; er hatte ihm diese Heirat bereits mehrfach vergeblich nahezulegen versucht. Jetzt nun erklärte er ihm, er wünsche die Heirat und er werde unter dieser Bedingung auch für seine Zukunft sorgen; da das Mädchen nichts besäße, wolle er Cavoye als Entgelt für die fehlende Mitgift das Amt des Oberquartiermeisters verleihen. Cavoye sträubte sich noch ein wenig, mußte aber schließlich nachgeben. Er hat fortan im besten Einvernehmen mit seiner Frau gelebt, und sie schaut noch immer voller Anbetung zu ihm auf. Wenn man sieht, wie zärtliche Liebkosungen sie ihm vor aller Augen zuteil werden läßt und mit welch gelangweilter Miene, welch steifer Würde er diese Zärtlichkeiten über sich ergehen läßt, so wirkt das zuweilen wie eine Komödie. Man könnte ein ganzes Büchlein füllen mit den Geschichten über Cavoye, aber es genügt, diese eine zu erzählen, weil sie so besonders bezeichnend ist und sicher so leicht kein Gegenstück findet, denn niemals, weder vor noch nach ihrer Ehe, ist die makellose Tugend Mme. de Cavoyes auch nur im geringsten bezweifelt worden. Ihr Ehemann, der mit den glanzvollsten Vertretern des Hofes befreundet war, hatte sein Haus zu einer Art Tribunal gemacht, dessen Mißfallen zu erregen man tunlichst vermied; sogar die Minister rechneten mit ihm und nahmen Rücksicht auf ihn; im übrigen war er ein rechtschaffener Mann, ein wirklicher *honnête homme*, auf den man sich verlassen konnte.

Unter dem Vorwand, die Truppen, die Jakob II. in Frankreich unterhielt, zu besichtigen, machte sich der Duc de Berwick, ein Bastard des Königs von England, auf den Weg, begab sich dann aber heimlich nach England, wo er entdeckt wurde und fast verhaftet worden wäre. Der Zweck dieser Reise war, sich persönlich zu überzeugen, ob es tatsächlich Möglichkeiten gäbe, eine Partei für die Wiedereinsetzung König Jakobs zu gewinnen, der ihn ständig drängte, mit Truppen nach England überzusetzen. Die Rückkehr Berwicks schien solche Hoffnungen zu bestätigen, so daß sich der König von England am anderen Tag nach Calais begab, wo alles, was er brauchte, für ihn bereitgestellt war; die zur Überfahrt bestimmten Truppen marschierten zur selben Zeit dorthin. Der Marquis d'Harcourt bekam das Oberkommando, unter ihm standen der Duc de Humières, Biron und Mornay. Die Herren langweilten sich dort den ganzen Winter und den ganzen Frühling hindurch zu Tode, durch widrige Winde zurückgehalten und hernach von englischen Schiffen blockiert, die die Ein- und Ausfahrt verhinderten. So scheiterte das Unternehmen wie alle Projekte dieses unglücklichen Fürsten, der schließlich unverrichteterdinge nach Saint-Germain zurückkehrte.

Im Frühjahr starb die liebenswerte Mme. de Sévigné, deren Gesellschaft stets so angenehm empfunden wurde, in Grignan bei ihrer Tochter, die, obwohl sie es recht wenig verdiente, ihr Abgott war. Ich war mit Mme. de Sévignés Enkel, dem jungen Marquis de Grignan, sehr befreundet. Diese Frau verstand es, durch ihre Ungezwungenheit, ihre natürliche Anmut und ihre kluge Anpassungsfähigkeit im Gespräch auch solchen Leuten Geist zu vermitteln, die selber keinen besaßen; ihre Herzensgüte war unerschöpflich, und sie verfügte auf vielen Gebieten über erstaunliche Kenntnisse, wobei sie es vermied, auch nur den Anschein zu erwecken, als verfüge sie über besonderes Wissen.

Der Pater Séraphin, ein Kapuziner, hielt in diesem Jahr die Fastenpredigt bei Hofe. Seine Predigten, in denen er oft zwei- bis dreimal hintereinander dieselben Sätze zu wiederholen pflegte und die ausgesprochen kapuzinerisch waren, gefielen dem König ungemein, und so wurde es Mode, sich zu seinen Predigten zu drängen und den Pater zu bewundern. Von ihm stammt nebenbei bemerkt der seither so oft zitierte Ausspruch: Nur Gott gibt Verstand; ein kühnes Wort in Gegenwart eines Fürsten, der wähnte, mit dem Amt auch zugleich Talent zu verleihen: da auch der Marschall Villeroy diese Predigten hörte, richtete jeder wie gebannt die Blicke auf ihn. Der König machte den M. Vendôme und La Rochefoucauld Vorhaltungen, daß sie zu keiner Predigt kämen, nicht einmal zu denen des Paters Séraphin, worauf Vendôme unverzüglich entgegnete, er fühle sich außerstande, einen Mann anzuhören, der alles sagen dürfe, was ihm beliebe, ohne daß jemand die Möglichkeit hätte, auch nur den geringsten Einwand zu erheben; über diese Schlagfertigkeit mußte der König lachen.

Bald darauf verlor die Welt einen Mann, den sein Geist, sein Stil und seine Menschenkenntnis berühmt gemacht haben: ich meine La Bruyère, der nachdem er sein Vorbild Theophrast bei weitem übertroffen und die Menschen unserer Zeit in seinen »Charakteren« in unnachahmlicher Weise dargestellt hatte, plötzlich in Versailles vom Schlagfluß dahingerafft wurde. Er war ein *honnête homme,* sehr umgänglich, schlicht, frei von aller Pedanterie und ganz uneigennützig. Da ich ihn persönlich gut kannte, trauerte ich um ihn und trauerte um die Werke, die man bei seinen Jahren und seinem guten Gesundheitszustand noch hätte von ihm erhoffen können.

Friedensschluß mit Savoyen. – Bedingung: Verheiratung der Prinzessin von Savoyen mit dem Enkel des französischen Königs. – Der Hofstaat der zukünftigen Duchesse de Bourgogne: Mme. de Lude, Mme. de Mailly. – Die Comtesse de Blanzac in Ungnade. – Die Duchesse d'Arpajon. – Dangeau. – Mme. d'O.

Catinat bereitete sich darauf vor, Turin zu belagern, und der Herzog von Savoyen willigte, als er seine Staaten von dieser Gefahr bedroht sah und im Bewußtsein, seiner Bundesgenossen nicht mehr sicher zu sein, schließlich in den Frieden ein, der für ihn sehr vorteilhaft war und den auch der König für sich von Vorteil fand, weil er eine Auflösung der europäischen Allianz herbeiführte. Eine der Hauptbedingungen war die Heirat des Duc de Bourgogne mit der ältesten Tochter des Herzogs von Savoyen. Die Heirat sollte geschlossen werden, sobald diese zwölf Jahre alt würde, inzwischen sollte sie an den französischen Hof geschickt werden, um dort die Wartezeit zu verbringen.

Während der König mit einem Furunkel zu Bett lag, wurde der Friedensschluß mit Savoyen bekanntgegeben, und alsbald traf der König alle Vorbereitungen für die Heirat des Duc de Bourgogne. Es brauchte einige Zeit, um den Hofstaat der neuen Herzogin zusammenzustellen. Der Hof war seit langem ohne Königin und ohne Dauphine, so daß sich nun alle Damen, die eine gewisse Stellung hatten oder sich einer Gunst erfreuten, voller Eifer und nicht selten auf Kosten der anderen um eine Charge bewarben: anonyme Briefe, Verleumdungen, falsche Zeugnisse stapelten sich. Die Entscheidung fiel indessen nur im Einvernehmen zwischen dem König und Mme. de Maintenon, die während der Zeit seiner Krankheit – außer wenn er sich der Öffentlichkeit zeigte – ständig neben seinem Bett saß und fast immer mit ihm allein war. Sie war entschlossen, die Erziehung der jungen Prinzessin selbst in die Hand zu nehmen, um sie nach ihrem Sinne zu bilden und fügsam zu machen und sie gleichzeitig so weit an sich zu fesseln, daß der König Vergnügen an ihrem Umgang fände, ohne daß sie ihrerseits fürchten müßte, sie könne ihr, wenn sie einmal der Kindheit entwachsen, gefährlich werden. Auch glaubte sie, auf diese Weise eines Tages den Duc de Bourgogne auf ihre Seite zu bringen, ein Plan, der ihr um so mehr am Herzen lag, als – wie wir bald sehen werden – ihre Freundschaft zu Beauvillier und Chevreuse bereits merklich abzukühlen begann; deshalb wurden die beiden Herzoginnen für die Stelle der Ehrendame – die jede von ihnen gleichermaßen würdevoll und nutzbringend ausgefüllt hätte – von vornherein gar nicht erst in Erwägung gezogen. Mme. de Maintenon suchte also den Hofstaat der Prinzessin aus Leuten zusammenzusetzen, von denen sie wußte, daß sie ihr mit Leib und Seele ergeben oder daß sie gänzlich beschränkt waren und ihr also keinen Anlaß zum Mißtrauen gaben.

Am Tage vor der Ernennung des Hofstaates, einem Sonnabend, dem 1. September, plauderte der König, der wegen seines Furunkels noch immer das Bett hütete, zwischen zwölf und ein Uhr mittags mit Monsieur, der allein bei ihm war. Neugierig wie immer versuchte Monsieur den König auszuforschen über die Wahl der Ehrendame, die, wie er wußte, nicht mehr aufgeschoben werden konnte. Während des Gespräches trat Monsieur ans Fenster, sein Blick fiel auf die Duchesse de Lude, die aus der Messe kam und in ihrer Sänfte den großen Hof überquerte. »Just da seh' ich eine, die es sehr nach diesem Posten gelüstet«, sagte er zum König und nannte ihren Namen. »Wahrlich«, rief der König, »man könnte es nicht besser treffen, das wäre die rechte Lehrmeisterin, um der Prinzessin beizubringen, wie man Rouge auflegt und Schönheitspflästerchen klebt«, und er fügte noch einige weitere, scharfe, abfällige Bemerkungen hinzu. Da er damals in besonderem Maße zur Frömmelei neigte, fand er derlei Toilettenkünste höchst anstößig. Monsieur, den die Duchesse de Lude nicht weiter interessierte und der nur aus Zufall und Neugier auf sie zu sprechen gekommen war, begab sich in der festen Überzeugung, daß sie für diesen Posten niemals in Frage käme, ohne noch ein Wort über sie zu verlieren, alsbald zur Mittagstafel. Am anderen Tage, fast zur gleichen Stunde, saß er allein in seinem Kabinett, da kam der Türhüter herein und teilte ihm mit, die Duchesse de Lude sei zur Ehrendame ernannt worden. Monsieur lachte hellauf und meinte, er solle ihm keine Märchen erzählen; der Diener blieb aber bei seiner Behauptung, und weil er meinte, Monsieur mache sich über ihn lustig, ging er hinaus und schloß die Tür hinter sich. Bald darauf erschien der Duc de Châtillon und brachte dieselbe Nachricht. Châtillon fragte ihn, weshalb er es nicht glauben wolle, versicherte, es sei die reine Wahrheit, und pries diese Wahl. Während sie noch miteinander darüber stritten, kamen andere Leute herein und bestätigten die Nachricht, so daß jeder Zweifel ausgeschlossen war. Nun bekundete Monsieur ein solches Erstaunen, daß die Anwesenden sich verwunderten und wissen wollten, weshalb er denn so erstaunt sei. Da Monsieur schwer etwas für sich zu behalten vermochte, erzählte er ihnen in welcher Weise sich der König Stunden zuvor ihm gegenüber geäußert hatte, wodurch nun er seinerseits die Anwesenden in Staunen versetzte. Die Geschichte sprach sich sehr rasch herum und erweckte Neugierde, man ruhte nicht, bis man die Ursache dieses plötzlichen Gesinnungswandels in Erfahrung gebracht hatte.

Die Duchesse de Lude wußte sehr wohl, daß sie eine große Zahl von Mitbewerberinnen hatte, und vor allem, daß es eine unter ihnen gab, der vorgezogen zu werden sie schwerlich erhoffen konnte. So versuchte sie es also über einen Schleichweg. Mme. de Maintenon hatte nämlich eine alte Dienerin, die schon bei ihr gewesen, als sie, die arme Witwe Scarron, von der Mildtätigkeit ihres Pfarrsprengels lebte. Diese Dienerin, die von Mme. de Maintenon noch wie früher Nanon, von den anderen aber Mlle. Balbien genannt wurde, stand wegen ihres vertraulichen Umganges mit Mme. de Maintenon in hohem Ansehen. Nanon pflegte sich ebenso exklusiv wie ihre Herrin herzurichten, sie frisierte und kleidete sich ganz wie diese, ahmte auch deren geziertes Wesen, deren Ausdrucksweise, deren Frömmelei, kurz deren ganzes Gehabe nach. Sie war eine halbe Fee, und die Prinzessinnen schätzten sich glücklich, sosehr sie auch sonst ihren Status als Königstöchter hervorkehrten, wenn sie Gelegenheit fanden, mit Nanon zu sprechen und sie zu umarmen, und die Minister, die bei Mme. de Maintenon arbeiteten, machten vor Nanon die tiefsten Verbeugungen. So unnahbar sie auch war, sie hatte doch einige gute alte Freundinnen aus früherer Zeit, mit denen sie ab und zu, wenn auch selten, ein friedliches Plauderstündchen verbrachte. Nun hatte die Duchesse de Lude glücklicherweise eine alte Amme im Haus, von der sie erzogen worden war und die in leidenschaftlicher Liebe an ihr hing; diese Amme gehörte zu den nächsten Bekannten Nanons; sie und Nanon pflegten sich hin und wieder in aller Heimlichkeit zu besprechen. Also schickte die Duchesse de Lude ihre Amme zu Nanon und erreichte durch 20000 bare Taler tatsächlich ihr Ziel, und zwar am Abend jenes Samstags, an dessen Morgen sich der König so ablehnend über die Herzogin geäußert hatte. So geht es bei Hofe zu! Eine Nanon verschachert die glänzendsten und wichtigsten Ämter, und eine reiche Frau, eine Herzogin, selber von hoher Geburt, mit einem Ehemann von bester Herkunft, ohne Kinder, ohne irgendwelche Bindungen, frei und unabhängig, ist so närrisch, ihre Knechtschaft teuer zu erkaufen! Die Freude der Herzogin war überschwenglich, doch sie verstand es, ihre Gefühle im Zaum zu halten. Ihr Lebensstil sowie die zahlreichen Bekannten und guten Freunde, die sie sich in der Stadt und bei Hofe ihr Leben lang zu gewinnen und zu erhalten gewußt hatte, bewogen die überwiegende Mehrzahl der Höflinge, dieser Ernennung den nötigen Beifall zu zollen.

Die Duchesse d'Arpajon und die Marschallin Rochefort waren außer sich. Letztere erhob ein lautes Geschrei und beschwerte sich, ohne ein Blatt vor den Mund zu nehmen. Man habe ihr nicht Wort gehalten, sagte sie, denn nur weil man ihr diesen Posten fest versprochen habe, sei sie bereit gewesen, Ehrendame der Duchesse de Chartres zu werden. Sie verwechselte schlauerweise die Stelle einer Ehrendame und die einer Kammerfrau, um sich mit desto größerem Recht empören zu können. Bei der Dauphine war sie nämlich Kammerfrau gewesen, und eben diese Stelle, nicht die der Ehrendame, hatte man ihr zugesagt. Madame de Maintenon, die ohnehin nicht allzuviel von ihr hielt, war über dieses Gerede verärgert, weil sie inzwischen bereits Mme. de Mailly zur Kammerfrau hatte ernennen lassen. Sie kehrte also den Spieß um und beschuldigte die Marschallin, sie habe dies Ungemach, das man ihr gerne erspart hätte, selber heraufbeschworen, da sie derart hartnäckig für ihre Tochter eingetreten sei, so daß man diese mit Rücksicht auf die Mutter nicht davongejagt hätte. Die Marschallin war also die Betrogene, doch trotz ihrer Erbitterung und obwohl die Stelle nun tatsächlich vergeben war, ließ sie ihre angestaute Wut nun an der Tochter aus; die wurde nach Paris geschickt, und man verbot ihr, sich bei Hofe sehen zu lassen. Diese Tochter – die Mutter Nangis', der ein Sohn aus ihrer ersten Ehe war –, die mit ihrem ersten Mann in schlimmem Unfrieden gelebt und ihren Sohn zugrunde gerichtet hat, war sehr begütert; sie erwartete ein Kind von Blanzac, den man von der Armee zurückberief, damit er sie heiratete; und genau in der Hochzeitsnacht gebar sie die spätere Mme. de Tonnerre.

So geistreich und intrigant wie Mme. de Blanzac war niemand. Mit welcher Gewandtheit verstand sie es, die witzigsten und gepfeffertsten Scherze zu formulieren, und keiner hätte sich mit schärferer Zunge, mit wohlbedachteren Wendungen im Wortgefecht mit den anderen zu messen vermocht. Dabei war sie der boshafteste, schwärzeste, arglistigste und gefährlichste Teufel, von abgrundtiefer Falschheit, sie konnte die wildesten Lügengeschichten und die gräßlichsten Gerüchte mit so rührend ehrlicher Miene und so schlichter Selbstverständlichkeit vorbringen, daß sogar diejenigen, die genau wußten, daß an alldem, was sie erzählte, kein wahres Wort war, ihr bereitwillig glaubten. Bei alledem eine betörende Sirene, gegen die man sich, auch wenn man sie noch so gut kannte, nur zu wehren vermochte, indem man sie mied. Im Gespräch war sie bezaubernd, und niemand verstand es, die lächerlichen Seiten anderer auf so zierlich grausame Weise und so beiläufig bloßzustellen, selbst wenn es eigentlich gar nichts Lächerliches zu entdecken gab. Überdies war sie stets auf Liebesabenteuer erpicht, sehr wählerisch, sehr kokett, solange ihr Gesicht ihr das erlaubte; später wurde sie zugänglicher, und schließlich richtete sie sich für die niedrigsten Diener zugrunde. Trotz dieser der Gesellschaft meist recht abträglichen Laster galt sie als das Feinste vom Feinen, in der Stadt ebenso wie bei Hofe. In ihrem Zimmer wimmelte es immer von Menschen; alles was Rang und Namen hatte, fand sich bei ihr ein, man war entweder von ihr bezaubert, oder man fürchtete sie, auch hatte sie etliche einflußreiche und hochgestellte Freunde und Freundinnen. Die drei Töchter des Königs hielten große Stücke auf sie, jede von ihnen wollte sie ganz für sich gewinnen; sie aber hatte sich mit Rücksicht auf ihre Mutter vor allem an die Duchesse de Chartres angeschlossen, die sie vollkommen beherrschte. Die Eifersüchteleien, der Klatsch und Tratsch, das Gehechel, das daraus erwuchs, bewirkten, daß Monsieur und der Duc de Chartres ihr aus dem Wege gingen und sie schließlich sogar verabscheuten; deshalb wurde sie eines Tages davongejagt. Aber das geduldige Warten, das beständige Jammern und die Geschicklichkeit Mme. de Chartres taten das ihre, so daß Mme. de Blanzac dann doch wieder zurückgerufen wurde. Sie erschien auch wieder in Marly und wurde sogar zu einigen besonderen Veranstaltungen des Königs zugelassen, denn sie verstand es, ihn auf so anregende Weise zu unterhalten, daß Madame de Maintenon fortwährend davon vorschwärmte, was diese mit einiger Unruhe erfüllte, so daß sie eifrig bestrebt war, Mme. de Blanzac aus der Nähe des Königs zu entfernen. Sie ging dabei sehr behutsam zu Werke, um sie nun bei dieser ersten sich bietenden Gelegenheit abermals vom Hofe zu verweisen. Man spottete nicht wenig über die Mutter, Mme. de Rochefort, weil sie ohne Sinn und Verstand, wegen einer Stellung, die sie ohnehin nicht mehr bekommen konnte, aus wildem Ehrgeiz und verletzter Eitelkeit so blindlings in die Verabschiedung der Tochter gewilligt hatte, aber die Tochter blieb nun auf lange Zeit in Paris.

Die Duchesse d'Arpajon war in jugendlichstem Alter mit einem Greis verheiratet worden, der die Rouergue und sein Schloß Séverac nie mehr verließ: Als sie 1697 Witwe wurde, sah sie sich wegen ihrer Ansprüche und wegen der Erbansprüche der Tochter in eine Unmenge von Prozessen mit dem Parlament von Toulouse verwickelt, und schließlich mußte sie nach Paris reisen, um ihren Fall dem Obersten

Gericht vorzutragen. Sie war eine Frau von erstaunlicher Seelenstärke und mustergültigem Lebenswandel. Sie hatte noch immer etwas von ihrer wunderbaren Schönheit bewahrt und zeigte stets das Gebaren einer großen Dame. Man hatte sie fast niemals zuvor bei Hofe oder in der Stadt zu sehen bekommen, deshalb pflegte man sie dort »die Heideprinzessin« zu nennen. Kurz nachdem sie aus der Provinz gekommen war, starb Mme. de Richelieu, und alsbald vernahm man mit großer Überraschung, daß an ihrer Stelle plötzlich die Duchesse d'Arpajon zur Ehrendame der Dauphine ernannt worden war. Am meisten überrascht war sie selbst, sie hatte niemals zuvor daran gedacht, sowenig wie ihr Bruder, M. de Beuvron, der ihr dennoch dazu verholfen hatte. Er hatte nämlich ehemals in einer mehr als innigen Beziehung zu Mme. Scarron gestanden, und sie wiederum pflegte Freunde dieser Art niemals zu vergessen. Sie rechnete damit, daß Beuvrons Schwester aus Rücksicht gegen ihren Bruder, aus Dankbarkeit und weil sie sich inmitten des Hofes tatsächlich völlig isoliert finden würde, sich besonders an sie anschließen müßte. Mme. d'Arpajon war kein großes Kirchenlicht, aber sie verstand es geschickt, mit ihrem Pfunde zu wuchern. Sie besaß angeborenes Taktgefühl, Haltung und Würde, und es wäre schwerlich jemand zu finden gewesen, der diese Aufgabe so mustergültig und so sehr zur Zufriedenheit aller ausgefüllt hätte. Also bewarb sie sich nun um die Stelle und hoffte, die Wahl würde auf sie fallen; jedermann war davon überzeugt, und der ganze Hofe wünschte es, aber – die 20 000 Taler, die Mme. de Lude durch ihre alte Amme der alten Dienerin Madame de Maintenons hatte zustecken lassen – diese 20 000 Taler entschieden gegen Mme. d'Arpajon. Der König wollte sie trösten, und auch Mme. de Maintenon hatte den Wunsch, und so machten sie ihre Tochter, die Comtesse de Roucy, zur Palastdame.

Dangeau, der zum Ehrenkavalier der Prinzessin ernannt wurde, kam aus der Beauce und stammte aus niederem Adel. Er war wie seine ganze Familie in früher Jugend Hugenotte gewesen. Er verfügte über eine gewisse geistige Wendigkeit, zumal in gesellschaftlichen Fragen. Er hatte ausgeprägtes Ehrgefühl und war sehr redlich. Das Spiel, durch das er bei Hofe Einlaß gefunden – wo man sich damals unmittelbar nach dem Tode der Königinmutter ganz der Liebe und dem Festefeiern widmete –, brachte ihn in die beste Gesellschaft. Er gewann am Spieltisch im Handumdrehen ein ganzes Vermögen und hatte das Glück, niemals verdächtigt zu werden. Er erwarb sich Freunde, und die Zuverlässigkeit seines Umgangs verhalb ihm zu nützlichen und wahren Freunden. Er hofierte die Mätressen des Königs, und das hatte zur Folge, daß er bald auch mit dem König am Spieltisch saß: sie verkehrten sehr vertraulich mit ihm und vermittelten ihm den Zugang zum König. Er schmiedete Verse, hatte ein einnehmendes Gesicht, war gut gewachsen und galant, und binnen kurzem standen ihm alle Türen bei Hofe offen. Als er eines Tages – es war zur Zeit, da man die großen Umbauten in Versailles in Angriff nahm – mit dem König und Mme. de Montespan beim Spiel saß, begann der König, den er mit seinen Bitten um eine Wohnung belästigt hatte (worum ganz andere Leute ihn gleichfalls seit langem baten), sich lustig zu machen über die Fixigkeit, mit der Dangeau seine Verse – in der Tat waren es meist höchst mittelmäßige – zuwege brachte. Plötzlich kamen ihm ein paar ganz ausgefallene Reime in den Sinn, und er versprach Dangeau eine Wohnung im Schloß, wenn er diese auf der Stelle ergänzen könne. Dangeau ging darauf ein, besann sich kaum einen Augenblick, ergänzte sämtliche Reime zu Versen und kam auf diese Weise zu einer Wohnung. Bald darauf kaufte er sich die Charge des königlichen Vorlesers, ein Amt, das praktisch keinerlei Bedeutung hatte, das einem jedoch den Zutritt zum kleinen Coucher usw. ermöglichte. Seine Beharrlichkeit brachte ihm das königliche Infanterieregiment ein, das er indes nicht lange behielt. Dann wurde er nach England geschickt, dort blieb er kurze Zeit und kaufte nach seiner Rückkehr die Gouverneurswürde der Touraine. Das Glück war ihm hold: Richelieu hatte so große Verluste im Spiel gehabt, daß er seine Charge als Ehrenkavalier bei Mme. la Dauphine verkaufte; er hatte dieses Amt bei deren Heirat erhalten, ohne etwas dafür zahlen zu müssen, und seine alte Freundin, Madame de Maintenon, erwirkte ihm die Erlaubnis, es wann immer und an wen immer er wolle, zu höchstem Preise zu verkaufen. Dangeau ließ sich ein so gutes Geschäft nicht entgehen: er zahlte die 500000 Livres und bekleidete fortan eine Charge, die ihn beinahe zu einem großen Herren machte und die ihm den Heilig-Geist-Orden sicherte, den er dann auch bald darauf 1688 erhielt. Beim Tode der Dauphine verlor er sein Amt, aber er hatte bereits die Stelle eines Menin Monseigneurs bekommen, dadurch stand er mit jedermann in Verbindung.

Die Dauphine hatte ein Ehrenfräulein, die aus einem deutschen Stift stammte. Sie war schön wie der Tag, gewachsen wie eine Nymphe, mit aller Anmut des Geistes und des Körpers begabt, dabei nicht eben scharfsinnig, aber sehr verständig, maßvoll, zurückhaltend, wohlerzogen und von makelloser Tugend. Sie war die Tochter eines Grafen Löwenstein und eine Schwester jenes Kardinals von Fürstenberg, der soviel Aufsehen auf der politischen Bühne verursacht hat und der bei

Hofe in höchstem Ansehen stand. Der Kardinal von Fürstenberg liebte diese Nichte sehr und suchte sie zu verheiraten. Der König und Mme. de Maintenon, die sich beide leicht von schönen Gesichtern beeindrukken ließen, fanden großen Gefallen an ihr. Sie besaß wie alle deutschen Frauen keinerlei Vermögen. Dangeau, der seit langem verwitwet war, bewarb sich um diese für ihn so großartige und noch dazu so angenehme Verbindung. Fräulein von Löwenstein aber betrachtete ihn mit dem Hochmut ihres Landes, sie sah den rohen Ziegelstein, der sich hinter all dem Aufputz verbarg, und erklärte, daß sie Dangeau nicht heiraten wolle. Der König mischte sich ein, Mme. de Maintenon und auch die Dauphine. Ihr Onkel, der Kardinal, bestand auf der Heirat und bewog seine Nichte schließlich zur Einwilligung. Der Marschall und die Marschallin de Villeroy richteten die Hochzeit aus, und Dangeau kam sich vor wie der Kurfürst von der Pfalz.

Im Grunde war er ein rechtschaffener Mann, aber die Vorstellung, ein großer Herr zu sein, war ihm zu Kopf gestiegen: dadurch verrannte er sich in die schlimmsten Lächerlichkeiten, und Mme. de Montespan hat einmal im Scherz die treffende Bemerkung gemacht, man fühle sich unwiderstehlich gezwungen, ihn gern zu haben, aber man fühle sich ebenso unwiderstehlich gezwungen, sich über ihn lustig zu machen. Das alles wurde, nachdem er sein Amt bekleidete und nachdem er geheiratet hatte, nur ständig schlimmer. Seine angeborene Fadheit, aufgepfropft auf die niedere Höflingsgesinnung, übertüncht mit dem Dünkel des vermeintlich großen Herren, ergab eine Mischung, deren Krönung durch die Verleihung der Großmeisterschaft des Ordens von Saint-Lazare erreicht wurde. Aus dieser Großmeisterschaft zog er alle möglichen Vorteile und machte sich, wenn er Ordensernennungen vorzunehmen hatte, zu des Königs Affen; der ganze Hof strömte herbei, bog sich vor Lachen, und er wähnte, man komme ihn zu bewundern. Er wurde auch in die Akademie gewählt und zum Ehrenstaatsrat ernannt, und seine Frau wurde als Gemahlin des Ehrenritters zur ersten Palastdame.

Weshalb die Comtesse de Roucy zur Palastdame ernannt wurde, erwähnte ich bereits, als ich von ihrer Mutter, der Duchesse d'Arpajon sprach. Mme. de Roucy war eine ungemein häßliche Person, sehr gewitzt, äußerst ruhmsüchtig, vom Ehrgeiz verzehrt, versessen auf die geringste Auszeichnung, ganz und gar vom Hof eingenommen, auch gemein – je nach den Umständen, immer auf Schachergeschäfte erpicht, scharfzüngig bis zur Beleidigung und beständig mit irgend jemand im Streit, unablässig von ihren Geschäften in Atem gehalten, die jedoch durch ihre Gereiztheit, ihre Übellaunigkeit und ihre Ungeschicklichkeit meist scheiterten. Sie war vollkommen verstrickt in die Regelung ihrer Vermögens-, Finanz- und Gläubigerfragen; neidisch, gehässig und infolgedessen wenig beliebt, versäumte sie als Krönung des Ganzen kaum je ein Hochamt in ihrer Pfarrgemeinde und ging mindestens alle acht Tage zur Kommunion. Ihr Ehemann besaß nichts als ein schönes, aber massiges Gesicht; er war noch ruhmsüchtiger, seiner Gesinnung noch niedriger als ihre, ein hoffnungsloser Verschwender, der alles verspielte und alles zugrunde richtete, immer geschäftigt, immer auf der Achse, wurde ihm seine Beschränktheit als Verdienst angerechnet, weil er niemandes Neid erregte, und seine Vertrautheit mit den Dienern machte ihn beliebt. Er hatte auch die Damen auf seiner Seite, weil er ihr Typ war; bei all seiner Dummheit besaß er eine höfische Gewandtheit, die ihm der Umgang mit der besten Gesellschaft verliehen hatte. Er stand gut mit Monseigneur, und der König behandelte ihn freundlich mit Rücksicht auf M. de La Rochefoucauld und auf die Marschälle Duras und Lorge, die Brüder seiner Mutter. Alle drei hatten sich seiner und seiner Brüder wie ihrer eigenen Kinder angenommen, als die Widerrufung des Ediktes von Nantes ihre Eltern, den Comte und die Comtesse de Roye zum Auswandern gezwungen hatte. Das Hauptverdienst Roucys waren seine Albernheiten, die man ständig wiederholte und die dennoch manchmal eines gewissen Sinnes nicht entbehrten.

Mme. de Nogaret, Witwe eines Calvisson, mit dem der König sie verheiratet hatte, nachdem der Hofstaat der Dauphine aufgelöst worden war, war die Schwester Birons und der Marschallin Villeroy, eine sehr geistreiche Dame, nach außen hin sehr natürlich und schlicht, aber höchst spitzfindig und äußerst empfindlich. Obwohl sie nichts und niemanden liebte, hatte sie etliche Freunde. Sie besaß weder Heim noch Herd, sie lebte nur für den Hof und besaß keinerlei finanziellen Rückhalt. Häßlich, vierschrötig, aber mit einer Physiognomie, die alles aufwog. Jugenderinnerungen verbanden sie mit Monseigneur, der sie und ihre Schwester ganz besonders schätzte; dies alles bewirkte, daß man sie zur Palastdame ernannte.

Mme. d'O war gänzlich anders geartet. Guilleragues, ihr Vater, war nichts weiter als ein vergnüglicher gaskognischer Feinschmecker gewesen, sehr geistreich, ein guter Gesellschafter mit vielen Freunden, auf deren Kosten er lebte, da er alles, was er besaß, aufgezehrt hatte. Er war eng mit Mme. Scarron befreundet gewesen, die ihn dann in ihrem Glück nicht vergaß, sondern, um ihm wiederaufzuhelfen, den Gesandtschaftsposten in Konstantinopel verschaffte. Aber er fand auch hier, wie überall sonst die Möglichkeit, alles zu vergeuden. Er starb in Konstantinopel und hinterließ nur diese einzige Tochter, die recht schön war. Villers, ein sehr gut aussehender Schiffsleutnant, brachte den Amtsnachfolger nach Konstantinopel und nahm die Witwe und Tochter des Vorgängers wieder mit nach Frankreich. Doch noch ehe er die Türkei verlassen und sich auf den Weg gemacht hatte, verliebte er sich in Mlle. de Guilleragues. Auch sie fand Gefallen an ihm, und das ging so weit, daß die Mutter, obwohl beide keinen Heller besaßen, in die Heirat einwilligte. An den Ufern Kleinasiens, bei den Ruinen Trojas blieben die Schiffe einige Tage liegen. Die Stätte war zu romantisch, um dem Zauber zu entgehen. Sie gingen an Land und heirateten. Nach ihrer Ankunft in der Provence brachte Mme. de Guilleragues ihre Tochter und ihren Schwiegersohn nach Paris und Versailles und stellte die Neuvermählten Mme. de Maintenon vor: das Abenteuer der beiden erinnerte diese an ihre eigenen Erlebnisse.

Villers beanspruchte alsbald den Namen und das Wappen derer von O. Niemand war so verschlagen wie dieses Ehepaar und niemand so bettelarm. Sie stellten sich so gut mit Mme. de Maintenon, daß M. d'O dem Comte de Toulouse als Erzieher beigegeben wurde; das verschaffte ihm eine Existenzgrundlage, üppige Einkünfte und eine ständige Beziehung zum König. Seine Frau wurde gleichfalls in den Gemächern des Comte de Toulouse untergebracht. Beide pflegten auch Mme. de Montespan zu hofieren, weil der Comte de Toulouse seine Mutter sehr liebte. M. d'O hatte allgemach sein Benehmen grundlegend geändert. Er und seine Frau gelangten auf ganz verschiedenen Wegen, aber untereinander immer einig, zu ihrem Glück. Er war lang und hager, kühl, geistlos, ohne sich auf etwas anderes zu verstehen als auf Intrigen und darauf, Dummköpfe durch beharrliches Schweigen zurechtzuweisen. Er trug eine strenge Miene und ein gewichtiges Gehabe zu Schau, als Frömmler von Beruf sah man ihn bei allen Messen und auch zu andren Zeiten in der Kapelle. Befreundet war er nur mit Leuten, die in Gunst standen, die eine Stellung hatten, von denen er sich also etwas erhoffen konnte und die ihn wegen seiner Beziehung zum König ihrerseits schonten. Mme. d'O führte ein ganz anderes Leben; sie war geistreich, entgegenkommend und gesprächig. Sie stand auf Grund der verschiedensten Intrigen und Pläne mit alt und jung auf vertrautem Fuß. Sie gab sich den Anschein, als liebte sie nur Gesellschaft, Vergnügen und gutes Essen. Was jedoch den Ehemann anging, so hätte man ihn eher für einen Pharisäer gehalten. Kurz, ihrer beider Machenschaften bewirkten, daß Mme. d'O zur Palastdame avancierte.

Geburt von Saint-Simons Tochter. – Geheimes Porträt des M. de La Trappe. – Der König begrüßt die zukünftige Duchesse de Bourgogne in Montargis. – Ihre Ankunft bei Hofe. – Entzücken beim König und bei Mme. de Maintenon.

Als die Truppen die Winterquartiere bezogen, gedachte ich mich nach Paris zu begeben; es war bereits Oktober. Mme. de Saint-Simon hatte ihren Großvater, M. de Frémont, verloren und war zur selben Zeit, am 8. September mit meiner Tochter niedergekommen.

In Paris erfuhr ich, daß der Hof in Fontainebleau weilte. Ich war ein wenig vor den anderen eingetroffen und wollte vermeiden, daß der König dächte, ich sei heimlich zurückgekehrt; ich beeilte mich also, in Fontainebleau zu erscheinen, wo ich sehr gut empfangen wurde und der König, wie meistens bei meiner Rückkehr, freundlich mit mir sprach.

Da ich Rancé, den Abt von La Trappe, so sehr liebte und bewunderte, hegte ich schon lange den Wunsch, der Nachwelt ein Abbild von ihm zu erhalten. Aber seine vollkommene Demut gestattete nicht einmal die Frage, ob er bereit sei, sich malen zu lassen. Man hatte zwar während des Gottesdienstes einige flüchtige Skizzen von ihm gemacht und Medaillen danach geprägt, aber das befriedigte mich nicht. Übrigens war er bereits recht hinfällig und verließ kaum mehr sein Zimmer; so konnte man ihm also nirgends mehr begegnen. Der damals bedeutendste Bildnismaler Europas war Rigaud; seine Porträts entsprachen der Wirklichkeit und waren von gediegener Qualität, aber wie sollte man einen derart mit Aufträgen überhäuften Maler überreden, Paris für mehrere Tage zu verlassen. Überdies war es fraglich, ob er imstande wäre, ein Porträt aus dem Gedächtnis zu malen. Diese Bedingung, die ihn zunächst erschreckte, war vielleicht der Grund, daß er dann doch auf die Sache einging, ein Künstler, der alle anderen übertrifft, fühlt sich manchmal gereizt, etwas ganz Besonderes zu leisten. Er erklärte sich also bereit, den Versuch zu unternehmen und die nötige Zeit zu opfern. Mag sein, daß ihn auch das Geld verlockte. Ich verbarg meinen Altersgenossen geflissentlich meine Reisen nach La Trappe, ich wollte also auch die Reise Rigauds gänzlich geheimhalten und machte meinerseits zur Bedingung, daß er nur für mich arbeiten dürfe und daß er vollkommenes Stillschweigen bewahren müsse, und wenn er eine Kopie für sich anfertigte, was er unbedingt wollte, er diese niemandem zeigen dürfe, solange ich ihm nicht die Erlaubnis gäbe. Er seinerseits verlangte nach der Rückkehr 1000 Taler in bar, die Erstattung aller Unkosten, die Möglichkeit, jeweils an einem Tag im Postwagen hin- und zurückzureisen. Ich war mit allem einverstanden und nahm ihn beim Wort. Das war im Frühjahr, und wir verabredeten, daß der Plan nach meiner Rückkehr von der Armee ausgeführt werden solle und daß er dann alles andere zurückstellen würde. Gleichzeitig hatte ich mit Maisne, dem neuen Abt und Sekretär von La Trappe, entsprechende Vereinbarungen getroffen und auch mit Saint-Louis, einem früheren Kavalleriebrigadier, der sich gleichfalls schon vor langem nach La Trappe zurückgezogen hatte. Beide wünschten sich von Herzen ein Porträt von Rancé.

Nach meiner Rückkehr aus Fontainebleau blieb ich nur eine Nacht in Paris, wo ich bei meiner Ankunft meine Verabredung mit Rigaud getroffen hatte, der am nächsten Tag mit mir abreiste. In La Trappe angekommen, benachrichtigte ich alsbald meine Komplizen und erklärte Rancé, ein mir bekannter Offizier habe den leidenschaftlichen Wunsch, ihn sehen zu dürfen, und ich bäte herzlich, darein zu willigen. Ich fügte hinzu, da ich ihm Hoffnung gemacht, komme er schon bald, doch sei er ein Stotterer und werde ihn also nicht mit Reden belästigen, es sei ihm nur daran gelegen, ihn einmal ausführlich betrachten zu dürfen. M. de La Trappe lächelte gütig, fand, dieser Offizier hege allzu große Erwartungen, versprach mir aber, ihn zu empfangen. Sobald Rigaud angekommen war, führten der neue Abt und ich ihn am frühen Morgen in ein Gemach, das dem Abt tagsüber als Arbeitszimmer diente und in dem M. de La Trappe mich meistens zu empfangen pflegte. Dieses Kabinett bekam von zwei Seiten Licht. An den weißen Wänden hingen einige fromme Holzschnitte, es standen einige strohgeflochtene Stühle darin und ein Schreibtisch, an dem M. de La Trappe seine sämtlichen Werke geschrieben hatte und den man ganz unverändert gelassen hatte. Rigaud fand den Ort wegen seiner Beleuchtung ganz vortrefflich; der Vater Abt setzte sich in jene Ecke des Gemachs, wo Rancé gewöhnlich zu sitzen pflegte, wenn er sich mit mir unterhielt. Rigaud war einverstanden und meinte, dort könne er ihn am besten beobachten. Wir führten ihn in einen Raum, wo er ungestört war, und er brachte alsbald alles nötige Gerät herbei.

Am Nachmittag stellte ich Rancé meinen Offizier vor. Rigaud setzte sich auf den Platz, den wir am Morgen ausgesucht hatten, und blieb ungefähr dreiviertel Stunden bei uns. Sein angeblicher Sprachfehler diente ihm als Entschuldigung, nicht am Gespräch teilnehmen zu können. Dann ging er hinaus, um die Bilder und Vorstellungen, von denen er ganz erfüllt war, sofort auf der vorbereiteten Leinwand festzuhalten. M. de La Trappe, mit dem ich noch lange zusammenblieb, hatte nichts geargwöhnt und bedauerte nur die Sprachstörung des Offiziers. Am anderen Tag wurde das gleiche wiederholt. M. de La Trappe meinte zunächst, daß ein Mann, den er kaum kenne und der sich fast gar nicht am Gespräch beteiligen könne, ihn eigentlich lange genug betrachtet habe, aber mir zuliebe war er bereit, ihn noch einmal zu empfangen. Ich hoffte, diese zweite Sitzung würde dem Maler genügen, und was ich von dem Porträt sah, schien meine Ansicht zu bestätigen, so vortrefflich und so ähnlich war es. Aber Rigaud wollte unbedingt noch eine weitere Sitzung, um das Bild nach seinem Belieben zu vervollkommnen. Man mußte also Erlaubnis zu einem dritten Besuch erbitten. Aber M. de La Trappe war der Sache müde und lehnte zunächst ab. Doch ich drängte ihn so sehr und bat ihn so inständig, daß ich ihm die Einwilligung zu diesem dritten Besuch mehr abrang, als daß ich sie zugestanden bekam. Er meinte, soviel Umstand um einen Mönch, der kein Aufsehen erregen wolle und nur wünsche, im Verborgenen zu leben, sei lächerlich und vergeudete Zeit; dieses eine Mal wolle er jedoch noch zugestehen und meiner Laune nachgeben, die mich einen Mann begünstigen ließe, den er nicht verstehen könne und dem er nichts zu sagen habe. Es geschehe aber nur unter der Bedingung, daß es das letzte Mal sei. Ich ermahnte Rigaud, sich darauf einzurichten, denn eine weitere Sitzung sei unter keinen Umständen zu erhoffen. Er versicherte mir, eine halbe Stunde würde ihm völlig ausreichen, dann brauche er den Abt nicht mehr zu sehen; in der Tat hielt er Wort und verabschiedete sich schon vor Ablauf der halben Stunde.

Als er gegangen war, bezeugte mir M. de La Trappe sein Erstaunen darüber, so aufmerksam und so lange von einem fast stummen Menschen betrachtet worden zu sein. Ich erwiderte, mein Freund sei ein seltsamer Kauz und habe schon seit langem den sehnlichen Wunsch gehegt, ihn einmal zu sehen. Er sei überglücklich gewesen, daß er ihn so ausführlich habe betrachten dürfen. Dann wechselte ich das Thema, so rasch ich konnte, und unter dem Vorwand, auf Dinge zu sprechen zu kommen, die ich in Gegenwart des Offiziers nicht hätte anschneiden können, suchte ich ihn daran zu hindern, weiter über die Blicke des Besuchers nachzudenken, die in der Tat so ungewöhnlich waren, daß ich ständig fürchtete, er könne Verdacht schöpfen, was unseren Plan zumindest beeinträchtigt hätte; zum Glück argwöhnte er niemals etwas.

Rigaud arbeitete den restlichen Tag und auch den nächsten, ohne M. de La Trappe noch einmal zu sehen, und schuf ein so vollkommenes Meisterwerk, als habe La Trappe ihm regelrecht Modell gesessen. Die Ähnlichkeit war verblüffend. Das Porträt zeigte die Sanftmut, die Heiterkeit, die Majestät seines Antlitzes, das edle, lebendige, durchdringende, so schwer wiederzugebende Feuer seiner Augen, die Feinheit und das Erhabene seiner Gesichtszüge. Man spürte die Reinheit, die Weisheit, den inneren Frieden eines Mannes, der mit sich im Einklang steht, und sogar die Anmut, die nicht aus diesem von Bußübungen, Alter und Leiden ausgezehrten Antlitz gewichen war. Am anderen Morgen bat ich Rigaud, Maisne an Rancés Schreibtisch zu zeichnen, um auch die Haltung, die Gewänder und den Schreibtisch selbst genau festzuhalten. Am nächsten Tag reiste der Maler ab, um den wunderbaren Kopf sowie die Skizzen in Paris auf eine große Leinwand zu bringen. Aber trotz der tausend Taler, die ich ihm sofort nach seiner Ankunft in Paris überbringen ließ, hinderte ihn die Eitelkeit, sein Wort zu halten. Er konnte es sich nicht versagen, sein Meisterwerk zu zeigen, ehe er es mir übergab, und somit mein Geheimnis der Öffentlichkeit preiszugeben. Nächst der Eitelkeit trat die Gewinnsucht zutage; Rigaud hat, wie er mir selbst gestand, in der Folge mit den Kopien dieses Porträts über fünfundzwanzigtausend Livres verdient.

Ich war sehr verärgert über das Aufsehen, das die Sache in der Gesellschaft erregte, aber ich tröstete mich mit dem Gedanken, daß ich mir eine so kostbare Erinnerung und der Nachwelt das Abbild dieses so teuren Antlitzes bewahrt hatte. Ich wagte niemals, ihm meinen Übergriff einzugestehen; aber als ich aus La Trappe abreiste, hinterließ ich ihm einen Brief, in dem ich den Hergang schilderte und um Verzeihung bat. Er war schmerzlich betroffen und betrübt, dennoch konnte er mir nicht ernsthaft zürnen. Er schrieb, ein römischer Kaiser habe einmal erklärt, er liebe den Verrat, aber nicht den Verräter; er seinerseits sei anderer Ansicht: er liebe den Verräter, verabscheue jedoch den Verrat. Ich schenkte dem Kloster eine große Kopie sowie zwei Brustbilder für M. de Saint-Louis und den neuen Abt, die ich alle zusammen nach La Trappe schicken ließ.

Am Sonntag, dem 4. November, fuhren der König und Monseigneur getrennt der Prinzessin von Savoyen nach Montargis entgegen; sie traf um sechs Uhr abends dort ein und wurde vom König an ihrem Wagenschlag empfangen. Er führte sie in die für sie bestimmten Gemächer, die sich im gleichen Hause befanden, in dem auch er selber wohnte; dann stellte er sie Monseigneur, Monsieur und dem Duc de Chartres vor. Alles, was man von den zierlichen Aufmerksamkeiten und geistreichen Schmeicheleien der kleinen Prinzessin zu berichten wußte, erregte höchstes Erstaunen. Ihr völlig unbefangenes und dennoch würdevolles und vornehmes Auftreten, ihr ehrerbietiges Verhalten überraschte jedermann und erfüllte den König vom ersten Augenblick an mit Entzücken; immer wieder lobte er die Prinzessin und liebkoste sie unaufhörlich. Auf der Stelle sandte er einen Kurier an Mme. de Maintenon, um sie von seiner Freude und Zufriedenheit in Kenntnis zu setzen. Dann ging er mit den Damen der Begleitung zu Tisch und ließ die Prinzessin zwischen sich und Monseigneur sitzen. Am anderen Tag holte der König sie ab und geleitete sie in die Messe; nach dem Mittagessen stiegen sie in die Karosse.

Gegen fünf Uhr kamen sie in Fontainebleau an. Der ganze Hof hatte sich auf der Freitreppe versammelt und bot zusammen mit der unten wartenden Menge einen prächtigen Anblick. Der König nahm die kleine Prinzessin, die aussah, als sei sie eben aus seiner Tasche geschlüpft, an der Hand und führte sie ganz langsam auf die Tribüne, dann in die Gemächer der Königinmutter, die ihr als Wohnung zugedacht waren; dort wurde sie von Madame und allen Damen des Hofes erwartet.

Am anderen Morgen ordnete der König an, daß sie zunächst mit Prinzessin angeredet und von der Duchesse de Lude bedient werden solle, sie habe allein zu speisen und außer ihren Damen und jenen, denen der König ausdrücklich Erlaubnis erteile, solle sie niemanden sehen noch keinen Hof halten, und der Duc de Bourgogne dürfe sie nur alle vierzehn Tage, seine Brüder nur einmal im Monat besuchen. Am 8. November kehrte der ganze Hof nach Versailles zurück, wo man die Prinzessin in den Gemächern unterbrachte, in denen die Königin und später die Dauphine gewohnt hatten. Der König und Mme. de Maintenon verhätschelten die kleine Prinzessin um die Wette, deren sanfte Schmiegsamkeit, deren kindlich einschmeichelnde Zärtlichkeit ihnen ungemein gefielen und die sich ihnen gegenüber allmählich solche Freiheiten herausnahm, wie keines der Kinder des Königs es jemals gewagt hätte. Sie indes erntete mit ihrem Verhalten den höchsten Beifall. Offenbar wußte der Herzog von Savoyen sehr genau Bescheid über die Gepflogenheiten unseres Hofes, und er mußte seine Tochter sehr gut darüber unterrichtet haben, dennoch war es erstaunlich, welchen Nutzen sie aus diesen Hinweisen zu ziehen verstand und mit welcher Anmut sie sich jeder Lage gewachsen zeigte; welch einzigartige Koseworte wußte sie zu ersinnen, um Mme. de Maintenon zu betören, die sie nie anders als ›meine Tante‹ anredete und der sie dieselbe kindliche Ehrfurcht bezeugte, die einer Mutter oder einer Königin zugekommen wäre, und das alles mit einer heiteren Selbstverständlichkeit, die sowohl Mme. de Maintenon wie auch den König in Entzücken versetzte.

Wahl eines Kandidaten für die polnische Königswürde. – Der Prince de Conti. – Mme. de Castries.

Der Abbé Polignac, der als Gesandter in Polen weilte, glaubte, die meisten Polen seien geneigt, den Prince de Conti zum König zu wählen. Er berichtete das nach Paris, und der König, der sich nichts Besseres wünschte, als sich eines so allgemein beliebten und verdienstvollen, ihm aber so unsympathischen Prinzen zu entledigen, gab sich die größte Mühe, ihm zu diesem Thron zu verhelfen. Die übrigen Anwärter waren die Kurfürsten von Bayern, Sachsen und der Pfalz sowie der Duc de Lorraine, und obwohl die Polen sich gegen alle Piasten erklärten, hätten sogar die Söhne des verstorbenen Königs einige Aussichten gehabt. Da der Prince de Conti seiner Herkunft nach den anderen Kandidaten so sehr überlegen war, da er zudem über so viele persönliche Vorzüge verfügte und über militärische Verdienste, die er in Ungarn und dann auch später unter Beweis gestellt hatte, da er überdies der Neffe und Schüler des berühmten Condé und der Erbe und Vetter des in Polen noch immer betrauerten Comte de Saint-Pol war, machte sich der Abbé Polignac die größten Hoffnungen. Der König unterhielt sich – was er sonst nie zu tun pflegte – mehrere Male unter vier Augen mit dem Prince de Conti. Er verkaufte Finanzleuten für 600 000 Livres Domänen mit der Bedingung, daß er sie in drei Jahren zu demselben Preis zurückkaufen könne; der Ertrag wurde nach Polen geschickt.

Als wir von der Armee zurückkehrten, fanden wir, daß Mme. de Castries sich bei Hofe niedergelassen und anstelle Mme. de Maillys das Amt der Kammerfrau bei der Duchesse de Chartres übernommen hatte. Aufgrund der illegitimen Geburt dieser Prinzessin war Mme. de Castries deren Kusine, denn Mme. de Castries' Vater und Mme. de Montespan waren Geschwister. Die trostlose Lage, in der der Kardinal Bonsy sich befand, hatte den Anlaß zu ihrer Heirat gegeben. Ich werde auf den Kardinal noch ausführlich zu sprechen kommen. Er war schließlich Erzbischof von Narbonne geworden und durch die Machtfülle seiner Stellung, sein Ansehen bei Hofe und die Liebe der Provinz lange Zeit der König des Languedoc. Doch Bâville, der, als er Intendant dieser Provinz wurde, dort Alleinherrscher sein wollte, bereitete diesem Zustand ein Ende. Die ständige Erniedrigung wurde dem Kardinal unerträglich; er versuchte die alte Macht zurückzugewinnen, aber all seine Anstrengungen blieben vergeblich. Seine Schwester, die er sehr liebte, war mit M. de Castries verheiratet gewesen und seit 1674 verwitwet; ihr ältester Sohn hatte sich im Kriege durch seine Befähigung und seinen Heldenmut besonders hervorgetan; aber er hatte fortwährend gegen seine schlechte Gesundheit anzukämpfen, und das Asthma, unter dem er seit seiner frühen Jugend litt, wurde immer stärker und zwang ihn schließlich, seinem Beruf, den er leidenschaftlich liebte und in dem er es zweifellos noch recht weit gebracht hätte, zu entsagen.

Der Gouverneur von Languedoc war der Duc du Maine, und bei ihm suchte der Kardinal Bonsy, dessen Leidens- und Widerstandskräfte erschöpft waren, nun einen Rückhalt zu finden. So kam die Heirat seines Neffen zustande. M. du Maine leitete sie in die Wege und brachte sie auch zum Abschluß. Das war nicht allzu schwierig, denn Mlle. de Vivonne-Mortemart war arm und besaß nichts außer ihrer Herkunft, und der Kardinal und seine Schwester suchten einzig nach einer vornehmen Verbindung und einem familiären Beistand gegen Bâville. Mme. de Montespan richtete im Mai 1693 bei sich in Saint-Joseph die Hochzeit aus und übernahm es, die jungen Eheleute zu bewirten und zu beköstigen. M. du Maine versprach das Blaue vom Himmel, hielt aber wie gewöhnlich nichts. Er bediente sich seines Einflusses nur zu seinen eigenen Zwecken und hätte sich wohl gehütet, das Mißfallen, das der König und seine Minister an dem Verhalten des Kardinals de Bonsy, und das Gefallen, das sie an Bâville gefunden hatten, auch nur im mindesten zu beanstanden. Aber was das Amt der Kammerfrau betraf, so konnte er es im Hinblick auf Mme. de Montespan – sowenig Mutter und Sohn einander auch liebten – und im Hinblick auf Mme. de Chartres, mit der er damals sehr gut stand, sowie im Hinblick auf seinen eigenen Ruf bei Leuten, deren Ehe er geschlossen und denen er bis jetzt keines seiner Versprechen gehalten hatte, schwerlich ablehnen, sich in einer Sache, die für sie so viel bedeutete und die ihn gar nichts kostete, für sie einzusetzen. Vom König und von Mme. de Maintenon, ohne deren Genehmigung derlei Ämter nicht vergeben wurden, erhielt er sofort die Zusage, und er berichtete das voller Stolz ins Languedoc, so daß M. und Mme. de Castries und der Kardinal Bonsy davon Kunde bekamen, ehe sie überhaupt wissen konnten, daß die Stelle zu besetzen war. Sie blieben noch eine Weile im Languedoc, um ihre Angelegenheiten zu ordnen, und beschlossen dann, sich endgültig bei Hofe niederzulassen.

Mme. de Castries war ein Viertel von einer Frau, eine Art unausgebackenes Biskuit, sie war winzig, aber sehr wohlgestalt, sie hätte mühelos durch einen mittelgroßen Ring schlüpfen können: kein Hintern, keine Brust und kein Kinn. Sie war häßlich und machte immer den Eindruck, als sei sie bekümmert und ein wenig erstaunt, dabei sprühten ihre Gesichtszüge von Geist; sie war ausgesprochen gelehrt, besaß Kenntnisse in Geschichte, Mathematik, beherrschte die alten Sprachen; und doch schien es, als vermöchte sie nichts weiter als Französisch zu sprechen. Aber sie verstand es, sich mit einer ungeheuren Genauigkeit, Energie und Beredsamkeit auszudrücken; selbst die alltäglichsten Dinge wußte sie anmutig zu formulieren mit jener einzigartigen Wendung, die allein den Mortemarts eigen ist. Liebenswürdig, unterhaltend, heiter, ernsthaft, allen zugewandt, war sie bezaubernd, wenn sie gefallen wollte; auf die natürlichste Weise und mit der letzten Finesse witzig, ohne es zu beabsichtigen, und sie vermochte die lächerlichen Seiten anderer aufs unvergeßliche bloßzustellen. Ihres Wertes bewußt, konnten tausend Dinge sie verärgern, dann erfüllten ihre Klagen den ganzen Raum. Von grausamer Bosheit, wenn es ihr beliebte, aber eine zuverlässige Freundin, höflich, hilfsbereit, verbindlich. Fern aller Galanterie, aber sehr delikat in allem, was den Geist anging, und geradezu verliebt, wenn dieser Geist nach ihrem Geschmack war. Ihr Erzählertalent war atembraubend und erwies sich, wenn sie aus dem Stegreif einen Roman entwickeln wollte, als eine unerschöpfliche Quelle mannigfaltigen Entzückens. In stolzem Selbstbewußtsein hielt sie sich für gut verheiratet wegen der freundschaftlichen Gefühle, die sie ihrem Ehemann entgegenbrachte und die sie auf alles ausdehnte, was ihn betraf, denn sie war auf ihn ebenso stolz wie auf sich selbst. Als Entgelt dafür bezeugte er ihr die größten Rücksichten und die freundlichsten Aufmerksamkeiten.

Staatsrat La Reynie. – Ruvigny und seine Söhne. – Pontchartrains Sohn, Phélypeaux, heiratet, nachdem der König eine Verbindung mit Mlle. de Malauze verboten hat, eine Schwester des Comte Roucy.

Der Staatsrat La Reynie, der so bekannt wurde, weil es ihm gelang, aus dem recht unbedeutenden Amt des Polizeidirektors von Paris eine Art Ministerium zu machen – denn der Polizeidirektor von Paris arbeitet mit dem König vertrauensvoll zusammen und steht in fortwährender Verbindung zum Hof –, hat bei zahllosen Fällen Einspruchsrecht, wodurch er selbst den angesehensten Personen auf tausend Arten unendlichen Schaden oder Nutzen zufügen kann. La Reynie bekam nun, als er achtzig Jahre alt war, endlich die Erlaubnis, dieses so mühevolle Amt niederzulegen; dieses Amt, dem er durch die Gerechtigkeit, Mäßigung und Zurückhaltung, mit der er es ausübte, als erster zu einer gewissen Würde verholfen hatte; er war ein so rechtschaffener und befähigter Mann, daß er, der sich auf diesem sozusagen von ihm selbst geschaffenen Posten den allgemeinen Haß hätte zuziehen müssen, sich dennoch der allgemeinen Hochachtung erfreute. D'Argenson übernahm sein Amt; ich werde noch später auf ihn zu sprechen kommen.

Als der Friede kurz bevorstand, benutzte der König die Gelegenheit, um – was ihm bald darauf nicht mehr möglich gewesen wäre – an Milord Galloway Rache zu üben. Galloway war der Sohn Ruvignys, aber das bedarf einer weiteren Erläuterung. Ruvigny war ein guter, aber schlichter Edelmann, klug, besonnen, ehrenhaft, rechtschaffen, ein überzeugter Hugenotte. Er besaß indes viel Lebensart und war sehr gewandt. Diese Eigenschaften hatten ihm bei seinen Glaubensbrüdern einen großen Ruf eingebracht und hatten ihm überdies in der Gesellschaft zu vielen wichtigen Freunden und einigem Ansehen verholfen. Er war jahrelang Abgeordneter seiner Glaubensgenossen bei Hofe, und da er aufgrund seiner Religion in Holland, in der Schweiz, in England und in Deutschland gute Verbindungen hatte, benutzte der König ihn häufig, um dort geheime Verhandlungen zu führen, wobei Ruvigny ihm vorzügliche Dienste leistete. Der König war ihm sehr zugetan und zeichnete ihn stets besonders aus. Zur Zeit der Aufhebung des Ediktes von Nantes waren Ruvigny und der Marschall Schönberg die einzigen, denen der König anbot, in Paris und an seinem Hofe zu bleiben; alle beide lehnten das ab. Ruvigny nahm einen Teil seines Vermögens mit und behielt die Nutznießung alles dessen, was er zurückließ. Er begab sich mit seinen beiden Söhnen nach England; der jüngere starb bald darauf, und der Vater überlebte ihn nicht lange. Dem älteren verblieb auch weiterhin die Nutznießung des Vermögens, das sein Vater in Frankreich zurückgelassen hatte. Beim Ausbruch der Revolution trat er in die Dienste des Prinzen von Oranien, der ihm die Grafschaft Galloway in Irland verlieh und ihn in jeder Weise förderte. Er war ein guter Offizier, aber sein Ehrgeiz verleitete ihn zur Undankbarkeit: obwohl er der einzige Hugenotte war, dem man – und dies sogar ungeachtet der Tatsache, daß er im Dienst des Prinzen von Oranien stand – die Nutznießung seines Vermögens gewährte, tat er sich besonders hervor im Haß gegen den König und im Haß gegen Frankreich. Der König hatte ihn mehrfach warnen lassen, aber Galloway steigerte sich nur in immer ungerechtere Wutausbrüche; schließlich ließ der König sein Vermögen beschlagnahmen und gab seinem Zorn unmißverständlichen Ausdruck.

Der alte Ruvigny war mit Harlay, dem damaligen Generalprokurator und späteren ersten Präsidenten, befreundet gewesen und hatte im Vertrauen auf dessen Redlichkeit einen Teil seines Gelds bei ihm hinterlegt. Harlay bewahrte es auf, solange mit dem Geld kein Mißbrauch getrieben werden konnte; als er dann aber sah, wie die Lage sich zuspitzte, wußte er nicht recht, ob er sich für den Sohn seines Freundes oder für seinen Herrn entscheiden sollte, und untertänigst gestand er letzterem seine Zweifel. Er behauptete später, der König sei bereits unterrichtet gewesen; Tatsache ist jedenfalls, daß Harlay selber dem König Bericht erstattete und daß der König dieses beschlagnahmte – mithin in königlichen Besitz übergegangene – Vermögen an Harlay weitergab und daß dieser heuchlerische Verfechter der Gerechtigkeit, der Tugend, des Uneigennutzes und der strengen Unbestechlichkeit die Schamlosigkeit besaß, sich dieses Vermögen zu eigen zu machen, wobei er Augen und Ohren verschloß vor dem Murren, das dieser Verrat erregte. Er zog sogar noch weitere Vorteile daraus; denn in seinem Zorn auf Galloway war der König seinem ersten Präsidenten nun so dankbar, daß er Harlay für seinen damals noch sehr jungen Sohn, der sich in seinem Amt als Generalstaatsanwalt tagtäglich entehrte, die soeben frei gewordene Staatsratstellung verlieh und ihn überdies noch mit einer Pension von

20000 Livres bedachte – die Summe, die sonst ein Minister erhält! So werden Übeltaten in dieser Welt belohnt, aber die Befriedigung darüber ist nicht von Dauer.

Pontchartrain suchte seinen Sohn Phélypeaux zu verheiraten; er hatte ihn zunächst auf eine große Rundreise in die Häfen des östlichen und westlichen Mittelmeeres geschickt, damit er die Dinge, von denen er täglich reden hörte, einmal selber in Augenschein nehmen und die Beamten persönlich kennenlerne. Phélypeaux indes verbrachte seine Zeit weniger mit Studien und Untersuchungen als bei Empfängen, festlichen Gelagen und Ehrenbezeugungen, wie man sie dem Dauphin nicht glänzender hätte bereiten können, denn jeder war bestrebt, den anderen in Liebedienerei zu überbieten, um dem künftigen Herrn zu schmeicheln, der dann nur recht mangelhaft unterrichtet, aber noch verwöhnter als zuvor und in dem Wahn, über alles genauestens Bescheid zu wissen, wieder zurückkam. Der Vater glaubte, in Mlle. de Malauze ganz das gefunden zu haben, was er sich für seinen Sohn wünschte. Diese Verbindung sagte Pontchartrain so sehr zu, daß er alsbald Vorbereitungen zur Hochzeit traf und den König um seine Einwilligung bat. Zu seiner größten Überraschung erhielt er vom König den Rat, sich nach einer anderen Partie umzusehen. Da aber Pontchartrain an dieser Heirat besonders gelegen war, gab er nicht nach, bis der König ihm ohne Umschweife erklärte, dieses Mädchen führe das bourbonische Wappen und es widerstünde ihm, dieses Wappen mit dem Phélypeaux' verbunden zu sehen; er gedächte, Mlle. de Malauze nach seinem Willen zu verheiraten, und Pontchartrain solle sich die Sache ein für allemal aus dem Kopf schlagen. Die Kränkung war ungeheuer; die Minister waren an dergleichen in keiner Weise gewöhnt. Ihre Heiraten gaben ihnen den Hintergrund zu ihrem neuen, glanzvollen Auftreten, und durch ihre Machtbefugnis, von der ausnahmslos jedermann abhing, standen sie hoch über jedem, der nicht Herzog und Pair war; es hätte sie also bitter gekränkt zu hören, daß der König sich einer Verbindung widersetzt habe, die er jedem einfachen Adeligen ohne jede Schwierigkeit zugebilligt hätte.

Pontchartrain hatte indes Gelegenheit, sich durch eine ganz andersartige Verbindung zu trösten, eine Verbindung, in die der König ohne weiteres einwilligte, denn an sich waren ihm diese Heiraten, die alle Standesunterschiede verwischten, gar nicht so unangenehm. Es war abermals eine Nichte der Marschälle Duras und Lorge – Tochter ihrer Schwester, und sie stammte aus dem Hause La Rochefoucauld – auf die Pontchartrain nun die Augen geworfen hatte. Sie war die Schwester der

Comte Roucy und Blanzac und der Chevaliers de Roye und Roucy, und sie war in der Abtei Notre-Dame-de-Soissons erzogen worden. Dieser ganze Zweig der La Rochefoucauld-Roye war hugenottisch. Zur Zeit der Aufhebung des Edikts von Nantes zogen sich der Comte de Roye, der Vater eben dieses Mädchens, und seine Frau nach Dänemark zurück, wo er, da er in Frankreich Generalleutnant gewesen, zum Großmarschall ernannt wurde und den Oberbefehl über sämtliche Truppen erhielt. Das war 1683, und 1686 wurde er zum Ritter des Elephanten-Ordens ernannt. Er hatte also dort eine glänzende Stellung, er und die Comtesse de Roye genossen das größte Ansehen.

Die nordischen Könige pflegen gewöhnlich ihre Mahlzeiten in Gesellschaft zahlreicher Höflinge einzunehmen, und der Comte und die Comtesse de Roye hatten sehr oft die Ehre, zusammen mit ihrer ältesten Tochter zur königlichen Tafel gebeten zu werden. Nun geschah es bei einem Diner, daß die Comtesse de Roye, als sie verblüfft das merkwürdige Gesicht der Königin von Dänemark betrachtete, sich ihrer Tochter zuwandte und sie fragte, ob sie nicht ebenfalls fände, daß die Königin der Mme. Panache so ähnlich sehe wie ein Ei dem anderen. Sie hatte zwar Französisch gesprochen, aber so laut, daß die Königin es hörte, und sie fragte, wer denn diese Mme. Panache sei. In ihrer Überraschung antwortete die Comtesse de Roye, das sei eine besonders liebenswürdige Dame am französischen Hofe. Die Königin, der ihre Überraschung nicht entgangen war, drang nicht weiter in sie, aber, da dieser Vergleich sie beunruhigte, schrieb sie an Mejercrone, der seit Jahren als dänischer Gesandter in Paris weilte, und bat ihn, er möge ihr mitteilen, wer diese Mme. Panache sei, wie sie aussehe, wie alt sie sei, welche Stellung sie einnehme und welche Rolle sie am französischen Hofe spiele, über all das wünsche sie genaue und wahrheitsgetreue Auskunft. Mejercrone war einigermaßen erstaunt, er schrieb der Königin, es sei ihm unverständlich, wie der Name Mme. Panache bis zu ihr gedrungen sei und weshalb sie allen Ernstes so genau über diese Frau Bescheid wissen wolle. Mme. Panache sei ein altes Hutzelweibchen mit wulstigen Lippen und Triefaugen, bei deren Anblick einem übel werde, eine Art Bettlerin, die sich als Hofnärrin bei Hofe eingenistet habe, man treffe sie in Versailles oder auch in Paris, sie trete gelegentlich beim Souper des Königs in Erscheinung, man sehe sie beim Diner Monseigneurs und der Dauphine oder auch bei der Mittagstafel von Monsieur und Madame, wo sich dann jeder damit vergnüge, sie zu erzürnen, während sie, um Gelächter zu erregen, zuweilen aber auch allen Ernstes bei diesen Mahlzeiten die Leute in der gröbsten Weise herunterputze mit Schmähworten, die den Prinzen und Prinzessinnen zwar etwas peinlich seien, sie aber vor allem belustigten; sie stopften ihr dann die Taschen mit Fleisch und Ragout voll, bis ihr die Soße den Rock runterlaufe; dieser oder jener schenke ihr auch wohl einen Taler, andere Püffe und Nasenstüber, worüber sie dann in wilde Raserei gerate; das sei so ein höfischer Zeitvertreib.

Auf diese Auskunft hin fühlte sich die Königin von Dänemark derartig beleidigt, daß sie den Anblick der Comtesse de Roye nicht länger ertragen konnte. Sie forderte Genugtuung vom König, ihrem Gemahl, und dieser fand es recht unziemlich, daß sich Fremde, die er mit den höchsten Ämtern seines Hofes ausgezeichnet und denen er so üppige Pensionen gezahlt, sich solch bösen Spott über seine Familie leisteten. Der Comte de Roye konnte den Sturm nicht mehr beschwören; er ging nach Hamburg und dann mit einem seiner Söhne und zwei seiner Töchter nach England, wo er 1690 starb.

Seine anderen Kinder waren in Frankreich geblieben; man hatte sie dazu bewogen, ihrer Religion zu entsagen, und sie dann in der Armee, in Kollegien und Klöstern untergebracht. Der König zahlte ihnen Pensionen, und M. de La Rochefoucauld sowie die Marschälle Duras und Lorge vertraten Vaterstelle bei ihnen. So hatte sich also auch der Marschall Lorge, der die Comtesse de Roye besonders liebte, vornehmlich für das Zustandekommen dieser Heirat eingesetzt. Mit größtem Entzücken vernahm die Comtesse de Roucy von dieser Verbindung, aus der sie für sich großen Nutzen zu ziehen hoffte, einmal was die Verbesserung ihres Ansehens, vor allem aber was die ihrer Finanzen betraf. Die Pontchartrain waren selig; der Generalkontrolleur suchte die ganze Verwandtschaft auf, und sie alle waren sich der Ehre, die ihnen mit dieser Heirat zuteil wurde, durchaus bewußt. Die Comtesse de Roucy machte ihrer Schwägerin in Soissons einen Besuch, und um Mitternacht wurde in aller Stille die Trauung durch den Bischof von Soissons, Brulat, in der Schloßkapelle von Versailles vollzogen. Der König gewährte der Neuvermählten außer dem bei diesen Ministerheiraten üblichen Geschenk noch eine Pension von 6000 Livres zuzüglich zu den 4000 Livres Pension, die sie bereits bezog, und Pontchartrain, der seinen Sohn fortan Comte de Maurepas nennen ließ, schenkte er 50 000 Taler. Da zu dieser Zeit der Chevalier Des Augers und ein Reeder den Spaniern eine Summe von beinahe vier Millionen abgejagt hatten, nahm man diese Freigebigkeit mit Gelassenheit hin.

Die Instructions sur les Etats d'oraison des Bischofs von Meaux. – Die Maximes des Saints von Fénelon. – Theologischer Streit. – Der König läßt die italienischen Komödianten wegen Beleidigung von Mme. de Maintenon vertreiben.

Molinos, jener spanische Priester, von dem es hieß, er sei der geistige Führer der Quietisten und habe die alten Irrlehren wiederaufleben lassen, war in Rom im Inquisitionskerker gestorben. Dabei fällt mir ein, daß es an der Zeit ist, wieder auf die Angelegenheit des Erzbischofs von Cambrai zurückzukommen. Ich habe Mme. Guyon im Festungsturm von Vincennes zurückgelassen und habe über einige sonderbare Vorkommnisse nicht berichtet, weil diese bereits in anderen Veröffentlichungen dargestellt wurden. Gleichviel muß ich zum Verständnis des Folgenden jetzt noch erwähnen, daß man Mme. Guyon vor ihrer Verhaftung der Aufsicht des Bischofs von Meaux unterstellt hatte. Sie lebte also einige Zeit in Meaux bei dem Bischof oder vielmehr in dem Ordenshaus der Schwestern von Sainte-Marie. Der Prälat hatte sich inzwischen ausführlich mit ihrer Doktrin beschäftigt, ohne daß es ihm jedoch gelungen wäre, sie zur Änderung ihrer Gesinnung und ihrer Ansichten zu bewegen. Man kann sich denken, daß sie diese von allen anstößigen und peinlichen Elementen zumindest dem Schein nach gereinigt und daß sie ebenfalls längst alle Unterstellungen beseitigt hatte, die man ihr wegen ihres Umgangs und ihrer seltsamen Reisen mit dem Pater La Combe zur Last gelegt hatte.

Da sie es schließlich müde war, wie eine Gefangene dem Bischof von Meaux ausgeliefert zu sein, hatte sie sich den Anschein gegeben, als sei sie durch ihn zur Erleuchtung gekommen, und hatte bereitwillig einen Widerruf, den er ihr vorlegte, unterzeichnet; und er, der ein milder und gutgläubiger Mann war, ließ sich täuschen und verhalf ihr zur Freiheit. Da sie jedoch diese Freiheit dazu mißbrauchte, mit den eifrigsten ihrer Schüler geheime Versammlungen abzuhalten, wurde sie aus Paris ausgewiesen, und als sie dennoch heimlich zurückkehrte, in Vincennes eingesperrt. Diese Verstellung der Scheinbekehrten, dann das magere Ergebnis der allbekannten Konferenzen von Issy und schließlich die berühmte Wendung, mit der der Erzbischof von Cambrai sich plötzlich entschied, den Bischof von Meaux zum Beichtvater zu wählen, um ihm das Reden zu erschweren; alles das bewog den letztgenannten Prälaten, zur Feder zu greifen, um durch die *Instructions sur les Etats d'oraison* die Öffentlichkeit in Kenntnis zu setzen sowohl über die Lehre wie über die Verhaltensweise und über das Vorgehen beider Parteien vom Beginn der Affäre an. Da er ganz von seinem Thema erfüllt war, hatte er seine Darlegung bald vollendet und gab sie, ehe er sie drucken ließ, dem Bischof von Chartres, den Erzbischöfen von Reims und Paris und sogar dem Erzbischof von Cambrai zu lesen. Letzterer vermochte sehr wohl zu ermessen, welches Gewicht dieses Werk hatte und wie notwendig es war, seiner Wirkung zuvorzukommen. Er mußte seinen Stoff offenbar schon von langer Hand vorbereitet haben, denn sonst wäre die rasche Fertigstellung seines Buches undenkbar gewesen. Er gab ihm den Titel *Maximes des Saints*. Er ließ es in zwei Kolonnen drucken; die erste Abteilung umfaßte jene Maximen, die er als die rechtgläubigen Grundsätze und als die der Heiligen bezeichnete, die zweite hingegen die gefährlichen, verdächtigen und irrigen Maximen als Beispiel für den Mißbrauch, den man mit der gesunden Mystik getrieben hat oder treiben kann. Da es ihm sehr darauf ankam, daß sein Buch noch vor dem des Bischofs von Meaux erschien, gab er die Bogen so schnell wie möglich in Druck, und damit auch wirklich kein Augenblick ungenutzt bliebe, richtete sich der Duc de Chevreuse in der Druckerei häuslich ein, um jeden fertigen Bogen sofort mit entsprechenden Korrekturen versehen zu können. Zu der Geschwindigkeit und Zuverlässigkeit des Korrekturlesens gesellten sich weitere, ebenfalls sehr geschickt getroffene Maßnahmen, so daß Fénelon das Buch tatsächlich schon nach ganz wenigen Tagen sämtlichen Mitgliedern des Hofes aushändigen lassen konnte und die Auflage binnen kurzem gänzlich vergriffen war.

War man zunächst verärgert festzustellen, daß das Werk sich auf keinerlei Autoritäten stützte, so nahm man bei weitem größeren Anstoß an dem überladenen Stil, an der so peinlichen und schulmeisterlichen Tüftelei, an der Abwegigkeit der Begriffe und Ausdrucksweisen, die aus einer fremden Sprache zu stammen schienen, und schließlich an der verstiegenen Schwärmerei und der ausgeklügelten Gedankenführung, die einem wie die zu dünne Luft des Hochgebirges den Atem verschlägt. Fast niemand, der nicht Theologe war, vermochte das Werk zu begreifen, und selbst die Theologen konnten es erst verstehen, wenn sie es zwei- oder dreimal gelesen hatten. So widerfuhr Fénelon das Mißgeschick, daß ihm, von einigen spärlichen Höflichkeitsfloskeln abgesehen, keinerlei Lob zuteil wurde. Die Kenner meinten zwar, hinter dieser barbarischen Sprache einen ganz reinen Quietismus zu entdecken, der abgelöst, geläutert und befreit von allem Unrat, fern aller Sinnlichkeit eine Fülle verblüffender, wenn auch schwer zu erfassender und gewiß noch schwerer in die Wirklichkeit umzusetzenden Herrlichkeiten enthalte. Ich will hier nicht, wie man vielleicht denken könnte, ein Urteil über etwas abgeben, das mein Verständnis völlig überschreitet, sondern ich berichte nur von dem, was man damals über dieses Buch sagte, und es war sogar bei den Damen von nichts anderem die Rede, wobei jemand sich der Bemerkung erinnerte, zu der Mme. de Sévigné sich bei einem heftigen Disput über die Frage der Gnade einmal hinreißen ließ: »Verdichtet lieber die Religion ein wenig, denn wenn Ihr sie weiter verfeinert, verdunstet sie ganz und gar.«

Der König und zumal Mme. de Maintenon, die ohnehin bereits voreingenommen waren, brachten unverhohlen ihren Ärger über dieses Buch zum Ausdruck. Fénelon merkte, daß er in Frankreich keine Unterstützung fand, denn die hervorragendsten Prälaten waren gegen ihn und würden, da der Hof sich für sie erklärt hatte, alle übrigen Bischöfe auf ihre Seite ziehen. Er dachte also daran, seine Sache Rom zur Begutachtung vorzulegen. Der Kardinal Janson weilte bereits seit über sechs oder sieben Jahren in Rom; nun wollte er endlich wieder nach Frankreich zurückkehren; der Kardinal Bouillon verspürte nicht wenig Lust, ihn in Rom zu ersetzen. Der Bischof von Cambrai hatte sich vorsichtshalber bereits mit ihm verständigt, und das gemeinsame Interesse erleichterte und befestigte die Verbindung. Bouillon und Cambrai hielten zu den Jesuiten, und die Jesuiten zu ihnen, und der Prälat, der seine Ziele sehr weit gesteckt hatte, gedachte sich des Kardinals sowohl bei Hofe wie auch in Rom zu seinem Vorteil zu bedienen. Die Freundschaft des Kardinals wurde ihm um so unentbehrlicher, als sein Kredit bei Hofe gesunken und das Ansehen seiner Freunde sich stark gemindert hatte. Der Kardinal wiederum wußte es Fénelons Freunden Dank, daß sie den König entgegen seiner Neigung dazu überredet hatten, ihn anstelle des Kardinals Janson nach Rom zu schicken, und daß es ihnen sogar gelungen war, die Zustimmung des Königs zu der Wahl seines Neffen, des Abbé d'Auvergne, zum Koadjutor seiner Abtei von Cluny zu erlangen. Damit hatten sie den Dünkel des Kardinals, die Triebfeder all seines Handelns, an der entscheidenden Stelle gepackt. Er ließ sie also auch dann nicht im Stich, als er sah, daß ihr Ansehen erschüttert war, er hoffte vielmehr, sie durch das Urteil, daß er in Rom durchsetzen zu können glaubte, wieder in den Sattel zu heben. Alles bestärkte ihn in dieser Absicht, gleichviel behauptete man, daß der Handel zwischen Bouillon und Fénelon ohne Wissen der Herzöge abgeschlossen würde. Der Kredit des ersteren sollte letzteren – indem er dessen Sache zum Siege verhülfe – zum Kardinal erheben, worauf dann der durch seinen Sieg und durch den erhaltenen Kardinalspurpur erhöhte Kredit Fénelons seine Wirkung auf die beiden Herzöge täte, mit denen jener nur reden und die er dazu bewegen sollte, dem Kardinal Bouillon einen Posten im Staatsrat zu beschaffen, von dem aus Bouillon sich dann zum Premierminister emporzuschwingen gedachte, denn nichts Geringeres versprach er sich.

Solcher Posten im Staatsrat lag allerdings noch weniger im Bereich des Möglichen als die erhofften Erfolge in Rom. Der König hatte niemals einen Geistlichen in seinem Staatsrat geduldet, und er wachte zu eifersüchtig über seiner Autorität und über dem Ruf, alles selber zu tun, um sich jemals zu einem Premierminister entschließen zu können. Aber Bouillon war der größte Phantast, den man je gesehen hat, und er war, sofern sie einer Eitelkeit dienten, für die wahnwitzigsten Hirngespinste zugänglich. Sein ganzes Leben kann als Beweis dafür gelten. Bei einiger Überlegung hätte er sich sagen müssen, daß es – ganz abgesehen von den Schwierigkeiten, die der König machen würde – keineswegs sicher sei, ob ein möglicher Sieg seiner Freunde auch wirklich zu seinem eigenen Vorteil ausschlagen würde und ob der Erzbischof von Cambrai das, was er einem anderen hätte verschaffen können, am Ende nicht lieber selber nehmen würde. Aber auch ohne diese phantastischen Hoffnungen hegte der Kardinal Bouillon persönlichen Haß auf die Gegner des Erzbischofs von Cambrai, und er hätte vielleicht über deren Niederlage noch mehr triumphiert als Fénelon selber.

Angesichts der traurigen Erfolglosigkeit seines Buches, das einzig von einem Kalvinisten in dem in Holland herausgegebenen *Journal des Savants* gelobt worden war, hatte es der Erzbischof von Cambrai bei Hofe nicht länger aushalten können. Ganz plötzlich brach er auf, um sich, wie er es von Zeit zu Zeit zu tun pflegte, in seine Diözese zu begeben; doch alsbald erkrankte er oder stellte sich krank und blieb, um seinen Freunden näher zu sein, bei Malezieu; von dort aus waren es nur sechs Meilen bis nach Versailles. Indessen befanden sich die Jesuiten in einer üblen Zwangslage. Unabhängig von ihrer engen und langdauernden Verbindung zum Kardinal Bouillon und ihrem guten Einvernehmen mit dem Erzbischof von Cambrai, haßten auch sie dessen Gegner. Den Bischof von Meaux, weil er weder ihre Doktrine noch ihre Moraltheologie begünstigte, weil sein Ansehen ihr eigenes in Grenzen hielt und weil überdies seine Gelehrsamkeit und sein Ruhm sie bedrückte. Den Erzbischof von Paris haßten sie gleichfalls auf Grund der Doktrin und der Moraltheologie, doch was sie besonders gegen ihn in Harnisch brachte, war die Tatsache, daß er ohne ihre Mitwirkung, ja beinahe gegen ihren Willen, zum Erzbischof von Paris ernannt worden war. Den Bischof von Chartres lehnten sie ab, weil seine Neigung zu Saint-Sulpice sie mit Grimm und Eifersucht erfüllte, obwohl er, was Rom und einige andere Punkte betraf, durchaus mit ihnen übereinstimmte, doch die Eifersucht verhindert jede Einigkeit, und zudem merkten sie bereits, welchen Einfluß dieser Prälat auf die Verteilung der Pfründen ausübte, und da sie allein darüber verfügen wollten, waren sie in diesem Punkte am empfindlichsten zu treffen. Den Bischof von Reims, der sich mit dem Bischof von Chartres verband, haßten sie, weil er sie in keiner Weise schonte und weil es ihnen noch niemals gelungen war, ihn zu besänftigen oder bei ihm irgendeine Unterstützung zu finden.

Ihre Parteilichkeit war also offensichtlich und erregte Besorgnis. Man wollte die Patres in ihre Grenzen weisen und wandte sich deshalb an den König; man zeigte ihm die Approbation, die der Pater La Chaise und der Pater Valois – die Beichtväter der Prinzen – dem Buch gegeben hatten; der König wurde sehr zornig und sagte beiden Jesuiten gehörig die Meinung. Die Superioren waren beunruhigt ob der Folgen, die das für den Beichtstuhl des Königs und der Prinzen und infolgedessen für den ganzen Orden zeitigen könne. Sie fragten die obersten Professen um Rat, und man kam zu dem Schluß, daß es geboten sei, hier nachzugeben. ohne indes in Rom von seinen Grundsätzen und Plänen abweichen zu wollen. Es war Fastenzeit. Der Pater La Rue predigte vor dem König: welch eine Überraschung war es, als er am Tag von Mariä Verkündigung, nachdem er seine drei Punkte behandelt hatte und nun, um den Segen zu geben, von der Kanzlei hätte herabsteigen müssen, den König um Erlaubnis bat, noch eine kurze Ermahnung anfügen zu dürfen. Er wandte sich gegen die Schwärmer, Eigenbrötler und Fanatiker, welche die durch lange Übung autorisierten und von der Kirche gebilligten Formen der Frömmigkeit nicht anerkennen und sie durch Irrlehren und Neuheiten ersetzen wollen: Er machte die Demut der Heiligen Jungfrau zum Ausgangspunkt seiner Rede; er sprach mit der Glut eines Jesuiten, den seine Gesellschaft beauftragt hat, einen für sie gefährlichen Schlag abzuwenden, und die Gleichnisse, deren er sich bediente, entsprachen so sehr der Wirklichkeit, daß die Hauptakteure auf der positiven und der negativen Seite leicht zu erkennen waren. Diese offenbar unvorhergesehene zusätzliche Predigt, die eine halbe Stunde dauerte und bei der

der Redner seiner Ausdrucksweise keinen Zwang auferlegte, kam vollkommen überraschend. Der Duc de Beauvillier, der hinter den Prinzen saß, mußte auch diese Predigt von Anfang bis Ende mit anhören und war den indiskreten Blicken des ganzen Hofes ausgesetzt. Am gleichen Tage brachten auch der berühmte Pater Bourdaloue und der Pater Gaillard die Kanzeln in Paris mit denselben Klagen und Warnungen zum Erbeben; sogar der Jesuit, der in der Pfarrkirche von Versailles predigte, stimmte in diese Tonart ein.

Unter diesen Umständen veröffentlichte nun der Bischof von Meaux seine zwei Oktavbände umfassenden *Instructions sur les Etats d'oraison*, die er dem König und den wichtigsten Personen bei Hofe sowie seinen Freunden überreichte. Das Werk enthielt nicht nur eine dogmatische Abhandlung, sondern auch eine genaue Darstellung alles dessen, was sich seit Beginn der Affäre zwischen ihm, dem Erzbischof von Paris und dem Bischof von Chartres auf der einen Seite und dem Erzbischof von Cambrai und Mme. Guyon auf der anderen Seite abgespielt hatte. Aus dieser äußerst spannenden Analyse, in welcher der Bischof von Meaux auch noch all das, was er nicht unmittelbar aussprach, deutlich durchblicken ließ, erfuhr man eine Menge Tatsachen, und das Interesse, das sie erregte, bewirkte, daß sogar der dogmatische Teil gelesen wurde. Dieser war klar, knapp und allenthalben auf die Heilige Schrift, Aussprüche der Väter oder des Konzils gestützt, bescheiden, aber sehr energisch und eindringlich. Er stand also im krassen Gegensatz zu der befremdenden Verschwommenheit und der neuerungssüchtigen Schulmeisterei der Maximen. Jene blieben unverständlich und wurden nur von Schriftgelehrten gelesen, dieses Buch aber wurde begierig aufgenommen und geradezu verschlungen, es gab bei Hofe weder Mann noch Frau, die sich nicht etwas darauf zugute taten, es gelesen zu haben. Der König dankte dem Bischof von Meaux in aller Öffentlichkeit für sein Werk.

Diese beiden sowohl in der Doktrin wie im Stil so grundsätzlich unterschiedenen und von der Gesellschaft so verschiedenen aufgenommenen Bücher riefen großen Wirbel hervor. Der König legte sich ins Mittel und empfahl Fénelon, darin einzuwilligen, daß sein Werk den Erzbischöfen von Reims und Paris, den Bischöfen von Meaux, Chartres, Toules und Amiens, d. h. seinen ausgesprochenen Gegnern oder deren Anhängern, zur Prüfung vorgelegt werde. Der Erzbischof von Cambrai gab seine Einwilligung zu der Überprüfung seines Buches, die er ohnehin nicht verhindern konnte und von der er nichts Gutes zu erwarten hatte. Unterdessen starb der Bischof von Metz, der älteste Bruder La

Feuillades, und dadurch wurde nun ein blaues Ordensband, ein Bischofssitz und ein Platz im Kirchenrat frei. Dieser Todesfall kam für den Erzbischof von Cambrai sehr zur Unzeit, und wenn er auch nichts mehr zu erwarten hatte, so grämte es ihn doch außerordentlich, daß der Heilig-Geist-Orden dem Erzbischof von Paris und der Platz im Kirchenrat dem Bischof von Meaux gegeben wurde. Aber diesem Verdruß folgte bald noch ein weiterer. Mme. de Maintenon verwies drei angesehene Damen, die sich lange Zeit ihrer höchsten Gunst und ihres vollen Vertrauens erfreut hatten, aus Saint-Cyr, und sie machte keinen Hehl daraus, daß sie diese drei wegen ihrer Schwärmerei für Mme. Guyon und deren Lehre aus der Anstalt verbanne. All dies, doch zumal die Überprüfung seines Werkes brachte Fénelon auf den Gedanken, sich an den Papst zu wenden, ihm seinen Fall zu unterbreiten und den König zu bitten, seine Sache in Rom selber verteidigen zu dürfen; aber der König untersagte ihm das. Inzwischen sandte auch der Bischof von Meaux sein Buch an den Papst, und zu seinem größten Leidwesen sah der Erzbischof von Cambrai, der auf die Übersendung seines eigenen Werkes nur eine sehr kühle Antwort bekommen hatte, nun den Bischof von Meaux über das ihm zuteil gewordene Lob frohlocken. Jener Brief, den Fénelon an den Papst geschrieben hatte, war denkbar geschickt und einschmeichelnd; ein wahres Meisterstück an Eleganz und Takt; indem er sich gewisser, für die Ehre des Episkopats wie für die Grundsätze des Königreichs allzu abträglicher Wendungen enthielt, ließ er unter dem Vorwand persönlicher Demut und Bescheidenheit diese beiden vollkommen aus dem Spiel. Der Brief verfehlte also nicht, die Gesellschaft zu seinen Gunsten zu stimmen, denn man ist im allgemeinen mißgünstig und gegen ein autoritäres Gebaren. Alle hatten sich gegen ihn erklärt: seine Parteigänger waren, da man ihnen sein Buch übergeben hatte, zu seinen Richtern geworden und sie hofften, aus dem frei gewordenen Metzer Bischofssitz ihren Nutzen zu ziehen. Deshalb ließ man Fénelon die Schmeicheleien seines Briefes durchgehen, und er sah bereits so etwas wie eine erste Rückkehr der öffentlichen Gunst.

Er durfte sich indes nicht lange dieses kleinen Aufschwungs freuen; seine Feinde wurden alsbald hellhörig; sie bekamen Angst und hetzten den König auf, der nun den Erzbischof von Cambrai, ohne ihn zuvor auch nur noch einmal empfangen zu wollen, mitteilen ließ, er möge sich unverzüglich nach Paris und von dort in seine Diözese begeben; er hat sie seitdem nie mehr verlassen. Gleichzeitig ließ der König den Duc de Bourgogne in sein Arbeitszimmer kommen, wo er sich lange allein mit ihm unterhielt, zweifellos um ihn von seinem Lehrer abzubringen, dem der junge Prinz sich sehr verbunden fühlte und dem er, selbst nach Jahren der Trennung mit bitterster Wehmut nachtrauerte. Der Erzbischof von Cambrai blieb nur zwei Tage in Paris, und ehe er nach Cambrai abreiste, hinterließ er bei einem Freunde – vermutlich dem Duc de Chevreuse – einen Brief, der bald darauf bekannt wurde. Es war die Kundgebung eines Mannes, der mit scheinheiliger Erhabenheit seine Galle verspritzt und sich, da er nichts mehr zu erhoffen hat, keinerlei Zwang auferlegt. Im übrigen war der Brief in so geistreichem Stil geschrieben und in jeder Hinsicht so kunstvoll verfaßt, daß die Lektüre entschieden Vergnügen bereitete, auch wenn man dem Inhalt des Briefes nicht zustimmte; zweifellos ist es schwer, bei solchen Niederlagen ein weises und überlegenes Schweigen zu wahren.

Mit welch überschwenglicher Freude sah sich die Kurie nun von den ersten Prälaten eines Königreiches, das bislang so unverrückbar an seinen altehrwürdigen Grundsätzen festgehalten hatte, nun damit betraut, als oberste Instanz über dessen Sache zu entscheiden, und triumphierend schaute der Vatikan auf die Bittsteller zu seinen Füßen herab. Die Affäre des Erzbischofs von Cambrai erregte in Rom großes Aufsehen.

Ganz unversehens jagte der König die ganze Truppe der italienischen Komödianten davon, fest entschlossen, keine andere mehr kommen zu lassen. Solange sie sich auf der Bühne nur in Unflätigkeiten und im Zotenreißen, ja sogar in Gotteslästerungen ergangen hatten, hatte man über sie gelacht, unlängst aber war es ihnen beigefallen, ein Stück aufzuführen, das *La fausse Prude* hieß und in dessen Heldin man leicht Mme. de Maintenon zu erkennen vermochte. Alle Welt rannte ins Theater, aber nach drei oder vier Vorstellungen, die sie, von den Einnahmen verlockt, hintereinander gaben, erteilte man den Komödianten den Befehl, ihr Theater zu schließen und binnen eines Monats aus dem Königreich zu verschwinden. Ein Anlaß zu viel Gerede, denn mochten nun diese Komödianten durch ihre verwegene Tollheit auch ihre Bühne verloren haben, so gewann diejenige, die sie hatte davonjagen lassen, doch nichts dabei, weil dieses lächerliche Ereignis die wildesten Klatschereien zur Folge hatte.

Nachrichten aus Polen: Polignac und Conti aus dem Rennen. – Tod des berühmten Santeul. – Wie der Prinz von Hessen-Darmstadt ein spanischer Grande wurde. – D'Aubigné, Bruder von Mme. de Maintenon, zieht sich nach Saint-Sulpice zurück. – Lebensweise der kleinen Prinzessin von Savoyen. – Hochzeitsvorbereitungen. – Vorliebe des Königs für Prachtentfaltung bei Hofe.

Die Nachrichten, die aus Polen kamen, schienen mittlerweile weniger günstig zu klingen. Man erfuhr voll Verwunderung, daß der Abbé Polignac sich offenbar zu weit vorgewagt hatte. Der Prince de Conti indes wünschte sich diese Krone durchaus nicht, er fürchtete sie vielmehr. Er war Prinz von Geblüt und erfreute sich, wiewohl vom König nur schlecht gelitten, größter öffentlicher Beliebtheit; man brachte ihm ob seiner Benachteiligung und der Ungnade, in der er stand, noch besondere Anteilnahme entgegen; Der Vergleich, den man zog zwischen ihm, der von allem entblößt war, und dem Duc du Maine, der so überreichlich beschenkt wurde, die Empörung darüber, daß er niemals zum Befehlshaber der Armee ernannt, sondern stets Vendôme bevorzugt wurde, all das gereichte dem Prince de Conti sogar noch zum Vorteil. Da er mit Monseigneur aufgewachsen und sehr mit ihm befreundet war, rechnete er darauf, unter dessen Regierung der höchsten und einträglichsten Belohnung teilhaftig zu werden. Vor allem aber war er leidenschaftlich in Madame la Duchesse verliebt. Sie war in jeder Hinsicht bezaubernd, nicht nur ihr Geist, auch ihre Erscheinung wirkte betörend, und obwohl Monsieur le Duc auffällig und in auffallender Weise eifersüchtig war, fehlte dem Prince de Conti nichts an seinem Glück. Dieses Herzensgeheimnis band ihn noch enger an Monseigneur, der sich immer besser mit Madame la Duchesse verstand, die sich ihrerseits heimlich mit Mlle. Choin verbündet hatte. All das war zu gewichtig, als daß eine glitzernde Krone Conti hätte bewegen können, die Schrecken der Heimatlosigkeit auf sich zu nehmen: er machte also den Eindruck, als stünde er der ganzen Angelegenheit höchst gleichgültig gegenüber; er verhielt sich abwartend, stets geneigt, die Schwierigkeiten hervorzuheben, und er zögerte es immer so lange heraus, die nötigen Schritte zu tun, daß man seinen Widerwillen deutlich bemerkte.

Monsieur le Duc präsidierte dieses Jahr in Stellvertretung von Monsieur, seinem Vater, in Burgund die Ständeversammlung. Er bot bei dieser Gelegenheit ein treffliches Beispiel fürstlicher Freundschaft und erteilte jenen, die nach der Freundschaft der Fürsten begierig sind, eine gute Lektion. Santeul, der Ordensdomherr von Sankt Viktor, ist in der Gelehrtenrepublik und in der Gesellschaft so bekannt gewesen, daß ich nicht viel über ihn zu sagen brauche. Er war der größte lateinische Dichter, den es seit einigen Jahrhunderten gegeben hat, sein immer wacher Verstand, sein sprühendes Temperament, seine witzigen Einfälle machten ihn zu einem glänzenden Gesellschafter, und da er, ohne der Völlerei zu verfallen, Wein und gute Speisen zu schätzen wußte, war er überdies ein vorzüglicher Tischgenosse; und er war, sowenig diese Eigenschaften zu einem Mann seines Standes auch passen mögen und sowenig seine Geistesart und seine Begabung dem Kloster entsprachen, nach Maßgabe seiner Möglichkeiten dennoch ein guter Priester. Monsieur le Prince nahm ihn stets mit, wenn er nach Chantilly reiste; Monsieur le Duc bat ihn zu jeder Gesellschaft, die er veranstaltete; kurzum, das Haus Condé, Prinzen wie Prinzessinnen, rissen sich förmlich um ihn und ersannen in stetem Wetteifer mit ihm geistreiche Stücke in Prosa und Versen, auch erfanden sie mannigfache Gesellschaftsspiele, allerlei Scherze und Narreteien. Das währte nun schon so manch schönes Jahr, bis zu jenem Tag, da Monsieur le Duc ihn nach Dijon mitzunehmen gedachte. Santeul verschanzte sich hinter allen möglichen Ausreden, aber es half nichts. Er mußte schließlich gehorchen, und so wohnte er denn, solange die Stände dauerten, bei dem Fürsten im Haus. Jeden Abend lud Monsieur le Duc Gäste zu Tisch oder war selbst zu einem Gelage geladen, und Santeul folgte ihm stets wie sein Schatten. Er erheiterte die Gesellschaft, er war das belebende Element jeder Tafelrunde. Als nun Monsieur le Duc eines Abends zu Hause speiste, fand er es vergnüglich, Santeul mit Champagner zu bewirten. Man wurde immer lustiger, und bei zunehmender Ausgelassenheit machte sich Monsieur le Duc den Spaß, den Inhalt seiner Schnupftabakdose in ein großes Glas Wein zu schütten, daß er Santeul austrinken ließ, um zu sehen, welche Wirkung das täte. Er brauchte nicht lange zu warten, er bekam es alsbald zu erfahren: Erbrechen und Fieber stellten sich ein, und noch ehe zweimal vierundzwanzig Stunden verronnen waren, war der Unglückliche unter Höllenqualen verendet; aber er hatte die Sterbesakramente mit solch demütiger Bußfertigkeit empfangen, daß er eine nicht eben fromme Gesellschaft, die ein so grausames Experiment allerdings verabscheute und die ihn ernstlich betrauerte, in fromme Andacht versetzte.

Die Gesandtschaften wurden vergeben. D'Harcourt ging nach Spanien. Dabei fällt mir eine Geschichte ein, die zumindest erwähnenswert ist. Als ich von der Belagerung Barcelonas sprach, berichtete ich, daß der Fürst von Darmstadt die etwas außerhalb der Stadt gelegene Zitadelle befehligte. Auf diesen Fürst, auf den ich im Eifer des Erzählens nicht weiter einging, muß ich nun doch zurückkommen. Er war ein sehr wohlgestalteter, gutaussehender Mann aus dem Hause Hessen, mit der spanischen Königin verwandt; einer von diesen jüngeren Söhnen, die kein Vermögen besitzen, irgendwo in Dienst gehen müssen, um sich ihren Unterhalt zu erwerben, und die, um nicht zu verhungern, jedweden Dienst annehmen, wobei sie immer hoffen, irgendwo einmal ihr Glück zu machen. Man behauptete, er habe auf einer ersten Reise nach Spanien, die er zu diesem Zwecke unternahm, der Königin recht gut gefallen. Was ich jetzt weitererzähle, wird gleichfalls behauptet, aber immerhin habe ich es von Leuten sagen hören, die keine Schwätzer waren und die es sich in ihrer Stellung auch nicht leisten konnten, unwahre Geschichten zu verbreiten. Man behauptete also, daß der Wiener Staatsrat, der sich kein Gewissen daraus machte, die Königin von Spanien, die Tochter Monsieurs, weil sie keine Kinder hatte, aber zuviel Macht über Herz und Geist ihres königlichen Gemahls, aus Staatsräson vergiften zu lassen, und der dieses Verbrechen durch die nach Spanien geflüchtete Comtesse de Soissons unter Leitung des kaiserlichen Gesandten, Graf Mansfeld, hatte durchführen lassen, in einem anderen Punkte genausowenig Bedenken gekannt habe.

Er hatte den König von Spanien mit der Schwester des Kaisers wiederverheiratet; eine stattliche, gutgewachsene Prinzessin, der es weder an Schönheit noch an Verstand mangelte und die, von den kaiserlichen Ministern und der Wiener Partei geleitet, in Madrid einen beträchtlichen Einfluß auf den König von Spanien gewann. Damit war dem kaiserlichen Staatsrat sein Plan zwar schon zu einem guten Teil gelungen, aber das Wesentliche, nämlich Kinder, fehlten noch immer. Diese hatte man sich aus der zweiten Ehe versprochen, denn man war überzeugt, zu diesem Übelstand habe nur die Königin beigetragen, die jener Staatsrat deshalb beiseite geschafft hatte, doch als man sich nun etliche Jahre nach dieser zweiten Heirat nicht mehr verhehlen konnte, daß der König von Spanien offensichtlich unfähig sei, Kinder zu zeugen, griff besagter Staatsrat auf den Fürst von Darmstadt zurück. Da aber die Verwirklichung des Planes nicht leicht war und Gelegenheiten erforderte, die sich nur mit der Zeit ergaben, schlug man dem Fürsten vor, ganz in spanische Dienste zu treten, und der Kaiser und seine Parteigänger begünstigten ihn in jeder Weise; sie boten ihm nicht nur alle denkbaren Aufstiegsmöglichkeiten, sondern bauten ihm überdies goldene Brücken, um ihn bei Hofe festzuhalten, denn das war natürlich ihr eigentliches Ziel. Aus diesem Grunde wurde der Fürst nach dem Fall Barcelonas zum Gouverneur von Katalonien und am Ende dieses Jahres auch noch zum spanischen Granden ernannt. Er sollte bei Hofe bleiben, sich dort ganz zwanglos einrichten können, um dann endlich der Königin ein Kind zu machen.

Ich weiß nicht, ob die Königin tatsächlich unansprechbar war, und ich sage erst recht nicht – wiewohl man das behauptet hat –, daß sie ihrerseits unfähig war, Mutter zu werden. Wie dem auch sei, der Fürst von Darmstadt gewöhnte sich als spanischer Grande am Hof von Madrid recht gut ein und stand mit dem König und der Königin auf dem besten Fuß, was allerdings dennoch nicht jenes Ergebnis zeitigte, das allein die Thronfolge der Monarchie gegen die verschiedenen Ansprüche hätte absichern und die Politik des Wiener Staatsrats in dieser Hinsicht hätte beruhigen können.

Aber kehren wir nun wieder nach Frankreich zurück, um uns einer kleinen, aber äußerst bezeichnenden Begebenheit zuzuwenden. Mme. de Maintenon blieb trotz der ungewöhnlich hohen Stellung, zu der sie sich aus ihrer Niedrigkeit wie durch ein Wunder emporgeschwungen hatte, nicht von Verdrießlichkeiten verschont, zu denen vor allem ihr Bruder durch seine ständigen Tollheiten einen beträchtlichen Teil beisteuerte. Man nannte ihn den Comte d'Aubigné. Er hatte es nie weiter als bis zum Hauptmann der Kavallerie gebracht, sprach aber von seinen kriegerischen Leistungen stets wie ein Mann, der der höchsten Auszeichnungen würdig wäre und dem man das größte Unrecht der Welt zufügte, weil man ihn nicht längst zum Marschall von Frankreich ernannt hatte, gelegentlich allerdings vermerkte er spöttisch, er habe seinen Marschallstab in Silber erhalten. Er machte Mme. de Maintenon die schrecklichsten Szenen, weil sie ihn nicht zum Herzog und Pair hatte ernennen lassen, und wegen allem möglichen, was ihm sonst gerade in den Sinn kam. Er lief in den Tuilerien sowie anderenorts hinter den Dirnen her, hielt fast ständig einige von ihnen aus und verbrachte seine Zeit meist mit ihnen, ihren Familien und Kumpanen ihres Zuschnitts, in deren Gesellschaft er viel Geld zum Fenster hinauswarf.

Er war ein hoffnungsloser Verschwender, ein rechter Narr, aber witzig, geistreich und voll sprühender Einfälle, von einer unerwarteten Schlagfertigkeit in seinen Antworten; trotz allem ein braver und anständiger Kerl. Die hohe Stellung seiner Schwester verführte ihn durchaus nicht zu anmaßendem Dünkel, gab ihm indes Stoff zu den wunderlichsten Dreistigkeiten. Es war immer ein Vergnügen, ihn von früheren Zeiten, von Scarron, vom Hôtel d'Albret und zuweilen von noch weiter zurückliegenden Ereignissen erzählen zu hören, zumal er sich ohne jede Scheu und Zurückhaltung über die Abenteuer und Liebschaften seiner Schwester verbreitete, um dann diese Vergangenheit in Vergleich zu setzen zu ihrer heutigen Frömmelei und ihrer gegenwärtigen Stellung und sich ob solche erstaunlichen Aufstiegs weidlich zu wundern. Es war indes nicht immer unterhaltsam, es war manchmal auch peinlich, alle diese Geschichten mitanzuhören, da man seinem Redefluß niemals Einhalt gebieten konnte, und da er sich nicht nur in Gegenwart einiger weniger Freunde in dieser Weise zu äußern pflegte, sondern auch bei Tisch, vor aller Welt, auf einer Bank in den Tuilerien und sogar in der Galerie von Versailles ganz unbekümmert in seinem possenreißerischen Ton fortfuhr. Es beliebte ihm, ohne Umschweife »mein Schwager« zu sagen, wenn er vom König sprach; ich habe das selbst mehr als einmal im Hause meines Vaters zu hören bekommen, wohin er weit öfter zu Besuch und auch zum Mittagessen kam, als es meinem Vater lieb war. Ich lachte mir stets heimlich ins Fäustchen über die offensichtliche Betretenheit meines Vaters und meiner Mutter, die oft genug nicht wußten, wie sie sich ihm entziehen sollten.

Ein Mensch dieser Art, der so wenig imstande war, sich etwas zu versagen, der seinen beißenden Spott an den Dingen und Menschen um so ungehemmter auslassen konnte, als er für sich selbst weder Lächerlichkeit noch ernsthafte Folgen zu befürchten hatte, ein solcher Mensch war für Mme. de Maintenon eine arge Belastung. Mit ihrer Schwägerin war sie jedoch auch nicht besser dran. Sie war die Tochter eines unbedeutenden Arztes namens Piètre, der es zum königlichen Prokurator der Stadt Paris gebracht hatte. D'Aubigné hatte dieses Mädchen 1678 geehelicht, während seine Schwester, die meinte, diese Heirat wäre sein Glück, mit den Kindern der Mme. de Montespan beschäftigt war. Sie war ein Geschöpf, das sich noch unscheinbarer ausnahm, als es seiner Herkunft nach war; sehr bescheiden, auch tugendhaft – wie es bei einem solchen Ehemann wohl gar nicht anders möglich gewesen wäre –, von geradezu verblüffender Torheit, nach nichts aussehend, ohne das geringste Talent, sich etwas zurechtzumachen und geschmackvoll zu kleiden, fiel sie Mme. de Maintenon so oder so lästig, ob sie ihrer nun ansichtig wurde oder nicht, sie wußte nie, was sie mit ihr anfangen sollte, und beschränkte sich schließlich darauf, sie nur unter vier Augen zu empfangen. Mit Angehörigen der guten Gesellschaft pflegte diese Frau keinerlei Umgang, sie versank ganz und gar in dem dumpfen, muffigen Klatsch und Tratsch ihrer Nachbarinnen. Alles, was sie Mme. de Maintenon mitzuteilen wußte, waren ewig wiederkehrende und nur allzu begründete Klagen über ihren Ehemann, den selbst diese sonst so unumschränkte Herrscherin niemals zur Vernunft zu bringen vermochte, der vielmehr seinerseits recht rauh mit ihr umzugehen pflegte.

Schließlich aber war sie eines derart anstoßerregenden Bruders endgültig überdrüssig, und mit dem Beistand von Saint-Sulpice bewirkte sie, daß man ihn, der haltlos, launenhaft und in ständiger Geldnot war, dazu überredete, sich von seinen Ausschweifungen, seinen taktlosen Schwätzereien und häuslichen Wirren abzukehren, um fortan mit gefüllten Taschen bei Bezahlung all seiner Ausgaben ein behagliches Leben zu führen und sich aus diesem Grunde in eine Art klösterlicher Gemeinschaft zurückzuziehen, die von einem gewissen M. Doyen unter Obhut der Pfarrgemeinde von Saint-Sulpice gegründet worden war für Edelleute oder sogenannte Edelleute, die dort zusammen lebten und sich unter Leitung einiger Priester von Saint-Sulpice einer gewissen Einkehr befleißigten. Um ihre Ruhe zu haben, vor allem weil Mme. de Maintenon es verlangte, erklärte Mme. d'Aubigné sich bereit, gleichfalls in eine Art Kloster einzutreten, aber ihren Gevatterinnen gestand sie flüsternd, wie hart sie das ankomme und wie gut sie darauf hätte verzichten können. D'Aubigné gab jedem zu verstehen, daß seine Schwester sich über ihn lustig mache; sie wolle ihm weismachen, er sei fromm geworden, man belagere ihn förmlich mit Priestern, aber man werde ihn bei diesem M. Doyen wohl einfach umkommen lassen. Er hielt es nicht lange dort aus, ohne wieder zu den Dirnen, in die Tuilerien und an andere derartige Stätten zurückzukehren. Man fing ihn jedoch sehr rasch wieder ein und gab ihm als Wächter einen der ödesten und beschränktesten Priester von Saint-Sulpice, der ihm auf Schritt und Tritt nachfolgte und ihn vollends zur Verzweiflung brachte. Kein Mensch, der auch nur die leisesten Fähigkeiten in sich verspürt, hätte eine so alberne und abgeschmackte Aufgabe übernommen, aber dieser Madot hatte nichts Besseres zu tun und war so dumm, daß er sich weder zu beschäftigen noch zu langweilen vermochte. Er mußte die wüstesten Beschimpfungen einstecken, aber dafür wurde er ja bezahlt, und er verdiente sich seine Entlohnung durch eine Emsigkeit und Ausdauer, die vermutlich außer ihm niemand hätte aufbringen können. Aubigné hatte nur ein einziges Kind, eine Tochter, der Mme. de Maintenon von jeher sehr zugetan war, die sie unter ihre Fittiche genommen und die sie ganz wie ihre eigene Tochter erzogen hatte. Ich kam mit den meisten anderen, die in Flandern und Deutschland gedient hatten, in Paris an und begab mich unverzüglich nach Versailles. Der Hof kehrte gerade aus Fontainebleau zurück. Mme. de Saint-Simon hatte die ganze Zeit dort sehr angenehm verbracht, und der König empfing mich mit allem erdenklichen Wohlwollen.

Der König wollte, daß die Hochzeitsfeierlichkeiten der Duchesse de Bourgogne unmittelbar nach ihrem zwölften Geburtstag stattfänden; er hatte sie also auf den 7. Dezember, der auf einen Sonnabend fiel, festgesetzt; auch hatte er ausdrücklich zu verstehen gegeben, daß es seinen Wünschen entspreche, wenn der Hof bei dieser Gelegenheit allen Glanz entfalte, und er selbst, der schon seit langem nur ganz schlichte Kleider zu tragen pflegte, wollte an diesem Tage die prächtigsten Gewänder anlegen. Es bedurfte nur dieses Hinweises, und schon vergaß jeder, der nicht gerade Geistlicher oder Richter war, völlig, nach seiner Geldbörse oder nach seinem Stande zu fragen. Einer versuchte den anderen an Prunk und Geschmack zu übertreffen; die Menge an Gold und Silber reichte kaum aus, die Läden der Kaufleute waren binnen weniger Tage ausgeräumt; mit einem Wort, am Hof und in der Stadt herrschte der hemmungsloseste Luxus, denn eine Menge Zuschauer sollten dem Feste beiwohnen.

Man trieb es so toll, daß es den König fast reute, überhaupt eine solche Anregung gegeben zu haben. Er könne nicht begreifen, meinte er, daß es Ehemänner gebe, die so wahnsinnig seien, sich für den Kleiderstaat ihrer Frauen – und für den ihrigen, hätte er hinzufügen können – ruinieren zu lassen. Aber da die Hemmungen nun einmal abgestreift waren, war es zu spät, diesen Leidenschaften entgegenzuwirken, und im Grunde, scheint mir, wäre es dem König auch gar nicht genehm gewesen, denn es bereitete ihm die größte Freude, sich während der Festlichkeiten am Anblick all dieses prächtigen Glanzes zu weiden. Es war offensichtlich, wie sehr diese kunstvoll ausgesuchte Eleganz ihm gefiel, mit welcher Befriedigung er die erlesensten und geschmackvollsten Gewänder lobte, so daß er auf seine kleine, gleichsam politische Bemerkung mit keinem Wort mehr zurückkam. Er war vielmehr froh, daß sie von niemandem wirklich ernst genommen worden war.

Es sollte ihm noch des öfteren so ergehen. Er begeisterte sich für alle Prachtentfaltung an seinem Hofe, zumal bei besonderen Gelegenheiten, und wer sich an jene Bemerkung hätte halten wollen, dürfte schwerlich sein Gefallen erregt haben.

Maß zu halten bei solchem Übermaß an Tollheit war völlig unmöglich; man brauchte mehrere Garderoben: Mme. de Saint-Simon und ich mußten für diesen Aufwand über 20 000 Livres ausgeben. Und dabei war es nicht leicht, die nötigen Arbeitskräfte zu finden, um all dieses Gepränge hervorzuzaubern.

Hochzeitsfeierlichkeiten für den Duc und die Duchesse de Bourgogne. – Geschichte des Prince de Vaudémont.

Am Sonnabend, dem 7. Dezember, begab sich der ganze Hof in aller Frühe zum Duc de Bourgogne, der sich seinerseits alsdann zu der Prinzessin begab. Ihre Toilette war beendet, und es hielten sich nur noch wenige Damen bei ihr auf, die meisten waren schon auf die Tribüne oder auf die in der Kapelle aufgeschlagenen Gerüste gestiegen, um die Zeremonie von Anfang an mitansehen zu können. Die ganze königliche Familie war bereits bei der Prinzessin gewesen und wartete nun beim König, wo das Brautpaar kurz vor Mittag erschien. Sie fanden den König, der alsbald den Zug in die Kapelle anführte, im Salon. Dieser Zug und alles übrige spielte sich ab wie bei der Hochzeit des Duc de Chartres, nur daß statt des Kardinals Bouillon der Kardinal Coislin die Trauung vollzog. Nach der Einsegnung ließ jeder sich auf die Knie nieder, es entstand eine kurze Pause, der Kardinal las eine stille Messe, dann zog die königliche Familie sich zurück, und man setzte sich alsbald zu Tisch. Ein Kurier, der schon an der Tür gewartet hatte, machte sich nach Turin auf den Weg, sobald das Brautpaar die Kapelle verließ. Der Tag verging recht langweilig. Um sieben Uhr abends kamen der König und die Königin von England, die der König einige Tage zuvor eingeladen hatte, gegen acht Uhr versammelte man sich im Salon, der am Ende der Galerie lag, um von dort aus ein Feuerwerk zu betrachten, das trotz des Regens auf dem Schweizer Teich abgebrannt wurde. Nach dem Abendessen führte man das Paar in das Brautgemach, aus dem der König alle Männer verbannte. Alle Damen waren zugegen, und die Königin von England überreichte das Hemd, das die Duchesse du Lude ihr gab. Der Duc de Bourgogne entkleidete sich im Vorzimmer, er saß auf einem Faltstuhl, und der ganze Hof stand um ihn herum. Der König und alle Prinzen waren zugegen; der König von England reichte ihm das Hemd, das der Duc de Beauvillier ihm gab.

Sobald Mme. la Duchesse de Bourgogne zu Bett lag, trat der Duc de

Bourgogne ins Zimmer und legte sich in Gegenwart des Königs und des ganzen Hofes auf ihrer rechten Seite in das Bett. Alsbald gingen der König und die Königin von England hinaus. Auch der König legte sich schlafen, und alles verließ das Brautgemach mit Ausnahme der Damen der Prinzessin und des Duc de Beauvillier, der neben seinem Zögling am Kopfende des Bettes verharrte; an der anderen Seite stand Mme. du Lude. Monseigneur blieb noch ein Viertelstündchen, um mit den beiden, die sich sonst recht hilflos gefühlt hätten, zu plaudern, dann hieß er seinen Sohn sich wieder erheben, nachdem er ihn zuvor aufgefordert hatte, die Prinzessin zu umarmen, und zwar entgegen dem Einwand der Duchesse de Lude. Es erwies sich, daß die Herzogin im Recht war, der König fand das sehr unangebracht, und er erklärte, er verbiete, daß sein Enkel seiner Gemahlin auch nur die Fingerspitzen küsse, bevor sie nicht wirkliche Eheleute seien. Wegen der Kälte kleidete der Duc de Bourgogne sich im Vorzimmer wieder an und legte sich wie sonst in seinem Zimmer schlafen. Dem kleinen Duc de Berry – einem munteren und beherzten Bürschchen – mißfiel die Schüchternheit seines Herrn Bruders, und er versicherte, er an seiner Stelle wäre bestimmt nicht fortgegangen, sondern einfach im Bett liegengeblieben.

Am Sonntag war Cercle bei der Duchesse de Bourgogne. Dieses erste war prächtig, zahlreiche Damen saßen im Kreis, und andere standen hinter den Taburetts, und hinter diesen Damen standen Männer. Es begann um sechs Uhr, zum Schluß kam auch der König und führte alle Damen in den Salon neben der Kapelle, wo ihnen eine köstliche Erfrischung gereicht wurde und wo man dann Musik zu hören bekam. Um neun Uhr führte er das junge Paar bis in die Gemächer der Prinzessin, und damit war dieser Tag zu Ende. Die Duchesse de Bourgogne lebte weiterhin, wie sie vor ihrer Hochzeit gelebt hatte, aber der Duc de Bourgogne besuchte sie nun täglich, allerdings hatten die Damen Befehl, die beiden niemals allein zu lassen. Am Dienstag, dem 11. Dezember, kam der König um zehn Uhr zur Mme. la Duchesse de Bourgogne, wo ein großer Empfang stattfand. Man erwartete den König und die Königin von England, dann ging man in die Galerie, die für den Ball herrlich geschmückt war. Es war eine solche Menge herbeigeströmt, und das Durcheinander war so groß, daß selbst der König ins Gedränge kam. Monsieur wurde hin und her gestoßen und von den Leuten eingezwängt: man kann sich denken, wie es den anderen erging.

Am 17. Dezember begab sich der ganze Hof um vier Uhr nach Trianon, wo man bis zur Ankunft des Königs und der Königin von England spielte. Der König geleitete die beiden Ehrengäste auf eine Tribüne, und von dort aus stieg man hinauf in den Komödiensaal zu Mme. de Maintenon. Die Oper »Issé« von Destouches war sehr schön und wurde hier prächtig dargestellt. Als die Oper zu Ende war, zog jeder sich zurück; und mit dieser Darbietung endeten alle Hochzeitsfeierlichkeiten.

Fast zur gleichen Zeit und auf die gleiche Weise wie der Fürst von Darmstadt sich in Spanien niederließ und es durch Intrigen der Diener des Kaisers und mit Unterstützung der Königin von Spanien zum Vizekönig von Katalonien brachte, wurde auch der Prince de Vaudémont zum Gouverneur von Mailand ernannt. Das ist eine Persönlichkeit, bei der man sich etwas länger aufhalten muß, ein Mann, auf den ich in der Folge noch einige Male zu sprechen kommen werde. Er war der Bastard Karls IV., Herzogs von Lothringen, Schwiegersohn des Duc d'Elbeuf und Schwager des Comte de Lillebonne, einem Bruder eben dieses Duc d'Elbeuf und also auch Schwager des Duc de La Rochefoucauld.

Man weiß über das Leben und die diversen Abenteuer Karls IV. hinlänglich Bescheid. Es ist also nicht nötig, weiter von seinem Geist zu sprechen und von den Ausnahmesituationen, in die er geriet. Freund aller Parteien, keiner treu, häufig seiner Staaten beraubt, einmal sie aufgebend, dann sie wieder zurückverlangend; einmal in Frankreich zu den Rebellen haltend, dann wieder bei Hofe, einmal an der Spitze seiner Truppen, die er auf Kosten anderer unterhielt, dann wieder selbst im Dienste Frankreichs, dann im Dienste des Kaisers und schließlich im Dienste Spaniens, häufig in Brüssel, schließlich entführt und als Gefangener nach Spanien gebracht. Karl IV., der seit langem mit der Duchesse Nicole verheiratet war, hatte sich in Brüssel in Mme. de Cantecroix verliebt. Er dingte sich einen Kurier, der ihm die Nachricht vom Tod der Duchesse Nicole überbrachte. Er gab das in Brüssel bekannt, legte große Trauer an und heiratete in Besançon, vierzehn Tage später, als er im April 1637 von Brüssel kam, Beatrix de Cusance, die Witwe des Comte de Cantecroix, wovon er sofort der ganzen Stadt Mitteilung machte. Bald darauf wurde der Schwindel offenbar, und man vernahm von allen Seiten, daß die Duchesse Nicole sich ihres Lebens und der besten Gesundheit erfreue, ja daß sie überhaupt nicht einmal krank gewesen sei. Mme. de Cantecroix, die nicht hinters Licht geführt worden war, tat, als sei dies doch der Fall gewesen. Aber sie war in anderen Umständen, sie gab also klein bei. Beide erklärten weiterhin die Duchesse Nicole für tot und lebten vor aller Welt zusammen, als wären sie tatsächlich verheiratet, ohne daß jemals die Rede davon gewesen wäre, die Ehe mit der Duchesse Nicole zu lösen. Die Duchesse ihrerseits zog sich nach Paris zurück. Herzog Karl hatte nun aus dieser prächtigen, nur von ihm selbst als Ehe erklärten Verbindung zunächst eine Tochter, dann einen Sohn, beides Bastarde und allgemein als soche angesehen. Diese beiden Kinder standen vollkommen auf seiten ihres Vaters. Im Oktober 1660 verheiratete er die Tochter mit dem Comte de Lillebonne, dem jüngeren Bruder des Duc d'Elbeuf. Der Sohn, um den es sich hier handelt, ist M. de Vaudémont. Karl IV. ließ ihn in seiner unmittelbaren Nähe aufwachsen, und da er ihn immer als legitim ausgab, ließ er ihn Prinz von Vaudémont nennen, und dieser Name ist ihm seither geblieben. Vaudémont war der bestaussehende Mann seiner Zeit, er hatte ein schönes, ausdrucksvolles Gesicht, Augen voller Feuer und Geist, und er war auch wirklich sehr geistreich, aber ebenso verschlagen und listig; darin glich er ganz seinem Vater, den er von früher Jugend an auf all seinen Kriegszügen begleitete, so daß er also dieses Handwerk von Grund auf erlernte. Er begleitete ihn auch nach Paris und erregte durch seine Liebeshändel bei Hofe beträchtliches Aufsehen. Dort befreundete er sich mit dem Marquis und späteren Marschall Villeroy sowie mit etlichen anderen vornehmen Grandseigneurs. Sein Vater verheiratete ihn im Jahre 1669 in Bar mit der Tochter des Duc d'Elbeuf, dem ältesten Bruder des M. de Lillebonne.

Die Verbindung des Herzogs zu den Spaniern, seine wiederholten Aufenthalte in der Franche-Comté bewogen seinen Sohn, M. de Vaudémont, in spanische Dienste zu treten. Auch die Katastrophe, die seinem Vater wiederfuhr, konnte ihn nicht davon abbringen, da er sich dort Aufstiegsmöglichkeiten versprach, die er sich sonst nirgends hätte erhoffen können. Die zehn Jahre Krieg gegen Spanien gaben dem Prince de Vaudémont Gelegenheit, alle seine Talente zu entfalten, und er vergeudete seine Zeit nicht. Aus der neuen Interessengemeinschaft zwischen Spanien und Holland sowie der Nachbarschaft zu den Niederlanden entwickelten sich Bündnisse, die Vaudémont sich zunutze zu machen wußte. Er verstand es, sich bei dem Prinzen von Oranien einzuschmeicheln, gewann allmählich dessen Freundschaft und schließlich dessen ganzes Vertrauen. Er reiste mit verschiedenen Geheimaufträgen nach Spanien. Am Madrider Hof war man verzweifelt über die spanischen Niederlagen und Verluste und bis zum äußersten aufgebracht gegen Ludwig XIV.

Weder das – wiewohl nur illegitime – lothringische Blut in seinen Adern noch die enge Verbindung, in die er zu dem Prinzen von Oranien getreten war, gaben Vaudémont Anlaß, den König zu lieben; er hatte nichts von ihm zu erwarten, er lästerte mithin auf Höflingsart und äußerte sich in Madrid mit einer Dreistigkeit, die schon schamlos zu nennen war, über die Person des Königs.

Als es 1688 zum Krieg kam, bot Wilhelm von Oranien, der die spanischen Truppen in der Hand behalten wollte, seinen ganzen Einfluß auf, um seinen Freund Vaudémont zum Oberfehlshaber der Armee ernennen zu lassen. Der Prinz von Waldeck, der sie kommandierte, war alt, man legte ihm also den Rücktritt nahe, und Vaudémont bekam seine Stelle. Als dann der Friede bevorstand, ließ der Prinz von Oranien nichts unversucht, um Vaudémont zum Gouverneur von Mailand zu machen. Er wandte sich deshalb an den Kaiser, der in Spanien die Schar seiner ergebenen Diener und sogar die Königin selbst in Bewegung setzte, und so sah sich Vaudémont durch die Protektion des neuen Königs von England und des Kaisers im Besitz des größten und glänzendsten Verwaltungspostens der spanischen Monarchie. Ich betone, daß man gut tut, alle diese Einzelheiten im Gedächtnis zu behalten im Hinblick auf das, was sich in der Folge ereignen wird.

Stellung des Kurfürsten von Sachsen in Polen. – Der Zar und seine Reisen. – Wilhelm von Oranien.

Der Kurfürst von Sachsen hatte seine Stellung in Polen mehr und mehr gefestigt und sich mit allen Großen, die gegen ihn gewesen waren, versöhnt, sogar mit dem Primas, der ihn schließlich anerkannt hatte. Er residierte in Warschau, und alle Mächte Europas hatten ihm als König von Polen gehuldigt; doch alle diese Beispiele vermochten nichts über den König, dem der Anblick des Prince de Conti großes Unbehagen bereitete, zumal er sich seiner nicht durch eine Krone auf glanzvolle Art hatte entledigen können.

Der Zar hatte bereits mit seinen großen Reisen begonnen. Er hat so viel und so berechtigtes Aufsehen in aller Welt erregt, daß ich nur kurz über ihn berichten werde, überdies ist er jedem bekannt, und zweifellos wird auch die fernste Nachwelt noch von ihm sprechen, weil er einem Hof, der nie zuvor einer gewesen, und einer bislang als barbarisch verachteten, gänzlich unbekannten Nation zu einer für ganz Europa erschreckenden Größe verholfen und sie für alle Zukunft unweigerlich in die Auseinandersetzungen dieses ganzen Weltteils einbezogen hat.

Dieser Fürst weilte in Holland, um dort den Schiffsbau zu erlernen und eigenhändig auszuüben. Obwohl er sich seiner Absicht entsprechend und um sich weder einen Zwang auferlegen noch von irgend jemand behelligen zu lassen, inkognito in diesem Lande aufhielt, beanspruchte er auf seine Weise dennoch alle ihm gebührenden Ehrenbezeugungen. Er grollte im stillen darüber, daß England sich nicht bemüßigt gefühlt hatte, ihm sofort eine Gesandtschaft in dieses so nahe gelegene Land zu schicken; er fand das eigentlich unziemlich, um so mehr, als er größte Lust verspürte, mit England Handelsbeziehungen anzuknüpfen, ohne sich dabei selber etwas zu vergeben. Endlich traf die Gesandtschaft ein: er schob die Audienz hinaus, dann bestimmte er Tag und Stunde, aber er bestellte sie an Bord eines großen holländischen Schiffes, daß er besichtigen wollte. Ein Ort, der den beiden Gesandten höchst ausgefallen erschien, aber man mußte sich nun einmal dorthin bequemen. Als sie an Bord waren, kam es noch schlimmer. Der Zar ließ ihnen sagen, er säße im Mastkorb und gedächte sie dort zu empfangen. Die Gesandten, denen es an der nötigen Seemannsgewandtheit fehlte, um sich ohne weiteres auf die Strickleitern zu schwingen, lehnten höflich ab, dort hinaufzusteigen; der Zar bestand auf seinem Willen, und die Gesandten gerieten ob dieses eigentümlichen und hartnäckigen Vorschlags sehr in Verwirrung, bis ihnen nach den barschen Antworten auf ihre letzten Verhandlungsversuche endgültig klar wurde, daß sie wohl oder übel in den sauren Apfel beißen müßten. Sie stiegen also hinauf. Der Zar empfing sie auf dieser engbegrenzten und schwankenden Fläche mit der gleichen Majestät, als ob er auf seinem Throne säße. Er nahm ihre Begrüßungsansprachen entgegen und erwiderte einige verbindliche Worte für den König und die Nation, dann spottete er über die Angst, die sich in den Gesichtern der Gesandten widerspiegelte, und gab lachend zu verstehen, dies sei die Strafe dafür, daß sie so spät zu ihm gekommen seien.

König Wilhelm seinerseits hatte schon längst die großen Fähigkeiten dieses Fürsten erkannt und tat von sich aus alles, was er konnte, um sich gut mit ihm zu stellen. Bald waren die Verhandlungen zwischen ihnen so weit gediehen, daß der Zar, der ganz versessen darauf war, möglichst alles selber in Augenschein zu nehmen und möglichst viel Erfahrung zu sammeln, schließlich nach England übersetzte, wie immer inkognito, aber auf seine Weise. Er wurde dort empfangen wie ein Monarch, den man zu gewinnen hofft, und kehrte, nachdem er seine Schaulust befriedigt hatte, wieder nach Holland zurück. Er beabsichtigte, Venedig, Rom und ganz Italien zu besuchen, und er wollte vor allem den König von Frankreich und dessen Land kennenlernen. Es wurden also vorsichtig Erkundigungen beim König eingeholt, und der Zar war gekränkt, als der König seinem Besuch – mit dem er sich keinesfalls belasten wollte – in der höflichsten Form auswich. Als der Zar die Hoffnung auf diesen Besuch verloren hatte, entschloß er sich, Deutschland aufzusuchen und bis nach Wien vorzustoßen. Der Kaiser empfing ihn in Schloß Favorite.

Es war für Wilhelm von Oranien die größte Befriedigung, endlich vom französischen König anerkannt zu sein und unangefochten auf seinem Thron zu sitzen; doch ein Usurpator findet niemals Ruhe und Frieden. Es nagte an ihm, daß der legitime König und seine Familie sich in Saint-Germain aufhielten; das lag zu sehr in Reichweite des Königs und zu nahe bei England, um ihm nicht die Ruhe zu rauben. Er hatte sowohl in Ryswick wie bei den Verhandlungen mit Portland und Boufflers alles darangesetzt, ihre Ausweisung aus dem Königreich oder zumindest ihre Entfernung von Hofe zu erreichen, aber er hatte den König unnachgiebig gefunden.

Mißlungener Versuch des Kardinals Bouillon, seinen Neffen, den Abbé d'Auvergne, zum Kardinal zu machen. – Hochzeit des Comte d'Ayen mit Mlle. d'Aubigné.

Der Kardinal Bouillon hatte vom Papst seinen Neffen, den Abbé d'Auvergne, zum Großprofos und sich selbst zum Domherrn des Kapitels von Straßburg ernennen lassen. Indessen aber begann, noch ehe er dessen gewahr wurde, sein Ansehen bei Hofe zu sinken. Die Sache des Erzbischofs von Cambrai wurde in Rom mit aller Sorgfalt geprüft. Fénelon hatte dort seine Mittelsmänner und seine Widersacher die ihrigen, unter anderem den jungen Abbé Bossuet, den Neffen des Bischofs von Meaux, der seinerseits diese Gelegenheit nutzte, den jungen Mann auszubilden und herauszustellen. Der Kardinal Bouillon gehörte zu der Kongregation, in der über diese Sache entschieden wurde; er hielt sich zunächst zurück, ließ es dabei bewenden, sich sämtlicher Schleichwege und Hintertüren zu bedienen, um einem Freunde, an den ihn so mächtige Interessen banden, von Nutzen zu sein, allgemach aber geriet er auf schwankenden Boden, und seine Machenschaften, die dem König zu verhehlen die Bischöfe von Paris, Meaux und Chartres keinerlei Ursache hatten, wurden zweifelsfrei nachgewiesen. Es wurde jedoch beschlossen, sich einstweilen nichts davon merken zu lassen, um Bouillon endgültig auf die Spur zu kommen und ihn hernach mit unbedingter Sicherheit für die Verteidigung seines Freundes außer Gefecht setzen zu können; inzwischen wollte man sich ihm gegenüber seitens des Hofes auch weiter des üblichen zuvorkommenden und vertraulichen Umgangstones befleißigen.

In dieser Lage befand sich der Kardinal, als er auf eine List verfiel, die seinen Sturz einleiten und beschleunigen sollte. Der Kaiser hatte unter den Reichsfürsten keinen eifrigeren und ergebeneren Diener als den Herzog von Sachsen-Zeitz, Bischof von Raab, und er bemühte sich schon seit geraumer Zeit, diesen in Rom außer der Reihe zum Kardinal ernennen zu lassen. Da der König eine solche Ausnahme nicht dulden wollte, widersetzte er sich dieser Absicht mit aller Gewalt. Er hatte deshalb den Instruktionen des Kardinals Bouillon einen Artikel beifügen lassen, der diesen Punkt betraf. Nun aber entschloß sich der Kurfürst von Sachsen, um seine Wahl zum König von Polen zu ermöglichen, öffentlich seinem Glauben abzuschwören, und zwar vor dem Bischof von Raab: der Bischof, hieß es also, habe ihn bekehrt, und laut schallend rühmte der Kaiser in Rom dessen Verdienst, habe er doch einen Kurfürsten des Reiches, den Führer und geborenen Protektor aller deutschen Protestanten, wieder der römischen Kirche zugeführt, was er, der Kaiser, zum Anlaß nahm, mit besonderer Dringlichkeit abermals um die Ernennung des Bischofs zu bitten. Diese Gegebenheit erschien dem Kardinal Bouillon um so günstiger, als er wußte, daß der Papst sehr geneigt war, dem Kaiser seine Bitte zu erfüllen, und als der Papst ihn, den Kardinal Bouillon, mit großer Rücksichtnahme behandelte: er glaubte also keinen Augenblick verlieren zu dürfen, um sich die Lage zunutze zu machen.

Er schrieb dem König, machte ungeheures Aufhebens von den Verpflichtungen des Papstes gegen den Kaiser, sprach von der Ernennung des Bischofs von Raab, als stünde diese unmittelbar bevor; um dem Schimpf zu begegnen, daß trotz der Einwände des Königs der Kaiser auf sein Drängen für sich allein und *motu proprio* einen Kardinal bekäme, habe er, Bouillon, in dieser Zwangslage nur ein Mittel gewußt, nämlich daß Frankreich zur selben Zeit ebenfalls einen Kardinal erhielte; es habe ihn alle erdenkliche Mühe gekostet, wenigstens das durchzusetzen, und es sei nur unter der Bedingung möglich gewesen, daß dieser Franzose vom Papst selber ausgesucht würde. Um nun jedoch zu vermeiden, daß der Papst jemanden ernenne, der dem König nicht genehm sei, habe er sein ganzes Ansehen beim Papst geltend gemacht und Seine Heiligkeit dazu bestimmt, einen Mann zu wählen, der dem König in jeder Weise ergeben und der noch jung genug sei, um ihm lange dienen zu können, es sei dies sein Neffe, der Abbé d'Auvergne. Einen anderen, habe ihm der Papst ausdrücklich erklärt, würde er nicht zum Kardinal ernennen. Bouillon fügte dem noch alles Mögliche hinzu, was er für geeignet hielt, um dem König eine derart einzigartige Lügengeschichte nicht nur glaubhaft, sondern sogar noch als einen zuvorkommenden und aufmerksamen Dienst erscheinen zu lassen. Gleichzeitig suchte er den Papst, dem dringend daran gelegen war, den Kaiser zufriedenzustellen, davon zu überzeugen, daß es ihm, dem Kardinal – durch das wohlwollende Entgegenkommen, mit dem der König ihn zu ehren geruhe – gelungen sei, die seiner Ansicht nach entscheidende Zusicherung vom König zu erhalten. Er könne also Seine Heiligkeit aus dieser, ihrer gegenwärtigen Zwangslage befreien, denn er habe den König dazu bewogen, der Ernennung des Bischofs von Raab zuzustimmen, sofern man gleichzeitig einen Franzosen zum Kardinal ernenne, und das gerade sei das Zugeständnis, zu dem man den König bislang niemals habe bewegen können. Allerdings habe seine Majestät nur einwilligen wollen, wenn die Wahl auf seinen, Bouillons Neffen, den Abbé d'Auvergne, fiele. Das sei alles, was er vom König habe erreichen können, doch er glaube, auf diese Weise nicht nur dem König, sondern auch dem Papst einen großen Dienst erwiesen zu haben, da er es Seiner Heiligkeit durch die gleichzeitige Ernennung des Bischofs von Raab und des Abbé d'Auvergne ermögliche, den Kaiser zufriedenzustellen, ohne sich mit dem König zu überwerfen.

Aber zum Unglück für den Kardinal Bouillon stellte sich heraus, daß diese so geschickt gelegte Schlinge durchaus nicht die Wirkung zeitigte, die er sich von seiner Kühnheit versprochen hatte. Der Papst, der auf anderem Wege von den dringenden Einwänden des Königs gegen den Erzbischof von Cambrai erfahren hatte und der zudem sehr genau wußte, daß der Kardinal Bouillon – wiewohl des Königs Stellvertreter in Rom – ganz auf seiten des Erzbischofs stand, konnte diese offensichtlichen Widersprüche nicht lösen. Er argwöhnte, daß der Kardinal mit seinem Vorschlag etwas bezweckte, vor allem aber mißtraute er der Eilfertigkeit, mit der jener die Ernennung des Bischofs und des Abbés zu betreiben suchte, und deshalb entschloß er sich, zunächst einmal weitere Berichte aus Frankreich abzuwarten. Den König wiederum überraschte die Nachricht des Kardinals außerordentlich; da er den Kardinal nur allzu gut kannte, zweifelte er keinen Augenblick, daß jener dem Papst diese Lösung nahegelegt habe, eine Lösung, die der Eitelkeit Bouillons so durchaus genehm war, die jedoch den Interessen des Königs und seinen Maßnahmen hinsichtlich der Ernennung des Bischofs von Raab ganz und gar widersprach. Er geriet in Zorn, und alsbald überkam ihn Furcht, diese Ernennung könne möglicherweise Hals über Kopf erfolgen. Er schickte also einen Eilboten an den Kardinal Bouillon mit einem Schreiben, in dem er ihm ohne nähere Begründung seine Weisung gegen die Ernennung des Bischofs von Raab wiederholte, wobei er noch hinzufügte, er würde sich, falls der Papst seinen Beschluß entgegen aller Erwartung und entgegen allen Einwänden fasse, der Ernennung eines Franzosen unter allen Umständen widersetzen, zumal der des Abbé d'Auvergne, dem er so oder so die Annahme verbiete. Dem Kurier wurde außer dieser Mahnung an den Kardinal Bouillon noch eine Botschaft gleichen Inhalts mitgegeben für den Prälaten, der als Mittelsmann der Gegner des Erzbischofs von Cambrai in Rom weilte, und zwar wurde jenem der Befehl erteilt, dieses Schreiben unverzüglich dem Papst vorzulegen, was auch geschah. Nun pries der Papst sich glücklich ob des Argwohns, der ihn hatte zögern lassen; der Kardinal Bouillon aber wäre vor Scham, Wut und Enttäuschung beinahe gestorben. Nun wurde der Papst zwar gedrängt, den Bischof von Raab zum Kardinal zu ernennen, aber wiederum nicht so sehr, wie der Kardinal Bouillon es zu unterstellen beliebte, und da Seine Heiligkeit im Innersten mehr zu Frankreich als zum Kaiser neigte, zog er angesichts des starken Widerwillens, den der König gegen diesen Bischof empfand, die Ernennung immer wieder hinaus, bis er schließlich starb, ohne jenen Bischof zum Kardinal gemacht zu haben, ein Verhalten, das die dreiste Lüge des Kardinals Bouillon noch deutlicher offenbar werden ließ.

Ende Februar und Anfang März fanden drei Hochzeiten statt; die glänzendste war die des Comte d'Ayen mit Mlle. d'Aubigné. Der König hätte Mlle. d'Aubigné nur allzu gern mit dem Prince de Marcillac, dem Enkel La Rochefoucaulds, verheiratet. Aber La Rochefoucauld und Mme. de Maintenon liebten einander nicht gerade und hatten sich niemals geliebt, denn er hatte von jeher sehr gut mit Mme. de Montespan gestanden und war besonders Mme. de Thiange und deren beiden Kindern sehr zugetan. Dem König war die Spannung zwischen beiden nicht entgangen; er hoffte indes, daß sich das Verhältnis zwischen ihnen noch einmal bessern würde. Da sie niemals Streit gehabt und überhaupt in keiner näheren Beziehung zueinander gestanden hatten, war es schwierig, zwischen ihnen zu vermitteln, zumal kein äußerer Anlaß dazu gegeben war und sich beide aus Klugheit der größten Rücksichtnahme gegeneinander befleißigten. Als der König diese Heirat M. de La Rochefoucauld vorschlug, willigte dieser ein, aber nur aus Respekt und aus Höflichkeit, und Mme. de Maintenon, die aus guten Gründen eine andere Wahl getroffen hatte, erteilte dem König eine frostige Antwort. Vor dieser Eiseskälte auf beiden Seiten schreckte der König zurück, er kam nur noch sehr behutsam mit Mme. de Maintenon auf diese Heirat zu sprechen, nur um sie zu fragen, wem sie dem Prince de Marcillac vorzöge; sie schlug den Comte d'Ayen vor, woraufhin nun der König nicht so reagierte, wie Mme. de Maintenon es sich gewünscht hatte. Er liebte nämlich Mme. de Noailles nicht besonders; sie war ihm zu gescheit, zu wendig und zu intrigant. Diese Heirat hätte ihr jedoch den Zutritt zu seinem geheiligten Privatbezirk eröffnet, und das hätte der König nur schwer ertragen. Doch Mme. de Maintenon, die den Erzbischof von

Paris vollkommen an sich zu binden hoffte und die sich mit der Affäre des Erzbischofs von Cambrai die Teilnahmeberechtigung zur Regelung kirchlicher Angelegenheiten sichern wollte, vor allem bei der Verteilung der Pfründen – die sie dem Pater La Chaise bislang nie hatte entreißen können –, verstand es, den König, der übrigens M. de Noailles sehr zugetan war, gänzlich auf ihre Seite zu bringen, da sie ihm versicherte, sie würde Mme. de Noailles auf jeden Fall ihrem kleinen geschlossenen Kreise fernhalten; so erreichte sie es, daß die Heirat gebilligt und bald darauf schon die Hochzeit gefeiert wurde.

Gefahr für den Duc de Chevreuse, Beauvillier und die Anhänger des Erzbischofs von Cambrai. – Mehrere Angehörige des Hofstaats schmählich entlassen. – Verhör der Mme. Guyon in der Bastille.

Inzwischen hatte die Affäre des Erzbischofs von Cambrai den Hof in gewaltigen Aufruhr versetzt. Schriften und Gegenschriften häuften sich. Mme. de Maintenon hatte die Maske nun fallen lassen und konferierte ständig mit den Bischöfen von Paris, Meaux und Chartres. Dieser letztere konnte es dem Erzbischof von Cambrai nicht verzeihen, daß er ihn so offensichtlich bei Mme. de Maintenon ausstechen und sogar aus seiner Festung Saint-Cyr hatte verdrängen wollen, und die Familie Noailles, die durch jene eben erwähnte Heirat zu den jüngsten Verbündeten Mme. de Maintenons geworden war, besaß für sie noch den Reiz der Neuheit, dem sie niemals zu widerstehen vermochte. Da sie die Absicht hatte, dem Erzbischof von Paris die Verteilung der Pfründen zu übertragen, und da sie sich mit dessen Hilfe selber in diesen neuen Einflußbereich einzubauen gedachte, befürwortete sie alles, was ihr dazu verhelfen konnte, also auch einen Rechtshandel, an dem er wesentlich beteiligt war, wogegen sie alles mit feindlichen Augen betrachtete, was beim König die Gegenseite zu stärken vermochte. Der Duc de Chevreuse und der Duc de Beauvillier sowie deren Gemahlinnen hatten unmittelbare Beziehungen zum König, das beruhte auf einer alten Gunst, die auf Vertrauen und lange Erfahrung begründet war. Diese Tatsache hatte sie bislang zu den umworbensten und angesehensten Personen des Hofes gemacht und die Neider in Grenzen gehalten.

Es handelte sich nun darum, sie dem König zu entfremden. Aufgehetzt vom Bischof von Chartres, gekränkt durch das eigenmächtige Vorgehen der Herzöge – deren einer es sich hatte einfallen lassen, die Korrekturen der *Maximes des Saints* zu lesen und deren anderer das Buch dem König persönlich überreicht hatte –, entschied sich Mme. de Maintenon, zu beider Sturz beizutragen, und der Duc de Noailles, der darauf erpicht war, sich die Nachfolge Beauvilliers zu sichern, arbeitete ihr eifrig in die Hand. Er versprach sich nichts Geringeres, als zum Hofmeister der königlichen Prinzen sowie zum Chef des Finanzrates und zum Staatsminister ernannt zu werden. Er folgerte, daß, wenn sich der König unter dem Vorwand des gefährlichen Einflusses dieser Lehre dazu überreden ließe, seine Enkel ihrem bisherigen Hofmeister zu entziehen, Beauvillier unmöglich länger bei Hofe bleiben könne, daß mithin dessen beide anderen Ämter gleichfalls vakant würden und es also nicht ausbleiben könne, daß nun – schon aufgrund seiner neuen glücklichen Position – alle drei Ämter ihm zufallen würden. Die wachsenden Schwierigkeiten, die sich in Rom bei der Verurteilung des Erzbischofs von Cambrai ergaben, und die Haltung, die entgegen allen Weisungen des Königs der Kardinal Bouillon dort einnahm, bewirkten, daß sich die Kabale bis zum äußersten verschärfte und schließlich zum Werkzeug wurde, das Mme. de Maintenon einsetzte, um die beiden Herzöge zu stürzen. Sie machte den König auf diese Kabale aufmerksam und erklärte ihm, daß er aus Gewissensgründen gezwungen sei, der guten Sache zum Siege zu verhelfen und die schlechte jeden Beistandes zu berauben, den sie in Rom für sich in Anspruch nehmen konnte; denn man vermöchte dort schwerlich einzusehen, daß er, der König, die Thesen der Bischöfe von Paris, Meaux und Chartres tatsächlich für rechtgläubig und die des Erzbischofs von Cambrai für irrig halte, solange er den erklärten Beschützer und Verteidiger eben dieser Irrlehre weiterhin in seinem Finanzrat und sogar als Hofmeister seiner Enkel wirken lasse, ganz zu schweigen von den Untergebenen, die jener um sich versammelte und die allesamt Anhänger dieser Irrlehre seien. Dieser so offensichtliche Widerspruch und dazu der ärgerliche Eindruck, den die Verhaltensweise des Kardinals Bouillon erwecke, gebe in Rom Anlaß zu Beschwerden und Nachfragen, die den Papst sehr in Verlegenheit brächten; der König habe es vor Gott zu verantworten, wenn er ein solches Ärgernis noch länger fortbestehen ließe; es sei an der Zeit, diesen Stein des Anstoßes aus dem Weg zu räumen und dem Papst durch ein solches Beispiel zu beweisen, daß er keinerlei Rücksicht zu nehmen brauche.

So jung ich damals auch war, ich hatte bereits Erfahrung genug, um auf das Schlimmste gefaßt zu sein. Mme. de Maintenon konnte ihre Ungeduld kaum noch bezähmen; sie ließ sich in kleinem Kreis zu unüberlegten Äußerungen hinreißen, die ihr auch in Gegenwart der Duchesse de Bourgogne und manchmal sogar in Gegenwart der Hofdamen entschlüpften. Sie wußte, daß die Comtesse de Roucy es Beauvillier nie verziehen hatte, daß er in einem Prozeß, in dem es für sie und ihre Mutter ums Ganze ging (und den sie am Ende dann auch gewann) nicht für sie, sondern für M. d'Ambras ausgesagt hatte. Das Gewitter zog sich bedrohlich zusammen, die Höflinge nahmen es zur Kenntnis, und zum ersten Male wagten die Neidischen den Kopf zu heben. Um ihre Rachgier zu befriedigen und, vor allem, um sich bei Mme. de Maintenon anzubiedern, versäumte Mme. de Roucy keine dieser vertraulichen Zusammenkünfte, bei denen sie auch tatsächlich immer irgend etwas Neues in Erfahrung brachte, was sie mit solchem Triumph erfüllte, daß sie mir jedesmal alles brühwarm weitererzählte, obwohl sie wußte, wie gut ich mit Beauvillier befreundet war. So blind macht einen der Haß! Ich hörte mir alles aufmerksam an, verglich es mit dem, was ich selber schon in Erfahrung gebracht hatte, und besprach dann das Ganze mit Louville, bei dem sich Pomponne – einer der besten Freunde der Herzöge – freimütig zu beklagen pflegte und dem er alles mitteilte, was er entdeckte. Louville hatte auf meine Bitten hin mehrmals mit Beauvillier gesprochen, auch Pomponne hatte das nicht unterlassen; doch vergeblich, Beauvillier begriff nicht, in welch außerordentlicher Gefahr er jetzt schwebte. Niemand hatte gewagt, ihm die Lage in aller Deutlichkeit zu schildern, er kannte sie nur ungefähr.

Deshalb entschloß ich mich also, ihm die Gefahr begreiflich zu machen und ihm nichts von alldem, was ich entdeckt hatte, zu verheimlichen. Ich suchte ihn auf, stellte ihm die Sache dar, ohne irgend etwas zu beschönigen, und fügte noch hinzu, der König sei inzwischen sehr schwankend geworden. Er hörte mich an, ohne mich zu unterbrechen, und mit der größten Aufmerksamkeit. Nachdem er mir sehr herzlich gedankt hatte, gestand er mir, daß ihm selbst, seinem Schwager und ihren Gemahlinnen schon seit langem aufgefallen sei, welche Veränderung im Verhalten Mme. de Maintenons, des Hofes, ja sogar des Königs vorgegangen sei. Ich nahm das zum Anlaß und bat ihn inständig, doch seine Neigung zu dem, was ihn so sehr gefährde, wenigstens nicht so deutlich zur Schau zu tragen, etwas mehr Nachgiebigkeit zu zeigen und mit dem König zu reden. Doch er blieb unerschütterlich, er antwortete mir, ohne die geringste Erregung, daß er, nach allem, was er von den verschiedenen Seiten vernommen habe, nicht daran zweifle, in Gefahr zu schweben, aber er habe niemals irgendein Amt begehrt. Die, die er innehabe, seien ihm von Gott zugedacht worden, und wenn Gott sie ihm wieder nehmen wolle, sei er gerne bereit, sie ihm wieder zurückzugeben; es sei ihm an diesen Ämtern nur etwas gelegen, sofern er Gutes darin bewirken könne; würde ihm das verwehrt, so sei er es mehr als zufrieden, daß er Gott über seine Tätigkeit keine Rechenschaft mehr abzulegen brauche. Er könne dann in der Abgeschiedenheit ungestört beten und an sein Seelenheil denken. Er sei keineswegs halsstarrig, da er aber aus seinem Herzen keine Mördergrube machen könne und seine Ansichten für richtig halte, könne er sich nur dem Willen Gottes anheimgeben und in Frieden und Unterwerfung abwarten, was Er beschließe. Er umarmte mich liebevoll, ich verließ ihn tief erschüttert von dieser so christlichen, so erhabenen und so selten gewordenen Gesinnung.

Mittlerweile stand das Gewitter kurz vor dem Ausbruch, doch zur gleichen Zeit stand auch ein Wunder bevor. Die Noailles bedienten sich zwar des Erzbischofs von Paris, um dem König wegen des Ärgernisses, das bis nach Rom widerhallte, ins Gewissen zu reden und ihm nahezulegen, die Umgebung seiner Enkel von allen ansteckenden Giftstoffen zu befreien, aber weder M. noch Mme. de Noailles hätten es gewagt, dem Erzbischof jemals ihre eigentliche Absicht zu offenbaren. Sie kannten ihn und wußten sehr wohl, daß er zu rechtschaffen und lauter war; sie hätten befürchten müssen, ihn mit diesem Eingeständnis kopfscheu zu machen, aber es war Gottes Wille, ihn als Schiedsrichter einzusetzen.

Der König, der von den drei Bischöfen über den Fortgang der Affäre im großen ganzen auf dem laufenden gehalten und der von Madame de Maintenon, die, um ihn in die Enge zu treiben, den Duc de Noailles als Nachfolger für alle drei Ämter Beauvilliers vorgeschlagen hatte, ständig mit Einzelfragen behelligt wurde; der König fühlte sich zwar mit dem Duc de Beauvillier nunmehr durch ein dünnes Gespinst einstiger Neigung und langer Gewohnheit verbunden, ein Gespinst, das gleichviel immer noch fest genug war, um ihn in seiner Handlungsfreiheit zu hindern. Da er in dieser verwickelten Lage allein kein Urteil fällen mochte, wollte er einen jener drei Prälaten zu Rate ziehen. Sich an den Bischof von Chartres zu wenden widerstrebte ihm, weil er wußte, daß dieser aus Ergebenheit für Mme. de Maintenon dieselbe Ansicht vertreten würde wie sie. Bei dem Bischof von Meaux war nichts dergleichen zu befürchten; der König war seit langer Zeit daran gewöhnt, ihm freimütig seine verborgensten Gewissensskrupel und geheimsten Familienschwierigkeiten zu unterbreiten. Seinem früheren Amt als Erzieher Monseigneurs verdankte der Bischof von Meaux eine Sonderstellung, er war der einzige, der bezeugen konnte, unter welchen Kämpfen und Rückfällen sich der König allmählich von Mme. de Montespan getrennt hatte; allein er, Bossuet, war in dieses Geheimnis eingeweiht worden und hatte die Entscheidung selber herbeigeführt. Aber trotz des Vertrauens, das der König ihm schenkte, trotz der hohen Meinung, die er von ihm hatte, war es ihm doch nicht in den Sinn gekommen, sich von ihm in dieser wichtigen Frage beraten zu lassen; er legte sie vielmehr demjenigen der drei Prälaten vor, der eigentlich von vornherein hätte ausgeschlossen bleiben müssen, war er doch der Bruder eben des Mannes, der nach Beauvilliers Sturz dessen ganzes Erbe antreten sollte. Der Gedanke an die nahe verwandtschaftliche Beziehung zwischen dem Erzbischof von Paris und dem Duc de Noailles störte den König nicht im geringsten; er sprach sich über die ganze Frage so offen aus, daß er sich nicht einmal scheute, den Erzbischof wissen zu lassen, sofern das Mißtrauen gegen Beauvillier sich als begründet erweise, sei er seinerseits entschlossen, den Duc de Noailles in alle Ämter Beauvilliers einzusetzen. Hätte der Erzbischof dieses Mißtrauen bestätigt, so hätte das auf der Stelle den Sturz des einen und den Aufstieg des anderen herbeigeführt. Aber wennschon die Lauterkeit und Selbstverleugnung des Duc de Beauvillier mich mit Staunen und Bewunderung erfüllt hatten, so schien mir die Verhaltensweise der Erzbischofs von Paris fast noch bewundernswerter zu sein; denn sich klaglos in seinen Sturz zu ergeben, ohne auch nur zu versuchen, dem vorzubeugen, und aus Furcht, sich dem Willen Gottes zu widersetzen, dem in keiner Weise entgegenzuwirken ist wohl doch leichter, als es über sich zu gewinnen, den Protektor seines Gegners und Vertreter einer Lehrmeinung, deren Verurteilung man so feierlich in die Wege geleitet hat, in den höchsten Ämtern zu erhalten und zu bestätigen und darüber hinaus der glänzendsten Laufbahn seines Bruders, mit dem man in völliger Eintracht lebt, wissenschaftlich ein beträchtliches Hindernis in den Weg zu stellen. Aber eben das tat der Erzbischof von Paris, ohne auch nur einen Augenblick zu schwanken. Entsetzt erklärte er, das Vorhaben des Königs überschreite bei weitem das Ziel; und er wies ihn nachdrücklich auf die makellose Tugend, die Lauterkeit und Zuverlässigkeit des Beauvillier hin. Der König, meinte er, solle dem Herzog seine Enkel auch weiterhin unbesorgt anvertrauen, und er schloß mit dem Rat, man möge aus der Umgebung des Prinzen einige jener Diener entfernen, deren man nicht ganz sicher sei und durch deren Entlassung man in Rom die Gesinnung und die Sorge des Königs deutlich zu erkennen gebe, ohne deshalb ein so schädliches und ärgerliches Aufsehen zu erregen, wie es die Amtsenthebung des Duc de Beauvillier hervorrufen würde.

Also war der Duc de Beauvillier gerettet, und der König war sehr froh darüber. Trotz aller Mühe, die sie sich gegeben, und aller Mittel, die sie ins Werk gesetzt hatte, war es Mme. de Maintenon doch nicht gelungen, die tiefverwurzelte Zuneigung und die Macht der Gewohnheit auszurotten. Ähnlich verhielt es sich mit dem Duc de Chevreuse, der durch den Sturz des Duc de Beauvillier mitgerissen worden wäre, der jedoch jetzt wieder an Sicherheit gewann. Und der König, der von einem Manne, dem er Vertrauen schenkte und der zudem selber entscheidenden Anteil an der Sache hatte, nun über diese Gewissensfrage beruhigt worden war, atmete erleichtert auf und zeigte sich fortan unzugänglich für alles, was man unter Berufung auf die Affäre gegen die Herzöge vorzubringen versuchte. Dafür entlud sich das Gewitter über den anderen, und der Duc de Beauvillier war diesen Untergebenen gegenüber nicht unbelastet genug, als daß er etwas zu deren Rettung hätte unternehmen können. Gleichviel entschied der König gemeinsam mit ihm über die Entlassungen; und man vernahm alsbald, daß der Duc de Beauvillier beauftragt war, dem König ein Verzeichnis von Leuten vorzulegen, die geeignet seien, die frei gewordenen Ämter bei den Prinzen zu übernehmen. Mme. de Maintenon war sehr verärgert, sich nun jeder Hoffnung beraubt zu sehen, denn Leuten, die solchem Schiffbruch entronnen sind, ist nicht mehr beizukommen; sie haben fortan keinen Angriff und keine Bloßstellung mehr zu befürchten. Diese Enttäuschung konnte sie ihnen niemals verzeihen, aber mit weiblicher Schläue wußte sie sich den Tatsachen zu fügen, sich der Neigung des Königs anzupassen und mit ihren ehemaligen Freunden – da sie sie nicht hatte zu Fall bringen können – wenigstens dem Schein nach wieder in Frieden zu leben. Noailles allerdings war entschieden ergrimmter als sie, er verhielt sich gegen seinen Bruder lange Zeit recht kühl. Mme. de Noailles war zwar nicht minder enttäuscht, aber sie war zu klug, um nicht die Folgen eines Familienzerwürfnisses zu bedenken, sie tat daher ihr mögliches, den Vorfall zunächst einmal in Vergessenheit geraten zu lassen und dann die Brüder wieder miteinander auszusöhnen.

Als man die vier Freunde des Erzbischofs von Cambrai davonjagte, wurde Mme. Guyon aus Vincennes, wo sich der Pater La Combe befand, nach der Bastille überführt, und da man ihr – als Dienerinnen oder als Spitzel – zwei Frauen mitgab, glaubte jeder, sie solle lebenslänglich dort bleiben. La Reynie nahm Mme. Guyon und den Pater La Combe mehrmals ins Verhör, es hieß, der Barnabit sei sehr geschwätzig, Mme. Guyon verteidige sich hingegen mit großer Klugheit und Zurückhaltung.

Währenddessen erschienen ständig neue Broschüren; der König jedoch erteilte der Schrift, in der Bossuet die Entwicklung der ganzen Streitfrage dargestellt hatte, in aller Öffentlichkeit sein Lob und beauftragte den Nuntius, das Buch dem Papst zu übersenden. Alle diese Aufregung hatte in Rom einigen Staub aufgewirbelt: die Affäre, die inzwischen beim Heiligen Offizium sanft dahindämmerte, gewann wieder neue Farbe, eine Farbe allerdings, die für den Erzbischof von Cambrai recht düster zu werden begann.

Charnacés Streiche. – Streit des Prince de Conti mit dem Großprior, der in die Bastille geworfen und erst nach ausdrücklicher Entschuldigung freigelassen wird. – Geburt von Saint-Simons Sohn. – In Dijon wird der Pfarrer von Seurre, ein Freund Mme. Guyons, bei lebendigem Leibe verbrannt. – Tod der Duchesse de Choiseul.

Der König ließ den Baron Charnacé in der Provinz verhaften, weil er mit dessen Betragen sehr unzufrieden war. Man hatte ihm in Montauban verschiedene Vergehen und insbesondere Falschmünzerei zur Last gelegt. Charnacé war ein geistreicher Bursche, der zunächst Page des Königs und dann Offizier bei der Leibgarde gewesen war, er hatte eine glanzvolle Rolle in der Gesellschaft gespielt und sich später auf seine Güter zurückgezogen, wo er sich des öfteren recht kühne Streiche zu leisten pflegte; aber er hatte immer wieder Gnade und Nachsicht beim König gefunden. Eine seiner Eulenspiegeleien war so witzig, daß man wirklich sehr lachen mußte.

Zu seinem Haus in Anjou führte eine lange, besonders schöne Allee, aber mitten in dieser Allee stand ein kleines, von einem Gärtchen umgebenes Bauernhaus, das offenbar schon dort gestanden hatte, als die Bäume gepflanzt wurden, und zu dessen Verkauf weder Charnacé noch sein Vater den Bauern je hatten bewegen können, soviel sie ihm auch dafür boten; eine Halsstarrigkeit, deren sich viele kleine Bauern befleißigen, um sich das Interesse oder auch das wirkliche Bedürfnis der Leute zunutze zu machen. Da Charnacé nicht mehr wußte, was er noch dagegen unternehmen sollte, hatte er die Sache geraume Zeit auf sich beruhen lassen und auch weiter kein Wort mehr darüber verloren. Endlich aber konnte er den Anblick dieser Hütte, die ihm seine ganze Allee verunzierte, nicht mehr ertragen und ersann eine verblüffende Finte. Der Bauer, dem die Hütte gehörte, war gelernter Schneider und betrieb dieses Handwerk auch noch gelegentlich. Er lebte ganz allein, hatte weder Frau noch Kinder. Charnacé läßt ihn kommen, erklärt ihm, er sei wegen einer wichtigen Angelegenheit an den Hof gerufen worden, müsse sich so schnell wie möglich dorthin begeben, aber er brauche dringend ein neues Staatsgewand. Sie werden handelseinig, doch Charnacé stellt zur Bedingung, es dürfe keine Verzögerung bei der Ablieferung entstehen, deshalb solle der Schneider bei ihm im Hause bleiben, bis das Gewand fertig sei, er wolle ihn entsprechend höher bezahlen und für seine Unterkunft und Nahrung sorgen. Der Schneider willigt ein und macht sich an die Arbeit. Während er also im Hause beschäftigt ist, läßt Charnacé den Grundriß der Hütte und des Gartens sowie die Maße der Innenräume und sogar die Anordnung der Gerätschaften und des Mobiliars bis in jede Einzelheit aufzeichnen, darauf läßt er die Hütte abbrechen, alles Zubehör fortschaffen, und das ganze genauso; wie es war, einen Musketenschuß davon entfernt wieder aufstellen; jedes Möbelstück, jedes Gerät befindet sich am gleichen Platz wie zuvor, auch das Gärtchen wird vollkommen wiederhergerichtet. Gleichzeitig läßt er in der Allee die Stelle, an der die Hütte gestanden hatte, einebnen, bis keine Spur mehr zu sehen ist, und noch ehe der Schneider das Gewand fertig hatte, war die ganze Arbeit getan. Indessen wird der Schneider unauffällig bewacht und von jedermann ferngehalten. Charnacé plaudert mit seinem Gast, bis es stockfinster ist, dann entlohnt er ihn und läßt ihn zufrieden davongehen. Der gute Mann trottet also gemächlich die Allee hinunter, mit einem Mal kommt sie ihm reichlich lang vor, er hält nach den Bäumen Ausschau, kann sie aber nicht entdecken, er merkt, daß er zu weit gegangen ist, kehrt um, tastet sich an den Bäumen entlang, benutzt sie als Kompaß, überquert die Allee, findet jedoch sein Haus nicht. Er ist fassungslos, die ganze Nacht sucht er herum; der Tag bricht an, und bald ist es so hell, daß er sein Haus wahrnehmen müßte, aber er sieht nichts. Er reibt sich die Augen, späht nach anderen Gegenständen, um festzustellen, ob sein Sehvermögen gelitten hat; schließlich glaubt er, der Teufel habe ihm einen Streich gespielt und seine Hütte davongetragen. Nachdem er ein Weilchen hin und her gelaufen ist und sich ringsum nach allen Seiten umgeschaut hat, entdeckt er in ziemlicher Entfernung von der Allee ein Haus, das dem seinen so ähnlich sieht wie ein Ei dem anderen. Er kann nicht glauben, daß das wirklich sein Haus ist, doch aus Neugier geht er hin, obwohl er noch nie an dieser Stelle ein Haus hat stehen sehen. Je näher er kommt, desto deutlicher erkennt er, daß es sein Haus ist. Um sich dieses verwirrenden Augenscheins zu vergewissern, steckt er seinen Schlüssel ins Schloß, und kein Zweifel, er paßt, die Tür öffnet sich, er tritt ein, findet alles genauso wieder, wie er es verlassen hat, er meint, in Ohnmacht zu sinken, und ist nun vollends überzeugt, daß das ganze ein Teufelsspuk ist. Im Laufe des Tages aber klärt ihn das allgemeine Gelächter im Schloß und im Dorf über diesen Teufelsspuk auf: er will klagen, er will sich beim Intendanten der Provinz beschweren, aber überall lacht man ihn aus. Der König, dem man die Geschichte erzählte, lachte gleichfalls darüber, und Charnacé hatte seine Allee schließlich also doch freibekommen. Hätte er niemals etwas Ärgeres begangen, so wären ihm sein Ruf und seine Freiheit erhalten geblieben.

In Meudon ereignete sich eine äußerst peinliche Szene. Man saß nach dem Abendessen am Spieltisch; Monseigneur hatte sich schon schlafen gelegt, aber etliche Höflinge waren geblieben, um weiterzuspielen oder dem Spiel zuzusehen. Die Hauptakteure waren der Prince de Conti und der Großprior Vendôme. Über eine Stich kam es zum Streit. Wie man weiß, liebten dieser Prinz und die Brüder Vendôme einander wenig, woraus sie auch keinerlei Hehl machten. Die offensichtliche Gunst, in der Vendôme stand, die Bevorzugung, die ihm als Feldherr von den Prinzen von Geblüt zuteil wurde, die Auszeichnungen und Rangerhöhungen, zu denen er mit Riesenschritten gelangt war und die ihn schon beinahe den Prinzen von Geblüt gleichstellten, all das hatte die Unverfrorenheit des Großpriors derart gesteigert, daß er sich in diesem Streit zu einer Tonart und Ausdrucksweise hinreißen ließ, die sogar gegen einen Gleichberechtigten unzulässig gewesen wären und die ihm eine scharfe Entgegnung eintrugen. Der Prince de Conti unterstellte ihm Betrügereien beim Spiel und Feigheit im Kriege. Darauf empört sich der Großprior, wirft die Karten auf den Tisch und fordert, den Degen in der Hand, Genugtuung für diese Beleidigung. Mit verächtlichem Lächeln gibt der Prince de Conti ihm zu verstehen, er vergesse wohl den Respekt, den er ihm schulde, im übrigen könne er seine Rachlust mühelos stillen. Da plötzlich steht, mit nichts als dem Nachthemd bekleidet, Monseigneur im Salon, er mußte wohl von irgend jemand benachrichtigt worden sein. Sein Erscheinen ließ die Gegner verstummen. Er befahl dem Marquis de Gesvres, der auch zugegen war, diesen Vorfall dem König zu unterbreiten. Alsdann legte sich jeder zu Bett. Beim Erwachen des Königs entledigte sich der Marquis seines Auftrags, worauf der König Monseigneur sagen ließ, er möge den Großprior von einem Offizier seiner Garde in die Bastille bringen lassen. Inzwischen war der Großprior schon selber herbeigeeilt und ließ durch La Vienne um Audienz bitten. Der König ließ ihm ausrichten, er verbiete ihm hereinzukommen und befehle ihm, sich unverzüglich in die Bastille zu begeben. Er mußte gehorchen. Bald darauf erschien der Prince de Conti und sprach mit dem König unter vier Augen.

Am anderen Morgen, dem 30. Juli, kam der Duc de Vendôme aus Anet, hatte Audienz beim König und begab sich anschließend sofort zum Prince de Conti. Das erregte große Unruhe bei Hofe; die Prinzen von Geblüt nahmen den Vorfall sehr ernst, und die Bastarde waren in so peinlicher Lage, daß der Duc du Maine und der Comte de Toulouse dem Prince de Conti am 2. August einen offiziellen Besuch abstatteten. Am 6. August bat Monseigneur den König, er möge dem Großprior gnädig verzeihen und ihn wieder aus der Bastille entlassen; der Prince de Conti, versicherte er, habe ihm bereits verziehen. Darauf ließ der König den Duc de Vendôme kommen und sagte ihm, er werde Befehl geben, den Großprior wieder auf freien Fuß zu setzen, der Herzog könne also seinen Bruder am anderen Morgen nach Marly mitbringen, zuvor allerdings müsse sich dieser bei dem Prince de Conti und Monseigneur entschuldigen. Das kam die beiden Brüder hart an, aber es galt, den bitteren Kelch zu leeren, denn die Prinzen von Geblüt waren bis zum äußersten aufgebracht.

Kurz zuvor, am 29. Mai, war Mme. de Saint-Simon sehr glücklich niedergekommen, Gottes Gnade schenkte uns einen Sohn. Er führte wie ich seinerzeit den Namen Vidame de Chartres. Ich weiß nicht, woher diese besondere Vorliebe für Namen und Titel stammt, aber sie üben in allen Nationen die gleiche Verführungskraft aus, und selbst jene Leute, die diesen Hang als Schwäche bezeichnen, ahmen den Brauch nach. Gewiß, die Titel Comte und Marquis haben ihren Glanz verloren durch die vielen kleinen Leute, die ohne Herkunft und sogar ohne Grundbesitz sich diesen Titel angeeignet haben, so daß sie derart wertlos geworden sind, daß Leute von Stand, die tatsächlich Marquis oder Comte sind – sie mögen gestatten, daß ich es ausspreche –, sich lächerlicherweise verletzt fühlen, wenn man sie mit ihrem Titel anredet. Dabei beruhen diese echten Titel auf der Verleihung von Lehnsherrschaften und einer Gnade des Königs, und wiewohl das heute nicht mehr zu unterscheiden ist, waren diese Titel ursprünglich und noch lange Zeit hindurch mit bestimmten Funktionen verbunden, deren Vorrechte die Funktionen noch lange Zeit überdauert haben.

Großes Aufsehen erregte ein Urteilsspruch des Parlaments von Dijon. Der Pfarrer von Seurre, den man etlicher Schändlichkeiten überführt, der die Irrlehre Molinos vertreten hatte und der zu allem auch noch sehr eng mit Mme. Guyon befreundet gewesen, sollte lebendigen Leibes verbrannt werden. Dieses Ereignis fiel unglücklicherweise zusammen mit Fénelons Entgegnung auf Bossuets *Etats d'oraison*, doch hatte die Gegenschrift nicht annähernd den Erfolg und Beifall zu verzeichnen, die dem Bossuetschen Werk zuteil wurden. Der Erzbischof von Paris hatte einige Zeit zuvor dem Duc de Chevreuse und dem Duc de Beauvillier einen Besuch gemacht; man hatte den beiden erzählt, wie selbstlos und unerschrocken der Erzbischof für Beauvillier eingetreten war, eine Haltung, die für beide Herzöge große Folgen hatte: so trennte man sich also im besten Einvernehmen. Die Herzöge machten seither in allem, was die Streitfrage um Fénelon betraf, einen großen Unterschied zwischen dem Erzbischof von Paris und den anderen beiden Prälaten.

Die Duchesse de Choiseul, die Schwester der La Vallière, starb Anfang November an Schwindsucht. Sie war schön, wunderbar gewachsen, witzig, das bezauberndste Geschöpf ihres Alters, doch ihr Lebenswandel ließ derartig zu wünschen übrig, daß sogar ihre Liebhaber sie verachteten. Ihr Ehemann war völlig vernarrt in sie und durchaus gutgläubig, bis ihm dann ihretwegen der Marschallstab entging, da kam es zum Zerwürfnis, er trennte sich von ihr und wollte sie nicht einmal auf ihrem Totenbett wiedersehen.

Das prunkvolle Feldlager von Compiègne.

Inzwischen war von nichts anderem die Rede als von Compiègne, wo 60000 Mann im Lager standen. Das war in seiner Art ein Gegenstück zu der Hochzeit des Duc de Bourgogne: der König tat kund, er wünsche die Truppen wohlausgestattet und prächtig zu sehen und er hoffe, jeder werde sein möglichstes dazu beitragen. Das genügte, um einen Wetteifer zu entfachen, den man hernach bereuen sollte. Denn tatsächlich erschienen nicht nur die Truppen im besten Zustand, sondern die Kommandeure waren bestrebt, den kriegerischen Aufzug ihrer Mannschaften, Waffen und Pferde überdies noch durch höfischen Prunk und Glanz zu erhöhen, und die Offiziere erschöpften all ihre Geldmittel in der Anschaffung von Uniformen, die den glänzendsten Festen zur Zierde gereicht hätten. Die Obersten und sogar die einfachen Hauptleute veranstalteten die erlesensten und üppigsten Gastmähler. Man hatte eigens eine Reihe Holzhäuser erbaut und sie wie die schönsten Pariser Paläste möbliert, überdies hatte man prachtvolle geräumige Zelte aufgeschlagen, so viele, daß sie allein schon ein Lager ausmachten.

Am Donnerstag, dem 28. August, begab sich der Hof nach Compiègne, der König kam durch Saint-Cloud, nächtigte in Chantilly und langte am Samstag in Compiègne an. Das Hauptquartier befand sich in dem Dorf Coudon, wo der Marschall Boufflers außer seinen Zelten noch etliche Häuser hatte aufbauen lassen; dorthin führte er den König und die Duchesse de Bourgogne.

Bei dieser Revue widerfuhr dem Comte de Tessé, dem Generaloberst der Dragoner, ein drolliges Abenteuer. Zwei Tage vor Beginn der Manöver fragte ihn M. de Lauzun in jenem gütig milden Ton, in dem er fast immer zu reden pflegte, ob er auch genau über die Ausstattung nachgedacht habe, in der er den König an der Spitze seiner Dragoner begrüßen wolle. Sie kamen auf das Pferd zu sprechen, auf das Zaumzeug und auf den Anzug, und nachdem er alles gutgeheißen, meinte

Lauzun ganz harmlos: »Und der Hut?« Von dem haben Sie noch gar nichts gesagt.« – »Ich bitte Sie«, erwiderte der andere, »ich werde natürlich eine Mütze aufsetzen.« – »Eine Mütze«, rief Lauzun, »wie kommen Sie denn darauf, eine Mütze, die mag für alle anderen hingehen, aber der Generaloberst mit einer Mütze, Herr Graf, das kann doch Ihr Ernst nicht sein!« – »Weshalb denn nicht, was soll ich denn sonst aufsetzen?« fragte Tessé. Lauzun ließ ihn ein Weilchen zappeln und so lange bitten, bis Tessé fest überzeugt war, der Herzog habe ihm etwas Besonderes mitzuteilen. Endlich, nach vielem Bitten erklärte Lauzun, er wolle ihn nur davor bewahren, einen so groben Fehler zu begehen, denn, da diese Charge damals eigens für ihn geschaffen worden sei, kenne er all deren Vorrechte, und eines der wichtigsten sei der graue Hut, den der Generaloberst zu tragen habe, wenn der König die Dragoner besichtigte. Überrascht gesteht Tessé seine Unwissenheit, und noch ganz bestürzt ob der Blöße, die er sich ohne diesen Hinweis gegeben hätte, ergeht er sich in den lebhaftesten Dankesbezeugungen, eilt unverzüglich in sein Quartier und schickt schleunigst einen seiner Leute nach Paris, um ihm einen grauen Hut zu besorgen. Der Duc de Lauzun hatte Tessé, ehe er ihm diese Belehrung erteilte, wohlweislich beiseite genommen, damit niemand ihrem Gespräch zuhören konnte; Tessé, dessen war er gewiß, würde aus Scham über seine Unwissenheit keinem Menschen etwas davon erzählen, und er selbst hütete sich wohl, auch nur ein Wörtchen verlauten zu lassen.

Als ich mich am Morgen vor dem Manöver zum Lever des Königs begab, traf ich dort auch Lauzun, der, da er unangemeldet Zutritt hatte, sonst immer zu verschwinden pflegte, sobald die Höflinge erschienen. Ich bemerkte auch Tessé mit einem grauen Hut, der von einer wehenden schwarzen Feder geschmückt war, und das kam mir höchst sonderbar vor: die Farbe, die der König verabscheute und die seit Jahren niemand mehr getragen hatte, erstaunte mich so, daß ich Tessé, der mir direkt gegenüberstand, unwillkürlich fortwährend ansehen mußte. Lauzun stand dicht neben ihm, doch etwas weiter zurück. Nachdem der König seine Strümpfe und seine Schuhe angezogen und sich mit einigen Umstehenden unterhalten hatte, fiel sein Blick schließlich auf jenen Hut. Überrascht fragte er Tessé, wo er denn diesen Kopfputz erworben habe. Sichtlich beglückt antwortete jener, er habe sich den Hut aus Paris kommen lassen. »Und aus welchem Grund?« fragte der König. »Sire«, antwortete Tessé, »es geschah, weil Eure Majestät uns die Ehre erweisen, uns heute zu besichtigen.« – »Nun wohl«, erwiderte der König mit zunehmender Überraschung, »aber was hat das mit dem grauen Hut zu tun?« – »Sire«, entgegnete Tessé, den diese Frage merklich zu beunruhigen begann, »es ist doch das Privileg des Generalobersten der Dragoner, an diesem Tage einen grauen Hut zu tragen.« – »Einen grauen Hut«, rief der König, »wer zum Teufel hat Ihnen denn das gesagt?« – »M. de Lauzun, Sire, für den Sie diese Charge geschaffen haben, hat mir das erklärt.« – Just in diesem Augenblick stiehlt unser guter Herzog, der das Lachen kaum mehr unterdrücken konnte, sich sachte davon. »Lauzun hat Sie zum besten gehalten«, sagte der König, »glauben Sie mir, und schicken Sie diesen Hut unverzüglich dem Generalabt der Prämonstratenser.« Nie sah man einen Mann so fassungslos wie Tessé. Reglos, wie vom Donner gerührt stand er da und betrachtete gesenkten Hauptes diesen Hut mit einer Trübsal und Beschämung, die den ganzen Auftritt erst vollkommen machten. Keiner der Zuschauer konnte sich das Lachen verbeißen. Endlich hatte sich Tessé wieder genügend in der Gewalt, um fortgehen zu können, aber der ganze Hof sagte ihm offen ins Gesicht, was von dieser Sache zu halten sei, und man fragte ihn, ob er denn M. de Lauzun noch immer nicht kenne, der aber lachte sich nur ins Fäustchen, wenn man ihn auf diese Geschichte ansprach.

Da der König seinen Enkeln das möglichst genaue Bild eines Krieges vermitteln wollte, setzte man eine regelrechte Belagerung von Compiègne ins Werk, mit Laufgräben, Unterständen, Batterien usw. Crenan verteidigte die Stellung. Das Schloß war ringsum von einem alten Wall umgeben, der in gleicher Höhe wie die Gemächer des Königs lag und der die ganze Gegend beherrschte. Am Fuße des Walles stand eine alte Mauer und oberhalb eine Windmühle. Der Angriff war auf Samstag, den 13. September, festgesetzt. Gefolgt von allen Damen und umringt von sämtlichen Höflingen und vornehmen Fremden, begab sich der König bei strahlendem Sonnenschein auf den Wall. Von dort übersah man die ganze Ebene und die Stellung der Truppen. Ich stand mit in dem Halbkreis, ziemlich nahe beim König und hatte niemanden vor mir. Diese ganze stattliche Armee, dazu in angemessener Entfernung die zahllose Menge der Neugierigen aller Stände zu Pferd und zu Fuß, dies Spiel zwischen Angreifern und Verteidigern, die ohne Deckung blieben, weil es nur eine Schaustellung war, bei der es auf beiden Seiten einzig und allein auf die Genauigkeit der durchgeführten Bewegung ankam, das alles bot einen überaus prächtigen Anblick. Ein Schauspiel ganz anderer Art indes bot der König auf der Höhe des Walls seiner ganzen Armee und den Zuschauern, die sich in Scharen in der Ebene sowie rings um den Wall versammelt hatten – ich könnte es heute, nach vierzig Jahren, noch bis in jede Einzelheit malen, solch tiefen Eindruck hat es auf mich gemacht.

Gerade gegenüber der Ebene und den Truppen saß Mme. de Maintenon zwischen den drei Glasscheiben ihrer Sänfte wie in einem Gehäuse, die Träger hatten sich zurückgezogen. Links neben ihr saß die Duchesse de Bourgogne, etwas weiter auf derselben Seite standen im Halbkreis Madame la Duchesse, die Princesse de Conti und alle anderen Damen und hinter ihnen dann die Herren. Zur Rechten der Sänfte stand der König, ein wenig dahinter in kleinem Kreis seine vornehmsten Begleiter. Der König trug fast niemals den Hut auf dem Kopf und beugte sich alle Augenblicke zu der Sänfte hinunter, um mit Mme. de Maintenon zu sprechen und ihr alles, was sie sah, die Ursachen jedes einzelnen Vorgangs zu erläutern. Sie war immerhin entgegenkommend genug, ihre Fensterscheibe wenigstens vier bis fünf Finger breit herunterzulassen, aber niemals auch nur bis zur Hälfte, denn ich gab genau darauf acht, und ich muß gestehen, daß ich dieser Schaustellung mehr Aufmerksamkeit widmete als der Bewegung der Truppen. Zuweilen öffnete sie auch ihr Fenster, um den König von sich aus etwas zu fragen, meist aber war er es, der, ohne ihre Fragen abzuwarten, sich zu ihr herunterbeugte, um ihr die nötigen Erklärungen zu geben. Manchmal, wenn sie nicht darauf achtete, klopfte er an die Fensterscheibe, damit sie öffne; er unterhielt sich ausschließlich mit ihr, erteilte nur ab und an ein paar Befehle oder beantwortete eine Frage der Duchesse de Bourgogne, die versuchte, sich auch ein wenig an dem Gespräch zu beteiligen und der Mme. de Maintenon gelegentlich ein Zeichen oder auch ein Wort zukommen ließ, ohne jedoch ihr Fenster zu öffnen, so daß die junge Prinzessin ihr nur gerade ein paar Worte zurufen konnte. Ich beobachtete ständig, wie die Umgebung sich verhielt; fast in allen Mienen spiegelte sich verstohlene Betretenheit, peinliche uneingestandene Überraschung, und jeder, der in dem Kreis hinter der Sänfte stand, richtete die Blicke weit öfter auf Madame de Maintenon als auf die Armee; man verharrte in einem Gemisch aus Respekt, Furcht und Verlegenheit. Immer wieder legte der König seinen Hut auf das Dach der Sänfte, um sich zum Fenster herabzubeugen, und die Anstrengung dieses fortwährenden Bückens mußte seinen Rücken beträchtlich ermüden. Monseigneur tummelte sich zu Pferd in der Ebene, den Duc de Bourgogne hatte man wie bei allen Truppenübungen dem Marschall Boufflers als General beigegeben. Inzwischen war es ungefähr fünf Uhr geworden, und noch immer herrschte strahlendes Wetter.

Der Sänfte gegenüber führte ein steiler Fußpfad hinauf, den man von oben nicht übersehen konnte und an dessen Ende man das alte Gemäuer durchbrochen hatte, um, wenn es nötig wäre, von unten her die Befehle des Königs entgegennehmen zu können. Der Fall trat tatsächlich ein. Crenan schickte Canillac, den Oberst des Regiments Rouergue – eines der Regimenter, das zur belagerten Partei gehörte – hinauf, um vom König irgendeine Auskunft zu erbitten. Canillac macht sich also auf den Weg und ist schon fast oben angelangt – ich sehe ihn jetzt noch deutlich vor mir –, da erblickt er die Sänfte, den König und dessen ganzes Gefolge; er hatte sich dergleichen nicht vorgestellt und war in keiner Weise darauf gefaßt, denn von seinem Posten unten am Fuße des Walles konnte man nichts wahrnehmen von dem, was sich oben abspielte. Das Schauspiel, das sich ihm bot, verblüffte ihn derart, daß er kurzerhand stehenblieb, um es offenen Mundes mit weit aufgerissenen Augen in sprachlosem Staunen anzustarren. Es gab niemanden, dem das entgangen wäre, auch dem König fiel es auf, so daß er ihn ein wenig ungeduldig ermunterte: »So kommen Sie doch herauf, Canillac!« Canillac rührte sich nicht. »Nun kommen Sie schon! Was gibt es denn Neues?« wiederholte der König. Canillac stieg also bis ganz hinauf und näherte sich, während er die Blicke zaghaft nach rechts und links schweifen ließ, zögernden Schrittes dem König. Ich stand, wie gesagt, unmittelbar neben dem König, Canillac ging dicht an mir vorbei und stammelte unhörbar leise irgend etwas vor sich hin. »Was sagen Sie?« fragte ihn der König. »So reden Sie doch!« Canillac vermochte kein Wort mehr herauszubringen, er gab sich die größte Mühe, aber vergebens, der König konnte nichts von seinem Gemurmel verstehen, und da er einsah, daß wohl nichts mehr zu erwarten sei, gab er aufs Geratewohl eine Antwort und fügte ein wenig verdrossen hinzu: »Sie können wieder gehen, Monsieur!« Das ließ Canillac sich nicht zweimal sagen. Er stürzte zu seiner Stiege und verschwand wie der Blitz. Kaum daß er fort war, meinte der König mit einem Blick in die Runde: »Ich weiß gar nicht, was Canillac fehlt, aber er scheint völlig aus dem Häuschen zu sein, denn er wußte nicht einmal mehr, was er mir sagen wollte.« Niemand gab eine Antwort.

Kurz ehe es zur Kapitulation kam, bat Mme. de Maintenon vernehmlich um Erlaubnis, sich entfernen zu dürfen: »Die Träger für Madame!« befahl der König mit lauter Stimme. Die Diener kamen und trugen Mme. de Maintenon fort, und noch ehe eine Viertelstunde vergangen war, zog sich auch der König zurück, gefolgt von der Duchesse de Bourgogne und fast der gesamten Begleitung. Während sie gingen, verständigten sich etliche von ihnen mit Blicken, stießen sich mit den

Ellenbogen an oder flüsterten sich leise etwas ins Ohr; man war zu sehr betroffen, was man soeben mit angesehen hatte. Auch in der Ebene herrschte ein ähnlicher Eindruck, sogar die Soldaten fragten, weshalb der König sich alle Augenblicke zur Sänfte herabgebeugt habe. Es erforderte einige Geschicklichkeit, die Offiziere, Soldaten, kurzum, alle Fragesteller, behutsam zum Schweigen zu bringen. Man kann sich denken, was die Fremden sagten und welchen Eindruck eine solche Schaustellung auf sie machen mußte. Ganz Europa hielt sich darüber auf, und es wurde nicht weniger darüber gelästert als über den Pomp und Prunk des Lagers von Compiègne.

Am Montag, dem 22. September, brach der König auf und fuhr nach Chantilly, dort blieb er den Dienstag und kam am Mittwoch in Versailles an. Er war außerordentlich zufrieden mit der prachtvollen Ausrüstung der Truppen, die alle in neue Uniformen eingekleidet waren. Er hatte bei seiner Abreise einem jeden Kavallerie- und Dragonerhauptmann 600 Livres und jedem Infanteriehauptmann 300 Livres Gratifikation auszahlen lassen, desgleichen den Majoren eines jeden Regiments, überdies verteilte er einige Auszeichnungen in seiner Garde; dem Marschall Boufflers machte er 100 000 Livres zum Geschenk. Das waren hohe Aufwendungen, aber für den einzelnen blieb es nur ein Tropfen auf den heißen Stein. Es gab kein Regiment, das durch diese Ausgaben nicht auf Jahre hinaus ruiniert gewesen wäre, Mannschaften wie Offiziere. Die 100 000 Livres für den Marschall Boufflers aber dienten, wie man sich ausmalen kann, einer schier unglaublichen Prachtentfaltung, mit der ganz Europa in Staunen versetzt wurde, denn die Ausländer, die Zeugen derselben wurden und kaum ihren Augen zu trauen vermochten, schickten ausführliche Berichte in ihre Heimatländer.

Mademoiselle heiratet den Duc de Lorraine. – Breteuil wird Zeremonienmeister. – Seine grenzenlose Dummheit. – Die Anfänge des Abbé Fleury: wie er Bischof von Fréjus wird. – Der Prince de Conti gewinnt endgültig den Prozeß gegen Mme. de Nemours. – Mme. de Blanzac wieder in Gnaden aufgenommen. – Skandal und Trennung des Paares Barbezieux.

Bald nach Friedensschluß und der Wiedereinsetzung des Duc de Lorraine in seine Länder wurde beschlossen, ihn mit Mademoiselle, der Tochter von Monsieur und Madame zu verheiraten. Ich weiß nicht, ob Mademoiselle jemals erfahren hat, daß sie den ältesten Sohn des Kaisers hätte heiraten können, wenn die Kaiserin dem nicht entgegengearbeitet hätte. Diese haßte Frankreich nämlich und erklärte, sie würde es niemals dulden, daß ihr Sohn, der bereits die Krone trage und überdies zum Kaiser bestimmt sei, der Schwager eines doppelten Bastards würde. Doch wie dem auch sei, Mademoiselle – durch Monsieur und auch durch Madame an die Familie Lorraine gewöhnt – war durchaus einverstanden, und es bekümmerte sie nicht im mindesten, daß sie im Vergleich zu ihren Stiefschwestern eine geringere Heirat machte. Sie war überglücklich, sich von Madames hartem Regiment befreit und mit einem Prinzen vermählt zu sehen, dessen Haus sie ihr Leben lang hatte rühmen hören. Die letzten Tage vor ihrer Abreise jammerte sie ein wenig über die Trennung von all ihren Freunden und Bekannten, doch fühlte sie sich, wie man bald vernahm, nach dem ersten Tag völlig getröstet und empfand auch auf der Weiterreise keine Traurigkeit mehr.

Fünf Monate zuvor war Bonneuil, der Zeremonienmeister, gestorben, und Breteuil, sein Sohn, der sich, weil er während der Intendatur seines Vaters in Montpellier geboren war, Baron de Breteuil nennen ließ, erhielt nun dessen Amt. Breteuil war nicht dumm, aber er war ganz versessen auf Hofluft und auf den Umgang mit Ministern und Leuten, die Rang und Namen besaßen oder in Mode standen, vor allem aber war er versessen darauf, sich durch Zusicherung seiner Protektion Geld zu verdienen. Man duldete ihn, und man spottete über ihn. Er war kurze Zeit Vorleser des Königs gewesen, und man sah ihn ständig bei Pontchartrain, wo ihn dessen Freund und Verwandter Caumartin eingeführt hatte. Er spielte, obwohl im allgemeinen ehrerbietig, gerne den Kenner, er tat, als ob er alles wüßte und könnte, und man machte sich ein Vergnügen daraus, ihn aufs Glatteis zu führen. Eines Tages unterfing er sich an Pontchartrains Mittagstafel, wo immer die glänzendste Gesellschaft versammelt war, mit großen Worten die gewagtesten Behauptungen aufzustellen. Mme. de Pontchartrain widersprach ihm und meinte schließlich, sie gehe eine Wette ein, daß er trotz all seiner Kenntnisse nicht wisse, wer das Vaterunser verfaßt habe. Breteuil verlegte sich auf Ausflüchte, begann zu lachen und Witze zu machen. Mme. de Pontchartrain ließ nicht locker, forderte ihn heraus und trieb ihn in die Enge. Er verteidigte sich, bis die Tafel aufgehoben wurde, so gut er konnte, um dann sofort zu verschwinden. Caumartin, dem seine Verlegenheit nicht entgangen war, flüsterte ihm, als er wieder ins Zimmer kam, Moses zu. Der Baron, der sich bereits recht unbehaglich fühlte, bekam wieder Oberwasser, und beim Kaffee brachte er triumphierend das Gespräch auf das Vaterunser zurück, so daß Mme. de Pontchartrain ihn nun mühelos aufs Glatteis locken konnte. Sie scheine, meinte er, an seinem Wissen zu zweifeln, aber er schäme sich, über etwas so Triviales Auskunft zu geben, denn, verkündete er in schulmeisterlichem Ton, es sei doch jedem bekannt, daß Moses das Vaterunser verfaßt habe. Schallendes Gelächter! Der arme Baron wußte nun keinen Ausweg mehr. Er blieb Caumartin lange Zeit gram und das Paternoster wurde ihm noch recht oft vorgehalten. Sein Freund, der Marquis de Gevres, der sich seiner Belesenheit rühmte, weil er beim König ab und zu vorlesen durfte und das bißchen, was er davon im Gedächtnis behielt, dann auf gut Glück anzubringen versuchte, stand eines Tages plaudernd in den Gemächern des Königs, und während er die hervorragenden Gemälde bewunderte, die dort zu sehen waren – darunter mehrere Kreuzigungen Christi, die von den verschiedensten Meistern stammten –, kam er mit Kennermiene zu der Feststellung, daß der eine Meister wohl ausschließlich Kreuzigungen gemalt habe, denn alle, die dort hingen, stammten von ihm. Man lachte ihn aus, nannte ihm die Namen der verschiedenen Meister, die sich auch an ihren Malweisen erkennen ließen. »Aber nein«, entrüstete er sich, »dieser Maler heißt INRI, seid ihr denn blind, sein Name steht doch auf all diesen Bildern!« Man kann sich vorstellen, welch eine Wirkung das tat.

Der Abbé Fleury lechzte seit Jahren nach einem Bischofssitz, aber der König hatte sich darauf versteift, ihm keinen zu geben, er schätzte die Lebensweise des Abbé nicht und meinte, er sei zu zerstreut und zu gesellig, auch träten zu viele Leute als seine Fürsprecher auf. Immer wieder hatte der König jeden Vermittlungsversuch zu seinen Gunsten zurückgewiesen, selbst der Pater La Chaise hatte keinen Erfolg erzielt, und der König hatte erklärt, er wünsche fortan nichts mehr von dem Abbé zu hören.

Der Abbé war sehr gut gewachsen und in seiner frühen Jugend sehr schön gewesen, davon war ihm noch immer etwas geblieben. Sein Vater war in der Diözese Lodève Einnehmer einer vom Klerus eingeführten Steuer. Er hatte sich bei den Bedienten des Kardinals Bonsy eingenistet; und der junge Fleury gefiel dem gutmütigen Kardinal ungemein, so daß er beschloß, sich seiner anzunehmen. Er machte ihn zum Domherrn der Kirche von Montpellier, dort wurde Fleury, nachdem er in Paris in kleinen, billigen Kollegien ein wenig studiert hatte, 1674 zum Priester geweiht. Der Kardinal Bonsy, der Grossalmosenier der Königin, ließ es sich angelegen sein, ihm eine Almosenstelle zu verschaffen, was recht auffällig wirkte. Aber seine Erscheinung besänftigte die Gemüter. Man fand ihn diskret, mild und verbindlich; er erwarb sich Freundinnen und Freunde und verschaffte sich unter dem Schutz des Kardinals Bonsy Eingang in die Gesellschaft. Nach dem Tode der Königin erlangte der Kardinal für ihn eine Charge als Almosenier des Königs. Man erhob darob großes Geschrei, aber man gewöhnt sich an alles. Er wurde bei Seignelay empfangen, war ständig Gast bei Cossy, dann bei Pomponne und bei Torcy, wo er allerdings, wie anderswo auch, keine besondere Rolle spielte, und da man zu dieser Zeit die Tischglocke noch nicht kannte, meistens deren Funktionen zu erfüllen hatte. Der Marschall und die Marschallin Villeroy luden ihn häufig ein, die Noailles schätzten ihn besonders, und er war verständig genug, sich eng an die besten und vornehmsten Almoseniers des Königs anzuschließen. Im Hause des Marschalls Bellefonds, bei dem alten Villars, bei Mme. de Saint-Géran und bei den Castries konnte man ihn jederzeit treffen; er führte also ein sehr angenehmes und für ihn sehr ehrenvolles Leben. Aber der König hatte nicht so unrecht, wenn er fand, daß seine Aufführung nicht ganz dem geistlichen Stande entspreche, und wiewohl sich Fleury größter Vorsicht befleißigte, vermochte er es doch nicht zu verhindern, daß bestimmte Gerüchte laut wurden. So standen die Dinge mit ihm, es gab kein Fortkommen, keine Möglichkeit, weder nach vorwärts noch nach rückwärts. Die Gesellschaft bedauerte ihn ungemein, aber nirgends konnte er jemanden finden, der ihm aus diesem Engpaß herausgeholfen hätte. Da wurde Fréjus frei.

Das rührte Fleury bis zu Tränen, worauf der Erzbischof von Paris hochherzig Mitleid mit ihm empfand und es entgegen dem Verbot wagte, noch einmal einen Vorstoß beim König zu machen. Die Antwort, die ihm zuteil wurde, hätte genügt, um jeden anderen zum Schweigen zu bringen; der Prälat jedoch bot seinen ganzen Einfluß und seine ganze Beredsamkeit auf, um dem König vorzustellen, daß man somit ohne jeden hinreichenden Grund und ohne jeden Anhaltspunkt einen Menschen entehren und seiner Verzweiflung überlassen würde. Er redete so inständig und so ausdauernd auf den König ein, daß dieser ihn an den Schultern packte und voller Ungeduld ausrief: »Nun wohl, Monsieur, Sie wollen also, daß ich den Abbé Fleury zum Bischof von Fréjus mache, und Sie berufen sich all meinen Einwänden zum Trotz dabei auf die Tatsache, daß Fréjus eine Diözese im äußersten Winkel des Königreichs ist. So muß ich denn wohl nachgeben, damit ich Ruhe vor Ihnen bekomme, aber ich tue es nur ungern, und, denken Sie daran, ich sage es Ihnen im voraus, Sie werden das noch bereuen.« Auf diese Weise also bekam Fleury Fréjus, das der Erzbischof von Paris im Schweiße seines Angesichts und in hartem Ringen dem König entrissen hatte. Der Abbé Fleury war voller Freude und Dankbarkeit ob eines so unerwarteten Dienstes, der ihn aus der qualvollsten Ausweglosigkeit befreite; der König jedoch erwies sich als rechter Prophet – und in weit stärkerem Maße als er selber gedacht, allerdings in einem ganz anderen Sinne. Der neue Bischof hatte es nicht eben eilig, sich in Fréjus einzuschließen; endlich aber mußte er sich doch dorthin bequemen. Was er während der fünfzehn oder sechzehn Jahre dort unten getan hat, gehört nicht zu meinem Thema, was er indes hernach als Kardinal und absoluter Herrscher in seiner Funktion als Premierminister getan hat, darüber wird kein Historiker die Nachwelt im unklaren lassen.

Der Prince de Conti, der im Parlament erfolgreicher und vielleicht auch aktiver war als in Polen, gewann im Februar endgültig seinen Prozeß gegen Mme. de Némours um die Güter der Longueville. Von dreiundzwanzig Richtern stimmten zwanzig für ihn. Abgesehen von den drei- oder vierhunderttausend Francs, die ihm zugesprochen wurden, war der Wert der Ansprüche an Neufchâtel um vieles beträchtlicher.

Ende des Jahres entschloß sich der König, drei große Bauten ausführen zu lassen, die eigentlich längst schon hätten vollendet sein sollen: die Kapelle von Versailles, die Invalidenkirche und den Altar von Notre-Dame de Paris. Letzterer entsprach einem Gelübde, das Ludwig XIII. getan und das dieser, da er selbst es nicht mehr zu erfüllen vermochte, seinem Nachfolger übertragen hatte, der indes fünfzig Jahre lang nicht mehr daran gedacht hatte.

Der König gestattete nun auch Mme. de Blanzac, wieder bei Hofe zu erscheinen und die Duchesse de Chartres zu besuchen, die überglücklich war.

M. de Barbezieux beendete das Jahr mit einem Skandal, den er hätte vermeiden können. Er hatte, wie gesagt, drei Jahre zuvor, Mlle. d'Alègre geheiratet. Er behandelte sie, als sei sie ein Kind, ging weiter seinen Liebesabenteuern nach und behielt all seine bisherigen Lebensgewohnheiten bei. Nun spielte, wie man bereits gehört, M. d'Elbeuf, um M. de Barbezieux zu kränken, mit viel Getöse den Liebhaber der jungen Frau, die, über das Verhalten ihres Gemahls sehr erbost war, bereitwilligst schlechten Ratschlägen folgte. Sie reizte Barbezieux zur Eifersucht. Er überließ sich dieser Leidenschaft ganz und gar: in seiner Vorstellung nahm alles ungeheure Ausmaße an, er wähnte zu sehen, was er nicht sah und nicht sehen konnte, und es widerfuhr ihm, was noch niemals jemandem widerfahren ist: er erklärte sich selbst öffentlich für einen Hahnrei und wollte, was natürlich nicht in seiner Macht stand, auch Beweise dafür liefern, aber kein Mensch schenkte ihm Glauben. Noch niemals sah man je einen Mann, der aus Wut, nicht als Hahnrei zu gelten, so ergrimmt war wie er. Alles, was sich feststellen ließ, war Unbesonnenheit, Verblendung und Torheit einer schlecht beratenen, unschuldigen jungen Frau, die auf diese Weise ihren Ehemann zurückzugewinnen hoffte, aber der zornschnaubende Barbezieux war allen Vernunftgründen unzugänglich; er schickte Alègre einen Kurier in die Auvergne und bat ihn, eilends zurückzukommen, der Brief war indes so mehrdeutig abgefaßt, daß Alègre, der etwas begriffsstutzig war, sich einbildete, es gehe um eine Beförderung, zu der sein Schwiegersohn ihm verhelfen werde. Er war also weidlich enttäuscht, als er bei seiner Ankunft erfuhr, um was es sich handelte. Die Krise war so weit gediehen, daß die Trennung unvermeidlich war. Mme. de Barbezieux wurde krank und von ihrem Ehemann im Hause gefangengehalten, Barbezieux behauptete, sie spiele die Kranke, und wollte sie in ein Kloster stecken; der Vater und die Mutter hingegen wollten sie bei sich behalten, bis endlich nach viel Lärm um nichts und wieder nichts der König, der vom Schwiegervater und Schwiegersohn förmlich belagert worden war, entschied, Mme. de Barbezieux solle bis zu ihrer vollständigen Genesung zu ihren Eltern und dann in ein Kloster in der Auvergne gebracht werden. Was das Vermögen anlangt, so erstattete Barbezieux es vollkommen zurück und ließ sich von Alègre nur soviel geben, wie er zur Erziehung und für den Unterhalt seiner beiden Töchter benötigte. Man bedauerte Alègre und zumal seine Tochter, über Barbezieux urteilte man sehr hart.

Die Schrift Problem. – Tod Coislins. – Torcys Karriere. – Zwei Opfer der Spielwut: Renéville und Permillac.

Villacerf erlitt durch die Unstimmigkeiten, die sich bei der Bauverwaltung ergaben, großen Verdruß. Sein Rechnungsführer, ein gewisser Mesmyn, auf den er sich in allen Stücken verließ, mißbrauchte sein Vertrauen seit langem. Die Klagen der Handwerker und Lieferanten, die diese aus Furcht und aus Freundschaft zu Villacerf lange Zeit zurückgehalten hatten, kamen schließlich zum Ausbruch. Villacerf, dessen Rechtschaffenheit über jeden Verdacht erhaben war, stand laut und vernehmlich für sich selber ein, als aber die Untersuchung nahte, entfloh Mesmyn, und alle seine Gaunereien kamen ans Licht. Villacerf war dadurch so entmutigt, daß er die Bauverwaltung aufgab. Der König, der ihm sehr wohlgesinnt war, aber zu der Ansicht gelangte, daß sein Kopf gelitten habe, gab ihm außer dem, was er bereits bezog, 12000 Livres Pension und übertrug die Bauverwaltung einige Tage darauf seinem ersten Architekten, Hardouin Mansart. Er war ein Neffe des berühmten François Mansart, stammte jedoch aus einer anderen Familie, denn er hieß Hardouin und nahm später den Namen seines Onkels an, um sein berufliches Ansehen zu steigern. Er war ein besserer Hofmann und als Architekt erfolgreicher, als der alte Mansart es gewesen.

Anonym erschien ein Buch mit dem Titel *Problem*, das großes Aufsehen erregte. Mit scharfsinnigen Argumenten riet der Autor, in Erfahrung zu bringen, wem man in theologischen Fragen Glauben schenken sollte, Noailles, dem Bischof von Châlons, oder Noailles, dem Erzbischof von Paris. Denn wie das Buch behauptete, habe dieser Prälat sich selbst widersprochen und auf dieselben Fragen mit Schwarz und mit Weiß geantwortet, in Châlons zugunsten der Jansenisten, und in Paris zu deren Ungunsten.

Es dauerte lange, ehe der Erzbischof von Paris rein zufällig den Autor ermittelte. Dieser weilte in seiner nächsten Nähe, denn er wohnte im bischöflichen Palais; ein sehr gescheiter und gelehrter Doktor, der stets den Eindruck eines Biedermanns erweckt hatte. Er hieß Boileau, doch hatte er nichts mit dem berühmten Autor der *Flagellanten* zu tun. Der Erzbischof von Paris, der bestrebt war, sich zuverlässige gelehrte Leute heranzuziehen, die ihn bei seiner verantwortungsreichen Arbeit unterstützen sollten, hatte diesen M. Boileau zu sich ins Haus genommen und ihm dieselben Rücksichten und dasselbe Vertrauen erwiesen wie seinem eigenen Bruder. Boileau war ein scheuer Mensch, der sich in sein Zimmer einschloß, das er nur auf ein bestimmtes Klopfzeichen und nur zu gewissen Zeiten öffnete. Wenn er aus seinem Schlupfwinkel hervorkam, so nur, um sich in die Kirche oder zum Erzbischof zu begeben. Er arbeitete ganz im geheimen, lebte in einsamer Buße. Wer hätte es für möglich gehalten, daß er das *Problem* verfaßt hatte? Der Erzbischof von Paris war darüber erschüttert. Man kann sich denken, daß Boileau auf der Stelle auszog und daß es für M. de Noailles ein leichtes gewesen wäre, ihn hinter Schloß und Riegel zu bringen.

Die Edelleute bei Hofe betrauerten den Tod eines Mannes, der inmitten des Hofes und der Gesellschaft als echter Zyniker lebte und starb und der nur mit Leuten umging, die seinem Geschmack entsprachen: es war Coislin, der Bruder des Duc und des Kardinals Coislin. Er war in jeder Hinsicht ein *honnête homme*, tapfer aber arm, obwohl sein Bruder, der Kardinal, es ihm an nichts fehlen ließ; ein ganz außergewöhnlicher Mensch, griesgrämig, melancholisch und sehr eigenwillig. Er weilte fast ständig in Versailles, ohne indes nur die geringste Notiz vom König zu nehmen. Das ging so weit, daß er – wie ich selbst und andere es oft beobachtet haben – auf dem Absatz kehrtmachte und eine andere Richtung einschlug, wenn er zufällig die Wege des Königs kreuzte. Er hatte den Dienst quittiert, da er sich, ebenso wie sein Bruder, der Herzog, eng mit Turenne verbunden fühlte und deshalb von Louvois schlecht behandelt wurde. Das konnte er sein Leben lang nicht verzeihen, weder dem Minister noch dem Herrscher, der diese Marotte in Kauf nahm, weil er dessen beide Brüder sehr schätzte. Coislin wohnte im Schloß in den Gemächern des Kardinals, er pflegte mit ihm an seiner Tafel zu essen, meist im Kreise erlesener Gesellschaft. Aber wenn ihm einer der Gäste mißfiel, blieb er in seinem Zimmer und ließ sich dort eine Kleinigkeit servieren; wenn, während er bereits bei Tisch saß, jemand auftauchte, den er nicht leiden konnte, warf er seine Serviette hin, ging fort, um zu schmollen oder um allein weiterzuessen. Man war der Ausbrüche seiner Launen nie ganz sicher. Die Besucher fühlten sich nach seinem Tode im Hause seines Bruders wesentlich freier, obwohl all jene, die dort aus- und einzugehen pflegten, sich an das Gehabe des

Chevaliers gewöhnt hatten, der allerdings seine Brüder oft zur Verzweiflung brachte, insbesondere den Kardinal, den er gehörig tyrannisierte.

Er hatte sich einmal auf einer Reise des Königs einem seiner Brüder angeschlossen, denn obwohl er dem König aus dem Wege ging, folgte er ihm stets auf seinen Reisen, um mit seinen Brüdern und Freunden zusammenzusein. Der Duc de Coislin war höflich bis zur Übertreibung, so sehr, daß es einen manchmal reizte. Er überschüttete also die Leute, bei denen sie unterwegs einquartiert waren, unablässig mit Höflichkeitsbekundungen. Dem Chevalier riß mehr und mehr die Geduld. Einmal übernachteten sie bei einer gescheiten, wohlerzogenen und hübschen Bürgersfrau; schon am Abend große Höflichkeitsbezeugungen und endlose Zeremonien, die sich am anderen Morgen in gesteigerter Form wiederholten. Der Bischof von Orléans – denn damals war Coislin noch nicht Kardinal – drängte seinen Bruder zum Aufbruch. Der Chevalier fluchte; der Duc de Coislin erging sich weiter in Komplimenten und Höflichkeitsbezeugungen. Der Chevalier, der seinen Bruder kannte und wohl wußte, daß das so bald kein Ende nehmen würde, wollte seinem Ärger Luft machen und rächte sich gründlich. Als sie vier oder fünf Meilen weit gefahren waren, bringt er von ungefähr das Gespräch auf die schöne Gastgeberin; aber, erklärt er sämtlichen Wageninsassen, er habe guten Grund zu mutmaßen, daß diese trotz der ausgesuchten Höflichkeit, mit der sein Bruder ihr begegnete, nicht recht zufrieden mit ihm gewesen sein dürfte. Sofort gerät der Herzog, der sich den Grund nicht vorstellen kann, in Unruhe und setzt seinem Bruder mit Fragen zu: »Wollen Sie es wirklich wissen?« – fragt ihn der Chevalier. »Nun, ich bin, weil ich Ihrer blumenreichen Reden allmählich überdrüssig war, in das Zimmer, in dem Sie geschlafen haben, hinaufgegangen und habe dort mitten auf dem Fußboden einen großen Haufen hinterlassen. Die schöne Gastgeberin wird trotz all Ihrer fein gedrechselten Worte nicht daran zweifeln, daß dieses Geschenk von Ihnen stammt.« Während die beiden anderen in schallendes Gelächter ausbrechen, will sich der Coislin, der ganz außer sich ist, auf ein Pferd schwingen, zum Nachtquartier zurückreiten, den Übeltäter bloßstellen, sich in endlosen Entschuldigungen und Danksagungen verausgaben. Es regnete heftig, doch es kostete den anderen viel Mühe, den Herzog an seinem Vorhaben zu hindern, und noch weit mehr Mühe, die beiden Brüder wieder miteinander zu versöhnen.

Torcy trat unter seinem Schwiegervater Pomponne in alle Staatsgeschäfte ein. Pomponne empfahl ihm, sooft wie möglich selber die Depeschen in den Staatsrat zu bringen. Weil er bei diesem kurzen Auftretentreten dem König gefiel, forderte jener ihn auf, sich hinzusetzen und dazubleiben. Dieser Augenblick machte Torcy zum Staatsminister. Es ist unmöglich, daß der Staatssekretär des Äußeren nicht Minister wird. Sein Hauptaugenmerk gilt den auswärtigen Depeschen und den Audienzen für Repräsentanten des Auslands und fremde Gesandte und Minister. Er muß also im Staatsrat über Verhandlungen mit ausländischen Mächten Bericht erstatten, und im Staatsrat haben nur Minister Zutritt. Torcy war damals vier- oder fünfunddreißig Jahre alt. Er hatte, und zwar mit Gewinn, alle Höfe Europas besucht; er war umsichtig, gut unterrichtet und äußerst maßvoll. Jeder begrüßte die ihm zuteil gewordene Gunst. Es ist merkwürdig, daß alle kleinen Chargen einen Eid schwören müssen, die Staatsminister jedoch, die vor allen anderen dazu verpflichtet sein müßten, brauchen keinen Eid zu leisten: Das gehört zu jenen Besonderheiten, die man nicht zu begreifen vermag, denn jene, die eine Mehrzahl von Chargen innehaben, bei deren Übernahme sie jedesmal einen Eid geleistet haben, müssen stets, wenn sie eine neue Charge erhalten, abermals einen Eid ablegen, wohingegen die Intendanten der Provinzen, die dort unbeschränkte Herren sind, ebenfalls keinen Eid schwören, indes die kleinsten königlichen Provinzleutnante, die fast niemals einen Fuß in ihre Provinz gesetzt haben und dort wie anderswo meist völlig unbekannt sind und ihr Leben lang nicht die geringste Rolle spielen, alle einen Eid leisten müssen, und zwar dem König persönlich.

Man erlebte in jener Zeit, und dies im Abstand von nur sechs oder acht Wochen, zwei krasse Beispiele für die unheilvollen Folgen des Spiels. Renéville, Leutnant der Garde , mit Kriegsauszeichnungen bedacht, vom König sehr gut behandelt, von den Hauptleuten der Garde hochgeschätzt, war plötzlich spurlos verschwunden. Sosehr man ihn auch suchte, man konnte ihn nirgends ausfindig machen. Er war ein gescheiter Mann, dessen würdevolle, gelassene Haltung Eindruck erweckte, aber er liebte das Spiel, und er verlor so hohe Summen, daß er sie nicht bezahlen konnte. Er war ein Ehrenmann und außerstande, sein Unglück zu ertragen. Zwölf oder fünfzehn Jahre später erkannte man ihn zufällig unter den bayrischen Truppen wieder. Er war dort in Dienst getreten, um unterzutauchen und sein täglich Brot zu verdienen. Permillac erging es schlimmer, denn er schoß sich eines Morgens im Bett eine Pistolenkugel in den Kopf, weil er, der sein Leben lang ein leidenschaftlicher und ehrlicher Glücksspieler gewesen, mehr verloren hatte, als er besaß und jemals zu erwerben vermochte. Er war ein sehr kluger und bis auf diesen Punkt vernünftiger Mann, der es durch seine Befähigung und Tapferkeit im Kriege weit gebracht hatte. Als rechter Edelmann war er bei den Generalen sehr beliebt, alle Welt vermißte und betrauerte ihn sehr.

Verurteilung des Buches von Fénelon durch den Papst. – Seine Unterwerfung unter den Spruch. – Tod Racines. – Über dessen Zerstreutheit. – Der König bezahlt die Spielschulden für Angehörige seines Hauses und erhöht einige Apanagen. – Vendômes Krankheit. – Ermordung Savarys. – Die Comtesse de Gramont fällt vorübergehend in Ungnade.

Die Affäre des Erzbischofs von Cambrai näherte sich ihrem Abschluß und erregte noch mehr Lärm und Aufsehen als je zuvor. Fénelon veröffentlichte täglich eine neue Schrift, um seine *Maximes des Saints* zu erläutern und zu verteidigen, und er wandte dabei allen nur erdenklichen Scharfsinn an. Seine drei Gegenspieler antworteten darauf jeder für sich, am Ende überwog auf beiden Seiten die Bitterkeit. Eine Ausnahme machte allein der Erzbischof von Paris, der sich stets die größte Zurückhaltung auferlegte, während der Erzbischof von Cambrai und die Bischöfe von Meaux und Chartres sehr übel miteinander verfuhren. Der König drängte in Rom auf ein Urteil, er war mit dem Verhalten, das der Kardinal Bouillon in dieser Frage an den Tag legte, sehr unzufrieden und glaubte, den Gang der Handlung zu beschleunigen, wenn er die Wohnung, die Fénelon in Versailles innehatte, an Mme. de Lévis weitergab und dem Prälaten untersagte, fürderhin den Titel »Erzieher der königlichen Kinder« zu führen; die Bezüge dieses Amtes hatte er ihm ohnehin schon gestrichen. Er ließ dem Papst und der Kongregation, die das Urteil zu fällen hatte, hiervon Mitteilung machen. Der Kardinal Bouillon aber, wie erwähnt eng mit Fénelon und dessen vornehmsten Freunden sowie mit den Jesuiten verbunden, setzte, obwohl er Geschäftsträger des Königs in Rom war und obwohl er immer aufs neue ermahnt wurde, die Verurteilung Fénelons voranzutreiben, in der Tat alles in Bewegung, um die Verhandlung hinauszuschieben und zu verhindern, daß man Fénelon verurteile. Das trug ihm harte Vorwürfe seitens des Königs ein, was ihn jedoch keineswegs veranlaßte, sein Verhalten zu ändern, sondern ihn nur dazu bewog, nach weiteren Ausflüchten und Entschuldigungen zu suchen. Auch als er dann schließlich einsah, daß es kein Zurückweichen mehr gab, schämte er sich nicht im mindesten, gleichzeitig als Sachwalter und Richter aufzutreten und entgegen den Befehlen des Königs für den Erzbischof von Cambrai Partei zu ergreifen, für den übrigens der spanische Gesandte im Namen seines Königs gleichfalls Partei ergriff. Aber nicht genug damit: am Tage der Urteilsverkündung ließ es der Kardinal nicht dabei bewenden, für den Erzbischof von Cambrai zu stimmen, sondern versuchte überdies nach Kräften, die Konsultanten einzuschüchtern. Er fiel den Kardinälen der Kongregation ins Wort, er ereiferte sich, er schrie und zeterte, er ließ sich zu wüsten Beleidigungen hinreißen, dergestalt, daß der Papst, den man von diesem eigenartigen Auftreten unterrichtet hatte, sich der Entrüstung nicht enthalten konnte und ausrief: »É un porco ferito!« Bouillon schloß sich zu Hause ein, spie Feuer und Flamme, und auch als er gezwungen war, wieder auf der Bildfläche zu erscheinen, war er außerstande, sich im Zaume zu halten. Der Papst verkündete das Urteil in Form einer Bulle, in die der Heilige Stuhl – wohl wissend, mit welcher Ungeduld der König das Urteil erwartete – einige Termini hatte einfließen lassen, die Frankreich durchaus nicht billigte. Der Nuntius, dem die Bulle durch einen Kurier zugestellt wurde, überbrachte sie unverzüglich dem König, der seine Freude darüber in aller Öffentlichkeit kundtat. Das geschah am Sonntag, dem 22. März, zwischen dem Lever und der Messe des Königs. Als er aus der Messe kam, wartete Beauvillier bereits in seinem Arbeitszimmer, und kaum daß der König seiner ansichtig wurde, ging er auf ihn zu und rief: »Nun also, was sagen Sie jetzt, M. de Beauvillier, der Erzbischof von Cambrai ist in aller Form verurteilt worden!« – »Sire«, entgegnete der Herzog in ehrerbietigem, aber entschiedenem Ton, »ich bin einer der nächsten Freunde des Erzbischofs von Cambrai und werde es immer bleiben, wenn er sich jedoch dem Papst nicht unterwirft, werde ich jede Beziehung zu ihm abbrechen.« Der König blieb stumm, und die Zuschauer waren voller Bewunderung über diese einerseits so unerschütterliche Zuneigung und das andererseits so klare Bekenntnis, wobei die Unterwerfung sich lediglich auf das kirchliche Urteil bezog.

Fénelon erfuhr von dem ihm zuteil gewordenen Schicksal in einem Augenblick, da es einen weniger gefestigten Menschen zu Boden geworfen hätte. Er war gerade im Begriff, auf die Kanzel zu steigen; er verzichtete auf die Predigt, die er vorbereitet hatte, und sprach statt dessen, ohne auch nur einen Augenblick zu zögern, über die Unterwerfung, die man der Kirche schuldet. Er behandelte den Gegenstand mit ergreifender Eindringlichkeit, gab die Verurteilung seines Buches bekannt, widerrief alle Lehrmeinungen, die er darin vertreten hatte und schloß seine Predigt mit der Erklärung eines vollkommenen Einverständnisses und einer bedingungslosen Unterwerfung unter das soeben vom Papst verkündete Urteil. Zwei Tage später veröffentlichte er einen kurzen Hirtenbrief, in dem er seine Lehren widerrief, sein Buch verurteilte, dessen Lektüre untersagte und sich abermals der päpstlichen Entscheidung unterwarf, und dies in einer so unmißverständlichen und entschiedenen Ausdrucksweise, daß er sich jeder Möglichkeit beraubte, wieder rückfällig zu werden. Eine derart prompte, eindeutige und öffentliche Unterwerfung wurde allgemein bewundert. Der Bischof von Meaux, der gerade am Hofe weilte, empfing die Glückwünsche der Gesellschaft, die in Scharen zu ihm herbeigeeilt war. Der Bischof von Chartres hielt sich in seiner Diözese auf, wo er auch blieb, und der Bischof von Paris bewies nach wie vor die größte Zurückhaltung. Mme. de Maintenon schien auf dem Gipfel der Seligkeit.

Die Schwierigkeiten stellten sich erst später vor dem Parlament heraus: die Form dieser Bulle und gewisse Termini darin standen im Widerspruch zu den Freiheiten der gallikanischen Kirche, Freiheiten, die weder Neuerungen noch Zugeständnisse oder Privilegien sind, sondern ein fester Brauch in Fortführung der einstigen uralten Disziplin der Kirche, die sich der Usurpation durch die römische Kurie nicht gebeugt hat und die den Eingriff Roms in ihre Rechte zu dulden nicht bereit war wie in anderen Nationen. Um die Sache dennoch möglichst rasch unter Dach und Fach zu bringen, mußte man einen Ausweg ersinnen. Der König sandte an alle Kirchenfürsten seines Reiches ein Rundschreiben, in dem er ihnen empfahl, jeder für sich ihre Suffraganbischöfe zu versammeln und sich mit ihnen über die soeben vom Papste ausgesprochene Verurteilung der *Maximen* des Erzbischofs von Cambrai zu beraten sowie über die Bulle, von der er ihnen gleichzeitig eine Abschrift mitschickte. Auf diese Weise waren unsere Bischöfe gehalten, das Buch sowie die Zensur zu prüfen, um alsdann als freie Richter dem Urteil des Papstes zuzustimmen. Sie nahmen offizielle Protokolle auf, die sie an den Hof sandten; somit war jede Schwierigkeit behoben, und das Parlament trug die Verurteilung des Erzbischofs von Cambrai als ein aufgrund der Zustimmung der Bischöfe Frankreichs rechtskräftiges Urteil in die Akten ein. Auch diesen Schlag nahm Fénelon mit der gleichen Seelengröße hin, mit der er sich seiner Verurteilung gebeugt hatte. Ebenso wie die übrigen Kirchenfürsten versammelte auch er seine Suffraganbischöfe und fand dabei Gelegenheit, sich nun als ein Muster an Geduld zu erweisen, wie er sich zuvor als ein Muster an Demut gezeigt hatte.

Um dieselbe Zeit verlor Frankreich den berühmten Racine, den seine erhabenen Dramen so bekannt gemacht haben; niemand verfügte über reichere und bessere Geistesgaben als er. Er war weit entfernt von dem Gebaren eines Poeten und betrug sich in jeder Hinsicht als *honnête homme*. Er war bescheiden und in den letzten Lebensjahren sogar fromm. Er hatte etliche hervorragende Freunde sowohl bei Hofe wie unter den Literaten, und letzteren will ich es überlassen, mehr über ihn auszusagen, sie sind dazu berufener als ich. Um dem König und Mme. de Maintenon ein Vergnügen zu bereiten, verfaßte er zwei Meisterwerke, *Esther* und *Athalie*. Das war eine um so schwierigere Aufgabe, als die Stoffe keine Liebeskonflikte enthalten, sondern sakrale Tragödien sind, in denen die geschichtliche Wahrheit um so strenger zu beachten ist, als die Ehrerbietung vor der Heiligen Schrift keinerlei Abänderungen duldet. Bei der Aufführung, die vor dem König und einem erlesenen Kreise bei Mme. de Maintenon stattfand, zeichneten sich die Comtesse d'Ayen und Mme. de Caylus durch ihre Darstellungskunst besonders aus. Mehrfach wurde der Hof, allerdings Auserwählte, in Saint-Cyr zugelassen. Racine erhielt den Auftrag, gemeinsam mit seinem Freund Despréaux die Geschichte des Königs zu schreiben. Dieses Amt sowie die Bühnenstücke, von denen ich soeben sprach, und die Vermittlung seiner Freunde bewirkten, daß er in persönliche Beziehung zum König trat. Zuweilen geschah es sogar, daß der König freitags, wenn er keine Ratssitzung hatte, Racine zu Mme. de Maintenon bat, damit er sie beide unterhalte, zumal im Winter bei schlechtem Wetter, wenn sich diese Nachmittage endlos auszudehnen drohten. Zu seinem Unglück aber wurde de Racine häufig das Opfer seiner Zerstreutheit.

Als er eines Abends zwischen dem König und Mme. de Maintenon saß, kam der König auf das Pariser Theater zu sprechen. Man redete erst über die Opern-, dann über die Schauspielbühne, der König erkundigte sich nach den Stücken und den Schauspielern und fragte, weshalb das Schauspiel, wie er habe sagen hören, gegen früher so sehr nachgelassen habe. Racine führte mehrere Gründe an und bemerkte zum Schluß, die Hauptursache sei seiner Meinung nach, daß die Schauspieler, da es keine guten Autoren und Bühnenstücke mehr gebe, zu oft auf veraltete Werke zurückgreifen müßten, unter anderem auch auf die Machwerke von Scarron, die so gar nichts taugten und die Gesellschaft nur abstießen. Bei dieser Bemerkung errötete die arme Witwe, nicht etwa ob der Herabsetzung des Krüppels, sondern weil sie seinen Namen in Gegenwart seines Nachfolgers aussprechen hörte. Der König fühlte sich peinlich berührt, das Schweigen, das plötzlich eintrat, brachte dem unglücklichen Racine zu Bewußtsein, in welch schrecklichen Abgrund ihn seine Vergeßlichkeit gestürzt hatte. Er war von den dreien am verlegensten und wagte nicht mehr, den Blick zu heben noch den Mund zu öffnen. Dieses Schweigen währte eine ganze Weile, so tief war die Befremdung, schließlich erklärte der König, er habe zu arbeiten, und schickte den Dichter fort. Racine eilte bestürzt, und so rasch er konnte, zu seinem Freund Cavoye, dem er von seinem törichten Versehen erzählte; ein Versehen, das zu schwer wog, als daß es sich jemals hatte wiedergutmachen lassen. Weder der König noch Mme. de Maintenon sprachen seither je wieder ein Wort mit Racine. Das bekümmerte ihn so sehr, daß er in Trübsinn versank und keine zwei Jahre mehr lebte. Er verwandte diese Zeit auf sein Seelenheil und ließ sich in Port-Royal beerdigen, denn er stand mit den berühmten Bewohnern dieser Abtei in Verbindung, die Beziehung hatte auch durch sein dichterisches Werk, das zwar keineswegs ihre Billigung fand, kaum gelitten. Der Chevalier Coislin hatte sich dort gleichfalls neben seinem berühmten Oheim, Pontchâteau, beerdigen lassen. Man hält es nicht für möglich, wie sehr den König diese beiden Grabstätten ärgerten.

Kurz nachdem der König die hohen Schulden von Madame la Duchesse bezahlt hatte – Spielschulden und Rechnungen bei den Kaufleuten –, zahlte er nun auch Monseigneurs Schulden, die sich auf 50 000 Livres beliefen, außerdem übernahm er die Kosten für die Gebäude in Meudon und bewilligte ihm ferner 50 000 Taler monatlich statt der 15 500 Pistolen, die er ihm bisher gegeben hatte. In kluger Berechnung überbrachte Pontchartrain diese Nachricht alsbald dem Prinzen, den er dadurch auf immer für sich gewann. Der König hatte stets Sorge getragen, Monseigneurs Wünsche möglichst noch zu überbieten, und er erfreute seinen Sohn durch dieses Geschenk um so mehr, als dieser gewöhnt war, vor seinem Vater zu zittern, dessen ihn zu entwöhnen der Vater aber keineswegs gewillt war. Auch der Duc de La Rochefoucauld, der trotz seiner Reichtümer stets über Geldnöte zu klagen hatte, sah seine Einkünfte als Oberjägermeister um 42 000 Livres erhöht, obwohl ihm der König erst kurz zuvor seine Schulden bezahlt hatte. Ganz im geheimen wurde gleichfalls dem Bischof von Chartres eine Pension von 20 000 Livres ausgesetzt.

M. de Vendôme kümmerte sich endlich auch um seine Geschäfte und um seine Gesundheit. Er war außerordentlich reich, hatte aber niemals auch nur einen Taler zur Verfügung. Der König hatte ihn gedrängt, etwas für seine Gesundheit zu tun, die durch seine Ausschweifungen sehr in Mitleidenschaft gezogen war. Crozat, durch allerlei Geschäfte und Unternehmungen zu einem der reichsten Männer von Paris aufgestiegen, übernahm es, die Vermögensangelegenheiten des Marschalls zu ordnen. Daraufhin verabschiedete sich Vendôme in aller Öffentlichkeit vom König, von Monseigneur, den Prinzessinnen und sämtlichen Anwesenden, um sich abermals in die Hände der Chirurgen zu begeben, deren Behandlung bereits einmal mißglückt war. Der König sagte ihm, er seinerseits wünsche ihm allen nur denkbaren Erfolg und hoffe, daß man ihn nach seiner Rückkehr wirklich beglückwünschen könne. Solche Bastarde konnten nur Privilegien dieser Art beanspruchen, und auch nur sie konnten aus einer Sache, die man als Schande empfindet und im geheimsten Winkel verbirgt, einen Triumph machen; das löste sowohl Schrecken wie Entrüstung aus, und es bewies, welche Macht illegitime Geburt auf einen König auszuüben vermochte, einen König, der so devot, so seriös und den Anstandsgeboten in jeder Hinsicht so sklavisch unterworfen war. Statt nach Anet begab Vendôme sich nach Clichy zu Crozat, um alle Pariser Hilfsquellen in größerer Nähe zu haben; er war fast drei Monate in den geschicktesten Händen, doch ohne Erfolg. Als er an den Hof zurückkam, fehlte ihm eine Hälfte seiner Nase, seine sämtlichen Zähne, und sein Gesicht war völlig entstellt. Der König war darüber so verblüfft, daß er aus Furcht, M. de Vendôme zu betrüben, den Höflingen empfahl, kein Aufhebens davon zu machen; das war zweifellos ein Zeichen besonderer Teilnahme. So wie Vendôme im Triumph zu dieser medizinischen Expedition aufgebrochen war, so kehrte er nun auch im Triumph zurück, dank dem Empfang, den der König ihm bereitete – ein Beispiel für den ganzen Hof. Dies und das große Heilmittel, das Quecksilber, das Vendômes Verstand geschwächt hatte, verwirrte ihm nun vollends den Kopf, und seit dieser Zeit war er nicht mehr derselbe.

Ein seltsames Abenteuer erregte Schrecken und gab zu einigem Nachdenken Anlaß. Savary wurde in seinem Hause in Paris ermordet aufgefunden. Er hatte nur einen Diener und eine Dienerin, die ebenfalls ermordet worden waren, alle drei waren vollkommen angekleidet und lagen an verschiedenen Stellen des Hauses, aus welchen man nicht das mindeste gestohlen hatte. Allem Anschein nach war das Verbrechen bei Tage begangen worden, und nach den Schriftstücken zu schließen, die man bei Savary fand, muß es sich um einen Racheakt gehandelt haben. Savary war ein Pariser Bürger, Sohn eines Eisenhändlers, er lebte recht üppig, ein ausgesprochener Epikuräer. Er hatte viele Freunde, und einige von ihnen stammten aus den höchsten Kreisen. Er pflegte in seinem Hause Spielpartien, Gelage und alle möglichen Lustbarkeiten zu veranstalten, aber alles nur im geschlossenen Kreise, nur für einige Auserwählte, wobei auch die Politik eine gewisse Rolle spielte. Man hat den Mord niemals aufgeklärt, aber man fand Gründe genug, in der Fahndung nicht weiterzugehen, und ließ also die Sache auf sich beruhen. Der Täter konnte, wie man nicht bezweifelte, nur ein kleingewachsener und besonders lasterhafter Mann gewesen sein, ein Mann allerdings von so hoher Abkunft, daß die Gerichte von vornherein in Schrecken erstarrten und daß, nachdem sich die erste Aufregung gelegt hatte, niemand mehr diese tragische Geschichte erwähnte.

Der König, der die Oktave von Fronleichnam wegen der beiden Prozessionen und der Abendandacht stets in Versailles zu verbringen pflegte, fuhr nach der Abendandacht dann regelmäßig nach Marly. Dieses Jahr kam ihm zu Ohren, daß die Comtesse de Gramont etliche Tage der Oktave in Port-Royal zugebracht hatte. Sie war in der Abtei erzogen worden und ging noch immer sehr gern dorthin. Bei jedem anderen wäre das ein unsühnbares Verbrechen gewesen, doch der König empfand persönlich größte Bewunderung für Mme. de Gramont und eine Zuneigung, die Mme. de Maintenon höchlichst mißfiel, ohne daß sie sie jedoch hätte beeinträchtigen können. Es war ihr nichts anderes übriggeblieben, als sie schweigend zu ertragen. Dafür versäumte sie es nicht, ihre Eifersucht des öfteren durch kleine Sticheleien merken zu lassen, aber Mme. de Gramont war eine stolze, sehr selbstbewußte Frau, noch immer sehr schön, geistvoll und anmutiger als irgendeine andere Dame bei Hofe. Sie geruhte diese kleinen Ausfälle nicht einmal zur Kenntnis zu nehmen und bezeugte Mme. de Maintenon durch die Lässigkeit, die sie ihr gegenüber an den Tag legte, daß sie sich sogar zu jenem Mindestmaß an Entgegenkommen einzig mit Rücksicht auf die Neigung des Königs verstand. So hatte denn auch ihr Aufenthalt in Port-Royal, den Mme. de Maintenon sich zunutze zu machen hoffte, für die Gräfin nur eine kleine Buße, nicht aber die Ungnade des Königs zur Folge. Sie, die sich sonst an jedem Ausflug nach Marly beteiligte und den König auch überallhin begleitete, nahm diesmal nicht teil; das war etwas ganz Neues. Sie machte sich insgeheim mit ihren Freunden darüber lustig, im übrigen aber schwieg sie und begab sich nach Paris. Zwei Tage später gab sie ihrem Gemahl, dem es freistand, nach Marly zu kommen, einen Brief an den König mit; an Mme. de Maintenon schrieb sie nicht und ließ ihr auch keinen Gruß ausrichten. Der König erwiderte dem Comte de Gramont, der seine Frau zu rechtfertigen suchte, daß sie hätte wissen müssen, was er über ein derart jansenistisch verseuchtes Haus dächte und wie sehr er diese Sekte verabscheue. Kurze Zeit nachdem der Hof wieder nach Versailles zurückgekehrt war, erschien dort auch die Comtesse de Gramont. Sie besuchte den König bei

Mme. de Maintenon und sprach unter vier Augen mit ihm; er schalt sie, und sie gab ihm das Versprechen, nicht mehr nach Port-Royal zu gehen, ohne deshalb auch nur im geringsten von ihren Ansichten abzulassen. Sie versöhnten sich, und zum größten Mißvergnügen Mme. de Maintenons blieb alles ganz wie zuvor.

Die merkwürdige Reise eines Hufschmieds aus Salon-en-Provence an den Hof. – Leben und Tod des Kanzlers Boucherat. – Pontchartrain wird sein Nachfolger.

Die Freunde des Erzbischofs von Cambrai hatten sich eingebildet, daß der Papst, der über eine so prompte und völlige Unterwerfung Fénelons erfreut war und in dem gefällten Urteilsspruch mehr Nachgiebigkeit gegen den König als irgendein anderes Gefühl bezeugt hatte, Fénelon nun mit dem Kardinalspurpur entschädigen würde; und in der Tat gab es einige Anzeichen, die dafür sprachen. Sie behaupteten sogar, der Papst hätte es sehr gern getan, dann aber, als er sah, daß durch jene Unterwerfung die Ungnade des Königs auch nicht behoben worden war, habe er es doch nicht gewagt. Der Duc de Béthune, der jede Woche nach Versailles kam und des öfteren bei mir zu Mittag aß, konnte sich nicht enthalten, mit uns über den Erzbischof von Cambrai zu sprechen. Er wußte, daß er von uns nichts zu befürchten hatte, und er kannte überdies meine enge Beziehung zum Duc de Beauvilliers. Als keine Hoffnung mehr auf die Kardinalswürde bestand, ging er eines Tages so weit, uns rundheraus zu erklären, er habe stets an die Unfehlbarkeit des Papstes geglaubt und habe oft mit der Comtesse de Gramont darüber gestritten, aber er müsse gestehen, daß er seit der Verurteilung des Erzbischofs von Cambrai nun doch nicht mehr daran glaube. Er fügte dann noch hinzu, man wisse allerdings, daß das Ganze auf einer Kabale beruhe, die bei uns wegen der politischen Haltung gegenüber Rom gesponnen worden sei; aber es kämen auch wieder andere Zeiten, und er hoffe, daß dann die Entscheidung sich ändere und das Urteil widerrufen würde, es bestünden begründete Aussichten dafür. Wir konnten darüber nur lachen.

Ein Hufschmied, der aus der kleinen Stadt Salon in der Provence geradenwegs nach Versailles kam, wandte sich an Brissac, den Major der Leibgarde, und verlangte, sofort zum König geführt zu werden, den er unter vier Augen sprechen wolle. Er ließ sich durch die groben Zurechtweisungen keineswegs einschüchtern und gab nicht eher Ruhe, bis man dem König Mitteilung machte, worauf dieser ihm ausrichten ließ, daß er nicht so ohne weiteres für jedermann zu sprechen sei. Der Hufschmied beharrte auf seinem Wunsch und behauptete, er würde dem König, wenn er ihn sähe, von Dingen berichten, die einzig und allein ihm, dem König, bekannt seien, woraus der König dann ersehen würde, daß er berufen sei, ihm wichtige Eröffnungen zu machen. Inzwischen möge man ihn wenigstens an einen der Staatsminister verweisen. Darauf ließ der König ihm ausrichten, er solle sich an Barbezieux wenden, dem er den Auftrag gegeben hatte, den Mann zu empfangen und anzuhören. Einigermaßen überraschend war, daß dieser Hufschmied, der eben erst in Versailles angekommen und der aus seiner Heimat und seinem Umkreis nie herausgekommen war, Barbezieux ablehnte und sofort einwandte, er habe gebeten, an einen Staatsminister gewiesen zu werden, Barbezieux aber sei keiner, er wolle jedoch nur mit einem Staatsminister sprechen. Daraufhin nannte der König Pomponne, und zu ihm ging der Hufschmied, ohne den leisesten Widerspruch zu erheben. Was man von seiner Geschichte erfuhr, ist in Kürze folgendes: Als dieser Mann eines Abends vom Feld kam und in die Stadt zurückkehrte, sah er plötzlich ein helles Licht, das dicht neben einem Baum aufflammte; eine schöne, königlich geschmückte, blonde Frau rief ihn beim Namen und hieß ihn ihren Worten aufmerksam lauschen, sie sprach über eine halbe Stunde zu ihm, sie sagte ihm, sie sei die Königin, die Gemahlin des Königs gewesen, sie befahl ihm, den König aufzusuchen und ihm alles darzulegen, was sie ihm mitgeteilt habe. Gott würde ihm auf seiner Reise beistehen, er solle dem König von einem Geheimnis erzählen, von dem nur er selber und sonst niemand auf der Welt etwas wisse und wissen könne. Der König würde alsbald erkennen, daß alles, was er ihm zu eröffnen habe, wahr sei. Wenn er den König nicht gleich zu sprechen bekomme, solle er um eine Unterredung mit einem seiner Staatsminister bitten, aber er solle keinesfalls einem anderen, wer immer es sei, auch nur die geringste Mitteilung machen, auch dürfe er bestimmte Dinge nur dem König allein eröffnen. Er solle sich unverzüglich auf den Weg machen und das, was ihm aufgetragen, kühn und unerschrocken ins Werk setzen, er könne versichert sein, daß er, wenn er es verabsäume, seinem Auftrag nachzukommen, mit dem Tode bestraft werde. Der Hufschmied versprach alles, da verschwand die Königin, und er stand allein in der Dunkelheit neben seinem Baum. Er legte sich zu Füßen des Baumes nieder und wußte nicht, ob er träumte oder wachte; nach einer Weile ging er dann heim in der Gewißheit, daß es Augentäuschung, ein Blendwerk war, über das er wohlweislich kein

Wörtchen verlauten ließ. Zwei Tage später sah er am nämlichen Ort die gleiche Erscheinung und bekam dieselben Worte zu hören, überdies aber auch Vorwürfe wegen seines Zweifels und ernstliche Drohungen, und zum Schluß wurde ihm der Befehl erteilt, dem Intendanten der Provinz zu berichten, was er gesehen, und daß er den Auftrag habe, nach Paris zu gehen; der Intendant würde ihn alsdann bestimmt mit dem nötigen Reisegeld versehen. Dieses Mal war der Hufschmied überzeugt: aber da er sich vor den Schwierigkeiten der Ausführung ebenso fürchtete wie vor den Drohungen, wußte er nicht, was er tun sollte, wobei er weiterhin vollkommenes Schweigen bewahrte über das, was ihm widerfahren war.

Acht Tage verharrte er in dieser Ratlosigkeit, und als er endlich so gut wie entschlossen war, die Reise nicht zu tun, kam er abermals an jenem Ort vorüber und sah und hörte wiederum das gleiche, und dazu so erschreckende Drohungen, daß er nur noch daran dachte, sich eilends auf den Weg zu machen. Zwei Tage später suchte er in Aix den Intendanten der Provinz auf, der ihn ohne Zögern ermunterte, die Reise auszuführen, und ihn mit Geld versah, damit er einen Postwagen benutzen könne. Mehr hat man niemals erfahren. Er hatte drei Unterredungen mit M. de Pomponne und blieb jedes Mal über zwei Stunden bei ihm. Der König wollte, daß Pomponne bei der nächsten Staatsratssitzung, an der Monseigneur nicht teilnehme und bei der nur Minister zugegen wären – das waren damals außer Pomponne noch Beauvillier, Pontchartrain und Torcy –, ausführlicher auf die Sache einginge. Die Sitzung währte lange, möglich, daß überdies auch noch andere Dinge beredet wurden; anschließend wollte der König den Hufschmied sprechen und ließ ihn die kleine Treppe hinaufkommen, die auf den Marmorhof führt und die er benutzte, wenn er zur Jagd gehen oder einen Spaziergang machen wollte. Einige Tage hernach ließ er den Mann noch einmal zu sich kommen, und er sprach fast jedes Mal eine Stunde mit ihm allein, und er gab acht, daß sich niemand in ihrer Nähe aufhielt. Als der König, nachdem er zum erstenmal mit dem Hufschmied gesprochen hatte, die kleine Treppe hinunterstieg, um auf die Jagd zu gehen, äußerte sich der Duc de Duras – der solches Ansehen genoß, daß er sich die Freiheit nehmen durfte, dem König alles zu sagen, was ihm beliebte – in abfälliger Weise über den Hufschmied und berief sich auf das böse Sprichwort: »Wenn dieser Mann kein Narr ist, dann ist der König kein Edelmann!« Als der König das hörte, blieb er stehen, drehte sich um und sagte zum Marschall Duras: »Nun gut, dann bin ich kein Edelmann, denn ich habe mich lange mit dem Mann unterhalten, und was er mir gesagt hat, war sehr verständig, ich versichere Ihnen, daß er alles andere als ein Narr ist.« Diese Worte wurden mit so nachdrücklichem Ernst gesprochen, daß die überraschten Anwesenden in tiefes Schweigen versanken und Augen und Ohren weit aufsperrten. Nach der zweiten Unterredung gab der König zu, dieser Mann habe ihn auf etwas sehr Seltsames angesprochen, was ihm vor mehr als zwanzig Jahren widerfahren sei, nämlich auf das Gespenst, das er im Walde von Saint-Germain gesehen habe und das er, wie er genau wisse, niemals und vor niemandem auch nur mit einem einzigen Wort erwähnt habe. Er äußerte sich noch einige Male sehr lobend über den Hufschmied, der gemäß den königlichen Anordnungen vollkommen bewirtet und beköstigt wurde, auch bezahlte ihm der König die Heimreise und ließ ihm überdies noch ein Sümmchen Geld mitgeben. Dem Intendanten der Provinz ließ er schreiben, er möge den Hufschmied unter seine besondere Obhut nehmen und ihn, ohne daß er ihn seinem Stand und seinem Handwerk entfremde, darauf achten, daß es ihm für den Rest seines Lebens an nichts fehle. Das Bemerkenswerte aber war, daß keiner der damaligen Minister sich über diese Sache hat äußern wollen. Ihre nächsten Freunde haben sie mehrfach dazu gedrängt und ermuntert, ohne auch nur ein Wort aus ihnen herausbringen zu können.

Dieser Hufschmied, ein ungefähr fünfzigjähriger Mann, der Familie hatte und in seiner Heimat sehr beliebt war, zeigte bei all seiner Einfalt viel gesunden Menschenverstand und vor allem Uneigennützigkeit und Bescheidenheit. Er fand stets, daß man ihm zuviel zukommen lasse, er verspürte offenbar nicht die geringste Neugier und wollte sich nach den Gesprächen mit dem König und mit Pomponne weder irgend etwas ansehen noch sich selber ansehen lassen. Er schien nur bestrebt, heimzukehren; er sagte, er sei zufrieden, seine Mission erfüllt zu haben, und habe nun nichts weiter zu tun, als schnell wieder nach Hause zurückzureisen. Jene, die ihn zu betreuen hatten, bemühten sich nach Kräften, etwas aus ihm herauszulocken, aber die einzige Antwort, die er gab, war: »Es ist mir verboten zu sprechen.« Und er schnitt, ohne sich aus der Ruhe bringen zu lassen, jede weitere Frage ab. Wieder heimgekehrt, schien er ganz unverändert, äußerte sich weder über Paris noch über den Hof, antwortete denen, die ihn fragten, in wenigen Worten und gab zu verstehen, daß er nicht gefragt sein wolle. Keine Silbe über das, was sich ereignet, und das, was er getan, vor allem nicht die leiseste Angeberei. Er ließ nichts über die Audienz vernehmen, begnügte sich, den König kurz zu erwähnen und zu sagen, daß er sich freue, den Herrscher gesehen zu haben, ohne aber durchblicken zu lassen, ob er in der Menge der

Zuschauer gestanden oder ihn auf andere Weise gesehen habe, und ohne sich zu einer näheren Erklärung bereitzufinden. Er nahm sein Handwerk wieder auf und hat genauso weitergelebt wie zuvor. Das haben die Prälaten der Provence über ihn berichtet, und das hat mir der Erzbischof von Arles erzählt, der jedes Jahr eine Zeit in Salon zuzubringen pflegte, aber Salon ist nicht nur der Landsitz der Erzbischöfe von Arles, es ist gleichfalls der Geburtsort des berühmten Nostradamus, der auch dort begraben wurde. Es braucht gar nicht viel, um die wildesten Gerüchte entstehen zu lassen. Man mutmaßte also eifrig, ohne zu irgendeinem Ergebnis zu kommen und ohne daß man nur das geringste hätte aufhellen können. Findige Schnüffler haben sich und anderen einreden wollen, das Ganze sei nichts als ein dreistes, gaunerisches Lügengewebe gewesen, dem der einfältige Biedermann als erster ins Garn gegangen sei.

Nun gab es in Marseille eine Mme. Arnoul, deren Leben ein Roman ist und die, häßlich wie die Sünde, alt, arm, verwitwet, dennoch überall, wo sie erschien, die heftigsten Leidenschaften entfachte, die die angesehensten Leute beherrschte, sich unter den seltsamsten Umständen von jenem M. Arnoul – Intendant der Marine von Marseille – heiraten ließ und es durch ihre Klugheit und geschicktes Ränkespiel dazu brachte, daß sie, wo sie auch lebte, ebenso gefürchtet wie geliebt wurde, so daß die meisten Leute sie für eine Zauberin hielten. Sie war mit Mme. de Maintenon, als diese noch Mme. Scarron hieß, sehr befreundet gewesen, und die engen Beziehungen zwischen beiden hatten im geheimen fortgedauert. Das sind zwei Tatsachen, die der Wahrheit entsprechen, eine dritte, die zu bestätigen ich mich allerdings hüten werde, läuft darauf hinaus, daß diese Vision und der Auftrag, sie dem König kundzutun, nichts anderes gewesen seien als ein Betrugsmanöver eben jener Mme. Arnoul und daß man mit dieser dreimaligen Erscheinung, die man dem Hufschmied vorgegaukelt habe, den König nur habe nötigen wollen, Mme. de Maintenon zur Königin zu erklären. Der Hufschmied selber nannte ihren Namen niemals, noch hat er sie je zu sehen bekommen. Das ist alles, was man jemals erfahren hat.

In England, wo sie mehr als fünfundzwanzig Jahre gelebt, endete dieser Tage die Duchesse de Mazarin ihr seltsam abenteuerliches Dasein. Ihr Leben hat in der Gesellschaft soviel Anlaß zum Gerede gegeben, daß ich mich mit keiner weiteren Darstellung aufzuhalten brauche. Zu ihrem Unheil gab ihr Ende dem Gerede vollkommen recht, so daß niemand weiter um sie trauerte als Saint-Evremond, dessen Leben, dessen Grund zur Flucht und dessen Werke jedermann bekannt sind.

Mazarin, der schon seit langer Zeit von seiner Frau getrennt lebte und jede Verbindung zu ihr aufgegeben hatte, ließ ihre Leiche nach Frankreich bringen und führte sie fast ein ganzes Jahr von Ort zu Ort. Er ließ den Sarg eine Weile in der Wallfahrtskirche Notre-Dame-de-Lisse aufbahren, wo das einfache Volk zu ihr betete wie zu einer Heiligen und ihren Sarg mit seinen Rosenkränzen berührte. Schließlich ordnete Mazarin an, sie in Paris neben ihrem berühmten Oheim in der Kollegienkirche Quatre-Nations zu beerdigen.

Indes der König ringsum neue Ehrentitel verlieh, schien sein persönliches Wirken gleichfalls neuer Ehrungen zu bedürfen, aber alle Möglichkeiten dieser Art waren bereits erschöpft, man konnte also nur jene wiederholen, die man ihm mit der Aufstellung seines Standbildes auf der Place des Victoires erwiesen hatte, und so enthüllte man am 13. August das Standbild auf der Place de Vendôme. Der Duc de Gesvres ritt als Gouverneur von Paris an der Spitze des gesamten Pariser Magistrats durch die Straßen, und sie vollzogen all jene Zeremonien, die man der Einweihung römischer Kaiserstandbilder entlehnt hatte. Es wurde allerdings kein Weihrauch abgebrannt, und es wurden keine Opfer gebracht, und doch mußte man auch dem allerchristlichen König das Seine geben. Des Abends wurde am Ufer der Seine ein prächtiges Feuerwerk veranstaltet, das sich Monsieur und Madame aus den Fenstern des Louvre ansahen. Monseigneur war – das einzige Mal in seinem Leben – in großem Hofstaat erschienen, so hatte er bereits der Enthüllung des von dem Marschall La Feuillade gestifteten und erdachten Standbildes auf der Place des Victoires beigewohnt. Der Sohn des Marschalls, der sich schlecht mit dem König verstand, war inzwischen der Aufgabe, die ihm sein Vater testamentarisch aufgetragen, überdrüssig geworden; er war es leid, und es war ihm zu viel, alle Abende an den vier Ecken des Platzes Fackeln anzünden zu lassen.

Am 2. September starb Boucherat, der Kanzler und Siegelbewahrer Frankreichs. Er war vierundachtzig Jahre alt und schon seit langem recht kränklich. Die Männer, die man als seine möglichen Nachfolger nannte, waren: Pontchartrain, Harlay, der erste Präsident, die Finanz- und Staatsräte Courtin, Daguesseau, Pomereux und La Reynie, einige dachten auch an Caumartin und Voysin.

Pontchartrain war der Enkel des ersten Phélypeaux, der Staatssekretär Heinrichs IV. gewesen und 1621 bei der Schlacht von Montauban gestorben war. Sein Sohn erbte sein Amt, das jedoch, da er erst acht Jahre alt war, vertretungsweise Herbault, der älteste Bruder seines Vaters, übernahm, der später seinen Neffen um eben dieses Amt brachte, da er es sich offiziell überschreiben ließ. Nach ihm bekam La Vrillière, sein Sohn, das Amt, und dann blieb es vom Vater auf den Sohn in der Familie. Der beraubte Neffe wurde Rat am Parlament, dann Präsident der Rechnungskammer von Paris und starb 1685. Er war einer der Richter Foucquets, die man aus sämtlichen hohen Gerichtshöfen des Königreiches zusammenholte. Weder die Schmeicheleien noch die Drohungen Colberts, Le Telliers und Louvois', die einstimmig Foucquets Untergang beschlossen hatten, vermochten Pontchartrains Redlichkeit ins Wanken zu bringen; er konnte keinen Rechtsgrund zur Verurteilung finden, und durch diese mutige Handlung beraubte er sich aller Aufstiegsmöglichkeiten. Er war arm. Und sein einziger Wunsch war wie der seines Sohnes, um den es sich hier handelt, daß dieses Amt bei seiner Niederlegung jenem dienen möge, aber die Rachsucht der Minister hielt an, so daß sein Sohn, um den es sich hier handelt, achtzehn Jahre lang Requêtenrat im Justizpalast blieb, ohne Hoffnung auf eine bessere Laufbahn. Ich habe ihn oftmals sagen hören, wie sehr es ihn schmerze, vom Amt seines Vaters ausgeschlossen zu sein. Er wohnte mit seiner Frau, der Tochter des Präsidenten de Maupeou, bei seinem Vater. Die beiden benutzten zusammen nur eine Karosse, ihm stand ein kleines Arbeitszimmer zur Verfügung, das man nur über eine steile Stiege erreichen konnte, und ihr Schlafzimmer lag in der zweiten Etage. Seine Mutter, die 1653 gestorben, war die Tochter des berühmten Talon, des Generalstaatsanwaltes und späteren Staatsrats, der so interessante und einzigartige Memoiren in fast tagebuchähnlicher Form geschrieben hat.

Mein Vater war sehr befreundet mit den Talon und den Phélypeaux, und er und meine Mutter haben Vater und Sohn Pontchartrain wohl hundertmal in den eben geschilderten Lebensumständen besucht. In dieser traurigen Lage befand sich die Familie, als der Vater 1685 starb.

Pontchartrain war ein geborener Frauenliebling, mit einem Hang zu Liebesabenteuern, dabei von sprühender Lebendigkeit, wie ich sie außer bei ihm nur noch bei Rancé, dem Abt von La Trappe, gesehen habe – er glänzte in allen Salons und Gesellschaften, vor allem aber zeichnete er sich durch seine Fähigkeiten, seine erstaunliche Gewandtheit und seinen Eifer im Justizpalast aus. Ich habe ihn sehr oft sagen hören, es sei sein Wunschtraum, im Alter zum Ehrenrat des Parlaments ernannt zu werden und eine Wohnung im Kloster Notre-Dame zu bekommen. So lebte er bis zum Jahre 1677, als die Stelle des ersten Parlamentspräsidenten von Rennes vakant wurde. Da schlug Hotman, der zwar Colberts Abneigung gegen Pontchartrain und dessen ganze Familie kannte, der sich aber niemals scheute zu sagen, was er für richtig hielt, vor, den Sohn Pontchartrains zum ersten Präsidenten zu ernennen, denn dieser sei nach seiner Ansicht der geeignetste Mann für diesen Posten; und er wußte so viel Gutes über ihn zu berichten, daß er Colbert überzeugte. Pontchartrain stellte die Justiz und das Parlament auf eine ganz neue Grundlage und übte sämtliche Funktionen eines Intendanten aus in einer Provinz, die bis dahin noch keinen solchen gehabt hatte, er brachte alles in schönste Ordnung und machte sich bei jedermann beliebt. Allerdings kam er dabei dem Duc de Chaulnes sehr ins Gehege, einem Mann, den man in der Bretagne hoch verehrte und der es nicht gewohnt war, daß ein anderer als er und die Stände, die er beherrschte, sich um irgend etwas im Lande bekümmerten.

1687 holte der Finanzkontrolleur Peletier Pontchartrain von Rennes weg, um ihn zum Intendanten der Finanzen und dann 1689 zum Generalkontrolleur ernennen zu lassen. Pontchartrain kostete es viel Überwindung dieses Amt anzunehmen, und statt Peletier, der ihm zu dieser Beförderung verholfen hatte, dankbar zu sein, zürnte er ihm und konnte es ihm niemals verzeihen. Ein Jahr später erfüllten sich durch Seignelays Tod all seine Wünsche; er wurde Staatssekretär, bekam überdies noch das Departement der Marine und das des königlichen Haushalts. Er bat nun dringend, von der Finanzverwaltung befreit zu werden, aber als es gerade soweit war, begann der Krieg. Als umsichtiger Mann hatte er sich gut mit Louvois gestellt, und Louvois wollte für die Finanzen keinen anderen haben, auch Mme. de Maintenon, der das Ehepaar Pontchartrain sehr gut gefiel, war einem Wechsel äußerst abgeneigt. Den Generalkontrolleur der Finanzen hofierte sie von allen Ministern am meisten, weil die Besetzung dieses Amtes wegen der tausend Angelegenheiten, die sie zu befördern wünschte, und wegen alldem, was sie an Menschen und Dingen dem König fernzuhalten oder näherzubringen gedachte, von wesentlichem Interesse war, eben weil der Generalkontrolleur gewöhnlich den größten Einfluß ausübte. Niemand hätte sich besser zu dieser Art Katz- und Mausspiel eignen können als Pontchartrain. Er war sehr klein von Gestalt, seine Gesichtszüge waren sozusagen ständig von Geistesblitzen erhellt; unvergleichlich seine rasche Auffassungsgabe, seine zwanglose Lässigkeit und Zuvorkommenheit im Gespräch, die Schlagfertigkeit seiner Erwiderungen, seine Zuverlässigkeit und Geschicklichkeit bei der Arbeit, seine Umsicht, seine sichere Menschenkenntnis. Zu all diesen Vorzügen gesellte sich eine aufgeklärte Einfalt und eine weise Heiterkeit, die ihm sowohl im Alltag wie bei den Staatsgeschäften unwiderstehlichen Zauber verliehen. Seine Lauterkeit war bemerkenswert und zeigte sich in allem. Trotz seines Hanges zum schönen Geschlecht, den er bis an sein Lebensende beibehielt, war er gottesfürchtig und gütig und, ich würde sagen, von ausgleichender Gerechtigkeit, und dies bereits, ehe er die Finanzen übernahm, aber auch dann noch in einem Maße, wie es sich kaum mit diesem Posten vereinen ließ. Er gestand diese Schwierigkeit selbst ein; das war auch der Grund, warum die Finanzen für ihn eine solche Qual waren; er beklagte sich oft bitter gegenüber jenen, die ihm ein Unrecht vorhielten, und deshalb wollte er dieses Amt immer wieder aufgeben, nur durch List brachte seine Frau ihn dazu, es zu behalten, indem sie ihn bald um zwei Tage, bald um vier, bald um acht Tage Aufschub bat.

Sie war eine kluge, edeldenkende Frau, ruhig und ausgeglichen, nichts an ihr war bürgerlich außer ihrer Gestalt. Sie war lebenslustig, freigebig mit Geschenken, liberal und erstaunlich in der Kunst, Festlichkeiten zu ersinnen und zu veranstalten, eine wahrhaft bewundernswerte Hausfrau. Es ist unglaublich, was das Ehepaar Pontchartrain alles den Armen spendete. Mme. de Pontchartrain hatte immer den rechten Blick und offene Hände für deren Nöte und Bedürfnisse, ständig sammelte sie für verschämte Arme, notleidende Edelleute und junge Damen, für gefährdete Mädchen, die sie zu ihrer Rettung zu verheiraten oder sonst irgendwo unterzubringen suchte. All das geschah ganz im geheimen. Abgesehen von den großen Summen Geldes, die sie regelmäßig an die Armen ihres Kirchsprengels verteilte, waren beide unermüdlich im Spenden von Almosen und Stiften von Krankenhäusern. Ihre geistige Wendigkeit und Lebenslust ermöglichten es Mme. de Pontchartrain, auch Leuten beizustehen, die ihr Elend versteckten, sie gab sich dann den Anschein, als wisse auch sie selber gar nichts davon. Sie war eine vierschrötige Frau, sehr häßlich, von einer plumpen und gewöhnlichen Häßlichkeit, was sie zuweilen in üble Laune versetzte, einen Zustand, den sie jedoch stets nach Kräften zu überwinden suchte. Es hätte keine besseren Eltern, keine besseren Freunde, keine höflicheren Leute, man hätte hinzufügen mögen, keinen ehrerbietigeren Menschen geben können als dieses Ehepaar, die trotz jenes fatalen Beigeschmacks, den Gunst, Machtbefugnis und hohe Stellung allem beimengten, niemals vergaßen, was sie waren und was die anderen waren.

Sie hatten lange Zeit mit Mme. de Maintenon im besten Einvernehmen gestanden, allmählich aber trat eine gewisse Kühle zwischen ihr und Pontchartrain ein, da sie ihn doch nicht so leicht zu lenken vermochte, wie sie sich das gedacht hatte. Seine Frau, der Mme. de Maintenon stets die herzlichste Neigung bewahrte, versuchte Pontchartrain nachgiebiger zu stimmen, und ihr zuliebe nahm Mme. de Maintenon von Pontchartrain Härte und Widerspenstigkeit in Kauf, was sie einem anderen niemals hätte durchgehen lassen. Doch war der Bogen fast schon überspannt, so daß sie sich sehr erleichtert fühlte, ihn nun durch seine Ernennung zum Kanzler im guten loszuwerden.

Am gleichen Tage, an dem Boucherat nachmittags starb – es war einen Tag vor der Abreise des Königs nach Fontainebleau – glaubte bereits am Morgen niemand mehr, daß der Kanzler den Tag noch überleben würde. Also sagte der König nach einer Sitzung des Staatsrats zu Pontchartrain, der als letzter fortging: »Wären Sie zufrieden, wenn Sie Kanzler von Frankreich würden?« – »Sire«, antwortete Pontchartrain, »ich habe Sie so oft und so inständig gebeten, mich von den Finanzen zu befreien und mich einfach Minister und Staatssekretär bleiben zu lassen, daß Sie wohl ermessen können, wie leichten Herzens ich diese Stellung aufgebe, um dafür das höchste Amt zu erreichen, das ich erlangen kann.« – »Nun gut«, sagte der König, »aber sprechen Sie einstweilen mit niemandem, mit gar niemandem darüber; sobald der Kanzler stirbt – und er ist vielleicht schon gestorben –, mache ich Sie zum Kanzler, und Ihr Sohn soll Staatssekretär werden mit allen Befugnissen. Sie werden für dieses Mal in Fontainebleau noch Ihre bisherige Wohnung behalten, denn ich habe die Gemächer der Staatskanzler, in die, wie ich festgestellt habe, der Kanzler wohl doch nicht ziehen wollte, bereits vergeben, und es wäre mir unangenehm, die jetzigen Bewohner wieder umquartieren zu müssen.« Pontchartrain ergriff die Gelegenheit und bat den König um Erlaubnis, seine bisherige Staatssekretärwohnung im Schloß zu Versailles behalten zu dürfen, was ihm auch bewilligt wurde. So zog er sich denn zurück mit den freudigsten Gefühlen, die er jemals empfunden hatte, weniger, weil er Kanzler geworden war, obwohl ihm das, wie ich ihn bald habe sagen hören, auch sehr entzückte, als vielmehr, weil endlich die Bürde der Finanzen von ihm genommen war, eine Bürde, die ihm trotz des Friedens täglich unerträglicher wurde.

Von Mittwoch bis Samstag wurde Pontchartrain in Fontainebleau erwartet. An diesem Abend beauftragte der König, als er zu Mme. de Maintenon ging, den Marschall Villeroy, den Hauptmann der Garde vom Dienst, bei Pontchartrain Nachricht zu hinterlassen: er möge sofort nach seiner Ankunft in des Königs Arbeitszimmer kommen. Pontchartrain erschien unverzüglich im Gemach des Königs, um es als Kanzler von Frankreich wieder zu verlassen. Als man in der Komödie saß, kam ein Gardeoffizier und meldete Villeroy, der König habe die Staatssiegel zu Mme. de Maintenon bringen lassen und Pontchartrain habe sie von dort aus mit zu sich nach Hause genommen. Man hatte eigentlich mit seiner Wahl gerechnet, nun aber war man gespannt, wer Generalkontrolleur der Finanzen werden würde. Man brauchte nicht lange zu warten.

Chamillarts Aufstieg zum Generalkontrolleur der Finanzen. – Tod der Comtesse de Fiesque – Tod Pomponnes.

Am gleichen Abend sagte der König nach Aufhebung der Tafel in seinem Kabinett zu Monseigneur und zu Monsieur, er habe Chamillart ein eigenhändig geschriebenes Billet zugehen lassen, mit der Mitteilung, daß er ihm den Posten des Generalkontrolleurs geben wolle. Die Kunde verbreitete sich dann beim Coucher von Mund zu Mund, und bald erfuhr sie der ganze Hof. Chamillart war ein hochgewachsener Mann, sein Gang war ein wenig schwankend, sein offenes Gesicht strahlte Sanftmut und Güte aus. Sein Vater war Requêtenmeister gewesen und starb 1675 als Intendant in Caen, wo er annähernd zehn Jahre diesen Posten innegehabt hatte. Ein Jahr darauf wurde der Sohn Parlamentsrat. Er war sehr ordentlich, sehr bemüht, wenn auch nicht gerade scharfsinnig, und er liebte lustige Gesellschaft. Er war sehr umgänglich und ein rechter *honnête homme*. Er hatte viel Freude am Spiel, aber weniger am Glücksspiel, und er beherrschte fast alle Spiele. Auf diese Weise kam er mit höheren Gesellschaftskreisen in Berührung, sein Glück jedoch machte er durch seine Meisterschaft im Billardspiel. Der König, der viel Gefallen an diesem Spiel fand – eine Neigung, die er übrigens recht lange beibehielt –, spielte fast jeden Winterabend einige Partien, bald mit Vendôme und Le Grand, bald mit dem Marschall Villeroy, bald mit dem Duc de Gramont. Da sie alle gehört hatten, daß Chamillart, ein guter Billardspieler sei, wollten sie ihn in Paris auf die Probe stellen; sie waren so beeindruckt von seinem Spiel, daß sie dem König sofort davon erzählten, und sie priesen Chamillart in solchen Tönen, daß der König Le Grand den Auftrag gab, bei seiner nächsten Fahrt Chamillart aus Paris nach Versailles mitzubringen. So geschah es, und der König stellte fest, daß man nicht übertrieben hatte. Vendôme und Le Grand hatten sich Chamillarts ganz besonders angenommen und bewirkten, daß er ein für allemal zu den Billardpartien des Königs zugelassen wurde, wo er sich dann stets als der überlegenste Spieler erwies. Er benahm sich dabei so bescheiden und zurückhaltend, daß er das Gefallen des Königs, aber auch der Höflinge fand, die ihn nicht, wie man es sonst mit Unbekannten aus der Provinz zu tun pflegte, verspotteten, sondern ihn um die Wette begönnerten. Der König gewöhnte sich mehr und mehr an ihn und erzählte Mme. de Maintenon so viel von ihm, daß sie ihn kennenzulernen wünschte. Er verstand sich so gut mit ihr, daß sie ihn, vielleicht um der Neigung des Königs zu schmeicheln, aufforderte, sie doch gelegentlich zu besuchen, und schließlich fand sie mindestens ebensoviel Gefallen an ihm wie der König. Trotz dieser ständigen Reisen nach Versailles, wo er niemals übernachtete, erschien Chamillart regelmäßig und pünktlich des Morgens im Justizpalast und hielt dort Vortrag ganz wie bisher; das erwarb ihm die Zuneigung seiner Kollegen, die es angenehm vermerkten, daß er weiter wie einer der ihren sein Amt versah und ebenso mit ihnen umging wie zuvor, ohne dem Dünkel zu verfallen, der bei vielen Leuten zu einer Folge der Auszeichnung wird, und dieses Verhalten wurde ihm auch bei Hofe und vom König als Verdienst angerechnet. Allmählich schaffte er sich Freunde, und der König wollte, daß er Requêtenmeister würde, damit er mehr Freiheit gewönne und seine Aussichten auf Beförderung wüchsen. Überdies wurde vom König auch eine Wohnung im Schloß bewilligt, etwas für einen Mann seines Standes ganz Ungewöhnliches, ja Einzigartiges, das war 1680.

Drei Jahre später wurde er zum Intendanten von Rouen ernannt. Bei dieser Ernennung bat er den König, mit dem er damals schon sehr offen reden konnte, er möge ihn doch nicht aus seiner Nähe entfernen; aber der König erwiderte ihm, daß er ihn eben deshalb in das nahe gelegene Rouen schicke, und er gab ihm Erlaubnis, von Zeit zu Zeit sechs Wochen in Versailles zu verbringen.

Nach drei Jahren Intendanz, während deren er ganz wie im Parlament unverändert er selbst geblieben, wurde eine Charge als Finanzintendant frei, und der König verlieh sie ihm. Auf diesem Posten blieb er zehn Jahre; zum König unterhielt er, obwohl Billard nicht mehr in Mode war, auch weiterhin die besten Beziehungen, und Mme. de Maintenon wußte er sich, seit er in Paris und am Hofe ansässig geworden, derart unentbehrlich zu machen, daß sie ihn mit der Verwaltung der Einkünfte und der Abwicklung aller geschäftlichen Angelegenheiten von Saint-Cyr betraute, wodurch sich fortwährende Zusammenkünfte zwischen den beiden ergaben; auch wußte er sich immer mehr Freunde bei Hofe zu gewinnen. Unter solchen Umständen konnte also seine Wahl zum Generalkontrolleur keinen Augenblick fraglich sein.

Er verwaltete dieses Amt mit einer Milde, einer Geduld und Nachgiebigkeit, die bislang unbekannt waren und die jeden, der mit ihm zu tun hatte, für ihn einnahmen. Er geriet auch bei den absurdesten und hartnäckigsten Forderungen nicht aus der Fassung, dabei kam ihm sein angeborenes und niemals verleugnetes Phlegma zugute; die Art, mit der er etwas ablehnte, überzeugte jeden von dem Unbehagen, mit dem er das tat, und die Art und Weise, mit der er etwas bewilligte, erhöhte noch die Gunst. Seine Frau und er waren Kinder zweier Schwestern, sie war sittsam und sehr höflich, aber alles, was sie konnte, war Spielen, was sie zwar nur sehr ungerne tat und nur, weil sie nicht wußte, was sie sonst hätte anfangen und mit den Leuten hätte reden sollen, außer sie zu fragen, wie es ihnen gehe. Auch der Hof vermochte ihr Wesen nicht zu beeinflussen; um die Wahrheit zu sagen, sie war die beste und die dümmste Frau von der Welt und für ihren Ehemann zu nichts nütze.

Während ihres Aufenthaltes in Fontainebleau starb die Comtesse de Fiesque; sie hatte ihr Leben in den oberflächlichsten Kreisen der guten Gesellschaft zugebracht. Zwei Züge unter Tausenden sollen zu ihrer Kennzeichnung dienen: sie besaß fast nichts mehr, da sie alles vergeudet oder sich von ihren Vermögensverwaltern hatte ausplündern lassen. Als man gerade mit der Herstellung der kostbaren Prunkspiegel begonnen hatte, die damals noch sehr teuer waren, erwarb sie ein Exemplar von erlesener Schönheit. »Ah, Comtesse«, fragten ihre Freunde sie staunend, »wie sind Sie denn zu diesem prachtvollen Spiegel gekommen?« – »Nun ja«, meinte sie, »ich hatte da so ein läppisches Stück Land, daß mir nichts weiter einbrachte als Getreidekorn, ich habe es verkauft und diesen Spiegel dafür bekommen, ist das nicht ein feiner Tausch? Getreide, nichts als Getreidekörner, und dafür diesen prächtigen Spiegel!« Ein andermal hielt sie ihrem Sohn, um ihn zum Heiraten zu bewegen, einen endlosen Vortrag; er solle sich durch eine reiche Partie ein wenig auf die Beine helfen; und sie erging sich in moralischer Entrüstung über den Stolz, der lieber Hungers stirbt, als eine Mesalliance einzugehen. Ihr Sohn, der nicht die geringste Lust hatte, sich zu verheiraten, ließ sie reden, und um zu sehen, worauf es hinauslaufen würde, gab er sich sogar den Anschein, als hätten ihre Gründe ihn überzeugt. Sie ist begeistert: macht ihm die Partie schmackhaft, preist die Reichtümer, den Wohlstand der Familie, nur eine einzige Tochter, die Eltern die besten Menschen der Welt, die entzückt sein würden; außerdem habe sie Freunde, die mit ihnen bekannt seien und die das Ganze zweifellos zum rechten Abschluß brächten; das Mädchen sei sehr niedlich, wohlerzogen und gerade im richtigen Alter. Auf eine derart genaue Beschreibung erkundigt sich der Graf, wer denn diese Person sei, bei der so viele Vorzüge die Herkunft vergessen machten. Die Gräfin erklärt, es sei die Tochter Jacquiers, eines Mannes, den jeder kenne, der sich Turennes höchster Wertschätzung erfreut habe, denn er habe dessen Truppen immer mit Lebensmitteln beliefert, und dadurch sei er zu Reichtum gekommen. Als sie zu Ende geredet hat, brach der Comte de Fiesque in schallendes Gelächter aus, worauf die Gräfin ihn zornig fragt, worüber er lache und was er an dieser Partie denn so lächerlich finde. Tatsächlich hatte Jacquier überhaupt keine Kinder, die Gräfin ist höchst überrascht, besinnt sich einen Augenblick, gibt zu, daß es so ist, und meint im selben Atemzug, daß sei wirklich jammerschade, denn es hätte ihr so besonders gut zugesagt. Ständig ersann sie dergleichen Hirngespinste, die sie zunächst mit Ingrimm verteidigte, um dann als erste darüber zu lachen. Man sagte von ihr, sie sei nie älter als achtzehn Jahre geworden.

Mehr Aufsehen erregte ein anderer Todesfall und wurde im Staatsrat sowie im Kreise wohlmeinender Leute als herber Verlust beklagt, nämlich der Tod Pomponnes, Sohn des berühmten Arnauld d'Andilly und Neffe des berühmten Arnauld. Diese Familie hat für Wissenschaft und Religion und so viele andere Gebiete so Hervorragendes geleistet, daß sich jeder Hinweis auf sie erübrigt, ich werde hier nur von Pomponne berichten.

Seine Ämter und die Freundschaft, mit der ihn – auch als er sich nach Port-Royal zurückzog und trotz all der stürmischen Auseinandersetzungen mit dem Jansenismus – die Königinmutter zu ehren geruhte, gaben d'Andilly die Möglichkeit, seinen Sohn, schon als dieser noch sehr jung war, zu mehreren wichtigen Verhandlungen nach Italien zu schikken, wo er mit etlichen Fürsten Verträge und Bündnisse abschloß. Als Intendant der Armee kam Pomponne nach Neapel und Katalonien, und überall war er mit soviel Umsicht, mit soviel Taktgefühl und solchem Erfolg tätig, daß seine Leistungen und die Unterstützung, die ihm durch die Freunde seines Vaters und durch seine eigenen Freunde zuteil wurde, bewirkten, daß man ihn 1665 als Gesandten nach Schweden schickte; dort blieb er drei Jahre und ging dann als Gesandter nach Holland. Hier wie dort war er so erfolgreich, daß man ihn noch zweimal nach Schweden schickte, wo er allen diplomatischen Künsten des Hauses Österreich zum Trotz 1671 die für Frankreich so nützliche Nordische Liga zustande brachte. Der König war so glücklich darüber, daß er wenige Monate später nach dem Verlust des Ministers und Staatssekretärs des Äußeren, Lionne, diesen durch niemanden besser ersetzen zu können glaubte als durch Pomponne.

Pomponne war ein Mann, der sich durch genaues und scharfsichtiges Urteil auszeichnete, der alles erwog und der, ohne doch ein Zauderer zu sein, erst nach reiflicher Überlegung zu handeln pflegte. Seine Bescheidenheit und Mäßigung, die Schlichtheit seiner Lebensführung waren bewundernswert, seine Gottesfurcht und Frömmigkeit denkbar unaufdringlich. Er war höflich, verbindlich und stets nur Minister, solange er im Amt war. Auch war er äußerst beliebt bei Hofe, wo er ein ruhiges und friedliches Leben führte, das vom Luxus wie von kleinlicher Knauserei gleichermaßen entfernt war. Wenn er Erholung von seiner verantwortungsreichen Arbeit suchte, so einzig im Kreis seiner Familie, seiner Freunde und bei seinen Büchern. Immer war er liebenswürdig und anregend, und Gespräche mit ihm waren, ohne daß er das beabsichtigte, höchst lehrreich. Alles was in seinem Hause und auf seine Anordnung hin geschah, vollzog sich in größter Ordnung, ohne jemals seine Ruhe zu erschüttern, aber auch, ohne daß irgend etwas im Rückstand blieb.

Diese Eigenschaften standen in zu krassem Gegensatz zu denen Colberts und Louvois', als daß jene beiden sie in Geduld hätten ertragen können. Colbert und Louvois besaßen zweifellos vorzügliche Eigenschaften, die zwar zuweilen glänzender erscheinen mochten, jedoch durchaus nicht so liebenswert waren wie die Pomponnes. Jeder dieser beiden wollte sich beständig in den Aufgabenkreis des anderen einmischen, und sie waren dadurch miteinander in Feindschaft geraten; unter verschiedenen Vorwänden strebten sie beide danach, auf die Außenpolitik Einfluß zu nehmen. Daran jedoch sahen sich beide auf entschiedene, wiewohl sanfte Weise gehindert, niemals aber vermochten sie, Pomponne des kleinsten Versehens zu überführen; seine umfassende Kenntnis der großen Zusammenhänge europäischer Politik und zumal die genaue Kenntnis, die er sich durch Aufmerksamkeit und wache Beobachtung bei den Verhandlungen und auf seinen Reisen über fremde Herrscherhäuser, Minister und Höfe, deren Interessen und Ressorts erworben hatte, verschafften ihm ein so unbestrittenes Übergewicht auf diesem Gebiet, daß die beiden anderen ihn im Staatsrat und beim König trotz seiner Bescheidenheit und Sanftheit nicht zu widersprechen wagten; denn er hatte sie, sooft sie sich dazu erkühnt hatten, jedesmal in ihre Schranken verwiesen. Da sie sich nun jeder Hoffnung beraubt sahen, einem so gut unterrichteten und maßvollen Minister etwas anhaben zu können, brauchten sie einige Zeit, um herauszubringen, auf welche Weise sie diesen schwer zu fassenden und ihrer beider Ehrgeiz hinderlichen Manne beikommen könnten.

Dieser Wunsch, sich seiner zu entledigen, um ihn durch jemanden zu ersetzen, der sich nicht so gut zur Wehr setzen konnte, vereinte die beiden Feinde für eine Zeit. Der Jansenismus wurde das Mittel, dessen sie sich bedienten, denn es war in der Tat ein Wunder und einzig den Verdiensten Pomponnes zuzuschreiben, daß der König diesen Minister, der als Sohn, Bruder, Neffe, Vetter und nächster Anverwandter durch innigste Bande mit alldem verknüpft war, was man ihm, dem König, aufs höchste verhaßt gemacht hatte, auf einem derart wichtigen Vertrauensposten zu halten vermochte. Während nun die beiden anderen, jeder für sich, mit ihrer Wühlarbeit einsetzen und sich überdies alles zunutze machten, was ihrer Absicht dienlich sein konnte, stellten sie fest, daß sie allmählich einen gewissen Einfluß auf den König gewannen; sie hetzten ihn auf und erreichten unter dem Vorwand der Religion schließlich, daß er dieses Opfer zu bringen gewillt war, allerdings mit äußerstem Widerstreben; der König war mit Pomponnes Verwaltungsarbeit besonders zufrieden, und er konnte bei ihm in allem, was den Jansenismus betraf, stets nur die größte Zurückhaltung und Vorsicht beobachten, es fiel ihm also schwer, Pomponne zu mißtrauen, selbst in diesem Punkte. Die Gefahr und das Ärgernis, den Neffen Arnaulds mit der Erledigung der geheimsten und wichtigsten Angelegenheiten zu betrauen, schien ihm gering im Vergleich zu der Gefahr und dem Verdruß, sich dieses Mannes zu berauben. Aber am Ende gab er den unablässigen Angriffen nach, und wie ein letzter Wassertropfen genügt, um ein Gefäß zum Überlaufen zu bringen, so genügte nach all diesen emsigen Vorbereitungen ein Nichts, um Pomponne zu Fall zu bringen. Das geschah im Jahre 1679.

Man verhandelte über die Heirat der Dauphine und erwartete den Kurier, der den endgültigen Bescheid bringen sollte. In diesen entscheidenden Augenblicken verrechnete sich Pomponne, denn er glaubte, noch hinlänglich Zeit zu haben, ein paar Tage auf seinem Landsitz zubringen zu können. Mme. de Soubise war über alle Zusammenhänge genau unterrichtet, sie war damals von blendender Schönheit und stand auf dem Gipfel ihrer Gunst; sie war sehr mit Pomponne befreundet, doch sie wagte nicht, ihm reinen Wein einzuschenken. Sie begnügte sich damit, ihn zu beschwören, er möge die kleine Reise aufschieben; ihn zu warnen vor den Wetterwolken, die sie heraufziehen sah und die ihm keine noch so kurze Abwesenheit gestatten würden. Sie bedrängte ihn förmlich, aber auch die vollkommensten Menschen haben ihre Schwächen: er vermochte weder zu begreifen, was Mme. de Soubise ihm nahezulegen versuchte, noch es über sich zu gewinnen, aus Freundschaft ihrem Rat zu folgen und diese kleine Reise zu opfern. Der Landsitz Pomponne liegt sechs Meilen von Paris entfernt. Während seiner Abwesenheit traf der Kurier aus Bayern ein und mit ihm auch ein Brief an Louvois, der seine Leute überall sitzen hatte; der Brief enthielt die Bestätigung des Ehevertrags mit der Aufzählung der einzelnen Artikel. Louvois beeilte sich, das Schriftstück sofort dem König zu überreichen, der sich wunderte, nicht schon von anderer Seite Nachricht bekommen zu haben. Die Depeschen an Pomponne waren chiffriert, und derjenige, der beauftragt war, sie zu entschlüsseln, war in die Oper gegangen, wo er sich in Abwesenheit seines Herrn zu unterhalten gedachte. Während hier die Zeit verrann – erst in der Oper, dann beim Dechiffrieren, dann mit der Hin- und Rückfahrt nach Pomponne –, verloren Colbert und Louvois keine Zeit, sie reizten den König zur Ungeduld, schürten seinen Zorn und trieben ihn so weit, daß Pomponne, als er endlich in Paris ankam, eine Order des Königs vorfand mit dem Befehl, die Depeschen und seine Demission zu übersenden und sich wieder nach Pomponne zu begeben.

Der große Schlag war also geführt. Louvois, dem Colbert aus guten Gründen verboten hatte, seinem Vater auch nur das leiseste Wort von diesem Anschlag zu erzählen, beeilte sich nun, Le Tellier von den Umtrieben und dem erreichten Erfolg Bericht zu geben. »Aber«, fragte der schlaue Le Tellier kühl seinen Sohn, »haben Sie denn schon den rechten Mann bei der Hand, den Sie an diese Stelle setzen?« – »Nein«, erwiderte Louvois, »man hat bisher nur daran gedacht, sich seiner zu entledigen, nun, da das Amt frei ist, muß man sich überlegen, mit wem man es besetzt.« – »Sie sind ein rechter Einfaltspinsel, mein Sohn, trotz all Ihres Scharfsinns und Ihrer Findigkeit«, entgegnete Le Tellier. »Colbert ist weitsichtiger als Sie. Sie werden sehen, daß er schon jetzt den Nachfolger kennt und ihn auch bereits vorgeschlagen hat: einen Mann, mit dem Sie viel schlechter fahren werden als mit jenem, den Sie davongejagt haben und der sich bei all seinen sonstigen guten Eigenschaften jedenfalls Colbert nicht mehr verpflichtet fühlte als Ihnen. Ich kann Ihnen nur abermals sagen, Sie werden das noch bereuen.« In der Tat hatte Colbert den Platz bereits für seinen Bruder Croissy, der damals in Aachen weilte, gesichert. Pomponne empfand seinen Sturz und die Leere sehr schmerzlich, aber er trug beides mit Gleichmut. Er erhielt bald darauf die Erlaubnis, nach Paris zu gehen und sich dort aufzuhalten. Keiner seiner Freunde ließ ihn im Stich. Die Ausländer bewiesen zwar viel Teilnahme, da sie Pomponne persönlich sehr schätzten, und gaben ihm das auch bei jeder Gelegenheit, die sich bot, zu verstehen;

dennoch fühlten sie sich sehr erleichtert, daß sie diesen fähigen Kopf nun nicht mehr zu fürchten brauchten.

Bald darauf wünschte der König, Pomponne ganz insgeheim in seinem Gemach zu empfangen; er ließ sein Bedauern durchblicken und berichtete ihm sogar über die Regierungsgeschäfte. Das wiederholte sich von Zeit zu Zeit, bis schließlich der König bei einer dieser Audienzen Pomponne gestand, wie schwer es ihm gefallen sei, ihn zu entfernen; und wie sehr es ihn noch immer betrübe. Nachdem Pomponne ihm darauf mit Rührung und Ehrerbietung geantwortet hatte, gab ihm der König nochmals seine Anerkennung und Freundschaft zu verstehen und erklärte ihm, daß er ständig den Wunsch verspüre, ihn wieder heranzuziehen, daß ihm dies jedoch einstweilen noch nicht möglich sei; Pomponne möge ihm sein Wort geben, daß er bereit sei, in den Staatsrat zurückzukehren, sobald er, der König, ihn darum bitten lassen würde, inzwischen bitte er ihn, Stillschweigen zu bewahren über das, was er ihm eben mitgeteilt habe; Pomponne versprach es, und der König umarmte ihn.

Dieser Vorfall verdeutlicht, was der König damals im Sinn hatte. Er hatte vor, sich Louvois' zu entledigen und ihn in die Bastille zu schicken; aber auf dieses merkwürdige Ereignis werde ich bei anderer Gelegenheit zu sprechen kommen. Sofort nach dem Tode jenes Ministers schrieb der König eigenhändig an Pomponne und bat ihn, unverzüglich zurückzukehren und seinen Platz im Staatsrat wiedereinzunehmen; er selbst beauftragte insgeheim einen seiner Edelleute, Pomponne diese Botschaft zu überbringen. Der Abgesandte traf in Pomponne ein, als der sagenumwobene Verbannte sich gerade zu Bett legen wollte.

Am anderen Morgen fuhr Pomponne nach Versailles und meldete sich bei Bontemps, der ihn durch eine Geheimtür zum König führte. Croissy glaubte seinen Ohren nicht zu trauen, als man ihm Pomponne meldete, und seine Überraschung war, wie sich denken läßt, nicht geringer, als er vernahm, was jenen zu ihm führte. Der Hof, der eine Rückkehr nach zwölf Jahren Ungnade niemals für möglich gehalten hätte und der auch bisher nicht das leiseste davon hatte munkeln hören, war gleichfalls höchst überrascht, doch mischte sich viel Freude in diese Überraschung. Pomponne nahm ebenso wie Beauvillier an dem ersten stattfindenden Ministerrat teil.

Er erhielt noch am selben Tag eine geräumige Wohnung im Schloß, und er kam Croissy von vornherein mit dem größten Verständnis und aller Liebenswürdigkeit entgegen, der seinerseits darauf einging, da er rasch begriffen hatte, daß er gut daran täte. Mit Torcy, seinem Schwiegersohn, lebte Pomponne wie Vater und Sohn. Er stand überdies im besten Einvernehmen mit den übrigen Ministern und Staatssekretären. Er starb am 6. Dezember dieses Jahres (1699) im Alter von einundachtzig Jahren.

*Porträt des alten Duc de Gesvres. – Ballsaison bei Hofe. – Streiche.
– Spielschulden. – Langlée.*

Am Tag der Rückkehr aus Fontainebleau wurden der Duc und die Duchesse de Bourgogne zu Eheleuten erklärt. Der König wollte sie beim Zubettgehen überraschen, doch da er zu spät dort eintraf, fand er die Türen bereits geschlossen und wollte sie nicht wieder öffnen lassen. Einige Tage später ernannte er vier Herren, die häufig bei Hofe weilten, zu ständigen Begleitern des Duc de Bourgogne: Cheverny, Saumery, Gamaches, d'O und Gesvres. Es war leider keine allzuglückliche Wahl.

Der alte Duc de Gesvres war der grausame Ehemann einer klugen, tugendsamen und begüterten Frau, die sich schließlich von ihm trennte, und der ganz widernatürliche Vater von ausgesprochen wohlgeratenen Kindern. Sein ältester Sohn, der Abbé Gesvres, war seit Jahren Ehrenkämmerer Innozenz' XI., der ihm so zugetan war, daß er ihn gerade in dem Augenblick, da wegen des Streites zwischen Papst und König alle Franzosen aus Rom abberufen wurden, zum Kardinal machen wollte. Der Abbé Gesvres kehrte, obwohl er dadurch alles verlor, klaglos und freiwillig zurück. Darüber gerührt, verlieh ihm der König das Erzbistum Bourges, das soeben frei geworden, und dies, obgleich der Abbé kein Bischof war. Alsbald eilte der Duc de Gesvres wutschnaubend zum König, stieß die wildesten Beschimpfungen gegen seinen Sohn aus und setzte alles daran, diese Gunstbezeugung wieder rückgängig zu machen. Seinen anderen Sohn, dem Marquis de Gesvres, und dessen Frau hat er zeit seines Lebens wie Negersklaven behandelt; das nahm solche Formen an, daß der König oft aus Mitleid dazwischenzutreten suchte. Er betrieb einen ungeheuren Aufwand; Kutschen und Pferde, deren Zaumzeug und auch die Livreen, wurden fortwährend neu angeschafft, seine Ställe standen voll der edelsten Reitpferde, obwohl er seit über dreißig Jahren kein einziges mehr bestiegen hatte; in seinem Haushalt herrschte üppigster Luxus und Verschwendungssucht, er selbst ging prächtig, aber für sein Alter lächerlich gekleidet einher. Verwunderte man sich über die trotz seiner Rieseneinkünfte und trotz seiner Reichtümer trostlosen Vermögensverhältnisse und die Zerrüttung seines Hauses, gab man ihm die Nutzlosigkeit und Torheit seiner Vergeudung zu bedenken, dann brach er in schallendes Gelächter aus und erwiderte, er tue das alles ja nur, um seine Kinder zu ruinieren; und das gelang ihm in der Tat auch vollkommen.

Aber er verfolgte nicht nur seine Familie mit sinnloser Bosheit. In eben diesem Jahr spielte er zum Beispiel dem Marschall Villeroy einen üblen Streich. Beider Väter waren Staatssekretäre gewesen, beide hatten einen außerordentlichen Aufstieg erlebt. Eines Tages wollte der König, der noch bei Madame de Maintenon weilte, mit kleinem Gedeck zu Mittag essen; die Höflinge, unter ihnen der Duc de Gesvres, der dem König die Speisen zu reichen hatte, standen bereits um die Tafel herum, da erschien der Marschall Villeroy, mit jenem selbstbewußten Gebaren, daß ihm von jeher zu eigen, das jedoch durch seine Günstlingsstellung und die Ämter noch geckenhafter geworden war. Ich weiß nicht, ob dieser Anblick es war, der den alten Gesvres besonders in Harnisch brachte, jedenfalls: kaum daß er Villeroys ansichtig wurde, der an seinem üblichen Platz hinter dem Sessel des Königs stand, rief er ihm ganz unversehens über Tisch und Sessel hinweg zu: »Herr Marschall, muß man nicht zugeben, daß wir, Sie und ich Glückskinder sind?« Erstaunt über diese unerwartete Bemerkung, stimmte der Marschall mit bescheidener Miene zu und nickte so lebhaft mit dem Kopf, daß die ganze Perücke in Bewegung geriet; und er wandte sich, um den anderen am Weiterreden zu hindern, seinem Nachbarn zu. Doch der Duc de Gesvres, der bewußt diese Stichelei begonnen hatte, fährt fort, ruft ihn beim Namen, um sich Gehör zu verschaffen, und preist laut das Glück jenes Villeroy, der eine Créquy heiratete, und das Glück seines eigenen Vaters, der sich mit einer Luxembourg vermählte, kommt alsdann auf die Ämter, Würden und zahllosen Besitzungen zu sprechen, auf die Väter eben jener beiden zu Staatssekretären aufgestiegenen Männer. »Aber lassen wir es damit genug sein, Marschall«, rief er aus, »verfolgen wir die Sache nicht weiter zurück; denn was waren deren Väter, die Väter dieser beiden Staatssekretäre? Schlichte Handlungsgehilfen, und Handlungsgehilfen waren sie selbst! Und von wem stammten sie ab? Ihr Vorfahr von einem Fischhändler aus den Hallen und der meine von einem Lastträger oder sogar noch niederem! Meine Herren«, rief er, sich an die Umstehenden wendend, »hab' ich denn nicht recht? Sind wir nicht wirklich Fortunas Günstlinge? Nicht wahr, Herr Marschall, wir sind doch beide wahrhaftig glücklich zu preisen!« Darauf blickte er triumphierend im Kreis umher. Der Marschall hätte auf der Stelle tot umsinken oder noch lieber den alten Gesvres erwürgen mögen; aber wie sich zur Wehr setzen gegen einen Menschen, der sich, um dem anderen eine Gemeinheit zu sagen, selber als erster bloßstellt? Jeder der Anwesenden schwieg und senkte den Blick, es gab aber mehr als einen, der mit Behagen zu dem Marschall hinüberschielte und sich freute, dessen Großmannssucht so witzig gedemütigt zu sehen. Das Erscheinen des Königs bereitete dem Schauspiel und der Verlegenheit ein Ende, doch war das nur ein Aufschub. Der Vorfall bot Unterhaltungsstoff für mehrere Tage und ausreichende Nahrung für die bei Hof so allgemein herrschende Bosheit und den Neid der Höflinge.

Das Jahr 1700 begann mit einer Reform, der König erklärte, daß er fortan für die Kosten der Veränderungen, die die Höflinge in ihren Wohnungen vornähmen, nicht mehr aufkommen würde.

Zwischen Mariä Lichtmeß und Aschermittwoch bestand der Hof nur aus ununterbrochenen Festlichkeiten und Bällen. Der König veranstaltete für die Duchesse de Bourgogne große Feste in Versailles und Marly, geistreiche Maskeraden, prachtvolle Umzüge, Ballette, die auch ihm selbst viel Freude bereiteten. Bei Mme. de Maintenon fanden Konzerte und private Aufführungen von Komödien statt. Monseigneur veranstaltete ebenfalls Bälle, und die wichtigsten Persönlichkeiten wetteiferten, die Duchesse de Bourgogne zu prächtigen Darbietungen zu laden. Monsieur le Prince gelang es, in seinem kleinen, aus nur wenigen Räumen bestehenden Appartement den Hof und die Gesellschaft mit den bezauberndsten, sinnreichsten und wohlgeordnetsten Festen zu überraschen; ein Ball-paré, Maskeraden, Entrées, Verkaufsstände, Jahrmarktsbuden mit Waren aus aller Herren Ländern, ländliche Idylle, Erfrischungen in den entzückendsten Aufmachungen; der ganze Hof hatte Zutritt, dennoch machte sich kein Gedränge bemerkbar, es kam zu keinen Zusammenstößen, und man brauchte nicht über Platzmangel zu klagen.

Eine Frau, mit der ich mich dann sehr anfreundete und die, obwohl sie noch sehr jung war, bei Hofe bereits Aufsehen zu erregen begann – sie erschien damals zum erstenmal in all ihrem Glanze – und die dort bald darauf eine beachtliche Rolle spielte und zweifellos die hervorragendste Stellung eingenommen hätte, wäre sie nicht schon wenige Jahre später von den Pocken dahingerafft worden, mußte auf diesem Ball ein trauriges Abenteuer erleben. Sie hatte, ehe man dessen noch recht gewahr geworden, an dem Comte d'Evreux Gefallen gefunden. Als der

Ball schon im vollen Gange war, sah man eine Maske eintreten, die vier Gesichter trug, es waren die Gesichter von vier verschiedenen Angehörigen des Hofes. Eines dieser Gesichter war das des Comte d'Evreux; alle vier waren aus Wachs gebildet und verblüffend ähnlich. Diese Maske war in ein langes, weißes Gewand gehüllt, das ihre Gestalt verbarg und ihr ermöglichte, ihre vier Gesichter ständig ganz nach Belieben hin und her zu bewegen. Die Einzigartigkeit der Maskierung zog alle Blicke auf sich und gab zu mancherlei Kommentaren Anlaß. Bald schon wurde die Maske zum Tanz aufgefordert. Beim ersten Menuett drehte und wendete sie ihre Gesichter unaufhörlich und ergötzte die Gesellschaft damit ungemein, doch kaum war das Menuett beendet, läßt unser Dämon es sich einfallen, auf eben die junge Frau zuzugehen, sich vor ihr zu verneigen und sie zum Tanz aufzufordern, wobei er ihr das Gesicht des Comte d'Evreux zukehrt. Doch nicht genug damit: er tanzte gut und hatte seinen Körper so vollkommen in der Gewalt, daß er sich die Bosheit leisten konnte, der Dame, mit der er tanzte, bei jeder Drehung und Wendung, die er während des Menuetts vollführte, stets das Gesicht des Comte d'Evreux zuzuwenden. Sie indes wurde abwechselnd rot und blaß, suchte sich ihm, ohne jedoch die Haltung zu verlieren, beständig zu entziehen; bei der zweiten Tour hält sie die Hand hin, die Maske tut, als wolle sie sie ergreifen, aber beim nächsten Dritteltakt entfernt sich die Maske, dreht eine entgegengesetzte Wendung; die Dame meint, diesmal glücklicher dran zu sein, keineswegs, dieselbe Flucht und stets dasselbe Gesicht. Man kann sich denken, welch ein Schauspiel das bot. Die Leute, die am weitesten entfernt waren, stellten sich auf die Zehenspitzen, und die ganz im Hintergrund standen, stiegen sogar auf die Bänke, dennoch vernahm man kein spöttisches Wort, keinen bösen Scherz. Die Betroffene war eine vornehme Dame, verwandt und verschwägert mit Leuten von Rang und Einfluß. Endlich gelang es ihr, dennoch zu entkommen. Die Maske blieb noch ziemlich lange, bis sie dann endlich eine Möglichkeit fand, unauffällig zu verschwinden. Um dieselbe Zeit erschien der gleichfalls maskierte Gemahl der Dame auf dem Ball; einer seiner Freunde war hinausgegangen, vermutlich um ihn zu erwarten. Er erklärte ihm, die Flut der Masken sei so ungeheuer, daß er besser daran tue, sie erst abebben zu lassen, wenn er nicht ersticken wolle, und so schlenderte er mit ihm durch die Galerie des Princes. Schließlich war jener das Warten leid, er ging in den Ballsaal hinein; da sah er die Maske mit den vier Gesichtern, aber wiewohl der Anblick ihn peinlich berührte, ließ er sich nicht das geringste anmerken, und der Freund hatte ihm immerhin das Menuett erspart. Auch das allgemeine

Mutmaßen, das darauf erfolgte, änderte nichts an dem weiteren Verlauf der Dinge. Gleichviel war es ungewöhnlich, daß man die Dame weder vorher noch nachher mit irgend jemandem ins Gerede brachte, obwohl sie eine der reizvollsten Erscheinungen bei Hofe war, die in kleinerem Kreis oder bei einem Fest alle anderen Frauen und sogar schönere als sie in den Schatten stellte.

Einer der Bälle in Marly bot eine weitaus lächerlichere Szene. Der Marschall de Luxembourg und seine Frau waren in Marly erschienen, denn da es nicht genügend Tänzer und Tänzerinnen gab, hatte man sie, wenn auch nur ungern, kommen lassen; ihr Lebenswandel ließ nämlich derart zu wünschen übrig, daß keine Frau mit ihr verkehren wollte. Das war, wenn die Maßlosigkeit eine gewisse Grenze überschritten hatte, damals noch üblich; leider ist heute jedes Gefühl für derlei Unterscheidungen verlorengegangen. Der Duc de Luxembourg war wohl der einzige Mensch in ganz Frankreich, der nicht wußte, wie seine Frau sich aufführte. Sie behandelte ihn übrigens mit solcher Rücksicht und offensichtlicher Freundschaft, daß er gar keinen Grund zum Argwohn hatte. Der eben erwähnte Mangel an Tänzern veranlaßte den König, auch diejenigen zum Tanz aufzufordern, die eigentlich schon zu alt dazu waren, unter anderem den Duc de Luxembourg. Es herrschte Maskenzwang. Luxembourg war, wie man weiß, eng mit Monsieur le Duc und dem Prince de Conti befreundet, zumal aber mit Monsieur le Prince, der sich besonders gut auf Ausgestaltung von Festlichkeiten und Maskeraden verstand; an ihn wandte sich Luxembourg also, um sich von ihm maskieren zu lassen. Monsieur le Prince, der boshafter war als jeder Affe, willigte ein; er gedachte sich einen Spaß zu machen und dem versammelten Hof ein Possenspiel zu geben. Er lud M. de Luxembourg zum Abendessen ein und maskierte ihn anschließend auf phantastische Weise.

Bald darauf begann der Ball. Ich war gerade eingetreten, hatte aber bereits Platz genommen, da sah ich von rückwärts eine Menge zarten, gefälteten, lang wallenden Musselin, darüber einen bizarren Kopfputz, gekrönt von einem echten Hirschgeweih, so hoch, daß es sich in einem der Kronleuchter verfing. Wir waren alle baß erstaunt ob einer so eigenartigen Maskerade und fragten uns voller Spannung, wer das wohl sein könne. Diese Maske, sagte man sich, muß ihrer Stirn sehr sicher sein, da sie es wagt, sie derart zu schmücken; nun dreht die Maske sich um, und wir erkennen M. de Luxembourg. Das spontan ausbrechende Gelächter war geradezu skandalös. Der Zufall wollte, daß M. de Luxembourg zwischen dem Comte de Toulouse und mir zu sitzen kam.

Sofort fragte ihn jener, auf welche Weise er denn zu dieser Maskerade gekommen sei. Der gutmütige Mann verstand nichts vom Doppelsinn der Worte, da er für derlei nicht empfänglich war. Er dachte, das nicht endenwollende Gelächter gelte der Komik seiner Maske, und erzählte ganz arglos, daß er Monsieur le Prince um Rat gefragt, worauf ihn jener dann so fein zurecht gemacht habe. Dabei blickte er triumphierend nach rechts und links, ließ sich bewundern, spreizte sich stolz wie ein Pfau, weil er von Monsieur le Prince maskiert worden war. Wenige Augenblicke darauf erschienen die Damen und gleich nach ihnen der König. Abermals erhob sich lautes Gelächter; und noch gespreizter präsentierte sich M. de Luxembourg der Gesellschaft, mit einer Ahnungslosigkeit, die Entzücken erregte. Seine Frau, die zwar allenthalben verrufen war, die jedoch von der Maskerade nichts wußte, verlor bei diesem Anblick die Fassung, und jeder, der die beiden ansah, bog sich vor Lachen. Monsieur le Prince schaute durch einen Türschlitz und ergötzte sich höchlichst an seinem bösen Streich. Das Vergnügen währte den ganzen Abend, und der König, so gesetzt und würdig er im allgemeinen auch war, lachte mit; man wurde nicht müde, einen so bitterbösen Spott zu bewundern, und man sprach noch tagelang davon.

Madame la Duchesse, deren Schulden der König unlängst wieder bezahlt hatte, und es waren beträchtliche Summen für alle möglichen Dinge – hatte es nicht gewagt, auch noch ihre Spielschulden zu erwähnen, die sich ebenfalls auf enorme Summen beliefen und ständig zunahmen, so daß sie sich außerstande sah, sie je zu bezahlen, und sich in einer peinlichen Lage befand. Was sie am meisten fürchtete war, daß Monsieur le Prince, ihr Schwiegervater, und Monsieur le Duc, ihr Ehemann, etwas davon erführen. In ihrer Verzweiflung faßte sie den Entschluß, an ihre einstige Erzieherin, Madame de Maintenon, zu schreiben und ihr unverblümt die Lage darzustellen im Vertrauen auf deren allmächtige Protektion. Sie sollte nicht enttäuscht werden. Madame de Maintenon hatte Mitleid mit ihr und erreichte, daß der König die Schulden bezahlte, seiner Tochter jeden Tadel ersparte und das Geheimnis für sich behielt. Langlée, eine ganz besondere Sorte von Höfling, wurde beauftragt, eine Aufstellung der Schulden zu machen, die Gelder vom König in Empfang zu nehmen und sie alsbald den verschiedenen Gläubigern auszuhändigen. So konnte Madame la Duchesse in wenigen Wochen allen Verpflichtungen nachkommen, ohne daß auch nur einer von jenen, die sie fürchtete, das geringste von den Schulden, geschweige denn von deren Tilgung erfuhr.

Ehe ich weitererzähle, will ich noch kurz diesen Langlée charakterisieren. Er war ein Mann bescheidenster Herkunft aus Mortagne in der Perche. Seinem Vater und vor allem seiner Mutter war es gelungen, zu einigem Wohlstand zu kommen. Der Vater hatte, um sich auszuzeichnen, was ihm aber nie gelungen ist, eine Armeequartiermeistercharge gekauft, die Mutter war Kammerfrau der Königinmutter und bei ihr sehr beliebt gewesen. Mit intrigantem Geschick hatte sie sich Einfluß und Freunde verschafft und ihrem Sohn frühzeitig zu einem Plätzchen in der Gesellschaft verholfen, wo er sich alsbald dem Spiel ergab. Er bewies dabei zweifaches Glück, denn ohne jemals der geringsten Unredlichkeit verdächtigt zu werden, gewann er ein Vermögen. Mit wenig oder gar keinem Verstand brachte er es auf taktvolle Weise zuwege, Geld zu verleihen, mit noch größerem Takt auf die Rückgabe zu warten und sich durch solches Verhalten Freunde und einen guten Ruf zu erwerben. Die Gleichheit der Neigung band ihn besonders an Monsieur, doch ohne sich in dessen Abhängigkeit zu begeben und ohne den König je aus den Augen zu verlieren, und ehe man sich dessen so recht versah, fand er sich bei Hofe überall ein, war zugegen bei all jenen harmlosen Lustbarkeiten, die gleichviel so wichtig sind für den, der seinen Nutzen daraus zu ziehen versteht. Er nahm teil an allen Ausflügen, Reisen, allen Spielpartien, allen Festlichkeiten des Hofes, kam regelmäßig nach Marly, war mit allen Mätressen, später dann mit allen Töchtern des Königs befreundet, und zwar so gut, daß er ihnen nicht selten die Meinung zu sagen pflegte. Er stand sich glänzend mit allen Prinzen von Geblüt, die in Paris häufig in seinem Haus zu Gast waren, wo stets die beste Gesellschaft verkehrte. Er war tonangebend im Palais-Royal, bei Le Grand und dessen Brüdern, beim Marschall Villeroy, kurz bei den meisten maßgeblichen Leuten. Es war ihm gelungen, alles, was Mode, Geschmack, festliche Veranstaltungen betraf, zu beherrschen, derart, daß jeder, angefangen bei den Prinzen und Prinzessinnen von Geblüt, Feste nur noch unter seiner Leitung veranstaltete, daß sich niemand ein Haus baute oder kaufte, ohne daß Langlée nicht bestimmte, wie es zu verändern, zu schmücken und zu möblieren sei.

Auf diese Weise hatte er mit Louvois, Seignelay, dem Marschall Humières verkehrt, und so verkehrte er noch immer mit Mme. de Bouillon und der Duchesse de Lude, kurz mit den vornehmsten und geselligsten Leuten. Keine Hochzeit, deren Gewänder und Geschenke nicht seiner Wahl, zumindest aber seiner Billigung entsprochen hätten. Der König duldete ihn, aber auch nicht mehr; alle anderen waren ihm hörig, und nicht selten trieb er Mißbrauch mit der Herrschaft, die er sich anmaßte. Er pflegte Monsieur, den Töchtern des Königs sowie vielen vornehmen Damen die schlimmsten Unflätigkeiten an den Kopf zu werfen, und das in ihrem eigenen Hause, in Saint-Cloud und im Salon von Marly. Außerdem war er ein Leben lang Mitwisser vieler geheimer Liebschaften. Doch er war keine Klatschbase, war durchaus nicht boshaft, vielmehr verbindlich und entgegenkommend, stets geneigt, seinen Freunden seine Börse zur Verfügung zu stellen, und er war mit niemandem verfeindet. Er kleidete und frisierte sich aufs Haar genau wie Monsieur, dem er der Figur und Haltung nach ähnelte, aber er war aus guten Gründen bei weitem nicht so mit Schmuck behangen und weniger feist. Seine eine Gesichtshälfte war lange gelähmt gewesen, die Ausdauer jedoch, mit der er nach Vichy gegangen, wo er sich ein Haus gebaut, hatte ihn kuriert und bewirkt, daß er nicht mehr hinzufahren brauchte und daß er nie wieder einen Schlaganfall bekam. Seine Schwester, die mit Guiscard verheiratet war, wohnte bei ihm, und Guiscard wohnte, wo es ihm jeweils beliebte, die beiden hatten recht wenig für einander übrig. Langlée war sehr reich und weit davon entfernt, sich zu verheiraten, so daß seine Schwester ihn eifrig umhegte. Eine einzelne solche Erscheinung mag für einen Hof noch erträglich sein, aber zwei dieser Sorte wären bereits zuviel. Am Ende nahmen selbst die seriösesten und bedeutsamsten Personen, die fast nichts mit ihm zu tun hatten (und diese waren ohnehin in der Minderzahl), auf ihn Rücksicht, und es gab niemand, der es mit Langlée verderben wollte.

Der Spanische Teilungsvertrag. – Lotteriewesen. – Die Jesuiten werden von der Sorbonne wegen ihrer China-Haltung verurteilt. – Le Peletier visitiert Seestädte und Häfen. – Der Erzbischof von Reims tritt den Vorsitz der Versammlung des Klerus an den Kardinal Noailles ab. – Le Nôtres Tod.

Der Teilungsvertrag der spanischen Monarchie begann ganz Europa in Unruhe zu versetzen. Der König von Spanien hatte keine Kinder und auch keine Hoffnung mehr, welche zu bekommen. Seine Gesundheit, die schon immer sehr anfällig gewesen, hatte sich in den letzten zwei, drei Jahren weiterhin verschlechtert, und er war seit einem Jahr mehrfach in einem höchst bedrohlichen Zustand gewesen. König Wilhelm, der seit seiner erfolgreichen Usurpation das Vertrauen aller Verbündeten genoß und der aufgrund jener großen Allianz, die er gegen Frankreich angezettelt und deren Seele und Führer er bis zum Frieden von Ryswijk gewesen war, beträchtlich an Einfluß gewonnen hatte, tat alles, um angesichts der bevorstehenden Erbfolge gerüstet zu sein und zu verhindern, daß sie zu einer unmittelbaren Kriegsgefahr würde. Er liebte weder Frankreich noch den König und, um die Wahrheit zu sagen, er ließ sich seinen Haß sogar teuer bezahlen. Er fürchtete eine Vergrößerung Frankreichs und gab sich trotz der Verzichtserklärung der Königin nicht der Hoffnung hin, der König würde die ganze ungeheure Erbschaft vorübergehen lassen, ohne etwas davon zu beanspruchen. Auch hatten ihn die Eroberungen der Franche-Comté und eines Teils von Flandern gelehrt, welch geringes Hindernis diese Verzichtserklärung darstellte. Er sah also eine Teilung vor, die dem König ob der Verlokkung, sie im Frieden und unter der Garantie der Großmächte zu erlangen, annehmbar erscheinen mußte und die dann keinen wesentlichen Machtzuwachs für Frankreich, sondern nur eine geringfügige Abrundung hin zu gut gesicherten Grenzen bedeuten würde. Alles übrige würde so weit entfernt liegen, daß die Schwierigkeiten, es zu bewahren, den König und seine Nachfolger beständig in Unruhe halten würden. Gleichzeitig hatte er vor, die Küsten gegen England abzusichern, um sowohl seine lieben Holländer vor Frankreich zu schützen, als auch den Kaiser so großzügig zu bedenken, daß dieser alle Ursache hätte, sich zufriedenzugeben, statt einem Weltreich nachzutrauern, das gegen den Willen Frankreichs zu erhalten er nicht mächtig genug war. König Wilhelms Plan ging also dahin, dem Erzherzog, dem zweiten Sohn des Kaisers, Spanien, Neuindien und die Niederlande mit dem Titel »König von Spanien« zu überlassen. Frankreich sollte Guipuzcoa bekommen, weil bei der Dürre und der Unzugänglichkeit dieses Grenzgebietes während der ganzen Regierungszeit und trotz aller Kriege gegen Spanien dort immer Friede geherrscht hatte; dazu noch Neapel und Sizilien, die durch ihre weite Entfernung und die geringen Erträge eher eine Belastung als eine Bereicherung bedeuteten und deren Erhaltung Frankreich für die Zukunft beständig mit den Seemächten in Konflikt brächte, überdies Lothringen, das eine zwar sehr merkliche Abrundung wäre, Frankreichs jetzige Macht aber nicht wesentlich stärken würde. Als Entgelt sollte der Lothringer dafür Mailand erhalten.

Diesen Vorschlag machte der König von England zuerst dem König von Frankreich, der, des Krieges überdrüssig und in einem Alter und einer Situation, die ihn Ruhe ersehnen ließen, widerspruchslos einwilligte. Der Lothringer hatte kein Interesse und keine Möglichkeit, in diesen Ländertausch nicht zu willigen. Nun handelte es sich nur noch um den Kaiser, und hier scheiterte der König von England trotz all seines Einflusses und all seiner Geschicklichkeit: der Kaiser bestand auf der gesamten Erbschaft. Er hielt sich an die Verzichtserklärung bei der Heirat des Königs, und er wollte nicht dulden, daß das Haus Österreich aus Italien verjagt würde. In die Enge getrieben von Villars, dem französischen Gesandten in Wien, sowie von England und Holland, die den Teilungsvertrag unterzeichnet hatten und die ihn wissen ließen, daß sie sich gegen ihn verbünden würden, wenn er sich weiterhin einer so gerechten Teilung widersetzte, gab der Kaiser unnachgiebig zur Antwort, es sei unerhört und widerspreche dem Natur- und Völkerrecht, eine Erbschaft zu teilen, ehe sie noch fällig sei, er würde darauf nicht eingehen, solange der König von Spanien noch lebe.

D'Harcourt, unser Gesandter in Madrid, mußte dort alle Klagen und alles Gezeter erdulden; das wurde ihm derart peinlich, daß er schließlich die Erlaubnis erhielt, zurückzutreten. Er ließ Blécourt, seinen Verwandten, den er mitgebracht hatte und der ein zäher und wendiger Diplomat war, in Madrid.

In Frankreich jedoch war man einverstanden mit dem Teilungsvertrag, und er wurde unterschrieben.

In dieser so heiklen Lage sah man sich gezwungen, Geld flüssig zu machen, um auf alle Fälle gewappnet und jedem Ereignis gewachsen zu sein. Man begann mit einer heimlichen Überwachung und Überprüfung der Steuerpächter und Finanzleute, die während des letzten Krieges ungeheure Profite erzielt und sich maßlos bereichert hatten. Chamillart bekam nach vieler Mühe vom König endlich die Erlaubnis, Desmaretz zur Durchführung dieser Aufgaben heranzuziehen. Diesem Mann wird man in der Folge noch öfter begegnen, so daß es sich empfiehlt, ihn gleich vorzustellen. Er war ein großer, gut gewachsener Mann mit wohlgeformten Gesichtszügen, die auf Mäßigung und Milde schließen ließen, zwei Eigenschaften, an denen es Desmaretz allerdings am meisten gebrach. Sein Vater – Sohn eines reichen Bauern aus der Gegend Noyen – war in Soissons Schatzmeister von Frankreich und hatte eine Schwester Colberts geheiratet, und zwar schon lange vor dem glänzenden Aufstieg dieses Ministers, der dann Desmaretz, seinen Neffen, mit in seine Ämter nahm und ihn später zum Finanzintendanten machte. Desmaretz besaß einen klaren, jedoch langsam und schwerfällig arbeitenden Verstand, aber der Ehrgeiz und die Freude am Gewinn spornten ihn an, so daß Seignelay, sein leiblicher Vetter, dem Colbert Desmaretz ständig als Vorbild hinstellte, eine Abneigung gegen ihn faßte. Der Oheim verheiratete Desmaretz mit der Tochter des Staatssekretärs Béchameil. Da er von Colbert erzogen und angeleitet worden war, hatte er dessen sämtliche Maximen übernommen und kannte die Kunst der Finanzverwaltung bis in die verschiedensten Sachgebiete, und da alles durch seine Hände ging, war niemand über die Machenschaften der Finanzleute besser unterrichtet als er. Er wußte genau Bescheid über den Gewinn, den sie seinerzeit gemacht, und durch Bekannte war er auf dem laufenden über das, was sie seither hatten erwerben können.

Kurz ehe Colbert starb, beschloß man, um die täglichen Handelsgeschäfte zwischen den kleinen Leuten zu erleichtern, in der Münze eine Anzahl kleiner Silberstücke im Wert von dreieinhalb Zoll prägen zu lassen. Desmaretz hatte mehrere Landgüter erworben, unter anderem Maillebois und auf dem Weg der Verpfändung Chateau-neuf-en-Themerais. Er hatte dieses von d'O, dem Oberfinanzintendanten Heinrichs III., und Heinrich IV. erbaute Schloß sehr verschönert und, um seinen Park zu vergrößern, das umliegende Dorf abgetragen und an anderer Stelle wieder aufbauen lassen. Diese Ausgaben, die sein väterliches Erbe, die Mitgift seiner Frau und die Einkünfte seines Amtes weit überstiegen, gaben zu allerlei Vermutungen Anlaß. Desmaretz wurde bald darauf beschuldigt, er habe sich bei der Herstellung der Dreieinhalbzollstücke ungeheuer bereichert. Das Gerücht drang schließlich auch zu Colbert, der die Sache nachprüfen lassen wollte, aber kurz darauf plötzlich erkrankte und an dieser Krankheit verstarb. Ich weiß nicht, ob er tatsächlich Beweise hatte, ob er Zweifel hegte oder ob er nur verstimmt war, jedenfalls schrieb er auf seinem Krankenlager dem König einen Brief, in dem er ihn warnte, ihn bat, seinem Neffen die Finanzverwaltung abzunehmen, und ihm den schlimmsten Argwohn gegen Desmaretz einflößte. Als Colbert tot war, gab der König Le Peletier – der auf Anraten Louvois' Generalkontrolleur wurde – den Befehl, Desmaretz davonzujagen und in aller Öffentlichkeit bloßzustellen. Das war für eine Kreatur Louvois' ein Freudenfest! Le Peletier ließ also Desmaretz zu sich bitten, wartete ab bis zur öffentlichen Audienz, und angesichts aller Finanzpächter, die acht Tage zuvor noch vor Desmaretz auf dem Bauch gelegen und gezittert hatten, so wie in Gegenwart all jener, die gekommen waren, um beim Generalkontrolleur vorstellig zu werden, rief er Desmaretz zu sich und sagte laut und vernehmlich, damit keiner der Anwesenden auch nur ein Wort verliere: »M. Desmaretz, mein Auftrag ist mir sehr peinlich, aber auf Befehl des Königs erkläre ich Ihnen, Sie sind ein Gauner. M. Colbert hat den König davon in Kenntnis gesetzt. Seiner gedenkend will er Ihnen Gnade erweisen, doch haben Sie sich binnen vierundzwanzig Stunden in Ihr Schloß Maillebois zurückzuziehen und es nicht mehr zu verlassen, selbstverständlich haben Sie sofort die Finanzverwaltung niederzulegen, über die der König bereits verfügt hat.« Wie vom Donner gerührt versuchte Desmaretz den Mund aufzutun, dem Le Peletier ihm jedoch auf der Stelle verschloß: »Gehen Sie, M. Desmaretz«, herrschte er ihn an, »ich habe Ihnen weiter nichts mehr zu sagen«, und damit wandte er sich ab und kehrte ihm den Rücken. Der Brief, den der sterbende Colbert an den König geschrieben, schloß seiner ganzen Familie den Mund, so daß Desmaretz, jedweder Protektion beraubt, nichts anderes übrigblieb, als seine Demission zu unterschreiben und sich nach Maillebois zu begeben.

Er lebte dort vier oder fünf Jahre, ohne daß es ihm erlaubt war, auswärts zu nächtigen, dazu mußte er noch die Mißachtung der Nachbarschaft ertragen und die Böswilligkeit eines niederen Adels, der sich mit Wonne für den harten Zwang an dem Ohnmächtigen rächte, den dieser zur Zeit seines Glückes ausgeübt hatte. Mein Vater war mit Colbert, Seignelay und ihrer ganzen Familie befreundet, doch Desmaretz, der im Vergleich zu ihm noch ein recht junger Mann war, kannte er kaum. La Ferté, wo sich mein Vater im Spätherbst meist aufzuhalten pflegte, lag vier Meilen von Maillebois entfernt. Desmaretz' Schicksal erweckte das Mitleid meines Vaters; mochte jener nun schuldig sein oder nicht – denn nichts war bisher eindeutig erwiesen – sein Sturz, fand mein Vater, sei schon tief genug, man dürfe ihn nicht wie ein Aas den Schmeißfliegen überlassen. Er besuchte ihn also, bot ihm seine Freundschaft an und erklärte unmißverständlich, er lege keinen Wert darauf, Leute in seinem Haus zu empfangen, die Desmaretz zu kränken suchten. Damals war noch immer ein Rest ritterlichen Geistes lebendig. Mein Vater, der zeit seines Lebens makellos, ehrenhaft und wohltätig gewesen, genoß in der ganzen Gegend größte Achtung. Diese seine Erklärung änderte schlagartig Desmaretz' Stellung in der Provinz: er verdankte meinem Vater die Ruhe und das Ansehen, deren er nun nach all der Verachtung und Böswilligkeit teilhaftig wurde. Er bekam endlich die Erlaubnis, kurze und dann längere und häufigere Reisen nach Paris zu machen, und schließlich durfte er auch dort Aufenthalt nehmen, allerdings ohne irgendwie in Beziehung zum Hof zu treten.

So standen die Dinge, als Chamillart nach langen Bemühungen das Einverständnis erhielt, sich die Kenntnisse Desmaretz' zunutze zu machen und ihn bei der Überprüfung der Finanzleute einzusetzen, die nach einer oberflächlichen Schätzung seit 1689 zweiundachtzig Millionen verdient hatten. Man enthielt sich des Urteils über einen so ungeheuren Profit in knapp zehn Jahren und über das Elend, das dieser notwendigerweise nach sich zog.

Es wurde vorgeschlagen, die Gewinnsucht des Publikums auf Lotterien abzulenken. Man veranstaltete ganz verschiedenartige in reichlicher Zahl. Um ihnen mehr Ansehen und Aufschwung zu verleihen, veranstaltete die Duchesse de Bourgogne eine Lotterie von um 20000 Pistolen. Sie, ihre Damen und mehrere andere Angehörige des Hofes stellten die Lose her, Herren und Damen von Monseigneur bis zum Comte de Toulouse versiegelten sie dann, und die mannigfachen Formen, die man ihnen gab, erheiterten den König sowie alle Beteiligten. Man traf die strengsten Vorkehrungen, um unbedingte Redlichkeit zu gewährleisten; bei den Ziehungen wurden in Gegenwart aller Mitglieder des königlichen Hauses und anderer vornehmer Personen, die man zugelassen hatte, die gleichen Maßnahmen getroffen; das Große Los, 4000 Louisdor, gewann ein Leibgardist des Königs aus der Kompanie Lorge.

Zu dieser Zeit begannen die Dispute über die Bräuche in China einigen Staub aufzuwirbeln. Es handelte sich dabei um Zeremonien zu Ehren des Konfuzius und der Ahnen, Bräuche, die beizubehalten die Jesuiten ihren Neophyten gestatteten, während die Auslandsmissionen sie den ihren verboten. Die Jesuiten behaupteten, es seien dies rein staatsbürgerliche Bräuche, die Auslandsmissionen dagegen waren der

Ansicht, es seien abergläubische und götzendienerische Gewohnheiten. Der Prozeß zwischen den beiden zeitigte so erschreckende Folgen, daß man umfassende Denkschriften und historische Abrisse über diese Fragen und Ereignisse herausgegeben hat. Ich will hier nur bemerken, daß die Bücher, welche die Jesuitenpatres Tellier und Le Comte über diese Materie publizierten, von den Auslandsmissionen der Sorbonne vorgelegt worden waren, wo sie dann nach langer ausgiebiger Prüfung nachdrücklich verurteilt wurden, so daß der König, den es nun beunruhigte, die Gewissensführung der Duchesse de Bourgogne in Händen des Pater Le Comte zu wissen, ihr diesen Beichtvater entzog und sie sich, nachdem sie es mit etlichen Beichtvätern versucht hatte, dann zu dem durch seine Predigten so bekannt gewordenen, Pater La Rue entschloß.

Die Jesuiten legten gegen die Zensur der Sorbonne Protest ein, woraufhin die Sorbonne eine scharfe Entgegnung veröffentlichte, dergestalt, daß sich der Geister auf beiden Seiten äußerste Erbitterung bemächtigte.

Der Staatsrat Le Peletier de Souzy, der lange Zeit Intendant in Flandern gewesen und dem König aus dieser Zeit gut bekannt war, weil er mit der Leitung und Ausführung vieler, zur Eroberung dieses Landes notwendigen Aufgaben betraut worden war, hatte beim Tode Louvois' die Verwaltung sämtlicher Festungen bekommen, wodurch sich für ihn allwöchentlich eine Zusammenarbeit mit dem König ergab. Das entsprach so recht dem Geschmack eines Verwaltungsbeamten: Entscheidungen zu treffen über die Bedeutung der Festungen, über deren Ausbau, deren Wert, selbst den militärischen, ja sogar den Aufbau des ganzen Pionierkorps, während eigentlich Vauban, der sich auf diesem Gebiet in Europa den besten Namen erworben hatte und von dem der König wohl wußte, daß nur ihm alle Erfolge zu verdanken waren, eigentlich sein Mann hätte sein müssen. Ihn hätte man entsenden müssen, um die Festungen und Seehäfen, die man im Verteidigungszustand halten wollte, zu besichtigen und zu begutachten; überall aber setzte sich die Beamtenherrschaft durch, und so wurde nicht Vauban, sondern Le Peletier mit dieser Aufgabe betraut.

Der Erzbischof von Reims, Le Tellier, der hoch entzückt war, in Saint-Germain die Versammlung des Klerus zu leiten, glänzte dort mit seiner Lehre, seinen Kenntnissen und mit seiner Verschwendungssucht. Er stand mit dem König auf gutem Fuße und wurde von seinem Neffen, Barbezieux, der aufgrund seiner Stellung große Autorität besaß, in jeder Weise unterstützt. Anfangs zügelte der Prälat seine Brutalität, die ihm wie all seinen Familienangehörigen eigen und die überdies ein besonderes Kennzeichen all jener »purpurgeborenen« Bürger war, d. h. jener, die im Schutze eines allmächtigen Ministeriums geboren und aufgewachsen sind. Doch allmählich kam Le Telliers eigentliches Wesen wieder zum Vorschein. Da er in der Versammlung unabkömmlich zu sein vermeinte, nahm er sich immer weniger zusammen und erlaubte sich gegen jedweden Partner solche Dreistigkeiten und Herausforderungen, daß er sämtliche Anwesenden in Harnisch brachte.

Der Erzbischof von Paris war bei der Eröffnung der Versammlung zum Kardinal ernannt worden, ein paar Tage zuvor hatte ihm der König das von dem Ehrenkämmerer des Papstes überbrachte Barett überreichen lassen; wäre er bereits vor der Eröffnung der Versammlung Kardinal gewesen, hätte man vermutlich ihm die Präsidentschaft angeboten. So aber präsidierte nach manchen Schwierigkeiten mit dem Erzbischof von Reims der Kardinal Noailles im weiteren Verlauf der Versammlung dennoch, und der Erzbischof von Reims spielte neben ihm nur die zweite Geige. Die Bedeutung seiner Diözese, seine Kardinalswürde, die Gunst, die er genoß, seine Sanftmut, seine strengen Sitten, seine Frömmigkeit und seine Kenntnisse trugen dazu bei, daß er die ganze Versammlung mühelos beherrschte und sich dort einen sehr guten Ruf erwarb.

Am 15. September starb Le Nôtre, nachdem er achtundachtzig Jahre in vollkommener Gesundheit gelebt und sich stets seiner Geisteskräfte und seiner künstlerischen Begabung erfreut hatte; es ist sein Ruhm, als erster die Pläne für die schönen Gärten entworfen zu haben, die Frankreich zur Zierde gereichen und die den Ruf der italienischen Gärten – die im Vergleich zu ihnen in der Tat nichts sind – so sehr verblassen ließen, daß die berühmtesten Meister dieses Fachs aus Italien nach Frankreich kamen, um hier zu lernen und zu bewundern. Le Nôtre war von solcher Redlichkeit, Zuverlässigkeit und Aufrichtigkeit, daß er sich allgemeiner Liebe und Achtung erfreute. Niemals erhob er sich über seinen Stand, nie schätzte er sich falsch ein, immer handelte er völlig uneigennützig. Er arbeitete für private Auftraggeber mit derselben Sorgfalt wie für den König. Er suchte nur der Natur nachzuhelfen und mit möglichst geringem Aufwand die wahre Schönheit hervortreten zu lassen. Er war von einer geradezu bezaubernden Naivität und Unmittelbarkeit. Der Papst bat den König einmal, ihm Le Nôtre für einige Monate auszuleihen. Als Le Nôtre dessen Gemach betrat, lief er, statt vor dem Papst niederzuknien, auf ihn zu und sagte: »Guten Tag, Heiligster Vater!« fiel ihm um den Hals, umarmte ihn und küßte ihn auf beide Wangen. »Ah, was für ein gutes Gesicht Sie haben, wie freundlich Sie aussehen«, rief er aus, »wie froh ich bin, Sie so frisch und gesund zu sehen!« Der Papst, es war Clemens X. Altieri, lachte von ganzem Herzen; diese wunderliche Begrüßung entzückte ihn, und er erwies Le Nôtre tausend Freundlichkeiten. Als Le Nôtre wieder zurückgekehrt war, ging der König mit ihm durch seine Gärten in Versailles, um ihm zu zeigen, was er dort während seiner Abwesenheit hatte machen lassen. Als sie bei den Kolonnaden angelangt waren, sagte Le Nôtre kein Wort; der König forderte ihn mehrfach auf, sich zu äußern: »Nun, Sire, was soll ich dazu noch sagen? Sie haben einen Maurer zum Gärtner gemacht (es war Mansart) – er hat Ihnen eine Kostprobe seiner Kunst geboten.« Der König schwieg, und jeder lächelte, denn es traf genau zu; dieses Stück Architektur, das ein Brunnen sein sollte, war alles andere als ein Brunnen und paßte in der Tat schlecht in einen Garten. Einen Monat, bevor Le Nôtre starb, nahm ihn der König, dem seine Gegenwart und seine Unterhaltung angenehm waren, mit in seine Gärten; wegen seines hohen Alters ließ er ihn in einen Rollstuhl setzen, den ein Diener neben dem seinen herschob. Da rief Le Nôtre aus: »Ach, mein guter Vater, wärest Du noch am Leben, so könntest Du jetzt Deinen Sohn, einen armen Gärtner, im Rollstuhl neben dem größten König der Welt einherfahren sehen, und das wäre für mich das größte Glück.«

Mme. de Verue, ihr Unglück und ihre Flucht aus Turin nach Frankreich. – Der Duc du Maine erwirbt das Schloß Sceaux. – D'Antin gibt das Spiel feierlich auf und wird rückfällig. – Tod des Abts von La Trappe. – Tod Papst Innozenz' XII.

In dieser Zeit so vieler entscheidender politischer Ereignisse, Vorboten der größten Umwälzungen, trug sich eine Geschichte zu, die ihrer Eigentümlichkeit halber kurz erzählt zu werden verdient. Schon etliche Jahre lebte die Comtesse de Verue als offizielle Mätresse des Herzogs von Savoyen in Turin. Sie war eine Tochter des Duc de Luynes und dessen zweiter Frau, die gleichzeitig seine Tante war. Die zahlreichen Kinder aus dieser Ehe hatten den Duc de Luynes, der nicht eben vermögend war, gezwungen, seine Töchter so rasch wie möglich unterzubringen. Die meisten von ihnen waren schön, aber diese eine war wirklich besonders schön. Sie wurde in noch sehr jugendlichem Alter nach Piemont verheiratet; das war 1683, und sie zählte, als sie dorthin kam, noch keine vierzehn Jahre. Ihre Schwiegermutter, eine Witwe, die großes Ansehen genoß, war Ehrendame der Herzogin von Savoyen; der ebenfalls noch sehr junge Bräutigam, Comte de Verue, war schön, gut gewachsen, reich, geistvoll und ein *honnête homme*. Geist besaß auch sie selber in hohem Maße, und zwar, wie sich zeigen sollte, einen folgerichtigen, emsigen, ganz auf Herrschaft bedachten Geist.

Der Herzog von Savoyen, der auch noch sehr jung und der die junge Verue dank der Charge ihrer Schwiegermutter häufig zu sehen bekam, fand sie überaus reizvoll. Sie bemerkte das bald und machte ihren Ehemann und ihre Schwiegermutter darauf aufmerksam, die es beide dabei bewenden ließen, sie zu loben, und sie der Sache weiter keine Bedeutung beimaßen. Der Herzog von Savoyen verdoppelte seine Bemühungen und veranstaltete entgegen seiner Gewohnheit und Neigung plötzlich die prachtvollsten Feste. Die junge Verue ahnte, daß das nur ihretwegen geschah, und sie tat alles, was sie konnte, um diesen Veranstaltungen fernzubleiben; die Alte jedoch ärgerte sich über dieses Verhalten, zankte mit ihr, erklärte ihr rundheraus, sie wolle sich nur wichtig machen und leide als Folge ihrer Selbstüberschätzung an Wahnvorstellungen. Der Ehemann war zwar milder, forderte aber gleichfalls, daß sie bei diesen Festen erscheine, und erklärte, es lasse sich mit seiner Ehre und seiner Laufbahn nicht vereinen, daß sie, denn er sei ihrer sicher, auch wenn der Herzog wirklich in sie verliebt sein sollte, ein solches Aufsehen errege. Der Herzog schickte einen Boten zu ihr; sie erzählte es ihrem Mann und ihrer Schwiegermutter und bat flehentlich, sich eine Zeitlang aufs Land zurückziehen zu dürfen: die beiden lehnten es rundweg ab und begannen ihr derart zuzusetzen, daß sie sich nicht mehr zu helfen wußte; sie stellte sich krank, ließ sich die Bäder in Bourbon verordnen, sandte dem Duc de Luynes, dem sie nichts von ihrer schrecklichen Lage zu schreiben gewagt hatte, eine Botschaft, ließ ihm sagen, sie beschwöre ihn, nach Bourbon zu kommen, denn man erlaube ihr nicht, nach Paris zu reisen, und sie habe ihm Dinge zu eröffnen, die ihn durchaus angingen. Luynes traf also zur gleichen Zeit wie sie in Bourbon ein. Sie kam in Begleitung des Abbé Verue, einem Onkel ihres Ehemannes, den man auch nach dem Namen seines Hauses Abbé Scaglia nannte. Er war schon älter, hatte hohe Ämter und Gesandtschaftsposten innegehabt und wurde schließlich noch Staatsminister. Als der Duc de Luynes, ein überaus ehrenhafter und rechtschaffen denkender Mann, die Geschichte vernahm, schauderte ihn ob der doppelten Gefahr, in der seine Tochter durch die Liebe des Herzogs von Savoyen einerseits und das unsinnige Verhalten ihrer Schwiegermutter und ihres Ehemannes andererseits schwebte, und er beschloß, sie nach Paris kommen zu lassen. Sie sollte dort so lange bleiben, bis der Herzog von Savoyen sie vergessen oder sich in eine andere verliebt hätte. Nichts konnte vernünftiger, nichts schicklicher sein, als daß der Comte de Verue ihn besuchen käme, um Frankreich und den Hof kennenzulernen. Der Duc de Luynes glaubte, daß ein alter, kluger und in der Politik wohlerfahrener Mann wie der Abbé Verue diesen Plan billigen und ihm zum Erfolg verhelfen würde; er legte ihm also die Sache dar, sprach mit der ihm eigenen Eindringlichkeit und sanften Beredsamkeit, die durch seine warme Anteilnahme und sein Mitgefühl besonders überzeugend wirken mußten. Wie aber konnte er ahnen, daß der, dem er sich anvertraute, ein Wolf und ein Fuchs war, der einzig darauf sann, ihm sein Lämmchen zu rauben: der alte Abbé hatte sich wie ein Wahnsinniger in seine Nichte verliebt, es lag ihm also gänzlich fern, sich von ihr trennen zu lassen. Während der Reise hatte er sich noch Zurückhaltung auferlegt, aus Furcht vor dem Duc de Luynes, denn er argwöhnte, dieser könne seine Verwirrung bemerken. Er hatte sich wohlweislich damit begnügt, sich durch alle möglichen Aufmerksamkeiten und Gefälligkeiten die Wege zu ebnen, doch als er dann den Duc de Luynes höflich verabschiedet und nach Paris zurückgeschickt hatte, tat der schmutzige Greis seine Leidenschaft offen kund, eine Leidenschaft, die sich, da sie keine Erwiderung fand, alsbald in den wildesten Haß verkehrte. Er mißhandelte seine Nichte geradezu, und als sie wieder nach Turin zurückgekehrt waren, versäumte er keine Gelegenheit, sie bei ihrer Schwiegermutter und ihrem Ehemann anzuschwärzen, kurz, er tat, was er nur konnte, um sie unglücklich zu machen. Eine Zeitlang ließ sie geduldig alles über sich ergehen; dann aber brachten die moralische Verwirrung und die schlechte Behandlung, der man sie aussetzte, ihre Tugend ins Wanken; sie erhörte also endlich den Herzog von Savoyen und ergab sich ihm, um der häuslichen Quälerei zu entgehen. Das klingt wie ein Roman, aber es hat sich in unserer Zeit vor aller Augen und Ohren zugetragen.

Als es dann zum Skandal kam, gerieten die Verue schier außer sich, und doch hatten sie das Ganze nur sich selber zuzuschreiben. Bald beherrschte die neue Mätresse in gebieterischer Selbstherrlichkeit den ganzen Hof von Savoyen und dessen Souverän, der ihr zu Füßen lag und sie wie eine Göttin verehrte. Sie lenkte die Gnaden- und Gunstbezeugungen ihres Liebhabers und bewirkte, daß die Minister sie fürchteten und stets mit ihr rechneten. Ihr unnahbarer Hochmut machte sie verhaßt: man suchte sie zu vergiften. Der Herzog gab ihr ein hervorragendes und glücklicherweise genau richtiges Gegengift. Sie genas; ihre Schönheit hatte zwar keinen Schaden genommen, aber es blieben ein paar lästige Beschwerden, die allerdings ihre Gesundheit nicht wesentlich beeinträchtigen. Ihre Herrschaft dauerte weiter an. Schließlich bekam sie die Blattern, der Herzog von Savoyen besuchte und umsorgte sie während dieser Krankheit wie eine Pflegerin, und obgleich ihr Gesicht nun etwas entstellt war, liebte er sie hernach noch ebensosehr, doch liebte er sie auf seine Weise: er hielt sie in ihren vier Wänden eingeschlossen, weil diese Lebensweise ihm selber am meisten zusagte. Aber wenn er auch häufig mit seinen Ministern in ihrer Gegenwart arbeitete, hielt er sie dennoch von seinen Staatsgeschäften fern. Er hatte ihr reiche Geschenke gemacht, so daß sie, abgesehen von ihren Einkünften und den erlesenen zahlreichen Edelsteinen, dem Geschmeide und den kostbaren Möbeln, die sie bereits besaß, zu großem Reichtum gekommen war. Unter diesen Umständen wurde sie allmählich ihrer peinlichen Lage überdrüssig, sie sann auf Flucht und wandte sich, um diese bewerkstelligen zu können, an ihren Bruder, den Chevalier de Luynes, der einen hohen Dienstgrad in der Marine innehatte, und bat ihn flehentlich, sie zu besuchen. Während seines Aufenthalts in Turin planten sie diese Flucht und führten sie dann durch, nachdem möglichst viele Gegenstände in Sicherheit gebracht worden waren. Sie warteten, bis der Herzog von Savoyen am 15. Oktober eine Reise nach Chambéry unternahm, und verließen still und heimlich seine Staaten, bevor er auch nur den geringsten Verdacht geschöpft und ohne daß sie ihm auch nur eine einzige Zeile hinterlassen hatte.

Sie gelangte mit ihrem Bruder über unsere Grenze, begab sich dann nach Paris, wo sie sich zunächst in ein Kloster zurückzog. Weder die Familie ihres Mannes noch ihre eigene waren von dem Ereignis unterrichtet worden. Nachdem sie zwölf oder fünfzehn Jahre lang in Piemont Königin gewesen, wurde sie nun in Paris zu einer ganz unbedeutenden Privatperson. Ihre Verwandten, M. und Mme. de Chevreuse, lehnten es zunächst entschieden ab, mit ihr zu verkehren, doch als Mme. de Verue sich dann mehrfach an das Ehepaar gewandt hatte und als ehrbare Leute es den Chevreuses zum Vorwurf machten, daß sie sich weigerten, einer Person, die von ihrem skandalösen Lebenswandel abließ, die Hand zu reichen, willigten sie endlich ein, Mme. de Verue bei sich zu empfangen. Nach und nach besuchten und empfingen auch andere sie, und als sie ein wenig Boden unter die Füße bekam, erwarb sie ein Haus und lebte selbst dort ganz vergnüglich, da sie viel Familiensinn hatte und sich in der Gesellschaft auskannte, übte sie auf diese eine starke Anziehungskraft aus; doch allmählich verfiel sie wieder in das selbstherrliche Gehabe, an das sie gewöhnt war und an das sie mit viel Klugheit, Umsicht und Höflichkeit nun auch die Pariser Gesellschaft gewöhnte. Ihr ungeheures Vermögen verhalf ihr in der Folge dazu, daß ihre nächsten Verwandten und deren Freunde sich um sie scharten, und sie verstand es, die günstigen Gelegenheiten so geschickt auszunutzen, daß sich dieser ihr persönlicher Hofstaat mehr und mehr erweiterte und am Ende beträchtlichen Einfluß auf die Regierung gewann.

Zu jener Zeit kaufte der Duc du Maine von Seignelays Erben das wunderbar schöne Schloß Sceaux, in das Colbert und mehr noch Seignelay ungeheure Summen gesteckt hatten. Der Preis betrug 900 000 Livres, aber alles in allem kam es auf eine Million. Zu diesen gewaltigen Ausgaben wären M. und Mme. du Maine ohne die Unterstützung des Königs außerstande gewesen.

D'Antin, ein gescheiter Mann, der die Gewohnheiten bei Hofe so gut kannte, faßte damals einen recht absonderlichen Entschluß. Mme. de Montespan, die sich verschiedene Bußübungen auferlegt hatte, bemühte sich, nun unter anderem darum, diesem ihrem Sohn ein Vermögen zu verschaffen, aber sie wollte sich nicht ins Blaue hinein bemühen.

D'Antin hatte sein Leben lang mit hohem Einsatz gespielt, und er pflegte überdies große Ausgaben zu machen. Mme. de Montespan verlangte also, daß er sich mäßige und daß er, obwohl dies einem Spieler nicht möglich ist, fortan dem Spiel für immer entsage. Unter dieser Bedingung versprach sie ihm eine weitere Zuwendung von 12000 Livres jährlich; aber sie gedachte ihn bindend zu verpflichten, und er fand, um sie zufriedenzustellen, keine bindendere Zusicherung als den Comte de Toulouse zu bitten, er möge dem König in seinem Namen sagen, er wolle das Spiel für immer aufgeben. Die Entgegnung des Königs war recht trocken, es sei ihm, sagte er dem Comte de Toulouse, ganz gleichgültig, ob d'Antin spiele oder nicht. Man erfuhr hiervon, und der Höfling, dem jede Güte abgeht, brach in hämisches Gelächter aus. Indes es war der Schwur eines Spielers; d'Antin konnte dem Spiel um Geld nicht lange entsagen, bald steigerte er die Summen, schließlich begann er aufs neue mit dem Glücksspiel; es waren höchstens fünfzehn oder achtzehn Monate vergangen, da saß er wieder munter am Spieltisch und hat es seither stets so gehalten. Übrigens hatte er, wie er später gestand, als er dem König diese edle Verzichtserklärung übermitteln ließ, soeben sechs- oder siebentausend Francs beim Spiel gewonnen, und alle Welt war überzeugt, daß es vermutlich noch eine weit höhere Summe war.

In Fontainebleau wurde mir ein unsagbarer Kummer zuteil: ich erfuhr, daß der Abt von La Trappe gestorben war. Als ich kurz zuvor eines Abends auf das Coucher des Königs wartete, zeigte mir der Bischof von Troyes einen Brief, in dem man ihm mitteilte, daß der Abt in den letzten Zügen liege: das überraschte mich um so mehr, als ich zwar seit zehn oder zwölf Tagen nichts aus La Trappe gehört hatte, sein Gesundheitszustand zuvor jedoch in keiner Weise besorgniserregend gewesen war. Meiner ersten Regung folgend, wollte ich sofort nach La Trappe eilen. Aber man gab mir zu bedenken, daß mein Verhalten Aufsehen erregen würde, und das hielt mich zurück. Ich schickte sofort einen Boten nach Paris zu einem sehr guten Arzt namens Andry, den ich selbst nach Plombières mitgenommen hatte; dieser machte sich unverzüglich auf den Weg, doch fand er bei seinem Eintreffen den Abt nicht mehr am Leben. Diese Memoiren sind zu profan, um hier auch nur irgend etwas über ein so heiliges Leben und einen so erhabenen und vor Gott so wohlgefälligen Tod zu berichten. Ich begnüge mich zu erwähnen, daß die Nachrufe um so ausführlicher und umfangreicher wurden, als der König eine öffentliche Lobrede hielt, in der er in Beziehungen zu seinem eigenen Tod herstellen wollte und seine Enkel belehrend auf diesen Tod hinwies. Man sah ganz Europa in Beileidsbekundungen wetteifern, die Kirche betrauerte den Heimgegangenen, und sogar die Gesellschaft ließ ihm Gerechtigkeit widerfahren. Dieser für ihn selbst so glückselige und für seine Freunde so schmerzliche Tag war der 26. Oktober. Er starb gegen Mitternacht in den Armen seines Bischofs und in Gegenwart seiner Klostergemeinschaft im Alter von beinahe siebenundsiebzig Jahren und nach vierzig Jahren hingebungsvoller Bußübungen.

Papst Innozenz XII. war, nachdem er sein Ende schon lange hatte herannahen sehen, am 27. September gestorben. Er war ein großer und heiliger Papst, ein wahrer Hirte und wahrer Vater aller Christen gewesen, einer von jenen, wie man sie nur noch sehr selten auf dem Stuhl des Heiligen Petrus sieht.

Tod des Königs von Spanien. – Fragen der Erbfolge. – Annahme der Königswürde durch den Duc d'Anjou.

Die Nachrichten aus Spanien wurden täglich spannender. Blécourt hielt den König über den Zustand des sterbenden Königs von Spanien genauestens auf dem laufenden, worauf der König dem Marquis d'Harcourt Befehl gab, sich bereit zu halten, um in Bayonne eine Armee zusammenzustellen. Kaum hatte der König von Spanien die Augen geschlossen, schon war von der Testamentseröffnung die Rede. Der Staatsrat trat zusammen, und alle Granden von Spanien, die sich gerade in Madrid aufhielten, nahmen daran teil. Die Neugier und das Ungewöhnliche dieses Ereignisses, das so viele Millionen Menschen anging, hatte ganz Madrid in den Palast gelockt, so daß man in den Nebenräumen, die an den Ratssaal angrenzten, in dem die Granden und der Rat das Testament eröffneten, fast zu ersticken drohte; alle ausländischen Minister belagerten die Tür, jeder wollte die Entscheidung des verstorbenen Königs als erster erfahren, um seinen Hof als erster informieren zu können. Auch Blécourt war zugegen, und er wußte nicht mehr als die anderen. Graf Harrach, der kaiserliche Gesandte, der sehr hoffnungsfroh war und fest auf ein Testament zugunsten des Erzherzogs baute, stand mit triumphierender Miene dicht neben Blécourt vor der Tür. Das Ganze zog sich lange genug hin, so daß die Geduld bis aufs äußerste erschöpft war. Endlich öffnete sich die Tür und schloß sich wieder. Der Duc d'Abrantes, ein geistreicher Mann, aber ein zu furchterregender Spöttler, wollte sich das Vergnügen gönnen, die Wahl des Nachfolgers, sobald diese von allen Granden und dem Rat gebilligt war, persönlich bekanntzugeben. Kaum war er herausgetreten, schon sah er sich dicht umringt. Er ließ die Blicke langsam nach allen Seiten schweifen und bewahrte feierliches Schweigen. Blécourt trat vor; der Herzog sah ihn starr an, dann wandte er den Kopf ab, es schien, als suche er jenen, der gerade vor ihm stand. Dieses Gebaren überraschte Blécourt und wurde von jedem zu Ungunsten Frankreichs ausgelegt. Plötzlich

Th. Rosté

Das Buch des Vaters

Peta Manbach: Gottschalen
Eicken / 22.90
Yoldatea: D. Alejandro mu̅n̅ozbella.

erheiterte sich die Miene des Herzogs, er tat, als bemerke er den Grafen Harrach erst jetzt, fiel ihm um den Hals und sagte auf spanisch laut und vernehmlich zu ihm: »Mein Herr, es erfüllt mich mit großer Zufriedenheit ...«, dann hielt er inne, um Harrach noch stürmischer zu umarmen, »ja, mein Herr«, fuhr er fort, »es erfüllt mich mit größter Freude«, und unter erneuten Umarmungen machte er abermals eine Pause, dann vollendete er seinen Satz, »und mit größter Genugtuung, mich jetzt für immer von Ihnen trennen und von dem erlauchten Haus Österreich Abschied nehmen zu dürfen.« Darauf bahnte er sich einen Weg durch die Menge, jeder kam hinter ihm her, um zu erfahren, wer denn nun zum Nachfolger bestimmt sei. Staunen, Überraschung und Entrüstung ließen den Grafen Harrach verstummen, spiegelten sich aber desto deutlicher auf seinen Zügen wieder. Er blieb noch ein paar Augenblicke, ließ einige seiner Leute zurück, damit diese ihm nach Schluß des Staatsrats Bericht erstatteten, um sich alsdann schleunigst zu entfernen. Seine Verwirrung war um so größer, als er tatsächlich auf die Umarmungen und das grausame Täuschungsmanöver des Duc d'Abrantes hereingefallen war.

Blécourt seinerseits wünschte sich nichts Besseres, er eilte nach Hause, um einen Kurier abzusenden, und während er gerade sein Schreiben verfaßte, schickte ihm Ubilla einen Auszug aus dem Testament, den Blécourt nur noch seinem Paket beizulegen brauchte. Barbezieux nahm die Nachricht in Empfang und überbrachte sie am 9. November dem König, als dieser gerade Finanzrat hielt.

Der König sagte die geplante Jagd ab, aß wie gewöhnlich mit kleinem Gedeck zu Mittag, und ohne daß seine Miene auch nur das geringste verriet, gab er den Tod des Königs von Spanien bekannt, erklärte, daß er Trauerkleider anlegen würde und daß den ganzen Winter hindurch weder Appartements noch Komödien noch sonst irgendwelche Festlichkeiten bei Hofe stattfänden. Als er in sein Kabinett zurückgekehrt war, ließ er den Ministern sagen, sie möchten sich um drei Uhr bei Mme. de Maintenon einfinden. Der König, Monseigneur, der Kanzler, der Duc de Beauvillier und Torcy – damals waren diese drei die einzigen Staatsminister – berieten allein über jene entscheidende Frage. Mit ihnen Mme. de Maintenon, die aus Bescheidenheit schwieg und die der König, nachdem alle anderen außer ihm selbst ihre Ansicht dargelegt hatten, dann aufforderte, sich gleichfalls zu äußern. Die Meinungen waren geteilt, zwei waren für die Aufrechterhaltung des Teilungsvertrages, zwei stimmten für die Annahme des spanischen Testaments.

Diese beiden Ansichten wurden in heftigen Reden und Gegenreden diskutiert, Monseigneur, der sonst stets in seinem Fett und in seiner Apathie versank, schien zur großen Überraschung des Königs und der übrigen Anwesenden bei diesen beiden Beratungen ein völlig anderer Mensch zu sein. Sobald er Stellung zu nehmen hatte, erklärte er sich mit Nachdruck für die Annahme des Testaments. Er berief sich dabei im wesentlichen auf die Gründe, die der Kanzler vorgebracht hatte, dann wandte er sich an den König und sagte mit ehrerbietigem aber entschlossenem Ausdruck, er nehme sich die Freiheit, ihn um seine Erbschaft zu bitten, denn die spanische Monarchie sei der Besitz der Königin, seiner Mutter gewesen, und falle nun also ihm zu; es sei dies ein Erbe, das er mit Rücksicht auf den Frieden Europas von Herzen gern seinem zweiten Sohn abzutreten bereit sei, einem anderen jedoch werde er kein Zollbreit Landes überlassen. Seine Forderung sei gerecht und entspreche sowohl der Ehre des Königs wie dem Ruhme und der Größe seiner Krone, er hoffe deshalb, daß man ihm seine Bitte nicht abschlage. Diese mit flammendem Antlitz vorgetragene Rede wirkte höchst überraschend. Der König hörte aufmerksam zu, dann wandte er sich an Mme. de Maintenon: »Und Sie, Madame?« fragte er. »Was sagen Sie zu alldem?« Sie spielte weiterhin die Bescheidene, doch als man sie drängte, ja sogar ihr befahl, geruhte sie schließlich, mit wohlbedachter Verlegenheit, ein paar Worte von sich zu geben, dann ließ sie sich herab, Monseigneur, den sie fürchtete und den sie so wenig leiden konnte wie er sie, ein kurzes Lob zu erteilen und meinte am Ende, sie sei gleichfalls der Meinung, daß man das Testament annehmen solle.

Der König schloß die Sitzung, ohne selber Stellung zu nehmen, er sagte, er habe sich alles genau angehört, die Für und Wider müßten sorgsam erwogen werden, die Angelegenheit verdiene wohl, daß man eine Nacht darüber schlafe und abwarte, ob weitere Nachrichten aus Spanien einliefen und ob die Spanier derselben Ansicht seien wie ihr König. Am anderen Morgen gab der König in Gegenwart Monseigneurs und Torcys dem spanischen Gesandten Audienz; der Gesandte legte ihm im Auftrag der Königin und der Junta die Kopie des Testamentes vor. Da nur noch von dieser bevorstehenden Entscheidung gesprochen wurde, machte sich der König eines Abends den Spaß, die Prinzessinnen nach ihrer Meinung zu fragen. Sie erwiderten, man solle den Duc d'Anjou unverzüglich nach Spanien schicken, und es sei dies, nach allem, was sie hätten sagen hören, die allgemeine Ansicht. »Ich bin sicher«, entgegnete ihnen der König, »daß mich viele Leute verurteilen werden, welche Entscheidung auch immer ich treffen mag.«

Am Sonntag kam ein spanischer Kurier des Grafen Harrach auf dem

Weg nach Wien durch Fontainebleau, machte dem König beim Souper seine Aufwartung und sagte in Gegenwart aller Anwesenden, man erwarte den Duc d'Anjou in Madrid bereits mit der größten Ungeduld. Der junge Prinz entgegnete, wenn man ihn auf das Testament ansprach, nur immer, wie dankbar er dem König von Spanien sei, und verhielt sich so gelassen, daß man bis zum Augenblick seiner Deklaration nicht wußte, was er dachte.

Am Dienstag, dem 16. November, ließ der König nach dem Lever den spanischen Gesandten in sein Kabinett kommen und erklärte ihm, indem er auf den Duc d'Anjou hinwies, er könne diesen als seinen König begrüßen. Alsbald beugte der Gesandte nach spanischer Sitte das Knie und hieß den jungen Prinzen in der Sprache seines Landes willkommen. Der König erwiderte, da sein Enkel die Sprache des Landes noch nicht beherrsche, werde er an seiner Statt antworten, und er befahl, daß man gegen alle Gewohnheit die beiden Flügeltüren seines Kabinetts öffnete, um die Menge der draußen harrenden Höflinge hereinzulassen. Mit majestätischem Blick überflog er die zahlreiche Versammlung, wies auf den Duc d'Anjou und verkündete: »Meine Herren, hier steht der König von Spanien, er ist von Geburt für diese Krone berufen, der verstorbene König vermachte sie ihm in seinem Testament, die ganze Nation hat sich für ihn entschieden und hat ihn inständig von mir erbeten; es ist eine Fügung des Himmels; ich habe mit Freuden eingewilligt.« Nun wandte er sich an seinen Enkel: »Werden Sie ein guter Spanier, das ist im Augenblick Ihre vornehmste Pflicht, aber vergessen Sie, um die Einigkeit zwischen beiden Nationen zu erhalten, nie, daß Sie als Franzose geboren sind. Das ist das Mittel, diese glücklich zu machen und den Frieden Europas zu erhalten.«

Sofort nach der Deklaration ließ der König den König und die Königin von England durch den ersten Stallmeister benachrichtigen. Am Nachmittag fuhr der König von Spanien nach Meudon, um Monseugneir zu besuchen, der ihn am Wagenschlag empfing und ihm selbst das Geleit gab.

Überall ließ Monseigneur ihm den Vortritt und redete ihn stets mit Majestät an; solange Zuschauer anwesend waren, setzte sich keiner von beiden. Monseigneur schien ganz außer sich vor Freude und wiederholte beständig, noch kein Mensch habe wie er sagen können: »Der König, mein Vater, und der König, mein Sohn.« Hätte er von den Prophezeiungen gewußt, die man bei seiner Geburt gemacht und die alle Welt schon hundertmal gehört hatte: »Eines Königs Sohn, eines Königs Vater und selbst niemals König«, dann hätte er, denke ich, so eitel solche Prophezeiungen auch sein mögen, wohl weniger Freude an den Tag gelegt.

Am 17. ward d'Harcourt zum erblichen Herzog und Gesandten in Spanien ernannt mit dem Auftrag, den König von Spanien in Bayonne zu erwarten. Obwohl Beauvillier, um sein Fieber zu bekämpfen, ständig Chinin einnehmen mußte, bestand der König darauf, daß er sich auf die Reise begäbe. Beauvillier stieg also unverzüglich in den Wagen, um in Etampes zu nächtigen und den König von Spanien am anderen Morgen nach Orléans zu begleiten. Lassen wir sie ihres Weges ziehen und bewundern wir die göttliche Vorsehung, die menschlichem Denken zum Trotz die Staaten nach ihrem Gutdünken lenkt. Was hätten Ferdinand und Isabella dazu gesagt, was Karl V. und Philipp II., die Frankreich so oft einnehmen wollten und die so sehr bestrebt waren, eine Universalmonarchie zu errichten, und was hätte Philipp IV. gesagt, wenn er trotz all seiner Vorsichtsmaßregeln, die er bei der Heirat des Königs und beim Pyrenäen-Frieden getroffen, nun doch einen Erben der französischen Krone als König von Spanien hätte sehen müssen? Und dies sogar aufgrund der testamentarischen Verfügung des letzten spanischen Königs aus ihrem Geblüt und aufgrund des einstimmigen Wunsches aller Spanier; ohne jede Intrige von unserer Seite und ohne Zutun des Königs, zu seiner eigenen und aller Minister höchstem Erstaunen, so daß der König sich nun vor die Schwierigkeit der Entscheidung und den Zwang der Annahme gestellt sah. Zu welch erhabenen und weisen Gedanken gäbe das Anlaß, Gedanken, die jedoch in diesen Memoiren nicht am Platze wären.

Beim Konklave erhielt endlich Albano alle Stimmen, und es kostete ihn ohne Heuchelei tatsächlich große Überwindung, sich zur Annahme des Pontifikats zu entschließen. Ich weiß nicht, was ihn dazu bewog, den Namen Clemens XI. anzunehmen. Alle unsere Kardinäle bekamen Order zurückzukehren, mit Ausnahme Jansons, der als Geschäftsträger des Königs in Rom blieb, und d'Estrées, der nach Venedig ging.

Am 23. November ernannte der König Chamillart zum Minister und befahl ihm, am nächsten Tag im Staatsrat zu erscheinen. Chamillart war über diese bedeutsame Gunstbezeugung um so gerührter, als er noch gar nicht mit dieser Möglichkeit gerechnet hatte. Dem König, der ihn liebte und der sich von Tag zu Tag mehr an ihn gewöhnte, kam es sehr gelegen, ihm so bald schon diese Freude bereiten und auf diese Weise sein Ansehen und seinen Ruf bei den Finanzleuten erhöhen zu können, zu einer Zeit, wo er voraussichtlich dringend Geld brauchen würde. Barbezieux, ein Freund Chamillarts, war diesem, obwohl er länger im

Amt und ihm in vieler Hinsicht überlegen war, wegen dieser Ernennung durchaus nicht gram; die Bevorzugung erfüllte ihn allerdings mit äußerster Bitternis.

Währenddessen rüstete der Kaiser zum Krieg; unter dem Prinzen Eugen stellte er in Oberitalien eine Armee auf und eine weitere am Rhein, die der Prinz Ludwig von Baden befehligen sollte. Das Verhalten des Kaisers, das Murren der Holländer und das tiefe Schweigen der Engländer bewirkten, daß man sich darauf einrichtete, das Testament allenthalben zu verteidigen. Tessé wurde nach Mailand entstandt, um die Truppen zu kommandieren, die der König gemäß der Anordnung Vaudémonts für Mailand vorgesehen hatte.

(1701). – Europäische Kriegsvorbereitungen zur Durchsetzung der Erbfolge in Spanien. – Chamillart und Barbezieux. – Rose, des Königs Sekretär. – Witterung. – Ankunft des neuen Königs von Spanien in Madrid.

Man hatte sich auf einen heftigen Krieg in Oberitalien vorzubereiten, und Tessé war dorthin geschickt worden, weil er dem Herzog von Savoyen und dessen Ministern genehm war; er hatte in Turin die letzten Friedensverhandlungen geführt sowie die Heirat der Duchesse de Bourgogne ausgehandelt. Man war wegen des Truppendurchzugs und wegen der Lebensmittelversorgung ständig auf den Herzog von Savoyen angewiesen. Deshalb war man bestrebt, ihn sich als Alliierten zu sichern. Auch Mantua war wegen seiner Lage ein wichtiges Objekt, und Tessé war mit dem Herzog von Mantua gleichfalls gut bekannt. Er war also mit zahlreichen Instruktionen versehen abgereist, und wenn Torcy auf politischem Gebiet hier beträchtliche Vorarbeit geleistet hatte, so hatte Barbezieux viel getan, um für alle Einzelheiten bei den Truppen, für die Verpflegung, den Nachschub usw. zu sorgen. Mitten in dieser harten Arbeit mußte er erleben, daß Chamillart, wie schon erwähnt, zum Minister ernannt wurde, und dies zu einem Zeitpunkt, wo es in keiner Weise zu erwarten stand. Das traf Barbezieux wie ein Donnerschlag. Seit mehr als sechzig Jahren hatten seine Väter in dem gleichen Amte wie er beträchtlichen Anteil an der Staatsführung gehabt, und er selber hatte sich während der beinahe zehn Jahre, die er dieses Amt innehatte, kaum weniger Einfluß und Autorität erworben als jene; oft genug hatte Chamillart, der erst zwei Jahre im Amt war, Rat und Auskunft bei ihm erbitten müssen.

Schon die Bevorzugung war für Barbezieux unerträglich, hinzu kam noch die Demütigung, die sein hochfahrendes Wesen ergrimmte und die ihn deutlich spüren ließ, daß jetzt nicht der Augenblick sei, sich über diese Sache zu beschweren. Chamillart, der sich wirklich nicht vorgestellt hätte, so bald schon in den Staatsrat berufen zu werden, tat als bescheidener Mann und guter Freund alles, was in seiner Macht stand, um Barbezieux zu trösten; auch war Barbezieux, wie gesagt, ihm persönlich durchaus nicht gram; aber der Vorgang als solcher hatte ihn derart erbost, daß er sich durch nichts besänftigen ließ. Sobald er also Tessé abgesandt hatte, gab er sich, um seinen Kummer zu betäuben, mit seinen Freunden weit mehr als gewöhnlich den wildesten Ausschweifungen hin. Er hatte sich zwischen Versailles und Vaucresson, am Ende des Parkes von Saint-Cloud, in ganz einsamer Gegend ein Haus gebaut, das ihn Millionen gekostet und das man L'Etang nannte. Es war recht trostlos gelegen, aber von überallher leicht zu erreichen. Dorthin zog er sich häufig zurück, und ebendort suchte er nun auch in Gesellschaft seiner Freunde bei üppigen Gelagen, Tafelfreuden und anderen geheimen Lustbarkeiten seinen nagenden Gram zu vergessen; aber der Unmut behielt die Oberhand und versetzte ihn, verbunden mit den Ausschweifungen, die über seine Kräfte gingen, den Todesstoß; er hatte sich entschieden zu viel zugemutet. Als er vier Tage später aus Etang wieder nach Versailles zurückkehrte, hatte er eine schwere Halsentzündung und so hohes Fieber, daß es starker Aderlässe bedurfte, die allerdings aufgrund seiner bisherigen Lebensweise äußerst gefährlich waren. Die Krankheit erschien von Anfang an recht bedrohlich; sie währte nur fünf Tage. Als der Erzbischof von Reims, sein Onkel, ihn auf die dringende Gefahr hinwies, die Barbezieux sogar Fagon gegenüber noch bestritt, blieb ihm kaum mehr die Zeit, sein Testament zu machen und zu beichten. Er starb in voller Lebenskraft mit Fassung im Kreise seiner Familie; seine Tür war während seiner Krankheit ständig vom ganzen Hof belagert worden; es war der Vorabend des Dreikönigstages. Er verschied, noch ehe er das dreiunddreißigste Jahr erreicht hatte, im selben Zimmer, in dem auch sein Vater gestorben war.

Er war eine verblüffende Erscheinung, mit ansprechendem, liebenswürdigem Gesicht, von überaus lebhaftem Ausdruck; er besaß viel Verstand, Scharfsinn und Tatendrang, ein klares Unterscheidungsvermögen, eine unglaubliche Arbeitskraft, auf die er sich bedenkenlos verließ, um seinen Vergnügungen nachzugehen und dank derer er in zwei, drei Stunden mehr und Besseres leistete als ein anderer im Laufe eines Tages. Seine ganze Persönlichkeit, seine Art zu sprechen, seine Umgangsformen, seine gemessene, gewählte Ausdrucksweise, seine kraftvolle Beredsamkeit, alles an ihm wirkte bestechend. Niemand zeigte ein so weltmännisches Gebaren und soviel vom Auftreten eines Grandseigneurs, der er wohl gern hätte sein mögen. Sein Benehmen war von ausgesuchter Höflichkeit, und wenn es ihm beliebte, sogar voller Ehrerbietung, stets von natürlichster und bestrickendster Liebenswürdigkeit. Daher bezauberte er, wenn er gefallen wollte, und um zu verpflichten, verdreifachte er diesen seinen Zauber. Niemand vermochte die Einzelheiten der Staatsgeschäfte so klar zu übersehen und so geschickt zu manipulieren. Mit einem sechsten Sinn erriet er die Eigenschaften der Leute, mit denen er zu tun hatte, und die verschiedensten Abstufungen sowie die Mannigfaltigkeit und jeweilige Bedeutung der Amtsgeschäfte, die er stets mit einer überraschenden Leichtigkeit bewältigte; aber er war maßlos hochfahrend, stolz, verwegen und unverschämt, ungemein nachtragend, durch die geringste Kleinigkeit zu verletzen und schwer wieder zu versöhnen. Häufig verfiel er in düsterste Melancholie, er war sich dessen bewußt und klagte selbst darüber, aber er konnte dieser Stimmungen nicht Herr werden. Da er von Natur aus schroff und hart war, wurde er dann brutal und aller erdenklichen Beleidigungen und Wutausbrüche fähig, wodurch er sich vieler Freunde beraubte. Die Auswahl dieser Freunde war nicht eben sehr glücklich, und wenn er schlechte Laune hatte, beschimpfte und beleidigte er sie, mochten sie sein, wer sie wollten, und mochten sie ihm noch so nahestehen, hinterher geriet er dann in wahre Verzweiflung darüber. Er war ein Mann, der keinerlei Widerstand zu dulden vermochte und dessen Kühnheit vor nichts zurückschreckte.

Er hatte den König daran gewöhnt, daß er, wenn er zu viel getrunken oder wenn er bei einem Spiel saß, das er nicht aufgeben wollte, seine Arbeit einfach verschob, mit der Ausrede, er habe Fieber. Der König nahm das in Kauf wegen der raschen und nutzbringenden Arbeit, die Barbezieux leistete, und weil er, der König, sich gern dem Glauben hingab, alles selber zu tun und seine Minister nur heranzubilden. Aber er liebte Barbezieux nicht, und er wußte recht gut, wie es um dessen Fernbleiben und dessen angebliche Fieberanfälle bestellt war. Dafür begünstigte Mme. de Maintenon, die seinen allzu mächtigen Vater aus persönlichen Gründen zu Fall gebracht hatte, ihn, den Sohn, der ihr gegenüber stets den größten Respekt bezeugte. Er besaß recht besehen alle Voraussetzungen, ein großer, aber ungemein gefährlicher Minister zu werden. Angesichts seines maßlosen Ehrgeizes ist es sogar eine Frage, ob sein Tod für den Staat wirklich ein Verlust war, für die Gesellschaft und den Hof war es jedenfalls keiner, sie gewann vielmehr durch den Tod eines Mannes, den seine Begabungen bei wachsender Machtfülle nur ständig furchterregender hätten werden lassen und dessen Zuverlässigkeit im persönlichen Umgang einiges zu wünschen übrigließ und in Verwaltungsgeschäften sogar stark in Zweifel gezogen wurde. Nicht etwa, daß er habgierig oder geizig gewesen wäre; vielmehr war er die Freigebigkeit und Verschwendung in Person, aber er war rücksichtslos und setzte alles ein, um seine Ziele zu erreichen. Bei der Belagerung von Barcelona hat er mit seinem Vorgehen gegen Noailles ein Beispiel gegeben, wessen er fähig war.

Der König hatte Chamillart jetzt auch noch Barbezieux' Amt übertragen. Als vorsichtiger Mann wollte Chamillart nun die Finanzen wieder abgeben, da er mit gutem Grund fand, daß sich der gefährliche Posten des Generalkontrolleurs nicht mit dem Amt des Staatssekretärs des Krieges verbinden ließe; und als der König darauf bestand, daß er die Finanzen behielte, stellte er ihm die Unmöglichkeit vor, die Arbeit dieser beiden Ämter zu bewältigen, deren jedes für sich allein seinerzeit Colbert und Louvois völlig in Anspruch genommen hatte, aber gerade die Erinnerung an diese beiden Minister und ihre Streitereien ließ den König so hartnäckig werden und brachte ihn darauf, die beiden Ministerien zu vereinen, er blieb also taub gegen Chamillarts Bitten.

Chamillart war ein rechtschaffener und sehr ehrenwerter Mann, er hatte eine reine Weste, handelte stets in den besten Absichten, war höflich, geduldig, verbindlich, ein guter Freund und ein nachsichtiger Feind; er liebte den Staat, und zumal den König, über die Maßen, stand in einem sehr guten Verhältnis zu ihm und zu Mme. de Maintenon; im übrigen war er recht beschränkt und wie alle Leute mit begrenztem Verstand und mangelnder Einsicht sehr halsstarrig und schwer von Begriff. – Über Einwände, die man ihm entgegenhielt, pflegte er stets töricht und voll milder Nachsicht zu lachen, außerstande, diese auch nur anzuhören oder gar zu begreifen; infolgedessen war er immer der Betrogene, bei Freundschaften, in Staatsgeschäften, kurzum, in allem, und immer wurde er beherrscht und gelenkt von Leuten, von denen er sich in mancher Hinsicht eine große Vorstellung gemacht hatte oder die sich rundheraus als seine Freunde erklärten. Seine Befähigung war jedenfalls recht gering, aber er war der Meinung, er wisse alles und kenne sich überall aus; und das war um so beklagenswerter, als dieses Bewußtsein mit seinem weiterem Aufstieg stetig zunahm, und nicht etwa der Anmaßung, sondern der reinen Dummheit entsprang, ganz bestimmt nicht der Eitelkeit, denn er besaß keine. Bemerkenswert, daß die Zuneigung des Königs zu ihm gerade auf dieser mangelnden Begabung basierte.

Um diese Zeit starb auch Rose, einer der Kabinettssekretäre des Königs, der seit fünfzig Jahren die Feder geführt hatte; er war bei voller körperlicher und geistiger Frische sechs- oder siebenundachtzig Jahre alt geworden; er hatte nicht nur die Feder geführt, er war auch Präsident der Rechnungskammer gewesen, war sehr reich und sehr geizig, aber auch sehr gescheit, witzig, von unvergleichlicher Schlagfertigkeit und sehr belesen. Er hatte ein glänzendes Gedächtnis, genaueste Kenntnis der innersten Zusammenhänge bei Hofe sowie der Staatsgeschäfte. Heiter, offen, kühn, zuweilen sogar recht keck, aber zu jedem, der ihm nicht auf die Füße trat, höflich und ehrerbietig, war er genau am richtigen Platz. Er bewahrte durchaus den Stil des alten Hofes; er hatte im Dienst des Kardinals Mazarin gestanden und dessen größtes Vertrauen genossen. Da er die Feder führte, unterhielt er eine direkte Beziehung zum König und bekam zuweilen Einblick in Vorgänge, die den Ministern unbekannt blieben. Die Feder führen, d. h. öffentlich Fälschungen zu begehen und von Amtswegen das zu tun, was jeden anderen das Leben kosten würde, diese Aufgabe besteht darin, die Handschrift des Königs so genau nachzuahmen, daß sie der echten vollkommen gleicht, und dergestalt all jene Briefe zu schreiben, die der König eigenhändig schreiben muß oder will, zu deren Abfassung er jedoch nicht die Zeit oder die Muße findet; wie zum Beispiel Briefe an Souveräne oder andere hochgestellte Ausländer oder auch Untertanen wie Heerführer und andere bedeutende Persönlichkeiten.

Man hätte einem großen König schwerlich eine würdigere noch eine dem jeweiligen Fall besser angepaßte Sprache verleihen können, als Rose es in den Briefen tat, die vom König unterzeichnet wurden. Eine Menge wichtiger Dinge waren also durch Roses Hände gegangen, er war vollkommen zuverlässig und verschwiegen, und der König schenkte ihm volles Vertrauen. Listig und schlau, ja äußerst verschlagen war er allerdings auch. Es gäbe viele Geschichten darüber zu erzählen, von denen ich hier nur zwei mitteilen will, weil sie für ihn wie für die übrigen auftretenden Personen besonders bezeichnend sind. Rose besaß ganz in der Nähe von Chantilly ein schönes bewirtschaftetes Anwesen, an dem er sehr hing und das er häufig aufsuchte. Er bezeugte Monsieur le Prince – ich spreche von dem jüngst verstorbenen – allen nötigen Respekt, war jedoch stets auf der Hut, ihm keinerlei Herrschaftsrechte über sein Haus zuzugestehen. Da jedoch Monsieur le Prince und vor allem seine Jagdverwalter allmählich dieser beengenden Nachbarschaft überdrüssig geworden waren, ließ Monsieur le Prince Rose vorschlagen, er möge ihm sein Gut abtreten; der aber wollte sich durchaus nicht dazu verstehen, und um keinen Preis gedachte er den Besitz herzugeben. Als Monsieur le Prince schließlich alle Hoffnung schwinden sah, begann er ihm mit allerlei Schikanen zuzusetzen, um ihm auf diese Weise das Landgut zu verleiden und ihn zur Nachgiebigkeit zu zwingen. Er gab keine Ruhe und ersann immer Neues. Einmal ließ er Rose drei- oder vierhundert

Füchse, die er überall hatte zusammentreiben und fangen lassen, über die Mauer in seinen Park werfen. Man kann sich vorstellen, welche Verwüstungen diese Bande da anrichtete und wie überrascht Rose und seine Leute dreinschauten, als sie dieses unheimlichen Gewimmels von Füchsen ansichtig wurden, die alle in einer einzigen Nacht aufgetaucht waren. Der Kabinettssekretär, der jähzornig und aufbrausend war und der Monsieur le Prince zur Genüge kannte, wußte sofort, wem er dieses Geschenk zu verdanken hatte. Er begab sich also unverzüglich zum König, erbat ohne viel Umschweife die Erlaubnis, ihm eine vielleicht etwas abwegige Frage vorlegen zu dürfen. Der König, der seit langem an Rose und dessen kauzige Einfälle gewöhnt war, erkundigte sich, worum es sich handle. »Worum es sich handelt, Sire?« entgegnete Rose mit hochrotem Gesicht, »ich möchte Sie bitten, mir zu sagen, ob wir in Frankreich zwei Könige haben.« – »Was soll das heißen?« fragte der König überrascht und errötete gleichfalls. »Was das heißen soll«, wiederholte Rose, »nun, das soll heißen, wenn nicht nur Sie König sind, sondern auch Monsieur le Prince, so müßte man sich seufzend unter diesen Tyrannen beugen; ist er allerdings nur der erste Prinz von Geblüt, Sire, dann flehe ich Sie um die Gerechtigkeit an, die Sie allen Ihren Untertanen schulden: Sie können nicht zulassen, daß diese Ihre Untertanen Monsieur le Prince zum Opfer fallen.« Und dann schilderte Rose, wie der Prinz ihn durch all seine Verfolgungen habe zwingen wollen, ihm sein Landgut zu verkaufen, und erzählte schließlich auch die Geschichte von den Füchsen. Der König versprach ihm, Monsieur le Prince zu ermahnen, so daß er künftig vor ihm Ruhe haben würde. In der Tat befahl er diesem, auf seine eigenen Kosten sämtliche Füchse aus dem Park des Mannes entfernen zu lassen, und zwar dergestalt, daß keinerlei Schaden entstünde; überdies habe er für allen von den Füchsen bereits angerichteten Schaden aufzukommen; und der König warnte ihn so nachdrücklich, daß Monsieur le Prince als gehorsamer und ergebener Höfling Rose, der sich lange Zeit sehr ablehnend gegen ihn verhielt, wieder zu gewinnen suchte und es seither nie mehr wagte, ihm auch nur die kleinste Ungelegenheit zu bereiten.

Einen in der Tat recht bösen Scherz, den Duras sich mit Rose erlaubte, hat dieser jenem niemals verziehen. Bei einer Reise des Hofes war, ich weiß nicht weshalb, der Wagen Roses zusammengebrochen. In seiner Ungeduld hatte sich Rose ein Pferd genommen; er war kein guter Reiter, er und das Pferd kamen nicht überein, und der Gaul warf ihn in den Morast. Da kam zufällig Duras vorbeigefahren; Rose, der mitten im dicksten Schlamm unter seinem Pferd lag, rief laut um Hilfe. Duras, dessen Wagen sich nur sehr langsam durch diesen Morast fortbewegte, steckte den Kopf zum Fenster hinaus, und statt zu helfen, brach er in schallendes Gelächter aus: »Sieh da, welch verwöhntes Pferd muß das sein«, rief er aus, »sich so auf Rosen zu wälzen!« Und er fuhr seines Weges, ohne sich im mindesten um Rose zu kümmern. Bald darauf kam der Duc de Coislin vorbei, der barmherziger war und ihm heraushalf. Rose jedoch war so erzürnt, daß man lange Zeit brauchte, um zu erfahren, was ihn derart erbost hatte. Das Schlimmste aber ereignete sich bei der Übernachtung. Duras, der niemanden fürchtete und der ein ebenso flinkes Mundwerk besaß wie Rose, hatte dem König und dem ganzen Hof den Vorfall geschildert und alle damit köstlich erheitert. Das brachte Rose so sehr in Harnisch, daß er fortan mit Duras nichts mehr zu tun haben wollte und nur zornschnaubend von ihm sprach; aber wenn er sich zuweilen beim König eine böse Bemerkung über ihn erlaubte, lachte der König und erinnerte ihn an den Schlamm.

Kurz vor seinem Tode hatte Rose seine Enkelin, die sehr reich war und die ein noch weit beträchtlicheres Vermögen zu erwarten hatte, mit Portail verheiratet, der dann später Erster Präsident des Pariser Parlaments wurde. Die Ehe verlief nicht allzu glücklich; die junge Frau, die genau wußte, welch glänzende Partie sie war, verachtete ihren Ehemann und erklärte, statt in ein ordentliches Haus einzutreten, sei sie am »Portal« stehengeblieben. Bis sich schließlich der Schwiegervater – ein alter Rat an der Großen Kammer – und der Ehemann bei dem wackeren Rose beklagten. Der Biedermann nahm das zunächst kaum zur Notiz, als sie aber wieder damit anfingen, versprach er, seine Enkelin zu ermahnen, tat jedoch nichts dergleichen. Endlich war er dieser ständigen Klagen überdrüssig und verlor die Geduld. »Sie haben ganz recht«, meinte er zornig, »sie ist eine dreiste, unverschämte Person, mit der man niemals zurechtkommen kann, und wenn ich noch einmal eine Klage über sie höre, dann enterbe ich sie, das ist mein fester Entschluß!« Alsbald verstummten die Klagen.

Zu Mariä Lichtmeß brach ein so furchtbar wilder Orkan aus, daß niemand sich erinnern konnte, jemals einen schlimmeren erlebt zu haben. Sein Wüten richtete zahllose Schäden im ganzen Königreich an. Auf der Notre-Dame-Insel in Paris brach die Kirchturmspitze von Saint-Denis und stürzte herab; viele Menschen, die in der Kirche die Messe hörten, wurden erschlagen oder verwundet. Dieser Orkan leitete die Zeit vollkommener Wetterveränderungen ein; es traten immer häufigere und stärkere Stürme auf; die Kälte und der Regen nahmen zu, man erlebte seit dieser Zeit viel mehr Schlechtwetterperioden, und das hat bis heute nur ständig zugenommen, so daß es schon lange Zeit keinen richtigen Frühling, kaum einen Herbst und nur wenige Sommertage gegeben hat; daraus können die Astronomen ihre Lehren ziehen.

Der König von Spanien kam, nachdem er unterwegs überall von einer begeisterten Menge bejubelt worden war – in den Städten hatte man Feste und Stierkämpfe veranstaltet –, am 19. Februar in Madrid an. Er war gut gewachsen, stand in der ersten Jugendblüte, war blond wie der verstorbene König Karl und die Königin, seine Großmutter, ernst, gravitätisch, schweigsam, gemessen, zurückhaltend, kurzum, wie geschaffen, um unter den Spaniern zu leben; bei alledem sehr aufmerksam, jedem einzelnen zugewandt, so daß er dank der Unterweisungen, die d'Harcourt ihm während der Reise hatte zuteil werden lassen, bereits die besonderen Befähigungen, Würden und Auszeichnungen aller ihn umgebenden Personen kannte.

Hochzeit des Königs von Spanien mit einer Prinzessin aus dem Hause Savoyen. – Oberkommando der Streitkräfte in Italien und Flandern. – Der Duc de Chartres wird übergangen. – Verstimmung bei Monsieur, seinem Vater. – Getrübte Beziehungen zum König bis zum Tode Monsieurs. – Die seltsame Trauer bei Hofe. – Vorgeschichte.

Schließlich wurde der Herzog von Savoyen zum Obersten Befehlshaber der Streitkräfte beider bourbonischer Kronen in Italien ernannt, und er verpflichtete sich, zehntausend Mann zu stellen, überdies unseren Truppen den Durchzug in jeder Weise zu erleichtern, gleichzeitig erhoffte er für sich selbst die Heirat seiner zweiten Tochter mit dem König von Spanien.

Das Oberkommando über unsere Truppen in Italien wurde Catinat übertragen. Er war ein sehr kluger, behutsamer Mann, sehr wohlunterrichtet, sehr gerecht, er hatte viele angesehene Freunde und lebte dennoch völlig zurückgezogen. Tessé geriet außer sich bei dem Gedanken, einen General vorgesetzt zu bekommen; als der letzte italienische Krieg zu Ende ging, stand er glänzend und in jeder Weise gefestigt da; die Vorteile, die er aus der Tatsache zu ziehen versucht hatte, daß dieser Friedensschluß sowie sein Amt als Stallmeister der Duchesse de Bourgogne ihn mit dem Hof von Turin in Verbindung gebracht, die Vertraulichkeit, mit der man ihn dort behandelte und der Anteil, den er am Zustandekommen des Vertrages mit Mantua hatte, all das ließ ihn hoffen, nun die Truppen des Königs unter dem Oberkommando des Herzogs von Savoyen befehligen zu dürfen; er war bereits sehr verwöhnt, aber Vaudémont hatte ihm vollends den Kopf verdreht. Vaudémont, dieser Günstling des Glücks, der nichts verabsäumte, sich Fortuna geneigt zu machen, und der denkbar genau über alle inneren Vorgänge der Höfe unterrichtet war, hatte alles aufgeboten, um Tessé, den der König zu ihm geschickt, damit sie sich über die militärischen Fragen einigten, gänzlich an sich zu fesseln: Feste, Aufmerksamkeiten, Ehrerbietungen, militärische und zivile Ehrenbezeigungen, an nichts dergleichen wurde gespart. Es war Tessé, der von der törichten Eitelkeit durchdrungen war, die ehrenvolle Stellung eines Gouverneurs und militärischen Oberbefehlshabers von Mailand einzunehmen, nun mit einem Schlag all dessen verlustig zu gehen und zurückzusinken auf den Stand eines einfachen Generalleutnants, der mit anderen im Dienst abwechselt. Er sah sich jetzt weit entfernt vom Marschallstab, den er, obwohl er niemals wirklich an einem Gefecht teilgenommen, bereits in Händen zu halten wähnte. Er erwartete Catinat, der ihn am Ende des letzten Krieges für die Verhandlungen mit dem Hofe von Turin selber vorgeschlagen hatte und dem er also seinen Aufstieg verdankte, er erwartete ihn, sage ich, mit der festen Absicht, ihm soviel Steine in den Weg zu legen, wie er konnte.

Bald darauf wurde die Hochzeit des Königs von Spanien mit der zweiten Tochter des Herzogs von Savoyen, der jüngeren Schwester der Duchesse de Bourgogne, bekanntgegeben, eine besondere Freude für die Herzogin und eine große Ehre für ihren Vater; zudem war es ein großer Vorteil, mit den beiden ersten und mächtigsten Königen Europas verschwägert zu sein.

Zur gleichen Zeit wurde der Oberbefehl der Truppen in Flandern dem Marschall Boufflers übertragen, der Marschall Villeroy bekam die Deutschlandarmee. Einen Augenblick hatte man daran gedacht, den Duc de Bourgogne zum Oberbefehlshaber dieser Armee zu machen, aber man unterließ es, weil Monsieur seine Empörung darüber kundtat, daß man es dem Duc de Chartres verweigerte, Dienst zu tun. Der König hatte zunächst die Erlaubnis gegeben in der Hoffnung, daß Monsieur – beleidigt, weil man ihm selbst seit langem keine Armee mehr gab – Einspruch dagegen erheben würde; und so stellte er die Bedingung, daß der Duc de Chartres, um zum Dienst zugelassen zu werden, der Billigung Monsieurs bedürfe. Aber Vater und Sohn begriffen beide sehr wohl, daß, wenn der Duc de Chartres beständig Dienst tue, es bei seinem Alter unmöglich wäre, ihm im folgenden Jahr abermals den Oberbefehl über eine Armee vorzuenthalten; sie zogen es deshalb vor, daß er sich auch in diesem Feldzug noch einmal mit subalternem Dienst begnügte. Der König, der aus eben demselben Grunde nicht wünschte, daß sein Neffe diene, war sehr überrascht, Monsieur und seinen Sohn in diesem Punkt vollkommen einig und sich selbst in der Falle zu sehen; er zeigte ihnen, daß er ihr Spiel durchschaut hatte, indem er dem Duc de Chartres kurzweg verweigerte, Dienst zu tun, in der Annahme, daß damit die Sache erledigt wäre. Aber er täuschte sich wiederum. M. de Chartres vollführte zuweilen ein paar tolle, aber seinem Alter gemäße Streiche, die den König ärgerten und ihn vor allem in Verlegenheit setzten. Er wußte nicht, wie er seinem Neffen beikommen sollte, den er gezwungen hatte, sein Schwiegersohn zu werden und dem er entgegen allen Hoffnungen, die er ihm gemacht, mit Ausnahme der schriftlich festgelegten Bedingungen keines seiner Versprechen gehalten hatte. Dieser Ausschluß vom Dienst, der jede Hoffnung auf ein Armeekommando unabsehbar werden ließ, um nicht zu sagen gänzlich vernichtete, öffnete aufs neue die Wunde, die die Verweigerung des Gouvernements Bretagne geschlagen hatte, und gab Madame Anlaß, Monsieur die Schwäche zur Last zu legen, die er damals bewiesen und die er selbst schon längst auf das heftigste bereute. Er ließ also seinen Sohn gewähren, der in jugendlichem Überschwang mit anderen jungen Hitzköpfen die kühnsten Pläne schmiedete, heute nach Spanien und morgen nach England durchzugehen beschloß. Monsieur, der ihn nur allzugut kannte und wohl wußte, daß er diese Tollheiten niemals begehen würde, schwieg dazu still und freute sich, daß der König sich am Ende davon beunruhigt fühlte.

Der König sprach nun Monsieur darauf an, und als er sah, wie gelassen und kühl jener blieb, warf er ihm vor, er sei zu schwach und unfähig, sich bei seinem Sohn Autorität zu verschaffen. Da ereiferte Monsieur sich plötzlich, einmal, weil er sich das vorgenommen, zum anderen, weil er wirklich in Zorn geriet; er fragte seinerseits den König, was er denn anfangen solle mit einem Sohn, der es leid sei, in seinem Alter noch immer müßig in den Galerien von Versailles herumzulungern und das Hofpflaster zu treten, in einer solchen ihm aufgezwungenen Ehe zu leben, und stets leer auszugehen im Gegensatz zu den Brüdern seiner Frau, die ohne ersichtlichen Grund mit Stellungen, Ämtern, Auszeichnungen, Statthalterschaften, Versorgungen und Rangerhöhungen überhäuft würden. Sein Sohn, meinte Monsieur, sei schlechter daran als seine sämtlichen Altersgenossen in Frankreich, die alle Dienst tun dürften und die man nicht daran hindere, sondern die man sogar noch fördere. Müßiggang sei aller Laster Anfang; es sei zwar sehr schmerzlich für ihn, mitansehen zu müssen, wie sein einziger Sohn sich der Ausschweifung ergebe, sich in liederlicher Gesellschaft herumtreibe und tausend Torheiten begehe, weit bitterer aber sei es für ihn, daß er einem begreiflicherweise ergrimmten, aufrührerischen und beleidigten jungen Ungestüm das nicht zur Last legen könne, sondern es vielmehr jenem zur Last legen müsse, der ihn durch seine zurücksetzende Behandlung zu dieser Lebensweise treibe. Der König war über eine so deutliche Sprache maßlos erstaunt; noch niemals hatte Monsieur es sich einfallen lassen, auch nur annähernd in solchen Tönen mit ihm zu reden, was um so ärgerlicher war, als berechtigte Gründe dazu vorlagen, auf die der König aber dennoch nicht einzugehen gedachte. Trotz seiner Überraschung und seiner Verlegenheit hatte er sich genügend in der Gewalt, um als Bruder und nicht als König zu antworten; er sagte zu Monsieur, er verzeihe diesen Ausbruch väterlicher Zuneigung; er schmeichelte ihm und tat alles was er konnte, um ihn durch Milde und Freundlichkeit wieder zu besänftigen und für sich zu gewinnen. Aber der entscheidende Punkt war und blieb die Zulassung zum Dienst mit dem Ziel, das Oberkommando zu erlangen, eine Erlaubnis, die Monsieur für seinen Sohn aus diesem Grunde erstrebte und die der König aus eben demselben Grunde verweigerte. Sie sagten zwar ihre Gründe einander nicht, aber jeder durchschaute den anderen nur allzu gut. Diese peinliche und anstrengende Unterredung dauerte ziemlich lange, Monsieur sprach in lautem, gereiztem, der König immer in gedämpftem und versöhnlichem Ton. Als sie sich dann trennten, war Monsieur zwar entrüstet, aber wagte dennoch nicht, die Sache auf die Spitze zu treiben, und der König war sehr verstimmt, wollte indes Monsieur nicht vor den Kopf stoßen, vor allem aber wollte er vermeiden, daß ihr Streit ruchbar würde.

Den ganzen Sommer hindurch hatte Monsieur sich in Saint-Cloud aufgehalten; noch immer in der nämlichen Seelen- und Geistesverfassung bewahrte er dem König gegenüber weiterhin die gleiche kühle Zurückhaltung. Das bedeutete für ihn bei seinem schwachen Charakter eine völlige Gleichgewichtsstörung, denn er hing seit seiner Jugend mit unterwürfiger Anhänglichkeit an dem König, und er war daran gewöhnt, so unbefangen wie ein Bruder mit ihm zu verkehren und von ihm gleichfalls wie ein Bruder behandelt zu werden, mit aller Aufmerksamkeit, Freundschaft und Rücksicht, jedenfalls soweit es nicht darauf abzielte, Monsieur irgendwelche persönliche Bedeutung zuzugestehen. Sobald ihm oder Madame auch nur der kleine Finger weh tat, schon eilte der König herbei. Nun hatte Madame bereits seit sechs Wochen schweres Fieber, gegen das sie nichts unernehmen wollte, da sie es nach ihren deutschen Vorschriften selbst zu behandeln gedachte und da sie weder von Arzeneien noch von Ärzten etwas hielt. Der König, der ihr – wie man bald erfahren sollte – abgesehen von der Affäre mit dem Duc de Chartres insgeheim grollte, hatte sie noch nicht ein einziges Mal besucht, und Monsieur, der von der Spannung zwischen Madame und dem König nichts wußte, betrachtete dieses Fernbleiben als öffentliche Bekundung völliger Mißachtung, und da er eitel und empfindlich war, fühlte er sich dadurch aufs tiefste verletzt. Überdies war er noch von ganz anderen Sorgen gepeinigt. Er hatte seit einiger Zeit einen Beichtvater, der ihn, wiewohl Jesuit, äußerst kurzhielt. Er hieß Pater Trévoux und war ein Edelmann aus der Bretagne. Er untersagte Monsieur nicht nur gewisse abartige Vergnügungen, sondern zur Buße seines bisherigen Lebenswandels auch eine Reihe von jenen, die Monsieur für durchaus erlaubt hielt. Der Pater gab ihm deutlich zu verstehen, er habe nicht die Absicht, seinethalben verdammt zu werden, und Monsieur möge sich, wenn ihm seine Forderungen zu hart erschienen, getrost einen anderen Beichtvater nehmen. Außerdem, fügte er noch hinzu, täte Monsieur gut daran, sich ein wenig zu schonen, denn er sei alt, durch Ausschweifungen verbraucht, fett und kurzhalsig, so daß er allem Anschein nach einen Schlaganfall bekommen werde und vermutlich sogar recht bald. Das waren schreckliche Wahrheiten für einen Prinzen, der so ungemein wollüstig war und der mehr als irgend jemand am Leben hing, einem Leben, das er in weichlichstem Müßiggang hingebracht hatte, da er von Natur aus zu irgendeiner Beschäftigung und jeder Art Selbstbesinnung völlig unfähig war. Aber er fürchtete sich vor dem Teufel, und er erinnerte sich, daß sein voriger Beichtvater ihn verlassen und ihm, ehe er starb, die gleichen Vorhaltungen gemacht hatte, das beeindruckte nun Monsieur und bewog ihn, ein wenig in sich zu gehen und sich einer Lebensweise zu befleißigen, die für seine Verhältnisse schon fast asketisch zu nennen war. Er versenkte sich eifrig und immer aufs neue ins Gebet, gehorchte seinem Beichtvater, legte ihm über alles Rechenschaft ab; ob und wie weit er sich beim Spiel und bei seinen übrigen Ausgaben sowie bei vielen anderen Dingen nach dessen Vorschriften gerichtet hatte; er ertrug mit Geduld dessen ständige Ermahnungen und Strafpredigten und nahm sie zum Anlaß ernstlichen Nachdenkens. Er wurde traurig und niedergeschlagen, sprach weniger als sonst, d. h. nur noch so viel wie drei oder vier Frauen, so daß bald jedermann dieser großen Veränderung gewahr wurde. Dieser innere Gram und zugleich die äußeren Mißhelligkeiten mit dem König, das war zuviel für einen Mann, der so schwach wie Monsieur und so wenig daran gewöhnt war, sich Gewalt anzutun und seinen Ärger herunterzuschlucken. Es konnte also nicht ausbleiben, daß dies in einem so fülligen und so sehr ans Essen gewöhntem Körper zu heftigen Umwälzungen führte.

Mittwoch, den 8. Juni, kam Monsieur von Saint-Cloud nach Marly, um mit dem König zu Mittag zu essen; wie er es stets zu tun pflegte, betrat er, als die Sitzung des Staatsrats aufgehoben war, das Arbeitszimmer des Königs. Er fand den König verstimmt über den Duc de Chartres, der, so meinte er, da er sich nicht an ihm persönlich rächen könne, seiner Tochter absichtlich Kummer bereite. Der Duc de Chartres hatte sich in ein Ehrenfräulein Madames, in Mlle. de Séry, verliebt, was er in keiner Weise zu verheimlichen suchte. Der König kam sofort darauf zu sprechen und machte Monsieur die herbesten Vorwürfe wegen des Benehmens seines Sohnes. Monsieur, der in seiner traurigen Verfassung kaum mehr solcher Eröffnung bedurfte, um aufzubrausen, antwortete in scharfem Ton, daß Väter, die selbst kein einwandfreies Leben geführt hätten, wenig Eignung und auch nicht die Befugnis besäßen, ihre Kinder zur Ordnung zu rufen. Der König, der die Wahrheit dieser Antwort spürte, lenkte ab, sprach von der Geduld seiner Tochter und meinte, man solle ihr doch wenigstens den Anblick solchen Ärgernisses ersparen. Monsieur, der seinem Grimm nun freien Lauf ließ, rief dem König mit beißendem Spott in Erinnerung, welche Ärgernisse er seinerzeit der Königin geboten habe mit seinen Mätressen, die er auf Reisen sogar zu ihr in den Wagen gesetzt habe. Zum äußersten gereizt bot der König ihm Widerpart, so daß ihr Gespräch in wildes Geschrei auszuarten begann.

In Marly waren die vier großen Appartements, die im Erdgeschoß lagen, einander ähnlich und bestanden alle nur aus drei Räumen; das Gemach des Königs stieß an einen kleinen Salon, der um diese Stunde voll von Hofleuten war, die den König sehen wollten, wenn er sich zu Tisch begab; und wie es an verschiedenen Orten besondere Bräuche gibt, deren Entstehung sich nicht erklären läßt, so pflegte hier in Marly die Tür des Arbeitszimmers, wenn nicht gerade Staatsrat war, stets offen stehen zu bleiben, es wurde lediglich ein Vorhang vorgezogen, den der Türhüter beiseiteschob, wenn er jemanden eintreten ließ. Als nun dieser heftige Streit ausbrach, kam der Türhüter herein, sagte zum König, daß man ihn und Monsieur bis ins Vorzimmer hören könne, dann verschwand er wieder. Das andere Zimmer des Königs, das neben dem Arbeitszimmer lag, war weder durch eine Tür noch durch einen Vorhang abgeschlossen, es führte in einen kleinen Raum, der fast gänzlich vom Nachtstuhl des Königs ausgefüllt war, und in diesem Durchgangskabinett pflegten sich stets die Kammerdiener aufzuhalten. Sie hatten also den ganzen eben erwähnten Dialog von Anfang bis Ende mitangehört. Der Hinweis des Türhüters bewirkte zwar, daß man die Stimmen dämpfte, nicht aber, daß die Vorwürfe verstummten; bis Monsieur, außer Rand und Band geraten, dem König vorhielt, er habe seinem Sohn bei dessen Heirat goldene Berge versprochen, habe indes nicht ein einziges Gouvernement für ihn herausrücken wollen. Er selbst habe ihn flehentlich gebeten, man möge seinen Sohn Dienst tun lassen, um ihn von seinen Liebschaften abzulenken, und sein Sohn habe das, wie der König sehr wohl wisse, ebenfalls dringend gewünscht und mehrfach inständig um diese Gunst gebeten; da man ihm diese jedoch nicht bewilligen wolle, könne er seinerseits sich nicht dazu verstehen, seinem Sohn die Vergnügungen zu verbieten, mit denen er sich zu trösten suche. Er fügte noch hinzu, er erkenne jetzt nur allzu deutlich die Wahrheit dessen, was man ihm damals vorausgesagt, daß ihm nämlich diese Heirat nur Schmach und Schande, niemals aber auch nur den geringsten Nutzen einbringen würde. Der König, dessen Zorn sich unablässig steigerte, entgegnete ihm, der Krieg würde ihn bald genug nötigen, etliche Ausgaben einzusparen, und er werde, da Monsieur seinen Wünschen so wenig entgegenkomme, zunächst einmal die Zahlung seiner Pension herabsetzen, bevor er selbst sich Beschränkungen auferlege.

Just in diesem Augenblick wurde dem König gemeldet, daß das Fleisch aufgetragen sei, und so verließen sie das Kabinett, um zu Tisch zu gehen; Monsieur mit purpurroten Wangen und zornfunkelnden Augen. Beim Anblick seines Gesichts fühlte sich eine der anwesenden Damen, die etwas sagen wollte, und einer der Höflinge, der hinter ihr stand, zu der Bemerkung veranlaßt, Monsieur habe offenbar einen Aderlaß dringend nötig. Dieser Meinung war man in Saint-Cloud schon seit einiger Zeit, und Monsieur empfand, wie er selbst zugab, ein starkes Bedürfnis danach; aber Tancred, sein erster Chirurg, war alt und recht ungeschickt, von ihm wollte er nicht zur Ader gelassen werden; um ihn jedoch nicht zu kränken, gedachte er den Aderlaß auch von keinem anderen machen zu lassen und war bereit, lieber zu sterben. Als er die Bemerkung vom Aderlaß hörte, redete der König Monsieur nochmals zu und meinte, er wisse nicht, was ihn abhalte, ihn nicht sofort in sein Zimmer zu führen und den Eingriff auf der Stelle vornehmen zu lassen. Das Mittagessen verlief wie gewöhnlich. Monsieur aß außerordentlich viel, wie er es stets bei beiden Mahlzeiten zu tun pflegte, ganz abgesehen von der reichlichen Morgenschokolade und all dem, was er den ganzen Tag über an Früchten, Backwerk und Konfitüren verzehrte, mit denen all seine Schubladen und Taschen vollgestopft waren.

Als der König, ganz wie in Versailles, nach dem Abendessen noch mit Monseigneur und den Prinzessinnen in seinem Kabinett saß, kam Saint-Pierre aus Saint-Cloud und bat im Namen des Duc de Chartres, mit dem König sprechen zu dürfen. Man ließ ihn in das Kabinett eintreten, wo er dem König mitteilte, Monsieur habe während des Abendessens einen Schlaganfall erlitten, man habe ihn zur Ader gelassen, es gehe ihm zwar besser, doch habe man ihm reichlich Brechwurz eingeflößt. Folgendes war geschehen: Monsieur aß wie gewöhnlich mit den in Saint-Cloud anwesenden Damen zu Abend. Als er, während das Zwischengericht aufgetragen wurde, der Duchesse de Bouillon einen Süßwein einschenkte, bemerkte man, daß er zu stottern begann und mit der Hand auf etwas hindeutete. Da es ihm zuweilen einfiel, sich der spanischen Sprache zu bedienen, fragten ihn einige Damen, was er gesagt habe, andere aber schrien sofort entsetzt auf; das alles ging in einem einzigen Augenblick vor sich, und schon sank Monsieur vom Schlag getroffen gegen den Duc de Chartres, der ihn in seinen Armen auffing. Man trug ihn in sein rückwärtig gelegenes Gemach, schüttelte ihn, ging mit ihm auf und ab, ließ ihn kräftig zur Ader, man gab ihm starke Brechmittel, konnte allerdings nur schwache Lebenszeichen feststellen.

Auf diese Nachricht begab sich der König, der sonst wegen jeder Kleinigkeit zu Monsieur eilte, erst einmal zu Mme. de Maintenon; er ließ sie wecken, blieb eine Viertelstunde bei ihr, kehrte dann gegen Mitternacht wieder in seine Gemächer zurück, ordnete an, seinen Wagen bereitzustellen, und befahl dem Marquis de Gesvres, nach Saint-Cloud zu fahren, sofort zurückzukommen, wenn es Monsieur schlechter gehe und ihn zu wecken, damit er selber hinführe. Dann legte er sich schlafen. Der König argwöhnte, glaube ich, Monsieur bediene sich irgendeiner List, um das, was zwischen ihnen vorgefallen war, zu überspielen; und deshalb war er zu Mme. de Maintenon geeilt, um sich mit ihr zu beraten, denn eher wollte er gegen die Anstandsregeln verstoßen, als sich hinters Licht führen lassen.

Mme. de Maintenon liebte Monsieur nicht, sie fürchtete ihn, und er seinerseits schenkte ihr wenig Aufmerksamkeit; im Gespräch mit dem König waren ihm trotz all seiner Schüchternheit und seiner übermäßigen Ergebenheit des öfteren Bemerkungen über sie entschlüpft, die deutlich seine Verachtung bekundeten und die Scham, die er wegen der öffentlichen Meinung empfand. Mme. de Maintenon war also weit davon entfernt, den König zu diesem Besuch zu drängen, und es wäre ihr erst recht nicht eingefallen, ihm zu raten, des Nachts zu reisen und auf seinen Schlaf zu verzichten, um Zeuge eines Schauspiels zu werden, das in seiner Traurigkeit ganz dazu angetan war, sein Gemüt zu rühren und ihn in eine grüblerische Stimmung zu versetzen. Auch hoffte sie wohl, daß sich der König, wenn die Sache schnell genug ginge, das alles würde ersparen können.

Kaum hatte sich der König wieder zu Bett gelegt, da meldete man einen Pagen aus Saint-Cloud, der dem König mitteilte, es gehe Monsieur besser, er habe soeben den Prince de Conti um Schaffhausener Wasser gebeten, das bei einem Schlaganfall als bestes Heilmittel galt.

Anderthalb Stunden, nachdem der König sich schlafen gelegt, kam Longueville im Auftrag des Duc de Chartres; er ließ den König wecken und teilte ihm mit, die Brechwurz habe keinerlei Wirkung getan, Monsieur befände sich in äußerst elendem Zustand. Der König erhob sich, bestieg seinen Wagen, und unterwegs begegnete ihm der Marquis de Gesvres, der ihn benachrichtigen sollte und der ihm die gleiche Auskunft erteilte. Man kann sich denken, welche Aufregung und welches Getümmel diese Nacht in Marly und welches Entsetzen in Saint-Cloud, diesem Freudenschloß, herrschte. Alle, die sich in Marly aufhielten, eilten so rasch wie möglich nach Saint-Cloud, man fuhr mit denen, die zuerst bereit waren, Männer und Frauen drängten sich, wie es gerade kam, in die Karossen. Monseigneur fuhr mit Madame la Duchesse; in Gedenken an den drohenden Schlaganfall, dem er selbst kurz zuvor mit knapper Not entronnen, war er derart erschrocken, daß er am ganzen Leibe zitterte, so daß dem Stallmeister und Madame la Duchesse nichts anderes übrig blieb, als ihn zum Wagen zu ziehen, ja eigentlich zu tragen. Der König traf vor drei Uhr morgens in Saint-Cloud ein; Monsieur war seit jenem ersten Schlaganfall keinen Augenblick mehr zum Bewußtsein gekommen, erst als der Pater du Trévoux gegen Morgen zur Messe gegangen war, hatte sich ein schwaches Aufflackern bemerkbar gemacht, aber selbst dieser kleine Funke zeigte sich dann nicht wieder. Gerade bei den schrecklichsten Ereignissen kommt es oft zu ausgesprochen lächerlichen Zwischenfällen. Als der Pater du Trévoux wieder von der Messe zurückkehrte, rief er dem Sterbenden zu: »Monsieur, erkennen Sie denn Ihren Beichtvater nicht? Hören Sie nicht, daß Ihr gutes kleines Väterchen Trévoux mit Ihnen spricht?« Worauf einige der weniger Betroffenen recht taktloserweise in Lachen ausbrachen. Der König jedenfalls schien tief betrübt, er pflegte ohnehin schon bei dem kleinsten Anlaß zu weinen; und so war er jetzt ganz in Tränen aufgelöst. Er hatte Monsieur stets zärtlich geliebt; und obwohl sie seit zwei Monaten in einem gespannten Verhältnis zueinander gestanden hatten, riefen diese traurigen Augenblicke die ganze Zuneigung wieder wach; vielleicht auch warf er sich vor, durch die Szene am Vormittag den Tod des Bruders beschleunigt zu haben. Monsieur war zwei Jahre jünger als er und war sein Leben lang ebenso gesund, wenn nicht gesünder als er selbst gewesen. Der König hörte die Messe in Saint-Cloud, und da gegen acht Uhr morgens keine Hoffnung für Monsieur mehr bestand, redeten Mme. de Maintenon und die Duchesse de Bourgogne dem König zu, nicht länger zu verweilen, und fuhren mit ihm in seinem Wagen zurück. Als er beim Weggehen unter Tränen einige liebevolle Worte an den gleichfalls laut weinenden M. de Chartres richtete, wußte dieser junge Prinz den Augenblick zu nutzen: »Ah, Sire«, rief er aus, indem er sich dem König zu Füßen warf, »was soll aus mir werden, ich verliere Monsieur, und daß Sie mich nicht lieben, weiß ich.« Überrascht und tief gerührt umarmte ihn der König, streichelte ihn und beruhigte ihn mit den freundlichsten Worten.

In Marly angekommen, begab er sich mit der Duchesse de Bourgogne zu Mme. de Maintenon, drei Stunden später erschien Fagon, dem der König befohlen hatte, Monsieur nicht eher zu verlassen, bis er tot sei oder sich auf dem Wege der Besserung befände, was allerdings nur durch ein Wunder hätte geschehen können. »Nun, Fagon«, rief der König, sobald er des Arztes ansichtig wurde, »mein Bruder ist also tot?« – »Ja, Sire«, antwortete Fagon, »es gab keine Rettung mehr.« Da brach der König in lautes Schluchzen aus. Man bedrängte ihn, bei Mme. de Maintenon eine Kleinigkeit zu sich zu nehmen, aber er wollte wie üblich mit den Damen zu Mittag essen. Während der kurzen Mahlzeit rannen ihm unablässig die Tränen über die Wangen; dann zog er sich zu Mme. de Maintenon zurück und machte um sieben Uhr eine Spazierfahrt durch seine Gärten. Er besprach mit Chamillart und mit Pontchartrain das Beisetzungszeremoniell und erteilte Desgranges, dem Zeremonienmeister, die entsprechenden Anweisungen. Er aß eine Stunde früher als gewöhnlich zu Abend und legte sich sehr zeitig zu Bett.

Als der König aus Saint-Cloud abgefahren war, entvölkerte sich der Palast nach und nach, so daß Monsieur, der auf einem kleinen Ruhebett lag, in seiner Sterbestunde dem Küchenpersonal und den niederen Hausangestellten überlassen blieb, die aus wirklicher Anhänglichkeit oder aus Profitgier fast alle tief betrübt waren. Das Jammergeschrei der hohen Beamten und anderer, die Posten, Ämter und Pensionen verloren, hallte überall wider, indes alle Frauen, die in Saint-Cloud wohnten und die sich nun ihrer ansehnlichen Stellung und ihres köstlichen Zeitvertreibs beraubt sahen, kreischend und mit aufgelöstem Haar wie Bacchantinnen in der Gegend umherrannten. Die Duchesse de La Ferté, deren zweite Tochter 1698 jene befremdliche Ehe mit La Carte, dem Günstling Monsieurs geschlossen hatte, betrat das Kabinett, blickte versonnen auf den armen Prinzen, der noch immer atmete; und ganz in Gedanken versunken rief sie aus: »Zum Teufel noch eins, da hat meine Tochter eine feine Heirat gemacht!« – »Das ist wirklich sehr wichtig heute«, entgegnete Châtillon, der selber alles verlor, »ob Ihre Tochter eine gute oder schlechte Heirat gemacht hat!«

Madame, die Monsieur niemals besonders geliebt und geachtet hatte, die jedoch ob ihres Verlustes und ihres Sturzes schmerzlich betroffen war, weilte währenddessen in ihrem Gemach, wo sie in herzzerreißende Klagerufe ausbrach: »Nur nicht ins Kloster, man soll mir nicht mit dem Kloster kommen, ich will unter keinen Umständen ins Kloster!« Die gute Prinzessin hatte nicht etwa den Verstand verloren; sie wußte, daß sie als Witwe laut Heiratsvertrag zwischen dem Aufenthalt im Kloster oder im Schloß Montargis zu wählen hatte; möglich, daß sie glaubte, daß Schloß leichter verlassen zu können als das Kloster, möglich, daß sie bereits ahnte, wieviel Ursache sie hatte, den König zu fürchten, obwohl sie sich des ganzen Zusammenhangs nicht bewußt war und obwohl er ihr mit aller bei solchem Anlaß üblichen Teilnahme entgegengekommen war, jedenfalls flößte ihr das Kloster bei weitem mehr Schrecken ein als das Schloß. Als Monsieur verschieden war, stieg sie mit ihren Damen in den Wagen und fuhr nach Versailles, gefolgt von dem Duc und der Duchesse de Chartres und dem gesamten Hofstaat von Saint-Cloud.

Am anderen Morgen, einem Freitag, begab sich der Duc de Chartres zum König, der noch im Bett lag und ihn sehr freundlich empfing. Er sagte zu ihm, er solle ihn von nun an als seinen Vater betrachten, er wolle stets für seine Stellung, sein Ansehen und seine Interessen Sorge tragen; er wolle alles vergessen, was er gegen ihn auf dem Herzen gehabt, und hoffe, daß auch er seinerseits all die kleinen Mißhelligkeiten vergessen werde; er bat ihn, er möge sich durch diese Freundschaftsbeweise fester an ihn gebunden fühlen und ihm wieder sein Herz zuwenden, so wie er selber ihm das seine zuwenden wolle. Es läßt sich denken, daß M. de Chartres die rechte Antwort fand.

Nach einem so betrüblichen Ereignis, nach so viel Tränen, nach so viel Rührung schien es jedem ganz selbstverständlich, daß man die in Marly noch bevorstehenden drei Tage in tiefer Trauer verbringen würde. Als dann aber einen Tag nach Monsieurs Tod Palastdamen die Gemächer von Mme. de Maintenon betraten, bei der der König und mit ihm die Duchesse de Bourgogne sich aufhielten, hörten sie, wie im Nebenzimmer Opernarien gesungen wurden. Kurz darauf wandte sich der König, da er die Duchesse de Bourgogne mit bekümmerter Miene in einer Zimmerecke sitzen sah, an Mme. de Maintenon und fragte sie, weshalb die Prinzessin denn so traurig dreinsehe, worauf er sie alsbald zu erheitern suchte und sich mit ihr und einigen Damen, die er zu ihrer beider Unterhaltung herbeirufen ließ, an den Spieltisch setzte. Aber das war noch nicht alles. Nach dem Mittagessen, das heißt also kurz nach zwei Uhr, sechsundzwanzig Stunden nach Monsieurs Tod, fragte der Duc de Bourgogne den Duc de Montfort, ob er eine Partie Brelan spielen wolle. »Brelan«, rief der Duc de Montfort völlig verblüfft, »Sie wissen wohl nicht, was Sie sagen, Monsieur ist ja noch nicht kalt!« – »Verzeihung«, erwiderte der Prinz, »ich weiß das sehr wohl, aber der König will, daß man sich in Marly unter keinen Umständen langweile, und er hat mir befohlen, jedermann zum Spielen aufzufordern, doch da er fürchtet, daß niemand den Anfang zu machen wagt, soll ich selbst das Beispiel geben.« Und nun begannen sie Brelan zu spielen, und bald stand der ganze Salon voller Spieltische.

Auf solche Art also bekundete der König, bekundete Mme. de Maintenon ihre Trauer. Sie empfand den Tod Monsieurs als Befreiung, und wenn es ihr schon schwerfiel, ihre Freude zu verbergen, so wäre es ihr noch bei weitem schwerer gefallen, Betrübnis zu heucheln. Sie sah den König schon ziemlich getröstet, und ihr war vor allem daran gelegen, ihn zu zerstreuen und so rasch wie möglich zu der gewohnten Tagesordnung zurückzukehren, damit von Monsieur nicht mehr die Rede wäre und überhaupt nicht erst Traurigkeit aufkäme. Um Takt und Anstand kümmerte sie sich nicht weiter. Und doch war dieses Verhalten ein Skandal und wurde, wenn auch nur im stillen, als solcher betrachtet. Monseigneur, für den Monsieur sich alle erdenklichen Aufmerksamkeiten ausgedacht, für den er zahllose Bälle und andere Festlichkeiten veranstaltet hatte, schien seinem Onkel von Herzen zugetan zu sein, doch schon am Tage nach Monsieurs Tod ging er auf die Wolfsjagd, und da er bei seiner Rückkehr den Salon voller Spieler fand, legte er sich keinerlei Zwang auf und verhielt sich genauso wie die anderen. Der Duc de Bourgogne und der Duc de Berry hatten Monsieur nur bei offiziellen Anlässen gesehen und konnten also schwerlich viel Trauer empfinden. Um so tiefer aber trauerte die Duchesse de Bourgogne; der Verstorbene war ihr Großvater, und sie hing mit zärtlicher Liebe an ihrer Mutter, die ihrerseits Monsieur, ihren Vater, sehr herzlich liebte; auch hatte Monsieur sich in jeder Weise um sie, die Duchesse de Bourgogne bemüht, er hatte die mannigfaltigsten Zerstreuungen und Unterhaltungen für sie ersonnen, und obwohl ihr große und leidenschaftliche Gefühle fremd waren, liebte sie Monsieur, und es tat ihr weh, ihren Kummer, der noch geraume Zeit an ihrem Herzen nagte, bezwingen und unter einer Maske verbergen zu müssen.

Der Duc de Chartres war tief betroffen, Vater und Sohn liebten sich zärtlich, Monsieur war sanft und nachgiebig, er war der beste Mensch von der Welt, nie hatte er seinem Sohn irgendeinen Zwang auferlegt, nie hatte er ihn in irgend etwas behindert. Zu diesem Herzenskummer gesellten sich traurige Gedanken, denn abgesehen davon, daß es ihn zum Vorteil gereichte, den Bruder des Königs zum Vater zu haben, war dieser Vater für ihn auch ein Wall, hinter dem er Zuflucht fand vor dem König, dessen Willkür er sich nun schutzlos preisgegeben fühlte; jetzt waren seine Stellung, sein Ansehen, seine Lebenshaltung und der Aufwand seines Hausstandes ganz und gar vom König abhängig. Sein Eifer, seine Beflissenheit, die Mäßigung und, was am schlimmsten war, ein vollkommen verändertes Verhalten gegenüber seiner Gemahlin würden fortan den Ausschlag geben für das, was er vom König zu erwarten hatte. Die Duchesse de Chartres war, obgleich Monsieur stets sehr freundlich zu ihr gewesen war und ihr niemals Anlaß zu Klagen gegeben hatte, entzückt, sich endlich befreit zu sehen von einer Schranke, die trennend zwischen ihr und dem König gestanden und die ihrem Ehemann die Freiheit gelassen hatte, mit ihr umzugehen, wie es ihm beliebte; auch war sie froh, der Verpflichtungen ledig zu sein, die sie oft gegen ihren Willen von Versailles fernhielten, mußte sie doch Monsieur stets nach Paris oder Saint-Cloud begleiten, wo sie sich vorkam, als habe sie sich in ein fremdes Land verirrt: umgeben von Menschen, die sie nur dort zu sehen bekam und die sie fast alle feindlich anblickten; verfolgt überdies von spitzen Reden, Sticheleien und bösen Launen, mit denen Madame sie nicht zu verschonen geruhte. Sie war fest entschlossen, den Hof fortan nicht mehr zu verlassen und wollte mit der Umgebung Monsieurs nichts mehr zu schaffen haben. Auch war sie der Meinung, daß Madame und der Duc de Chartres gezwungen seien, ihr in Zukunft mit all den Rücksichten zu begegnen, die ihr bislang noch nicht zuteil geworden waren.

In der höfischen Gesellschaft hinterließ Monsieur eine große Lücke; für die meisten Höflinge bedeutete sein Tod einen wirklichen Verlust, er belebte die Unterhaltungen, er war die Seele aller Vergnügungen, und sobald er die Gesellschaft verließ, erschien alles ganz leblos und wie erstarrt. In Saint-Cloud, wo sein ganzes zahlreiches Gefolge sich versammelte, sah man viele Damen, die man anderswo kaum empfangen hätte, obwohl etliche von ihnen aus besten Familien stammten, und zahllose leidenschaftliche Spieler. Die verschiedensten Vergnügungen und Lustbarkeiten verliehen Saint-Cloud den Reiz und das Gepräge eines glanzvollen Zauberschlosses; man spielte die mannigfaltigsten Spiele, man erfreute sich der eigentümlichen Schönheit der Gegend, die sich in hundert Kaleschen auch von den größten Faulenzerinnen mühelos erreichen ließ, man erbaute sich an musikalischen Darbietungen, labte sich an der vorzüglichen Küche, und all das geschah, ohne daß Madame sich auch nur im geringsten darum kümmerte oder nur das mindeste dazu beitrug; sie nahm das Mittag- und Abendessen mit Monsieur und den Damen ein, fuhr zuweilen mit einigen von ihnen im Wagen spazieren, ging der Gesellschaft meist schmollend aus dem Weg, war wegen ihres aufbrausenden, schroffen Temperaments und ihrer oft recht bösen Bemerkungen gefürchtet und verbrachte den ganzen Tag in einem Gemach, das sie sich eigens ausgewählt hatte, dessen Fenster in einer Höhe von mehr als drei Metern über dem Boden lagen; dort betrachtete sie die Porträts der Pfälzer und anderer Fürsten, Porträts, mit denen sie sämtliche Wände vollgehängt hatte, und dort schrieb sie tagtäglich ganze Bände von Briefen, deren eigenhändig verfertigte Abschriften sie sorgsam aufzubewahren pflegte. Monsieur hatte nicht vermocht, sie zu einer geselligeren, umgänglicheren Lebensart zu bewegen, er ließ sie also gewähren. Er kam recht gut mit ihr aus, ohne sich viel um sie zu kümmern und ohne jeden vertrauteren Umgang; er empfing in Saint-Cloud zahlreiche Besucher, die ihn von Paris und von Versailles aus nachmittags ihre Aufwartung zu machen pflegten, was sich Prinzen von Geblüt, Standesherren, Minister, hochgestellte Männer und Frauen von Zeit zu Zeit angelegen sein ließen.

Im übrigen besaß Monsieur, der die Schlacht bei Cassel gewonnen und der hier wie bei allen Belagerungen, an denen er teilgenommen, viel unerschrockenen Mut bewiesen hatte, nur die schlechten Eigenschaften der Frauen. Bei einer mehr geselligen als geistigen Begabung, ohne alle Belesenheit, lediglich mit umfassender und genauer Kenntnis der großen Familien, der Stammbäume und Heiratsverbindungen, war er zu nichts weiter fähig; niemand hätte körperlich und geistig schlaffer sein können als er, niemand schwächer und schüchterner, niemand hätte mehr von seinen Günstlingen beherrscht und getäuscht und niemand hätte mehr von ihnen mißachtet und übler behandelt werden können als er. Da er eine Klatschbase war, außerstande, ein Geheimnis für sich zu behalten, dazu argwöhnisch und mißtrauisch, streute er ständig Gerüchte aus, um Unruhe und Klatschereien zu verbreiten und so die Leute miteinander zu entzweien, zuweilen auch, um auf diese Weise etwas zu erfahren, und oft nur, um sich zu belustigen und die einen gegen die anderen aufzubringen. Bei so vielen Fehlern und Schwächen, die von keinem Verdienst aufgewogen wurden, frönte er einem abscheulichen Laster, das er durch die Geschenke, Zuwendungen und die glänzende Stellung, mit denen er seine Lieblinge überhäufte, auf die skandalöseste Weise der Öffentlichkeit zur Kenntnis brachte. Diese Günstlinge verdankten alles nur ihm, aber sie behandelten ihn oft mit der unglaublichsten Unverschämtheit, auch brachten sie ihn immer wieder in die peinliche Lage, ihren gräßlichen Zänkereien und Eifersüchteleien Einhalt gebieten zu müssen, und da alle diese Leute ihre Parteigänger hatten, ging es an diesem kleinen Hof oft recht stürmisch zu; ganz zu schweigen von den Kabalen jener Frauen, die sich am Hof Monsieurs eingenistet, bei denen Monsieur in all diesem Elend Zerstreuung suchte, die jedoch meistens sehr dreist, oft sogar mehr als dreist waren.

Der Lothringer und Châtillon, in die Monsieur mehr als in alle anderen vergafft war, hatten dank ihrer äußeren Erscheinung ihr Glück an diesem Hof gemacht. Châtillon, der arm war wie eine Kirchenmaus, weder über gesunden Menschenverstand noch über den geringsten Witz verfügte, kam hier auf seinen grünen Zweig und erwarb sich bald ein Vermögen. Der Lothringer verhielt sich ganz wie ein echter Guise, dem nichts die Schamröte ins Gesicht trieb, wenn er nur seinen Zweck erreichte; er hielt Monsieur bis zu dessen Lebensende unter seiner Fuchtel, wurde mit Geld und Pfründen überhäuft, setzte für seine Familie durch, was immer er wollte, spielte bei Monsieur vor aller Augen stets die Rolle des Herren; und da er außer dem Dünkel der Guise auch noch deren wendige Geschmeidigkeit besaß, verstand er es, sich zwischen den König und Monsieur zu stellen und sie so weit zu bringen, daß sie beide die größte Rücksicht auf ihn nahmen, ja ihn beinahe fürchteten; er genoß beim König fast das gleiche Ansehen und Vertrauen wie bei Monsieur. Deshalb war er auch sehr bestürzt, nicht so sehr über den menschlichen Verlust als über den Verlust dieses Werkzeugs, dessen er sich zu seinem Vorteil so vorzüglich zu bedienen verstanden hatte. Außer den Benefizien, die Monsieur ihm gegeben, und dem Taschengeld, das er reichlich erhielt, nahm er auch noch die Weinsteuer ein, bezog eine Pension von zehntausend Talern und hatte die schönste Wohnung im Palais-Royal und in Saint-Cloud. Die Wohnungen behielt er auf Bitten des Duc de Chartres; die Weiterzahlung der Pension jedoch wollte er aus Großmut nicht annehmen, sowie man sie einst ihm aus Großmut angeboten hatte.

Monsieur war ein kleiner, beleibter Mann, der wie auf Stelzen einherging, so hoch waren die Absätze seiner Schuhe, stets war er mit Schmuck behangen wie eine Frau, mit zahllosen Ringen, Armbändern und funkelnden, kostbaren Edelsteinen, dazu eine lange, schwarze, breitherabfallende, gepuderte Perücke und überall Bänder und Schleifen. Eine Wolke verschiedenster Wohlgerüche umgab ihn, er war stets in jeder Weise sorgsamst gepflegt. Man sagte ihm sogar nach, daß er heimlich Rouge auflege. Seine Nase war sehr lang, der Mund und die Augen schön, das Gesicht voll, aber ebenfalls sehr lang. Alle seine Porträts gleichen ihm vollkommen; ich war peinlich berührt, wie deutlich man sieht, daß er der Sohn Ludwigs XIII. ist, mit dem er allerdings abgesehen von der Tapferkeit so wenig gemein hatte.

Am Sonnabend, dem 11. Juni, kehrte der Hof nach Versailles zurück; gleich nach der Ankunft besuchte der König Madame, den Duc und die Duchesse de Chartres in ihren Räumen. Madame, für die jetzt alles auf dem Spiel stand, war in großer Sorge wegen ihrer gespannten Beziehungen zum König und hatte deshalb die Duchesse de Ventadour veranlaßt, Mme. de Maintenon aufzusuchen. Diese ließ es bei einigen unverbindlichen Äußerungen bewenden und erklärte, sie wolle nach dem Mittagessen zu Madame kommen, um in Gegenwart der Duchesse de Ventadour mit ihr zu reden. Das war am Sonntag, einen Tag nach der Rückkehr aus Marly. Nachdem man die ersten Höflichkeiten ausgetauscht hatte, verließen außer Mme. de Ventadour alle Anwesenden den Raum. Madame forderte also Mme. de Maintenon auf, sich zu setzen, wozu jene sich zweifellos nur herabließ, weil sie spürte, wie dringend notwendig diese Höflichkeit war. Nun brachte Madame das Gespräch auf die Gleichgültigkeit, mit der der König sie während ihrer ganzen Krankheit behandelt habe, und Mme. de Maintenon ließ sie ungehindert alles sagen, was sie auf dem Herzen hatte, dann entgegnete sie, der König habe ihr aufgetragen, Madame mitzuteilen, der gemeinsame Verlust lösche allen gegen sie gehegten Groll aus, vorausgesetzt, daß Madame ihm künftig mehr Anlaß gäbe, mit ihr zufrieden zu sein als in letzter Zeit. Es seien nicht nur die Unstimmigkeiten mit dem Duc de Chartres, die diese Unzufriedenheit verursacht hätten, sondern noch weit schwerwiegendere Dinge, über die er bisher nicht habe sprechen wollen, die jedoch der wahre Grund der absichtlich von ihm an den Tag gelegten Gleichgültigkeit seien. Worauf Madame, die sich ganz sicher wähnte, heftig zu widersprechen und sich energisch zu verteidigen begann; sie habe, abgesehen von dem, was ihren Sohn betreffe, niemals etwas geäußert oder getan, was hätte Mißfallen erregen können, ruft sie aus und ergeht sich in langen Anklagen und Rechtfertigungen. Da sie sich immer heftiger ereifert, zieht Mme. de Maintenon einen Brief aus ihrer Tasche, zeigt ihn Madame und fragt sie, ob sie die Handschrift kenne. Es war ein eigenhändiger Brief Madames, den sie ihrer Tante, der Herzogin von Hannover, geschrieben und in dem sie, nachdem sie allerlei Hofklatsch berichtet hatte, unumwunden erklärte, man wisse wirklich nicht mehr, was man zu dem Verhältnis des Königs mit Mme.

de Maintenon sagen solle, man frage sich, ob sie nun verheiratet seien oder im Konkubinat lebten, dann hechelte sie eifrig die innen- und außenpolitischen Schwierigkeiten durch, verbreitete sich über die Armut und das Elend, das im ganzen Königreich herrsche, ein jammervoller Zustand, der ihrer Ansicht nach durch nichts mehr behoben werden könne. Die Post hatte den Brief geöffnet, wie sie fast jeden Brief öffnete und heute noch öffnet, und da sie diese Äußerungen zu kühn gefunden, um sich wie gewöhnlich mit der Wiedergabe eines Auszugs zu begnügen, hatte sie den Brief dem König im Original übersandt. Man kann sich denken, daß Madame bei diesem Anblick und bei der Lektüre dieses Briefes in den Boden zu sinken meinte; sie brach in Tränen aus, indes Mme. de Maintenon sie in aller Ruhe und mit schlichten Worten auf die Ungeheuerlichkeit dieses Briefes hinwies, eines Briefes, der noch dazu ins Ausland ging; schließlich begann Mme. de Ventadour auf gut Glück etwas zu sagen, damit Madame Zeit fände, Atem zu schöpfen und sich eine Antwort zurechtzulegen. Ihre beste Entschuldigung war das Eingeständnis dessen, was sie nicht leugnen konnte, Bitten um Verzeihung, Bekundungen der Reue und Versprechungen.

Nachdem sie all das bis zur Erschöpfung wiederholt hatte, bat Mme. de Maintenon, Madame möge ihr, nachdem sie den Auftrag des Königs ausgerichtet, nun erlauben, noch ein paar persönliche Worte sagen zu dürfen; sie beklage es, daß Madame, nachdem sie ihr früher einmal die Ehre erwiesen, sie um ihre Freundschaft zu bitten und sie der ihren zu versichern, nun seit einigen Jahren so völlig anderen Sinnes geworden. Schon glaubte Madame, wieder Oberwasser zu haben; sie erwiderte, daß sie diese Aussprache sehr willkommen heiße, da sie ihrerseits nämlich schon lange das veränderte Verhalten Mme. de Maintenons bedaure. Mme. de Maintenon habe sie im Stich gelassen und, nachdem sie lange Zeit versucht habe, ihr wieder so wie früher zu begegnen, dadurch gezwungen, sie gleichfalls aufzugeben. Abermals ließ Mme. de Maintenon Madame sich in endlosen Klagen, Reuebezeigungen und Vorwürfen ergehen; dann bestätigte sie, daß sie sich tatsächlich als erste zurückgezogen und daß sie in der Folge keine weitere Annäherung mehr gewagt habe, daß ihr jedoch aus schwerwiegenden Gründen keine andere Haltung möglich gewesen sei; daraufhin brach Madame wiederum in Jammern aus und wollte unbedingt wissen, welche Gründe das seien; dies sei, erwiderte ihr Mme. de Maintenon, ein Geheimnis, das ihr bisher noch nie über die Lippen gekommen, obgleich die Frau, die es ihr anvertraut und der sie ihr Wort gegeben habe, mit niemandem darüber zu sprechen, nun schon seit über zehn Jahren tot sei. Und nun tischte sie Madame die tausend üblen Verleumdungen und wüsten Beleidigungen auf, die diese damals der Dauphine über Mme. de Maintenon gesagt hatte, zu einer Zeit, da Mme. de Maintenon mit letzterer auf schlechtem Fuß stand, die ihr aber dann, als sie sich wieder versöhnt hatten, von der Dauphine Wort für Wort wiedergegeben worden waren. Dieser zweite unerwartete Schlag ließ Madame zur Statue erstarren, es entstand ein kurzes Schweigen, darauf trat abermals Mme. de Ventadour in Aktion, um Madame eine kleine Atempause zu gönnen. Madame wußte sich auch diesmal nicht anders zu helfen, als genau wie zuvor in Weinen, Jammern und Eingeständnisse zu flüchten. Ungerührt, mit eisiger Miene triumphierte Mme. de Maintenon, während Madame sich in Klagen erging, sich heiser redete und ihre Hände umklammerte. Es war eine furchtbare Demütigung für eine so stolze Deutsche. Aber schließlich, nachdem sie ausgiebig Rache genommen, ließ Mme. de Maintenon, wie sie es ursprünglich vorgehabt hatte, sich dann doch erweichen. Sie umarmten einander, gelobten vollkommenes Vergessen alles Vorgefallenen und neue Freundschaft. Mme. de Ventadour vergoß Freudentränen, und es wurde zur Besiegelung der Versöhnung abgemacht, daß der König auf diese soeben von ihnen beiden besprochenen Dinge mit keinem Wort jemals zurückkommen würde; dies erleichterte Madame mehr als alles andere.

Der König, den weder die Tatsache noch der Grund dieses Besuches unbekannt waren, ließ Madame Zeit, sich zu sammeln und zu erholen und begab sich dann noch am gleichen Tag zu ihr, um in ihrer und Chartres' Gegenwart das Testament zu eröffnen.

Das einfache und verständige Testament, das 1690 aufgesetzt worden war, ernannte zum Vollstrecker denjenigen, der am Tage der Eröffnung Erster Präsident des Parlaments von Paris wäre. Der König hielt Mme. de Maintenon Wort und erwähnte die Szene zwischen ihr und Madame niemals. Er behandelte Madame mit der gleichen Freundlichkeit wie den Duc de Chartres, dem er, man kann wohl sagen, ungewöhnliche Zugeständnisse machte. Der König bewilligte ihm außer seinen Einkünften, die er weiter bezog, noch jene Gelder, die Monsieur eingenommen und die sich auf 650 000 Livres beliefen, so daß er mit seiner Apanage nach Abzug dessen, was er Madame auszahlen mußte, über eine jährliche Rente von 1 800 000 Livres verfügte, hinzu kam noch der Besitz des Palais-Royal, Saint-Clouds und der übrigen Schlösser. Er behielt sein Kavallerie- und Infanterieregiment, bekam überdies die Regimenter seines Vaters und führte fortan den Titel eines Duc d'Orléans. Diese großen und ungewöhnlichen Ehren und Zuwendungen verdankte er vornehmlich seiner Heirat und den letzten noch sehr gegenwärtigen Vorwürfen Monsieurs, daß sein Sohn nur Schande und nichts sonst aus dieser Heirat davongetragen habe; wohl auch den Gewissensbissen, die der König wegen seines gespannten Verhältnisses zu Monsieur empfand, und der Szene, die möglicherweise dessen Tod beschleunigt hatte.

Ich muß von diesem Prinzen noch etwas erzählen, was nur sehr wenigen Leuten bekannt wurde; es handelt sich um den Tod seiner ersten Gemahlin, die, was niemand bezweifelte, vergiftet worden ist und zwar auf die plumpeste Weise. Ihre Liebeshändel machten Monsieur eifersüchtig; Monsieurs abartige Neigungen wiederum verärgerten Madame; und die von ihr gehaßten Favoriten schürten den Unfrieden zwischen dem Ehepaar und verstärkten den Hader, um auf diese Weise nach Belieben über Monsieur verfügen zu können. Der 1643 geborene Lothringer stand damals in seiner ersten Jugendblüte und übte mit seiner Anmut und Schönheit unumschränkte Herrschaft über Monsieur aus, was er Madame sowie dem ganzen Hofstaat Monsieurs deutlich zu spüren gab. Madame, die ungemein reizvoll und nur ein Jahr jünger war als der Chevalier, wollte und konnte diese Anmaßung aus mehr als einem Grunde nicht dulden: sie erfreute sich der höchsten Gunst und Achtung des Königs und erreichte es schließlich, daß er den Lothringer in die Verbannung schickte. Als Monsieur das erfuhr, fiel er in Ohnmacht, ertrank dann fast in einer Tränenflut, warf sich schluchzend dem König zu Füßen, flehte ihn an, er möge diesen Befehl, der ihn in tiefste Verzweiflung stürze, sofort widerrufen. Er vermochte jedoch nichts zu erreichen; zornentbrannt zog er sich nach Villers-Cotteret zurück, eine Weile spie er Gift und Galle gegen den König und gegen Madame, die stets beteuerte, völlig unbeteiligt an diesem Vorfall zu sein, schließlich aber konnte er wegen einer so offensichtlich anrüchigen Sache nicht ernstlich den Aufrührer spielen; der König ließ sich herbei, ihn auf andere Weise zu entschädigen; mit Geld, Komplimenten und Freundschaftsbeweisen; so kehrte er traurigen Herzens zurück und gewöhnte sich daran, allmählich wieder mit dem König und Madame zusammenzuleben wie zuvor.

D'Effiat, Monsieurs erster Stallmeister, ein tollkühner, verwegener Mann, und der Comte de Beuvron, der zwar verbindlich und sanft war, sich jedoch bei Monsieur, dessen Leibgarde er als Hauptmann befehligte, in den Vordergrund zu spielen und ihm vor allem möglichst viel Geld zu entlocken gedachte, waren beide eng mit dem Lothringer befreundet, dessen Abwesenheit ihren Angelegenheiten sehr unzuträglich zu sein schien, auch argwöhnten sie, es könne vielleicht ein anderer, ihnen weniger gefügiger *Mignon* nun den Platz des Lothringers einnehmen. Keiner von den dreien gab sich der Hoffnung hin, daß das Exil wieder aufgehoben würde, denn sie sahen, in wie hoher Gunst Madame beim König stand, begann sie doch sogar an den Staatsgeschäften teilzunehmen. Soeben hatte sie im Auftrag des Königs eine geheimnisvolle Reise nach England unternommen, wo sie sehr erfolgreich gewesen und von wo sie triumphierender denn je zurückkehrte. Sie war im Juni 1644 geboren, also sechsundzwanzig Jahre alt, und die gute Gesundheit, derer sie sich erfreute, machte jeden Gedanken an eine baldige Rückkehr des Lothringers, der seinen Ärger in Italien und Rom spazierenführte, gänzlich zunichte. Ich weiß nicht, wer von den dreien als erster auf den Einfall kam; jedenfalls schickte der Lothringer seinen beiden Freunden durch einen Eilboten, der vielleicht selbst nicht wußte, was er mit sich führte, ein schnell und sicher wirkendes Gift.

Madame, die sich damals in Saint-Cloud aufhielt, pflegte seit einiger Zeit, um sich zu erfrischen, gegen sieben Uhr abends ein Glas Zichorienwasser zu trinken, einer ihrer Kammerdiener hatte es zuzubereiten. Er brachte das Getränk und das Glas in eines der Vorzimmer Madames und stellte den Krug mit dem Glas in einen Schrank. Neben dem Fayence- oder Porzellankrug, der das Zichorienwasser enthielt, stand stets noch ein Gefäß mit gewöhnlichem Wasser für den Fall, daß Madame das Zichorienwasser zu bitter fände. Dieses Vorzimmer, in dem sich jedoch nie jemand aufhielt, weil es mehrere Vorzimmer gab, war der allgemeine Durchgang zu den Gemächern Madames. Der Marquis d'Effiat hatte das alles ausspioniert. Als er am 26. Juni 1670 durch dieses Vorzimmer ging, fand er den gelegenen Augenblick. Niemand war im Zimmer zugegen, und er hatte sich versichert, daß niemand ihm folgte, der ebenfalls zu Madame gehen wollte; er dreht sich um, geht an den Schrank, öffnet ihn, streut sein Gift in das Getränk und ergreift dann, da er jemanden kommen hört, den anderen Krug, der das gewöhnliche Wasser enthielt, doch als er ihn wieder hinstellt, redet der Kammerdiener, dem die Bereitstellung des Getränkes oblag, ihn an, geht auf ihn zu und fragt ihn barsch, was er an diesem Schrank zu suchen habe. Ohne im mindesten in Verwirrung zu geraten, erwiderte d'Effiat, er bäte um Entschuldigung, aber er sei vor Durst schier verschmachtet, und da er wisse, daß sich in diesem Schrank ein Krug mit Wasser befände – und er wies dabei auf den Krug mit dem gewöhnlichen Wasser – habe er nicht widerstehen können, etwas davon zu trinken. Der Kammerdiener murrt noch immer vor sich hin, indes d'Effiat, während er sich mit beschwichtigenden Worten weiter entschuldigt, den Salon Madames betritt und dort ohne die leiseste Erregung ganz wie die anderen Höflinge zu plaudern beginnt. Was eine Stunde danach geschah, gehört nicht zu meinem Thema und hat in ganz Europa nur allzuviel Aufsehen erregt.

Nachdem Madame am anderen Tag, dem 30. Juni, um drei Uhr früh gestorben war, befiel den König der tiefste Gram. Es scheint, daß er bereits im Laufe des Tages Hinweise erhielt, daß er Argwohn schöpfte und daß jener Kammerdiener diesen Vorfall nicht verschwieg, so daß bekannt wurde, Purnon, Madames Haushofmeister, könnte wegen seines steten Umgangs mit d'Effiat an dem Ganzen beteiligt sein. Der König, der sich bereits zu Bett gelegt hatte, erhob sich wieder, ließ Brissac holen, der seit langem Hauptmann bei seiner Leibgarde und ihm sehr ergeben war, und befahl jenem, sechs zuverlässige, verschwiegene Leibgardisten auszuwählen und sich sofort dieses Burschen zu bemächtigen und ihn durch die Hintertür in des Königs Gemächer zu bringen. Das wurde ausgeführt, noch ehe der Morgen anbrach. Sobald der König des Mannes ansichtig wurde, befahl er Brissac und seinem ersten Kammerdiener, sich zurückzuziehen, nahm eine wahrhaft furchterregende Miene an und sagte, während er Purnon von Kopf bis Fuß musterte, in drohendem Ton: »Hören Sie mir gut zu, mein Freund, wenn Sie mir alles, was ich Sie frage, wahrheitsgemäß beantworten, will ich Ihnen verzeihen, was immer sie auch getan haben, es wird niemals darüber gesprochen werden; lassen Sie sich aber nicht einfallen, mir auch nur die kleinste Kleinigkeit zu verheimlichen, dann sind sie ein toter Mann, noch bevor Sie dies Zimmer verlassen: Ist Madame vergiftet worden?« – »Ja, Sire«, antwortete Purnon. »Aber wer hat sie vergiftet«, fragte der König, »und wie hat man das bewerkstelligt?« Purnon antwortete, der Lothringer habe das Gift an d'Effiat und Beuvron geschickt; und er erzählte dem König, was ich soeben berichtete. Darauf verdoppelte der König seine Gnadenzusicherungen und Todesdrohungen und fragte weiter: »Und mein Bruder, wußte er davon?« – »Nein, Sire, keiner von uns dreien war so töricht, es ihm zu sagen; er kann kein Geheimnis für sich behalten und hätte uns ins Verderben gestürzt.« Bei dieser Antwort seufzte der König mit einem tiefen »Ah«, wie ein Mensch, der sich von einer schweren Beklemmung befreit fühlt und plötzlich erleichtert aufatmet. »Genug«, sagte er, »das ist alles, was ich wissen wollte, ich hoffe, Sie können auch ganz gewiß dafür einstehen.« Er rief Brissac wieder herein und befahl ihm, diesen Mann irgendwohin zu führen und ihn dann sich selbst zu überlassen. Eben jener Mann hat es Jahre danach dem Generalstaatsanwalt Joly de Fleury erzählt; von ihm habe ich die Geschichte vernommen, und dieser Magistratsbeamte berichtete mir später, als ich wieder auf den Fall zu sprechen kam, was er mir beim ersten Mal nicht gesagt hatte, daß nämlich der König einige Tage nach Monsieurs zweiter Hochzeit Madame beiseite genommen, ihr diesen Vorfall erzählt und hinzugefügt habe, er wolle sie in jeder Weise beruhigen und ihr jeden möglichen Zweifel nehmen, was Monsieur sowie was ihn selbst betreffe; er denke zu redlich und würde ihr niemals seinen Bruder zum Mann gegeben haben, wenn dieser eines solchen Verbrechens fähig wäre.

Kriegsausbruch. – Ségur. – Chamillart. – Einfluß der Damen Lillebonne und Espinoy auf Monseigneur. – Vaudémont in Italien. – Sein Verhältnis zu Catinat. – Dessen Ablösung durch Marschall Villeroy.

Nach all dem Hin und Her, den Bemühungen und Verhandlungen in ganz Europa, war es nun tatsächlich doch zum Kriege gekommen.

Der König ließ also die Generale zu ihren Armeen aufbrechen; einer von ihnen war Tallard. Er war durch den Verkauf der kleinen Chargen, die ihm der König bei seiner Rückkehr aus England gegeben hatte, zu Geld gekommen, und so hatte er sich dann das Gouvernement von Foix gekauft, daß durch Mirepoix' Tod vakant geworden war und das bis dahin in Ségurs Besitz gewesen. Ségur war Hauptmann der Gendarmerie, ein ordentlicher, in diesem Lande ansässiger Edelmann, der sehr auf Liebeshändel erpicht war und der in der Schlacht von Marseille ein Bein verloren hatte.

Er war in seiner Jugend sehr schön gewesen und war noch immer sehr wohlgestaltet, überdies sanft, höflich und galant. Er diente bei den Musketieren, und seine Kompanie lag, wenn der Hof in Fontainebleau weilte, stets in Nemours in Quartier. Ségur spielte vorzüglich Laute, in Nemours aber langweilte er sich; er lernte die Äbtissin des nahe gelegenen Zisterzienserinnenklosters kennen und bezauberte ihre Augen und Ohren so sehr, daß er ihr ein Kind machte. Im neunten Monat ihrer Schwangerschaft geriet die Äbtissin in einige Unruhe über das, was nun werden sollte. Ihre Nonnen glaubten, sie sei krank. Zu ihrem Unheil traf sie ihre Vorkehrungen zu spät oder hatte den Zeitpunkt nicht richtig berechnet. Schließlich wollte sie, wie sie sagte, ein Bad aufsuchen; da aber Reisevorbereitungen stets Umstände machen und einige Zeit kosten, konnte der Aufbruch erst gegen Abend vonstatten gehen, sie kam also nur bis Fontainebleau. Dort mußte sie in einem einfachen, wegen der Anwesenheit des Hofes vollbesetzten Gasthof übernachten. Dieser Aufenthalt sollte ihr zum Verhängnis werden; in der Nacht setzten die Wehen ein, sie kam nieder. Jeder in der Herberge vernahm ihre Schreie, man eilte ihr zur Hilfe, weit emsiger, als es ihr lieb gewesen, auch Chirurg und Hebamme waren alsbald zur Stelle; kurzum, sie mußte den Kelch bis zur Neige trinken, und am Morgen war das Ereignis in aller Munde.

Die Leute des Duc de Saint-Aignan, Vater des Duc de Beauvillier, unterbreiteten ihrem Herrn diese Neuigkeit; er fand das Abenteuer so ergötzlich, daß er sich ein Vergnügen daraus machte, es alsbald beim Lever des Königs zum besten zu geben; und der König, der damals noch sehr zu Späßen aufgelegt war, lachte herzlich über die Frau Äbtissin und ihr Püppchen, das sie, um sich besonders gut zu verbergen, im vollbesetzten Gasthof mitten zwischen den Hofleuten abgelegt hatte, und überdies – was man allerdings zunächst noch nicht wußte, da die Äbtissin nicht gesagt hatte, aus welchem Kloster sie kam – nur vier Meilen von ihrer Abtei entfernt, wie sich dann sehr bald herausstellen sollte.

Als M. de Saint-Aignan wieder nach Hause kam, sahen ihn seine Leute mit langen Gesichern an, sie verständigten einander mit Zeichen, keiner aber sagte ein Wort. Schließlich aber fiel das ihrem Herrn auf, und er fragte sie, was das zu bedeuten habe. Die Verlegenheit nahm sichtlich zu, M. de Saint-Aignan jedoch wollte unbedingt wissen, worum es sich handele. Ein Kammerdiener faßte sich ein Herz und teilte ihm mit, daß jene Äbtissin, von der man ihm erzählt habe, seine eigene Tochter sei; und während er beim König gewesen, habe sie ihm einen Boten geschickt, er möge ihr helfen, aus dieser Herberge fortzukommen. Der Herzog fiel fast aus allen Wolken, hatte er doch soeben diese Geschichte dem König und dem ganzen Hof unterbreitet und mit seiner Darstellung großes Gelächter hervorgerufen, nun aber machte diese Geschichte ihn selber zur Zielscheibe des Spottes. Er fügte sich, machte gute Miene zum bösen Spiel und ließ die Äbtissin samt ihren Habseligkeiten aus der Herberge fortschaffen. Sie legte, da der Skandal offenkundig, ihr Amt nieder und hat danach noch über vierzig Jahre ganz abgeschlossen in einem anderen Kloster gelebt. Das also war die Ursache, weshalb ich Ségur fast niemals bei M. de Beauvillier begegnet bin, obwohl er ihm mit derselben Höflichkeit entgegenzukommen pflegte wie jedem anderen auch.

Die doppelte Inanspruchnahme als Finanz- und Kriegsminister wurde Chamillart schließlich zuviel, zumal die Arbeit im Kriegsministerium sich bei Kriegsausbruch beträchtlich vermehrte; aber es kam ihn hart an, den König, der nur sehr ungern neue Gesichter um sich sah, mit diesem Wunsch zu behelligen. Um sich mit Anstand ein wenig zu entlasten, setzte er eine Finanzaktion in Gang, die den König eine bare Million und fünfzigtausend Livres in Silber kostete. Zu diesem Zweck schuf man zwei neue Ämter, die man Finanzdirektorien nannte und die man Armenonville und Rouillé übertrug. Der König von Spanien bereitete sich auf eine Reise nach Aragon und Katalonien vor, um der Sitte gemäß die nach der Krönung üblichen Eide zu leisten und entgegenzunehmen. Harcourt, der sich zwar ein wenig erholt hatte, aber immer noch außerstande war, die kleinste Anstrengung oder Arbeit zu ertragen, wurde von seinem Botschafterposten aus Madrid abberufen, statt seiner entsandte man Marcin, der unter dem Marschall Catinat in Italien diente, nach Spanien; Marcin war von kleinem Wuchs, sehr schmächtig, sehr lebhaft, sehr behende und sehr ehrgeizig, ein unermüdlicher Speichellecker und Schwätzer, dennoch äußerst devot. Dadurch hatte er sich bei Charost, mit dem er in Flandern gedient, eingeschmeichelt, sich seine Freundschaft erworben und sich durch ihn dem Erzbischof von Cambrai, dem Duc de Chevreuse und dem Duc de Beauvillier empfohlen. Es fehlte ihm weder an Schlauheit noch an Geschicklichkeit, und trotz seines Plappermauls sah man ihn auch in der Armee stets in der besten Gesellschaft, immer stand er mit dem General, unter dem er diente, in vorzüglichem Einvernehmen. Als Marcin reisefertig war – und das war er in kürzester Zeit, da der König bezahlte –, drängte man ihn zum raschen Aufbruch, weil sich Portugal damals gerade mit Spanien verbündete und der Herzog von Savoyen den Heiratsvertrag seiner Tochter mit dem König von Spanien unterzeichnete, sowie auch das Abkommen über die Zusammenlegung seiner Truppen mit den unseren und den in Italien stationierten spanischen; man übertrug dem Herzog das Oberkommando, während unsere Truppen unter seinem Oberkommando von Catinat, und die spanischen von Vaudémont befehligt werden sollten.

Kehren wir nun nach Italien zurück; um recht zu begreifen, was sich seit Kriegsbeginn dort abspielte und was sich dann in der Folge ereignete, muß man die Hintergründe und geheimen Machenschaften beleuchten, die all diesen Ereignissen vorausgingen und die schließlich so ungeheure Ausmaße annahmen, daß sie den Staat bis hart an den Abgrund brachten. Man erinnere sich an das, was ich über den Aufstieg und über den Charakter Chamillarts gesagt habe; dem ist hinzuzufügen, daß kein Minister es jemals so weit gebracht hatte, nicht im Geist des Königs wegen der Wertschätzung seiner Fähigkeiten, sondern im Herzen des Königs, aufgrund einer Neigung, die der König in den ersten Zeiten des Billardspiels zu Chamillart gefaßt hatte und die er seither durch all die Auszeichnungen und Beförderungen, die er ihm hatte zuteil werden lassen, unablässig aufs neue bekundete und als deren Krönung er ihm dann die beiden Ämter, das des Finanz- und das des Kriegsministers übertrug. Damit lud er ihm eine Last auf, die Tag für Tag schwerer wurde; Chamillart gestand dem König seine Unwissenheit in vielen Dingen, aber der König sonnte sich in dem eitlen Vergnügen, seinen Minister in zwei so wichtigen Ämtern unterrichten und leiten zu können. Mme. de Maintenon hegte für Chamillart ebenfalls die zärtlichsten Empfindungen – denn mit diesem Ausdruck muß man ihre Neigung zu ihm bezeichnen; Chamillarts vollkommene Abhängigkeit von ihr entzückte sie, und ihre Zuneigung zu ihm gefiel dem König ganz ungemein. Ein Minister in solcher Stellung ist allmächtig, und der Glanz dieser Position war unübersehbar: es gab niemanden, der sich nicht auf die niedrigste Weise an ihn heranzudrängen und ihn für sich zu gewinnen suchte. Da er in seiner Familie keinerlei Unterstützung fand, blieb er mit seinem recht beschränkten Denkvermögen immer nur sich selbst überlassen, aber seine Kenntnisse und sein Urteilsvermögen reichten nicht aus, klare Unterscheidungen zu treffen. Er gab sich seinen alten Freunden anheim, jenen, die ihn damals bei Hofe eingeführt hatten, und einigen anderen, von denen er meinte, daß sie wegen ihres Auftretens, ihres Ruhmes und ihres Erfolges besondere Beachtung verdienten. Zu den ersteren gehörte Matignon; er hatte Chamillart und dessen Vater kennengelernt, als dieser Intendant von Caen und Chamillart selber Intendant von Rouen gewesen, und er hatte sich mit Vater und Sohn befreundet. Als schlauer und berechnender Normanne hatte er dem Sohn einen Freundschaftsdienst erwiesen und ihm das Lehnsrecht einer Besitzung abgetreten. Das hatte Chamillart derart gerühmt, daß er es Matignon niemals vergaß, mit dem Erfolg, daß Matignon ihn während seiner ganzen Ministerzeit beherrschte und es verstand, Millionen aus ihm herauszupressen, für sich und Marsan, seinen Schwager und Busenfreund, den er Chamillart vorgestellt hatte und der sich dem Minister durch seine Unterwürfigkeit bestens empfahl. Zu der zweiten Sorte gehörten Legrand und der Marschall Villeroy, die Chamillart durch das überlegene Gebaren, das sie sich bei Hofe anmaßten, mit sprachloser Bewunderung erfüllten; und da sie es nicht wie Matignon und Marsan aufs Geld abgesehen hatten, war Chamillart ihnen um so ergebener. Durch diese beiden trat er in immer engere Verbindung zu der Duchesse de Ventadour, die mit dem Marschall Villeroy eine mehr als gute Freundschaft unterhielt und die also auch mit Legrand in bestem Einvernehmen stand. Daraus wiederum ergab sich eine weitere Verbindung, die bald darauf einen unmittelbaren und sehr vertrauten Charakter annahm; es war die Freundschaft zu Mlle. de Lillebonne und deren Schwester, Mme. d'Espinoy, die beide ein Herz und eine Seele waren. Mme. d'Espinoy war eine sanfte und schöne Person, die gerade soviel Verstand besaß, wie sie brauchte, um ihre Ziele zu erreichen, das allerdings bis zur Perfektion, denn sie handelte stets zweckgebunden. Im übrigen war sie gutartig, verbindlich und höflich. Die andere, Mlle. de Lillebonne, schien nur aus Verstand, Umsicht und Berechnung zu bestehen; überdies hatte sie die Erziehung ihrer Mutter genossen und stand unter dem Einfluß des Chevalier de Lorraine, mit dem sie so lange und so eng verbunden war, daß man allgemein annahm, sie seien heimlich miteinander verheiratet. Was für ein Mensch der Lothringer war, hat man an mehr als einer Stelle dieser Memoiren gesehen, zur Zeit der Guise hätte er zweifellos eine beachtliche Rolle gespielt. Mlle. de Lillebonne konnte sich durchaus mit ihm messen; hinter einem kühlen, trägen, lässig ablehnenden Gehabe glühten wildester Ehrgeiz, maßloser, unbändiger Stolz, den sie jedoch unter erlesener Höflichkeit zu verbergen wußte und nur bei bestimmten Anlässen hervorkehrte. Auf diesen beiden Schwestern ruhten die Augen des ganzen Hofes. Die Zerrüttung ihrer finanziellen Verhältnisse, die Lebensweise ihres Vaters – ein Bruder des verstorbenen Duc d'Elbeuf – hatten ihre Vorratskammern leer gefegt, so daß sie oft nicht wußten, wovon sie sich ernähren sollten. M. de Louvois gab ihnen großmütig Geld, zu dessen Annahme ihre Not sie zwang. Eben dieselbe Notlage bewog sie, der Duchesse de Conti, bei der Monseigneur sich damals ständig aufhielt, emsig den Hof zu machen; die Duchesse de Conti ihrerseits fühlte sich dadurch geehrt; sie suchte die beiden Schwestern mit allen Mitteln an sich zu fesseln, sie beherbergte sie, überhäufte sie mit Geschenken, verhalf ihnen zu allen möglichen Annehmlichkeiten, welche Mutter und Töchter trefflich zu nutzen und zu schätzen verstanden, Monseigneur empfand sofort Zuneigung und bald auch Vertrauen zu der Mutter wie zu den Töchtern. Sie weilten stets und ständig bei Hofe und tauchten als Begleitung Monseigneurs regelmäßig in Marly auf. Die bereits hochbetagte Mutter konnte sich wegen ihres Alters an diesen Lustbarkeiten nicht beteiligen, gab jedoch ihren Beobachtungsposten keinesfalls auf und behielt das Steuer fest in der Hand; ab und an stattete sie Monseigneur einen Besuch ab, was für ihn stets eine Art Fest war. Jeden Morgen trank er seine Schokolade bei Mlle. de Lillebonne; dort wurden dann die Schlachtpläne ausgeheckt und alle möglichen Drähte gezogen. Mlle. de Lillebonnes Gemach war um diese Zeit ein Heiligtum, zu dem niemand außer Mme. d'Espinoy Zutritt hatte. Die beiden Schwestern verfügten vollkommen über Monseigneurs Seele und waren die Vertrauten seiner

Liebe zu Mlle. Choin, von der sie sich, auch als diese des Hofs verwiesen wurde, keineswegs abgewandt hatten und auf die sie den größten Einfluß ausübten.

In Meudon waren sie die Königinnen, die Umgebung Monseigneurs machte ihnen fast mit derselben Ehrerbietung den Hof wie ihm; seine Equipagen und seine persönliche Dienerschaft standen auch ihnen stets zur Verfügung. Mlle. de Lillebonne hat Du Mont, der als vertrauter Stallmeister Monseigneurs sowohl für dessen Vergnügungen und Veranstaltungen wie für seine übrigen Ausgaben und Equipagen zuständig war, niemals mit Monsieur angeredet, sie pflegte ihn in Meudon in Gegenwart Monseigneurs und seines ganzen Hofes mit lauter Stimme herbeizurufen, um ihm ihre Befehle zu erteilen, und Du Mont, auf den in Meudon jeder, sogar die Prinzen von Geblüt größte Rücksicht nahm, gehorchte augenblicklich, wobei er sich weit ehrerbietiger zeigte als gegen Monseigneur, mit dem er entschieden ungezwungener umzugehen pflegte. Es stand also für jeden außer Zweifel, daß die beiden Schwestern nach dem Tode des Königs regieren würden; und der König selber behandelte sie mit betonter Zuvorkommenheit, auch Mme. de Maintenon ging selber behutsam mit ihnen um.

Von solch glanzvollem Auftreten hätte sich sogar ein gewitzterer Mann als Chamillart blenden lassen. Der Marschall Villeroy, der so eng mit Legrand und noch enger mit dem Chevalier de Lorraine befreundet war, hatte sich in besonderem Maß mit den Schwestern verbündet; den beiden kam es sehr gelegen, durch seine Hilfe Chamillart unter ihre Botmäßigkeit zu bringen, und Chamillart war sehr froh, auf sie zählen zu können. Dabei hatte jeder seine persönlichen Gründe, Chamillarts Gründe ergaben sich aus der Sache; die beiden Schwestern wiederum bedurften Chamillarts Wohlwollens, und überdies gedachten sie mit seiner Hilfe Vaudémont, dem Bruder ihrer Mutter, bei den nun durch den Krieg in Italien sich anbahnenden Beziehungen einen Rückhalt zu schaffen. Der ihnen vollkommen ergebene Marschall Villeroy unternahm es, die Verbindung zu Chamillart herzustellen, woraus sich notwendigerweise eine Verbindung zwischen Chamillart und Vaudémont ergab; Vaudémont hatte Villeroy schon früher bei Hofe kennengelernt und sich dessen Freundschaft gerühmt, einer Freundschaft, auf die er sich trotz der persönlichen und räumlichen Entfernung noch immer etwas zugute tat, worin ihn seine beiden Nichten bestärkten, da sie mit Recht glaubten, daß Villeroy ob der Gunst, die er genoß, und der hohen Ämter, die er innehatte, ihrem Onkel von großem Nutzen sein könnte. Von der nicht unbeträchtlichen Rolle, die Vaudémont in dieser Kabale spielte, werde ich später sprechen; eine Kabale, die um so gefährlicher war, da weder der Marschall Villeroy noch Chamillart, von denen der eine ebenso kurzsichtig war wie der andere, die Lage auch nur annähernd zu durchschauen vermochten. Dieses ganze Beziehungsnetz war bereits vor dem Tod des Königs von Spanien geknüpft, aber die nunmehr eingetretenen Verhältnisse bewirkten, daß es noch enger wurde, und daß man auch den in Mailand weilenden Vaudémont mit einbezog. Dank seiner Stellung vermochte er seinen Nichten zu sekundieren und sich unter ihrer Leitung unmittelbar in den Gang der Ereignisse einzuschalten; die Möglichkeit dazu bot ihm der sich ergebende Briefwechsel und Nachrichtenaustausch mit Chamillart, dem Minister Frankreichs, der das uneingeschränkte Vertrauen des Königs genoß und alles bestimmte, was den Krieg und die Finanzen betraf.

Soweit der Hof. Nun zu Italien. Von Vaudémont, dem Bastardsohn jenes Lothringers Karl IV., habe ich seinerzeit so ausführlich berichtet, daß ich ihn nicht mehr vorzustellen brauche. Um sich auf seinem hohen und einträglichen Posten zu halten, hatte er, dieser Sohn Fortunas, der nichts besaß, als was diese ihm schenkte, sich nach den Weisungen Spaniens gerichtet; er hatte also Philipp V. zum Herzog von Mailand proklamiert, und zwar mit allem ihm zur Verfügung stehenden Aufwand, um sich des Wohlwollens zu versichern, dessen er zur Erhaltung seiner Stellung und seines Ansehens dringend bedurfte; in diesem Bemühen wurde er trefflichst durch die Geschicklichkeit und die Freunde seiner Nichten unterstützt; durch das Entgegenkommen der Lothringer, durch Villeroy, durch die Damen, durch Monseigneur und durch Chamillart, die alle den König so sehr für Vaudémont einnahmen, daß dieser sich an keines der früheren Ereignisse erinnerte und sich einbildete, sein Enkel, der König von Spanien, habe das Herzogtum Mailand einzig und allein Vaudémont zu verdanken.

Nachdem Vaudémont sich dergestalt gefestigt hatte, umgarnte er alsbald Tessé, den unser Hof als Vertrauensmann zu ihm geschickt hatte, um alle militärischen Fragen mit ihm abzusprechen, und dem Vaudémont durch die zahllosen Ehrenbezeigungen und durch sein scheinbar herzliches, offenes Entgegenkommen gänzlich den Kopf verdrehte. Tessé, dessen Hellsichtigkeit und Verstand nicht eben weit, dessen Ehrgeiz dafür um so weiter reichte, und dem es als gutem Höfling nicht entgangen war, wieviel Rückhalt Vaudémont an unserem Hofe besaß, trachtete nur danach, jenem zu gefallen und zu Diensten zu sein, um sich auf diese Weise in Italien einzunisten und dort eine sprunghafte Karriere zu machen, denn Vaudémonts Freunde bei Hof hätten Tessé, da sie seiner sicher waren, lieber als jeden anderen an der Spitze unserer Armee gesehen; das hätte in der Tat dem einen – Tessé – zum steilen Aufstieg verholfen und dem anderen – Vaudémont – vollkommene Bewegungsfreiheit gewährleistet, da Tessé sich wie ein Kind mit verbundenen Augen von Vaudémont hätte führen lassen.

Louvois, zu dessen Geheimkundschafter gehört zu haben man Tessé zur Last legte, hatte ihm ein gutes Stück vorangeholfen und ihn, obwohl er noch sehr jung und erst Generalmajor war, 1688 zum Ritter des Heilig-Geist-Ordens ernennen lassen. Tessé wußte die Protektion von Ministern und einflußreichen Leuten wohl zu schätzen und verstand es, sich diese durch niederste Unterwürfigkeit zu erschleichen. Er hatte sich also mit schmeichlerischen Worten an Chamillart herangepirscht, der ihm dann wegen seiner Verdienste um das Zustandekommen des Friedensabschlusses mit Savoyen und der Heirat der Duchesse de Bourgogne so sehr entgegengekommen war, daß sich Tessé bereits in den freudigsten Hoffnungen wiegte. Es kann also nicht wundernehmen, daß er jetzt voller Verzweiflung dem Erscheinen eines Herren und Meisters entgegensah, dem er, wie gesagt, viele Vorteile verdankte, von dem er sich jedoch so rasch wie möglich zu befreien gedachte, in der Absicht, sich selbst an dessen Stelle zu setzen; er spielte also Catinat fortwährend Streiche, um ihn auf diese Weise seines Ansehens zu berauben und seine Unternehmungen zum Scheitern zu bringen. Er fühlte sich zu diesem Vorgehen besonders ermutigt, da er wußte, daß er es mit einem Mann zu tun hatte, der sich ohne Hilfe einer Freundesgruppe, ohne jede Intrigenwirtschaft und Betriebsamkeit einzig auf seine Fähigkeiten verließ und dessen Redlichkeit und Herzenseinfalt ihn gar nicht darauf brachten, seine Stellung durch irgendwelche Ränke zu festigen. Catinat war einfachster Herkunft, er stammte aus einer ganz jungen Juristenfamilie, er besaß viel Scharfblick, Umsicht, hatte gute Kenntnisse, war jedoch kein allzu angenehmer Befehlshaber, weil er wenig mitteilsam, streng und lakonisch war und weil er, bar jeden Eigennutzes, ohne irgend etwas zu fürchten, unerbittlich für Aufrechterhaltung der Ordnung sorgte. Zudem gab es für ihn weder Weiber noch Wein und Spiel, man konnte ihm also schwerlich etwas anhaben.

Vaudémont, dem Tessés Kummer nicht lange verborgen blieb, behandelte ihn mit größter Liebenswürdigkeit, schmeichelte ihm, aber ohne sich gegen Catinat irgend etwas zuschulden kommen zu lassen, dem er vielmehr den ehrenvollsten und aufmerksamsten Empfang bereitete; doch Catinat durchschaute ihn, und Vaudémont hegte, wenn auch aus anderen Gründen als Tessé, sehnlichst den Wunsch, Catinat möglichst rasch loszuwerden. Der Prinz Eugen befehligte die Armee des Kaisers in Italien, und die beiden ersten Generale nach ihm waren Vaudémonts einziger Sohn und der einzige Sohn seiner Schwester Lillebonne, Commercy. Bei etwas Nachdenken hätte man sich veranlaßt gesehen, das Verhalten dieses Vaters und Onkels mit wachsamem Auge zu beobachten, und bei ein klein wenig Ausdauer hätte man bald entdeckt, daß dieses Verhalten mehr als verdächtig war; Catinat brauchte nicht lange, um das zu erkennen. Wann immer er gemeinsam mit Vaudémont einen Beschluß faßte, die Feinde waren augenblicklich davon unterrichtet, so daß keiner unserer Truppenteile sich in Bewegung setzte, ohne nicht auf eine doppelt so starke feindliche Abteilung zu stoßen. Catinat beklagte sich öfters darüber, er legte den Sachverhalt bei Hofe dar, wagte indessen nicht, auch die Schlußfolgerung hinzuzufügen. Er hatte dort keinen Fürsprecher, während Vaudémont alle auf seiner Seite hatte; und durch erlesene Höflichkeit, durch üppige Gastmähler, zumal aber durch Beschaffung reichlicher Lebensmittelzufuhr verstand er es überdies, unseren ganzen Generalstab für sich einzunehmen; alles Nützliche und Angenehme kam von ihm, alles Nüchterne, alle kritischen Einwände kamen vom Marschall, man braucht also nicht zu fragen, wem von beiden die Zuneigung gehörte. Der miserable Gesundheitszustand Vaudémonts – er konnte sich kaum auf den Beinen halten und nur mit Mühe zu Pferde sitzen – und die Erklärungen, er habe in Mailand oder anderswo nach dem Rechten zu sehen und Anordnungen zu treffen, enthoben ihn mancher Entscheidungen, die angesichts eines so hellsichtigen Generals wie Catinat recht peinlich für ihn gewesen wären; durch ergebene und eingeweihte Subalterne erteilte er seinem Sohn Thomas und seinem Neffen, Commercy, die wichtigsten Hinweise. In dieser üblen Lage wurde vor allem Tessé nicht müde, laut über die nicht enden wollenden Fehlschläge und Mißerfolge zu klagen; obwohl er zu seinem größten Leidwesen mit den Generalleutnants im Kommando abwechseln mußte, erfreute er sich bei der Armee eines beträchtlichen Ansehens und hatte sofort nach Catinats Ankunft dessen Stellung zu untergraben begonnen; mit geschickter Unterstützung Vaudémonts wiegelte er alle gegen den Marschall auf und berichtete dem Hof stets nur das, was, wie er glaubte, Catinat besonders schaden müsse, während Vaudémont sich nach gegenseitiger Absprache auf Andeutungen beschränkte: er wahrte Zurückhaltung, so, als suche er einen General zu schonen, den er nur ungern falscher Entscheidungen bezichtigen wollte, wobei er deren Hunderte durchblicken ließ; kurz, er behandelte das Ganze mit solcher Nachlässigkeit und solcher Gleichmut, daß man ihm Vorwürfe machte und ihn, wie er sich das wünschte, aufforderte, sich deutlicher zu äußern und mehr Vertrauen zu zeigen. Bei so vielen und so unterschwelligen Widerständen waren Catinat, der im übrigen sehr genau wußte, worauf es ankam, die Hände gebunden, so daß er keine Maßnahme wirklich durchführen konnte.

Dank dieser feinen Machenschaften gab man also den Kaiserlichen, die zunächst noch schwach an Zahl und noch sehr weit entfernt waren, hinlänglich Zeit, sich zu verstärken, allmählich vorzurücken, unbehindert alle Flüsse zu überqueren, immer näher an uns heranzukommen und, da sie über alles genauestens unterrichtet, pünktlich am 9. Juli Saint-Frémont anzugreifen, der sich mit einem Kavallerie- und einem Dragonerregiment zwischen der Etsch und dem Po in Carpi verschanzt hatte. Der Prinz Eugen führte, ohne daß man auch nur im geringsten gewarnt wurde, Infanteriegeschütze und das Dreifache an Kavallerie heran, um unversehens in das Lager einzubrechen. Tessé, der sich mit einigen Dragonern in der Nähe befand, eilte bei dem Getöse herbei. Obwohl der Prinz Eugen das Lager im ersten Ansturm zu nehmen gedachte, stieß er dort auf einen beträchtlichen Widerstand (mit dem er nicht gerechnet hatte), schließlich aber mußte man der zahlenmäßigen Überlegenheit weichen und sich zurückziehen. Das geschah in so guter Ordnung, daß der Rückzug ohne Störung von sich ging. Man verlor bei Carpi viele Soldaten und etliche verdienstvolle Männer. – Das war unser Debüt in Italien, für dessen Scheitern man einzig Catinat verantwortlich machte, wozu Vaudémont mit Andeutungen und Tessé mit breiten Ergüssen das Ihrige beitrugen.

Verärgert über diese frühzeitigen Fehlschläge und unablässig aufgehetzt gegen einen General, der zu bescheiden war und keinerlei Verteidiger besaß, sandte der König dem Marschall Villeroy, der an der Mosel stand, den Befehl, sich nach Eintreffen des Kuriers unverzüglich und stillschweigend auf den Weg zu machen, um von ihm neue Weisungen zu empfangen. So erschien Villeroy in Marly, wo sich jeder die Augen rieb und kaum glauben konnte, ihn leibhaftig vor sich zu sehen. Er hatte bei Mme. de Maintenon eine Unterredung mit dem König, auch Chamillart kam später dazu, und als sich der König, vom Marschall Villeroy gefolgt, zur Tafel begab, wußte man, daß der Marschall den Oberbefehl über die Armee in Italien bekommen sollte. Nie hätte man vermutet, daß gerade er berufen würde, die Fehler Catinats wiedergutzumachen. Man war also baß erstaunt, doch obgleich diese Wahl wenig Billigung fand, verstieg die Höflingsgesinnung sich zu überschwenglichen Lobpreisungen und Glückwünschen. Als das Abendessen sich dem Ende näherte, stellte Duras, der gerade Tischdienst hatte – sich wie gewöhnlich hinter den Stuhl des Königs. Kurz darauf verkündete ein Beifallsgemurmel, das sich im Salon erhob, den Auftritt des Marschalls Villeroy. Er hatte eine Kleinigkeit zu sich genommen und war nun wieder erschienen, um den König vom Tisch aufstehen zu sehen; ganz vom Glanz seines Ruhmes überstrahlt, ging er auf Duras zu; dieser, der ihn nicht leiden mochte und recht wenig von ihm hielt, der aber nicht einmal dem König zuliebe ein Blatt vor den Mund zu nehmen pflegte, lauschte einen Augenblick dem Summen der Beifallskundgebungen, dann wandte er sich unvermittelt Villeroy zu, faßte ihn am Arm und sagte laut und vernehmlich: »Mein lieber Marschall, alle Welt beglückwünscht Sie zu Ihrer Entsendung nach Italien, ich aber warte mit meinen Glückwünschen bis zu Ihrer Rückkehr.« Darauf sah er sich lachend im Kreise um, Villeroy schien ein wenig verwirrt und erwiderte nichts, jeder lächelte und senkte den Blick, der König verzog keine Miene.

Krankheit der Duchesse de Bourgogne. – Saint-Hérem. – Der italienische Kriegsschauplatz. – Die Princesse des Ursins im Dienst der jungen Königin von Spanien.

Die Duchesse de Bourgogne, die durch ihre anschmiegsame Zärtlichkeit, ihre Heiterkeit und ihre ständige Bemühung, dem König und Mme. de Maintenon zu gefallen, deren Herz völlig erobert und sich eine Unbefangenheit zu eigen gemacht hatte, die den beiden zur größten Freude gereichte, wurde in den ersten Augusttagen, kurz nachdem sie eine reichliche Menge Früchte verspeist und unvorsichtigerweise im Fluß gebadet hatte, von einem äußerst heftigen Fieber befallen. Man wollte gerade nach Marly reisen, der König, dessen Freundschaft nicht so weit ging, daß er Verzicht leistete, dachte nicht daran, seine Reise aufzuschieben, war aber auch nicht willens, die Prinzessin in Versailles zu lassen. In Marly stieg das Fieber so bedrohlich, daß die Kranke in Lebensgefahr schwebte, sie erlitt einen jähen Rückfall und beichtete ein zweites Mal; der König, Mme. de Maintenon und der Duc de Bourgogne waren verzweifelt und wichen nicht aus ihrer Nähe. Endlich kehrte sie dank einer starken Dosis Brechwurz, mehrerer Aderlässe und anderer Heilmittel wieder ins Leben zurück.

Mit über achtzig Jahren starb der wackere Saint-Hérem; er war Großwolfsjägermeister gewesen. Seine Frau war eine sehr seltsame Erscheinung von nicht minder eigentümlichem Gebaren. Als sie, wie sie es häufig zu tun pflegte, einmal bei Fontainebleau in der Seine badete, verbrühte sie sich den ganzen Oberschenkel; sie fand das Wasser zu kalt; sie wollte es erwärmen, ließ also am Ufer einen Bottich voll zum Kochen bringen, und als sie sich mit diesem kochenden Wasser dann, noch bevor es im Flußwasser hätte abkühlen können, übergießen ließ, verbrühte sie sich, trug starke Brandwunden davon und mußte das Bett hüten. Wenn es donnerte, quetschte sie sich auf allen vieren kriechend unter ein Ruhebett, befahl ihrer ganzen Dienerschaft, sich schichtweise einer über den anderen darauf zu legen, damit sich der Blitz, wenn er einschlüge, erst einmal an ihnen abschwächte, bis er zur ihr dränge.

Durch ihre Narrheit hatte sie sich und ihren Ehemann zugrunde gerichtet, dabei waren sie wirklich sehr vermögend gewesen. Zu den besten von den hundert Abenteuern, die man von ihr erzählt, gehört das mit dem Irren, der eines Nachmittags, als alle ihre Leute beim Essen saßen, in ihr Haus auf der Place Royale eindrang und sie, da er sie allein in ihrem Zimmer antraf, mit wilder Inbrunst umarmte. Die gute Frau, die bereits als Achtzehnjährige erschreckend häßlich gewesen und die nun seit langem verwitwet und über achtzig Jahre alt war, begann aus Leibeskräften zu schreien; endlich hörten ihre Leute sie und fanden sie mit heruntergerissenen Röcken in den Armen dieses Rasenden, gegen den sie sich, so gut sie konnte, zur Wehr setzte. Die Diener nahmen ihn fest, man überlieferte ihn dem Richter, für den das ein Heidenspaß wurde und der sich wie jeder, der die Geschichte erfuhr, weidlich darüber lustig machte. Der Mensch war, wie sich herausstellte, tatsächlich ein entlaufener Irrenhäusler, so kam bei dem Ganzen nichts weiter heraus; man erntete nur Spott, weil man die Geschichte so ernst genommen und den Behörden übergeben hatte.

Wenn auch Vaudémont recht zufrieden war, den Marschall Villeroy in Italien zu sehen, so verursachte dessen Erscheinen Tessé nur neuen Kummer, und der war um so bohrender, als er sich nun keine Hoffnung mehr machen konnte, etwa auf Schleichwegen zum Oberkommando der Armee zu gelangen, und es keine Möglichkeit mehr gab, mit diesem neuen General ebenso umzuspringen wie mit Catinat. Sein Verhältnis zu letzterem begann bei der Armee einiges Ärgernis zu erregen. Er ließ sich nun zur kriecherischsten Liebedienerei herbei, um Villeroy auf seine Seite zu bringen. Catinat erduldete auch diese neue Kränkung mit philosophischem Gleichmut, und seine Mäßigung, seine Zurückhaltung und Standhaftigkeit erweckten Bewunderung; die Gelassenheit, mit der er Villeroy den Oberbefehl übergab, und die Haltung, die er diesem gegenüber einnahm, gewann ihm wieder die Zustimmung der Armee; endlich besann man sich, welche Lorbeeren Catinat in Italien geerntet hatte, Lorbeeren, die man bei Villeroy vergeblich gesucht hätte. Die Quertreibereien, der offensichtliche Undank und der Erfolg Tessés lösten allgemeine Empörung aus, aber das war auch alles. Tessé, der Saint-Frémont, nur von seinem Sohn und einem Generalleutnant begleitet, zu Hilfe geeilt war, anstatt angesichts der Gefahr sein ganzes Lager nachkommen zu lassen, wurde stark verdächtigt, er habe Saint-Frémont sich absichtlich den Hals brechen lassen, um den Kaiserlichen den Durchbruch durch unsere Posten zu ermöglichen, von denen sinnloserweise eine große Zahl auf ein viel zu ausgedehntes Gelände verstreut war, so daß sie einander nicht zu unterstützen vermochten, und gerade darüber beschwerte sich Tessé auf Kosten Catinats, während dies hauptsächlich auf Vaudémonts Konto ging; doch Tessés Beschwerden und diese Wühlarbeit taten in Paris und bei Hofe eine solche Wirkung, daß niemand Catinat zu verteidigen wagte. Catinat bot Villeroy, bis er sich eingerichtet hätte, sein Haus und seine Equipagen an; Villeroy aber zog es vor, bei seinem Freund Vaudémont abzusteigen, der ihn mit aller erdenklichen Liebenswürdigkeit und dem größten Aufwand empfing; ganz wie ein Mann, der sich im Bewußtsein, den anderen zu brauchen, aller Mittel bedient, um diesen zu blenden. Und wirklich, Vaudémont konnte mit Villeroy alles anfangen, was er wollte; überdies hatte er es mit einem Günstling des Königs und einem Freund des Ministers zu tun.

Nach langen, höchst verdächtigen Verzögerungen stieß der Herzog von Savoyen endlich mit seinen Truppen zur Armee; auch nach seiner Ankunft änderte sich nichts am Verhalten der Feinde, die über alle unsere Pläne und Maßnahmen noch immer auf das genaueste unterrichtet waren; zwischen dem Herzog und Vaudémont herrschte vollkommenstes Einverständnis, und obwohl sie beide scheinbar auf französischer Seite standen, waren sie beide im wesentlichen an die andere Seite gebunden. Der Herzog von Savoyen war zwar weder mit dem Kaiser noch mit König Wilhelm besonders zufrieden – der Kaiser hatte nicht alles gehalten, was er versprochen, und König Wilhelm hatte ihn, als er sich nach dem Vertrag von Turin von ihm trennte, recht schlecht behandelt – dennoch erfüllte es ihn mit größtem Unbehagen, daß die spanische Monarchie französisch geworden und er selbst sich nunmehr durch Mailand zwischen Großvater und Enkel eingeschlossen sah. Er machte also nur mit, um aus dem, was er nicht hatte verhindern können, einigen Nutzen zu ziehen, und er wünschte, wie sich nur allzu bald zeigen sollte, sehnlichst die Wiedereinsetzung des Kaisers in Italien herbei. Einstweilen jedoch schien er all seine Aufgaben als General mit dem größten Eifer zu erfüllen.

Inzwischen rückten die Armeen einander näher, wobei die Kaiserlichen stets an Terrain gewannen, es war eine Frage, wer sich als erster der Festung Chiari bemächtigte. Der Prinz Eugen war am schnellsten. Chiari war ein weiträumiger, von Mauern befestigter Ort auf einer Anhöhe, die man kaum wahrnehmen konnte, die einem aber dennoch die Aussicht versperrte auf das, was hinter ihr auf der anderen Seite am Ufer des Baches vor sich ging. Diesen Posten ließ der Herzog von Savoyen am 1. September von einem Infanterieregiment angreifen; er schickte immer neue Truppen ins Gefecht und setzte sich selbst, um sich Achtung und Vertrauen zu erwerben, aufs verwegenste jeder Gefahr aus; aber sein Angriff richtete sich auf Mauern und auf eine geschlossene Armee, die laufend mit Nachschub versorgt und ergänzt wurde, so daß er nach schweren Verlusten zu schmachvollem Rückzug gezwungen war. Ein solcher Aberwitz mußte bei einem Fürsten, der sich vorzüglich auf das Kriegshandwerk verstand, höchsten Verdacht erregen. Villeroy stellte sich überall auf dem Schlachtfeld zur Schau, Catinat hingegen schien dort, ohne sich irgendwo einzumischen, nichts als den Tod zu suchen, der ihn indes nicht zu berühren wagte.

Die Eitelkeit Villeroys hatte viel zu leiden, der schwerste Schlag war die Gegenwart von Phélypeaux du Vergers, der als Gesandter am savoyischen Hofe weilte und der dem Herzog zur Armee gefolgt war. In dieser Eigenschaft standen ihm die gleichen Wachtposten, die gleichen Ehrenbezeigungen zu wie einem General der Armee, überdies genoß er Vorschlagsrechte und hatte allenthalben den Vortritt vor Villeroy. Das mitzuerleben war dem Marschall schier unerträglich, und Phélypeaux, der so schlau war wie hundert Teufel und ebenso boshaft wie diese, machte sich einen Spaß daraus, Villeroy zu peinigen, indem er sich ständig auf seine Vorrechte berief; dadurch entstand eine Gereiztheit und Spannung zwischen den beiden, die die Zusammenarbeit sehr erschwerte und viel Unheil heraufbeschwor. Phélypeaux, der die Machenschaften durchschaute, wurde es allgemach müde, einen Mann zu warnen, der aus Trotz alles in den Wind schlug und sich darin gefiel, dem Hof immer genau das Gegenteil von dem zu vermitteln, was er, Phélypeaux, berichtete, der sich seinerseits in kurzer Zeit über die Verrätereien des Herzogs von Savoyen im klaren war; seine Mahnungen jedoch stießen auf taube Ohren und vermochten nichts gegen die Berichte, Meldungen und Darstellungen des Marschalls Villeroy, dessen Gunst mehr Gewicht hatte als alle Einsicht des anderen.

So zog der Feldzug sich hin, während wir ständig zurückgingen und die Kaiserlichen mit immer größerer Leichtigkeit und Kühnheit vorrückten, so daß man bereits eine Belagerung von Mailand befürchtete, an die der Prinz Eugen allerdings niemals ernstlich gedacht hatte. Er sowie der Marschall Villeroy bezogen jeder ihre Winterquartiere und brachten die kalte Jahreszeit diesseits und jenseits der Grenze zu, der Herzog von Savoyen begab sich wieder nach Turin und Catinat nach Paris.

Der König empfing ihn höflich, unterhielt sich jedoch nur über die Beschaffenheit der Wege und über den Verlauf seiner Reise mit ihm;

er gab ihm keine einzige Privataudienz, um die Catinat seinerseits sich auch nicht bemühte.

Philipp V. hatte einen außerordentlichen Gesandten nach Turin geschickt. Castel-Rodrigo sollte den Heiratsvertrag unterzeichnen und hatte überdies den Auftrag, der neuen Königin von Spanien, deren Stallmeister er war, zusammen mit dem Majordomus, San-Esteban-del Puerto, das Geleit zu geben. Nichts hätte glücklicher sein können, als die Vergabe dieser beiden großen Ämter; aber es blieb noch ein drittes Amt zu besetzen, das für die Erziehung und Bildung der jungen Königin von entscheidender Bedeutung war; die Stelle der Camarera Mayor; eine Dame unseres Hofes konnte in Madrid nicht zugelassen werden, und eine Spanierin war nicht verläßlich und hätte die junge Königin leicht abschrecken können, man suchte also nach einem Mittelweg und fand niemanden anderes als die Princesse des Ursins. Sie war Französin, hatte sich lange in Spanien aufgehalten und den größten Teil ihres Lebens in Rom und Italien verbracht; sie war eine kinderlose Witwe, stammte aus dem Hause La Tremoïlle, ihr Gemahl war der Chef des Hauses Orsini und spanischer Grande. Nach dem Tode dieses Gemahls verfügte Mme. des Ursins über keinerlei Vermögen mehr, aber sie hatte lange genug in Frankreich gelebt, so daß sie am Hofe wohlbekannt war und dort einige Freunde besaß; vor allem war sie den beiden Herzoginnen von Savoyen und der Königin von Portugal in besonderer Freundschaft zugetan, der Kardinal d'Estrées, ihr naher Verwandter und Ratgeber, hatte diese Verbindung hergestellt. Zahlreiche Besuche der Fürstin in Turin hatten sie gefestigt. Eben dieser Kardinal, der ihr damals, als sie, zum erstenmal verwitwet, arm und recht bedeutungslos in Rom lebte, diese große Heirat vermittelt hatte, und der, nachdem er ihr in der Jugend etwas mehr gewesen, stets ihr Freund gewesen war, befürwortete nun ihre Wahl. Ausschlaggebend aber war vielleicht, daß der Kardinal Portocarrero – wie man von d'Estrées erfuhr – sich seinerzeit in Rom jäh in Mme. des Ursins verliebt hatte und daß noch immer eine enge freundschaftliche Beziehung zwischen beiden bestand. Er spielte eine entscheidende Rolle bei den Regierungsgeschäften, und das zwischen ihm und ihr herrschende Einvernehmen bewirkte ihre Wahl für das so wichtige Amt, in dem sie notwendigerweise ständig mit ihm zu tun haben würde.

Sie war die Tochter des Marquis de Noirmoutier, der während der Minderjährigkeit Ludwigs XIV. in soviel Intrigen verwickelt gewesen war. 1659 heiratete sie Adrian Blaise de Talleyrand, der sich – allerdings ohne jeden konkreten Anspruch – später Prince de Chalais nannte; sein berühmtes Duell, das er und einige andere mit anderen jungen Edelleuten, u. a. dem Bruder Beauvilliers ausfochten, zwang ihn bald darauf (1663) das Königreich zu verlassen; seine Frau begleitete ihn nach Spanien, alsdann auf dem Seeweg nach Italien, wo er, ohne Kinder zu hinterlassen, 1670, als er gerade zu seiner Frau reisen wollte, die ihn in Rom erwartete, ganz plötzlich bei Venedig starb. In dieser mißlichen Lage nahmen die Kardinäle Bouillon und Estrées sich der Witwe an.

Ihr Alter, ihr Gesundheitszustand, ihre Erscheinung, alles sprach für diese Wahl. Sie war eher groß als klein, brünett, mit blauen Augen, die jeden von ihr gewünschten Ausdruck annahmen; ihr Gesicht war, wiewohl nicht schön, dennoch bezaubernd. Von einer Hoheit, die nicht erschreckte, sondern anzog; von unerschöpflicher Unterhaltungsgabe; und da sie viele Menschen kannte und viele Länder gesehen hatte, waren Gespräche mit ihr äußerst anregend. Auch war sie sehr belesen und pflegte sich über alles ihre eigenen Gedanken zu machen. Sie verstand es, ihre Gesellschaft mit Bedacht auszuwählen, die Freundschaften zu erhalten, ja, sogar einen Hof um sich zu versammeln. Da sie im Grunde stolz und hochmütig war, verfolgte sie ihre Ziele, ohne sich allzuviel um die Mittel zu kümmern, aber soweit es sich einrichten ließ, unter Wahrung des äußeren Scheins. Sie war gut geartet und im allgemeinen hilfsbereit, aber sie verabscheute alle Halbheiten, ihre Freunde mußten sich vorbehaltlos zu ihr bekennen. Im übrigen war sie wie geschaffen zur Intrige, von Ehrgeiz beseelt, aber von einem Ehrgeiz großen Stils, es war jener Ehrgeiz, der weit über das Maß des üblichen weiblichen oder auch männlichen Ehrgeizes hinausging, dazu ein brennendes Verlangen, etwas darzustellen und zu herrschen. Das also ist das Bild der berühmten Frau, die so lange und ganz offiziell den spanischen Hof und die spanische Monarchie beherrscht und die durch ihre Herrschaft wie durch ihren Sturz soviel Aufsehen in der Welt erregt hat, daß ich glaubte, sie in kurzen Zügen vorstellen zu sollen.

Einer Frau von diesem Charakter mußte eine Wahl, die so ganz ihren Wünschen entsprach und ihr eine glänzende Laufbahn eröffnete, höchst willkommen sein. Doch Mme. des Ursins war klug genug, sich auszurechnen, daß man ihr dieses Angebot nur machte, weil sich niemand fand, der soviel offensichtliche Eignung für dieses Amt besaß. Sie ließ sich also, um ihr Ansehen noch zu erhöhen, bitten, aber nur solange, daß man ihr für ihre Zusage um so dankbarer sein mußte. Sie vermied Turin und begab sich geradenwegs von Rom nach Genua und von Genua nach Villafranca, um dort die neue Königin zu erwarten. Nachdem die offizielle Hochzeit am 11. September in Turin gefeiert worden war, brach die junge Königin nach Nizza auf. Die Meerfahrt in den französischen Galeeren hatte sie derart erschöpft, daß sie ihre Reise zu Land durch die Provence und das Languedoc fortzusetzen gedachte. Ihre Anmut, ihre Geistesgegenwart, die Genauigkeit und die Höflichkeit ihrer kurzen Antworten, ihre zurückhaltende Neugier wirkten bei einer Prinzessin ihres Alters überraschend und weckten in Mme. des Ursins die größten Hoffnungen.

Als sie die Grenze des Roussillon überschritt, machte Louville ihr seine Aufwartung und überbrachte ihr die Geschenke ihres königlichen Gemahls, der ihr bis nach Figueras entgegenkam. Dort hatte man bereits ihren ganzen Hofstaat versammelt und ihr piemontesisches Gefolge wieder nach Turin entlassen. Sie war von dieser Trennung offenbar viel schmerzlicher berührt, als damals ihre Schwester, die Duchesse de Bourgogne. Sie weinte viel und schien wie verloren zwischen all den Gesichtern, von denen ihr das der Mme. des Ursins, die sie ja auch erst eben am Ufer des Meeres kennengelernt hatte, noch am vertrautesten war. Der König, der voller Ungeduld darauf wartete, sie zu sehen, ritt ihr bei ihrem Eintreffen in Figueras entgegen und kam an ihren Wagenschlag; in diesem Augenblick bot ihr Mme. des Ursins, obwohl diese den König auch nicht kannte, eine große Hilfe und Stütze. Der Diözesanbischof vermählte sie aufs neue, und bald darauf setzte man sich zu Tisch; die zur Hälfte spanischen und zur Hälfte französischen Gerichte wurden von der Princesse des Ursins und den Palastdamen aufgetragen. Dieses Zweierlei der Gerichte mißfiel den spanischen Damen und Herren, die untereinander verabredet hatten, dies auch in aller Deutlichkeit kundzutun. In der Tat, es wurde ein Skandal. Unter diesem oder jenem Vorwand –, man behauptete entweder, die Gerichte seien zu heiß oder zu schwer – kam kein einziges der französischen auf den Tisch, alle wurden verschüttet, während alle spanischen Gerichte ohne jeden Zwischenfall aufgetragen wurden. Die Gereiztheit und die düstere Miene, um nichts Schlimmeres zu sagen, die die Palastdamen zur Schau trugen, waren zu offensichtlich, um unbemerkt zu bleiben. Aber der König und die Königin waren so klug, zu tun, als achteten sie gar nicht darauf, und die höchst verwunderte Mme. des Ursins sagte kein einziges Wort. Nach einer langen und peinlichen Mahlzeit zogen sich der König und die Königin zurück. Nun entlud sich der bei Tisch zurückgehaltene Zorn. Die Königin weinte ihren Piemontesinnen nach; wie ein Kind, das sie ja auch noch war, wähnte sie sich verloren unter der Fuchtel solch unverschämter Damen, und als es Zeit wurde, zu Bett zu gehen, erklärte sie ganz unumwunden, daß sie gar nicht daran dächte und daß sie sofort wieder umkehren wolle. Man redete auf sie ein, tat alles, um sie zurückzuhalten, aber das Erstaunen und die Verwirrung waren groß, als man merkte, daß man nichts über sie vermochte; der König, der sich bereits ausgekleidet hatte, wartete noch immer. Endlich sah Mme. des Ursins, die am Ende ihrer Weisheit und ihrer Beredsamkeit war, sich gezwungen, dem König und Marcin alles, was sich ereignet hatte, einzugestehen. Der König war sehr gekränkt und vor allem enttäuscht. Er hatte bis dahin in vollkommener Enthaltsamkeit gelebt, und das hatte bewirkt, daß er die Prinzessin ganz besonders nach seinem Geschmack fand; er war also sehr betroffen über ihre Laune und aus eben diesem Grunde beinahe überzeugt, daß sie diese Haltung auch weiter beibehalten würde. Sie begegneten sich tatsächlich erst wieder am nächsten Morgen, vollkommen angekleidet. Es war ein Glück, daß der spanische Brauch, niemandem, nicht einmal den nächsten Verwandten, gestattete, beim Zubettgehen der jungen Eheleute anwesend zu sein, so daß dieser ansonsten so aufsehenerregende Vorfall ein Geheimnis blieb zwischem dem Ehepaar, ein oder zwei Kammerfrauen, Louville und Marcin. Jene beiden beratschlagten indessen mit Mme. des Ursins, wie man es anfangen sollte, mit einem Kinde fertig zu werden, daß seine Entschlüsse mit solcher Kraft und Hartnäckigkeit kundtat; die Nacht verging unter Ermahnungen und Versprechungen, und die Königin willigte endlich ein, Königin zu bleiben. Am darauffolgenden Tag wurden der Herzog von Medina Sidonia und der Comte San Esteban um Rat gefragt; sie waren der Meinung, daß der König seinerseits es ablehnen solle, in der nächsten Nacht mit ihr zu schlafen, um sie damit zu kränken und so zur Vernunft zu bringen; das wurde durchgeführt. Die beiden sahen sich am Tage niemals unter vier Augen; am Abend war die Königin sehr betrübt, ihr Ruhm, ihr Selbstbewußtsein und ihre kindliche Eitelkeit waren verletzt, vielleicht hatte sie nun auch Gefallen an dem König gefunden. Der dritte Tag verlief für die jungen Eheleute sehr friedlich, und die dritte Nacht noch angenehmer; da in der vierten Nacht sich alles nach bester Ordnung vollzog, kehrten sie nach Barcelona zurück, wo nur noch von Empfängen, Festen und Lustbarkeiten die Rede war.

Tod König Karls II. Stuart. – Ludwigs XIV. politisch unkluge Anerkennung der Erbfolge Stuart. – Die Große Allianz gegen Frankreich und Spanien. – La Feuillade heiratet die Tochter Chamillarts. – Tod des M. de Montespan.

Die Reise nach Bourbon hatte dem König von England wenig geholfen, seine Lebenskraft nahm seit Mitte August fortwährend ab, und Anfang September wurde er von so schweren Lähmungen und anderen Leiden befallen, daß keine Hoffnung mehr blieb. Der König, Mme. de Maintenon und alle Angehörigen der königlichen Familie besuchten ihn häufig. Mit einer Frömmigkeit, die seinem erbaulichen Lebenswandel entsprach, empfing er die Sterbesakramente, denn sein Ableben war jeden Augenblick zu erwarten. Angesichts dieser Lage faßte der König einen Entschluß, der vielleicht der Hochherzigkeit eines Ludwig XII. oder Franz I. Ehre gemacht hätte, der jedoch staatsmännischer Weisheit in keiner Weise entsprach. Am 13. September verließ er Marly und begab sich nach Saint-Germain, dem König von England ging es so schlecht, daß er, als man ihm den König meldete, nicht einmal mehr die Augen öffnete. Der König erklärte ihm, er sei gekommen, ihm zu versichern, er könne in Ruhe das Zeitliche segnen, denn er, Ludwig XIV., würde den Prinzen von Wales als König von England, Schottland und Irland anerkennen. Die wenigen Engländer, die zugegen waren, fielen vor ihm auf die Knie, aber der König von England gab nicht das leiseste Zeichen von sich. Alsdann suchte der König die Königin von England auf und erklärte auch ihr das gleiche. Man ließ den Prinzen von Wales holen, um ihn davon in Kenntnis zu setzen. Mutter und Sohn bezeigten den überschwenglichsten Dank. Bei seiner Rückkehr nach Marly verkündete der König dem ganzen Hof, was er soeben getan: man vernahm nichts als Beifall und Lobeserhebungen.

Noch schien alles in bester Ordnung, doch die Bedenken ließen nicht auf sich warten, sowenig man sie auch öffentlich aussprach. Der König hoffte stets, sein so maßvolles Verhalten in Flandern, die Rücksendung der holländischen Garnisonen, die Untätigkeit seiner Truppen zu einer Zeit, als diese ohne jeden Widerstand alles hätten vereinnahmen können, würden England und das von diesem völlig abhängige Holland daran hindern, es zugunsten des Hauses Österreich zu einem Bruch mit Frankreich kommen zu lassen. Das aber war eine für damalige Verhältnisse recht verstiegene Hoffnung; dennoch schmeichelte sich der König mit ihr und war also auch der Meinung, den Krieg in Italien bald beenden zu können ebenso wie die ganzen Streitigkeiten um die Erbfolge der spanischen Krone und all der von ihr abhängigen Gebiete, die der Kaiser ihm mit seinen Truppen allein und nicht einmal im Verein mit denen des Reiches streitig machen konnte. Nun stand aber jenes König Jakob gegebene Versprechen in krassestem Widerspruch zu eben dieser Lage und zu der Anerkennung des Prinzen von Oranien als König von England, die der König beim Frieden zu Rijswyk feierlich gelobt und bislang nicht minder feierlich gehalten hatte. Mit der Anerkennung des Prinzen von Wales fügte man König Wilhelm persönlich die empfindlichste Beleidigung zu, und nicht nur ihm, sondern ganz England und folglich auch Holland; man lieferte überdies damit den Beweis, wie wenig man sich an diesen Friedensvertrag zu halten brauchte, man bot ihnen also die beste Gelegenheit, all jene Fürsten, die als ihre Bundesgenossen unter ihrer Leitung diesen Vertrag mit unterzeichnet hatten, um sich zu sammeln und unabhängig vom Hause Österreich offen für ihre eigenen Interessen einzutreten. Dem Prinzen von Wales wiederum brachte diese Anerkennung keinerlei wirklichen Nutzen; sie erweckte einzig die Eifersucht, das Mißtrauen und die Leidenschaft all jener, die in England gegen ihn waren, um sie nur desto fester an den König Wilhelm und an die von ihnen geschaffene Einsetzung der Nachfolge in der protestantischen Linie zu binden; sie ließ sie wachsamer und ausfälliger werden gegen alles, was katholisch war oder im Verdacht stand, die Stuarts zu begünstigen, und sie erboste sie zusehends mehr gegen diesen jungen Prinzen und gegen Frankreich, das ihnen einen König geben und gegen ihren Willen über ihre Krone bestimmen wollte. Der König von England schien in den kurzen Augenblicken, in denen er noch einmal das Bewußtsein erlangte, voller Dankbarkeit gegen den König; er starb am 16. September gegen 3 Uhr nachmittags.

Der Graf von Manchester, Englands Gesandter, ließ sich seit der Anerkennung des Prinzen von Wales nicht mehr in Versailles blicken und reiste, ohne sich zu verabschieden, wenige Tage nach der Ankunft des Königs in Fontainebleau, endgültig ab. König Wilhelm weilte in Het Loo, seinem Landsitz in Holland, wo er mit einigen deutschen Fürsten und anderen großen Herren bei Tisch saß, als er vom Tode Jakobs II. und der Anerkennung seines Sohnes erfuhr; er gab diese Neuigkeit bekannt, ohne sich im geringsten dazu zu äußern, aber er wurde glühend rot und zog den Hut in die Stirn, denn er vermochte sein Mienenspiel nicht zu beherrschen. Er schickte nach London mit dem Befehl, Poussin auf der Stelle auszuweisen und ihn zu veranlassen, sich unverzüglich aufs Schiff zu begeben; Poussin war in Abwesenheit des Gesandten oder Botschafters der Geschäftsträger des Königs, und er traf unmittelbar darauf in Calais ein. Kurz nach diesem Bruch kam es zur Unterzeichnung der offensiven und defensiven Großen Allianz gegen Frankreich und Spanien; in dieses Bündnis zwischen England und Holland, zwischen dem Kaiser und dem Reich, welches zwar kein Interesse daran hatte, aber unter dem Hause Österreich keine Entscheidungsfreiheit mehr besaß, verstand man sehr bald, noch weitere Mächte einzubeziehen, was den König dazu zwang, seine Truppen beträchtlich zu verstärken.

Gegen Ende des Aufenthaltes in Fontainebleau langte Louville an; er kam aus Barcelona, wo er den König und die Königin von Spanien mit der Princesse des Ursins und Marcin, den nunmehrigen französischen Botschafter, allein gelassen hatte. Er kam offensichtlich, um dem König Bericht zu erstatten von den geheimsten innenpolitischen Vorgängen in Spanien, die sich während der langen und gefährlichen Krankheit d'Harcourts ereignet hatten, und vor allem auch, um über die unlängst geschlossene Heirat ihrer königlichen Majestäten zu berichten; der eigentliche Zweck seines Kommens aber war, vom König die Einwilligung zu der geplanten Reise seines königlichen Enkels nach Neapel zu erhalten. Louville hatte mehrere sehr lange Audienzen beim König, er sprach ihn unter vier Augen und zuweilen auch in Gegenwart von Madame de Maintenon. Beauvillier, Torcy und auch der Duc de Bourgogne unterhielten sich häufig mit ihm, und jeder, der bei Hofe irgendeine Stellung hatte, drängte sich, ihn zu sehen. Ich meinerseits ergriff die Gelegenheit, um meine Neugier von Grund auf zu befriedigen.

Der Duc de La Feuillade hatte es, seitdem er seinerzeit seinen Onkel, den Bischof von Metz, so übel bestohlen, nicht vermocht, den König wieder milder zu stimmen. Sein in jeder Hinsicht liederlicher, ausschweifender Lebenswandel, seine außerordentliche Nachlässigkeit im Dienst, sein völlig heruntergekommenes, schmutziges Regiment, die beträchtliche Verspätung, mit der er jedes Jahr bei der Armee eintraf, um sie dann als erster wieder zu verlassen, alles das hatte ihm die tiefste Ungnade des Königs eingetragen. La Feuillade war vorzüglich gewachsen, sein Auftreten und seine Umgangsformen waren vornehm, der

Ausdruck seines Gesichts so geistvoll, daß man dessen Häßlichkeit, den gelben Teint und die gräßlichen Pickel völlig übersah. La Feuillade hatte in der Tat viel Geist, aber einen zu allem dienlichen, merkwürdig hurtigen und schillernden Geist; jemanden, der nicht unter die Oberfläche schaute, konnte er mühelos von seinem Wert überzeugen, vor allem aber verstand er es, durch seine Redensarten und seine spielerische Tändelei die Frauen zu betören. Wer sich nur unterhalten wollte, für den war der Umgang mit ihm recht amüsant. Sein Lebensstil war großartig; er war prunkliebend und weitherzig, ließ jede Meinung gelten, war höflich, tapfer, ja tollkühn, sehr auf Liebesabenteuer erpicht, ein zu jedem Einsatz bereiter und guter Spieler; ruhmredig, betont dreist und verwegen, liebte er es, all seine Eigenschaften ständig herauszustellen; unermüdlich prägte er Maximen und Leitsätze und war, um seinen Geist im vollen Glanz erstrahlen zu lassen, stets zum Diskutieren aufgelegt; sein Ehrgeiz kannte keine Grenzen, aber da er nichts durchhielt, wurde er schließlich völlig von dieser Leidenschaft und von der Sucht nach Vergnügen beherrscht. Er lechzte nach Bewunderung und Anerkennung; er besaß das Talent, Personen beiderlei Geschlechts mit Erfolg den Hof zu machen und Leute, von deren Beifall er sich etwas versprach, zu umgarnen, und durch solche Zustimmung, die ansteckend wirkte, brachte er sich in der Gesellschaft zur Geltung. Er gab sich den Anschein, als sei ihm an Freunden gelegen, und führte damit manch einen lange Zeit hinters Licht. Ein von Grund auf verderbtes Herz, eine verworfene, verkommene Seele, gottlos aus Wohlgefallen und als Lebenszweck, kurzum der ehrvergessenste Mensch, den man seit langem gesehen. Er war Witwer und hatte keine Kinder; ohne jede Ursache hatte er sich mit seiner Frau, der Tochter Châteauneufs sehr schlecht vertragen und sie mit äußerster Verachtung behandelt. Als ihn nun wieder einmal der Ehrgeiz plagte und er nirgends einen rechten Anknüpfungspunkt fand, bildete er sich ein, Chamillart sei der rechte Mann, der alles für ihn zu tun bereit sei, wenn er dessen zweite Tochter heiraten würde. Er ließ dem Minister also diesen Vorschlag unterbreiten, und Chamillart fühlte sich um so geschmeichelter, als seine Tochter grauenhaft häßlich war. Er legte die Sache dem König dar, der aber fiel ihm sofort ins Wort und sagte: »Sie kennen La Feuillade nicht, er will Ihre Tochter nur haben, um Sie fortwährend zu behelligen, damit Sie wiederum mich seinethalben behelligen. Nun, ich erkläre Ihnen, daß ich niemals eine Hand für ihn rühren werde, und ich kann nur wünschen, daß Sie sich diese Sache ein für allemal aus dem Kopf schlagen.« Chamillart erwiderte kein Wort, war jedoch sehr betrübt. La Feuillade indes ließ sich nicht abschrecken; je mehr seine Hilfsquellen versiegten, desto deutlicher wurde ihm bewußt, daß ihm als einzige Möglichkeit nur diese Heirat blieb, und desto eifriger ließ er Chamillart drängen. Es ist kaum zu begreifen, wie Chamillart es wagen konnte, nach einer so eindeutigen Ablehnung noch einmal auf dieses Thema zurückzukommen, und es ist – jedenfalls für jemanden, der den König gekannt hat – vollends unbegreiflich, daß der König seinem Wunsch dann doch nachgab. Er stiftete Chamillart, wie er das stets bei Ministern zu tun pflegte, 200 000 Livres zu dieser Hochzeit; Chamillart fügte aus eigenen Mitteln weitere 100 000 hinzu, und der Ehekontrakt wurde unterzeichnet. La Feuillade wurde vom König, als er ihm seine Aufwartung machte, recht ungnädig empfangen; die Hochzeit fand statt, aber La Feuillade behandelte diese, seine zweite Frau, von Anfang an noch schlechter als seine erste; Chamillart hingegen hatte er mit märchenhafter Liebenswürdigkeit behext, eine Liebenswürdigkeit, die sich allerdings auffällig verringerte, sobald er den Minister nicht mehr brauchte, was indes Chamillart nicht weiter anfocht, er blieb zeitlebens unbeirrbar in La Feuillade vernarrt. Man wird in der Folge sehen, wie teuer diese Heirat Frankreich zu stehen gekommen ist.

D'Harcourt kehrte aus Spanien zurück und hatte eine lange Unterredung mit dem König und Mme. de Maintenon, und von dieser Zeit an nahm er einen immer steileren Aufstieg; aber er hätte vielleicht einer etwas besseren Gesundheit und zweifellos einer größeren Mäßigung bedurft.

Auf seinen Gütern in der Guyenne starb M. de Montespan; die unglückselige, verderbenbringende Schönheit seiner Frau und deren noch weit mehr Verderben bringende zahlreiche Früchte haben ihn mehr als genug ins Gerede gebracht. Er hatte, bevor sie die Liebschaft mit dem König begann, nur einen Sohn aus der Ehe mit ihr gehabt, den Marquis d'Antin, der, als Menin Monseigneurs dann aus der Schande seines Hauses so großen Nutzen zu ziehen verstand. Kaum war sein Vater gestorben, schon schrieb er dem König und bat ihn, seine Ansprüche auf den Herzogtitel von Epernon prüfen zu lassen. Nach dem Abendessen bestürmten alle Kinder der Mme. de Montespan den König, er möge das Gesuch unterstützen oder d'Antin zum Herzog erheben. Diese Narrheit mit d'Epernon sollte d'Antin in der Tat als Sprungbrett dienen, aber noch war die Zeit nicht reif; noch stand ein unüberwindliches Hindernis im Wege: Mme. de Montespan war noch am Leben, und Mme. de Maintenon haßte sie zu sehr, um ihr die Freude zu gönnen, ihren Sohn als Herzog zu sehen.

Ebenfalls gegen den Willen der Mme. de Maintenon hatte M. de Chevreuse mehr Glück, er erhielt die Erlaubnis, seine Charge als Hauptmann der Garde seinem Sohn, dem Duc de Montfort, abzutreten. So endete dieses Jahr und mit ihm alles Glück des Königs.

(1702). – Feste bei Hof. – Tod Wattevilles. – Folgen der Heeresreform. – Saint-Simons Abschied vom Militärdienst. – Cremona gerettet. – Vendôme zum General der Truppen in Italien ernannt. – Madames Vertraute. – Medaillen zum Ruhm Ludwigs XIV. – Catinat rehabilitiert und Oberkommandierender der Rheinarmee.

Das Jahr 1702 wurde in Versailles mit Bällen und Maskenfesten eröffnet. Die Duchesse de Maine, die schwanger war und zu Bett lag, veranstaltete gleichfalls einige Maskenbälle, was ein recht seltsames Schauspiel bot, auch in Marly fanden Bälle statt, doch meist ohne Masken. Die Duchesse de Bourgogne unterhielt sich dabei jedesmal ganz vorzüglich. Der König wohnte häufig, doch stets nur im engsten Kreis und stets bei Mme. de Maintenon, der Aufführung erbaulicher Stücke bei, so wurden unter anderem »Absalon« und »Athalie« gegeben. Die Duchesse de Bourgogne, der Duc d'Orléans, der Comte und die Comtesse d'Ayen, der junge Comte de Noailles und Mlle. de Melun spielten in prächtigen Theaterkostümen die Hauptrollen; der alte Baron, ein hervorragender Schauspieler, unterrichtete sie und beteiligte sich gemeinsam mit ihnen und einigen Dienern des Marschalls de Noailles an der Aufführung, denn der Marschall und seine kluge, rührige Frau waren die Anreger und Veranstalter dieser privaten Vergnügen; sie hofften, sich auf diese Weise und durch die familiären Bindungen zu Mme. de Maintenon allgemach doch noch ins Vertrauen des Königs einzuschleichen. Der Platz reichte für höchstens vierzig Zuschauer. Außer Monseigneur, seinen beiden Söhnen, der Princesse de Conti, Mme. du Maine, den Palastdamen, Mme. de Noailles und ihren Töchtern, die ständig anwesend waren, wurden also nur noch einige wenige Personen zugelassen. In ihren Trauergewändern erschien auch Madame; weil sie das Theater besonders liebte, hatte der König sie eingeladen, und da sie zu seiner nächsten Verwandtschaft gehöre, so ließ er verlauten, brauche die Trauer sie nicht von einer Darbietung auszuschließen, die in seiner Gegenwart und in so engem Kreise stattfände; und Mme. de Maintenon wollte Madame mit dieser Gunst zu verstehen geben, daß sie das Vergangene wirklich vergessen hatte.

Der Tod der Duchesse de Sully beraubte die Bälle des besten und vornehmsten Tänzers seiner Zeit, nämlich ihres zweiten Sohnes, des Chevalier de Sully, den der König zum Tanz zuließ, obwohl er bereits über dieses Alter hinaus war. Seine Mutter war eine Tochter Serviens, des Oberintendanten der Finanzen, dem Meudon gehört hatte, wo er so große Summen vergeudete. Sie allerdings war arm, obgleich sie achthunderttausend Livres geerbt; aber Sablé, ihr Bruder, hatte sich, wiewohl er glänzend gewachsen war und über viel Verstand verfügte, mit dem schmutzigsten und lichtscheusten Gesindel ruiniert, und ihr anderer Bruder, der Abbé Servien, der ebenfalls sehr gescheit und Kämmerer des Papstes geworden war, machte nur durch seine Ausschweifungen und durch seine Knabenliebe von sich reden, die ihm manche Ungnade eintrug. In so kurzer Zeit schon, und oft noch mit Schande bedeckt, vergehen die Familien jener Minister, die in ihrer Macht und ihrem Reichtum wie für die Ewigkeit gegründet erschienen.

Lépinau, der Gehilfe Chamillarts, war seit drei Monaten verschollen; trotz seines entscheidenden Einflusses war er ein sanfter und höflicher Mann, der sich, wiewohl im Finanzwesen tätig, niemals die Hände schmutzig gemacht hatte. Er war unverheiratet und wurde von jedem geliebt und geschätzt. Er hatte sich in Paris aufgehalten und kehrte, nachdem er eines Nachmittags allein und zu Fuß das Haus verlassen, nicht mehr zurück; endlich wurde seine Leiche beim Pont-de-Neuilly aus der Seine gefischt. Offenbar war der arme Mann wegen eines Lösegeldes verschleppt, lange festgehalten, dann schließlich ermordet und in den Fluß geworfen worden, ohne daß man trotz emsigster Bemühungen auch nur eine Spur von ihm hätte finden können, so wie dann auch jede Nachforschung nach dem Urheber dieses Verbrechens vergebens blieb.

Der Tod des Abbé Watteville erregte zwar weniger Aufsehen, aber sein erstaunlicher Lebenslauf verdient gleichwohl Erwähnung. Er war der Bruder jenes Barons, der als spanischer Gesandter nach England ging und der im Oktober 1661 in London den Marschall Estrades, den französischen Gesandten, so sehr beleidigt hatte. Die Watteville sind Edelleute aus der Franche-Comté. Dieser Jüngste hier trat in jugendlichem Alter in den Kartäuserorden ein und wurde, nachdem er seine Profeß abgelegt, zum Priester geweiht. Er hatte viel Geist, aber einen aufsässigen und einen ungestümen Geist, der bald des Joches, unter das er sich gebeugt, überdrüssig wurde. Außerstande, die ihm lästigen Ordensregeln weiterhin zu ertragen, gedachte Watteville sich ihrer zu entledigen. Er fand Mittel und Wege, sich weltliche Kleidung, Geld, Pistolen und ein Pferd zu beschaffen. Offenbar aber mußten diese Vorkehrungen Verdacht erregt haben; der Prior war aufmerksam geworden; er öffnet also mit einem Nachschlüssel die Zelle Wattevilles, erblickt ihn in weltlichem Gewand auf einer Leiter, wie er gerade über die Mauer steigen will. Der Prior erhebt ein Geschrei: der andere schießt ihm ohne viel Aufhebens nieder und bringt sich in Sicherheit.

Zwei oder drei Tage danach hält er – da er es tunlichst vermied, in bewohnten Orten Rast zu machen – vor einer elenden, abseits gelegenen Bauernschenke an, steigt ab, fragt, was es zu essen gäbe. Der Wirt antwortet: »Eine Hammelkeule und einen Kapaun.« – »Gut«, meint unser entlaufener Mönch, »steckt beide Stücke gleich an den Spieß!« Der Wirt will einwenden, daß beides vielleicht doch zu viel sei für eine Person und daß er keine weiteren Vorräte mehr im Hause habe. Der Mönch wird ärgerlich und meint, es sei wohl das mindeste, daß man für sein Geld auch das bekomme, was man verlange; er habe, weiß Gott, Hunger genug, um mit beidem fertig zu werden. Der Wirt wagt nicht zu widersprechen und steckt das Fleisch an den Spieß. Als nun besagter Braten schon beinahe gar ist, kommt ein zweiter Mann des Weges – ebenfalls zu Pferd – und allein, um in der Schänke zu Mittag zu essen. Er fragt, was man ihm vorsetzen könne, und bekommt den Bescheid, daß nichts weiter vorhanden sei, als das, was er da am Spieß vor sich sehe. Der Mann fragt, für wie viele Personen die Mahlzeit bereitet werde, und hört mit Erstaunen, daß sie für einen allein bestimmt sei. Er erkundigt sich, ob er sich, wenn er bezahle, nicht an der Mahlzeit beteiligen könne, und ist vollends überrascht, als der Wirt ihm erwidert, das sei kaum zu erwarten, der Mann, der das Essen bestellt habe, sehe nicht danach aus. Also wendet der Ankömmling sich höflich an Watteville und bittet ihn, er möge ihn, gegen Bezahlung, an seiner Mahlzeit teilnehmen lassen, da es in der Wirtschaft nichts anderes mehr gebe. Watteville ist durchaus nicht geneigt, darauf einzugehen: es kommt zu einem Streit, der Streit wird hitzig, kurzum, der Mönch verfährt hier wie mit seinem Prior und streckt den Gegner mit einem Pistolenschuß nieder. Dann setzt er sich in aller Ruhe zu Tisch und läßt sich, zum Entsetzen des Wirts und seiner Leute, die Hammelkeule und den Kapaun servieren, verspeist das Fleisch bis auf die Knochen, bezahlt, steigt wieder aufs Pferd und sucht das Weite.

Da er nicht weiß, was er nun anfangen soll, begibt er sich in die Türkei, läßt sich kurzerhand beschneiden, wird Türke und verpflichtet sich bei der Armee. Sein Glaubensübertritt schafft ihm Vorteile, seine Klugheit und seine Tapferkeit zeichnen ihn aus; er wird Pascha, bekommt einen Vertrauensposten in Morea, wo die Türken mit den Venezianern

Krieg führten. Er nahm den Venezianern einige wichtige Plätze ab und genoß solches Ansehen bei den Türken, daß er meinte, er könne nun aus seiner Situation, die auf die Dauer doch nicht seinem Geschmack entsprach, Vorteile ziehen. Es gelang ihm, sich mit dem Generalissimus der Venezianer zu verständigen und ihm ein Geschäft vorzuschlagen. Er versprach ihm ausdrücklich mehrere Festungen und etliche wichtige Geheimnisse der Türken auszuliefern, dagegen verlange er die offizielle und vollkommene päpstliche Absolution für alle Missetaten seines Lebens, für seine Morde sowie für seinen Glaubensabfall, weiterhin unbedingten Schutz gegen die Kartäuser, die Gewißheit, in keinen anderen Orden eintreten zu müssen, vielmehr in aller Form dem Weltklerus zugeteilt zu werden, und zwar mit allen Rechten derer, die niemals aus ihm ausgetreten sind, mit der Erlaubnis, uneingeschränkt sein Priesteramt auszuüben und über die entsprechenden Pfründe zu verfügen. Die Venezianer erkannten sehr rasch die Vorteile dieses Handels, und der Papst meinte, die Kirche habe vor allem Interesse daran, die Christen gegen die Türken zu begünstigen, so daß er gnädig auf alle Forderungen des Paschas einging. Als Watteville sich überzeugt hatte, daß dem Generalissimus sämtliche Urkunden in der vorgeschriebenen Form überreicht worden waren, traf er seine Maßnahmen so geschickt, daß es ihm gelang, all das zu bewerkstelligen, wozu er sich den Venezianern gegenüber verpflichtet hatte. Kaum war das geschehen, flüchtete er in ihre Armee, dann auf eines ihrer Schiffe, das ihn nach Italien brachte; er begab sich nach Rom; der Papst empfing ihn sehr freundlich. So kehrte er, in jeder Weise bestätigt und gerechtfertigt, in die Franche-Comté sowie in den Schoß seiner Familie zurück, und er gefiel sich sogar darin, die Kartäuser zu verhöhnen.

Diese ungewöhnlichen Abenteuer bewirkten, daß er bei der Eroberung der Franche-Comté eine Rolle spielte. Man hielt ihn für einen tatkräftigen und höchst verschlagenen Mann; er knüpfte alsbald direkte Verbindungen an zu der Königinmutter und dann zu den Ministern, denen er bei der zweiten Eroberung eben jener Provinz äußerst nützlich war. Er leistete diesen Dienst jedoch nicht umsonst; er hatte sich das Erzbistum Besançon ausbedungen und wurde nach der zweiten Eroberung der Franche-Comté auch tatsächlich zum Bischof ernannt. Doch der Papst konnte sich nicht entschließen, seine Ernennung zu bestätigen; er berief sich dabei auf die Morde, auf den Glaubensübertritt und die Beschneidung. Der König ließ sich vom Papst überzeugen und einigte sich mit dem Abbé auf einen Vergleich; Watteville gab sich mit der Abtei Baume und einer anderen, in der Picardie gelegenen sowie einigen weiteren Vergünstigungen zufrieden. Er lebte von da an teils in der Abtei Baume, teils auf seinen Ländereien, zuweilen in Besançon und ab und an auch in Paris oder bei Hofe, wo er stets mit besonderer Zuvorkommenheit empfangen wurde. Er erschien allenthalben mit großen Anhang und ungeheurem Aufwand, er hielt sich Wagen, Pferde und eine schöne Meute, liebte prächtige Gastgelage und fröhliche Gesellschaft; für die Reize leichter Mädchen war er sehr empfänglich. Er lebte nicht nur als großer Herr, ringsum gefürchtet und respektiert, sondern verfuhr überdies nach altem Brauch recht tyrannisch mit seinen Ländereien und mit seinen Abteien, ja sogar über seine Nachbarn übte er Gewalt aus und bei sich zu Hause herrschte er gänzlich unumschränkt. Die Intendanten zogen den Kopf ein und ließen ihn auf ausdrücklichen Befehl des Hofes Zeit seines Lebens gewähren. Sie wagten nicht, ihm die geringsten Vorhaltungen zu machen, weder wegen der Steuern, die er in den von ihm abhängigen Besitzungen ganz nach Gutdünken festsetzte, noch wegen seines nur allzuoft höchst gewalttätigen Vorgehens. Bei diesen Sitten und bei dieser Verhaltensweise, mit der er sich Respekt verschaffte und Furcht einflößte, machte es ihm besonderes Vergnügen, zuweilen auch die Kartäuser aufzusuchen, um sich daran zu weiden, daß er ihre Kutte abgeworfen hatte. Er spielte vorzüglich Lhombre und gewann dabei so oft »Codille«, d.h. ohne Einsatz, daß man ihn schließlich Abbé Codille nannte; so lebte er in immer gleicher Ungebundenheit und immer gleichem Ansehen, bis er beinahe neunzig Jahre alt war.

Die Heeresreform, die man nach dem Frieden von Rijswyck vorgenommen hatte, war sehr einschneidend und auf eine höchst merkwürdige Art durchgeführt worden. Barbezieux, der noch sehr jung war, hatte sich weder um die Qualität des Regiments noch um das Verdienst der Offiziere und Befehlshaber dieser Regimenter gekümmert, und der König ließ ihn gewähren. Ich hatte keine Beziehungen zu Barbezieux, mein Regiment wurde anderen Einheiten unterstellt, und da es noch sehr gut im Stande war, bot Barbezieux dessen Überreste dem Regiment Duras an. Mir wurde damals das gleiche Schicksal zuteil wie vielen anderen, was mich jedoch nicht tröstete. Alle diese Reiterobristen, die keine Kompanien mehr hatten, wurden anderen Regimentern eingegliedert: ich fiel dem Regiment Saint-Maurice zu. Er war ein Edelmann aus der Franche-Comté, den ich nie in meinem Leben gesehen hatte. Bald darauf forderte die Pedanterie, die immer mit der Wirklichkeit des Militärdienstes in Konflikt geriet, zwei Monate aktiven Dienst bei jenen Regimentern, denen man zugeteilt war. Das schien mir eine widersinnige Zumutung. Doch fügte ich mich; aber da meine Gesundheit beeinträchtigt war und man mir geraten hatte, die heißen Bäder von Plombières aufzusuchen, bat ich um Erlaubnis, dorthin reisen zu dürfen und verbrachte da drei Jahre hintereinander die Verbannungszeit in einem Regiment, in dem ich niemand kannte, wo ich ohne Truppen war und nichts weiter zu tun hatte. Dem König schien das nicht zu mißfallen. Ich fuhr oft nach Marly; er sprach zuweilen mit mir, was einigermaßen bemerkenswert und auffällig war, kurzum, er behandelte mich sehr zuvorkommend, weit besser als alle meine mir gleichgestellten Altersgenossen. Dennoch kamen einige Obristen, die jünger waren als ich, wieder an die Spitze eines Regimentes; es waren dies erprobte, erfahrene Offiziere, die für ihre lange Dienstzeit Regimenter erhalten hatten; ich gab mich mit dieser Begründung zufrieden. Die in Aussicht stehende Beförderung verlockte mich nicht sonderlich; man lebte nicht mehr in einer Zeit, da man sich noch auf Würden oder Herkunft berufen konnte; nur für Taten auf dem Schlachtfeld wurde eine Ausnahme in der herkömmlichen Dienstordnung gemacht. Es gab zuviel Dienstältere vor mir, als daß ich darauf hätte hoffen können, zum Obersten aufzurücken; da der Krieg bevorstand, strebte ich nach einem Regiment, denn ich hatte keine Lust, ihn als eine Art Generaladjudant von Saint-Maurice und ohne eigene Truppen mitzumachen; schließlich war ich nach der Schlacht von Nerwinden ausgezeichnet worden, man hatte mir ein Regiment zugesprochen, ich hatte es wieder in besten Stand gebracht und es, wie ich zu behaupten wage, in jenen vier aufeinanderfolgenden Feldzügen, die den Krieg entschieden, mit Umsicht und Erfolg befehligt. Die Liste der Beförderten wurde bekanntgegeben; alle Welt staunte über die hohe Anzahl, begierig überflog ich die Namen der Kavallerieobristen, um mich zu vergewissern, ob ich bald an die Reihe käme; ich war höchlichst erstaunt, als ich am Abschluß der Liste Namen von fünf Leuten fand, die im Dienstalter weit nach mir kamen. Ich fühlte mich unsäglich gekränkt, mir schien die wirre Gleichheit der Rangbestimmung schon reichlich erniedrigend, aber daß man den Comte d'Ayen und einige unbedeutende Edelleute derart bevorzugte, das schien mir bei allem herrschenden Nepotismus denn doch unerträglich zu sein. Um nicht in meinem Zorn einen Fehler zu begehen, schwieg ich. Der Marschall de Lorge fühlte sich meinethalben aber auch persönlich beleidigt; sein Bruder, der Marschall Duras, war nicht minder empört über diese öffentliche Mißachtung ihrer Würde. Beide schlugen mir vor, den Dienst zu quittieren. In meinem Ingrimm spürte ich die größte Lust dazu, aber ich war noch jung, ein Krieg stand bevor, und es schien mir hart, allem militärischen Ruhm zu entsagen, in die Öde des Müßigganges zu versinken, jeden Sommer vom Krieg reden zu hören, vom Aufbruch der Truppen, von der Beförderung von Leuten, die sich in der Schlacht ausgezeichnet hatten, der Gedanke daran hielt mich mit Macht zurück; so verbrachte ich zwei Monate in grausamer Unschlüssigkeit, jeden Morgen wollte ich den Abschied einreichen, aber im nächsten Augenblick konnte ich mich doch nicht dazu entschließen. Dieser Selbstquälerei überdrüssig und von den beiden Marschällen gedrängt, legte ich endlich meinen Fall verschiedenen Männern vor und bat sie, mir ihre Ansicht zu sagen. Ich wandte mich an den Marschall Choiseul, unter dem ich gedient hatte und der sich in diesen Fragen auskannte, an Beauvillier, an den Kanzler Pontchartrain und an La Rochefoucauld. Sie alle waren entrüstet über die Ungerechtigkeit, die mir widerfahren; die drei letzteren allerdings urteilten als Hofleute; damit hatte ich gerechnet, diese Denkweise war geeignet, ihr Urteil zu mäßigen, und da ich nur Männer ausgesucht hatte, die von der Gesellschaft gebilligt wurden, gewichtige Leute, die dem König nahestanden, hatte ich eben diese erwählt, um über mein Verhalten zu entscheiden. Ich täuschte mich: die drei Vertreter des Hofes waren derselben Ansicht wie die Marschälle. Kurz, diese sechs Männer brachten mir, als hätten sie es miteinander verabredet, die gleichen Einwände gegen mein Verbleiben bei der Armee. Ich folgte ihrem Rat, auch was die Ausführung betraf: ich äußerte keinerlei Mißvergnügen, erhob keinen Widerspruch, daß man mich bei der Beförderung vergessen habe. Der Zorn des Königs war dennoch unvermeidlich; meine Ratgeber hatten mich darauf vorbereitet, und ich machte mich also darauf gefaßt. Soll ich gestehen, daß mir das keineswegs gleichgültig war? Der König nahm es sehr übel, wenn man aus dem Heer austrat, er nannte das, zumal bei Leuten von Stand, ihn im Stich lassen; am meisten aber ärgerte es ihn, wenn man den Dienst wegen einer Ungerechtigkeit quittierte, er ließ einen das lange Zeit spüren; meine Ratgeber jedoch meinten, daß selbst solch mögliche Folgen in keinem Verhältnis stünden zu der Schmach und der Zumutung, die es bedeute, in einer Situation wie der meinen weiter zu dienen. Sie hielten indes dafür, daß sowohl die Ehrerbietung wie die Vorsicht empföhlen alle nur denkbare Rücksicht zu nehmen. Ich verfaßte also einen kurzen Brief an den König, in dem ich, ohne mich zu beklagen und ohne auch nur die geringste Unzufriedenheit durchblicken zu lassen, ohne das Regiment oder die Beförderung auch nur mit einem Wort zu erwähnen, meinem Bedauern Ausdruck gab, daß mein schlechter Gesundheitszustand mich zwinge, den Kriegsdienst aufzugeben, das einzige, was mich darüber zu trösten vermöchte, sei der Anblick seiner Person und die mir zuteil werdende Ehre, ihn nun öfter sehen und ihm noch häufiger als zuvor den Hof machen zu dürfen. Mein Brief wurde von meinen Ratgebern gebilligt, und am Dienstag der Karwoche überreichte ich selber dem König das Schreiben, als er von der Messe kam. Anschließend begab ich mich zu Chamillart, den ich damals persönlich noch nicht kannte, er wollte gerade in den Staatsrat gehen; ich wiederholte ihm mündlich mein Gesuch, ohne auch nur den leisesten Eindruck der Verstimmung zu erwecken und begab mich dann alsbald nach Paris.

Ich blieb acht Tage und kam erst am Osterdienstag nach Versailles zurück. Ich erfuhr vom Kanzler, der König habe meinen Brief am Kardienstag kurz vor Beginn des Staatsrats gelesen, er habe darauf Chamillart zu sich gerufen und sich einen Augenblick mit ihm allein unterhalten. Ich erfuhr von anderer Seite, er habe offensichtlich gereizt ausgerufen: »Sehen Sie, schon wieder einer, der uns verläßt!« und habe Chamillart dann wörtlich meinen Brief wiederholt.

An diesem Osterdienstag erschien ich zum erstenmal seit der Überreichung des Briefes wieder vor dem König, als er vom Abendessen kam. Ich würde mich schämen, eine Belanglosigkeit wie die folgende zu erwähnen, wenn sie nicht so bezeichnend für ihn wäre. Obwohl der Raum, in dem der König sich auskleidet, hell erleuchtet war, hielt der Almosenier vom Dienst, während der König sich zur Nacht bereitete, einen Leuchter mit einer brennenden Kerze, den er dann dem ersten Kammerdiener übergab, dieser trug ihn vor dem König her, wenn er zu seinem Lehnsessel ging. Der König warf einen kurzen Blick in die Runde, musterte die Umstehenden, woraufhin er laut und vernehmlich den Namen eines der Anwesenden nannte, dem der Kammerdiener nun den Leuchter überreichte. Das galt als hohe Auszeichnung und Gunst, so sehr beherrschte der König die Kunst, den kleinsten Nichtigkeiten Bedeutung zu verleihen. Man zog seinen Handschuh aus, trat vor und hielt während des kurzen Augenblicks, da der König sich niederlegte, diesen Leuchter, um ihn alsdann dem ersten Kammerdiener zurückzugeben. Ich hatte mich an jenem Dienstag absichtlich etwas im Hintergrund gehalten und war, ebenso wie alle Anwesenden sehr überrascht, meinen Namen nennen zu hören; auch in der Folge bekam ich den Leuchter fast ebensooft zu halten wie bisher, aber das war auch alles, was mir der König im Laufe von drei Jahren zuteil werden ließ.

Der Duc de Villeroy kam, von seinem Vater geschickt, am 6. Februar nach Versailles, um dem König über zahlreiche Einzelheiten und Pläne

Bericht zu erstatten, die in Depeschen darzulegen zu langwierig gewesen wäre. Wie heilsam diese Reise für ihn war, sollte er drei Tage später feststellen.

Prinz Eugen, der besser im Bilde war als Marschall Villeroy, hatte diesen genötigt, mitten im Mailändischen zu überwintern. Das Zentrum unserer Winterquartiere war Cremona. Dort befand sich ein spanischer Gouverneur mit einer sehr starken Garnison; am Ende des Feldzugs waren noch einige weitere Truppen hinzugekommen mit Crenan, der als Generalleutnant dort das Kommando führte. Praslin befehligte die Kavallerie als Oberst. Gegen Ende Januar war Revel, der erste Generalleutnant der Armee, in Cremona angekommen. Er bekam von Marschall Villeroy den Befehl, eine starke Abteilung nach Parma zu entsenden, die der dortige Herzog seiner Sicherheit halber von Villeroy erbeten hatte, was später dann den Anlaß gab, ihn zu verdächtigen, er habe im Einvernehmen mit dem Prinzen Eugen gehandelt, um auf diese Weise Cremona von Truppen zu entblößen. Marschall Villeroy beendete seinen Aufenthalt in Mailand, wo er mit dem Prince de Vaudémont verhandelte und von wo aus er am letzten Januartag frühmorgens nach Cremona kam.

Prinz Eugen hatte in Erfahrung gebracht, daß sich in Cremona ein alter Aquädukt befand, der sich weit ins Land erstreckte und der in der Stadt im Keller eines Hauses endete, das von einem Priester bewohnt war. Er hatte überdies erfahren, daß der Aquädukt vor kurzem gereinigt worden war und infolgedessen nur wenig Wasser führte und daß die Stadt ehemals durch eben diesen Aquädukt einmal überrumpelt worden war. Er ließ ganz im geheimen ausfindig machen, wo sich der Eingang befand; er gewann den Priester, in dessen Haus der Aquädukt endete, für sich, das Haus lag in unmittelbarer Nachbarschaft eines Stadttors, das vermauert und kaum bewacht war. Darauf ließ er möglichst viele, eigens ausgewählte Soldaten, als Priester und als Bauern verkleidet, nach Cremona hineinströmen, sie alle zogen sich in dieses befreundete Haus zurück, bewaffneten sich dort im Verborgenen mit Unmengen von Äxten. Als das alles bewerkstelligt war, gab Prinz Eugen dem Prince Thomas de Vaudémont – Premierleutnant in seiner Armee und einziger Sohn eben des Mannes, der als Gouverneur den König von Spanien in Mailand vertrat – eine große Abteilung; er weihte ihn in seinen Plan ein und beauftragte ihn, sich des Brückenkopfes zu bemächtigen. Das ganze Unternehmen wurde genauestens und in aller nur denkbaren Verschwiegenheit durchgeführt; der erste, dem etwas auffiel, war Crenans Koch, der, als er beim Morgengrauen Lebensmittel besorgen wollte, sah, daß die Straße von Soldaten in ihm unbekannten Uniformen wimmelte. Spornstreichs eilte er zurück in das Haus seines Herren, den er unverzüglich wecken ließ; weder Crenan noch seine Diener wollten ihm Glauben schenken; aber da er im Zweifel war, kleidete Crenan sich hurtig an, eilte hinaus und wurde nur allzubald von den Tatsachen überzeugt. Zur selben Zeit war das Infanterieregiment, feldmarschmäßig ausgerüstet, auf einem großen Platz angetreten; ein glücklicher Zufall, der Cremona rettete. Entragues wollte Parade abhalten und begann damit in den ersten Morgenstunden. Als es zu dämmern begann und seine Bataillone schon voll bewaffnet in Bereitschaft standen, glaubte er am Ende der Straße, ihm gegenüber, eine Ansammlung von Infanterietruppen wahrzunehmen. Er wußte, daß aufgrund der am Vorabend gegebenen Order niemand marschieren und niemand außer ihm Besichtigung machen durfte. Er argwöhnte sofort eine Überrumpelung, marschierte ohne Zögern auf diese Truppen los, die er tatsächlich als Kaiserliche erkannte, griff sie an, schlug sie zurück; hielt jedem neuen Angriff stand und entfachte einen so hartnäckigen Kampf, daß er der ganzen Stadt Zeit gab, zu erwachen und der Mehrzahl der Truppen die Möglichkeit, zu den Waffen zu greifen und herbeizueilen, während sie ohne ihn alle im Schlaf erwürgt worden wären. Zu eben dieser Morgenstunde saß der Marschall Villeroy, bereits vollständig angekleidet, in seinem Zimmer und schrieb: er hörte Lärm, er verlangte ein Pferd, schickte jemanden nachzusehen, was es gäbe, und erfuhr, den Fuß schon im Steigbügel, von mehreren Seiten zugleich, daß der Feind in der Stadt sei. Er ritt, nur von einem Generaladjudanten und einem Pagen begleitet, die Straße entlang, um auf den großen Platz zu gelangen, wo sich im Alarmfall stets alles zu sammeln pflegte. An der Straßenbiegung stieß er auf feindliche Wachtposten, die ihn anhielten und festnahmen. Er begriff sofort, daß jeder Widerstand sinnlos sei: er nahm den Offizier beiseite, gab sich zu erkennen, versprach ihm 10000 Pistolen und ein Regiment, wenn er ihn freiließe; der Offizier zeigte sich unzugänglich, er erwiderte, er habe dem Kaiser zu lange gedient, um ihn jetzt zu verraten, und führte Villeroy auf der Stelle zum Prinzen Eugen, der ihn nicht eben allzu freundlich empfing. Indessen brachte man auch den inzwischen gefangenengenommenen und tödlich verwundeten Crenan; als der Marschall seiner ansichtig wurde, seufzte er auf und meinte, er wäre gerne bereit, mit ihm zu tauschen.

Revel, der nunmehr der einzige Generalleutnant und wegen der Gefangenschaft Villeroys auch Oberkommandierender war, suchte die Truppen zu sammeln. In jeder Straße wurde ein Kampf geliefert, die meisten Truppen kämpften zerstreut, einige auch im Verband, viele waren nur notdürftig bewaffnet, und es gab Soldaten, die nichts als das Hemd auf dem Leibe hatten; aber sie alle kämpften mit Löwenmut. Obwohl unablässig mit Verteidigen und Angreifen beschäftigt, bemerkte Praslin, daß die Rettung Cremonas, wenn man es retten konnte, nur durch die Sprengung der Pobrücke zu bewerkstelligen sei, um auf diese Weise die Kaiserlichen zu hindern, neue Hilfstruppen zu schicken, und ihnen somit die Möglichkeit der Verstärkung zu nehmen. Es war keine Minute zu verlieren, Prince Thomas de Vaudémont nahte bereits, so daß man gerade noch Zeit fand, die Truppen zurückzuziehen und die Brücke zu sprengen, ein Unternehmen, das im Angesicht des Prinzen Thomas de Vaudémont durchgeführt wurde, der es mit all seinen Musketenschüssen nicht zu verhindern vermochte. Es war inzwischen drei Uhr nachmittags. Prinz Eugen war ins Rathaus gegangen, um den Magistratsbeamten den Eid abzunehmen; als er herauskam, sah er mit Besorgnis, daß seine Truppen fast überall Verluste erlitten; er stieg mit dem Prince de Commercy auf den Glockenturm der Kathedrale, um mit einem Blick wahrzunehmen, was sich auf den Plätzen der Stadt abspielte, und um gleichzeitig festzustellen, daß die Hilfe des Prince de Vaudémont zu spät kam. Außer sich, sein Unternehmen so kurz vor dem Gelingen scheitern zu sehen, schrie er auf und raufte sich die Haare, als er wieder hinunterstieg. Obwohl er zahlenmäßig bei weitem überlegen war, dachte er nun an den Rückzug. Er marschierte die ganze Nacht und ließ den Marschall Villeroy, entwaffnet und schlecht ausgestattet, in recht unziemlicher Weise hinter sich herreiten. Er schickte ihn nach Ustiano, dann auf Geheiß des Kaisers nach Innsbruck, von dort nach Graz in der Steiermark. Crenan starb unterwegs in der Karosse des Marschalls Villeroy, auch Entragues, dem man ob seiner Parade und ob seiner Tapferkeit die Rettung Cremonas verdankte, hat diesen ruhmreichen Tag nicht überlebt. Der spanische Gouverneur sowie die Hälfte unserer Truppen fanden den Tod; die Kaiserlichen hatten gleichfalls große Verluste und versäumten eine Gelegenheit, die den Krieg in Italien mit einem Male zu ihren Gunsten hätten beenden können.

Ich saß in meinem Zimmer, als ich diese Neuigkeit von Lauzun erfuhr. Sogleich begab ich mich ins Schloß, wo große Erregung herrschte, man stand in Gruppen zusammen und diskutierte. Der Marschall Villeroy wurde behandelt wie eben Unglückliche, die Anlaß zum Neid gegeben, behandelt zu werden pflegen. Der König nahm laut und vernehmlich in aller Öffentlichkeit für ihn Partei. Beim Diner bezeigte er Mme. d'Armagnac, wie sehr er das Mißgeschick ihres Bruders bedauere, er entschuldigte ihn und äußerte sich sogar sehr scharf gegen jene, die über Villeroy herfielen. Tatsache ist, daß Villeroy, der erst am Vorabend der Überrumpelung in Cremona angelangt war, wirklich nichts wissen konnte von diesem Aquädukt und diesem vermauerten Stadttor, sowie er gleichfalls nicht wissen konnte, daß bereits kaiserliche Soldaten insgeheim in die Stadt geführt worden waren. Crenan und der spanische Gouverneur wären dafür verantwortlich gewesen, und der Marschall konnte nichts anderes tun, als sich beim ersten Lärm auf den großen Platz zu begeben, auch für seine Gefangennahme an der Straßenbiegung war er in keiner Weise verantwortlich zu machen. Sein Sohn, der, wie gesagt, nach Marly gefahren war, kam bei dieser Nachricht mit seiner Frau nach Versailles, wo sich die Marschallin Villeroy bereits aufhielt. Ich war sehr mit beiden befreundet. Ich fand sie am nächsten Morgen in tiefste Trauer versunken. Die Marschallin, die viel Urteilsvermögen und Verstand besaß, hatte sich von der glanzvollen Entsendung ihres Gemahls nach Italien durchaus nicht betören lassen: sie kannte ihn, und sie fürchtete die bevorstehenden Ereignisse; das jetzige warf sie geradezu nieder, und lange Zeit wollte sie außer ihren nächsten Freunden niemanden sehen. Die Duchesse de Villeroy kam wegen der Bälle, von denen Mlle. d'Armagnac keinen einzigen ausließ, nicht mehr nach Marly.

Nach ungefähr einer Stunde verließ der König sein Kabinett. Während er sich für den Spaziergang in seinen Gärten umkleidete, sprach er mit lobenden Worten von Cremona und besonders von den Verdiensten der Offiziere. Alle Aufmerksamkeit richtete sich auf den Nachlaß, d. h. auf den Oberbefehl der Armee in Italien. Am anderen Morgen ging der König, als er aus der Messe kam, zu Madame de Maintenon, wo auch Chamillart einige Zeit als dritter anwesend war. Jeder, der nach Marly gekommen war, drängte sich in die Salons, man wartete auf die Ernennung des Generals, die, wie man wußte, bald bekannt werden müßte. Chamillart kam heraus, erblickte den Prince de Conti, ging auf ihn zu; jeder glaubte, er sei der Erwählte und applaudierte; aber der Irrtum war bald behoben; Chamillart sprach nur kurz mit ihm, schaute suchend umher und ging, als er d'Harcourts ansichtig wurde, geradewegs auf ihn zu. Nun war man nicht mehr im Zweifel, und aller Augen richteten sich auf die beiden. Nichts hätte dem Wunsch des Königs von Spanien und seinem Plan, nach Italien zu reisen, besser entsprochen, als dort diesen General unter sich zu haben; aber d'Harcourt setzte zum Sprung an, um in den Staatsrat zu gelangen, und er machte sich in der Tat die größten Hoffnungen; er hütete sich also wohl, ein Oberkommando anzunehmen, das all seine schon so weit vorangetriebenen Maßnahmen zunichte gemacht hätte; er berief sich auf seinen schlechten Gesundheitszustand und lehnte ab, er und Chamillart sprachen in einer Ecke ziemlich lange und ziemlich erregt miteinander, dann kehrte Chamillart allein zu Mme. de Maintenon zurück. Bald darauf kam er wieder heraus. Die Neugier war auf dem Siedepunkt; er ging durch den Salon, blickte abermals suchend umher und blieb bei M. de Vendôme stehen. Ihr Gespräch war nur kurz. Gemeinsam gingen sie zu Mme. de Maintenon hinein. Nun war man sich über die Wahl und deren Annahme im klaren; als der König sich in seine Gemächer zurückzog, wurde sie bekanntgegeben. Der Duc d'Orléans und die Prinzen von Geblüt waren sichtlich erbost; sie fielen nur um so heftiger über den Marschall Villeroy her, aber sie waren über M. de Vendôme nicht weniger ergrimmt. Sie wußten, daß der König schon vor langem beschlossen hatte, auf ihre Dienste zu verzichten, und sie sahen in dieser Wahl abermals eine Bevorzugung der illegitimen Geburt, und eben diese Bevorzugung erbitterte sie bis zum äußersten. Vendôme, der das sehr wohl begriff, versäumte nicht, vor seiner Abreise in den wenigen Stunden, die er noch in Paris und Marly verweilte, überall zu verbreiten, daß er seine Wahl nur der Ablehnung d'Harcourts verdanke; er tat das, um den Zorn der Prinzen zu besänftigen, während er sich in Wirklichkeit geradezu etwas darauf zugute tat, nie etwas abzulehnen, selbst das nicht, was ein anderer verschmähte, um auf diese Weise seine Anhänglichkeit an die Person des Königs zu beweisen und seine Absicht, nach Kräften aller zum Wohle des Staates beizutragen.

Zur gleichen Zeit nahm Madame eine Änderung in ihrer Hofhaltung vor. Sie verabschiedete ihre Ehrenfräulein sowie deren Gouvernante, gab ihnen Pensionen und behielt nur die Marschallin Clérambault und die Comtesse de Beuvron, aber ohne Titel und Namen. Sie war mit beiden von jeher sehr befreundet, aber sie war wegen beider von Monsieur, der sie haßte, stets sehr bedrängt worden. Die beiden Frauen waren Witwen, die Comtesse de Beuvron war überdies arm, und alle beide hatten nichts Besseres zu tun. Madame zahlte jeder von ihnen 4000 Livres Pension, der König bewilligte ihnen eine Wohnung in Versailles; sie begleiteten Madame überall hin und waren bei allen Ausflügen nach Marly dabei. Die Marschallin Clérambault war die Tochter des Staatssekretärs Chavigny und die Schwester des Bischofs von Troyes. Sie war Hofmeisterin der Königin von Spanien, der Tochter Monsieurs gewesen, die sich mit ihr wegen verschiedener Dinge verzankte und sie auf recht unschickliche Weise davonjagte. Sie war nahe verwandt und sehr befreundet mit M. und Mme. de Pontchartrain und begleitete sie häufig nach Pontchartrain. Ich bin ihr sowohl dort als auch in Versailles sehr oft bei ihnen begegnet. Sie war eine höchst ungewöhnliche Greisin, und wenn sie sich frei und zum Sprechen geneigt fühlte, war ihre Gesellschaft sehr unterhaltend. Sie steckte voller köstlicher Einfälle und wußte eine Fülle boshafter Geschichten, die sie scheinbar mühelos und ohne alle Ziererei zum Besten zu geben verstand. Doch zuweilen sprach sie tagelang kein einziges Wort; sie war in ihrer Jugend so krank gewesen, daß sie glaubte, sterben zu müssen, aber sie hatte die Selbstbeherrschung und Ausdauer aufgebracht, sich zu zwingen, ein Jahr lang überhaupt nicht zu reden; bei ihrem Abstand zu allen Dingen und ihrem kühlen Wesen war ihr das schließlich zur Gewohnheit geworden. Man hätte schwerlich geistreicher und eigenwilliger sein können als sie. Obwohl sie erst sehr spät an den Hof gekommen, war sie leidenschaftlich an diesem Treiben interessiert und zeigte sich erstaunlich gut unterrichtet über alles, was sich dort zutrug, sie wußte darüber, sofern sie sich dazu bereitfand, bezaubernd zu erzählen, sie ließ jedoch ihrer Zunge nur in kleinstem Kreis wirklich freien Lauf. Geizig bis zum äußersten, liebte sie nichts als das Spiel und eben jene Gespräche. Ich erinnere mich, wie sie bei dem schönsten Wetter der Welt in Pontchartrain aus der Messe kam, sich auf die Brücke stellte, die in die Gärten führt, sich langsam nach allen Seiten umdrehte und dann zu der Gesellschaft sagte: »So, für heute bin ich genug spazierengegangen, wahrhaftig! Ich will nun nichts mehr davon hören, setzen wir uns nur gleich zum Spiel.« Und alsbald ergriff sie die Karten, die sie nur während der beiden Mahlzeiten aus der Hand legte, und sie nahm es sogar noch übel, wenn man sie schließlich zwei Stunden nach Mitternacht allein ließ. Sie aß wenig, meist ohne etwas dazu zu trinken, nur zuweilen einmal ein Glas Wasser. Sie war sehr bewandert in der Geschichte wie in den Naturwissenschaften, ohne das geringste Aufhebens davon zu machen. Stets trug sie eine Maske vor dem Gesicht, ob sie im Wagen oder in der Sänfte saß oder ob sie im Schloß durch die Galerien ging, es war dies eine außer Brauch gekommene Mode, die sie nicht hatte aufgeben wollen, nicht einmal, wenn sie neben Madame in der Karosse saß. Sie erklärte, sobald nur ein einziger Lufthauch ihr Gesicht berühre, würde ihre Haut vollkommen rissig; in der Tat erhielt sie sich während ihres ganzen über achtzigjährigen Lebens einen wunderbar schönen Teint, obwohl sie niemals auf Schönheit Anspruch erhoben hatte. Bei alledem stand sie in großem Ansehen und wurde allgemein sehr geschätzt. Sie behauptete, aus Berechnungen und kleinen Zeichen die Zukunft voraussehen zu können, und das hatte

Madame, die für derlei Absonderlichkeiten großes Interesse hatte, sehr an sie gefesselt; allerdings betrieb die Marschallin diese Dinge nur ganz im geheimen. Sie hatte eine Schwester, die als Nonne in Saint-Antoine in Paris lebte und die, wie es hieß, ihr an Geist und Wissen mindestens ebenbürtig war. Diese Nonne war der einzige Mensch, den sie liebte, sie besuchte sie oft von Versailles aus und überhäufte sie, obwohl sie ebenso geizig wie reich war, stets mit Geschenken. Eines Tages nun wurde diese Schwester krank. Die Marschallin schickte unablässig zu ihr und ließ sich fortwährend erkundigen. Als sie erfuhr, daß es sehr schlecht um sie stünde und daß es keine Hoffnung mehr gebe, seufzte sie: »Nun ja, meine arme Schwester, ich will fortan nicht mehr von ihr reden hören.« Ihre Schwester starb, und weder sie noch irgendein anderer sprach jemals wieder von ihr. Um ihre beiden Söhne kümmerte sie sich in keiner Weise, was man ihr allerdings nicht verargen kann, obwohl beide sich tadellos gegen sie benahmen. Sie verlor alle beide: sie schien unberührt, selbst als sie die Todesnachricht entgegennahm.

Auch die Comtesse de Beuvron gehörte ganz ebenso wie die Marschallin Clérambault zu jenen Frauen, denen man nicht mißfallen durfte. Sie war eine meiner besten Freundinnen, sie stammte aus der Gascogne, aus einer sehr guten Familie; ihr Vater nannte sich Marquis de Théobon und führte den Namen Rochefort; sie war Ehrenfräulein der Königin, als sie den Comte de Beuvron heiratete, den Bruder der Duchesse d'Arpajon und jenes Comte de Beuvron, der der Vater d'Harcourts war. Dieser Comte de Beuvron war, wie ich schon sagte, Hauptmann der Garde, als Monsieurs erste Gemahlin starb. Mme. de Beuvron war seit 1688 verwitwet, sie hatte keine Kinder und besaß kein Vermögen. Intrigen im Palais-Royal gaben Anlaß, daß Monsieur sie davonjagte, zum großen Leidwesen Madames, der es mehrere Jahre nicht gestattet wurde, sie zu sehen, der es aber dennoch schließlich gelang, sie ab und an, wenn auch nur heimlich, in verschiedenen Klöstern in Paris zu treffen. Madame schrieb ihr tagtäglich und bekam durch einen Pagen, den sie als Boten zu ihr schickte, Antwort von ihr. Doch erst nach dem Tode Monsieurs konnte Mme. de Beuvron an den Hof zurückkehren. Sie war eine kluge Frau mit viel Lebensart, und abgesehen von ihrer Launenhaftigkeit und ihrer wilden Leidenschaft für das Spiel war sie sehr liebenswert und zudem eine gute und zuverlässige Freundin.

Die Schmeichler des Königs schienen vorauszusehen, daß die Glanzzeit seiner Regierung vorüber war und daß man fortan nur noch seine Standhaftigkeit würde loben können. Die zahllosen zu jeder, auch der alltäglichsten Gelegenheit geprägten Medaillen wurden in Kupfer gestochen und für eine historische Studie zusammengestellt. Drei bedeutende Gelehrte der Académie française, der Abbé Tallemant, Tourreil und Dacier hatten den Auftrag bekommen, diese Medaillen mit Erläuterungen zu versehen. Man brauchte ein Vorwort, und da die Geschichte beim Tod Ludwigs XIII. begann, mußte seine Medaille notwendigerweise am Anfang des Buches stehen. Man kam also nicht umhin, in dem Vorwort auch etwas über diesen Monarchen zu berichten. Man bot mir an, diesen Absatz zu verfassen; der Verstand ließ sich vom Gefühl übertölpeln, und ohne meine Unfähigkeit zu bedenken, willigte ich ein, aber unter der Bedingung, daß man mir die Lächerlichkeit der Namensnennung erspare. Mir widerfuhr das Los fast aller Autoren: meine Ausführungen wurden gelobt, aber bei näherer Prüfung erschraken die Herren. Es gibt Wahrheiten, deren ungekünstelte Schlichtheit einen Glanz ausstrahlt, der alle Mühen einer eleganten Beredsamkeit zunichte macht: Ludwig XIII. lieferte solche Wahrheiten in reichem Maße. Ich hatte mich darauf beschränkt, diese darzustellen; aber bereits diese Hinweise waren geeignet, die folgenden Bilder zum Verblassen zu bringen. Die Herren bemühten sich also um Einengung, Abschwächung, Verschleierung, damit ihr Held, der sich von selbst aufdrängte, nicht verdunkelt erschien; doch es blieb vergeblich: sie wurden schließlich gewahr, daß sie nicht das von mir Geschriebene zu verbessern hatten, sondern die Tatsachen als solche, die einen so hellen Schein verbreiteten, daß er nur erlöschen konnte, wenn man das Ganze beiseite ließ. Diese stets wachsende Schwierigkeit bestimmte sie endlich, ihr Werk so herauszugeben, nur mit einer schlechten Medaille Ludwigs III. an der Spitze, und über diesen Monarchen nur zwei Worte zu verlieren, lediglich um zu kennzeichnen, daß durch seinen Tod der Thron seinem Sohn zufiel. Reflexionen über eine derartige Unbilligkeit würden zu weit führen. Chamillart stürzte sich in tausend Geschäfte. Er mußte für die ungeheuren Ausgaben der Armee aufkommen; vom M. du Maine gesteuert, der seinerseits von Mme. de Maintenon gegängelt wurde, schickte M. de Vendôme ständig Boten, um sich einer Umsicht und weisen Planung zu rühmen, zumal aber, um die gelegentlichen Gefechtsgeplänkel aufzublasen, die sich im Umkreis der feindlichen Lager zuweilen abspielten. Als der Comte d'Estrées aus Neapel zurückkam, verbrachte er acht Tage in Paris und erhielt den Auftrag, den König von Spanien in Barcelona aufzusuchen und nach Neapel zu begleiten.

Der Comte de Toulouse sollte sich aufs Meer begeben, um zum erstenmal sein Admiralsamt auszuüben.

Zur gleichen Zeit wurde der Marschall Boufflers ernannt, um unter dem Duc de Bourgogne das Kommando der flandrischen Armee zu übernehmen. Für die Rheinarmee mußte man auf Catinat zurückgreifen. Er lebte seit seiner Rückkehr aus Italien fast ständig in seinem kleinen Haus in Saint-Gratin, er sah dort nur seine Familie und einige wenige seiner nahen Freunde. Mit weiser Gelassenheit ertrug er die Ungerechtigkeit und offensichtliche Geringschätzung, die man ihm seit seiner Rückkehr aus Italien bewiesen hatte. Chamillart ließ ihm nun sagen, er sei vom König beauftragt worden, mit ihm zu reden. Catinat kam also zu ihm nach Paris: dort erfuhr er, was man über ihn beschlossen hatte. Er wehrte sich dagegen; der Disput zog sich hin; er gab schließlich nach, aber nur mit größtem Widerstreben und nur aus Pflichtgefühl. Am anderen Morgen, dem 11. März, fand er sich gegen Ende des Levers in Versailles ein; der König ging mit ihm in sein Arbeitszimmer und sprach sehr freundschaftlich mit ihm, Catinat hingegen verhielt sich ernst und ehrerbietig. Der König, der das sehr wohl bemerkte, wollte ihn aus der Reserve locken, kam auf Italien zu sprechen und bat ihn, ihm ganz offen zu sagen, was sich dort wirklich ereignet habe. Catinat wich aus, entschuldigte sich und antwortete, das alles gehöre längst der Vergangenheit an und könne dem König jetzt nichts mehr nützen, es würde ihm höchstens eine schlechte Meinung beibringen über Leute, deren er sich anscheinend sehr gern zu bedienen pflege, im übrigen würde es ewige Feindschaft säen. Der König bewunderte diese weise Überlegenheit und Selbstzucht; aber er beabsichtigte dennoch, bestimmten Dingen auf den Grund zu gehen; sei es, um seine eigene Unzufriedenheit mit dem Marschall zu rechtfertigen, sei es, um zu klären, ob der Marschall oder sein Minister Unrecht gehabt hatten, um sie dann beide angesichts ihrer unumgänglichen Zusammenarbeit einander wieder näher zu bringen. Er führte also Catinat einige wichtige Tatsachen auf, über die jener entweder keinerlei Rechenschaft gegeben oder die er gänzlich verschwiegen hatte und die der König von anderer Seite erfahren hatte. Catinat, der nach dem Gespräch, das er am Vorabend mit Chamillart geführt, schon geahnt hatte, daß der König über diese Dinge mit ihm reden würde, hatte all seine Unterlagen nach Versailles mitgebracht. Seiner Sache sicher, entgegnete er dem König, er habe ihm nichts verschwiegen, noch habe er es jemals unterlassen, ihm persönlich oder Chamillart einen bis in jede Einzelheit genauen Bericht zu senden über all jene Vorfälle, von denen der König soeben gesprochen habe; der König möge, bat er, einem der blauen Pagen gestatten, die Kassette zu holen, die er, Catinat, nach Versailles mitgebracht habe, dann könne er ihm die Beweise erbringen, daß das, was er soeben behauptet, vollkommen der Wahrheit entspreche, und Chamillart würde, wenn er anwesend wäre, das auch nicht zu leugnen wagen. Der König nahm Catinat beim Wort und ließ Chamillart kommen, in kurzen Zügen gab er ihm das Gespräch wieder, das er mit Catinat geführt hatte. Worauf Chamillart ziemlich kleinlaut erwiderte, es sei gar nicht nötig, Catinats Kassette abzuwarten, denn er müsse zugeben, daß der Marschall in jeder Hinsicht die Wahrheit sage. Das versetzte den König in größtes Erstaunen, er machte seinem Minister Vorwürfe und tadelte sein Schweigen, ein Schweigen, durch das er, auf des Königs Vertrauen bauend, verursacht habe, daß Catinat in solchen Mißkredit geraten sei. Gesenkten Blicks hörte Chamillart diese Vorwürfe an; doch als er merkte, daß der König ernstlich in Zorn geriet, sagte er: »Sie haben recht, Sire, aber die Schuld liegt nicht bei mir.« – »Bei wem also, etwa bei mir?« entgegnete der König lebhaft. »Gewiß nicht, Sire«, erwiderte Chamillart zitternd, »aber ich wage zu wiederholen, daß es wahrhaftig nicht meine Schuld ist.« Da der König nicht locker ließ, mußte Chamillart schließlich mit der Sprache herausrücken, er habe, sagte er, Catinats Briefe Mme. de Maintenon vorgelegt, da diese Berichte seiner Ansicht nach Dinge enthielten – eben jene, deren Verschweigen der König tadle – die dem König viel Ärger und Aufregung bereitet hätten, und Mme. de Maintenon habe durchaus nicht gewollt, daß diese Briefe bis zu seiner Majestät gelangten; als er ihr zu bedenken gegeben habe, daß es gegen seine Amtspflicht verstoße, etwas zu verhehlen und von sich aus Anordnungen zu treffen, als kämen sie vom König; und daß er verloren sei, wenn solch entscheidendes Versäumnis jemals aufgedeckt würde, habe Mme. de Maintenon ihm erklärt, für all das übernehme sie die volle Verantwortung, und sie habe ihm so streng verboten, dem König auch nur die geringste Kenntnis von diesen Briefen zu geben, daß er niemals gewagt habe, dieses Verbot zu übertreten. Mme. de Maintenon, fügte er noch hinzu, sei ganz in der Nähe, und er bäte den König dringend, sich auch von ihr den wahren Sachverhalt bestätigen zu lassen. Worauf der König, noch betretener als Chamillart, mit ebenfalls leiser Stimme entgegnete, es sei unfaßbar, wie weit Mme. de Maintenon gehe, um ihm alles fernzuhalten, was ihn aufregen könne; und ohne näher auf die Sache einzugehen, wandte er sich an den Marschall und sagte, er sei wirklich froh über diese Aufklärung, die ihm zeige, daß niemand einen Fehler begangen habe, und er bat ihn in den freundschaftlichsten Worten, sich mit Chamillart zu verständigen, worauf er die beiden eiligst verließ, um sich in seine hinteren Gemächer zurückzuziehen. Weit mehr beschämt, über das, was er soeben gehört und gesehen, als zufrieden über seine so unbedingte und vollkommene Rechtfertigung, richtete Catinat einige freundliche Worte an Chamillart, der noch ganz fassungslos ob der gefährlichen Enthüllungen darauf antwortete, so gut er es vermochte. Sie setzten das Gespräch nicht weiter fort und verließen zusammen das Kabinett, worauf dann die Ernennung Catinats für die Rheinarmee bekanntgegeben wurde.

Tod Wilhelms von Oranien. – Der Duc de Bourgogne trifft auf der Durchreise in Cambrai entgegen dem Verbot mit Fénelon zusammen. – Der Duc d'Orléans. – Kriegsereignisse in Italien und am Rhein. – Villars. – Tod des Marschalls Lorge.

König Wilhelm, dessen Hauptbeschäftigung es war, ganz Europa gegen Frankreich und Spanien zu bewaffnen, hatte eine Reise nach Holland unternommen, um letzte Hand an sein großes Werk zu legen. Dieser Fürst, der vorzeitig gealtert und von den politischen Geschäften, die das Gewebe seines Lebens bildeten, verbraucht war, besaß eine Fähigkeit, eine Geschicklichkeit und eine geistige Überlegenheit, die ihm die oberste Autorität in Holland, die Krone Englands, das Vertrauen und sozusagen die vollkommene Diktatur in ganz Europa mit Ausnahme Frankreichs gesichert hatten. Nun aber waren seine körperlichen Kräfte erschöpft, ohne daß seine geistigen Kräfte im geringsten nachließen, auch seine ungeheure Arbeitskraft war um nichts vermindert, aber das Atmen fiel ihm immer schwerer, und sein Asthma, an dem er seit vielen Jahren litt, hatte sich beträchtlich verschlimmert. Er war sich seines Zustandes bewußt, und dieses gewaltige Genie verhehlte sich nicht von dem Übel. Unter angenommenem Namen konsultierte er mehrere berühmte Ärzte Europas, so auch Fagon. Die Heilmittel, die jener verordnete, wurden angewandt und verschafften dem Kranken ein wenig Erleichterung, aber schließlich kam die Zeit, wo Wilhelm erkennen mußte, daß auch die größten Männer genauso wie die kleinsten enden, und er mußte sich der Eitelkeit dessen bewußt werden, was die Welt ein ruhmvolles Schicksal zu nennen beliebt. Er starb am Sonntag, dem 19. März, um zehn Uhr morgens. Die Prinzessin Anna, seine Schwägerin, Gemahlin des Prinzen Georg von Dänemark, wurde alsbald zur Königin proklamiert. Die große Allianz wurde von diesem Verlust recht merklich betroffen, aber sie war so gut gefestigt, daß der Geist Wilhelms sie auch ferner belebte.

Der König von Spanien legte in Livorno an, ohne jedoch an Land zu übernachten; der Großherzog und der ganze Hof erwarteten ihn und überbrachten ihm würdige Geschenke. Er wurde mit aller Auszeichnung und allem Entgegenkommen empfangen; die Großherzogin zumal bezeigte außerordentliche Freude und die größte Zuneigung für diesen Fürsten, ihren Neffen: denn sie war seine Tante, die Schwester seiner Mutter, der Dauphine.

Der Duc de Bourgogne brach, begleitet von Saumery, nach Flandern auf. Die Sorgen des Königs hatten nicht so sehr der Begleitung seines Enkels gegolten als vielmehr dem Durchzug durch Cambrai, der sich schwer vermeiden ließ, um wirklich jedes persönliche Gespräch mit dem Erzbischof zu verhindern, verbot der König seinem Enkel streng, in Cambrai zu übernachten oder auch nur eine Mahlzeit einzunehmen, ja er verbot ihm sogar aus dem Wagen zu steigen. Saumery war beauftragt, über die Ausführung dieses Befehls zu wachen, und er tat das mit Argusaugen, benahm sich derart gebieterisch, daß es jedermann empörte. Der Erzbischof fand sich an der Poststation ein, bei der Ankunft des Wagens ging er sofort auf seinen Zögling zu, und Saumery, der sogleich ausgestiegen war, um Fénelon den Befehl des Königs bekanntzugeben, wich ihm nicht von der Seite. Durch den Freudenausbruch, in den der junge Prinz allen Zwang zum Trotz geriet, versetzte er die umstehende Menge in Rührung. Wieder und wieder umarmte er seinen ehemaligen Lehrer, und dies so lange und so ausgiebig, daß sich die beiden trotz der zudringlichen Nähe Saumerys doch noch einige Worte ins Ohr flüstern konnten. Man wechselte nur die Pferde, aber man tat es ohne besondere Eile; neue Umarmungen, und dann brach man auf, ohne daß über etwas anderes gesprochen worden wäre als über Gesundheit, Beschaffenheit der Wege und die Reise im allgemeinen. Die Szene hatte sich in zu großer Öffentlichkeit abgespielt und zuviel Anteilnahme gefunden, als daß sie nicht von allen Seiten berichtet worden wäre. Aber da die Befehle des Königs genau befolgt worden waren, konnte er keinen Anstoß nehmen, weder an dem, was bei den Umarmungen hatte unbelauscht bleiben können noch an den zärtlichen und ausdrucksvollen Blicken, die der Prinz und der Erzbischof miteinander getauscht hatten. Der Hof und zumal die Armee schenkten dieser Szene größte Aufmerksamkeit. Das Ansehen, das der Erzbischof sich trotz seiner Ungnade in seiner Diözese und selbst in den Niederlanden zu verschaffen gewußt hatte, machte sich auch in der Armee geltend. Leute, die an die Zukunft dachten, nahmen seither, wenn sie nach Flandern reisten oder wenn sie von dort zurückkamen, ihren Weg besonders gern über Cambrai.

Der Feldzug in Flandern war traurig. Der Kurfürst von Brandenburg und der Landgraf von Hessen belagerten schon beizeiten Kaiserswerth.

Blanville verteidigte es hervorragend; es kam zu etlichen Kämpfen. England und Holland erklärten jetzt beiden Kronen – Frankreich und Spanien – feierlich den Krieg. Zum Befehlshaber ihrer vereinigten Armeen wurde für die Generalstaaten der Comte d'Athlone, für die Engländer Count Marlborough ernannt. Marlborough, Mylord Churchill, der Günstling König Jakobs, war ein Bruder von dessen Mätresse, aus diesem Verhältnis stammte König Jakobs Sohn, der Duc de Berwick. Jakob hatte Churchill den Titel Count Marlborough verliehen und ihm eine Kompanie seiner Leibgarde gegeben. Er vertraute ihm, als die Invasion des Prinzen von Oranien bevorstand, auch den Oberbefehl über seine Truppen an. Marlborough jedoch hätte Jakob dem Prinzen von Oranien ausgeliefert, wenn nicht Count Feversham, Bruder der Marschälle Duras und Lorge, den König daran gehindert hätte, eine Besichtigung des Lagers vorzunehmen, wo man ihn, wie Feversham in Erfahrung gebracht hatte, in die Falle zu locken gedachte. Marlboroughs Frau war von jeher eng mit der Prinzessin von Dänemark befreundet, deren Favoritin und Ehrendame sie wurde, als die Prinzessin auf den englischen Thron gelangte. Die Königin bestätigte sie in ihrem Amt und schickte gleichzeitig den Gemahl nach Holland, als ihren Gesandten und General der Armee, die sie dort aufzustellen beabsichtigte. Sie ernannte ihn überdies bald darauf zum Herzog und Ritter des Hosenbandordens. Es wird sich in der Folge noch reichlich Gelegenheit bieten, von ihm, dem unsere Niederlagen einen so großen Namen einbrachten, zu sprechen. Boufflers wurde beschuldigt, durch sein Zaudern eine günstige Gelegenheit verpaßt zu haben, Marlborough gleich zu Beginn des Krieges zu schlagen; diese Gelegenheit sollte nicht wiederkehren. Kaiserswerth, Venlo, Ruremonde, die Zitadelle von Lüttich fielen den Alliierten als Früchte ihres Feldzuges zu und wurden zum Vorgeschmack ihres Glückes. Der Duc de Bourgogne bewies viel Eifer und Tapferkeit. Da jedoch die Armee nicht mehr imstande war, dem Feind entgegenzutreten, wurde er zurückgerufen.

Ich habe zu Beginn dieser Memoiren berichtet, daß ich in meiner frühen Jugend sehr oft mit dem Duc d'Orléans zusammenkam. Dieser vertraute Umgang währte, bis er offiziell in die Gesellschaft eintrat und sogar noch bis nach dem Feldzug von 1693, wo er in der Armee des Duc de Luxembourg, in der auch ich diente, die Kavallerie befehligte. Aber je kürzer er gehalten wurde, um so mehr ergab er sich der Libertinage. Dieser Lebenswandel, der mit dem meinen nicht übereinstimmte, ließ mich den Prinzen meiden, ich stattete ihm sechs oder sieben Jahre hindurch nur noch bei gelegentlichen Anlässen Höflichkeitsbesuche ab, und ich begegnete ihm fast niemals am gleichen Ort, und wenn es dennoch einmal geschah, kam er mir stets sehr freundlich entgegen, aber meine Lebensführung sagte ihm ebensowenig zu wie mir die seine; so war es zur vollkommenen Trennung gekommen. Nach Monsieurs Tod hatte er sich zwar gezwungenermaßen dem König wieder etwas genähert, doch hatte er seinen Lustbarkeiten keineswegs entsagt; er benahm sich zwar anständiger gegen seine Gemahlin und respektvoller gegen den König, aber die Ausschweifung war ihm nun einmal zur Gewohnheit geworden, sie gehörte nach seiner Vorstellung zu jenem eleganten Stil, der, wie er glaubte, seinem Alter wohl anstand und ihn deutlich aus der Banalität heraushob, die er in einem geregelteren Lebenswandel sah. Seine Bewunderung galt jenen, die sich der vollkommensten Ausschweifung hingaben, und die leichte Einschränkung, die er sich mit Rücksicht auf den Hof auferlegte, erstreckte sich weder auf seine Sitten noch auf seine zwielichtigen Vergnügungen, die ihn ständig nach Paris trieben.

Mme. de Fontaine-Martell lebte in Saint-Cloud; sie hatte zu Monsieurs engerem Hofkreis gehört und ihr Leben in der großen Gesellschaft zugebracht. Ihr Gemahl war der erste Stallmeister der Duchesse d'Orléans gewesen. Sie war oft beim Marschall Lorge zu Gast. Dort begegnete ich ihr häufig, und wir befreundeten uns miteinander. Sie fragte mich zuweilen, weshalb ich mich gar nicht mehr beim Duc d'Orléans sehen ließe und meinte, es sei töricht von beiden Seiten, denn trotz unserer verschiedenen Lebensweise paßten wir aus tausend Gründen gut zueinander. Ich lachte und ließ sie reden. Als dann der Herzog eines Tages in Saint-Cloud mit ihr, der Duchesse de Villeroy und Mme. de Saint-Simon plauderte, sprach sie auch ihn auf dieses Thema an. Er gab seinem Bedauern Ausdruck, daß ich seine Sitten zu locker fände, um weiter mit ihm zu verkehren, und äußerte den Wunsch, die Beziehungen wieder anzuknüpfen.

Der Besuch, den ich ihm dann machte, wurde sehr herzlich aufgenommen. Mag sein, daß er sich wieder der alten Freundschaft besann, mag sein, daß er den Wunsch verspürte, sich in Versailles, wo er sich häufig ausgeschlossen fühlte, mit einem Menschen vertraulich unterhalten zu können; jedenfalls kam er mir so liebenswürdig entgegen, daß ich mich ganz in unser altes Palais-Royal zurückversetzt glaubte; er bat mich dringend, ihn möglichst oft zu besuchen. Das außerordentliche Entgegenkommen, mit dem er mich ehrte, bewirkte auch bei mir die Rückkehr der alten Freundschaft, und sie sollte bald besiegelt werden durch ein unbedingtes Vertrauen, das trotz jener – zuweilen durch

Intrigen bewirkten Zwischenfälle, als er später zum Lenker des Staates geworden – ungetrübt bis an sein Lebensende dauerte.

Von Mailand, wo der Duc de Saint-Pierre den König von Spanien mit einer prachtvollen Oper erfreute, begab sich der Fürst nach Cremona, wo M. de Vaudémont ihn am 14. Juli willkommen hieß. Der Herzog von Mantua und der Herzog von Parma erschienen gleichfalls, um ihre Aufwartung zu machen. Um möglichst rasch ins Gefecht zu kommen, ließ der König von Spanien seine Kavallerie zurück. Nach mehrfachem, beiderseitigem Lagerwechsel und nachdem Médavy mit einer starken Abteilung zu den Truppen des Prince de Vaudémont gestoßen war, gedachte M. de Vaudémont das Lager von Luzzara einzunehmen. Prinz Eugen, der die gleiche Absicht hatte, kam von der anderen Seite herbeimarschiert, so daß beide Armeen sich am 15. August gegenüberstanden. Es entspann sich nun in diesem engen und durchfurchten Gelände ein erbitterter Kampf; auf beiden Seiten wurde höchste Tapferkeit und ausdauernder Widerstand bewiesen. Der König von Spanien hielt lange Zeit mit vollkommener Gelassenheit im heftigsten Feuer aus, bis Louville ihn ermahnte, sich nicht so sehr der Sonne auszusetzen und sich lieber ein wenig in den Schatten der Bäume zu begeben, in Wirklichkeit wollte er den König dem Feuer entziehen. Jener folgte der Aufforderung und verharrte dort in der gleichen Gemütsruhe. Das Gemetzel wurde immer erbitterter, und es gab hüben wie drüben nur wenig Gefangene. Die Kaiserlichen verloren bei diesem Gefecht ihre beiden ersten Generale, die unter dem Prinzen Eugen dienten: der Prince de Commercy wurde getötet, und der Prince Thomas de Vaudémont überlebte seine Verwundungen nur noch zwei Jahre. Sie waren beide unverheiratet, beide Feldmarschälle, der letztere wie gesagt der einzige Sohn des Prince de Vaudémont, den dieses Ereignis sehr schmerzlich traf. Mme. de Lillebonne und ihre beiden Töchter waren ob dieses Verlustes zutiefst niedergeschlagen. Keiner der beiden Gegner wollte nachgeben, tagtäglich verstärkte man die Verschanzungen und die Verteidigungsanlagen. Man hatte im ganzen dreitausend Mann Verluste, der Feind aber hatte noch weit mehr verloren. Schließlich endete der Kampf mit einem Übereinkommen hinsichtlich Italiens.

Vom Rhein und aus Flandern erhielt der König auch nicht viel bessere Nachrichten, die bei dem Frieden von Ryswijck erworbenen Städte Breisach und Freiburg sowie die Festungen Kehl und Philippsburg, machten unserer Armee viel zu schaffen.

In Fontainebleau erfuhr der König von der Freilassung des Marschall Villeroy. Kurz nachdem der Kaiser von dem in Italien getroffenen

Übereinkommen über den Gefangenenaustausch unterrichtet worden war, ließ er dem Marschall mitteilen, daß er seine Freiheit zurückerhielte, und zuvorkommenderweise wollte der Kaiser kein Lösegeld von ihm annehmen, eine Summe, die sich auf fünfzigtausend Livres belaufen hätte. Diese Befreiung kam Frankreich doppelt teuer zu stehen, aber sie war dem König sehr angenehm. Der Marschall erhielt Order, auf einen Offizier zu warten, der den Auftrag hatte, ihn im Namen des Kaisers durch die Linien des Prinzen Eugen zu geleiten.

Catinat hatte an der Spitze der Rheinarmee ausgiebig Gelegenheit, sich über die Folgen einer Aufklärung klar zu werden, die ihm zwar ein hohes Lob des Königs eingebracht, die jedoch den Minister überführt und Madame de Maintenon bloßgestellt hatte. Er war jeglicher Hilfsmittel beraubt, und aus Gram darüber, daß er wider Willen einen beschämenden Feldzug mitmachte, wurde er so unzugänglich und mißmutig, daß fast alle seine Offiziere darüber murrten. Die Notwendigkeit, dem Kurfürsten von Bayern, der sich für Frankreich erklärt hatte, und der von den Kaiserlichen belästigt wurde, zu Hilfe zu kommen, legte den Entschluß nahe, einen Rheinübergang zu versuchen: man machte Catinat diesen Vorschlag, vielleicht aber bei ungenügenden Mitteln und unzureichenden Truppenmengen, ich sage vielleicht, weil ich es nicht weiß und weil ich es nur aufgrund der Ablehnung Catinats mutmaßen kann. An seiner Stelle übernahm es Villars, der glaubte, mit diesem Rheinübergang sein Glück machen zu können, da er sicher war, nichts auf Spiel zu setzen, wenn er ein Wagnis auf sich nahm, das Catinat abgelehnt hatte. Villars marschierte geradenwegs auf Hünningen und wählte gegenüber von Hünningen einen Ort, um seine Brücken aufzuschlagen, auf einer geräumigen Insel, zwischem dem großen Rheinarm und dem kleinen; auf der anderen Seite des Rheins lag das Städtchen Neuburg, wo sich die Kaiserlichen verschanzt hatten. In dieser Stellung hatte Villars es in der Hand, den Rheinübergang zu unternehmen, und er gedachte neue Nachrichten des Kurfürsten von Bayern abzuwarten. Indessen verschanzten sich Prinz Ludwig von Baden und die Mehrzahl seiner Generaloffiziere in Friedlingen. Am 12. Oktober überquerte Laubanie mit einer Abteilung der Garnison Neu-Breisach in kleinen Booten den Rhein; im Sturm nahm er Neuburg und setzte sich dort fest, während ihm Guiscard mit zwanzig Schwadronen und zehn Bataillonen folgte. Allgemach entspann sich ein bizarrer Kampf, bei dem die Kavallerie und die Infanterie auf beiden Seiten getrennt zum Einsatz kamen. Alle diese Unternehmungen sowie die Truppenaufstellung kosteten einige Zeit, so daß Villars, der unterhalb des Höhenzuges geblieben war und der seine ganze Kavallerie, die bis auf eine halbe Meile den Kaiserlichen nachsetzte, aus dem Gesichtsfeld verloren hatte, die Schlacht bereits für verloren hielt und sich selber aufgab. Er saß unter einem Baum, raufte sich verzweiflungsvoll die Haare, als er Magnac, den Premierleutnant dieser Armee herbeireiten sah, allein, im Galopp, nur begleitet von einem Generaladjudanten; nun schien es Villars gewiß, daß alles verloren sei: »Wir sind also verloren, Magnac«, rief er jenem entgegen. Als Magnac die Stimme vernahm, lenkte er sein Pferd unter den Baum und voller Erstaunen, Villars in diesem Zustand zu sehen, fragte er: »Was tun Sie denn hier? Die Feinde sind geschlagen, und alles ist unser!« Sogleich trocknete Villars seine Tränen und eilte mit Magnac zur Infanterie, die sich mit der feindlichen Infanterie schlug. Mit ihrem Siegesgeschrei flößten Villars und Magnac unseren Soldaten wieder neuen Mut ein, die Feinde zogen sich vor ihnen zurück und wurden noch eine weite Strecke verfolgt. Villars entgalt diese Nachricht mit Unverschämtheit, aber Magnac wagte ihrer beider seltsames Abenteuer nur ganz verstohlen zu berichten; als er dann jedoch sah, daß Villars alle Ehre, ja sogar allen Dank für sich allein beanspruchte, ohne ihn daran teilhaben zu lassen, erzählte er bei der Armee und bei Hofe ganz offen den wahren Sachverhalt; worüber Villars, der den Siegerpreis eingeheimst und der Madame de Maintenon auf seiner Seite hatte, nur lächelnd die Achseln zuckte. Da Villars recht wohl spürte, daß er einer Unterstützung bedurfte, verhielt er sich als geschickter Höfling. Er schlug dem Comte d'Ayen vor, dem König die Fahnen und Standarten zu überbringen, und der Graf willigte ein, entgegen den Bedenken, die Biron äußerte, der ihm zu verstehen gab, wie lächerlich es sei, Siegesbeuten zu überbringen von einer Schlacht, an der man selber nicht teilgenommen. Aber dem Neffen Madame de Maintenons wurde alles nachgesehen und alles erlaubt. Allerdings vermochte seine Gunst den höhnischen Spott der ganzen Armee nicht zum Verstummen zu bringen, die Briefe, die man nach Paris schrieb, berichteten lang und breit über das Abenteuer Magnacs, und man machte sich weidlich lustig über den Comte d'Ayen; diese Briefe aber kamen zu spät. Choiseul, der eine Schwester Villars' geheiratet hatte, wurde von diesem mit der Überbringung der Siegesnachricht beauftragt; er traf am Morgen des 17. Oktober in Fontainebleau ein. Der König war höchst erfreut über seinen Sieg, über die Tatsache, einen Rheinübergang zur Verfügung zu haben, um so die Truppen schneller mit denen des Kurfürsten von Bayern vereinigen zu können. Am Tag darauf traf auch der Comte d'Ayen ein, und durch die Einzelheiten, die er berichtete, die

Fahnen und Standarten, die er brachte, erhöhte sich die freudige Stimmung. Als man indes erfuhr, daß Ayen selber an dem Gefecht gar nicht teilgenommen, erhob sich ein allgemeines Gelächter, und all seine Gunst konnte den Witzen und Sticheleien keinen Einhalt gebieten. Am 20. Oktober trug ein von Villars geschickter Kurier dazu bei, den König abermals in gute Laune zu versetzen; der Kurier berichtete von dem ungeheuren Verlust der Feinde; sämtliche Ortschaften in der Umgebung Friedlingens lägen voller Verwundeter, sieben Kanonen seien erbeutet, der Prinz von Ansbach und zwei Prinzen von Sachsen seien verwundet und gefangengenommen, ihre Armee sei derart aufgerieben, daß sie keine tausend Mann mehr beisammen hätten.

Am Sonnabend, den 21. Oktober, wurde der Comte de Choiseul mit einem Briefpaket des Königs wieder zu Villars zurückgeschickt. Der König hatte bei seinem Diner am gleichen Tage Villars außerhalb der Reihe zum Marschall von Frankreich ernannt. Er wollte seiner Gunst eine persönliche Note verleihen: auf dem Umschlag des Pakets stand die Aufschrift ›An M. le Marquis de Villars‹ und innen auf einem eigenhändig vom König geschriebenen und verschlossenen Brief stand zu lesen ›An meinen Vetter, den Marquis de Villars‹. Choiseul war ins Vertrauen gezogen worden, aber es war ihm streng untersagt, nur das geringste davon verlauten zu lassen, auch nicht gegenüber seinem Schwager, wenn er jenem den Brief übergäbe; der König wollte, daß dieser von der ihm erwiesenen Ehrung erst beim Öffnen des zweiten Umschlags erführe. Man kann sich denken, wie sehr Villars erfreut war, Catinat hingegen, der eingeengt und verlassen in Straßburg saß, hatte keinen Grund mehr, über irgend etwas erfreut zu sein. Da er nichts mehr zu tun hatte, oder besser gesagt, da er nichts mehr bedeutete, erhielt er seinen Abschied und begab sich in kleinen Tagesreisen wieder nach Frankreich, ganz so wie ein Mann, der die Ankunft fürchtete; am 17. November begrüßte er den König, der ihn kühl empfing, ihn nach seinem Gesundheitszustand fragte und ihn keiner Privataudienz würdigte. Chamillart suchte der Marschall nicht auf, er blieb nur einen Tag in Versailles und ganz kurz in Paris, dann zog er sich klugerweise wieder in sein Haus zurück; er wäre glücklicher gewesen, wenn er es niemals verlassen, wenn er den Schmeicheleien des Königs widerstanden, das Kommando abgelehnt und den Folgen einer so gefährlichen Aufklärung mißtraut hätte.

Die Armee des Prinzen Ludwig von Baden war durchaus nicht so vollständig aufgerieben, wie Villars es dargestellt hatte, denn alsbald erschien der Prinz mit einer starken Armee, die recht beunruhigend wirkte. Der Rest des Feldzugs verging damit, daß man sich gegenseitig beobachtete und Vorteile zu erspähen suchte; dem neuen Marschall gelang es jedenfalls nicht, sich mit dem Kurfürsten von Bayern zu vereinigen. Der Fürst hatte Memmingen und einige kleinere Plätze eingenommen, um sein Gebiet zu erweitern und sich Kontributionen und Unterhaltsmittel zu verschaffen.

Die Armeen zogen sich in ihre Winterquartiere zurück, die unsere überschritt wieder den Rhein, und bald darauf bekam Villars Order, in Straßburg zu bleiben und den Rhein zu überwachen.

Dieser Günstling des Glücks wird immer wieder eine so beachtliche Rolle spielen, daß es an der Zeit ist, ihn dem Leser vorzustellen. Er war der Urenkel eines Gerichtsschreibers, auf seine Herkunft konnte er also nicht bauen, aber er hatte Glück, ein geradezu unerhörtes Glück, das ihm sein ganzes langes Leben ausgiebigen Ersatz dafür bot. Er war ziemlich groß, gut gewachsen, mit zunehmendem Alter wurde er dann dick, ohne sich dadurch belastet zu fühlen, sein Gesichtsausdruck war lebhaft, offen, sehr ausdrucksvoll und beweglich, um ehrlich zu sein, sogar beinahe ein wenig irre; seine Haltung und seine Gesten entsprachen diesem Ausdruck; ein maßloser Ehrgeiz, der in den Mitteln nicht allzu wählerisch war; eine hohe Meinung von seiner eigenen Person; eine Galanterie, deren Gehabe immer romanesk wirkte; kriecherisch und geschmeidig gegen jeden, der ihm weiterhelfen konnte, während er selbst außerstande war, jemanden zu lieben oder jemandem weiterzuhelfen, ja auch nur die geringste Dankbarkeit zu bezeigen; von brillanter Tapferkeit, von außerordentlicher Betriebsamkeit, unvergleichlicher Kühnheit und einer Unverfrorenheit, die alles vertrat, und dies mit einer schier unüberbietbaren Prahlerei; klug genug, um Dummköpfe durch sein Selbstvertrauen zu beeindrucken; von ausgesprochener Redegewandtheit, aber der Wortschwall und die Ausdauer, mit der er zu sprechen pflegte, wirkten um so abstoßender, als er mit List und Tücke immer wieder auf sich selber zu sprechen kam, sich unablässig herausstrich und sich rühmte, alles vorausgesehen, alles geplant und alles bewerkstelligt zu haben, ohne irgend jemand anderen auch nur im geringsten an den Verdiensten teilhaben zu lassen; unter gaskognischer Prunksucht verbarg sich ungeheurer Geiz und eine geradezu harpyienhafte Habgier, er häufte Gold, das er im Kriege geraubt und das er, als er an der Spitze der Armeen stand, sogar eigenhändig erbeutet hatte, worüber er sich sogar noch lustig machte. Stets war er von irgendwelchen Belanglosigkeiten in Anspruch genommen, aus denen ihn nur die unumgänglichsten Geschäfte herauszureißen vermochten; er war ein wandelndes Repertoire von Romanen, Komödien und Opern, aus welchen er bei jeder Gelegenheit, selbst bei den ernsthaftesten Besprechungen, ein paar Fetzen zu zitieren pflegte. Wenn irgend möglich, hielt er sich im Theater auf, er verkehrte mit den lockeren Mädchen, die er dort auftrieb, befleißigte sich eines höchst ungenierten Umgangs mit ihnen und ihren Galanen, und so hielt er es bis in sein hohes Alter, wobei er sich über dies noch durch seine schamlosen Reden entehrte. Für einen Mann, der so lange Zeit so hohe Posten innegehabt, war seine Unwissenheit und man muß schon sagen, seine Unfähigkeit in Staatsgeschäften schier unfaßbar; wenn er Vortrag hielt, verwickelte er sich in seinen Ausführungen, schweifte ab, wußte nicht mehr, wie er fortfahren sollte, es fehlte ihm jede Konzeption, und er sagte genau das Gegenteil von dem, was auf der Hand lag, und von dem, was er eigentlich hatte sagen wollen. Ich war darüber, als ich während der Regentschaft mit ihm zusammen an den Beratungen teilnahm, oft höchst verblüfft und sah mich häufig genötigt, ihm weiterzuhelfen oder für ihn das Wort zu ergreifen. Seine Memoiren sind äußerst verworren und erweisen sich, wenn man sie genauer ansieht, als reines Lügengespinst. Die Eitelkeit Villars' war so groß, daß er auf allen Gebieten als Held in Erscheinung zu treten gedachte, und seine Angehörigen waren so verblendet, die Memoiren noch zu Lebzeiten der Zeugen und der Zuschauer dieses so sagenumwobenen Mannes herauszugeben, der bei all seiner Schlauheit trotz seines beispiellosen Glücks, trotz aller hohen Würden und ersten Staatsämter, die er innehatte, im Grunde niemals etwas anderes gewesen ist als ein Komödiant oder, gröber gesagt, ein Jahrmarktsgaukler. Das also war Villars, dem seine kriegerischen Erfolge und seine Erfolge bei Hofe zu einem so großen Namen in der Geschichte verholfen haben. Es wäre ungerecht, wollte man nach der Aufzählung all dieser Fehler und Schwächen nicht auch seine Vorzüge erwähnen; er war ein guter Heerführer, seine Pläne waren kühn, umfassend und meist auch brauchbar, und niemand war so geeignet, sie durchzuführen und die Truppen von ferne zu leiten. Auch war sein Augenmaß genau, und er behielt im Gefecht einen klaren Kopf, aber wenn er seinem Draufgängertum verfiel, geriet er leicht in Verwirrung. Seit er an die Spitze der Armee gelangt war, tat sich sein Wagemut nur noch in Worten kund. Bei Friedlingen war es für ihn um alles gegangen; da es ein Auftrag war, den Catinat abgelehnt, hatte er nichts zu verlieren, auch wenn seine Kühnheit nicht von Erfolg gekrönt worden wäre; hatte er indes Erfolg, so stand der Marschallstab zu erwarten. Als er jenen dann tatsächlich in den Händen hielt, wurde unser Maurentöter entschieden zurückhaltender, aus Furcht, das Glück könne ihn vielleicht verlassen. Ich kann dieses etwas zu lange Porträt, in dem, wie ich glaube, gleichviel nichts Unnötiges gesagt wurde, nicht besser vollenden als mit dem Ausspruch, den Villars' Mutter tat, als sie ihn angesichts seines Glückes ermahnte: »Mein Sohn, sprechen Sie von sich selbst nur dem König gegenüber, nicht aber zu den anderen.« Er machte sich den ersten Teil dieser Lehre vorzüglich zunutze.

Während die Schlacht bei Friedlingen im Gange war, verlor ich zu meinem größten Kummer meinen Schwiegervater, der im Alter von vierundsiebzig Jahren starb. Bei völligem Wohlbefinden befiel ihn plötzlich eine Nierenkolik, über deren Symptome man sich zunächst täuschte oder vielleicht auch täuschen wollte, in dem Wunsch, daß es möglicherweise doch etwas anderes sei. Als das Übel solches Ausmaß angenommen hatte, daß man es nicht mehr verkennen konnte, ließ man sich vom Ruf eines gewissen Bruder Jacques verführen, was bewirkte, daß man lieber ihn als einen Chirurgen die Operation ausführen ließ. Bruder Jacques war weder ein Mönch noch ein Eremit, er trug nur eine absonderliche graue Kutte und hatte eine neue Operationsweise erfunden; er führte den Schnitt seitlich, was den Vorteil hatte, daß der Eingriff schneller vollzogen war und keine der lästigen Beschwerden zur Folge hatte, die diese Operation normalerweise nach sich zu ziehen pflegt. Die Mode ist allmächtig in Frankreich, und dieser Mann stand damals derart hoch im Kurs, daß man nur noch von ihm sprach. Man ließ die von ihm gemachten Operationen drei Monate lang beobachten, und tatsächlich starben von zwanzig Personen, die er unter dem Messer gehabt, nur sehr wenige. Der Marschall Lorge entzog sich nun aller Geselligkeit und bereitete sich mit großer Standhaftigkeit und wahrer christlicher Ergebenheit auf die Sache vor. Er hatte diesen Entschluß weniger aus eigenem Antrieb als vielmehr auf Wunsch seiner Familie gefaßt und um seinem Sohn seine Charge als Hauptmann der Garde zu erhalten. Die Operation wurde am Donnerstag, dem 18. Oktober, ausgeführt, früh um acht Uhr, nachdem der Marschall am Abend zuvor zur Beichte und zur Kommunion gegangen war. Bruder Jacques wollte außer Milet, dem Oberfeldscher der Garde-du-Corps-Kompanie, keinen weiteren Ratgeber noch Helfer zuziehen. Es fand sich zunächst ein kleiner Stein, dann eine üppige Wucherung und darunter ein sehr großer Stein. Ein Chirurg, der neben seinen handwerklichen Fähigkeiten auch über Kenntnisse verfügt hätte, hätte nur den kleinen Stein herausgezogen und es erst einmal dabei bewenden lassen; er hätte mit Salben jene der Blase anhaftenden Wucherungen aufgelöst, worauf diese herausgeeitert wären, erst dann hätte er den großen Stein entfernt. Aber Bruder Jacques, der nur ein geschickter Operateur war, verlor den Kopf; er schnitt die Wucherungen heraus, die Operation dauerte dreiviertel Stunden und war so zermürbend, daß Bruder Jaques nicht weiterzumachen wagte und darauf verzichtete, den großen Stein zu entfernen. Der Marschall Lorge ertrug den Eingriff mit tapferem Gleichmut. Als kurz darauf seine Gemahlin, die einzige der Familie, die zu ihm durfte, an sein Bett trat, streckte er ihr die Hand entgegen und sagte: »Nun bin ich so weit, wie Ihr mich haben wolltet.« Auf ihre hoffnungsfreudige Antwort erwiderte er: »Es wird sich alles so fügen, wie es Gott gefällt.« Die ganze Familie und einige Freunde, die im Hause waren, hegten starken Zweifel am Ausgang einer so befremdlichen Operation. Der Duc de Gramont, der kurz zuvor von Mareschal operiert worden war, verschaffte sich mit Gewalt Einlaß und warnte vor den Gefahrenmomenten, die sich unabwendbar Schlag auf Schlag einstellen würden; vergebens drang er darauf, daß man Mareschal oder einen anderen Chirurgen hinzuziehen solle; Bruder Jacques wollte nichts davon wissen; und die Marschallin, die fürchtete, ihn zu erzürnen, wagte nicht, jemanden herbeizurufen. Der Duc de Gramont war ein allzu guter Prophet. Bald bat Bruder Jacques von sich aus um Beistand und Hilfe; er erhielt sie sofort, aber es war bereits alles umsonst, der Marschall Lorge starb, nachdem der Abbé Anselme ihn noch einmal aufgesucht hatte, am Sonnabend, dem 22. Oktober, gegen vier Uhr früh. Das Haus bot einen erschütternden Anblick; niemals ist ein Mann so innig geliebt, so allgemein und mit so gutem Grunde betrauert worden. Ich selber empfand den heftigsten Schmerz, überdies wurde ich niedergedrückt von dem Herzeleid der Mme. de Saint-Simon, die ich mehrmals fast zu verlieren fürchtete; ihre Anhänglichkeit an ihren Vater war ganz unvergleichlich, und nichts hätte einander ähnlicher sein können als ihrer beider Seelen. Er liebte mich wie seinen wirklichen Sohn, und ich liebte und verehrte ihn wie den besten Vater mit unbedingtem und hingebungsvollem Vertrauen.

Als dritter Sohn einer zahlreichen Familie trug er mit vierzehn Jahren bereits die Waffen. M. de Turenne, der Bruder seiner Mutter, nahm sich seiner an wie eines Sohnes, der Neffe erwiderte die Zuneigung des Onkels in solchem Maße, daß beide stets zusammen lebten und von aller Welt für Vater und Sohn gehalten wurden. Die widrigen Zeitumstände und die Verpflichtungen der Familie veranlaßten M. de Lorge, sich auf Seiten Condés zu stellen, er folgte jenem sogar bis in die Niederlande, diente mit großer Auszeichnung als Generalleutnant unter ihm und erwarb sich dieses Feldherrns höchste Achtung. Dann kehrte er zu seinem Oheim zurück, dem es zur Freude gereichte und der es als seine Aufgabe ansah, ihn zum Befehlshaber der Armee heranzubilden, indem er ihm stets die Lösung der schwersten und wichtigsten Aufgaben übertrug. Obwohl M. de Lorge jung, gut aussehend, galant und äußerst gesellig war, hatte er dennoch eine sehr ernsthafte Lebensauffassung. Geboren und aufgewachsen inmitten von Protestanten und durch nächste Verwandte und freundschaftliche Bande mit ihren hervorragendsten Vertretern engstens verbunden, befolgte er, ohne zu argwöhnen, daß sie vielleicht einer Täuschung erlegen sein könnten, die Hälfte seines Lebens genau die Vorschriften ihrer Religion. Währenddessen aber machte er sich Gedanken, und allgemach kamen ihm Zweifel. Die Vorurteile der Erziehung und der Gewohnheit hielten ihn noch zurück; noch stand er unter dem mächtigen Einfluß seiner Mutter, die eine wesentliche Stütze der protestantischen Kirche war, sowie unter dem Einfluß M. de Turennes, ein Einfluß, der stärker wirkte als jeder andere, auch war er eng befreundet mit der Duchesse de Rohan, die die Seele der Partei und gewissermaßen das letzte Vermächtnis ihrer großen Anführer war; mit ihren beiden Töchtern war er gleichfalls befreundet, und seine tiefe Liebe zu seiner Schwester, der Comtesse de Roy, die ganz in ihrer Religion aufging, erlegte ihm entschiedenen Zwang auf. Bei all diesen Kämpfen strebte er nach Klarheit. Er entschloß sich also, selber die Schriften zu studieren und dann seine Zweifel dem berühmten Bossuet, damals Bischof von Meaux, sowie M. Claude, dem angesehenen Pfarrer von Charenton, zu unterbreiten; er befragte beide, ohne daß der eine von dem Besuch bei dem anderen etwas wußte, und trug, um auf diesem Wege die Wahrheit zu finden, jedem von ihnen die Einwände des anderen vor, als seien es seine eigenen. Dergestalt verbrachte er ein ganzes Jahr in Paris, so völlig von diesen Studien beansprucht, daß er wie vom Erdboden verschwunden war und daß sein nächsten Freunde, ja sogar Turenne, beunruhigt waren und ihm Vorwürfe machten, weil sie ihn gar nicht mehr zu sehen bekamen. Die Aufrichtigkeit und Ernsthaftigkeit seines Strebens wurde durch eine Erleuchtung gekrönt. Der Bischof von Meaux überzeugte ihn von dem ehrwürdigen Alter des Gebets für die Toten, und er bewies ihm auch aus den Schriften des Heiligen Augustin, daß schon dieser Kirchenvater für seine Mutter, die Heilige Monika gebetet hatte. M. Claude konnte ihm auf diese Frage keine befriedigende Antwort erteilen und half sich mit Ausflüchten, die die Lauterkeit des Proselyten empörten und seine Entscheidung endgültig bestimmten. Es war nunmehr fest überzeugt, aber Rücksicht und der Gedanke an seine Angehörigen ließen ihn noch immer zögern; er fühlte, daß er den drei Menschen – seiner Mutter, seiner Schwester und M. de Turenne –, die ihm am teuersten waren, einen Dolch ins Herz stoßen würde. Indes meinte er bei Turenne den Anfang machen zu müssen, und nach einer Einleitung, deren Peinlichkeit er sich deutlich bewußt war, offenbarte er ihm den Grund seiner langen Zurückgezogenheit und gestand schließlich auch deren Folgen. M. de Turenne hörte ihn an, ohne ihn mit dem leisesten Wort zu unterbrechen, dann umarmte er ihn zärtlich, vergalt ihm Vertrauen mit Vertrauen und versicherte ihm, daß sein Entschluß ihn besonders freue, da er selber den gleichen gefaßt, nachdem er lange Zeit mit eben jenem Bischof gearbeitet habe. Die Überraschung, die Erleichterung und die Freude die M. de Lorge nun empfand, waren unbeschreiblich. Der Bischof von Meaux hatte ihm getreulich verschwiegen, daß er M. de Turenne schon seit langem unterrichtete, sowie er auch Turenne nichts von den Gesprächen mit Lorge erzählt hatte. Kurz darauf wurde Turennes Konversion bekannt. Aus Taktgefühl vermied es M. de Lorge, sich alsbald zu erklären, der Respekt vor der Gesellschaft hielt ihn noch fünf oder sechs Monate zurück, damit man nicht glauben solle, er sei dem Beispiel dieses gewichtigen Mannes gefolgt, mit dem er durch so viele Bande verknüpft war. Ohne jemals besonders Aufhebens von seiner Frömmigkeit zu machen betrachtete M. de Lorge, solange er lebte, seine Bekehrung als sein kostbarstes Gut. Er verabscheute jeden Zwang in religiösen Fragen, aber er war eifrig bestrebt, die Protestanten, mit denen er sprach, zu überzeugen, und er befleißigte sich bis zu seinem Tode in seinem Verhalten und in seinen religiösen Praktiken der größten Genauigkeit. Ich könnte noch viele Dinge über meinen Schwiegervater erzählen, aber das würde zu weit führen.

Kriegsereignisse. – Die Princesse d'Harcourt, Favoritin von Mme. de Maintenon. – Tod des Chevalier de Lorraine. – Orry in Spanien.

Nachdem der König den Prince d'Harcourt siebzehn Jahre nicht hatte sehen wollen, erhielt dieser nun endlich die Erlaubnis, ihm wieder seine Aufwartung machen zu dürfen. Er hatte den König bei all seinen Eroberungszügen in den Niederlanden und der Franche-Comté begleitet, hatte sich aber seit seiner Reise nach Spanien, wohin er und seine Frau Monsieurs Tochter zu deren zukünftigem Gemahl, dem König Karl II., begleitet hatten, kaum mehr bei Hofe sehen lassen. Er trat in venezianischen Dienst, zeichnete sich in Morea aus und kehrte erst wieder zurück, als die Republik 1699 mit den Türken Frieden geschlossen hatte. Er war ein gut aussehender Mann, der jedoch trotz seines noblen Auftretens und trotz all seines Geistes fast wie ein Schmierenkomödiant wirkte; ein großer Lügner, in geistiger wie in moralischer Hinsicht, ein ausgesprochener Libertin, hemmungsloser Verschwender, ein unverschämter Betrüger beim Spiel, mit einem Hang zu niedersten Ausschweifungen und verborgenen Lastern, wodurch er sein ganzes Leben zerstörte. Da er sich nach seiner Rückkehr weder dazu zu entschließen vermochte, mit seiner Frau zu leben – was ihm nicht vorzuwerfen ist –, noch bei Hofe oder in Paris zu bleiben, zog er eine Weile umher, bis er sich dann in Lyon niederließ. Er verbrachte seine Tage beim Wein, umgeben von Straßendirnen und entsprechender Plebs, mit zwielichtigen Gesellen, begleitet von Hundemeuten, eifrig dem Spiel ergeben; um seine Ausgaben zu bestreiten und um auf Kosten der Geprellten zu leben, nutzte er die Dummköpfe und die reichen Kaufmannssöhne aus, die er in seine Netze zu locken verstand; seine Stellung in Lyon beruhte auf dem Ansehen, das ihm der Marschall Villeroy unter Berufung auf Legrand dort zu verschaffen vermochte, und so trieb er es etliche Jahre, ohne sich jemals einfallen zu lassen, daß es außer Lyon noch eine andere Stadt und eine andere Gegend auf dieser Welt geben könne. Am Ende aber wurde er dieses Aufenthaltes doch überdrüssig und kehrte nach

Paris zurück. Der König, der ihn verachtete, ließ ihn gewähren, wollte ihn aber nicht empfangen, und erst nachdem sämtliche Angehörige des Hauses Lothringen zwei Monate lang unablässig für ihm um Verzeihung gebeten hatten, erhielt er die Erlaubnis, dem König seine Aufwartung machen zu dürfen. Seine Frau nahm an allen Reisen des Königs teil, und da ihr Vater, M. de Brancas, lange Zeit zu den intimsten Freunden der Witwe Scarron gehört hatte, zählte sie zu den Favoritinnen der Mme. de Maintenon, aber trotz aller Fürsprachen und aller Versuche, die sie unternahmen, weigerte sich der König, den Prince d'Harcourt je in Marly zuzulassen, und so erschien jener bald kaum mehr bei Hofe, zog sich nach Paris zurück und spann sich dann endgültig in Lothringen ein.

Seine Frau, die Princesse d'Harcourt, war eine jener Erscheinungen, die man kennen muß, um ein rechtes Bild zu bekommen von einem Hof, an dem dergleichen Leute empfangen und zugelassen wurden. Sie war sehr schön und galant gewesen; doch obwohl noch gar nicht sehr alt, waren ihre Reize und ihre Schönheit dahingeschwunden, sie hatte sich in eine Vogelscheuche verwandelt. Eine plumpe, vierschrötige Kreatur, ständig auf der Achse, das Gesicht milchsuppenfarben bemalt, mit wulstigen Lippen, strähnigen Haaren, die ebenso wie ihre schmutzigen, ungepflegten Kleider stets zerzaust und in Unordnung waren; immer intrigant, anspruchsvoll, anmaßend, dreist und verwegen, immer streitsüchtig, stets unterwürfig wie ein Ohrwürmchen oder aber auf hohem Roß, je nachdem, wen sie vor sich hatte. Sie war eine blonde Furie, ja mehr noch, eine Harpyie, sie besaß deren Unverschämtheit, gaunerische Frechheit und Gewalttätigkeit sowie deren Habgier und Neid, und an Gefräßigkeit stand sie einer solchen um nichts nach, auch in der Fähigkeit, die Nahrung sofort wieder von sich zu geben, war sie ihr ebenbürtig, wodurch sie jeden ihrer Gastgeber zur Verzweiflung brachte, denn sie hatte die Gewohnheit, kaum daß die Mahlzeit beendet, alsbald eine gewisse Örtlichkeit aufzusuchen, meist kam sie aber gar nicht mehr rechtzeitig hin und besudelte unterwegs den Boden mit einer abscheulichen Spur, so daß das Gesinde im Hause Maine und bei Legrand sie mehr als einmal zum Teufel wünschte. Doch das kümmerte sie nicht weiter, sie raffte nur ihre Röcke hoch und ging stracks ihres Wegs; wenn sie dann zurückkam, erklärte sie, es sei ihr schlecht geworden: man war daran gewöhnt. Sie betrieb Geschäfte aller Art, war auf hundert Francs nicht weniger erpicht als auf hunderttausend. Die Generalkontrolleure konnten sich ihrer nur mit Mühe erwehren, und wenn sie es irgend vermochte, betrog sie die Geschäftspartner, um möglichst großen Vorteil herauszuschlagen. Die Kühnheit, mit der sie beim Spiel zu stehlen pflegte, war unvorstellbar, sie tat das ganz offen; wenn man sie dabei erwischte, keifte und schimpfte sie wie ein Rohrspatz und säckelte ein; da das immer wieder geschah, behandelte man sie wie ein Fischweib, mit dem man sich gar nicht erst einlassen wollte; und das alles ging im Salon von Marly, beim Landsknecht, im Beisein des Duc und der Duchesse de Bourgogne vor sich. Bei anderen Spielen, beim Lhombre zum Beispiel, mied man sie, aber das ließ sich nicht immer durchführen, und da sie sich auch bei diesen Spielen aufs Stehlen verlegte, versäumte sie nie, nach beendeter Partie zu erklären, sie sei bereit, alles, was sie etwa durch ungenaues Spiel gewonnen hätte, wieder herauszugeben, verlange jedoch, daß die anderen das gleichfalls täten, und dabei raffte sie das Geld schon an sich, bevor man auch nur das geringste entgegnen konnte; sie war nämlich eine Betschwester von Profession und gedachte auf diese Weise ihr Gewissen zu beruhigen. »Man weiß ja,« pflegte sie noch hinzuzufügen, »beim Spiel unterläuft einem leicht ein Versehen.« Sie ließ keine Andacht aus und ging unablässig zur Kommunion, meistens nachdem sie bis vier Uhr früh am Spieltisch gesessen hatte.

An einem hohen Feiertag besuchte sie in Fontainebleau, als der Marschall Villeroy Dienst hatte, die Marschallin in der Zeit zwischen Vesper und Abendandacht. Die Marschallin schlug ihr, um sie von der Abendandacht fernzuhalten, aus Bosheit ein Spiel vor. Die Princesse d'Harcourt lehnt ab, gibt schließlich zu bedenken, daß Mme. de Maintenon bei der Abendandacht zugegen sei. Die Marschallin läßt nicht locker, meint, das sei doch lächerlich, als ob Mme. de Maintenon jeden in der Kapelle sehen und feststellen könne, wer anwesend sei und wer nicht. Und schon saßen sie beim Spiel. Nach der Abendandacht schaute Mme. de Maintenon – die eigentlich fast niemals einen Besuch machte – bei der Marschallin herein, an deren Gemächer sie ohnehin vorbeigehen mußte. Man öffnet die Tür, man meldet sie: »Ich bin verloren!« kreischt wie vom Blitz getroffen die Princesse d'Harcourt, denn sie konnte sich nicht beherrschen. »Jetzt sieht sie mich beim Spiel statt bei der Abendandacht!« läßt die Karten zu Boden und sich selbst völlig fassungslos in ihren Sessel fallen; die Marschallin lacht aus vollem Halse über diesen gelungenen Streich. Mme. de Maintenon betritt langsam, von fünf oder sechs Personen gefolgt, das Zimmer. Die Marschallin, die sehr geistreich war, wendet sich ihr zu und meint, mit der Ehre, die sie ihr erweise, verursache sie auch zugleich eine große Verwirrung, und sie weist dabei auf die Princesse d'Harcourt. Mme. de Maintenon lächelt mit majestätischer Nachsicht und sagt zur Prinzessin gewandt: »So also verrichten Sie heute Ihre Abendandacht, Madame?« Da fährt die Princesse d'Harcourt wie eine Furie aus ihrer Ohnmacht empor, erklärt, man habe ihr wieder einen bösen Streich gespielt, die Marschallin Villeroy habe offenbar den Besuch von Mme. de Maintenon erwartet und habe sie mit dem Spiel nur behelligt, um sie absichtlich von der Abendandacht fernzuhalten. »Behelligt«, entgegnet die Marschallin, »ich glaubte, Ihnen keinen besseren Empfang bereiten zu können als mit der Aufforderung zum Spiel. Es ist wahr, es hat Sie einen Augenblick bekümmert, nicht bei der Abendandacht zugegen zu sein; aber die Neigung war eben stärker. Das Madame«, und sie wandte sich an Mme. de Maintenon, »ist mein ganzes Verbrechen.« Um den Streit zu beenden, fordert Mme. de Maintenon die beiden auf, ihr Spiel fortzusetzen. Die Princesse d'Harcourt, die noch immer vor sich hinschimpfte und noch immer ganz fassungslos war, wußte kaum, was sie tat, und die Fehler, die sie nun machte, verdoppelten noch ihre Wut. Kurz es war eine Farce, die den ganzen Hof mehrere Tage belustigte. Die schöne Prinzessin fürchtete man ebenso, wie man sie haßte und verachtete.

Der Duc und die Duchesse de Bourgogne spielten ihr fortwährend Eulenspiegelstreiche. Eines Tages ließen sie die ganze Allee vom Schloß bis zur Perspektive, jenem Pavillion, in dem sie wohnte, mit Knallfröschen bestreuen. Man wußte, daß sie ungeheuer schreckhaft war: man gewann zwei Träger, die ihr anboten, sie nach Hause zu tragen. Sie war ungefähr in der Mitte der Allee angelangt, und die ganze Gesellschaft stand vor der Tür, um das Schauspiel mit anzusehen, da gingen die Knallfrösche los; sie schrie laut um Hilfe. Die Träger setzten die Sänfte zu Boden und rannten davon. Sie strampelte, fuchtelte und tobte wütend in ihrem Gehäuse herum, bis sie umfiel, kreischend und brüllend wie hunderttausend Teufel. Die Gesellschaft kam herbeigelaufen, um sich den Spaß zu gönnen, die Szene aus nächster Nähe mitanzusehen, und um mitanzuhören, wie sie jeden, der herankam, angefangen beim Duc und der Duchesse de Bourgogne, in der gröbsten Weise beschimpfte. Ein anderes Mal schob der Duc de Bourgogne in dem Salon, wo sie Piquet spielte, unter ihrem Stuhl einen Knallfrosch, doch als er ihn gerade zünden wollte, machte eine barmherzige Seele ihn darauf aufmerksam, daß die Prinzessin dadurch unweigerlich verstümmelt würde. Manchmal schickten sie einige zwanzig Schweizer mit Trommeln zu ihr, die sie dann mit Getöse aus dem ersten Schlaf aufweckten. Sie wohnte bei diesen Aufenthalten in Marly stets im Schloß in unmittelbarer Nähe des diensthabenden Gardehauptmanns, damals des Marschall Lorge. Es hatte stark geschneit, und es fror: die Duchesse de Bourgogne und ihr Gefolge schaufelten auf der Terrasse Schnee zusammen, und damit es schneller ginge, weckten sie die Leute des Marschalls, die ihnen rasch ein Menge Schneebälle herstellten; dann bewaffnen sie sich mit einem Nachschlüssel und Kerzen, schleichen leise in das Zimmer der Princesse d'Harcourt, ziehen jählings die Bettvorhänge zurück und lassen einen Hagel von Schneebällen auf sie niederprasseln. Mit einem Ruck fuhr diese schmutzige Kreatur aus ihrem Bettzeug empor; die aufgelösten Haare hingen rings um die Ohren, sie war über und über mit feuchtem Schnee beklebt und behangen, brüllte wie am Spieß und wand sich wie ein Aal, sie wußte nicht, wohin sich verkriechen, und suchte vergebens einen Schlupfwinkel; während sie lautes Geheul ausstieß, bot sie einen Anblick, der die Zuschauer über eine halbe Stunde belustigte, solange, bis die Nymphe in ihrem Bett fast zu schwimmen schien und das Wasser das ganze Zimmer überflutete. Sie wäre vor Wut beinahe geplatzt; am anderen Morgen schmollte sie, man machte sich aber nur um so mehr über sie lustig. Sie pflegte sich zuweilen aufs Schmollen zu verlegen, wenn man ihr zu übel mitgespielt oder wenn Legrand sie zu hart angefahren hatte. Er fand mit Recht, daß jemand, der den Namen Lothringen trug, sich nicht derart zum Gespött herabwürdigen dürfe, und da er rauh und barsch war, behandelte er sie nicht eben sanft und gab ihr zuweilen ganz öffentlich bei Tisch seine Verachtung zu verstehen, worauf die Princesse d'Harcourt in Tränen ausbrach, dann in Zorn geriet und ins Schmollen verfiel. Die Duchesse de Bourgogne tat stets so, als scholle sie gleichfalls, das ertrug die Princesse d'Harcourt nicht lange, alsbald kam sie herbeigekrochen und bat, den Tränen nahe, man möge ihr ihr Schmollen verzeihen und getrost auch weiterhin seinen Spaß mit ihr treiben. Nachdem man sie eine Weile hatte barmen lassen, zeigte sich die Duchesse de Bourgogne gerührt; aber nur um es bald darauf nur desto ärger mit ihr zu treiben. Doch was auch die Duchesse de Bourgogne tat, der König und Madame de Maintenon waren mit allem einverstanden; die Princesse d'Harcourt fand keine Unterstützung, und sie wagte nicht einmal, sich über irgendeine der Damen zu beschweren, die der Duchesse de Bourgogne bei diesen Unternehmungen zur Seite standen; im übrigen jedoch wäre es nicht allzu ratsam gewesen, diese Prinzessin zu reizen.

Da sie ihre Leute schlecht oder gar nicht bezahlte, verabredeten sich diese eines Tages und ließen sie auf dem Pont-Neuf stehen. Der Kutscher und die Lakaien stiegen ab, kamen an den Wagenschlag und schleuderten ihr ungeheure Beleidigungen ins Gesicht; ihr Stallmeister und ihre Kammerfrau stiegen gleichfalls aus, und dann gingen sie alle miteinander fort und überließen sie ihrem Schicksal. Sogleich fing sie an, auf den Pöbel einzureden, der sich inzwischen um sie versammelt hatte, und sie war nur allzu glücklich, einen Mietkutscher zu finden, der sich auf den Bock ihres Wagens schwang und sie nach Hause fuhr. Ein anderes Mal begegnete Mme. de Saint-Simon, als sie in ihrer Sänfte von der Messe der Rekollekten nach Versailles zurückkehrte, der Princesse d'Harcourt; sie war allein, in großer Toilette, ging zu Fuß und trug ihre Schleppe über dem Arm; Mme. de Saint-Simon ließ anhalten und bot ihr ihre Hilfe an; die Princesse d'Harcourt war nämlich von all ihren Leuten verlassen worden, die ihr auf dem Pont-Neuf den zweiten Akt der Vorstellung gegeben hatten.

Sie pflegte ihre Dienerschaft zu schlagen, und zwar grob und gewalttätig, und sie wechselte ihre Leute fast täglich. Sie stellte unter anderem einmal eine starke und robuste Kammerfrau an, die von ihr gleich zu Anfang mit ausgiebigen Püffen und Ohrfeigen eingedeckt wurde. Die Kammerfrau sagte kein Wort, aber als sie eines Morgens mit der Princesse d'Harcourt allein im Zimmer ist, schliesst sie, nachdem sie ihre Habseligkeiten bereits fortgeschafft hatte, die Tür von innen ab, ohne daß jene es bemerkt, und antwortet so herausfordernd, daß sie, wie stets zuvor, ein paar gewaltige Schläge erhält; doch schon bei der ersten Ohrfeige stürzt sie sich auf die Prinzessin, verabreicht ihr ihrerseits unzählige Ohrfeigen, Fausthiebe und Fußtritte, schlägt sie windelweich und läßt sie, nachdem sie sie nach Herzenslust durchgeprügelt hat, verwundet, zerzaust und heulend am Boden liegen; öffnet die Tür, dreht draußen den Schlüssel zweimal herum, geht die Treppe herunter und verläßt das Haus. So gab es jeden Tag neue Zwistigkeiten, Auseinandersetzungen und Raufereien: in Marly beklagten sich die Nachbarinnen der Prinzessin, daß sie bei dem allnächtlichen Rumoren nicht schlafen könnten, und ich erinnere mich einer dieser Szenen, wo alle Welt in das Zimmer der Duchesse de Villeroy und in das der Mme. d'Epinoy gelaufen kam, die beide ihre Betten in die Mitte des Raumes gerückt hatten und jedem erzählten, was sie wieder alles hatten mit anhören müssen. Das also war die unverschämte und für alle Welt so unerträgliche Favoritin der Mme. de Maintenon, die dennoch alle Gunst und alle Vorteile genoß; durch übelste Geldgeschäfte erwarb sie sich ein Vermögen, indem sie heiratsfähige Söhne und andere Leute ruinierte, aber sie hielt den Hof in Atem und wurde selbst von den Prinzen und den Ministern mit Rücksicht behandelt.

Villeroy verdankte seine Freiheit ohne Lösegeld und die Erlaubnis, bei seiner Rückkehr doch nicht durch die Armee des Prinzen Eugen geführt zu werden, der Königin von England; der Herzog von Modena, Bruder der Königin von England, der sehr gut mit dem Kaiser stand, hatte das bewirkt. Der Empfang, den der König ihm bereitete, und die Freundlichkeit, mit der er ihm sowohl bei Madame de Maintenon wie in der Öffentlichkeit entgegenkam, waren unvergleichlich. Diese Begünstigung ging so weit, daß der König sogar Staatsgeschäfte mit ihm besprach und ihm einige Depeschen Torcys vorlegte. Der Chevalier de Lorraine, von Jugend an Villeroys engster Freund und Genosse seiner Liebeshändel, ein Mann, der ungemein viel Geist besaß und der den König und den Hof sehr genau kannte, gab Villeroy den Rat, er solle, da er so wenig Glück gehabt, den Oberbefehl über die Armee aufgeben und statt dessen diesen so einzigartigen Gnadenstrahl ausnutzen, um zu versuchen, in den Staatsrat zu gelangen. Dem Chevalier de Lorraine, der noch einiges vor hatte, wäre es zweifellos recht angenehm gewesen, einen nicht allzu gescheiten Freund im Staatsrat zu wissen, einen Freund, der von jeher keinerlei Geheimnisse vor ihm hatte und der gewohnt war, sich willig von ihm leiten zu lassen. Er tat also, was er konnte, um Villeroy zu überzeugen, daß er bei der glänzenden Stellung, die er bereits innehabe, auf diese Weise seiner Laufbahn die Krönung aufsetzen würde. Der Marschall gab das zu, er räumte sogar ein, daß er sich aufgrund des Entgegenkommens des Königs sehr wohl schmeicheln könne, ohne viel Mühe zum Staatsrat zugelassen zu werden; aber er meinte, daß er sich, wenn er jetzt nach dem Unglück, das ihm widerfahren, den Oberbefehl niederlegen würde, damit entehrte. Ein Mann, dem' es an Verstand und Einsicht mangelt, der aber wähnt, daß er beides besitze, verrennt sich recht leicht. Niemals vermochte der Chevalier de Lorraine ihn von dieser irrigen Ansicht abzubringen. Villeroy brauchte nicht allzu lange, um zu bereuen, daß er diesem heilsamen Rat nicht gefolgt war. Wenige Tage danach wurde er zum General der flandrischen Armee ernannt; den traurigen Erfolg dieser Tat sollte der Chevalier de Lorraine allerdings nicht mehr erleben. Er bekam in Fontainebleau einen leichten Schlaganfall; dennoch gab er seine gewohnte Lebensweise nicht auf, und als er in seinem Appartement im Palais-Royal beim Lhombre saß, bekam er am 7. Dezember nach dem Diner einen zweiten Schlaganfall, verlor auf der Stelle das Bewußtsein und starb vierundzwanzig Stunden später, ohne noch einmal zu sich gekommen zu sein; er war noch keine sechzig Jahre alt. Kaum jemand betrauerte ihn; ausgenommen Mlle. de Lillebonne, von der man, wie gesagt, annahm, daß sie seit langem heimlich mit ihm verheiratet war; ich habe bereits genug über diese Person berichtet, so daß ich nichts weiter hinzuzufügen brauche.

Zur gleichen Zeit wurde Orry wieder nach Spanien geschickt. Dieser gewitzte Tölpel, der aus der Hefe des Volkes stammte, hatte, um sein Leben zu fristen, und später dann, um zu Geld zu kommen, die verschiedensten Berufe betrieben; zunächst war er Steuereintreiber, dann Geschäftsträger der Duchesse de Portsmouth, die ihn bei Betrügereien ertappte und davonjagte. Wieder zu seinem alten Beruf zurückgekehrt, geriet er an einige große Finanzleute, sie beauftragten ihm mit verschiedenen Kommissionen, die er zu ihrer Zufriedenheit abwickelte, worauf sie ihm dann weiterhalfen und den Weg bis zu Chamillart bahnten. Man hätte nun gar zu gerne etwas Genaueres über den Stand und die Verwaltung der Finanzen in Spanien in Erfahrung gebracht; aber man wollte nur einen möglichst unbekannten Mann dorthin schicken, der bei jenen, die dort mit den Finanzen betraut waren, keinerlei Aufsehen erregte; doch sollte es auch ein Mann sein, der hinlänglich Fähigkeiten besaß, um sich einzuführen, und der schlau genug war, etwas beurteilen und darüber Auskunft erstatten zu können. Orry wurde vorgeschlagen und gewählt. Er war also vor kurzem aus Spanien zurückgekommen, um über das, was er dort wahrgenommen, Rechenschaft abzulegen. Mme. des Ursins hatte, gestützt auf die Regentschaft der Königin, seit langem geplant, die Herrscherin in alle Amtsgeschäfte einzuführen, um auf diesem Wege dann selber die Staatsgeschäfte zu lenken. Orry machte ihr den Hof. Seine Klugheit gefiel ihr, sie fand ihn sehr verwendbar für ihre Zwecke. Sie bekam nun Gelegenheit, die Nase gründlich in die Finanzen zu stecken: die Finanzen wurden das Band zwischen dem Diener und der Herrin. Chamillart, den es freute, daß seine Wahl solchen Anklang gefunden hatte, unterstütze Orry hier in Frankreich und ließ ihn mit Aufträgen, die ihm beträchtliches Ansehen verliehen, wieder nach Spanien entsenden. Wir werden sehen, wie rasch er an Bedeutung gewinnt. Zur gleichen Zeit kam Marcin, der den Köing von Spanien bis nach Perpignan begleitet hatte, in Versailles an; er wurde aufs beste empfangen.

Am Jahresende heiratete mein Schwager die dritte Tochter Chamillarts. Seit dem vorigen Sommer schon munkelte man in der Gesellschaft über diese Heirat, so daß ich die Marschallin Lorge schließlich darauf ansprach. Sie versicherte mir, alles sei nur Geschwätz, worauf ich glaubte, offen mit ihr reden zu können; ich sagte ihr, diese Heirat schiene mir in jeder Weise unangebracht, was die Herkunft und die

Verbindungen betreffe, und an Vermögen sei auch nichts weiter zu erwarten, dazu ein Schwiegersohn wie La Feuillade, in den Chamillart völlig vernarrt sei. Aber M. de Lauzun, der es bei der bevorstehenden Operation des Marschall Lorge nicht hatte vermeiden können, sich langsam wieder der Familie zu nähern, und der, wie man voller Überraschung bemerkte, die Marschallin trotz all der Zwischenfälle, die er heraufbeschworen, dann in sein Haus nahm und sie die ersten Tage nach unserem gemeinsamen Verlust bei sich behielt, wollte aus dieser Heirat seinen Nutzen ziehen. Er hoffte, sich bei dem allmächtigen Minister beliebt zu machen, indem er diese Heirat seiner Tochter befürwortete, und er meinte, daß, wenn er erst einmal Chamillarts Schwager wäre, ihm diese Verbindung einen Zugang zu Herz und Geist des Ministers verschaffen und ihn damit auch wieder dem König näherbringen würde. Es fiel ihm nicht schwer, die Marschallin zu überzeugen, die sehr begierig darauf war, und ihrem Sohn redete er ein, daß sich fortan alles in seinen Händen in Gold verwandeln würde. Ich sprach ganz freimütig mit der Marschallin, sagte ihr offen, was ich dachte, und fügte hinzu, ich hätte die stärksten Befürchtungen, daß sie und ihr Sohn diese Heirat am Ende bereuen würden.

Die Ehe verlief ganz so, wie ich es der Marschallin vorausgesagt hatte: sie wurde zu Eisen für die Lorge, aber zu Gold für mich, nicht in finanzieller Hinsicht – denn wir, Mme. de Saint-Simon und ich, hegten tiefsten Abscheu vor dem, was man bei Hofe als Schachern bezeichnet, ein Mittel, wodurch sehr viele Leute bei Hofe sich bereichert haben – sondern durch den vertrauten Umgang mit Chamillart, den ich nun näher kennenlernte, durch die Freude an den Diensten, die ich fortan meinen Freunden erweisen konnte, und nicht zuletzt durch die Befriedigung meiner Neugier, da ich nun über die Geschehnisse bei Hofe und über die wichtigsten Staatsgeschäfte ständig auf dem laufenden war. Die Töchter Chamillarts, mit denen ich auf bestem Fuße stand, unterrichteten mich über tausend kleine Frauengeschichten, die oft viel bedeutsamer sind, als die Frauen selbst es ahnen, und die mir die Augen öffneten über unzählige wichtige Kombinationen; hinzu kam all das, was ich durch die mir befreundeten Palastdamen erfuhr, sowie durch die Duchesse de Villeroy, mit der ich ganz ebenso wie mit der Marschallin, ihrer Schwiegermutter, eng befreundet war und die ich zu meiner Freude beide miteinander aussöhnen konnte.

Ich stand auch sehr gut mit dem Duc de Villeroy; an das großspurige Gehaben des Marschall Villeroy konnte ich mich allerdings nie gewöhnen; ich fand, daß er wie eine pneumatische Maschine überall, wo er auch ging und stand, die Luft wegpumpte, was ich weder seiner Frau noch seinem Sohn und seiner Schwiegertochter verhehlte, die herzlich über meine Bemerkung lachten.

Die neuen Marschälle von Frankreich.

Es grämte den Duc d'Orléans stets, daß man ihn im Testament des Königs von Spanien so völlig vergessen hatte; und Monsieur als Sohn der Königin Anna, Tochter Philipps III. und Schwester Philipps IV., hatte es sehr übel vermerkt, zugunsten der Nachkommen des Duc d'Anjou übergangen worden zu sein. Der Duc d'Orléans hatte Verbindung mit Louville aufgenommen, als jener für den König von Spanien nach Italien reiste. Jetzt, da der Monarch wieder in Madrid weilte, wollte der Duc d'Orléans sich ernsthaft um eine Wiedereinsetzung in das Nachfolgerecht bemühen. Er hatte, als sich der König von Spanien auf seiner Durchreise in Montpellier aufhielt, den Abbé Dubois dorthin geschickt; Dubois wollte sich in Montpellier mit Louville besprechen, und es war ausgemacht, daß er zwei Monate nach Louvilles Rückkehr und sobald man die Dinge zugunsten des Duc d'Orléans geregelt habe, gleichfalls nach Madrid reisen sollte, um die Angelegenheit endgültig ins reine zu bringen, was auch durchaus dem Wunsch des Königs entsprach. Dieser Abbé Dubois war übrigens der gleiche, von dem ich anläßlich der Hochzeit des Duc d'Orléans gesprochen habe und von dem in der Folge nur noch allzu häufig die Rede sein wird.

Am Sonntag, den 14. Januar, ernannte der König zehn neue Marschälle von Frankreich; es waren also mit den neun, die es schon gab, neunzehn. Die neuen waren: Chamilly, der junge d'Estrées, Châteaurenault, Vauban, Rosen, Huxelles, Tessé, Montrevel, Tallard, d'Harcourt. Ich muß etwas über diese Herren sagen, denn etliche von ihnen haben alsdann eine beträchtliche Rolle gespielt.

Chamilly-Bouton stammte aus einem alten burgundischen Adelsgeschlecht. Sein Vater und sein älterer Bruder hatten sich dem Prince Condé angeschlossen. Der älteste Bruder zeichnete sich nach seiner Rückkehr aus Flandern unter den Augen des Königs so sehr aus, daß er Louvois' Eifersucht erregte. Unter seiner Führung hatte sein um sechs Jahre jüngerer Bruder, eben jener, von dem ich sprechen werde, seinen ersten kriegerischen Lorbeer geerntet; er hatte mit Auszeichnung in Portugal und in Kanada gedient. Aber wenn man ihn sah und hörte, hätte man niemals für möglich gehalten, daß zu ihm eine so maßlose Liebe entbrennen konnte, wie sie aus den »Portugiesischen Briefen« atmet, geschweige denn, daß einer auf den Gedanken gekommen wäre, daß er es war, der die beigefügten Antworten an diese Nonne geschrieben hat. Zu den Oberbefehlshaberstellen, die er während des Holländischen Krieges innehatte, gehört unter anderem die Statthalterschaft Grave, durch die er sich Ruhm erwarb, weil sie den Prinzen von Oranien durch eine glänzende Verteidigung sechzehntausend Mann kostete. Dieses Ereignis beschleunigte Chamillys Beförderung und verschaffte ihm, obwohl Louvois ihn haßte, mehrere Statthalterschaften. Als der König sich im Frühjahr 1681 Straßburgs bemächtigte, ernannte er Chamilly zum Gouverneur; aber Louvois rächte sich, indem er als Oberbefehlshaber im Elsaß blieb, so daß seine Abneigung Chamilly gänzlich aus Straßburg verjagte.

Chamilly war ein großer vierschrötiger Mann, die ehrlichste Haut von der Welt, anständig, zuverlässig, aber so beschränkt und schwerfällig, daß man keinerlei Befähigung für das Kriegshandwerk bei ihm vermutet hätte. Alter und Kummer hatten ihn nahezu kindisch gemacht. Er und seine Frau waren reich und hatten keine Kinder. Seine Frau, die viel mehr mit ihm vorhatte, teilte all seine Sorgen. Sie hatte ihn bei seinen wechselnden Statthalterschaften stets begleitet und es mit klugem Geschick verstanden, die meisten Geschäfte für ihn zu erledigen, ihn sogar ab und an in Amtsgeschäften zu vertreten und dabei dennoch den Eindruck zu erwecken, daß alles bis in die kleinsten häuslichen Entscheidungen sein Werk sei. Beide waren überall beliebt und geachtet, insbesondere aber Mme. de Chamilly. Seine endlich erfolgte Ernennung zum Marschall wurde allgemein gutgeheißen.

Der Comte d'Estrées war in einer glücklicheren Lage als Chamilly. Bei der Belagerung von Barcelona, das 1697 von Vendôme eingenommen wurde, stellt er, der als Vizeadmiral ein Geschwader dorthin gelenkt hatte, zwar nicht den Anspruch, mit den Generalleutnants im Kommando abzuwechseln, aber er wollte auf jeden Fall der erste unter ihnen sein. Pontchartrain, damals noch Generalsekretär der Marine und ein besonderer Freund aller d'Estrées, behob die Schwierigkeit, indem er die Antwartschaft des Comte d'Estrées auf das Datum seiner Admiralsanwartschaft zurückverlegte. So blieb diese Anciennität auf das Jahr 1684 festgelegt. D'Estrées hatte zahlreiche kriegerische Operationen zu Lande und zu Wasser mitgemacht und letztere meist mit beachtlichem Erfolg und großer Tapferkeit als Befehlshaber geleitet. Er verstand viel von der Marine, war emsig, klug und kenntnisreich. So wurde er neunzehn Jahre nach seiner Anwartschaft zum Marschall ernannt.

Er war ein wirklicher *honnête homme*, da er jedoch lange Zeit sehr arm gewesen, konnte er es sich nicht versagen, sich während der Régence, zur Zeit des berühmten Law, gründlich zu bereichern, was ihm auch ganz trefflich gelang, aber nur, um weiterhin in der größten Pracht und vollkommenen Unordnung zu leben. Es ist unfaßbar, was alles er an seltenen und ausgefallenen Büchern, Stoffen, Porzellan, Diamanten, Schmuckstücken und allen möglichen kostbaren Kuriositäten zusammensammelte, ohne daß er von diesen Dingen jemals auch nur den geringsten Gebrauch zu machen verstand. Er besaß zweiundfünfzigtausend Bücher, die, solange er lebte, fast alle in Ballen verpackt, im Hôtel de Louvois liegen blieben, wo seine Schwester Mme. de Courtenvaux, ihm einen Raum überlassen hatte, in dem er sie unterbringen konnte; mit allem übrigen verhielt es sich ungefähr ebenso. Als seine Leute es schließlich müde waren, sich jeden Tag für die großen Gastmähler, die er veranstaltete, die Tischwäsche auszuleihen, drängten sie ihn eines Tages, die Truhen aufzuschließen, die voller Leinenzeug waren, das er in beträchtlichen Mengen aus Holland und Flandern hatte kommen lassen. Er hatte diese Truhen seit über zehn Jahren niemals geöffnet, und nun fand man alles Leinenzeug in den Falten gebrochen, so daß die Tischtücher durch allzu langes Aufbewahren samt und sonders unbrauchbar geworden waren. Fortwährend mit Handel und Tausch von Kunstgegenständen beschäftigt, erinnerte er sich eines Tages einer Büste des Jupiter Ammon, eines einzigartigen Marmors aus dem frühen Altertum, er hatte das Werk, wie er wußte einmal irgendwo gesehen, und es grämte ihn nun, daß er es sich hatte entgehen lassen. Er setzte also seine Leute auf die Fährte, um es für ihn zu suchen. Einer von ihnen fragte ihn, was er ihm gäbe, wenn er ihm das Kunstwerk beschaffen würde. D'Estrées bot ihm tausend Taler, der andere begann zu lachen und versprach, ihm die Büste umsonst herbeizuschaffen, ohne daß er sie kaufen und ohne daß er ihn für seine Mühe zu bezahlen brauchte; und er erklärte ihm, daß sich dieser Marmor in seinem eigenen Lager befände. Man käme nicht zu Ende mit all den Geschichten über Estrées und seine Zerstreutheit. Er war trotz seiner Begabung, seines Wissens und seines scharfen Verstandes ein recht verworrener Geist; wenn er einen Vorgang zu berichten hatte, vermochte man der Darlegung kaum zu folgen. La Vrillière sagte einmal von ihm, er sei wie ein Tintenfaß, aus dem, wenn es umgestoßen würde, entweder gar nichts herauskäme oder ein ganz dünner Strahl oder aber ganz dicke Klumpen, und das traf genau zu auf die Art, in der er Berichte abstattete oder seine Meinung kundtat. Bei alledem war er ein trefflicher Mensch, mild und höflich im Umgang, von besten gesellschaftlichen Manieren, aber ruhmsüchtig und leicht zu verführen, ein ausgemachter, allerdings nicht verderbter Höfling. Ich muß von ihm noch einige kleine charakteristische Züge berichten. Er hing sehr an Nanteuil, einem Landsitz, wo er Unsummen an einen Gemüsegarten verschwendet hatte und wohin er häufig Gesellschaft einlud, wo aber weder Türen noch Fenster schlossen. Er ließ sein ganzes Haus mit Holz täfeln; als das Getäfelte soweit fertig war, daß man es hätte einsetzen können, brachte man es herbei, stapelte es in einem großen Saal; das ist nun beinahe fünfundzwanzig Jahre her, und es liegt immer noch da. Die Zugbrücke war in solchem Zustand, daß niemand wagte, sie anders als zu Fuß zu überqueren. Mit wachsender Ungeduld hörte d'Estrées die ständigen Reden über die prächtigen Kälber, die Legrand in Royaumont mit Eiern samt Schale und mit Milch mästen ließ, von denen er dem König regelmäßig ganze Viertel abgab und die wirklich vorzüglich waren. D'Estrées wollte nun in Nanteuil auch eines mästen lassen. Das tat man also, und als es schön fett war, gab man ihm Nachricht; er rechnete sich aus, daß es, wenn man es weiterhin mästen würde, zusehends fetter werden müßte. Und so ging das über zwei Jahre, ständig mit Eiern und mit Milch, deren Kosten immens waren, nur um einen Stier aufzuziehen, der weitere Kälber zeugen sollte. Überdies war d'Estrées auch ein emsiger Chemiker, ein erbitterter Feind der Ärzte; er verteilte seine Medikamente und gab viel Geld aus, um sie herzustellen, wobei er sich besten Glaubens selbst stets als erster damit zu behandeln pflegte. Er lebte immer im schönen Einvernehmen mit seiner Frau und sie im schönsten Einvernehmen mit ihm, jeder auf seine Weise.

Châteaurenault, mit Familiennamen Roussellet, ein Name, der völlig unbekannt war bis zu dem Zeitpunkt, da einer seiner Urahnen eine Schwester des Kardinals und Duc de Retz heiratete, Châteaurenault war der glücklichste Seeheld seiner Zeit; auf dem Meer gewann er Schlachten über Schlachten, führte eine Reihe schwierigster Unternehmen durch und vollbrachte viele schöne Taten. Seine Ernennung zum Vizeadmiral wurde freudig begrüßt, er hatte den Marschallstab schon lange verdient. Er war ein kleiner, untersetzter Mann mit strohblondem Haar, der immer etwas töricht wirkte und es auch tatsächlich war. Wer ihn sah, begriff nicht, daß er jemals etwas hatte leisten können; unmöglich, mit ihm ein Gespräch anzuknüpfen, und vollends unmöglich, ihm zuzuhören, es sei denn, er erzählte von irgendeinem Seegefecht; im übrigen war er ein herzensguter Mensch, ein rechter *honnête homme*. Seit er Marschall von Frankreich geworden, kam er häufig nach Marly, wo, kaum daß er sich einer Gruppe näherte, jeder sofort das Weite suchte.

Er war Bretone, ein Verwandter von Mme. de Cavoye, die ganz in der Nähe von Marly in Luciennes ein reizendes Haus besaß; hier veranstaltete Cavoye oft Diners mit erlesenen Gästen, fast alle durchtriebene Schlauköpfe, die manches im Schilde führten, und da der König Cavoye liebte und nicht ahnte, was indessen vorging, konnte man in aller Ruhe die kühnsten Pläne schmieden; es war ein geschlossener Kreis, und wer außerhalb dieses Zirkels stand, wagte nicht, sich da einzumischen, M. de Lauzun, der zu sehr gefürchtet wurde, als daß man ihn an dergleichen hätte teilnehmen lassen, und der das sehr übel vermerkte, wollte sich auf Kosten dieser Leute, an die er nicht herankam, wenigstens einen kleinen Spaß machen; er legte es also zu Beginn eines längeren Aufenthalts in Marly darauf an, Châteaurenault zu umgarnen, und erklärte ihm dann, er als sein Freund wolle ihn darauf aufmerksam machen, daß Cavoye und seine Frau, die es beide als eine Ehre ansahen, mit ihm, Lauzun, befreundet zu sein, sich bitter darüber beklagten, daß Châteaurenault sich so gar nicht bei ihnen sehen lasse und sie niemals in Luciennes besuchen komme; sie hätten, sagte Lauzun, dort immer die beste Gesellschaft, auch seien es Leute, denen der König besonders gewogen sei, die allgemeines Ansehen genössen und die man nicht gegen sich haben dürfe, wenn man sie ebensoleicht für sich gewinnen könne, er würde ihm also in aller Freundschaft empfehlen, möglichst ausdauernd und möglichst häufig in Luciennes zu erscheinen, ohne den Reden und dem Gehaben der Cavoye besondere Beachtung zu schenken, denn er müsse ihn darauf hinweisen, daß sie sich darin gefielen, Besuche stets frostig zu empfangen und alles zu tun, um den Eindruck zu erwecken, als bereite man ihnen gar keine Freude, wenn man zu ihnen käme, aber das sei reine Verstellung und eine Marotte: es habe eben jeder seine Eigenheiten und seine Launen, und das sei die ihre, im Grunde jedoch wären sie sehr beleidigt, wenn man ihre Reden ernst nehmen wollte und sich daran hielte; der Beweis liege ja auf der Hand, da sie allerorts und zumal in Luciennes ständig Menschen um sich hätten. Ganz entzückt, einen so heilsamen Rat bekommen zu haben, begann der Marschall sich hinsichtlich Cavoyes zu entschuldigen, erging sich in Dankesbezeigungen und versicherte M. de Lauzun, daß er sich seinen Hinweis sofort zunutze zu machen gedenke. Lauzun gab ihm zu verstehen, er tue gut, niemals durchblicken zu lassen, diesen Wink von ihm bekommen zu haben.

Bald darauf begab sich Châteaurenault nach Luciennes. Als er dort auftauchte, geriet alles in Unruhe, dann breitete sich Schweigen aus. Es war, als sei ein Felsblock mitten in diese exklusive Gesellschaft gefallen. Man glaubte, er werde es bei einem kurzen Besuch bewenden lassen, aber er blieb den ganzen Nachmittag, das war eine arge Enttäuschung. Zwei Tage später kam er zum Diner, das war noch schlimmer: Sie taten alles, was in ihrer Macht stand, um ihm begreiflich zu machen, daß sie in Luciennes seien, um niemand sehen zu müssen und unter sich bleiben zu können; aber das mochten sie anderen erzählen! Châteaurenault kannte diese Redeweise und beglückwünschte sich dazu. Er harrte aus bis zum Abend, und er brachte die Cavoye auf diese Weise nun fast tagtäglich schier zu Verzweiflung, so sehr sie sich auch mühten, ihm das zu verstehen zu geben. Aber es kam noch besser: er wich ihnen auch in Versailles nicht von der Seite, er verseuchte sie geradezu; immer wenn er in Marly war, nistete er sich in Luciennes ein. Eine wahre Pest, von der Cavoye sich niemals mehr zu reinigen vermochte: er sagte, es sei eine Heimsuchung, über die er sich bei aller Welt zu beklagen pflegte, und seine vertrauten Freunde, die darüber nicht weniger traurig waren als er, taten das ebenfalls. Lange Zeit später entdeckten sie schließlich denjenigen, der ihnen zu dieser Heimsuchung verholfen hatte.

Als der König die Geschichte vernahm, wäre er vor Lachen beinahe gestorben, während Cavoye und seine Freunde meinten, vor Gram sterben zu müssen.

Vauban, namens Le Prestre, stammte aus Burgund; er war der Herkunft nach bestenfalls ein kleiner Edelmann, indes war er wahrscheinlich der ehrbarste und rechtschaffenste Mann seiner Zeit und galt als der bedeutendste Fachmann in der Kunst der Belagerung und Festungsbauten. Er war denkbar schlicht, aufrichtig und bescheiden; ein Mann von mittlerer Größe, ziemlich gedrungen, der recht kriegerisch wirkte, von bäurisch grobem, um nicht zu sagen brutalem, ja, wildem Aussehen. Er war alles andere als das; niemand hätte sanfter, mitfühlender und verbindlicher sein können, niemand hätte mit dem Leben seiner Soldaten behutsamer umzugehen vermocht, und das mit einem Mut und einer Tapferkeit, die alle Mühsal auf sich nahm und die den anderen alle Ehre zukommen ließ. Es ist unfaßbar, daß er bei dieser Lauterkeit und Freimut, bei dieser vollkommenen Unfähigkeit, sich für irgendeine Lüge oder Schlechtigkeit herzugeben, in solchem Maße die Freundschaft und das Vertrauen Louvois und des Königs gewinnen konnte. Der Monarch hatte ihm schon ein Jahr zuvor eröffnet, daß er ihn zum Marschall von Frankreich machen wolle. Vauban hatte dreiundfünfzig Belagerungen geleitet, zwanzig davon in Gegenwart des Königs, der nun meinte, sich selber zum Marschall von Frankreich zu machen und seine eigenen Lorbeeren zu ehren, wenn er Vauban den Marschallstab überreichte. Jeder befürwortete freudig diese hohe Ehrung. Ich werde hier nichts weiter über diesen wahrlich berühmten Mann äußern, denn es findet sich noch mehrfach Gelegenheit, von ihm zu sprechen.

Rosen war Livländer. Der Prince de Conti war, wie er mir erzählte, so neugierig gewesen, sich auf seiner Reise nach Polen genauestens nach Rosens Herkunft zu erkundigen, und dies bei Leuten, die ihm sichere Auskunft geben konnten. Er erfuhr, Rosen stammte aus sehr altem, mit den besten Häusern des Landes verwandtem Adel, der zu allen Zeiten sehr hohe Ämter und Posten innegehabt habe. Rosen war schon als ganz junger Mann Soldat geworden und diente einige Zeit als einfacher Reiter. Kaum Offizier geworden, wurde er von einem Verwandten gleichen Namens nach Frankreich gezogen und protegiert; dieser Verwandte hatte bei der Schlacht von Lützen unter dem großen Gustav Adolf, später unter dem Herzog von Weimar, ein Regiment geführt; dann machte der König ihn zum Oberbefehlshaber im Elsaß; er starb 1667, nachdem er seine Tochter jenem Rosen, von dem ich spreche, zur Frau gegeben hatte. Rosen war spindeldürr, ein Mann, dem man immer noch anmerkte, daß er einmal Landsknecht gewesen und der einem, wäre man ihm ein einem dunklen Wald begegnet, Furcht hätte einjagen können, denn das eine Bein war von einem Kanonenschuß oder vielmehr vom Luftdruck der Kanone vollkommen krumm und schief geworden. Er war ein glänzender Kavallerieoffizier, sehr befähigt, einen Flügel zu führen, aber außerstande, an der Spitze zu befehligen; sehr brutal, nicht nur bei der Armee, sondern auch sonst überall, außer bei Tisch, wo er, ohne daß sie jemals in Zecherei ausarteten, die prächtigsten Gelage veranstaltete und seine Gäste mit der Erzählung von Kriegsgeschichten unterhielt. Äußerlich wirkte er derb und rauh, aber er war höchst verschmitzt und durchschaute jeden, mit dem er es zu tun hatte. Bei all seinem Geist, seinem Witz und seiner Liebenswürdigkeit sprach er ein schauderhaftes Französisch, was er mit Absicht tat. Er kannte den König, kannte dessen Schwäche, ja die Schwäche der ganzen Nation für alles Ausländische, deshalb warf er seinem Sohn vor, er spreche so gut Französisch, daß er immer nur für einen Dummkopf gehalten werden würde. Rosen stand zu allen Zeiten sehr gut mit den

Ministern und auf bestem Fuß mit seinen Generalen und folglich auch mit dem König.

D'Huxelles' Vater und Großvater, beide im Krieg ums Leben gekommen, hatten ebenso wie sein Urgroßvater die Statthalterschaft von Châlons sowie die kleine Generalleutnantsstelle von Burgund inne. Der Großvater heiratete eine Phélypeaux, wodurch unser Marquis d'Huxelles nahe verwandt war mit dem Staatssekretär Châteauneuf, dem späteren Kanzler Pontchartrain und dem Marschall d'Humières. So machte d'Huxelles denn seinen Weg. Er wurde Louvois' Vertrauensmann, dem er Bericht erstattete und der ihm rasch weiterhalf. Um ihn dem König näherzubringen, ließ Louvois ihn zum Kommandanten jenes unseligen Lagers von Maintenon ernennen, dessen nutzlose Arbeiten die ganze Infanterie vernichteten und in dem es verboten war, die Kranken, geschweige denn die Toten zu erwähnen. Obwohl er mit fünfunddreißig Jahren erst Hauptmann war, schlug Louvois ihn als Oberkommandierenden für das Elsaß vor, zunächst unter Montclar, dann nach dessen Tod als Chef; das war Anfang 1690. Louvois ließ ihn, um Chamilly, den der König gerade zum Statthalter von Straßburg ernannt hatte, damit eine Kränkung zuzufügen, in Straßburg residieren; vier Jahre später bewirkte er, daß man ihn zum Generalleutnant und zum Ritter des Heilig-Geist-Ordens ernannte. Bis 1710 residierte d'Huxelles stets in Straßburg, und zwar eher wie ein König denn wie ein Kommandant des Elsaß, und er tat in allen Feldzügen am Rhein als Generalleutnant Dienst. Er war ein schwerer und breiter Mann, der sich nur langsam mit schleppenden Schritten vorwärts bewegte; ein schartiges, aber recht angenehmes Gesicht, obwohl seine Physiognomie durch übermäßig buschige Augenbrauen entstellt wurde, Brauen, unter denen kleine, lebhafte Augen hervorschauten, deren Blicken nichts entging. Er glich ganz und gar einem fetten, brutalen Viehhändler; faul und bis zum Exzeß wollüstig, bei jeder Art Lustbarkeit, bei Gastgelagen, in der Wahl seiner Gesellschaft, bei seinen abartigen Ausschweifungen, die er durchaus nicht zu verhehlen suchte, vielmehr zog er außer jungen und wohlgestalteten Dienern auch noch jüngere Offiziere heran, und das tat er ganz offiziell, sowohl bei der Armee wie in Straßburg; ruhmredig und selbstherrlich im Auftreten, sogar vor den Generalen und seinen Kameraden, ja selbst gegenüber den vornehmsten Leuten, in deren Gegenwart er sich aus scheinbarer Faulheit nicht einmal von seinem Sitz zu erheben beliebte; er hielt es nur selten für notwendig, den General aufzusuchen, und stieg während der Schlachten kaum jemals aufs Pferd; kriecherisch, unterwürfig und schmeichlerisch im Umgang mit Ministern und mit Leuten, die er fürchten zu müssen glaubte oder von denen er meinte, sich etwas erhoffen zu können; alle anderen dagegen behandelte er mit rücksichtsloser Herrschsucht. Sein riesiger Schädel unter einer ungeheuren Perücke, sein nur ab und an und nur durch wenige Worte unterbrochenes Schweigen, sein gelegentliches verständnisvolles Lächeln, seine offensichtliche Autorität, die er jedoch vor allem seinem körperlichen Umfang und seiner gewichtigen Stellung verdankte, und dazu eben dieser mächtige Schädel mit der ungeheuren Perücke brachten ihn in den Ruf, ein bedeutender Kopf zu sein, der aber in Wirklichkeit weit eher dazu taugte, von Rembrandt gemalt, als um Rat gefragt zu werden. Seelisch wie geistig feige, falsch, im Herzen und in den Sitten verderbt, eifersüchtig, neidisch, war er nur auf seine eigenen Ziele bedacht, ohne sich viel um die Mittel zu scheren, vorausgesetzt, er konnte den Schein des äußeren Anstands wahren; obwohl mit einigem Verstand begabt und auch leidlich belesen, blieb er stets recht unwissend und besaß, außer wenn er von sich selber redete, wenig kriegerische Eigenschaften; in jeder Hinsicht war er der Vater der Schwierigkeiten, ohne daß er jemals auch nur für eine die Lösung hätte finden können; verschlagen, hinterhältig, vollkommen unergründlich, außerstande zu selbstloser Freundschaft, beständig von Ränkeschmieden und Höflingskabalen in Anspruch genommen, und das mit der ausgeklügeltesten Schlichtheit, die ich je in meinem Leben gesehen habe; stets trug er einen tief über die Augen gezogenen riesigen Schlapphut; ein graues Gewand, das er bis auf den letzten Faden abnutzte; außer den Knöpfen niemals das geringste Gold, keine Spur von dem Blau des Ordensbandes, und den Orden selbst hielt er wohlverborgen unter seiner Perücke versteckt; stets bewegte er sich auf krummen Pfaden, niemals war sein Verhalten klar und eindeutig, immer ließ er sich irgendeine Hintertür offen; als Sklave der öffentlichen Meinung stimmte er keinem persönlichen Urteil zu. Bis 1710 pflegte er nur gelegentlich und nur für kurze Zeit nach Paris und an den Hof zu kommen, nur um sich die wichtigen Freunde zu erhalten, die er trefflich für sich einzunehmen verstand. Schließlich aber wurde ihm das Elsaß über, und er fand, ohne das Kommando niederzulegen – auf die Einkünfte wollte er schon gar nicht verzichten, denn trotz der ungeheuren Verschwendung, zu der seine Eitelkeit und seine Lüste ihn zwangen, war er geizig – Mittel und Wege, in Paris zu bleiben, um an seinem weiteren Aufstieg zu arbeiten. Unter der Maske der Gleichgültigkeit und Trägheit brannte er in verzehrendem Ehrgeiz, etwas darzustellen und zumal Herzog zu werden. Es gelang ihm, sich mit Hilfe des ersten Präsidenten de Mesmes, der M. und Mme.

du Maine sklavisch ergeben und gut mit Beringhen und also auch mit d'Huxelles selber befreundet war, eng an die Bastarde anzuschließen. M. du Maine, der sich ein falsches Bild von d'Huxelles' Fähigkeiten machte und sich über den Beistand täuschte, den er an ihm zu finden meinte, verschaffte ihm geheimen Zugang zu Madame de Maintenon. D'Huxelles ließ indes auch die Partei Monseigneurs nicht außer acht. Beringhen und dessen Frau waren sehr mit der Choin befreundet: sie priesen ihr gegenüber d'Huxelles wärmstens; sie erklärte sich bereit, ihn zu empfangen, er machte ihr den Hof bis zur schlimmsten Erniedrigung und trieb seine Kriecherei so weit, daß er ihr aus der Rue Neuve-Saint-Augustin, wo er wohnte, in die Rue du Petit-Saint-Antoine, wo sie hauste, jeden Tag für ihre Hündin Kaninchenköpfe schickte. Durch sie kam er Monseigneur näher, er hatte einige geheime Unterredungen mit ihm in Meudon, und dieser Prinz, den zu blenden nicht schwerfiel, bekam eine so hohe Meinung von ihm, daß er ihn zu den größten Taten befähigt wähnte. Kaum war Monseigneur tot, war die arme Hündin vergessen: keine Kaninchenköpfe mehr; die Mätresse war gleichfalls vergessen. Sie war so töricht gewesen, auf seine Freundschaft zu bauen: erstaunt und beleidigt ob dieses plötzlichen Verlassenwerdens suchte sie ihn an einige Dinge zu erinnern. Nun spielte er den Erstaunten: konnte gar nicht begreifen, auf was sich ihre Klagen gründeten; er entgegnete dreist und frech, daß er sie nur flüchtig kenne und daß er Monseigneur persönlich niemals gesehen habe, er verstehe also gar nicht, was sie ihm vorzuwerfen habe. So endete die Beziehung zu der Urheberin seiner Gunst, und sie hat seither niemals mehr auch nur ein einziges Wort von ihm vernommen. Damit wäre für den Augenblick genug gesagt über einen Mann, den ich schon mehrfach erwähnt und den wir, stets sich gleichbleibend, fortan noch öfter auftreten und sich in mehr als einer Weise entehren sehen werden.

Tessé, von dem zu sprechen ich schon des öfteren Gelegenheit hatte, stammte aus der Manche; er war ein würdiger Vertreter seines Landes, listig, geschickt, verblüffend undankbar und ebenso verlogen und tückisch. Beispielhaft dafür sein Verhalten gegenüber Catinat, diesem Mann, dem er sein Glück und seinen Aufstieg verdankte, um sich dann auf dessen Ruin zu erheben. Er sprach in jener Art, die den Frauen gefällt, beherrschte auch den Höflingsjargon, hatte ganz das Gehaben eines Seigneurs und die Allüren der großen Welt; vom Kriege, den er immer nur aus Zufall und immer nur als halber Zuschauer mitgemacht, verstand er im Grunde nichts; unter dem Anschein der Bescheidenheit war er kühn und dreist, wenn es darum ging, sich in den Vordergrund zu spielen und sich bei jedem einzuschmeicheln, der ihm nützlich sein konnte, bei jedem, der Ansehen genoß, und insbesondere bei den einflußreichen Dienern im Ministerium. Seine freundliche Gefälligkeit machte ihn beliebt; seine Albernheit und der falsche Schein, der sich zeigte, sobald man ein wenig näher hinsah, bewirkten, daß man ihn verachtete. Ab und an konnte er recht amüsant erzählen, doch schon nach kurzer Zeit wurde er platt und langweilig, und immer hegte er Hintergedanken und Nebenabsichten. Aus seinen Kriechereien beim Marschall Villeroy, bei Vendôme und Vaudémont zog er großen Nutzen, ebenso aus seiner Schmeichelei gegenüber Chamillart, Torcy, den Pontchartrain, Desmaretz und vor allem Mme. de Maintenon, zu der ihm Chamillart einerseits und die Duchesse de Bourgogne andererseits Zugang verschafft hatten. Immer wieder wußte er es in Anschlag zu bringen, daß er die Heirat dieser Prinzessin vermittelt hatte, und sie setzte ihre Ehre darin, Tessé entgegenzukommen und ihm gefällig zu sein, ganz so, als sei er wirklich der Schmied ihres Glückes gewesen; sie spürte, daß sie damit sogar dem König, Mme. de Maintenon und dem Duc de Bourgogne einen Gefallen tat, und Tessé wußte das zu seinen Gunsten zu verbuchen. Dennoch war es ihr manchmal recht peinlich, die albernen Bemerkungen, die ihm des öfteren entschlüpften, mit anhören zu müssen. Geist war nicht seine Stärke: dafür boten ihm Weltläufigkeit und ein verblüffendes Glück hinreichend Ersatz, ein Glück, das ihm vollends den Kopf verdrehte und ihn erst zu all seinen Machenschaften und Umtrieben verführte; er war wie geschaffen für den Hof; wir werden ihm in der Folge noch mehr als einmal begegnen.

Montrevel stand bei dieser Marschallernennung, was die Herkunft anlangt, bei weitem an erster Stelle; man könnte auch sagen, daß bei ihm die Herkunft verbunden mit wirklicher Tapferkeit und einer Gestalt, die, wenn auch inzwischen zusammengesunken, einmal die Damen bezaubert hatte, alle anderen Qualitäten ersetzte. Der König, der sich ungemein von der äußeren Erscheinung bestimmen ließ und der immer eine Schwäche für Liebeshändel gehabt hatte, war sehr für Montrevel eingenommen. Derselbe Grund verband Montrevel auch mit dem Marschall Villeroy, der seine Hände stets schützend über ihn hielt. Und dies mit gewisser Berechtigung, denn nie waren zwei Männer sich derart ähnlich, mit dem Unterschied allerdings, daß der Marschall Villeroy ganz uneigennützig und Montrevel äußerst habgierig war; arm geboren, aber ein großer Verschwender war er dermaßen auf Raub aus, daß er sogar Altäre geplündert hätte. Sein ungewöhnlich törichtes und eitles Geschwätz entsprach ganz dem Geschmack des Königs. Die

Damen, die Mode, hohes Spiel, eine Redeweise, die sich wie in der Musik aus Phrasen zusammensetzte, wobei die Worte meist leer und oft sogar völlig sinnlos waren, ein großspuriges Auftreten, all das beeindruckte die Dummköpfe und gefiel dem König ganz ungemein, dazu kam steter und übereifriger Dienst, dessen Antrieb und Inhalt nichts anderes als Ehrgeiz und Tapferkeit waren, ohne daß er auch nur jemals imstande gewesen wäre, seine Rechte von seiner Linken zu unterscheiden, aber er verbarg seine allgemeine Unwissenheit unter einer Verwegenheit, die durch Gunst, Mode und Herkunft gedeckt wurde. So also war jener Mann beschaffen, den zum Marschall von Frankreich zu machen dem König beliebte; da er es jedoch nicht wagte, ihm Armeen anzuvertrauen, überließ er ihm Kommandos in den Provinzen, die Montrevel nach besten Kräften plünderte, ohne sich damit viel nützen zu können. Wir werden ihm noch mehrfach in diesen Memoiren begegnen. Nichts ist lächerlicher als sein Ende.

Tallard war aus ganz anderem Holz. D'Harcourt und er waren die einzigen, die miteinander an Geist, Schlauheit, Geschicklichkeit, Gefallsucht, Geltungsbedürfnis und Intrigantentum wetteifern konnten; der gleiche Zauber im täglichen Umgang und in ihrer Funktion als Armeekommandeure. Emsigkeit, Folgerichtigkeit sowie etliche andere Talente waren beiden gemeinsam; beiden ging die Arbeit leicht von der Hand, keiner von beiden tat jemals nur einen Schritt, selbst nicht den scheinbar geringfügigsten, ohne damit etwas zu bezwecken; beide waren sanft, höflich, leutselig, jederzeit zugänglich, gefällig, zuvorkommend und, wenn es nicht zu viel Umstände kostete und keinen allzu großen Einsatz forderte, auch zu Diensten bereit; beide waren die besten Armeeintendanten und die besten Proviantmeister, und da sie beide keine Kleinigkeitskrämer waren, wurden sie von ihren Generalen und später, als sie selber es waren, von ihren Offizieren und Truppen angebetet, ohne deshalb auch nur im geringsten die Disziplin zu vernachlässigen; beide hatten durch ihren sommers wie winters niemals nachlassenden Diensteifer und schließlich über die Gesandtschaftsposten ihren Weg gemacht. D'Harcourt mit Mme. de Maintenon im Bunde war einen Grad hochmütiger als Tallard, dieser um einen Grad geschmeidiger. Tallards Mutter hatte eine glänzende Rolle in der Gesellschaft gespielt. In engster Verbindung mit den Villeroy aufgewachsen, gelangte Tallard in die erlesensten Zirkel des Hofes.

Er war mittelgroß, mit leicht schielenden Augen; deren Ausdruck war sehr geistreich und sprühend, doch vermochten sie kaum etwas zu erkennen. Hager und ausgemergelt war er die vollkommenste Verkörperung von Ehrgeiz, Neid und Habgier. Er besaß viel Verstand und auch Liebenswürdigkeit, aber wie besessen von seinem Ehrgeiz, seinen Projekten, seinen Machenschaften und Winkelzügen war er stets wie vom Teufel gejagt und außerstande, an irgend etwas anderes zu denken. Ich habe schon mehrfach von ihm gesprochen und werde Gelegenheit haben, noch des öfteren auf ihn zurückzukommen. Ich will hier nur noch bemerken, daß jedermann ihm mißtraute und daß dennoch jeder gern in seiner Gesellschaft weilte.

D'Harcourt habe ich schon häufig erwähnt und habe ihn auch schon hinlänglich vorgestellt. Er entwickelte hochfliegende Pläne, verfügte über umfassende Übersicht und eine Gabe zu bezaubern, aber er war voll grenzenlosen Ehrgeizes und, wenn es sein mußte, fähig, wie ein Falke auf seine Beute herabzustoßen; hochmütig und verächtlich gegenüber den anderen, von unerträglicher Herrschsucht, bediente er sich, in den Mantel der Tugend gehüllt, jeder Sprache, um seine Ziele zu erreichen; immerhin war er auf weit ehrlichere Weise verderbt als d'Huxelles, ja sogar als Tallard und Tessé; von verblüffender Wendigkeit kannte er alle Schlupfwinkel und Schleichwege, aber unter dem Anschein unbekümmerter Schlichtheit verstand er es, sich Achtung zu erwerben und die öffentliche Meinung für sich zu gewinnen. Stets tat er so, als gelte seine Liebe einzig dem Landleben und seinem Hauswesen und als lasse ihn alles übrige völlig kalt. Er verstand es, Louvois für sich einzunehmen, sich mit Barbezieux zu befreunden und sich vor allem Chamillarts Respekt zu verschaffen, bis er es dann für notwendig hielt, diesen Minister zu stürzen; er stand glänzend mit Monseigneur und der Choin, und er verkehrte mit allen ganz wie ein großer Herr. Daß er so gut bei Mme. de Maintenon angeschrieben war, verdankte er seinem Vater; eben diese Tatsache entfremdete ihn den Herzögen Chevreuse und Beauvillier sowie dem Duc de Bourgogne, ohne daß sein Ansehen bei der Duchesse de Bourgogne die geringste Einbuße erlitt. Er wußte, alles zu verbinden und sich alle zu verbünden bis hin zu den Bastarden, obwohl er sein Leben lang mit M. de Luxembourg, mit Monsieur le Duc und dem Prince de Conti befreundet war. Er besaß die nötige Überlegenheit, um zu erkennen, daß Kriegführen nicht seine stärkste Begabung war, obwohl er an vielen Kriegen teilgenommen hatte. Deshalb wandte er sich, hierin ganz anders als der Marschall Villeroy, kurz entschlossen dem Staatsrat zu, sobald er die geringste Hoffnung sah, dort eintreten zu können. Keiner der großen Herren hatte die Gesellschaft und den Hof so einstimmig auf seiner Seite, keiner wäre geeigneter gewesen, hier die erste Geige zu spielen. Er war vierschrötig, nicht eben groß und von eigentümlich verblüffender Häßlichkeit, aber seine Augen glänzten so lebhaft, sein Blick war so durchdringend, so stolz und dennoch so sanft, sein ganzer Gesichtsausdruck so geistreich und einnehmend, saß man ihn schwerlich häßlich finden konnte. Er hatte sich in Luxemburg, wo er damals die Armee befehligte, bei einem Sturz vom Wall die rechte Hüfte ausgerenkt, die niemals wieder richtig eingerenkt worden war, so daß er stark hinkte. Von Natur aus heiter liebte er gesellige Vergnügungen. Er schnupfte ebenso eifrig wie der Marschall d'Huxelles, aber er war nicht so schmutzig wie jener, dessen Rock und Krawatte stets über und über von Tabak bedeckt waren. Der König haßte Tabak; als d'Harcourt öfter mit ihm zu tun hatte, bemerkte er, wie lästig dem König sein Tabak war, er fürchtete, dieser Widerwille könne seinen Plänen und Hoffnungen abträglich sein: von heute auf morgen entsagte er also dem Tabak. Das, glaubte man, sei Ursache der Schlaganfälle, die ihn bald darauf befielen und die ihm ein gräßliches Ende bereiteten. Die Ärzte befahlen ihm, das Schnupfen wieder aufzunehmen, um die Säfte wieder anzuregen und wieder in die alten Bahnen zu leiten; aber es war zu spät. Die Unterbrechung hatte zu lange gedauert, und die Rückkehr zum Tabak half d'Harcourt nun nichts mehr. Ich habe mich recht ausführlich über diese zehn Marschälle von Frankreich verbreitet; das Verdienst, das einigen von ihnen zukommt, hat mich dazu veranlaßt, aber mehr noch die Notwendigkeit, diese Personen, die man so oft und in so verschiedener Weise wird auftreten sehen, dem Leser bekannt zu machen.

*Aufstand der Protestanten in Südfrankreich. – Lage am Rhein. –
Neue Gesichter bei Hof: Mme. de Brancas, Mareschal, die Comtesse
de Gramont, der Erzbischof von Reims.*

Die Neuaufstellung der Armeen ließ nicht auf sich warten. In Italien, wo der Duc de Vendôme geblieben war, wurde nicht viel geändert; der Marschall Villeroy verbrachte fast den ganzen Winter in Brüssel und bekam zusammen mit dem Marschall Boufflers die flandrische Armee; der Marschall Tallard eine an der Mosel und Villars, der in Straßburg geblieben, die deutsche Armee. Er hatte seine Frau dorthin kommen lassen, und da er ebenso eifersüchtig wie verliebt in sie war, hatte er sie der Obhut einer seiner Schwestern anvertraut, die Mme. de Villars etliche Jahre mit Argusaugen bewachte und sich bei dieser Beschäftigung immerhin besser befand als in der Provinz, wo sie bei Vogüé, ihrem Ehemann, ständig am Hungertuch nagte, weshalb sie dann auch niemals wieder zu ihm zurückkehrte. Die ganze Sache wirkte recht lächerlich, und die Vorkehrungen, die man traf, waren nicht immer die glücklichsten. Montrevel wurde ins Languedoc geschickt, wo die Protestanten einige Unruhe verursachten.

Infolge des Vertrages, den Puységur mit dem Kurfürsten von Bayern geschlossen hatte, war dieser Fürst in seine Staaten zurückgekehrt, um nun im Schutz einer verdächtigen Neutralität dem Kaiser einen ärgerlichen Krieg zu bereiten. Man hatte eine solche Ablenkung dringend nötig. Ungeachtet der Erklärung auf dem Reichstag von Regensburg, daß nämlich der Spanische Erbfolgekrieg ein Krieg des Reiches sei, nahm der Kurfürst nun endlich die Maske ab. Man mußte ihn also unterstützen und ihm gemäß der gegenseitigen Verpflichtung wirksamen Beistand leisten.

Ungefähr um diese Zeit wurde eine absonderliche und sehr berühmte Person wieder auf freien Fuß gesetzt. Diese Vergünstigung verdankten die immer treu besorgten Freunde der Mme. Guyon dem mitfühlenden Erbarmen des Kardinals Noailles, der veranlaßte, daß man jene aus der Bastille entließ, wo sie, ohne irgendeinen Besuch zu empfangen, mehrere Jahre gesessen hatte. Man erlaubte ihr nun, sich in die Touraine zurückzuziehen. Das war durchaus nicht das letzte Auftreten dieser berühmten Sektiererin, aber die Freiheit blieb ihr seither erhalten. Der Kardinal Noailles empfing dafür den wärmsten Dank ihrer kleinen Herde.

Montrevel mußte feststellen, daß die Fanatiker doch nicht so leicht zu schlagen waren, wie er gedacht hatte. Man hatte den aufständischen Protestanten diesen Namen gegeben, weil jede Gruppe einen angeblichen Propheten oder eine Prophetin mitführte, die als Seher auftraten und die im Einverständnis mit den Anführern diese Leute zu allem und jedem zu bewegen vermochten, da sie ihnen mit einem Vertrauen, einem Gehorsam und einer schier unfaßbaren Raserei überallhin folgten. Seit langen Jahren schon ächzte das Languedoc unter der Tyrannei des Intendanten Bâville, der, nachdem er den Kardinal Bonsy gestürzt hatte, sämtliche Machtbefugnisse an sich riß und der, damit ihm nichts entginge, den militärischen Oberbefehl über die ganze Provinz seinem Schwager Broglio hatte übertragen lassen. Dadurch war die Befehlsgewalt und alles Ansehen der Generalstatthalter in der Provinz zunichte geworden. Alle Macht lag in Bâvilles Händen, neben dem sein übrigens sehr unfähiger Schwager nur wie ein Knabe wirkte. Bâville war ein überlegener Kopf, sehr hellsichtig, sehr geschäftig, sehr arbeitsam. Er war ein listiger, verschlagener, unerbittlicher Mann, der sich geschickt seiner Freunde zu bedienen wußte und sich Kreaturen zu schaffen verstand; ein Herrenmensch, der jeden Widerstand brach und der rücksichtslos alle erdenklichen Mittel anwandte. Er hatte die Einnahmen aus der Provinz sehr gesteigert: die Erfindung der Kopfsteuer hatte ihm zu einiger Geltung verholfen. Dieser gebieterische Geist wurde von den Ministern gefürchtet, die ihn bei Hofe nicht sehen wollten und die ihm, um ihn im Languedoc zurückzuhalten, alle Machtbefugnisse überließen, die er hemmungslos mißbrauchte. Ich weiß nicht, ob Broglio und er sich Waffenruhm zu erwerben gedachten, jedenfalls setzten sie den gar nicht oder nur schlecht bekehrten Protestanten derart zu, daß diese sich schließlich zusammenrotteten. Man hat nachträglich erfahren, daß Genf einerseits und der Herzog von Savoyen andererseits ihnen Waffen und Lebensmittel lieferten: Genf schickte Prediger, Savoyen einige handfeste Leute und Geld; so kam es, daß es einem lange Zeit rätselhaft blieb, wie diese offenbar von allem und jedem entblößten Aufrührer dennoch so ausdauernd und verwegen standzuhalten vermochten. Die größte Handhabe gegen sie bot der Fanatismus, der sich ihrer bemächtigte, ein Fanatismus, der sie bis zu den äußersten Exzessen trieb, zu den schlimmsten Sakrilegen, zu Mord und Totschlag, zu Folterungen der Priester und Mönche. Wenn sie sich dessen enthalten hätten, wenn sie niemanden mißhandelt hätten und nicht weiter gegangen wären, als das Kriegsrecht gestattet, wenn sie nur Gewissensfreiheit und Steuererleichterung gefordert hätten, so hätten viele Katholiken aus Furcht oder Mitleid oder auch in der Hoffnung, daß dieser Aufruhr eine Minderung der Abgaben bewirken könne, gleichfalls Widerstand geleistet und unter ihrem Schutz vielleicht die Maske fallen gelassen. Ganze Kantone, sogar einige Städte wie zum Beispiel Nîmes und Uzès, waren bereits im Einverständnis mit ihnen, und eine Reihe vornehmer, im Lande angesehener Edelleute empfingen sie heimlich in ihren Schlössern und warnten sie vor allen Gefahren; an diese konnten sie, die selber meistens ihre Befehle oder ihren Beistand aus Genf oder Turin erhielten, sich unbesorgt wenden. Da die Cevennen und die umliegenden Gebiete sehr gebirgig und unwegsam sind, gewähren sie solchen Aufständischen die sicherste Zuflucht. Broglio, der sich als Heerführer hervortun wollte, trat ihnen entgegen und spielte sich als Intendant auf; aber nirgendwo waren Truppen, nirgends Artillerie, nirgends Lebensmittel aufzutreiben; so daß Montrevel sich gezwungen sah, um all dieses zu bitten, indes die Fanatiker die Provinz unablässig verheerten. Da Broglio zu nichts weiter gut war, als im Schatten Bâvilles zu herrschen, wurde er abberufen, und er besaß die Unverschämtheit, herumzuerzählen, das sei nur geschehen, um ihn zum Ritter des Heilig-Geist-Ordens zu machen. Man schickte Montrevel drei Generalleutnants oder Hauptleute mit zwanzig Bataillonen und Artillerie, was ihm freilich auch nicht viel weiterhalf. Einige Anführer, die bei kleinen Scharmützeln gefangengenommen worden waren, wurden erhängt; es stellte sich heraus, daß sie sämtlich der Hefe des Volkes entstammten und daß ihre Partei durch diese Maßnahmen weder erschreckt noch eingeschüchtert wurde.

Alle diese außen- und innenpolitischen Inanspruchnahmen hinderten den König nicht, sich in Marly zu vergnügen und Bälle zu veranstalten.

Kehl war eingenommen, und es war notwendig, den Kurfürsten von Bayern mit einer Armee zu unterstützen. Villars wurde dazu ausersehen; er war nach der Eroberung Kehls nach Straßburg zurückgekommen; es war sehr schwer, ihn da herauszulocken; er wollte sich nicht von seiner Frau trennen. Prinz Ludwig von Baden sammelte Truppen und verschanzte sich in den Gebirgsübergängen. Der Marschall ließ zu ihm schicken und ihn um einen Paß für seine Frau bitten; der wurde ihm verweigert, wofür er sich später aufs schändlichste rächte, indem er während seines Durchzugs nach Bayern die Gebiete dieses Fürsten brandschatzte und verwüstete. Der König, den er um Erlaubnis bat, sich von seiner Frau begleiten zu lassen, zeigte sich ebensowenig entgegenkommend wie Prinz Ludwig, so daß Villars voller Zorn das ihm aufgetragene Unternehmen immer weiter hinausschob; die Lebensmittelversorgung, der Nachschub, die Ankunft von Offizieren, tausend Kleinigkeiten dienten ihm als Ausrede. Schließlich aber wurden die Befehle so dringend, daß Villars, der angesichts der zahlreichen Zeugen keine Ausflucht mehr finden konnte, den Rhein überschritt und sich tatsächlich in Marsch setzte. Am 12. Mai traf Villars mit dem Kurfürsten zusammen, der Freudentränen vergoß, ihn umarmte und ihn mit tausend Liebenswürdigkeiten und Schmeicheleien überhäufte.

Als der Duchesse de Ventadour bewußt wurde, daß ihre Mutter, die Marschallin de La Motte merklich alterte und daß die Duchesse de Bourgogne bald Kinder erhoffen ließ, hielt sie es für geraten, Madame zu verlassen. Es war ihrem alten Freunde, dem Marschall Villeroy gelungen, sie Mme. de Maintenon ans Herz zu legen, der sie in mancher Weise ähnelte, was diese angenehm berührte; beide waren nach etlichen Liebesabenteuern in Frömmelei verfallen. Madame, die der Duchesse de Ventadour, zumal sie ihr nach Monsieurs Tod einen wesentlichen Dienst erwiesen hatte, sehr zugetan war, zeigte Verständnis für deren Pläne und suchte nach irgendeiner anderen Herzogin, die nichts zu beißen hatte und mit ihrem Gemahl entzweit war, so wie damals die Duchesse de Ventadour, als sie den seltsamen Entschluß faßte und sich zur allgemeinen Entrüstung und zum Staunen des Königs in Madames Dienste begab.

Madame brauchte einige Zeit, bis sie jene bedauernswerte Herzogin gefunden hatte. Schließlich bot die Duchesse de Brancas sich an, und sie wurde mit großer Freude aufgenommen. Sie war die Schwester der Princesse d'Harcourt, der sie allerdings in keiner Weise glich. Sie war eine nicht eben scharfsichtige Frau, der es indes nicht an gesundem Menschenverstand und Lebensart mangelte, sehr tugendsam, Zeit ihres Lebens wirklich fromm und vom Unglück geschlagen. Sie und ihr Gemahl waren Kinder zweier Brüder, die beide die Söhne des ersten Duc de Villars waren. Der Duc de Brancas war im Alter von sechzehn Jahren Waise geworden; sein Onkel, der Comte de Brancas, hatte bei Hofe und in der Gesellschaft eine große Rolle gespielt. Er war berühmt für seine außerordentliche Zerstreutheit, die La Bruyère in seinen »Charakteren« unsterblich gemacht hat. Er hatte die älteste seiner beiden Töchter mit dem Prince d'Harcourt verheiratet; da er der anderen kaum noch etwas mitzugeben hatte, richtete er sein Augenmerk auf seinen Neffen, der recht arm war und außer diesem Onkel keinerlei Beistand besaß; er war noch jünger als seine Kusine. Teils unter Berufung auf Freundschaft, teils mit Autorität forderte der Oheim von ihm, daß er seine Kusine heirate: im Alter von siebzehn Jahren ging er also 1680 wider Willen diese Ehe ein. Der König gab der jungen Gemahlin hunderttausend Livres, dazu kam das bißchen Vermögen seines Schwiegervaters, den er sechs Monate später verlor; mit ihm verlor er auch den einzigen Zügel, der ihn hatte im Zaum halten können. Er war ein sprühender Geist, erschöpfte sich aber in Witzen, Oberflächlichkeiten und scherzhaften Plänkeleien. Nicht die geringste Zuverlässigkeit, bar aller Vernunft, aller Lebensart versank er im Sumpf und in den schändlichsten Ausschweifungen, mit denen er sich zugrunde richtete. Seine Frau wurde wegen dieser miserablen, wider ihren Willen geschlossenen Ehe Gegenstand des allgemeinen Bedauerns. So verbrachte sie ihre Tage, ohne zu wissen, wovon sie sich nähren und kleiden sollte, dazu unter dem schrecklichsten Terror, den ihre Tugend, ihre Sanftmut und ihre Geduld in keiner Weise zu mildern vermochten. Zu ihrem Glück fand sie Freunde, die ihr beistanden, aber ohne die Marschallin Chamilly wäre sie oft dem Hungertod nahe gewesen. Schließlich überredete sie den Duc de Brancas zu einer Trennung; und um es auch wirklich dazu kommen zu lassen, verprügelte er seine Frau nach vorheriger Verabredung in Gegenwart der Mme. de Chamilly und anderer Zeugen und jagte sie mit Fußtritten davon. Sie wußte nach der Trennung kaum, wo sie ihr täglich Brot hernehmen sollte. So lebte sie mehrere Jahre, bis sie sich dann, um sich etwas zu verdienen und zumal um ihren Kindern, um die ihr Gemahl sich nicht im geringsten kümmerte, etwas zukommen zu lassen, in Madames Dienste begab. Madame, die sich dadurch sehr geehrt fühlte, behandelte sie bis zu ihrem Tode mit viel Rücksicht und Zuvorkommenheit, und durch ihre Sanftmut und ihre Tugend machte sich Mme. de Brancas bei Hofe allgemein beliebt.

Um diese Zeit starb Félix, der Erste Chirurg des Königs. Fagon, der Leibarzt, dem der König sowie Mme. de Maintenon unbedenklich ihre Gesundheit anvertrauten, vermittelte die freigewordene Stelle Mareschal, dem Chirurgen der Charité in Paris, der wegen seiner Geschicklichkeit einen großen Ruf genoß und der Fagon sehr erfolgreich den Stein herausoperiert hatte. Abgesehen von seiner beruflichen Fähigkeit war Mareschal ein Mann, der zwar nicht mit allzuviel Geist, aber mit hinreichend gesundem Menschenverstand gesegnet war, der genau wußte, mit wem er es zu tun hatte, der Lauterkeit und Ehrbarkeit schätzte und das Gegenteil verabscheute. Er war freimütig und aufrichtig, was er jederzeit unter Beweis stellte. Ein wackerer, ganz in sich geschlossener Mann, der, sobald er sich erst einmal eingeführt hatte, aus Redlichkeit oder Freundschaft stets bereit war, unbefangen das Eis um den König zu brechen. Man wird in der Folge sehen, daß ich mich nicht ohne Grund so ausführlich über diese in der nächsten Nähe des Königs beschäftigte Person verbreite.

Ich erinnere mich, daß er uns, Mme. de Saint-Simon und mir, eine Geschichte erzählte, die ihm widerfahren war und die es verdient, berichtet zu werden. Als er etwa ein Jahr Erster Chirurg des Königs war und schon volles Vertrauen und jede Gunst genoß, aber noch immer, wie er es stets getan, in Versailles und in der Umgebung alle Kranken aufsuchte, die seiner Behandlung bedurften, ließ der Chirurg von Port-Royal ihn dorthin bitten, um eine Nonne zu untersuchen, der er das Bein amputieren zu müssen glaubte. Mareschal versprach am anderen Morgen zu kommen. Doch am anderen Tag forderte man ihn, als er vom Lever des Königs kam, auf, einer bevorstehenden Operation beizuwohnen. Er entschuldigte sich und sagte, daß er bereits in Port-Royal verabredet sei. Bei Erwähnung dieses Namens nahm einer aus der Fakultät Mareschal beiseite und fragte ihn, ob er denn wisse, was er tue, wenn er nach Port-Royal ginge. Mareschal, der ganz arglos war und der von alledem, was unter diesem Namen soviel Aufsehen erregt hatte, nicht das geringste wußte, war ob der Frage überrascht, aber noch überraschter, als man ihm erklärte, daß er nichts weniger riskiere, als davongejagt zu werden. Er konnte nicht begreifen, daß der König es tadelnswert fände, wenn er nach Port-Royal ginge, um festzustellen, ob man einer Nonne das Bein abnehmen sollte oder nicht. Schließlich versprach er, mit dem König zu reden, ehe er sich dorthin begäbe. In der Tat wartete er auf den König, als dieser von der Messe zurückkam, und da es nicht die war, zu der Mareschal gewöhnlich zu erscheinen pflegte, fragte ihn der König erstaunt, was er wolle. Mareschal berichtete in aller Schlichtheit, was ihn zu ihm führte und äußerte auch die Verwunderung, die er selber darüber empfinde. Als der Name Port-Royal fiel, richtete sich der König auf, wie er es stets zu tun pflegte bei Dingen, die ihm mißfielen, und verharrte zwei oder drei Vaterunser lang mit ernster, nachdenklicher Miene, ohne zu antworten; dann sagte er zu Mareschal: »Ich bin einverstanden, daß Sie dorthin fahren, aber unter der Bedingung, daß Sie sich sofort auf den Weg machen, um ausreichend Zeit zu haben. Sie sollen sich unter dem Vorwand der Neugierde das ganze Haus ansehen, sowohl die Nonnen im Chor wie alles übrige; versuchen

Sie mit ihnen ins Gespräch zu kommen, und prüfen Sie alles ganz genau, denn Sie sollen mir heute abend darüber berichten.« Noch verwunderter als zuvor machte Mareschal sich auf den Weg; er nahm alles in Augenschein und verabsäumte nichts von dem, was ihm aufgetragen. Er wurde mit Ungeduld erwartet; der König erkundigte sich mehrfach, ob er schon zurück sei, und ließ ihn nach seiner Ankunft sofort zu sich kommen; über eine Stunde fragte er ihn aus. Mareschal erging sich in unablässigen Lobpreisungen Port-Royals. Er sagte dem König, das erste, was er dort vernommen habe, sei die Frage nach der Gesundheit des Königs gewesen, und immer wieder habe man sich danach erkundigt; es gebe keinen Ort, wo soviel für ihn gebetet würde, das habe er selbst als Zeuge bei den Chorgebeten mit angehört. Er bewundere die Barmherzigkeit, Geduld und Bußfertigkeit, die er dort erlebt habe; er sei, fügte er hinzu, noch niemals in einem Hause gewesen, dessen Frömmigkeit und Heiligkeit ihm solch großen Eindruck gemacht. Die ganze Antwort darauf war ein Stoßseufzer des Königs, der meinte, es seien Heilige, die man zu sehr bedrängt, deren weltfremde Unkenntnis, deren Eifer und Betörung man nicht genug in Rechnung gestellt habe und denen gegenüber man entschieden zu weit gegangen sei. Das also erfolgte auf das Anhören der ungeschminkten Darstellung eines vorurteilslosen, neutralen Mannes, der nichts anderes berichtete, als was er gesehen, eines Mannes, dem der König nicht mißtrauen konnte und der deshalb in aller Freiheit reden durfte. Doch der König war an die Gegenpartei verkauft und schenkte nur ihr Gehör. So war denn dieser flüchtige Eindruck des Wahren bald wieder zunichte geworden; er erinnerte sich dessen nicht mehr, als der Pater Tellier ihn einige Jahre später veranlaßte, Port-Royal bis auf die Grundmauern zu zerstören und den Pflug darüber hingehen zu lassen.

Félix hatte auf Lebenszeit ein kleines Haus im Park von Versailles bekommen, und er hatte es sich sehr hübsch zurechtgemacht. Dieses Haus schenkte der König nun der Comtesse de Gramont; ein Geschenk, das einiges Aufsehen erregte und deutlich bewies, wie gut sie mit dem König stand. Sie nannte das kleine Haus Pontalie, und Pontalie kam in Mode; die Duchesse de Bourgogne sowie die Prinzessinnen pflegten häufig dort zu verweilen. Aber nicht jeder, der wollte, wurde dort empfangen. Der Ärger, den Mme. de Maintenon darüber empfand, den sie jedoch nicht offen zu zeigen wagte, vermochte nicht einmal ihre nächsten Anhänger von diesen Besuchen zurückzuhalten; und der König, der eifersüchtig darauf bedacht war zu beweisen, daß er in keinem Punkte beherrscht wurde, folgte seiner Neigung für die Comtesse de

Gramont nur um so lieber. Mme. de Maintenon tröstete sich indes über dieses kleine Übel durch die Befreiung von einer weit größeren Plage: nämlich von ihrem Bruder, der in den Bädern von Vichy starb. Es wurde durch diesen Todesfall nur ein Ordensband und die Statthalterschaft von Berry frei, auf die der Comte d'Ayen, d'Aubignés Schwiegersohn, Anspruch hatte. Dieser Schwiegersohn war in einen seltsamen Schwächezustand verfallen, dessen Ursache die Ärzte nicht zu erkennen vermochten und der ihn ohne eine andere Krankheitserscheinung als heftiger Schmerzen in der Magengrube bis zum äußersten erschöpfte. Es war nicht daran zu denken, daß er den Feldzug mitmachte; er verbrachte den Sommer dick eingewickelt wie im strengsten Winter in einer Ecke am Kamin. Mme. de Maintenon ging ihn oft besuchen und, was sehr seltsam wirkte, die Duchesse de Bourgogne verweilte häufig auch ohne sie, ganze Nachmittage bei ihm. Sei es die Laune eines Kranken, seien es häusliche Zwischenfälle, er war es überdrüssig, weiter in der Wohnung seiner Eltern zu bleiben, wo er und seine Frau sehr bequem untergebracht waren: er ließ also den Erzbischof von Reims bitten, er möge ihm seine Wohnung, die am anderen Ende des Schlosses lag, leihweise überlassen. Diese Anfrage war um so unhöflicher, als der Erzbischof damals sehr schlecht mit dem König stand und der Comte d'Ayen nicht das Recht hatte, ihm die seit einiger Zeit frei gewordenen Gemächer des Duc de Berry abzutreten. Ich nehme diese Ausquartierung vorweg, um sie nicht allzusehr zu trennen von der Schilderung, wie der Erzbischof von Reims aus seiner Ungnade wieder zur Gnade gelangte. Es folgt also nun der Bericht über die Ursache der Ungnade des Erzbischofs von Reims, deren Anlaß sich in diesem Jahre am Pfingstsonnabend ergab.

1694 war der berühmte Arnauld im Alter von zweiundachtzig Jahren in Brüssel gestorben. Der Pater Quesnel – unter diesem Namen bekannt, weil er lange Zeit dem Oratorium angehörte – hatte die Nachfolge dieses großen Parteiführers übernommen. Da er durch die Umtriebe der Jesuiten und ihrer Kreaturen ständig in Gefahr war, hielt er sich ganz wie sein Meister fast immer verborgen. Die Jesuiten glaubten, die Umstände seien ungünstig, den Versuch zu unternehmen, sich des Paters Quesnel und aller seiner Papiere zu bemächtigen. Er wurde verraten, entdeckt und am Vorabend von Pfingsten in Brüssel verhaftet. Ich überlasse den Bericht über die bemerkenswerten Einzelheiten den jansenistischen Annalenschreibern und begnüge mich hier mit der Feststellung, daß er durch ein Nebenhaus flüchtete und unter tausend Gefahren Holland erreichte; seine Papiere indes wurden gefunden, und sie waren eine willkommene Beute, aus der die molinistische Partei große Vorteile zu ziehen verstand: man fand da Chiffren, zahlreiche Decknamen und deren Schlüssel, viele Briefe, Aufzeichnungen und Berichte. Es zeigte sich, daß ein Benediktiner der Abtei von Hautvillers, der schon einmal Schwierigkeiten wegen der Lehrmeinung gehabt hatte, stark in die Sache verwickelt war: man beschloß, ihn zu verhaften und alle Schriften, die sich in diesem Kloster auftreiben ließen, zu konfiszieren. Der Mönch entkam, aber in seiner Zelle fand sich kein einziges Stückchen Papier. Dafür wurde man durch die reiche Ernte, die man in der Zelle des Subpriors machte, entschädigt, hier lag alles voller Papiere. Sie wurden sämtlichst nach Paris geschafft und genauestens untersucht. Es fand sich eine ausgiebige Korrespondenz zwischen dem Pater Quesnel und jenem Benediktinermönch und ein über diese Verbindung geführter, ebenfalls sehr umfangreicher Briefwechsel zwischen dem Pater Quesnel und dem Erzbischof von Reims. Das schlimmste war, daß man auch auf handschriftliche Entwürfe des besagten Mönches stieß, Entwürfe für ein Buch, das dann in Holland gedruckt worden war und das in bedenklicher Weise die Monarchie mit der Tyrannei verwechselte und sehr stark nach Republikanertum roch. Dieser Mönch von Hautvillers wurde als der Autor jenes gegen die Monarchie gerichteten Buches festgestellt. Der Verdacht lag nahe, daß Pater Quesnel diese Ansichten ebenfalls vertrat und der Erzbischof von Reims von diesem Buch zumindest gewußt hatte, wenn er nicht sogar diese Ansichten teilte. Man kann sich denken, welchen Nutzen die Jesuiten, die Feinde des Erzbischofs, die dieser bisher stets ungestraft mißhandelt hatte, aus der Sache zu ziehen wußten. Der König war sehr empört. Die Familie des Erzbischofs hatte, seitdem sie nicht mehr im Ministerium vertreten war, allen Einfluß und alles Ansehen verloren; sie geriet nun ebenso wie seine Freunde in große Unruhe, sie benachrichtigten den Erzbischof, der in Reims weilte und aus Angst dort blieb, anstatt den Versuch zu unternehmen, sich zu rechtfertigen. Sein Aufenthalt in Reims unter solchen Umständen war ein weiterer Anlaß zum Triumph und zu bösen Machenschaften gegen ihn, so daß er sich am Ende gezwungen sah, nach Versailles zurückzukehren. Mit Mühe erhielt er eine Audienz beim König, sie verlief sehr unerfreulich, und als er das Gemach verließ, stand er noch schlechter mit dem König als zuvor, und seine sehr spürbare Ungnade währte bis zu jenem, lange Zeit danach eintretenden Zufall mit dem Wohnungswechsel des Comte d'Ayen. Der Erzbischof kannte den Hof zu gut, um eine solch günstige Gelegenheit nicht auf der Stelle wahrzunehmen, er begriff im Augenblick, daß Mme.

de Maintenon, die damals mit ihrer Nichte zufriedener war als je, die in den kranken Comte d'Ayen vernarrt war und die der Duchesse de Noailles, ja sogar des Duc de Noailles langsam überdrüssig zu werden begann, höchlichst entzückt sein würde, beim Comte und der Comtesse d'Ayen, die dann weit von ihren Eltern getrennt leben würden, einen ihr gemäßen Zufluchtsort zu finden. Er antwortete also, indem er seinen Schlüssel mit der ganzen Höflichkeit eines in Ungnade gefallenen bäuerischen Küsters zurückschickte und erklärte, wenn er nicht mehr in seine Diözese zurückkehren dürfe, brauche er auch keine Wohnung mehr. Noch am gleichen Tag ließ er seine sämtlichen Möbel wegräumen und zog in sein Pariser Stadthaus. Am anderen Tag kam der König, als er des Erzbischofs ansichtig wurde, geradenwegs auf ihn zu, dankte ihm in verbindlichsten Worten, meinte, es sei ihm gar nicht recht gewesen, daß man ihn ausquartiert habe, und forderte ihn auf, sich das Appartement anzusehen, das der Duc de Berry aufgegeben habe und das eigentlich dem Comte d'Ayen zugedacht gewesen sei. Weit über seine Erwartungen hinaus mit Gnaden überhäuft benutzte der Erzbischof von Reims diesen glücklichen Augenblick: er erhielt eine Audienz beim König, die ebenso erfreulich verlief, wie die erste betrüblich gewesen. Es war eine lange Audienz. Der König gewährte ihm wieder all seine ursprüngliche Gunst, und er seinerseits versprach dem König, ohne daß dieser es gefordert hätte, fortan die Jesuiten zu schonen. Die Gemächer des Duc de Berry, die nicht ganz so geräumig waren wie jene, die er verlassen hatte, lagen zu ebener Erde im neuen Flügel und in gleicher Höhe mit den Gemächern des Königs. Sie hatten einen schönen Ausblick auf die Gärten, und sie wurden nicht beeinträchtigt durch die Nachbarschaft der Oberintendanz, in deren Räumen sein Vater sowie sein Neffe gestorben waren und die nun von deren Nachfolger Chamillart und dessen Familie bewohnt wurden. So vermögen bei Hofe winzige Kleinigkeiten die hoffnungslosesten Situationen wieder ins Lot zu bringen.

Intrigen der Mme. des Ursins am spanischen Hof und ihr Bündnis mit Mme. de Maintenon. – Der spanische König eine Marionette in diesem Spiel.

Portugal hatte uns im Stich gelassen, oder vielmehr, wir hatten Portugal im Stich gelassen, da wir ihm die versprochenen Seestreitkräfte zum Schutz gegen die der Engländer nicht hatten liefern können.

Ungefähr um dieselbe Zeit wurde man sich endlich der Untreue des Herzogs von Savoyen bewußt. Phélypeaux, der Gesandte des Königs in Savoyen, hatte das mit seiner feinen Nase schon seit langem vorausgesagt, aber man hatte ihm keinen Glauben schenken wollen. Die Verträge, die doppelten Familienverbindungen, die Unzufriedenheit über die Entschädigung Mantuas', die Beharrlichkeit Vaudémonts, der sich wohl hütete, etwas von dem, was er wirklich dachte, verlauten zu lassen, die Leichtgläubigkeit und Vertrauensseligkeit Vendômes, das alles zusammen hatte beruhigend gewirkt. Mme. de Maintenon weigerte sich zu glauben, daß der Vater der Duchesse de Bourgogne ein Verräter sein könne; der von den beiden Generalen verführte Chamillart war von Mme. de Maintenon ins Schlepptau genommen worden, und der König sah die Dinge nun so, wie sie sie alle sahen. Schließlich, doch leider zu spät, fielen ihnen die Schuppen von den Augen; doch ehe ich über das gefährliche Mittel berichte, zu dem man, weil man zu lange gezögert hatte, gezwungenermaßen greifen mußte, gilt es, den vollkommenen Szenenwechsel zu betrachten, der sich in Spanien vollzog, und die Dinge von einer höheren Warte aus zu beurteilen.

Wenn man sich an das erinnert, was ich über die Princesse des Ursins sagte, als sie zur camarera-mayor der spanischen Königin ernannt wurde, begreift man, daß sie den festen Willen hatte, die Zügel in die Hand zu nehmen. Sie konnte dieses Ziel nur erreichen, wenn sie die Königin dazu brachte, Geschmack an Staatsgeschäften zu finden, und ihr den Wunsch einflößte, auf diesem Felde zu dominieren, und sie sich überdies der Fleischeslust Philipps V. und der Anmut seiner Gemahlin bediente; während sie nach außen hin dem König die Macht überließ, gedachte sie die wirkliche Macht der Königin, und das heißt sich selbst zu übertragen, denn sie selber wollte die Königin und durch diese den König und seine Monarchie beherrschen. Ein so kühnes Projekt bedurfte notwendigerweise der Unterstützung des französischen Königs, der den spanischen Hof, zumal zu Beginn, durch seine Einflußnahme auf dessen Politik in gleicher Weise regierte wie seinen eigenen. Zu diesem gewaltigen Plan, den Mme. des Ursins bereits gefaßt hatte, als sie mit dem König und der Königin bekannt geworden war, gehörte es vor allem, daß sie den Geist der Königin für sich gewann; die Königin glaubte am Ende tatsächlich, nirgends sonst Hilfe finden zu können als bei Mme. des Ursins; sie lieferte sich ihr bedingungslos aus. Diese junge Fürstin war nicht minder sorgfältig erzogen und nicht minder gut unterwiesen worden als die Duchesse de Bourgogne. Sie besaß angeborene Klugheit und zeigte bereits in frühjugendlichem Alter wache Überlegenheit und folgerichtiges Denken. Sie vermochte Ratschläge zu erteilen und zu überzeugen; und je mehr sie sich geistig entwickelte, desto mehr gewann sie an Ausdauer und Mut, was die Sanftheit und natürliche Anmut ihres Wesens noch stärker zur Geltung brachte. Sie besaß, nach allem, was ich in Frankreich und zumal in Spanien habe sagen hören, alle Eigenschaften, deren es bedarf, um angebetet zu werden: daher wurde sie in Spanien auch sehr bald zur Gottheit. Ein solcher Geist, der unter Ausschluß aller Zeugen tagaus, tagein zunächst von einem anderen, nämlich dem der Princesse des Ursins, gelenkt wurde, war imstande, das Äußerste zu wagen, was dann ja auch geschah. Die Reise von Barcelona nach Saragossa und von Saragossa nach Madrid gab ihr ausgiebig Gelegenheit, sich beliebt zu machen, und die Versammlung der Stände in Aragon, wo die Staatsgeschäfte der Form nach an die Königin übergingen, vermittelte der camarera-mayor hinlängliche Einsicht und bot ihr die Möglichkeit, der Königin die Neigung zum Herrschen und Regieren zu vermitteln und allmählich zu ermessen, was sie selbst von dieser Seite erhoffen konnte. Dank der Regentschaft der Königin boten sich ihr in Madrid dieselben Mittel, nur in noch größerem Umfang als in Saragossa. Hier bekam sie jede gewünschte Gelegenheit, die Denkweise, die Absichten und die Interessen derer, aus denen sich die Junta zusammensetzte, kennenzulernen und zu sondieren. Die Schicklichkeit verbot, daß die Königin den Angehörigen der Junta allein gegenübertrat: also begleitete Mme. des Ursins sie dorthin und bekam auf diesem Wege unweigerlich auch Kenntnis von allen Staatsgeschäften. Sehr bald schon war sie so weit, daß sie die Königin vollkommen lenkte, denn diese liebte sie von ganzem Herzen, brachte ihr volles Vertrauen entgegen und war sowohl in ihrem Auftreten als Königin als auch in ihren privaten Vergnügungen ganz und gar von ihr abhängig. Mme. des Ursins sorgte dafür, daß es ihr zur Gewohnheit wurde, ständig mit der Junta zusammenzuarbeiten, damit sie sich selbst auf diese Weise dort einarbeiten konnte, und sie verstand es sehr gut, sich die Achtung, die die Spanier vor ihrer Königin hatten, zunutze zu machen.

Man kann sich denken, daß es die Princesse des Ursins nicht verabsäumte, emsig umserem Hofe zu schmeicheln und dort ständig Rechenschaft abzulegen über alles, was die Königin betraf, um sie in der Wertschätzung des Königs immer höher steigen zu lassen. Jene Rechenschaftsberichte wurden an Mme. de Maintenon gesandt, durch die sie dann zum König gelangten. Gleichzeitig war Mme. des Ursins nicht minder darauf bedacht, den in Italien weilenden König von Spanien in derselben Weise zu informieren und die Königin dazu anzuhalten, ihm sowie auch ihrer Schwester, der Duchesse de Bourgogne, regelmäßig zu schreiben. Die Anerkennung, die Mme. des Ursins in ihren Briefen der Königin zollte, berührte ganz allmählich und zwangsläufig auch das Gebiet der Staatsgeschäfte, und da sie von allem, was vor sich ging, Zeuge war, verbreitete sie sich mehr und mehr auch über die Regierungsgeschäfte als solche und gewöhnte so die beiden Könige daran, in ihr eine Person zu sehen, die, weil sie unvermeidlicherweise die Königin begleiten mußte, gut informiert war, wobei sie es allerdings vermied, den Verdacht zu wecken, sie sei ehrgeizig und wolle sich einmischen. Nachdem sie so unmerklich Boden unter die Füße bekommen hatte und Spaniens sicher war, sofern Frankreich sie zu unterstützen bereit war, schmeichelte sie in zunehmendem Maße Mme. de Maintenon und brachte es schließlich fertig, diese zu überzeugen, daß ihrer beider Interessen in Spanien und in Frankreich aufs engste miteinander verflochten seien; daß Mme. de Maintenon von Versailles aus durch sie in Spanien noch unbedingter zu herrschen vermöchte als in Frankreich, da sie nunmehr keines Umwegs bedürfe, sondern nur anzuordnen brauche; und schließlich machte sie ihr klar, daß sie diese Machtfülle nur über sie erreichen könne, über sie, die keinen anderen Rückhalt habe noch erwarte, wohingegen die Gesandten unabhängig von Mme. de Maintenon durch das französische Ministerium gelenkt würden, das seinerseits wieder direkt über den König und über ihren Kopf hinweg auf das spanische Ministerium einwirken würde. Mme. de Maintenon, die leidenschaftlich darauf versessen war, alles zu erfahren, sich in alles einzumischen und alles zu beherrschen, ließ sich von dieser Sirene vollkommen betören. Die Möglichkeit, Spanien unter Ausschaltung der Minister zu beherrschen, schien ihr ein verlockender Plan, den sie begierig aufgriff, ohne sich klarzumachen, daß sie nur dem Schein nach herrschen, in Wirklichkeit aber die Herrschaft Mme. des Ursins überlassen würde, weil sie alles immer nur durch jene erfahren und alle Dinge immer in dem Lichte sehen würde, in dem Mme. des Ursins sie ihr darstellte. Daher das enge Bündnis zwischen diesen entscheidenden Frauen; daher die grenzenlose Machtbefugnis von Mme. des Ursins; daher der Sturz all derer, die Philipp V. auf den Thron verholfen, und all derer, deren Ratschläge seine Stellung zu festigen vermocht hatten; daher die Wirkungslosigkeit unserer Minister in allem, was Spanien betraf, und die Ohnmacht unserer Gesandten im Lande selber, deren keiner sich dort halten konnte, sofern er sich nicht bedingungslos der Princesse des Ursins ergab. So groß war ihre Geschicklichkeit und so groß die Schwäche des Königs, der es vorzog, seinen Enkel auf dem Umweg über die Königin zu beherrschen, statt ihn unmittelbar durch seine Willensentscheidungen und Ratschläge zu leiten, indem er sich des natürlichen Kanals seiner Minister bediente.

Als dieser große Schritt getan und das geheime und enge Bündnis zwischen den Frauen geschlossen war, galt es nun, den König von Spanien in die gleichen Netze zu locken: die Natur hatte hier vorgearbeitet, und die Kunst der beiden tat ein übriges. Dieser Fürst war der jüngere Bruder eines älteren, der anmaßend, ungebärdig, aber von düsterer Gemütsart war – und ich gestehe das um so offenherziger, als man in der Folge den Sieg der Tugend in ihm beobachten kann – so war also der jüngere in vollkommener Abhängigkeit herangewachsen, in einer Unterwerfung, die man für unerläßlich hielt, um Aufruhr und Wirrnisse zu vermeiden und die Ruhe innerhalb der königlichen Familie zu gewährleisten. Bis zur Eröffnung des Testaments Karls II. hatte man den Duc d'Anjou nur als einen Untertan betrachten können, der unter einem Bruder, sobald jener einmal König geworden, um so mehr zu fürchten war, je höher er durch Geburt stand, und der folglich gar nicht genug durch Erziehung in Schranken gehalten und zu Geduld und Abhängigkeit gezwungen werden konnte. Seine Verstandeskräfte und alles, was damit zusammenhing, blieben also unausgebildet und verkümmerten durch diese Art Erziehung, die ihn, da sie auf ein sanftes und lässiges Naturell traf, daran gewöhnte, sich einfach der Führung zu überlassen, statt selbst zu denken und zu handeln. Die große Frömmigkeit, die ihm vorsätzlich eingeimpft worden war und die er sein Leben lang beibehielt, drückte ihn, da ihm kein Urteils- und Unterscheidungsvermögen zu eigen war, vollends nieder. Ein Fürst also wie geschaffen dazu, sich einschließen und beherrschen zu lassen.

Zu so vielen dem Plan der Princesse des Ursins gedeihlichen Voraussetzungen fügte sich noch eine weitere höchst sonderbare; sie entstammte dem Wettstreit zwischen Frömmigkeit und fleischlicher Begierde. Die letztere war bei diesem Prinzen so stark, daß er während seiner Reise in Italien auf gefährlichste Weise von ihr geplagt wurde; alles in ihm staute sich fürchterlich an, und da die Ursache dieser Stauung keinen Ausweg fand, litt er an qualvollen Migränen; das beschleunigte schließlich seine Rückkehr; erst als er wieder mit der Königin vereint war, fand er Erleichterung. Daraus kann man ersehen, wie sehr er sie liebte, wie eng er sich an sie klammerte und wie sehr sie, die bereits in die Staatsgeschäfte eingeweiht war und von ihrer geschickten Lehrmeisterin gelenkt wurde, sich das zunutze zu machen verstand. So schloß die Anwesenheit des Königs in Madrid die Königin weder von den Geheimverhandlungen noch von der Verwaltung aus: zwar führte sie nicht mehr den Vorsitz der Junta, doch wurde dort nichts ohne ihr Wissen entschieden. Das Vertrauen und die Neigung der Königin zu ihrer camarera-mayor übertrug sich bald auch auf den König, der nur noch bestrebt war, dieser zu Gefallen zu sein. Die Junta wurde zusehends mehr zur reinen Repräsentation: alles wurde privat beim König ausgehandelt, zumeist in Gegenwart der Königin. Der König entschied nichts unmittelbar und richtete sich stets nach der Königin und nach Mme. des Ursins. Dieses Verhalten wurde von unserem Hof keineswegs mißbilligt. Die Kardinäle d'Estrées und Portocarrero mochten sich noch so häufig darüber beklagen und sich auf unsere Minister berufen: Mme. de Maintenon spottete ihrer, und der König hielt es für die beste Politik, der Königin mehr und mehr Macht einzuräumen, weil er den König, seinen Enkel, durch die Königin viel sicherer zu beherrschen meinte, als auf jedem anderen Wege; eine Ansicht, in der Mme. de Maintenon ihn aus persönlichem Interesse unaufhörlich bestärkte. Die einstigen und so engen Beziehungen der Mme. des Ursins zu den beiden Kardinälen, auf die der Hof so fest gebaut hatte, lockerten sich, sobald sich für Mme. des Ursins die Möglichkeit ergab, allein und unabhängig von ihnen zu herrschen; und als sie durch die Königin erst einmal des Königs von Spanien sicher war, zögerte sie nicht länger, diese beiden Prälaten ihre Macht spüren zu lassen. Dieses Vorgehen erzeugte Verstimmungen, die aber immer wieder behoben wurden; noch nicht gefestigt genug, sie davonzujagen, jedoch entschlossen, sich ihrer zu entledigen, schonte sie sie nicht, und dies um so weniger, als es ihr in ihrem eigenen Interesse notwendig erschien. Sie versuchte zunächst, die beiden Kardinäle zu entzweien und so den einen durch den anderen unschädlich zu machen. Portocarrero, der stolz war auf die große Rolle, die er bei der Abfassung des Testaments Karls II. und nach dessen Tode gespielt hatte, ertrug diese Teilung der Autorität mit einem gleich ihm zum Purpur erhobenen Vertreter des Königs von Frankreich nur sehr schwer. D'Estrées, lebhaft, temperamentvoll und hochfahrend, an große Staatsgeschäfte und Entscheidungen gewöhnt, war über die Tatsache, nicht mehr allein der Herr zu sein, nicht minder verärgert. Diese ewigen Unruhen verdrossen den spanischen Kardinal derart, daß er die Junta verlassen wollte; aber Mme. des Ursins befand, daß es noch nicht an der Zeit und zu gefährlich sei, den französischen Kardinal von seinem spanischen Kollegen zu befreien. Ich weiß nicht, ob der Kardinal d'Estrées Gelegenheit nahm, sich doch wieder mit Portocarrero auszusöhnen und sich mit ihm gegen die camarera-mayor zu verbünden; schließlich erkannten die beiden, daß jene sie gegeneinander ausspielte, und vereinigten sich tatsächlich, um sich vor ihr zu schützen. D'Harcourt, der sehr eng mit Mme. de Maintenon verbunden war, hatte diese dazu angehalten, sich der spanischen Angelegenheiten nach Möglichkeit zu bemächtigen, und hatte sich durch ihre Vermittlung engstens an Mme. des Ursins angeschlossen. Alle hatten begriffen, daß sie einander unentbehrlich waren: Mme. des Ursins brauchte d'Harcourt, um von ihm Aufklärungen und Instruktionen über den spanischen Hof und die spanischen Staatsgeschäfte zu bekommen, da sie selbst noch ganz neu an diesem Hofe war, und ferner, um bei Mme. de Maintenon einen Rückhalt gegen die Gesandten des Königs und seine Minister zu haben. D'Harcourt, der unablässig nach dem Ministerium schielte, in das er nicht hineingelangt war, hoffte, doch noch einen Zugang zu finden, und er sah keinen anderen Weg dorthin, als sich ständige Gelegenheiten offenzuhalten, über Regierungsgeschäfte und über den spanischen Hof zu sprechen und angehört, ja sogar in diesen Dingen um Rat gefragt zu werden. Aber gerade das war ihm, seit diese Angelegenheiten ihren natürlichen Weg über die Gesandten und Minister des Königs nahmen, unmöglich geworden. Torcy, mit dem er im Streit lag, war derjenige, der auf Grund seines Dienstbereichs über die Einzelheiten verfügte; er setzte die Depeschen an die beiden Könige auf, empfing die ihren und bekam sogar all jene zu sehen, die von ihnen ganz persönlich stammten. Dadurch war es für d'Harcourt unmöglich, sich in irgend etwas einzumischen noch die Vorgänge zu durchschauen, sofern er nicht die Leute ausbootete, die notwendigerweise in diese Geschäfte eingeweiht waren. Sein Interesse, das Interesse der Mme. de Maintenon und das der Princesse des Ursins stimmte in diesem Punkt vollkommen überein; das veranlaßte und festigte die enge Bindung, die zwischen Mme. de Maintenon und d'Harcourt schon vorher bestanden und die beiden dazu getrieben hatte, Mme. des Ursins zu unterstützen, um so den Gesandten und Ministern das Geheimnis der spanischen Staatsgeschäfte zu entreißen und ihnen nur noch die gröbste Arbeit und die unerläßlichsten Aufträge zu überlassen. Als Mme. des Ursins dieser Position sicher war, ließ sie gegenüber dem Kardinal und dem Abbé d'Estrées die Maske fallen, nachdem sie zuvor dem Kardinal Portocarrero ein Garderegiment hingeworfen hatte, so daß dieser, obwohl mit beiden verbündet, es nicht wagte, sich sofort ebenso heftig zu beklagen wie jene. Diese Kriegserklärung verursachte großes Aufsehen, aber ebendies wollte die camarera-mayor, die nun, da sie sich so gut unterstützt wußte, im ruhigen Bewußtsein, nicht beim Wort genommen zu werden, ganz vernehmlich um Erlaubnis bat, sich nach Italien zurückziehen zu dürfen, um somit den Estrées, die es angeblich nicht mit ihr aushalten konnte, alle Schuld zuzuschieben und sich durch diese hinterlistigen Mittel von ihnen zu befreien. Das gelang ihr jedoch nicht ohne Kampf.

Die Minister, die spürten, daß ihnen in Spanien alles entglitt, sofern Mme. des Ursins dort weiterhin die Oberhand behielte, unterstützten die Estrées nach Kräften. Mme. de Maintenon wiederum bemühte sich, dem König vor Augen zu führen, in welche Verzweiflung man die Königin stürzen würde, wenn man es zuließe, daß Mme. des Ursins sich zurückzöge; es sei besser und sicherer, meinte sie, den König von Spanien durch die Königin zu lenken, die, was man auch unternehme, stets über sein Herz und damit auch über seinen schwerfälligen, schüchternen Geist verfügen würde; und die ihrerseits von der so vernünftigen und wohlgesinnten Mme. des Ursins gelenkt würde. Gemeinsam mit d'Harcourt überzeugte sie den König, daß Mme. des Ursins in steter Verbindung mit den Gesandten Frankreichs eine große Hilfe und gegenseitige Aufklärung darstellen würde.

Louville, bis zur Rückkehr aus Italien der Berater König Philipps, sein einziger, vertrauter Freund und der Verwalter der Gunstbezeigungen, sah sich, kaum daß er mit seinem Herren wieder in Spanien eingetroffen war, vollkommen ausgeschaltet. Seine Klugheit, sein Mut, sein waches Temperament, die Zuvorkommenheit und Heiterkeit, mit der er den König unterhielt, die Autorität, die er seit der Kinderzeit auf jenen ausübte, und die enge Beziehung, in der er zu unseren Ministern stand, all das flößte Mme. des Ursins zuviel Furcht ein, als daß sie nicht alles getan hätte, sich seiner zu entledigen. Sie hatte die Königin vor der Rückkehr des Königs hinlänglich ins Bild gesetzt und entsprechend aufgestachelt. So traf Louville, als er nach Madrid kam, eine Herrscherin an, die alle Männer aus dem Palast verbannte; er verlor seine Wohnung dort und bald darauf auch all seine Vorrechte.

Die Königin hielt den König fast ständig in ihren Gemächern zurück und häufig auch in denen der camarera-mayor, die an die ihren angrenzten. Dort fanden die Geheimsitzungen statt. Orry, der wie gesagt eng mit Mme. des Ursins verbunden war und die Finanzen und den Handel verwaltete, fand sich als vierter dort ein. In der Folge wurde in diesen engen Kreis, der einzige, in dem alle Dinge geregelt wurden, noch ein Fünfter zugelassen. Dieser Fünfte stand auf bestem Fuß mit Orry. Er hieß d'Aubigny und war der Sohn eines Prokurators am Parlament von Paris; ein schöner und gut gewachsener, körperlich und geistig sehr wendiger Bursche, der seit langem als sogenannter Stallmeister bei der Princesse des Ursins lebte, über die er jene Macht ausübte, die zumeist Männern zufällt, die die Unzulänglichkeit der Ehemänner ausgleichen. Als die camarera-mayor eines Nachmittags ungestört mit Louville und dem Duc de Médina-Celi sprechen wollte, begab sie sich mit den beiden in ein kleines, hinter ihrem Appartement liegendes Gemach. D'Aubigny, der dort am Schreibtisch saß, begann, da er nur seine Herrin eintreten sah, zu fluchen und fragte sie, ob sie ihn denn nie auch nur eine Stunde in Ruhe lassen könne, wobei er sie mit recht anzüglichen und befremdlichen Namen belegte, und dies in so jähem Redeschwall, daß bereits alles ausgesprochen war, ehe Mme. des Ursins ihn darauf hinweisen konnte, wer ihr folgte. Alle vier waren peinlich berührt. D'Aubigny machte sich davon. Louville und der Herzog gingen im Zimmer auf und ab, um sich und der camarera-mayor Zeit zu lassen, die Fassung zurückzugewinnen; das Seltsame ist, daß sie danach verhandelten, als sei nichts geschehen.

Schließlich konnte der Kardinal d'Estrées, der fortwährend mit Mme. des Ursins im Streit lag und fortwährend besiegt wurde, einen so unnützen und für ihn so beschämenden Aufenthalt in Spanien keinen Tag länger ertragen. Er bat also um sofortige Rückberufung. Alles, was die Minister und sogar die Noailles, die sich nun einmischten, zu erreichen vermochten, war, daß der Abbé d'Estrées in der Eigenschaft als Gesandter dort verblieb. Zur gleichen Zeit, als der Kardinal d'Estrées beurlaubt wurde, bekam Louville Order zurückzukehren.

Desmaretz. – Saint-Evremonds Tod. – Der Erzherzog von Österreich zum König von Spanien proklamiert. – Die Kämpfe in Deutschland.

Am Mittwoch, dem 19. September, übernachtete der König in Sceaux und anderntags in Fontainebleau. Seit langem schon suchten die Herzöge Chevreuse und Beauvillier, Desmaretz aus dem traurigen Zustand zu erlösen, in dem er, wie ich bereits erwähnte, seit dem Tode Colberts, des Bruders seiner Mutter, dahindämmerte. Inzwischen hatte zwar Chamillart die Erlaubnis bekommen, sich der Fähigkeiten Desmaretz' zu bedienen, um die Finanzleute zu überwachen, aber das war auch alles. Die Überlastung mit dem Kriegs- und dem Finanzministerium hatte Chamillart gezwungen, sich durch die Ernennung zweier Finanzdirektoren Erleichterung zu verschaffen. Unterstützt von seinen beiden Vettern half Desmaretz weiterhin dem Generalkontrolleur, aber ganz heimlich, im verborgenen, und gleichsam ohne Wissen des Königs, wiewohl jener ihm die Erlaubnis dazu gegeben hatte, allerdings nur unter dieser Bedingung. Das mißfiel den beiden Herzögen und Torcy ungemein, denn sie hatten Desmaretz diese Stellung nur als eine Art Sprungbrett verschafft, damit er wieder in Erscheinung treten, endlich in Gnaden aufgenommen und einen ihm angemessenen Platz bei den Finanzen einnehmen könne. Chamillart, eng mit Chevreuse und Beauvillier befreundet und im übrigen der beste und mit dem Unglück anderer mitfühlendste Mensch, versuchte schließlich durchzusetzen, daß das, was Desmaretz in seinem Amt leistete, öffentlich und auf Befehl des Königs geschähe. Er wurde barsch angeherrscht, aber weil er hartnäckig blieb und weil er Mme. de Maintenon den Notstand der Geschäfte darlegte, setzte er es schließlich durch. Als dieser Schritt getan war, stand der nächste zur Erwägung: man wollte, daß Desmaretz dem König vorgestellt würde. Nach einer gewissen Zeit erkühnte sich Chamillart, den König darum zu bitten. Aber das war weit ärger als der erste Versuch: der König wurde ungehalten; er sagte, Desmaretz sei nach der Aussage des sterbenden Colbert, seines eigenen Onkels, ein Dieb; deshalb habe er ihn seinerzeit auch fortgejagt; und es sei immer noch zuviel, daß er erlaubt hatte, ihn in einem Amt zu verwenden, wo er sich, wenn man ihm nur den geringsten Kredit einräume, keineswegs eines so gewinnbringenden Lasters enthalten würde. Chamillart blieb nichts anderes übrig als zu schweigen: gleichviel wandte er sich, durch seinen jüngsten Erfolg ermutigt und von Zeit zu Zeit von den beiden Herzögen gedrängt, noch einmal an Mme. de Maintenon, der er vor Augen hielt, wie unziemlich es sei, sich offiziell eines in Ungnade gefallenen Mannes, den der König nicht sehen wolle, zu bedienen, wie sehr das Desmaretz' Arbeit beeinträchtige und welchen Mißkredit das zur Folge hätte; ein Mißkredit, der sich unmittelbar auf die Geschäfte, die man ihm übertrüge, auswirken müsse. Er rühmte Desmaretz' Fähigkeiten, die Hilfe, die ihm daraus zuteil würde, und den Nutzen, der den Finanzen zugute käme, und er sprach so überzeugend, daß der König schließlich, wenn auch nur mürrisch, einwilligte, Desmaretz zu empfangen. Chamillart führte jenen also nach Beendigung einer Ratssitzung, die am Nachmittag jenes Tages abgehalten wurde, an dem Seine Majestät abreiste, um in Sceaux und dann in Fontainebleau zu nächtigen, in das Arbeitszimmer des Königs. Es läßt sich nichts Frostigeres denken als der Empfang, den der König ihm bereitete. Chamillart, der sehr betroffen war über diese Verhaltensweise, die so abstach von der sonst so liebenswürdigen Art, in der der König all jene zu empfangen pflegte, die er nach ihrer Ungnade wieder aufzunehmen bereit war, wagte nun nichts weiter zu unternehmen. Desmaretz blieb ohne Titel, wurde jedoch bei seiner Arbeit etwas mehr geachtet und zu zahlreichen Geschäften verwandt, die ohne Mittelsperson zwischen dem Generalkontrolleur und ihm und ihm und dem Generalkontrolleur ausgehandelt wurden: und bald schon sah man, daß er nur Fuß zu fassen brauchte und daß sich, wenn dieser entscheidende Schritt getan, alles weitere ergeben würde, und zwar sehr rasch. Einen Monat später richteten es Beauvillier, Chevreuse und Chamillart so geschickt ein, daß Rouillé, in Erwartung den ersten freiwerdenden Platzes zum außerordentlichen Staatsrat ernannt wurde und daß er seinen Posten als Finanzdirektor an Desmaretz weitergab. Armenonville, der zweite Finanzdirektor, sah diesen neuen Stern Chamillarts nicht ohne Unbehagen am Horizont aufgehen. Er ahnte, was sich daraus ergeben könnte, aber er war umsichtig und Höfling genug. Er gehörte zu meinen Freunden, und mit Desmaretz war ich, wie ich bereits sagte, schon seit langem befreundet. Die wenn auch maßvolle Eifersucht ließ bei der Zusammenarbeit der beiden mehr als eine Schwierigkeit aufkommen. Sie kannten das Verhältnis, in dem ich zu

Chamillart, ihrem gemeinsamen Herrn, stand. So kamen sie zu mir, um sich bei mir auszuklagen, und ich versöhnte sie mehr als einmal wieder miteinander, zuweilen sogar ohne Chamillart erst in Anspruch zu nehmen.

Am 3. Oktober kam der Hof von Saint-Germain nach Fontainebleau, wo er bis zum 16. blieb. Man erfuhr, daß der Duc de Lesdiguières gestorben war. Er war der Schwiegersohn des Marschalls Duras. Eine kurze Krankheit hatte ihn in Modena dahingerafft. Er hatte sich ungemein ausgezeichnet und sich in Italien Liebe und Wertschätzung erworben. Der König betrauerte ihn sehr. Er war ein sanfter, bescheidener, heiterer Mann, der jedoch nicht mehr Geist besaß, als man brauchte, um an unserem Hofe Gefallen zu erregen und Erfolg zu haben. Er lebte in bestem Einvernehmen mit seiner Frau, die über seinen Tod sehr betrübt war.

Fast zur gleichen Zeit erfuhr man vom Tode Saint-Evremonds, der durch seinen Geist, seine Werke und durch seine ausdauernde Liebe zu Mme. de Mazarin, die es fertigbrachte, ihn bis ins höchste Alter in England festzuhalten, so bekannt geworden ist. Die Ursache seiner Verbannung, die weit weniger bekannt ist als er selbst, ist eine Kuriosität, die hier erzählt werden mag. Die Neugier hatte ihn in die Pyrenäen geführt: er war ein naher Freund von Marschall Créquy, dem er von dort einen ausführlichen Brief schrieb. Darin gab er die geheimsten Herzensregungen des Kardinals Mazarin preis, was zu keinem sehr vorteilhaften Vergleich zwischen dem Verhalten unseres Premierministers und dem des spanischen Premiers führte. Durch den Geist und die Grazie, die in diesem Brief spürbar waren, wirkten die Reflexionen noch überzeugender und schärfer. Beide Premierminister blieben bis zu ihrem Tode in Unkenntnis der Darstellung. Man fand den Brief unter den Papieren des Marschalls Créquy, da dieser sich nicht hatte entschließen können, ihn zu verbrennen, und er ist dann mit den übrigen Werken Saint-Evremonds gedruckt worden. Die Minister, auf die sich der Brief bezog, fürchteten einen so unbarmherzigen Zensor; Colbert schmückte sich mit seiner Dankbarkeit gegenüber Mazarin, Le Tellier pflichtete ihm bei. Sie packten den König bei seiner schwächsten Stelle, der Eifersucht, mit der er über die Regierungsgeschäfte wachte, und der noch ganz lebendigen Erinnerung an seinen Premierminister: er geriet in Zorn und ließ Saint-Evremond überall suchen. Der aber war beizeiten von seinen Freunden gewarnt worden und verbarg sich so gut, daß man ihn nirgends finden konnte. Als er es endlich leid war, von Ort zu Ort zu irren und niemals Sicherheit zu finden, rettete er sich nach England, wo er bald von allen, die Geist, Stellung oder Herkunft besaßen, eifrig umworben wurde. Er bedrängte lange Zeit alle seine Freunde, um Vergebung für sich zu erlangen: die Erlaubnis, nach Frankreich zurückzukehren, wurde ihm hartnäckig verweigert. Erst zwanzig oder fünfundzwanzig Jahre später, als er schon längst nicht mehr daran dachte, wurde sie ihm erteilt. Er hatte Zeit genug gehabt, sich in London zu naturalisieren, er war närrisch in Mme. de Mazarin verliebt, an seinem Vaterland war ihm nichts mehr gelegen. So hielt er es für gänzlich unnötig, Gewohnheiten, Gesellschaft und Klima mit zweiundsiebzig Jahren nochmals zu wechseln. Er lebte noch an die zwanzig Jahre als Philosoph in England und starb dort, nach wie vor im Vollbesitz seiner Geisteskräfte, bei guter Gesundheit und bis zu seinem Tode umworben, wie er es sein Leben lang gewesen war.

Es gab noch weit wichtigere Neuigkeiten. Der Erzherzog war vom Kaiser zum König von Spanien ernannt worden, und der Kaiser machte kein Geheimnis daraus, daß er gedachte, ihn unverzüglich auf dem Wege über Portugal Spanien angreifen zu lassen.

Unterdessen hatte Tallard die Belagerung von Landau eingeleitet. Die Armee des Grafen Stirum war in der Schlacht von Höchstädt aufgerieben worden. Die des Prinzen Ludwig von Baden, die schlecht bezahlt und heruntergekommen war, beobachtete den Kurfürsten von ferne, und jenseits des Rheins gab es nichts, was dem Unternehmen hinderlich war. Marcin machte den Anfang, und der Laufgraben wurde am 18. Oktober geöffnet. Villars, der weiterhin nur Projekte zum eigenen Vorteil verfolgte, unterließ nichts, um dem Kurfürsten in allem und jedem zuwiderzuhandeln, ihm bei allen Unternehmungen, die nicht mit seinen Bereicherungsabsichten übereinstimmten, seine Hilfe zu verweigern und ihn beim König in den Verdacht zu bringen, er vernachlässige dessen Interessen. Die Dinge nahmen solche Formen an, daß es Villars außer bei ganz dringenden Angelegenheiten unterließ, den Kurfürsten überhaupt aufzusuchen. Da der König schließlich einsah, wie sinnlos es war, die beiden Männer beieinander zu lassen, entschloß er sich, sie ihren Bitten entsprechend zu trennen, und denjenigen, den er an Villars' Stelle zu setzen gedachte, zum Marschall von Frankreich zu ernennen, da ihm, wie er behauptete, keiner, die es schon waren, geeignet erschien.

Coigny, der die höchsten militärischen Dienstgrade innehatte, teilte sich mit seinen Schwägern, den Matignon, in die Gunst Chamillarts. Er weilte damals in Flandern, wo der Kriegsminister ihm zu kleinen Truppeneinheiten verhalf. Chamillart wollte nämlich, daß Coigny unauffällig an Villars' Stelle träte, um ihn alsdann zum Marschall von Frankreich ernennen zu lassen. Er teilte ihm also seine Bestimmung mit. Da jedoch der Marschallstab sogar demjenigen, dem er zugedacht war, erst in Bayern übergeben werden konnte, wagte Chamillart nicht, seinem Schützling das Geheimnis zu offenbaren. Aber er legte, wie er mir später selbst berichtete, den Finger so deutlich auf den Brief, daß er die Sache nicht deutlicher hätte erklären können. Coigny, der sehr begriffsstutzig war, verstand diesen Hinweis nicht. Er fühlte sich dort, wo er eben war, recht wohl; Bayern erschien ihm so fern wie China: er lehnte entschieden ab und brachte somit seinen Protektor und wenig später, als er erfuhr, wozu er ausersehen war, auch sich selbst zur Verzweiflung.

So wandte man sich an Marcin; bei Landau erschien ein Kurier, der ihm ein Paket überreichte, in das ein weiteres Paket eingeschlossen war. Mit dem, das er öffnete, wurde ihm der Befehl zuteil, die Belagerung alsbald abzubrechen, den ihm vorgeschriebenen Weg einzuschlagen; um sich nach Bayern zu begeben. Dort erst und nicht eher dürfe er das andere Paket öffnen. Als er es abtastete, merkte er, daß es mit einem Siegel versehen war, und er begriff, daß es den Marschallstab enthielt. Seltsamerweise verlockte ihn das gar nicht: er fühlte sich verletzt, weil er ihn erst nach der Ernennung der anderen, jetzt, da man seiner Dienste dringend bedurfte, bekam. Und er war erschreckt über die Last, die man ihm aufbürden wollte. Er schickte also den Kurier mit dem erst in Bayern zu öffnenden Paket und den entsprechenden Entschuldigungen zurück. Der König beharrte und schickte ihm unverzüglich denselben Befehl in eben demselben Paket, das er erst in Bayern öffnen sollte. Er mußte gehorchen. Er machte sich auf den Weg. In der Schweiz traf er Villars, beladen mit dem Geld, das er aus seinen persönlichen Eintreibungen und durch die öffentlich durchgeführten Kontributionen eingenommen hatte. Der Kurfürst sagte jedem, der es hören wollte, Villars trage gut und gerne zwei Millionen Bargeld aus Bayern weg, abgesehen von dem, was er aus Feindesland herausgepreßt habe. Die Eskorte, die Villars begleitet hatte, geleitete Marcin, der hunderttausend Pistolen für den Kurfürsten mitbrachte, zurück. Auch hatte er eine Menge Geld für das Land bei sich, für die Bedürfnisse unserer Offiziere und Truppen und allerlei andere unerläßliche Dinge. Als er zum Kurfürsten stieß, schenkte er jenem die Ruhe wieder und versetzte die ganze Armee in Freude. Er öffnete sein Paket, fand darin seine Befehle, seine Instruktionen und, wie er keineswegs bezweifelt hatte, seinen Marschallstab. Zur großen Erleichterung der Truppen sowie der Generalstabsoffiziere war er in allen Punkten mit dem Kurfürsten einig und von allen räuberischen Absichten weit entfernt.

Bald nach seiner Ankunft belagerten sie Augsburg, das sie in wenigen Tagen einnahmen, und führten dann die Truppen, die der Ruhe dringend bedurften, in die Winterquartiere.

Der Herzog von Alba Gesandter in Frankreich. – Hochzeiten und Todesfälle.

Der Comte de Toulouse kam an den Hof zurück und ein paar Tage später der Marschall Cœuvres. Sie hatten lange Zeit in Toulon gelegen, da ihre Kräfte nicht ausreichten, um sich mit den Engländern und Holländern messen zu können.

Auch Villars kam nach Marly zurück, aber ohne dort zu übernachten. Er hatte zuviel Anhang, als daß er schlecht empfangen worden wäre. Er legte seine gewohnte Selbstsicherheit, um nicht zu sagen Dreistigkeit an den Tag und besaß die Unverfrorenheit, auf das befremdliche Kapitel der Kontributionen zu sprechen zu kommen, während er dem König in Versailles bei Mme. de Maintenon einen Rechenschaftsbericht abgab. Er sprach in erster Linie von den Eintreibungen, die er zugunsten des Königs durchgeführt habe. Dann fügte er hinzu, der König sei ein zu gütiger Herr, um mitanzusehen, daß man sich in seinem Dienst ruiniere; er wisse ja, daß er, Villars, von Haus aus kein Vermögen besitze; so wolle er ihm dann auch nicht verhehlen, daß er sich ein wenig aufgebessert habe, doch sei dies stets nur auf Kosten der Feinde geschehen, wobei er sich wohlweislich hütete, etwas über Bayern verlauten zu lassen. Dies sei, meinte er, eine kleine Geldzuwendung, die Seine Majestät ihm gewähre, ohne daß es sie etwas koste. Mit diesem Possenstück und dem nachsichtigen Lächeln der Madame de Maintenon war die Sache erledigt; auch sein ungehöriges und für den militärischen Erfolg so unheilvolles Verhalten gegenüber dem Kurfürsten von Bayern wurde für nichts erachtet.

Der zum Gesandten in Frankreich ernannte Herzog von Alba war in Begleitung seiner Gemahlin und seines einzigen noch im Kindesalter stehenden Sohnes in Paris angekommen. Sein Vater, der 1701 gestorben war, hatte eine Tante der Herzöge von Arcos und Banos geheiratet, also eine Ponce de Léon. Er war Witwer, Ritter des Goldenen Vlieses, hatte wichtige Ämter innegehabt und war schließlich Staatsrat geworden; ein geistreicher Mann, der über viel Kenntnisse verfügte, aber äußerst exzentrisch war. Als Philipp V. nach Spanien kam, zeigte er sich sehr erfreut über ihn. Louville wurde eingeladen, ihn in Madrid zu besuchen, und fand ihn in einem recht ungepflegten Zustand, zwischen seinen Bettüchern auf der rechten Seite liegend; in dieser Lage verharrte er seit mehreren Monaten, ohne je aufgestanden zu sein und ohne daß sein Bett jemals gemacht worden wäre. Er behauptete, er sei außerstande, sich zu erheben, dabei fehlte ihm nicht das geringste. Tatsache war, daß er eine Mätresse unterhielt, die, seiner überdrüssig, die Flucht ergriffen hatte. Er geriet in Verzweiflung, ließ Messen lesen und andere fromme Übungen abhalten, um sie wieder aufzufinden – derart aufgeklärt ist die Religion in den Ländern der Inquisition – und gelobte schließlich, solange auf der rechten Seite im Bett liegen zu bleiben, bis er sie wiedergefunden habe. Er pries Louville gegenüber diese Tollheit als ein höchst wirksames Mittel, seine Mätresse wiederzubekommen. Gleichviel empfing er zahlreiche Leute und die beste Gesellschaft des Hofes bei sich. Aber wegen dieses seines Gelübdes konnte er weder beim Tode Karls II. zugegen sein noch bei der Thronbesteigung Philipps V., den er niemals persönlich sah, dem er aber mancherlei Ergebenheitsadressen zukommen ließ. Er behielt diese Extravaganzen bis zu seinem Tode bei, ohne sich je erhoben noch von der rechten Seite wegbewegt zu haben. Ich finde diese Manie eines im übrigen klugen, vernünftigen und geistreichen Mannes so unbegreiflich, daß ich sie der Erwähnung für wert hielt.

M. de Beauvillier, der zwei junge Söhne hatte und dessen Töchter mit Ausnahme einer einzigen alle Nonnen in Montargis geworden waren, verheiratete diese eine am Ende des Jahres mit dem Duc de Mortemart, den weder sein Lebenswandel noch seine Anschauungen dazu prädestinierten, Beauvilliers Schwiegersohn zu werden; aber er war der Sohn der jüngsten Schwester der Herzoginnen Chevreuse und Beauvillier. Der Wunsch, keinen Außenstehenden in seinen Familienkreis eindringen zu lassen, trug viel zu dieser Wahl bei: ausschlaggebend jedoch war eine andere Tatsache. In ganz jugendlichem Alter hatte die sehr reizvolle Duchesse de Mortemart, die sehr beliebt in der Gesellschaft war, aus Ärger über Vorhaltungen seitens ihrer Schwestern den Hof verlassen und sich in Paris in Einsamkeit und Andachtsübungen gestürzt, die ihre Kräfte fast überstiegen, bei denen sie aber dennoch ausharrte. Mme. Guyons eigenartige Frömmigkeit betörte sie, der Erzbischof von Cambrai bezauberte sie. Am Beispiel ihrer beiden abgeklärten Schwager fand sie Bestätigung ihrer Neigung, und die Bindung an jene kleine, abgeschiedene Herde erfüllte sie mit Glückseligkeit: aber das Verläßlichste, was sich ihr nun bot, war die Verheiratung ihres Sohnes. Der Gleichklang der Gefühle in dieser lebensspendenden Enklave, in der die Duchesse de Mortemart unter den Auserwählten die Rolle der schönen Seele spielte, beeindruckte den Erzbischof von Cambrai; seine Ratschläge wurden befolgt, obwohl ganz Frankreich über diese bizarre Wahl höchlichst verblüfft war. Unter solchen Auspizien also wählten Personen, die inmitten des Hofes und der Staatsgeschäfte niemals die Gegenwart Gottes vergaßen und die dank ihres Vermögens und ihrer glänzenden Stellungen den besten Gemahl für ihre Tochter hätten finden können, nun einen Schwiegersohn, der völlig ungläubig war und es sich stets angelegen sein ließ, dies zur Schau zu stellen, der weder vorher noch nachher seinen Launen und niederen Trieben den geringsten Zwang antat, der mehr verspielte, als er besaß, und mehr trank, als er vertragen konnte, und der, als er sich schließlich einem Heroismus der Ehrbarkeit und Tugend verschrieb, nur dem finstersten Fanatismus verfiel. Diese Geißel seiner Familie und seiner selbst wird uns noch mehrfach begegnen.

Der Herzog von Mantua verlor seine Gemahlin; sie entstammte dem jüngeren Zweig seiner Familie, war ungemein fromm und tugendhaft und hatte unter seinen Launen, seinem Geiz und dem Harem, den er Zeit seines Lebens beibehielt, recht viel auszustehen gehabt. Er hatte keine Kinder von ihr und gedachte sich alsbald mit einer Französin wiederzuverheiraten.

Einige Tage danach starb Courtin. Er war schon früh im Staatsrat aufgefallen, war dann Intendant der Picardie geworden, ließ sich aber, da er es nicht übers Herz brachte, die Leute auszunehmen, und auch nicht jedermann zu Gefallen sein wollte, seines Amtes entbinden. Er wandte sich der Politik zu, hatte mehrere Gesandtschaftsposten inne, auf denen er sehr erfolgreich war. Er unterzeichnete die Verträge von Heilbronn, Breda und andere mehr und war lange Zeit Gesandter in England. Der König liebte und schätzte ihn sehr und unterhielt sich gern mit ihm. Niemals erschien Courtin beim Souper des Königs, ohne daß dieser ihn nicht alsbald in ein Gespräch verwickelte, das gewöhnlich bis zum Ende des Soupers andauerte. Courtin blieb dennoch nur einfacher, wiewohl sehr geachteter Staatsrat, weil, solange er im rechten Alter und bei guter Gesundheit war, kein Ministerposten frei wurde.

Es gab einen anderen Staatsrat namens Fieubet, von sprudelndem Geist, wenn er sich in der besten Gesellschaft des Hofes und der Stadt bewegte. Dieser fuhr mit Courtin eines Tages zur Ratssitzung nach

Saint-Germain. Nun gab es zu jener Zeit viele Räuber und Diebe. Die beiden wurden also festgehalten und durchsucht. Fieubet mußte alles hergeben, was er in seinen Taschen hatte. Als die Diebe von ihnen abließen und Fieubet sich über sein Mißgeschick beklagte, beglückwünschte sich Courtin, seine Uhr und fünfzig Pistolen gerettet zu haben, die er beizeiten in seinen Stiefel hatte gleiten lassen. Augenblicks beugt sich Fieubet aus dem Wagenschlag, schreit hinter den Dieben her und ruft sie zurück, so laut, daß sie kommen, um zu sehen, was er wolle: »Messieurs, sagt er zu ihnen, Sie scheinen mir ehrbare, aber notleidende Leute zu sein; es ist nicht einzusehen, daß dieser Herr Sie betrügt; er hat Ihnen fünfzig Pistolen und seine Uhr vorenthalten.« Und zu Courtin gewandt, meinte er lachend: »Sie haben es mir doch selbst gesagt. Folgen Sie meinem Rat, geben Sie beides her, ohne sich erst durchsuchen zu lassen.« Das Erstaunen und die Empörung Courtins waren so groß, daß er sich Uhr und Geld wortlos abnehmen ließ; aber als die Diebe verschwunden waren, hätte er Fieubet am liebsten erwürgt; doch der war stärker als er und lachte aus vollem Halse. In Saint-Germain erzählte Fieubet die Geschichte allen Leuten. Ihre gemeinsamen Freunde hatten große Mühe, die beiden wieder miteinander auszusöhnen. Fieubet starb lange Zeit vor Courtin. Er hatte sich schon eine geraume Weile zuvor in das Kloster Camaldules de Grosbois zurückgezogen. Er war ein Mann von großem Ehrgeiz, der glaubte, die nötigen Talente zu besitzen, um diesen Ehrgeiz zu befriedigen, und also stets nach ersten Posten strebte, aber keinen erlangen konnte. Die Enttäuschung, der Tod seiner kinderlosen Frau, die erfolglose Geschäftigkeit, Alter und Frömmelei trieben ihn schließlich in die Einsamkeit. Als Pontchartrain einmal seinen Sohn zu ihm schickte, war dieser so taktlos, ihn zu fragen, was er denn dort täte. »Was ich tue?« erwiderte Fieubet. »Ich langweile mich. Das ist meine Buße. Ich war zu betriebsam.« Er langweilte sich ohne Unterlaß so sehr, daß er die Gelbsucht bekam und nach wenigen Jahren vor Langeweile starb.

(1704). – Mme. de Ventadour künftige Erzieherin der Thronfolgerkinder. – Die Religionskriege in Südfrankreich dauern an.

Anfang dieses Jahres hatte der Duc de Noailles schließlich die Zustimmung Mme. de Maintenons erhalten, sein Herzogtum an seinen Sohn, den Comte d'Ayen abtreten zu dürfen, der nun den Namen eines Duc de Noailles annahm, während der Vater den Titel eines Marschalls behielt.

Man erinnert sich, welche Rolle die Duchesse de Ventadour bei Madame spielte und welche Absichten sie dann bewogen, Madame zu verlassen. Der Marschall Villeroy, mit dem sie seit ihrer Jugend mehr als eng befreundet war, bemühte sich schon seit etlicher Zeit, bei Mme. de Maintenon etwas für sie zu erreichen. Diese liebte, nicht ohne Grund, reuige Sünderinnen mehr als jene, die nichts zu bereuen hatten. Mme. de Ventadour, die das Alter der Galanterie schon um einiges überschritten hatte, war in jüngster Zeit unter die Frömmler gegangen, und obwohl sie dennoch weder ihren alten Anbeter noch fortgesetztes Spiel mit hohem Einsatz aufgab, hatten ihr bescheidenes Auftreten, ihre emsigen Besuche in der Pfarrkirche und ihre entsprechend bigotte Ausdrucksweise sie von jedem Makel reingewaschen. Und der Ruf, in den sie sich durch ihren Lebenswandel gebracht hatte, hinderte nicht, daß man sie für den Posten einer Gouvernante für den Thronerben vorsah. Ende März erklärte der König eines Morgens der Marschallin de La Motte, die ihm um eben jenes Postens willen ihre Aufwartung machte, er sei mit ihrer Tätigkeit als Erzieherin seiner Kinder und Enkel so zufrieden, daß er sie auch als Erzieherin der Kinder des Duc de Bourgogne einzustellen gedächte; aber um sie zu schonen und ihr die Mühen dieses heiklen Amtes etwas zu erleichtern, wolle er ihr ihre Tochter, die Duchesse de Ventadour, als künftige Nachfolgerin beigeben. Die Marschallin war wie vor den Kopf geschlagen. Sie liebte zwar ihre Tochter, das ging jedoch nicht so weit, daß sie mit ihr teilen wollte. Wie immer man ihr die Sache auch darstellte, sie war zu keiner Einsicht bereit. Sie sagte, es sei lächerlich, die Thronerben einer Frau anzuvertrauen, die selbst nie Kinder gehabt habe, und sie brummelte noch Schlimmeres vor sich hin; sie schien also höchst unzufrieden; die gute Frau fürchtete, nicht mehr unumschränkte Herrin zu sein und als schwachsinnig zu gelten. Und als die Gesellschaft sie beglückwünschte, vermochte sie ihren Unwillen nicht mehr zu verbergen, vollends nicht ihrer Tochter gegenüber, der sie einen bösen Empfang bereitete. Diese, die sich in Paris aufhielt, kam auf die Nachricht hin eilig herbei und stürzte durch die Hintertür in das Kabinett der Mme. de Maintenon, wo die Duchesse de Bourgogne, obwohl der König im anschließenden Raum arbeitete, mit ihren Damen beim Spiel saß. Völlig außer Atem langte Mme. de Ventadour dort an. Ganz vergessend, wer sie war, warf sie sich in ihrem Freudentaumel Mme. de Maintenon zu Füßen und kroch so bis zur Duchesse de Bourgogne, die ihr entgegenkam, sie umarmte und sie emporzog. Nicht anders verhielt sie sich, als die Prinzessin sie nach den ersten Beglückwünschungen in das Gemach des Königs führte, der über dieses Gebaren höchst erstaunt war. Sie erhielt zwölftausend Pfund Pensionszulage zu den achttausend, die sie bereits hatte.

Die Schwierigkeiten mit den Fanatikern wollten kein Ende nehmen. Sie erforderten den Einsatz von Truppen. Holland und der Herzog von Savoyen unterstützten sie weiterhin mit Waffen, Geld und einigen Männern, und Genf schickte Prediger. Villars hatte seit seiner Rückkehr aus Bayern keine Beschäftigung mehr. Man kam ihm entgegen, als hätte er niemals Schätze an sich gerafft und damit den Erfolg der Armeen gefährdet. Er wurde ganz offiziell von Mme. de Maintenon und folglich auch von Chamillart, der damals auf dem Höhepunkt der Gunst stand, protegiert. Beide gedachten, Villars, der durch Ausnutzung seines Einflusses auf die beiden unbedingt einen Posten ergattern wollte, wieder in den Sattel zu heben. An Deutschland war ihm, seit er sich mit dem Kurfürsten von Bayern zerstritten hatte, nichts mehr gelegen. Flandern und Italien waren an Villeroy und Vendôme vergeben, die mehr Ansehen genossen als er. Man konnte ihm also nur noch das Languedoc anbieten, um ihm wenigstens noch den Schmuck zu gönnen, diesen Partisanenkrieg zu einem Abschluß zu bringen. Montrevel hatte nur den König auf seiner Seite, so brauchte er immerhin nicht ganz leer auszugehen. Man schlug ihm einen für ihn recht vorteilhaften Tausch vor; die Guyenne war vollkommen friedlich und bedurfte durchaus keines Kommandanten. Dorthin schickte man Montrevel, mit denselben Machtvollkommenheiten und Bezügen, wie er sie im Langeudoc gehabt hatte. Dieser Wechsel betrübte ihn zwar sehr, aber er mußte nachgeben und sich darauf einrichten, in Bordeaux Karten zu spielen. Da Villars mit seiner üblichen Unverfrorenheit dem kleinen Posten, den er antrat, Geltung verleihen wollte, meinte er scherzhaft, man schicke ihn als Praktiker eben immer dorthin, wo die gelernten Ärzte mit ihrem Latein am Ende seien. Dieser Ausspruch empörte Montrevel derart, daß er, während Villars unterwegs war, die Fanatiker zweimal besiegte, und das letztemal sogar unter Einsatz seiner Person: alsdann begab er sich geradenwegs nach Bordeaux.

Kirche und Gesellschaft verloren zu jener Zeit jene beiden Prälaten, die damals in der einen und in der anderen Sphäre das größte Aufsehen erregt hatten: die Kirche den berühmten Bossuet, den Bischof von Meaux, die Gesellschaft den berühmten Kardinal Fürstenberg. Beide sind zu bekannt, als daß ich über sie noch etwas zu sagen hätte; der erstere wurde allgemein betrauert und verdiente es auch; denn mit seinen ungeheuren Werken stellte er selbst noch in diesem vorgerückten Alter alle Werke der jüngeren beschlagensten, arbeitsamsten Bischöfe, Doktoren und Gelehrten in den Schatten; indes der andere, nachdem er solange ganz Europa in Atem gehalten hatte, schon seit Jahren auf Erden überflüssig geworden war.

Die französische Armee in Spanien. – Mißstände aufgedeckt. – Mme. des Ursins als mitschuldig entlassen. – Der Duc de Gramont wird neuer Gesandter in Spanien.

In Spanien hatte sich Mme. des Ursins, wie man sah, der Kardinäle Estrées und Portocarrero entledigt. Der Abbé Estrées, der seit der Abreise seines Onkels zu der geheimen Ratssitzung zugezogen wurde, wagte keinerlei Widersprüche zu erheben, und wenn er einmal einen Einwand zu machen hatte, so tat er das bei Mme. des Ursins oder bei Orry persönlich, die ihn kaum anzuhören geruhten. Die Prinzessin herrschte also unumschränkt und war darauf bedacht, jeden auszuschalten, der ihre Machtsphäre auch nur im mindesten zu verwirren oder zu beeinträchtigen drohte. Nun war es notwendig, eine Armee an die Grenzen Portugals zu entsenden; man brauchte infolgedessen einen französischen General, um die französischen und vielleicht sogar die spanischen Truppen zu befehligen. Mme. des Ursins, die seit langem mit der verbannten Königin von England – einer gebürtigen Italienerin – bekannt und befreundet war, hatte sich vorgenommen, dem Duc de Berwick den Oberbefehl über die französischen Truppen in Spanien übertragen zu lassen. Sie wußte, daß er sanft und unterwürfig war, ein guter Höfling, ohne alles Vermögen, aber Familienvater. So glaubte sie, daß sie mit einem Manne, der vollkommen von dem König und der Königin von England abhängig war, machen könne, was sie wolle. Der König, der Berwick mit Rücksicht auf den König von England und auch im Hinblick auf seine eigenen Bastarde an einigen Feldzügen, wenn auch ohne Dienstgrad, hatte teilnehmen lassen und ihn dann trotzdem wegen seines sehr jugendlichen Alters plötzlich zum Generalleutnant hatte ernennen lassen, war entzückt, daß sich nun eine so passende Gelegenheit ergab, ihn auszuzeichnen, und machte ihn zum Befehlshaber einer Armee. Da jedoch Berwick niemals kommandierender General gewesen, beschloß der König, ihm Puységur beizugeben. Puységur war die Seele der flandrischen Armee gewesen, folglich kannte ihn auch der Duc de Berwick recht gut. Indem der König Puységur als Alleinverantwortlichen mit der Erledigung aller praktischen Einzelheiten und mit der Aufsicht über die Magazine und Lebensmittellager betraute, glaubte er, alle für den Krieg in Spanien notwendigen Vorkehrungen getroffen zu haben. Puységur brach als erster auf. Er fand von den Pyrenäen bis nach Madrid alles für den Unterhalt der französischen Truppen Erforderliche bestens geordnet und erstattete dem König einen sehr positiven Bericht über seine Eindrücke. In Madrid angekommen, arbeitete er mit Orry, der ihm die Papiere vorlegte, auf denen er ihm sämtliche Magazine zeigte, die sich alle zwischen Madrid und der portugiesischen Grenze befanden und, wie Orry sagte, mit reichlichen Vorräten für die Armee versehen waren. Überdies sei Geld bereitgestellt, damit es während des Feldzuges an nichts fehle. Da Puységur ein gerader und rechtschaffener Mann war und da er von den Pyrenäen an alles in bestem Zustand gefunden hatte, konnte er sich nicht vorstellen, daß Orry in einer für Spanien so entscheidenden Situation es bei der Sicherung der Grenze an der notwendigen Sorgfalt hätte fehlen lassen. Noch viel weniger wäre es ihm eingefallen, daß Orry, der für alles verantwortliche Minister, die Dreistigkeit hätte haben können, ihm im Detail die von ihm getroffenen Maßnahmen vorzuführen, obwohl er in Wirklichkeit keine einzige getroffen hatte. Im guten Glauben schrieb er also dem König große Lobeshymnen über Orry und mithin auch über Mme. des Ursins und über beider vortreffliches Regiment und gab also den schmeichelhaftesten Hoffnungen Raum. Arglos begab er sich an die portugiesische Grenze, um dort die Sachlage mit eigenen Augen zu inspizieren und nach Maßgabe dieses oder jenes hinzuzufügen, damit die Truppen bei Ankunft der französischen Armee und ihres Generals sofort losschlagen könnten. Wie groß aber war sein Erschrecken, als er von Madrid bis an die Grenze nichts von dem vorfand, was die Truppen auf dem Marsch notwendig brauchten, und als er dann an der Grenze keine Spur von dem zu sehen bekam, was Orry ihm auf dem Papier als bereits ausgeführt vorgewiesen hatte. Nur mit größter Mühe vermochte er sich von der allerseits offenbar werdenden verbrecherischen Nachlässigkeit zu überzeugen: er besichtigte all die Lagerhäuser, die ihm Orry auf dem Papier bezeichnet hatte: er fand sämtliche Magazine leer, ja, es war zu ihrer Auffüllung nicht einmal eine Anweisung gegeben worden. Man kann sich denken, wie sehr es ihn empörte, sich derart entfernt zu sehen von allem, auf das er mit so großer Gewißheit hatte rechnen dürfen. Er legte dem König Rechenschaft ab und gestand seinen Fehler, Orry und seinen Papieren Glauben geschenkt zu haben. Indessen tummelte er sich nach Kräften, nicht weil er hoffte, den ursprünglichen Plan verwirklichen zu können, denn das war unmöglich geworden, sondern um wenigstens soviel zusammenzukratzen, daß die Armee durchhalten könnte. Dieses Verhalten Orrys, ja mehr noch, die Unverschämtheit, es zu wagen, einen Mann zu täuschen, der unmittelbar darauf mit eigenen Augen seiner Lüge gewärtig würde, ist nahezu unbegreiflich. Natürlich gibt es zu allen Zeiten Betrüger, doch selten einen so dreisten, der angesichts der Tatsachen so rasch zu entlarven ist. Jedenfalls hatte Orry sich auf den Beistand der Mme. des Ursins verlassen und auf den Kredit, den sie und er in Versailles genossen. Die Verblendung jedoch ging so weit, daß Mme. des Ursins gerade zu jener Zeit, wo beide ob der Folgen ihres Verhaltens besonders in Sorge hätten sein müssen, ihre Tollheit bis zum äußersten trieb. Sie hatte dem armen Abbé d'Estrées, der sich ich weiß nicht welches Glück davon versprach, wenn er sich möglichst fest an sein trauriges Amt in Spanien klammerte, so in die Enge getrieben, daß er auf den unerhörten Vorschlag einging und sich als Gesandter Frankreichs bereit erklärte, nur im Einverständnis mit ihr an den König und seinen Hof zu schreiben und keinen Brief abgehen zu lassen, ohne ihn ihr vorher vorgelegt zu haben. Eine so peinliche, für einen Gesandten geradezu widersinnige und für sein Amt zerstörerische Abhängigkeit wurde dem Abbé d'Estrées schließlich unerträglich. Er versuchte also, ihr einige Depeschen vorzuenthalten. Er besaß jedoch nicht genug Geschicklichkeit, so daß die Prinzessin, die so wachsam, so gefürchtet und von gehorsamen Dienern umgeben war, alsbald durch die Post davon Wind bekam. Sie ergriff die entsprechenden Maßnahmen, um schon beim ersten Versuch benachrichtigt zu werden: und sie wurde benachrichtigt. Sie ließ die Depesche des Abbé d'Estrées an den König abfangen und fand, wie sie zu Recht geargwöhnt hatte, alle Ursache, unzufrieden zu sein. Was sie jedoch am meisten erzürnte, war, daß der Abbé bei der Schilderung ihrer Lebensführung und der Beschreibung jener Geheimversammlung, die aus ihr, Orry und d'Aubigny bestand, die Machtbefugnisse jenes letzteren maßlos übertrieb und noch hinzufügte, d'Aubigny sei zwar ihr Stallmeister, aber man zweifle nicht daran, daß er mit ihr verheiratet sei. Außer sich vor Wut und Grimm, schrieb sie eigenhändig an den Rand: »Mit ihm verheiratet! Nein!« Und sie zeigte den Brief, so wie er war, nicht nur dem König und der Königin von Spanien, sondern unter großem Spektakel auch noch etlichen Leuten des Hofes: sie überbot diesen Wahnsinn noch, indem sie ebenjenen mit Randbemerkungen versehenen Brief dem König übersandte und sich mit heftigen Worten über den Abbé d'Estrées beschwerte, der den Brief abgeschickt habe, ohne ihn ihr zu zeigen, wie sie es miteinander verabredet hätten, vor allem beklagte sie sich über die schamlose Beleidigung, die er ihr mit dieser angeblichen Heirat zugefügt habe. Der Abbé seinerseits beschwerte sich nicht weniger heftig über die Verletzung des Post- und Briefgeheimnisses, die Mißachtung seiner Amtseigenschaft und des dem König schuldigen Respektes.

Dieser von Mme. des Ursins mit Kommentaren versehene Brief sowie ihre Beschwerden und die Forderung einer exemplarischen Bestrafung des Abbés erreichten den König kurz nach dem Eintreffen jener Berichte, die Puységur von der portugiesischen Grenze gesandt hatte und die den König in eine schwerwiegende Verstimmung gegen Orry und Mme. des Ursins versetzt hatten. Unsere Minister, die die spanische Politik nur widerwillig aufgegeben hatten, ließen sich eine so entscheidende Gelegenheit nicht entgehen, um über das dortige Regime herzufallen und sich das Mißvergnügen, das der König zu erkennen gab, zunutze zu machen, um auf diese Weise einen beträchtlichen Anteil ihrer Funktionen zurückzuverlangen. Der Skandal war zu groß und zu sehr in die Öffentlichkeit gedrungen, als daß der König seinen Ministern gegenüber hätte schweigen können. Er hatte bereits über die Beschwerden Puységurs mit ihnen beraten und über die Mittel, diesen Übelstand wenigstens zum Teil zu beheben: dergestalt, daß diese nun so unmittelbar hinzugetretene Weiterung ein Gewicht erhielt, das Orry und Mme. des Ursins schier erdrückte. Von nun an schienen beide verloren.

Der König ließ der Prinzessin eine strenge Verwarnung erteilen ob einer so beispiellosen Kühnheit, die so unmittelbar die seiner Person geschuldete Achtung und das antastbare Geheimnis seines Gesandten verletzte. Gleichzeitig übersandte man dem Abbé d'Estrées eine Abschrift dieser Verwarnung. Man bestätigte ihm, daß er mit seiner Klage im Recht sei, doch war dies auch alles. Der Abbé d'Estrées, der damit rechnete, daß Mme. des Ursins nun fortgejagt würde, war der Verzweiflung nahe, als er erkennen mußte, daß sie so leichten Kaufes davonkam, ja sogar ihre Macht, nachdem sie diesem unerhörten Angriff entgangen war, noch weiter gefestigt hatte, während er nunmehr dem Haß und der Beleidigung der Prinzessin und sogar der Königin ausgesetzt war. So erbat er, da er sich in Spanien nichts mehr versprechen konnte, aus Ingrimm und Resignation seinen Abschied. Er wurde beim Wort genommen, und es war ein neuer Triumph der Mme. des Ursins, sich von ihm, der alles Recht auf seiner Seite hatte und dessen Angelegenheiten die des Königs selbst waren, unter solchem Skandal befreit zu haben, indes sie, die sie Muße genug gehabt hatte, die natürlichen Folgen eines derart dreisten Vorgehens zu ahnen und zu fürchten, die unumschränkte Herrin blieb.

Trotz der Versäumnisse Orrys hatte der Feldzug in Portugal begonnen. Der König von Spanien gedachte ihn persönlich zu leiten. Mme. des Ursins, die ihn nicht aus den Augen lassen wollte, bot ihren ganzen Einfluß und den der Königin auf, um ihn davon abzuhalten oder aber zu bewirken, daß die Königin ihn begleite. Der König, der seine Absicht stets beharrlich verfolgte, hatte seinen Enkel bereits wissen lassen, daß er es schändlich und unziemlich fände, wenn er sich nicht an der Spitze seiner Truppen dem Feinde entgegenstellte. Er bestärkte ihn also in seinem Entschluß, widersetzte sich aber hartnäckig dem Plan, daß die Königin ihn begleite, da eine solche Aufregung und Verausgabung nur für sie nachteilig wäre. Er unterband also die Reise der Königin, die in Madrid blieb, und beschleunigte den Aufbruch des Königs, seines Enkels, so sehr, daß dieser Mitte März bereits bei der Spitze seiner Armee eintraf. Auf dieses Ziel war der König zugesteuert. Die Königin übte so großen Einfluß auf ihren Gemahl aus und war der Princesse des Ursins so rettungslos ausgeliefert, daß der König sich ohne heftige Szenen, die er vermeiden wollte, keinen Gehorsam erhoffen konnte, sofern er nicht seinen Enkel fernhielt.

Sobald das durchgeführt war, schrieb er König Philipp in einem Ton, der ihn von der dringenden Notwendigkeit überzeugte, er wünsche nunmehr die endgültige Entfernung der Princesse des Ursins. Gleichzeitig schrieb er, und zwar mit noch stärkerer Autorität, an die Königin und übersandte der Princesse des Ursins den Befehl, unverzüglich aus Madrid abzureisen, Spanien so rasch wie möglich zu verlassen und sich nach Italien zurückzuziehen. Dieser Donnerschlag stürzte die Königin in Verzweiflung, ohne indessen die, der er galt, zu erschlagen. Jetzt erst begriff sie, was sich seit jenem mit Randbemerkungen versehenen Brief ereignet hatte, sie ahnte, daß das alles planmäßig abgelaufen war und daß dahinter die Absicht steckte, sie während der Trennung des Königs und der Königin von Spanien davonzujagen. Sie begriff, daß es nun keinerlei Hilfe mehr gab: doch sie verzweifelte nicht, sie hoffte auf die Zukunft und verlor keine Zeit, hierfür ihre Vorkehrungen noch in Spanien zu treffen. Sie setzte alles in Gang und ließ sich unter dem Vorwand, daß eine so lange und überstürzte Reise der Vorbereitung bedürfe, in aller Ruhe die Befehle zum zweiten Mal erteilen. Sie brach nicht eher auf, als bis sie ihren ganzen Plan ausgearbeitet und gefestigt hatte. Dann endlich machte sie sich auf den Weg und begab sich nach Alcalà; diese kleine Stadt liegt sieben Meilen von Madrid entfernt, ungefähr so weit, wie Fontainebleau von Paris. Nachdem sie sich beharrlich fünf Wochen an diesem Ort aufgehalten hatte, reiste sie schließlich in kleinen Etappen weiter bis nach Bayonne.

Inzwischen war der Nachfolger des Abbé d'Estrées ernannt worden. Zum allgemeinen Erstaunen war es der Duc de Gramont, für den nichts weiter sprach als sein Name, seine Würde und sein bestechendes Äußeres. Da er unterhaltsam war und ein sehr schönes männliches Gesicht hatte, verhalf ihm das Ansehen seines Vaters dazu, daß er an allen Jugendvergnügungen des Königs teilnehmen durfte und also ganz vertraut mit ihm wurde. Er heiratete die Tochter des Marschalls Castelnau, mit der er eine Liebschaft etwas weit getrieben hatte, so daß ihr Bruder, der bald danach starb und ihr viel Geld hinterließ und der keinen Spaß verstand, kurzerhand die Eheschließung befahl. Der Bräutigam stand, was Mut betraf, nicht in bestem Ruf. Auch nicht, was Spiel und Geschäfte betraf. In seinem Gouvernement Bayonne und Béarn pflegte man die Geldbörse vor ihm zu verstecken. Sein Lebenswandel war um nichts besser, und seine Kriecherei überbot noch seine angeborenen Fehler. Nach den Vergnügungen der Jugendzeit und den Spielen des Mannesalters, bei denen der Duc de Gramont niemals fehlte, gestattete ihm der Ernst des Lebens, der dann folgte, keinen ungehinderten Zutritt zum König mehr; durch Schmeichelei und durch die Empfänglichkeit des Königs für Lobsprüche meinte Gramont sich etwas von der alten Vertrautheit bewahren zu können. Er bot dem König an, seine Lebensgeschichte zu schreiben; und in der Tat war es dem König sehr angenehm, einen so noblen Historiker gefunden zu haben; er gewährte ihm also mehrere Privataudienzen, damit jener ihn befragen und ihm Proben seines Könnens vorlegen könne. Der Duc de Gramont schlug einiges Kapital daraus, aber für einen so reichen Stoff war seine Feder zu schwach. Seit er durch die Heirat seines Sohnes mit den Noailles verwandt und Schwiegervater des Marschalls Boufflers geworden war, hatte er sich mehr denn je in den Kopf gesetzt, etwas darzustellen. Er bewarb sich eifrig um jeden Gesandtschaftsposten, sogar um den von Holland. Aber zum Gesandten war er ebensowenig geschaffen wie zum Historiker. Doch auf Grund seiner Ausdauer ergatterte er schließlich die Gesandtschaft von Spanien zu einem Zeitpunkt, da niemand Lust verspürte, sich der trüben Stimmung nach der Katastrophe mit der Princesse des Ursins auszusetzen. Gleichviel war man recht überrascht. Man kannte ihn in der Gesellschaft, zudem hatte er sich durch die Heirat mit einer alten Hure namens La Cour soeben vollends entehrt.

Sie war Kammermädchen bei Mme. de Livry gewesen. Dort bei den

Livrys hatte Des Ormes, der Generalkontrolleur des königlichen Hauses, der täglich zum Spiel kam, diese Kreatur entdeckt; sie gefiel ihm; er gab es ihr zu verstehen, und er hielt sie etliche Jahre lang ganz öffentlich aus. Auch der Duc de Gramont saß häufig am Spieltisch bei den Livrys; er war mit Des Ormes befreundet, und solange jener diese Person unterhielt, pflegte er regelmäßig mit den beiden zu Abend zu essen; er kannte also ihre Lebensweise genau. Nach Des Ormes' Tod nahm Gramont die La Cour zu sich, hielt sie seinerseits aus und heiratete sie schließlich, obwohl sie alt, häßlich und auf einem Auge blind geworden war.

Die Ehe wurde heimlich geschlossen, dann aber vom Herzog selbst öffentlich bekanntgegeben; er lebte in dem Wahn, dem König und mehr noch Mme. de Maintenon hiermit die sinnreichste und erlesenste Huldigung zu erweisen. Er bediente sich der Schmutzfinken von Saint-Sulpice sowie der beschränkten Heuchler von Saint-Lazare, um diese erhabene religiöse Handlung ins rechte Licht zu setzen und als Exempel zu statuieren. Man kann sich ausmalen, wie sehr der König und Mme. de Maintenon sich dadurch geschmeichelt fühlten. Das ereignete sich kurz vor seiner Abreise nach Spanien, und der Vorwand – nämlich seine allerliebste Herzogin dorthin mitnehmen zu können – schien der Gipfel dieser Narrheit, die genau das Gegenteil von dem bewirkte, was er sich erhofft hatte; der vorgebliche Vergleich brachte Mme. de Maintenon zur Raserei und erzürnte den König derart, daß der Duc de Gramont tagelang nicht wagte, sich vor ihm blicken zu lassen. Der König ließ ihm sagen, er befehle ihm, seiner Frau zu verbieten, sich irgendwann oder irgendwo als Herzogin zu präsentieren oder sich jemals dem Hofe zu nähern, vor allem aber solle er sich nicht einfallen lassen, sie nach Spanien mitzunehmen. Es wurde ihm überdies ausdrücklich untersagt, die Princesse des Ursins, der er unterwegs begegnen mußte, aufzusuchen.

Sowenig Hoffnung diese sich in Bayonne einstweilen auch machen mochte, so verlor sie dennoch nicht den Mut. Alles vergißt sich bei Hofe, selbst die schlimmsten Stürme, wenn man die nötige Unterstützung hat und nicht in Trotz und Resignation verfällt. Während sich Mme. des Ursins nur ganz langsam von Ort zu Ort bewegte, gab sie es nicht auf, sich in Versailles zu rechtfertigen; nicht etwa, weil sie darauf zu hoffen wagte, sondern um durch hinhaltendes Klagen und Jammern Italien hinauszuschieben und ein Exil in Frankreich zu erlangen, aus dem sie sich mit der Zeit befreien könnte. Schließlich wurde ihr, wenn auch recht widerwillig, der Aufenthalt in Toulouse gewährt. Als dieser Schritt getan war, begriff sie, daß es nur darum ging, dort zu verweilen, ohne sich entmutigen zu lassen. Von nun an versprach sie sich alles von ihren hilfreichen Freunden und vor allem von sich selbst. Bei der so lebhaften Anteilnahme der Mme. de Maintenon, bei einem so geschickten und gut informierten Unterhändler wie Marcourt, einem zu allem fähigen und intrigenerfahrenen Freund wie Cosnac, Erzbischof von Aix, der Unterstützung der Königin von England und anderer Freunde, schien es Mme. des Ursins undenkbar, daß ihr Aufenthalt in Toulouse von langer Dauer sein würde.

Der Duc de Gramont bekam schließlich doch die Erlaubnis, Mme. des Ursins unterwegs aufzusuchen. Das war das erste Entgegenkommen, seit sie in Ungnade gefallen war. Es geschah unter dem Vorwand, den Duc de Gramont zu informieren; der eigentliche Grund aber war, daß man die Königin nicht wegen einer Bagatelle erzürnen und es dem Duc de Gramont nicht unmöglich machen wollte, sinnvoll mit ihr zu verhandeln. Aber er verstand keinen Nutzen daraus zu ziehen.

Inzwischen hatte Orry den Befehl bekommen, nach Versailles zurückzukehren, um über seine Versäumnisse Rechenschaft abzulegen.

Troisvilles darf nicht in die Académie française aufgenommen werden. – Lage in Südfrankreich und Spanien. – Neue Finanzintendanten durch Nepotismus.

Der Herzog von Mantua, der sich in seinem zum Kriegsschauplatz gewordenen Lande, das er freiwillig dem König überlassen hatte, nicht mehr recht wohl fühlte, gedachte, sich einige Zeit in Frankreich aufzuhalten, wo er, wie er nicht bezweifelte, gut aufgenommen werden würde. Er machte noch einen Abstecher nach Charleville, das ihm gehörte, und traf am Vorabend von Pfingsten mit großem Gefolge in Paris ein. Er stieg im Luxembourg ab, das eigens für ihn mit königlichem Mobiliar ausgestattet worden war. Man veranstaltete rauschende Feste zu seinen Ehren.

Etwa zur gleichen Zeit lehnte der König ab, daß Troisvilles Mitglied der Académie française würde. Man möge, sagte er, einen anderen wählen. Troisvilles war ein Edelmann aus dem Béarn, sehr geistreich, sehr belesen, sehr umgänglich, angenehm im Wesen und sehr galant. Er führte sich auf die günstigste Weise in die Gesellschaft ein, wo er sehr gefragt war und von den Damen umworben wurde, und zwar von Damen der höchsten Kreise, mit denen er lange Zeit in einer mehr als vertrauten Verbindung stand. Im Kriege machte er keine so gute Figur wie bei Hofe: die Anstrengungen lagen seiner Trägheit nicht, noch entsprach das Geklirr der Waffen seinem empfindsamen Geist. Man bezweifelte seine militärischen Qualitäten. Es hieß, er sei feige. Wie dem auch gewesen sein mag, er wurde eines Handwerks, zu dem er so wenig Befähigung hatte, sehr bald überdrüssig. Aber er konnte die Wirkung, die sein Verhalten hervorrief, nicht verwinden: er ging in sich, verließ den Hof, entsagte der Welt. Die ihm genehme Frömmigkeit war die des ruhmreichen Port-Royal, die Frömmigkeit gelehrter, geistreicher und geschmackvoller Leute. Dorthin also wandte er sich, zog sich vollkommen zurück und harrte mehrere Jahre in Einsamkeit und demütiger Ergebenheit aus. Er war gesellig, und die Zerstreuung lockte ihn. So ging er in sein Heimatland zurück und vergnügte sich dort. Nach Paris zurückgekehrt, schaffte er sich Aufgaben, um seiner Schwäche abzuhelfen. Er besuchte eifrig die Kreise der Gelehrten. Doch er irrte vom Wege ab: aus dem Frömmler wurde ein Philosoph. Er verlegte sich darauf, die erlesensten Gastmähler zu veranstalten, sich in allem durch einen raffinierten Geschmack hervorzutun, kurzum, man argwöhnte, er sei ein ausgemachter Epikuräer geworden. Beunruhigt über diese seine neue Lebensführung und über die galanten Verse, die er verfaßte, erinnerten ihn seine alten Freunde von Port-Royal schließlich wieder an sich selbst und an das, was er einmal gewesen: doch er entschlüpfte ihnen abermals, und sein Dasein verlor sich in einem Auf und Ab zwischen strengster Frömmigkeit und träger Nachlässigkeit, in einer Art Zwielichtigkeit, die ihn ohne den Geist, der ihn beseelte, ganz und gar entehrt und vollkommen lächerlich gemacht hätte. Seine letzten Jahre verliefen dann ruhiger und gleichförmiger, er war wieder fromm geworden und tat Buße. Was er aber bei allem Wechsel beibehielt, war das Fernbleiben vom Hofe, an den er nie mehr wieder zurückkehrte und über den er eine geschliffene Satire verfaßte, die der König ihm vielleicht noch weniger verzieh als seine Bindung an Port-Royal; ebenjene Satire gab dem König Anlaß, ihn als Mitglied der Académie abzulehnen. Der König versetzte ihm diesen Schlag, weil er ihn anders nicht treffen konnte. Es wird sich auch später noch zeigen, welches Verbrechens, es war nicht einmal das der Majestätsbeleidigung, sondern das der Beleidigung der Person Ludwigs, man sich schuldig machte, wenn man bekannte, ihn niemals sehen zu wollen, ein Verbrechen, für das er sich ingrimmig rächte.

Die an mehreren Orten geschlagenen und gefangengenommenen Fanatiker baten Mitte Mai, auf Ehrenwort mit La Lande sprechen zu dürfen, der als Generalstabsoffizier unter Marschall Villars diente. Cavalier, ihr Anführer, ein Waffenschmied, der aber Verstand und Tapferkeit besaß, bat für sich, für Rolland, einen anderen ihrer Anführer, und für einen ihrer Offiziere, der den Namen Catinat angenommen hatte, um Amnestie sowie um einen Paß für jene vierhundert Mann, die sie bei sich hatten, und für sie alle um freien Durchlaß über die Grenze des Königreiches; ferner eine Erlaubnis für alle anderen, die das Königreich auf ihre eigenen Kosten verlassen wollten, und die Freiheit, ihre Güter zu verkaufen für alle diejenigen, die das wollten, überdies Gnade für alle Gefangenen ihrer Partei. Cavalier traf alsdann den Marschall Villars unter beiderseitigem Aufwand an Wachen, was man recht lächerlich fand. Er verließ die Fanatiker, bekam tausendzweihundert Livres Pension und wurde zum Oberstleutnant befördert. Rolland jedoch lenkte nicht ein und blieb der Anführer der Partei, die weiterhin viel Unruhe stiftete. Überall wo Cavalier durchreiste, rannte das Volk in Scharen herbei. Er kam nach Paris und wollte den König aufsuchen, wurde ihm aber nicht vorgestellt. So irrte er einige Zeit umher, blieb weiterhin verdächtig und ging schließlich nach England, wo er einige Entschädigung erhielt. Er diente bei den Engländern und starb erst 1740 in hohem Alter auf der Insel Wight, wo er lange mit großer Machtbefugnis und viel Ansehen für die Engländer Gouverneur gewesen war.

In den ersten Junitagen langte Gramont in Spanien an; er traf den König und den Abbé d'Estrées an der portugiesischen Grenze, wo Puységur trotz jener kriminellen Unterlassungen Orrys Wunder gewirkt hatte, die der Duc de Berwick auszunutzen verstand durch kleine Vorpostengefechte, die die Feinde entmutigten und ihm seine Unternehmungen erleichterten.

Die Armeen in Flandern und Deutschland waren seit der Eröffnung des Feldzuges stets in Bewegung. Der Kaiser wurde durch die Unzufriedenen Ungarns in die Enge getrieben, ganz Ungarn war in Aufruhr, der Handel in den Ungarn benachbarten Provinzen lag brach, sogar in Wien herrschte Verwirrung durch die Schäden und die Truppendurchzüge, denen nicht nur die Umgebung sondern sogar die Vororte ausgesetzt waren, und der Kaiser, der seine Menagerie hatte in Flammen aufgehen sehen, mußte erfahren, wie gefährlich es sein kann, im Freien spazierenzugehen. Angesichts einer so heiklen Situation richtete er seine ganze Aufmerksamkeit auf Bayern. Er fürchtete das Schlimmste von den Erfolgen eines Fürsten, der sich an der Spitze einer französischen Armee und seiner eigenen Truppen zum Herrn Deutschlands machen und ihn dann ausweglos zwischen sich und den Unzufriedenen einschließen könnte. Den Alliierten erschien die Gefahr nicht minder groß, so daß der Entschluß gefaßt wurde, alle Streitkräfte im Innern des Reiches zusammenzuziehen.

Zu ebenjener Zeit ernannte Chamillart zwei neue Finanzintendanten: Rebours, seinen angeheirateten Vetter, und Guyet, einen Untersuchungsrichter, dessen einzige Tochter zu ihrem Unglück den Bruder Chamillarts geheiratet hatte. Es gab nichts Unwissenderes und in Relation dazu nichts Anmaßenderes und Ruhmsüchtigeres als diese beiden neuen Tiere. Rebours hatte sich zweifellos den Mascarillo zum Vorbild genommen, ja, er überbot diesen noch, alles an ihm wirkte vollkommen lächerlich. Guyet dagegen war gravitätisch, steif und zugeknöpft; so geruhte er einen huldvoll anzuhören, vorausgesetzt freilich, daß er kein

Wort von dem, was man ihm darlegte, verstand, er war unsagbar beschränkt, der andere unsagbar unverschämt. Es konnte nichts Widerwärtigeres geben als diese beiden. So sieht es dann aus, wenn die Minister ihre Umgebung selbst auswählen und wenn sie die Schwäche haben, auf ihre Familie zurückzugreifen, um diese voranzubringen. Sie finden dort keinerlei Rückhalt, sie fordern nur die öffentliche Kritik heraus und bereiten langsam ihren eigenen Untergang vor.

Der alte Marschall Villeroy, ein gewitzter Kenner des Hofes, bemerkte einmal boshaft, man solle den Ministern den Nachttopf halten, solange sie an der Macht wären, aber ihnen den Topf über den Kopf schütten, sobald man merke, daß ihre Stellung zu wanken begänne. Wir werden sehen, wie der Marschall Tessé den ersten Teil dieses frommen Ratschlags praktizierte und wie glänzend er auch den zweiten durchführte. Mit Chamillart einig, spielte er den Kranken, wenn es ihm paßte. Er tat das so lange, bis er Urlaub bekam, wodurch La Feuillade unweigerlich die gesamte Oberleitung zufiel und somit auch das Patent, die Stellung und die Bezüge eines kommandierenden Generals: angesichts der Situation und der Umstände, in denen sich der von seinem Minister besessene König befand, konnte er keinen Einwand erheben, ja sich nicht einmal merken lassen, wie gern er das getan hätte.

Die blamable Niederlage von Höchstädt. – Die prunkvollen Feierlichkeiten zur Geburt des Duc de Bretagne.

Ich hätte schon etwas früher die Geburt des ältesten Sohnes des Duc de Bourgogne erwähnen sollen, die sich um fünf Uhr nachmittags am Dienstag, dem 25. Juli, ereignete. Das war für den König eine große Freude, an der der Hof und alle Welt mit einem Übermaß an Demonstrationen und Feiern bis zur Tollheit teilnahmen. Der König veranstaltete ein großes Fest in Marly, wobei er der Duchesse de Bourgogne die prachtvollsten und schönsten Geschenke überreichte. Trotz des Krieges und der vielen Anlässe zum Ärger, die der Herzog von Savoyen ständig gab, schrieb ihm der König, um ihm diese Neuigkeit mitzuteilen. Aber er schickte den Kurier an Vendôme, damit dieser den Brief weiterleite. Man sollte alle Ursache haben, soviel Freude, die nur ein Jahr lang währte, sowie das unter den Umständen, in denen man lebte, so sinnlos vergeudete Geld, zu bereuen.

Die Große Allianz hatte berechtigten Grund, für den Kaiser das Schlimmste zu fürchten und alle Kräfte zu seiner Verteidigung aufzubieten. Die »Unzufriedenen«, die zum zweiten Male Herren der Schütt-Inseln geworden waren, konnten nunmehr nicht daraus vertrieben werden. Was ließ sich unter so glücklichen Bedingungen nicht alles erwarten, sofern den Armeen der Marschälle Marcin und Tallard im Verein mit denen des Kurfürsten von Bayern und mit den Streitkräften des Marschalls Villeroy im Rückhalt nur der mindeste Erfolg beschieden sein würde. Man wird sehen, was Planung und Glück bewirkt oder, besser gesagt, die göttliche Vorsehung, die der Hoffart und Klugheit des Menschen spottet und die in einem einzigen Augenblick Könige in schwindelnde Höhen erhebt oder am Boden zerschmettert.

Am 28. Juli langte Tallard in Ulm an, wo er sich zwei Tage aufhielt, um seine Armee ausruhen zu lassen, am 2. August führte er sie nach Augsburg und stieß am 4. zum Kurfürsten und zu Marschall Marcin. An der Spitze dreier vollzähliger, wohlausgerüsteter Armeen bebte der

Kurfürst vor Eifer, sich ihrer zu bedienen und sich möglicherweise zum Herrn Deutschlands zu machen. Denn eine gewonnene Schlacht hätte den Kaiser zwischen die bereits siegreichen »Unzufriedenen« und die triumphierende Armee des Kurfürsten eingeklemmt und in dessen Abhängigkeit gebracht. Diese so betörenden Aussichten richteten den Kurfürsten zugrunde: er unterschied nicht zwischen der Unsicherheit des Erfolges und der Sicherheit desjenigen, der nichts unternahm. Dank der fruchtbaren und unberührten Landstriche, deren Herr er war und die er als Hinterland oder Flanke hatte, lebte er in einem Überfluß, und zwar in einem Überfluß von Dauer. Das ihm gegenüberliegende Gebiet war durch die feindlichen Armeen ruiniert, durch ihre ständigen Kreuz- und Quermärsche und ihre Truppenstationierungen ausgepumpt, und was dahinter lag, gleichfalls, und von dort war es nicht weit bis zu den Verwüstungen, die die »Unzufriedenen« angerichtet hatten. Kurzum, diese erschöpften Länder hätten der zahlenmäßig starken alliierten Armee nur für acht Tage Unterhalt liefern können, so daß diese, zur Untätigkeit gezwungen, mangels der nötigen Versorgung dem Kurfürsten die Partie überlassen und sich weit zurückziehen hätten müssen, um Lebensmittel zu suchen, während der Kurfürst alles offen vor sich liegen hatte. Diese Möglichkeit nicht ausgenutzt zu haben war der erste und grundlegende Fehler. Marcin dachte, seitdem er in Bayern war, nur daran, sich dem Kurfürsten angenehm zu machen, und, verwöhnt durch seinen Sieg bei Speyer, suchte Tallard als Höfling ebenfalls zu gefallen; er setzte dem Drängen des Kurfürsten, eine Schlacht zu liefern, keinen Widerstand entgegen. Es ging nun nur noch um dieses eine Ziel, das sich um so leichter erreichen ließ, als die Alliierten in ihrer Position die Schlacht als einzigen Ausweg ansahen. Prinz Ludwig von Baden belagerte Ingolstadt, aber konnte es, da der Duke of Marlborough, der dem Kurfürsten gegenüberstand, vom Hunger verjagt wurde, nicht einnehmen. Prinz Eugen, der ständig über die Bewegungen des Kurfürsten unterrichtet war und der nur in den Schanzen verharrte, um den Marschall Villeroy zu beschäftigen und daran zu hindern, die drei Armeen durch die seine zu vergrößern, hielt sich, um ihn abzulenken, bis zum Ende zurück. Erst dann setzte er sich in Bewegung, um sich mit Marlborough zu vereinigen, so daß er genau zum richtigen Zeitpunkt eintraf, ohne jedoch Villeroy eine Chance zu geben, den geringsten Nutzen daraus zu ziehen.

Indessen marschierte der Kurfürst voller Zuversicht dem Feinde entgegen: am Morgen des 12. August kam er auf der Ebene von Höchstädt an. Die Anordnung der Armeen war seltsam. Man hielt sie getrennt voneinander. Die des Kurfürsten besetzte das Zentrum, sie wurde von Arco kommandiert; Tallard bildete mit der seinen den rechten und Marcin den linken Flügel, ohne irgendwelchen größeren Abstand zwischen dem Zentrum und den Flügeln. Der Kurfürst war der Oberbefehlshaber, doch Tallard hatte die Führung. Und da seine Augen so schwach waren, daß er kaum zehn Schritte weit sehen konnte, beging er große Fehler.

Wenige Stunden nach Eintreffen des Kurfürsten in der Ebene von Höchstädt verbreitete sich die Nachricht, der Feind sei im Anmarsch, das heißt Marlborough und Prinz Eugen. Prinz Ludwig war bei der Belagerung von Ingolstadt geblieben. Unseren Generalen stand ein ganzer Tag zur Verfügung, um sich ihr Schlachtfeld auszusuchen und ihre Dispositionen zu treffen. Beide Aufgaben hätten schwerlich schlechter gelöst werden können. Parallel zur Front unserer drei Armeen floß ein ziemlich breiter nicht allzu sumpfiger Bach; eine Quelle bildete ein ausgedehntes Moorgebiet, das die beiden Linien des Marschalls Tallard voneinander trennte. Höchst seltsame Lage, wenn es einem freisteht, sich in einer weiten Ebene sein Aufmarschgebiet zu wählen. Und dies sollte sich dann auch sehr unheilvoll auswirken. Genau zu Tallards Rechten, aber weniger vorgeschoben als diese, befand sich Blendheim; in dieses großes Dorf legte er in beispielloser Verblendung sechsundzwanzig Bataillone seiner Armee unter der Führung des Generalleutnants Clérambault und des Feldhauptmanns Blanzac; und rings um das Dorf in die Hecken fünf Dragonerregimenter und eine Kavalleriebrigade als rückwärtige Verstärkung. Also eine ganze Armee, um dieses Dorf zu bewachen, seinen rechten Flügel zu stützen und sich derart zu entblößen!

Zwischen zwei Möglichkeiten, die beide gut waren, nämlich entweder das Ufer des Baches parallel zur Front der Armee zu besetzen, um den Feinden den Übergang streitig zu machen, oder aber sie während des Übergangs anzugreifen, wählte man eine dritte, das heißt, man überließ den Feinden einen breiten Streifen zwischen unseren Truppen und dem Bach, ließ sie ungestört, passieren, um sie, wie man sagte, drüben zu schlagen.

Am 13. August tauchten die Feinde auf, bewegten sich zunächst auf den Bach zu und erschienen dort fast bei Tagesanbruch. Sie müssen sehr überrascht gewesen sein, unsere Armeen, die sich in Schlachtordnung aufstellten, noch so weit entfernt zu sehen. Sie machten sich die Weite des Terrains, das man ihnen überlassen hatte, zunutze, überquerten fast an allen Stellen den Bach, stellten sich in mehreren Linien auf dem anderen Ufer auf und schwärmten dann nach Belieben aus, ohne auch nur auf die geringste Gegenbewegung zu stoßen.

Prinz Eugen bildete mit seiner Armee den rechten, der Duke of Marlborough mit der seinen den linken Flügel und stand mithin dem Marschall Tallard gegenüber. Schließlich bewegten sich die feindlichen Armeen aufeinander zu, ohne daß Prinz Eugen den geringsten Vorteil über Marcin erlangen konnte, der ihm sogar überlegen war und ohne das Mißgeschick auf unserer Rechten in der Lage gewesen wäre, sich das zunutze zu machen. Aber zwei Übelstände richteten diese unglückliche Armee zugrunde: die zweite Linie, die von der ersten durch das Sumpfgelände jener Quelle getrennt war, vermochte diese nicht hinreichend zu unterstützen. Was die Infanterie anlangt, so hinterließen die sechsundzwanzig in Blendheim festgehaltenen Bataillone eine große Lücke – nicht im Raum, denn man hatte die aufgestellten Bataillone einander angenähert, sondern beim Vormarsch und in der Stoßkraft. Die Engländer, die sehr bald den Vorteil wahrnahmen, den ihnen das Fehlen der Infanterie und die ungeheure Zusammenhanglosigkeit der Kavallerie unseres rechten Flügels verschaffte, verstanden sich diesen sofort mit großer Geschicklichkeit zunutze zu machen und bewegten sich unbeschwert in der riesigen Weite eines übersichtlichen Geländes. Die Armee des Kurfürsten, die vollkommen ungedeckt war und von den Engländern in der Flanke angegriffen wurde, geriet nun ins Wanken. Soviel Mut auch die Bayern bewiesen, so kühne Taten der Kurfürst vollbrachte, nichts konnte diesem Wanken Einhalt gebieten. Dennoch leisteten sie hartnäckigen Widerstand. Da die Armee Tallards geschlagen und aufgelöst war, die des Kurfürsten sich zwar mit Zähigkeit zu halten versuchte, aber nicht gleichzeitig Front und Flanke zu decken vermochte, befand sich die erstere auf der Flucht und die letztere beim Rückzug, während Marcins Armee den Prinzen Eugen derart angriff, daß dieser die Schlacht bereits als verloren ansah. Angesichts seiner aufgelösten und fliehenden Armee strebte Tallard nun nach Blendheim, um dort Truppen herauszunehmen und zu versuchen, sie noch einigermaßen zum Einsatz zu bringen. Das kostete ihn um so größere Mühe, als er ihnen ausdrücklich verboten hatte, sich, was auch immer geschehe, aus dem Dorf zu entfernen oder auch nur einen einzigen Mann hinauszulassen. Als er nun, begleitet von Silly und einem Edelmann einhersprengte, wurde er von den Engländern erkannt, umzingelt, und alle drei wurden gefangengenommen.

Während dieses allgemeinen Durcheinanders saß Blanzac in Blendheim ohne jede Nachricht von Clérambault, der seit zwei Stunden spurlos verschwunden war. Aus Furcht, getötet zu werden, war er, gefolgt von seinem Diener, in die Donau gesprungen, die er auf dem Rücken seines Pferdes zu überqueren hoffte, offenbar um hernach Eremit zu werden: der Diener kam hinüber, er aber ertrank. Blanzac, auf den das Kommando in Abwesenheit Clérambaults überging, befand sich bei diesem allgemeinen Wirrwarr in großer Bedrängnis. Er bekam keinerlei Befehl und vernahm weder etwas von Marschall Tallard noch von sonst einem seiner Vorgesetzten.

Ich gebe hier nur wieder, was Blanzac zu seiner Rechtfertigung vorbrachte, die vom König wie von der Öffentlichkeit gleichermaßen übel aufgenommen wurde, die jedoch niemand widerlegen konnte, weil niemand außer denjenigen, die dabei gewesen, bezeugen konnte, was in Blendheim geschehen war, weil die verantwortlichen Offiziere sich auf das gleiche Plädoyer einigten und weil die Aussage der alten Säulen der Bataillone zwar auch keine folgerichtige Darstellung ergab, auf die man sich hätte verlassen können, aber stark genug war, um jene verantwortlichen Offiziere, denen sie hatten gehorchen müssen, bei Hofe und in der Öffentlichkeit zum Schweigen zu bringen. Inmitten all der Bedrängnisse also und ganz sich selbst überlassen, bemerkten diese Offiziere nun, daß das Pulver langsam ausging, daß ihre Munitionswagen entschwanden, daß einige Soldaten darüber in Unruhe gerieten und diese Unruhe sich auf die anderen zu übertragen begann, als sie plötzlich Denonvilles ansichtig wurden, der bei dem großen Angriff auf das Dorf gefangengenommen worden war und nun als Unterhändler in Begleitung eines englischen Offiziers zurückkam. Denonville, damals ein sehr schöner, gutgewachsener junger Mann, war der älteste Sohn des zweiten Erziehers von Monseigneur und Oberst eines königlichen Infanterieregiments. Anstatt jedoch, nachdem er so verrückt gewesen, sich mit so aberwitzigem Auftrag zu belasten, zunächst mit Blanzac und den anderen Offizieren unter vier Augen zu sprechen, begann Denonville, der Verstand, Redegewandtheit und eine große Meinung von sich selbst besaß, die rings um das Dorf liegenden Truppen aufzuwiegeln und ihnen einzureden, sie müßten sich gefangengeben, um sich auf diese Weise für den Dienst beim König zu erhalten. Blanzac, der sah, welche Unsicherheit diese Reden bei den Truppen hervorriefen, hieß ihn mit der entsprechenden Härte schweigen, befahl ihm, sich zurückzuziehen, und suchte seinerseits die Soldaten zum Durchhalten anzufeuern. Doch der Eindruck hatte sich festgesetzt. Blanzac fand nur beim Regiment von Navarra Beifall, alle anderen verharrten in dumpfem Schweigen. Ich weise immer wieder darauf hin, daß ich laut Blanzac erzähle. Etwas später, als Denonville und sein Begleiter zum Feind zurückgekehrt waren, erschien ein Unterhändler der Engländer, der auf Ehrenwort mit dem Kommandanten zu reden wünschte. Er wurde zu Blanzac geführt, dem er erklärte, der Duke of Marlborough lasse ihm mitteilen, er sei mit vierzig Bataillonen und sechzig Kanonen zur Stelle und imstande, nach Belieben weitere Truppen nachzuziehen. Er begänne nunmehr mit der Einkreisung, das Dorf habe nichts mehr hinter sich; Tallards Armee sei auf der Flucht und der Überrest der kurfürstlichen Armee auf dem Rückzug. Tallard selbst sowie eine Anzahl hoher Offiziere seien gefangengenommen worden; Blanzac habe also keinerlei Beistand mehr zu erhoffen. Er tue wohl besser daran, die Kapitulation anzunehmen und sich samt seinen Offizieren und Soldaten in die Gefangenschaft zu begeben, statt so viele tapfere Männer auf beiden Seiten zugrunde gehen zu lassen, da am Ende doch die zahlenmäßig Stärkeren den Sieg davontragen würden. Blanzac wollte den Abgesandten kurzerhand zurückschicken, worauf jedoch der Engländer ihn drängte, auf Ehrenwort bis auf zweihundert Schritt vor das Dorf mitzukommen, um sich mit eigenen Augen von der Niederlage der kurfürstlichen Armee, ihrem Rückzug sowie den englischen Angriffsvorbereitungen zu überzeugen. Blanzac willigte ein. Er nahm den Generalfeldhauptmann der Dragoner Hautefeuille mit; wie groß war ihr Entsetzen, als sie feststellen mußten, daß der Engländer die Wahrheit gesagt hatte. Von jenem wieder nach Blendheim zurückgeführt, rief Blanzac die Offiziere zusammen, unterbreitete ihnen den ihm gemachten Vorschlag und berichtete von dem, was er und Hautefeuille mit eigenen Augen gesehen hatten. Alle waren sich darüber im klaren, wie sehr man ihre Übergabe verurteilen würde, aber bei Licht besehen wußten sie keinen anderen Ausweg aus ihrer Lage. Sie beschlossen gemeinsam, das Angebot anzunehmen. Die entsetzliche Kapitulation wurde also alsbald schriftlich festgelegt und von den hohen Offizieren und allen Regimentsführern unterzeichnet.

Der Kurfürst, der sich fast als einziger nicht hatte verwirren lassen, gab den Rat, man solle die Truppen in seinem, durch bequeme Postwege und reichliche Versorgungsquellen begünstigten Lande überwintern lassen. Man merkte zu spät, wie töricht es war, seinem Rat nicht gefolgt zu sein. Bayern, das sich selbst überlassen blieb und nur von wenigen Truppen verteidigt wurde, widerstand den kaiserlichen Streitkräften den ganzen Winter hindurch. Aber es war nicht unsere Art, es bei halben Niederlagen bewenden zu lassen! Auch konnte der Kurfürst kein Gehör finden, denn man war nur noch bestrebt, sich auf die Armee des Marschalls Villeroy zurückzuziehen. Die Feinde setzten dem nicht das geringste Hindernis entgegen. Sie waren entzückt, unsere Armee freiwillig abziehen zu sehen, wozu sie sie kaum hätten zwingen können.

Das Zusammentreffen der Armeen fand am 25. August in Donaueschingen statt. Der Kurfürst reiste über Straßburg nach Metz und von dort auf dem schnellsten Wege nach Brüssel. Bei seinem Aufenthalt in Ulm hatte er der Kurfürstin und seinen Kindern mit viel Mut und Kaltblütigkeit die entsprechenden Instruktionen gegeben und sie nach München geschickt, wo sie sich mit den Truppen, die er ihnen hinterließ, so lange wie möglich verteidigen sollten. Der Duke of Marlborough, der mit seiner Armee den entscheidenden Schlag geführt hatte, behielt den Marschall Tallard und einige Offiziere für sich und schickte sie nach Hanau, wo sie so lange bleiben sollten, bis er sich mit ihnen nach England einschiffte, um dergestalt seinen Triumph zu krönen.

Der König erhielt die Schreckensbotschaft am 21. August durch einen Kurier des Marschalls Villeroy, dem die vom Prinzen Eugen zurückgehaltenen Truppen mehrere Briefe der gefangenen Offiziere mitgaben, denen man erlaubt hatte, ihren Familien Nachricht zu geben. Durch diesen Kurier erfuhr der König, daß die am 13. August gelieferte Schlacht von acht Uhr morgens bis zum Abend gedauert hatte, daß die ganze Armee Tallards gefangengenommen oder getötet worden sei und daß man nicht wisse, was aus dem Marschall geworden sei: kein Brief gab Auskunft darüber, ob der Marschall Marcin und der Kurfürst bei den Kampfhandlungen zugegen gewesen waren.

Sechs Tage lang verharrte der König in peinvoller Ungewißheit. Er wußte, daß in Bayern alles verloren war, aber sonst wußte er nichts weiter. Die wenigen Leute, von denen Briefe eintrafen, ließen es dabei bewenden, von ihrem persönlichen Ergehen und vielleicht noch von dem einiger Freunde zu berichten. Niemand hatte es eilig, auf die Katastrophe einzugehen: man fürchtete für seine Briefe und wagte nicht, sich näher über Geschehnisse und Personen auszulassen. Marcin, der vollauf mit seinem Rückzug beschäftigt war, begnügte sich damit, dem Marschall Villeroy Nachrichten zukommen zu lassen, die sich nur auf dieses Rückzugsthema bezogen. Der Kurfürst, außer sich über seine Verluste und den Widerstand, auf den sein Vorschlag gestoßen war, schrieb, als er den Rhein überschritt, dem König nur ein paar kurze Grußworte und bestätigte erneut seine Bündnistreue. So erfuhr man nur selten etwas, und nur Belanglosigkeiten, wodurch sich die Unruhe über die allgemeine Lage und über das Los der einzelnen noch erhöhte.

Weder der König noch sonst jemand begriff, daß man eine ganze Armee in einem Dorf und um dieses herum hatte aufstellen können und daß diese Armee aufgrund einer unterzeichneten Kapitulation in Kriegsgefangenschaft geraten war. Als sich schließlich durch den einen oder anderen Brief Einzelkenntnisse gemehrt hatten, traf am Morgen des 29. August Silly in Etang ein. Chamillart führte ihn nach Meudon, wo der König sich aufhielt, der sich vor dem Essen lange mit beiden einschloß. Tallard, in dessen Begleitung Silly gefangengenommen worden war, hatte von Marlborough die Erlaubnis erhalten, Silly unter der ehrenwörtlichen Versicherung, daß er unverzüglich zurückkäme, zum König zu schicken, damit er diesen Bericht über die Niederlage erstatte.

An Unglücksfälle war man noch nicht gewöhnt; dieser hier kam wirklich sehr unerwartet. Derart sich häufende und miteinander verkettete Irrtümer, Verblendungen und Verwirrungen sind, wiewohl in natürlicher Weise, der Spiegel jener Siege, die Gott seinem Volke gewährt, oder jener Niederlagen, mit denen er es schlägt, je nachdem ob es ihm treu bleibt oder in seiner Verehrung nachläßt. Man kann sich denken, wie groß die allgemeine Verzweiflung war, da es in jeder angesehenen Familie – von den anderen gar nicht zu reden – Tote, Verwundete oder Gefangene gab; wie groß die Ausweglosigkeit des Kriegs- und Finanzministers, der eine gänzlich aufgeriebene oder in Gefangenschaft geratene Armee wieder aufstellen mußte, und wie groß der Schmerz des Königs, der das Geschick des Kaisers in seinen Händen gehalten und der sich durch diese schmachvolle Niederlage nun an die Ufer des Rheins zurückgedrängt sah, wo er sich selbst verteidigen mußte! Die Folgen bezeugen nicht minder die lastende Hand Gottes: man verlor jede Selbsteinschätzung und zitterte mitten im Elsaß. Das traurige Versagen des Marschalls Villeroy ging im Glanz seiner Gunst unter, und wir werden sehen, wie prächtig Tallard belohnt wurde. Marcin blieb unbeachtet; man fand, daß er nichts weiter verdiene, da er keinen entscheidenden Fehler begangen hatte. Aller Zorn entlud sich auf einige Regimenter, die aufgelöst wurden, auf einzelne, deren ganze Bestrafung darin bestand, nicht mehr in der Armee verwandt zu werden, wobei zwischen Schuldigen und Unschuldigen kaum ein Unterschied gemacht wurde. Nur Denonville wurde schimpflich gefangengesetzt, sein Regiment einem anderen gegeben, so daß er, als er aus dem Gefängnis kam, nirgends mehr zu erscheinen wagte. Außer Denonville wurde niemand bestraft, auch keiner von denen, die ihre Truppen zurückgeführt hatten. Dafür erlegte sich die Öffentlichkeit weder gegenüber den Marschällen noch den Generalen den geringsten Zwang auf, auch nicht gegenüber einzelnen, die man für schuldig hielt, oder gegenüber jenen Truppen, über die in den Briefen Nachteiliges erwähnt worden war. Es war ein Gezänk, das die Familien untereinander entzweite.

Die nächsten Angehörigen der Gebrandmarkten wagten tagelang nicht, sich zu zeigen. Trotz alledem wurden die Feiern anläßlich der Geburt des Duc de Bretagne keineswegs unterbrochen. Die Stadt veranstaltete ein festliches Gelage und ein Feuerwerk auf der Seine, das sich Monseigneur, seine Söhne und die Duchesse de Bourgogne in Gesellschaft zahlreicher Damen und Höflinge bei üppigen Tafelfreuden aus den Fenstern des Louvre ansahen, ein Kontrast, der viel Empörung auslöste und wenig Seelengröße bewies.

Französischer Sieg in einer Seeschlacht. – Spanische Angelegenheiten. – Das Ränkespiel um die Verheiratung des Herzogs von Mantua.

Schon bald ward dem König für die Katastrophe von Höchstädt ein zwar für den Staat bedeutungsloser, für sein Herz jedoch merklicher Trost zuteil. Der Comte de Toulouse, der in keinem Punkte mit seinem Bruder, dem Duc du Maine, zu vergleichen ist, bebte vor Ungeduld, weil er seine erste Seeschlacht als Admiral nicht hatte liefern können, da sich herausstellte, daß die feindliche Flotte der seinen zu sehr überlegen war. Dieses Jahr also hatte er eine Flotte bewilligt bekommen, mit der er gegen den Admiral Rooke, der in Lissabon überwintert hatte, antreten konnte. Er erwarb sich, um es kurz zu sagen, bei diesem Gefecht alle Ehre. Chateauneuf, der Gesandter in Portugal gewesen und der nach dem Bruch zwischen Spanien und Portugal auf Befehl des Königs in Madrid geblieben war, kam nun nach Paris. Unmittelbar nach ihm traf Orry ein. Der König weigerte sich, letzteren zu empfangen; er hätte ihn am liebsten den Prozeß gemacht und ihn hängen lassen. Aber dieses Vorgehen hätte auch Mme. des Ursins mitbetroffen, die von Mme. de Maintenon stets mit großer Behutsamkeit verteidigt wurde. Augigny, der als geheimer Unterhändler seiner Herrin in Madrid geblieben war, bezog in der gleichen Zeit trotz der Ebbe in den Finanzen zweitausend Dukaten Pension und bewohnte auf Kosten König Philipps ein Haus in Madrid. Nach wie vor bat die Königin darum, man möge Mme. des Ursins nach Versailles kommen lassen, um sie anzuhören. Gekränkt, daß ihr das nicht gewährt wurde, eiferte sie gegen Berwick, den sie als vermeintlichen Urheber von Orrys Ungnade ansah. Sie bat so inständig um dessen Rückberufung, daß man ihr schließlich diesen Wunsch erfüllte; und der verbindliche Tessé, der, ob gesund oder krank, seine Untergrundspolitik weiterbetrieb, wurde zu Berwicks Nachfolger ernannt.

Der Herzog von Mantua weilte noch immer in Paris. Der eigentliche Grund, der ihn dort zurückhielt, war seine Absicht, eine Französin zu ehelichen, die er nach seinem Geschmack zu wählen, aber aus der Hand des Königs zu erhalten hoffte. Vaudémont lebte in zu enger Nachbarschaft mit ihm und war zu gut unterrichtet, als daß es ihm hätte entgehen können, auch lag er zu sehr auf der Lauer und war zu sehr auf den Vorteil des Hauses Lothringen erpicht, um nicht zu begreifen, wie günstig es wäre, wenn der Herzog sich mit einer Prinzessin dieses Hauses verheiraten würde; einer Prinzessin, die nach dessen Tod dann auf Montferrat Ansprüche hätte. Wenn dieser Ehe Kinder entsprängen, wären sie von einer Lothringerin, und diese würde vermutlich noch lange als Witwe leben, denn Vaudémonts Schwägerin – und sie war es, die er dem Herzog von Mantua zudachte – war noch sehr jung; während der Ehe könnte sie entscheidenden Einfluß auf ihren alternden Gemahl gewinnen, als Witwe auf die Kinder und als Regentin auf das Land, so daß der König dann mit ihm, Vaudémont, rechnen müßte, sogar hinsichtlich der Italienpolitik.

Mme. d'Elbeuf, die dritte und damals bereits verwitwete Gemahlin des Duc d'Elbeuf, war die älteste Tochter der Marschallin Navailles, deren Mutter, Mme. de Neuillan, seinerzeit Mme. de Maintenon, als jene von den amerikanischen Inseln zurückkehrte, aus Mitleid bei sich aufgenommen, sie beherbergt, ernährt und versorgt und sie dann, um sich ihrer zu entledigen, mit Scarron verheiratet hatte. Mme. de Navailles war Ehrendame der Königin Maria Theresia gewesen; der König hatte sie dieses Postens enthoben, weil sie ihn mit einer Mauer an Stelle jener Tür überrascht hatte, durch die er sich des Nachts heimlich in das Gemach der Ehrenfräulein der Königin zu begeben pflegte, und ihr Gemahl war dadurch um die Charge des Hauptmanns der Leichten Garde sowie um die Statthalterschaft von Havre-de-Grâce gekommen. Die beiden Königinnen waren über dieses Mißgeschick des Ehepaares sehr betrübt gewesen, und die Königinmutter erlangte auf dem Sterbebett die Zusicherung, daß man die beiden Navailles aus dem Exil zurückrufen und wieder in ihre Statthalterschaft einsetzen würde. Obwohl der König Mme. de Navailles, die nur selten und kurz bei Hofe erschien, diesen Streich niemals ganz verzeihen konnte, vermochte er ihr, zumal seit sie sich der Frömmigkeit befleißigte, weder seine Anerkennung noch seine Achtung zu verweigern. Unter diesen Auspizien also war ihre Tochter, Mme. d'Elbeuf, an den Hof gekommen. Trotz ihres barschen Umgangstons und geringer Geistesgaben, zeigte sie ausgesprochenes Talent für jede Art Ränkespiel und Intrige. Sie fand Mittel, Mme. de Maintenon dazu zu bringen, sich an Mme. de Noillan zu erinnern, und den König dazu achtungsvoll Mme. de Navailles zu gedenken; bei Mme. de Maintenon hatte die Princesse d'Harcourt das Eis gebrochen, beim König Legrand; sie wurden durch Mlle. de Lillebonne und Mme. Espinoy in jeder Weise unterstützt, denn es war ohnegleichen, wie die Mitglieder des Hauses Lothringen es verstanden, einander in die Hände zu arbeiten. Mme. d'Elbeuf verlegte sich aufs Spiel, erschien in Marly, in Meudon, gewann mehr und mehr an Boden, stattete Mme. de Maintenon zuweilen ganz private Besuche ab, brachte ihre schöne und wohlgewachsene Tochter an den Hof, die sehr bald ständig bei der Duchesse de Bourgogne saß und sich dort in solchem Maße dem Spiel, und zumal dem Glücksspiel, ergab, daß sie sich selbst und die Herzogin in hohe Schulden stürzte, worauf sie, sei es auf höheren Befehl, wie man allgemein annahm, sei es auf den weisen Rat ihrer Mutter, über acht Monate mit dieser auf ihren Ländereien in Saintonge verbrachte, von wo beide nur zurückkamen, um den Herzog von Mantua in Paris zu treffen, denn Mlle. d'Elbeuf war es, mit der Vaudémont den Herzog verehelichen wollte, von der er ihm schon in Italien erzählt hatte und für die das ganze Haus Lothringen sich in jeder Weise einsetzte.

Nun hatte aber Monsieur le Prince eine Tochter, die er um keinen Preis an den Mann bringen konnte. Abgesehen davon, daß er in dem Herzog von Mantua einen Rettungsanker für diese Tochter erblickte, machte er – und zwar aufgrund des Nachfolgerechts der Königin Maria Gonzaga, die mütterlicherseits eine Tante von Madame la Princesse war – Ansprüche auf Montferrat. Er hoffte also, er könne, wenn seine Tochter Herzogin von Mantua würde, diese Schuld so oder so eintreiben; entweder sie bekäme Kinder, oder, wenn sie keine Kinder bekäme, gedachte er ihrer Mitgift und ihren Rechten diesen Gläubigeranspruch hinzuzufügen und Montferrat mit Unterstützung Frankreichs seinem Hause zuzuschlagen. Er legte dem König seine Absichten dar, und dieser erlaubte ihm, seinen Plan zu verfolgen, ja er versprach ihm sogar seine Protektion. Da jedoch Monsieur le Prince die Einflußnahme Legrands fürchtete und da er wußte, mit welcher Geschicklichkeit es dieser verstand, den König im Sturm für sich einzunehmen, gab er dem König und vor allem den Ministern zu bedenken, daß die Herzöge von Lothringen Anspruch auf Montferrat erhöben und daß sie in ihrem Anspruch durch eine formelle Zusage des Kaisers bestärkt worden seien; und Monsieur le Prince wies darauf hin, welche Gefahr es für den Staat bedeute, wenn der Herzog von Lothringen in Italien Fuß faßte, da dieser dem Kaiser, seinem Beschützer, dort zu um so größerer Machtfülle verhelfen und damit den König zu Rücksichten gegen

Lothringen verpflichten würde, Rücksichten, die zu nehmen man nicht gewohnt sei und die in Kriegszeiten sehr beschwerlich werden könnten. Diese Gründe gaben dem König zu denken: er versprach Monsieur le Prince allen Beistand, sofern man davon absehe, Zwang anzuwenden; aber Mlle. d'Enghiens Häßlichkeit stellte sich dem Unternehmen als unbesiegbares Hindernis in den Weg. Der Herzog von Mantua liebte die Frauen und wollte Kinder, er äußerte sich zu Monsieur le Princes Vorschlag zurückhaltend, ohne verletzend zu sein, aber doch so deutlich, daß Monsieur le Prince nichts mehr zu hoffen wagte. Das Haus Lothringen, das Vaudémont stets auf dem laufenden gehalten und das mit Behagen vernommen hatte, wie gefügig dieser kleine Souverän gegenüber dem Statthalter von Mailand gewesen war, fand ihn nun in Paris den lothringischen Plänen keineswegs gewogen. Er hatte nämlich, ehe er aufgebrochen war, bereits seine Wahl getroffen. Als er eines Abends mit dem Duc de Lesdiguières kurz vor dessen Tod bei Tisch saß, sah er an dessen Finger einen Ring mit einem kleinen Porträt, worauf er ihn bat, ihm diesen Ring zu zeigen; als er das Juwel dann in den Händen hielt, war er ganz bezaubert von dem Porträt und meinte, Lesdiguières müsse sich glücklich schätzen, eine so schöne Geliebte zu haben. Der Herzog lachte und erwiderte, es sei dies das Porträt seiner Ehefrau. Kaum war er gestorben, dachte der Herzog von Mantua nur noch an diese junge Witwe. Ihre Herkunft, ihre verwandtschaftlichen Beziehungen entsprachen ganz seinen Vorstellungen, er zog allerdings noch heimlich Erkundigungen ein, dann brach er auf mit dem festen Entschluß, diese Frau zu heiraten. Vergebens versuchte man also, ihn in den Kirchen und bei den Promenaden immer wieder auf Mlle. d'Elbeuf hinzuweisen; diese Schönheit, die viele andere tief gerührt hätte, machte auf ihn keinen Eindruck. Allenthalben suchte er nach der Duchesse de Lesdiguières, aber da sie in ihrem ersten Trauerjahr war, begegnete er ihr nirgends; um zu einem Ende zu kommen, offenbarte er sich schließlich Torcy, dem Minister des Auswärtigen. Torcy trug die Sache dem König vor, der sich durchaus einverstanden erklärte und dem Marschall Duras nahelegte, mit seiner Tochter zu sprechen. Sie war über diese Mitteilung ebenso überrascht wie bestürzt; sie erklärte ihrem Vater, wie sehr es ihr widerstrebte, sich den Launen und der Eifersucht eines alten, verkommenen Italieners auszuliefern, und welches Schaudern sie überkomme, wenn sie sich vorstelle, in Italien mit ihm mutterseelenallein zu sein, welch begründete Ursache sie habe, für ihre Gesundheit zu fürchten bei einem Ehemann, mit dessen eigener Gesundheit es wohl nicht zum besten bestellt sei. Da Mme. de Lesdiguières und Mme. de Saint-Simon mehr wie Schwestern denn wie Kusinen miteinander lebten und auch ich mit der jungen Witwe sehr befreundet war, bekam ich bald von dieser Sache zu hören; ich suchte, ihr klarzumachen, was sie ihrem glanzvollen Hause schuldig sei, das durch den Tod meines Schwiegervaters, durch das vorgerückte Alter Duras', durch die Lebensweise meines Schwagers und durch den Vermögensstand ihres einzigen Bruders nun in der Gefahr schwebe, nach all seinem Glanz und Ruhm für immer zu erlöschen; ich brachte den Wunsch des Königs in Anschlag, die Interessen des Staates, die dahinterstünden, wies darauf hin, welches Vergnügen es sein müsse, Mlle. d'Elbeuf diese Partie streitig zu machen, mit einem Wort, ich redete wie ein Buch, doch alles völlig vergeblich; niemals habe ich solche Standhaftigkeit erlebt. Pontchartrain, der ihr alsdann zusetzte, scheiterte ebenfalls, aber ihm erging es noch schlimmer, denn er reizte sie, da er Drohungen einflocht und meinte, der König werde sie schon noch zur Vernunft bringen. Monsieur le Prince, der für sich selbst keine Hoffnung mehr sah und der vor allem die Heirat mit einer Lothringerin fürchtete, verband seine Wünsche mit den unsrigen. Was mich anging, so ließ ich nicht locker, ich wandte mich an jeden, von dem ich annahm, daß er etwas bei der Duchesse de Lesdiguières auszurichten vermöchte, ich wandte mich sogar an die Nonnen von Sainte-Marie, bei denen sie erzogen worden war und an denen sie sehr hing. Ich hatte keinerlei Erfolg. Indes hatte der Herzog von Mantua, den die Unmöglichkeit, der Duchesse de Lesdiguières ansichtig zu werden, langsam erboste, den Entschluß gefaßt, sie eines Sonntags in der Kirche abzupassen. Sie hatte sich in eine Kapelle zurückgezogen; er blieb an der Tür stehen, um sie herauskommen zu sehen; doch das gewährte ihm herzlich wenig Befriedigung: ein dichter Trauerschleier bedeckte ihr Antlitz, so daß er kaum dessen Umrisse erspähen konnte. In der Absicht, endlich sein Ziel zu erreichen, wandte er sich abermals an Torcy und legte ihm dar, daß es doch nicht so schwer sein könne, die Erlaubnis zu erwirken, die Herzogin in einer Kirche ansehen zu dürfen. Torcy sprach mit dem König, der ihm auftrug, zu Mme. de Lesdiguières zu gehen, ihr begreiflich zu machen, wieviel ihm an dieser Heirat gelegen sei, ja daß er sie wünsche, Torcy solle aber auf alle Fälle vermeiden, die königliche Autorität auszuspielen; er solle ihr alsdann mitteilen, um was der Herzog von Mantua sie bitte, und ihr zu verstehen geben, er, der König, erwarte, daß sie dem Herzog soweit entgegenkomme. Torcy begab sich also ins Hôtel Duras, um seinen Auftrag auszuführen. Was die Heirat betraf, war die Antwort eindeutig, kurz, respektvoll aber ablehnend; was das Entgegenkommen anlangte, so finde sie dieses, da die

Sache ohnehin nicht weitergehen dürfe, gänzlich überflüssig. Aber da Torcy im Namen des Königs auf diesem letzten Punkt bestand, mußte sie wohl oder übel einwilligen. Der Herzog von Mantua erwartete sie also am gleichen Ort, wo er sie schon einmal, aber nur flüchtig erblickt hatte; Mme. de Lesdiguières befand sich bereits in der Kapelle, er näherte sich ihr wie beim ersten Mal. Sie war in Begleitung von Mlle. d'Espinoy. Beim Hinausgehen lüftete sie ihren Schleier, schritt langsam an dem Herzog von Mantua vorüber, erwiderte seinen Gruß ganz so, als ob sie nicht wüßte, wer er sei, und stieg alsbald in ihre Karosse. Der Herzog von Mantua war hingerissen von ihr; er verdoppelte seine Anstrengungen beim König und bei M. de Duras. Die Angelegenheit wurde allen Ernstes im Ministerrat behandelt wie ein Staatsgeschäft, und tatsächlich war es auch eines. Man beschloß, den Herzog von Mantua hinzuhalten und inzwischen nichts unversucht zu lassen, um diesen Widerstand zu brechen. Nur wollte man keine Gewalt anwenden und sich nicht auf die Macht berufen. Seine Majestät selber, versprach man Mme. de Lesdiguières, würde den Heiratsvertrag aufsetzen, würde ihr eine Mitgift aussetzen und ihr diese sichern ebenso wie die Rückkehr nach Frankreich, wenn sie Witwe würde; auch sei sie während ihrer Ehe seines Schutzes gewiß. Mit einem Wort, sie wurde auf die ehrenhafteste Weise verlockt, und es wurden die ehrbarsten Mittel angewandt, um sie zur Entscheidung zu drängen. Ihre Mutter stellte uns für einen Nachmittag ihr Haus zur Verfügung, damit wir uns dort ungezwungener als im Hôtel Duras mit Mme. de Lesdiguières unterhalten könnten. Alles, was wir ernteten, war ein Tränenstrom. Ich war sehr erstaunt, als mir Chamillart einige Tage später Wort für Wort das Gespräch wiedergab, das ich mit der Duchesse de Lesdiguières geführt hatte, und dazu noch all das, was zwischen ihr und Pontchartrain über diese Sache geredet worden war. Bald darauf erfuhr ich, sie habe sich, da sie fürchtete, ihr Widerstand könne ihr beim König Ungelegenheiten bereiten oder könne am Ende durch seine unbeschränkte Autorität gebrochen werden, in ihrer Angst an Chamillart gewandt und sich ihm ohne unser Wissen anvertraut, um ihn zu bestimmen, sich beim König dafür einzusetzen, daß von dieser Heirat, zu der sie sich keineswegs entschließen könne, fortan nie mehr die Rede wäre, und daß man den Herzog von Mantua so genau ins Bild setzte, daß er freiwillig seine Gedanken in andere Richtung lenken und sie selbst endlich von einer Bewerbung befreit würde, die allgemach zu einer grausamen Plage ausarte. Chamillart entledigte sich seines Auftrags so gut, daß sie tatsächlich nun nicht weiter belästigt wurde. M. de Duras war zu gleichgültig, um seine Tochter zu zwingen, und die Marschallin Duras, die es recht gerne gewollt hätte, besaß nicht die Kraft dazu. Der Herzog von Mantua, der endlich von Torcy unterrichtet worden war – man hatte ihm erklärt, daß der König es zu seinem größten Bedauern nicht vermöchte, die Duchesse de Lesdiguières zu einer Wiederverheiratung zu bewegen –, gab also die Hoffnung auf und beschloß, sich anderswo umzusehen.

Das Haus Lothringen, das seine Bemühungen um die Duchesse de Lesdiguières mit größter Aufmerksamkeit verfolgt hatte, schöpfte, als es den Plan scheitern sah, wieder neue Hoffnung. Monsieur le Prince, der sie genau beobachtete, eilte sofort zum König, stachelte ihn auf, bis er ihn so weit gebracht hatte, daß er Mme. d'Elbeuf ausrichten ließ, ihre Heiratspläne mißfielen ihm höchlichst. Das focht die Lothringer nicht weiter an, sie wußten sehr wohl, daß der König es nicht bis zu ausdrücklichen Verboten kommen lassen würde, und da die Erfahrung sie gelehrt hatte, daß sie dank ihrer Schmeichelei und Unterwürfigkeit hernach nur um so besser mit ihm stehen würden, verfolgten sie ihren Plan mit eiserner Entschlossenheit. Dank ihrer schlauen Maßnahmen, dank des endgültigen Abschieds, den Mme. de Lesdiguières dem Herzog erteilt hatte, und dank der großen Schönheit und der Herkunft des Mlle. d'Elbeuf besiegten sie schließlich den Widerstand des Herzogs von Mantua, der wohl weitgehend auf einer Laune beruht hatte; dafür sollte nun Mlle. d'Elbeuf ihnen einige Schwierigkeiten bereiten. Sie wollte sich aufgrund ihres Ranges, ihres Vermögens, ihrer Stellung bei Hofe und ihres makellosen Rufes entweder gar nicht oder nur nach ihrem Gutdünken verheiraten, und sie brachte all jene Einwände gegen den Herzog von Mantua vor, die bereits Mme. de Lesdiguières angeführt hatte. Ihre Mutter, die unter ihrem Joch ächzte, obwohl sie nicht darüber zu klagen wagte, verspürte begreifliche Lust, sich der Tochter zu entledigen. Sie hielt diese also in Paris fest, um sie dem Hof und seinen Lustbarkeiten zu entziehen. Das ganze Haus begann nun, auf Mlle. d'Elbeuf einzuwirken, zumal Mlle. de Lillebonne und Mme. d'Espinoy, die dann auch endlich ihren Widerstand brachen. Als sie soweit gediehen waren, kam ihnen ihre Geschmeidigkeit gegenüber dem König zugute und bestärkte sie in der Dreistigkeit, gegen seinen offen erklärten Willen eine Heirat zu schließen; sie beriefen sich auf den unüberwindlichen Widerwillen des Herzogs gegen Mlle. d'Enghien, auf den Abscheu, den die Duchesse de Lesdiguières vor ihm empfand, und auf die Mißlichkeit, einen mit dem König verbündeten Souverän, der sich gegenwärtig in Paris aufhielt, bei der Wahl einer Gemahlin auch nur den geringsten Zwang anzutun, zumal dieser Souverän entschlossen sei, eine der Untertaninnen des Königs zu wählen; denn die Lothringer verstanden es, ihre Eigenschaften als Untertanen des Königs auf die schamloseste Weise entweder abzustreiten oder anzuerkennen, ganz wie es ihnen gerade gutdünkte. Seine Majestät war also durch den Einfluß, den Legrand auf ihn ausübte, so weit gewonnen worden, daß er sie gewähren ließ, ohne irgend etwas zu verbieten und ohne sich irgendwie einzumischen. Monsieur le Prince erlangte immerhin noch die Zusicherung, daß diese Hochzeit keinesfalls in Frankreich gefeiert werden dürfe, und es wurde vereinbart, daß, sobald der Vertrag unterzeichnet sei, die Eheleute sich jeder für sich auf den Weg machen sollten, um die Hochzeit in Mantua zu feiern. Der Herzog von Mantua, der während der sechs oder sieben Monate, die er sich in Paris aufhielt, den König nur einige wenige Male inkognito in seinem Kabinett aufgesucht hatte, empfing von diesem bei seinem letzten Besuch in Versailles einen schönen, mit Diamanten besetzten Degen, den der König sich eigens umgeschnallt hatte und den er nun abnahm, um ihn dem Herzog zu überreichen und ihm somit, wie er sagte, als seinem Generalissimus in Italien die Waffen auszuhändigen.

Am 20. September aß der Herzog bei Legrand zu Mittag, am 21. sah er den König noch einen Augenblick, aß hierauf bei Chamillart zu Mittag und machte sich dann zu Pferd auf den Weg, um in Nemours zu übernachten und von dort nach Italien weiterzureisen. Um dieselbe Zeit kamen Mme. und Mlle. d'Elbeuf mit Mme. de Pompadour, der Schwester der Mme. d'Elbeuf, durch Fontainebleau, sie besuchten niemanden, denn sie fürchteten, der Freier könne anderen Sinnes werden und ihnen einen Affront antun, deshalb wollten sie ihre Beute verfolgen bis zu dem Ort, wo ihre Wege sich trennten, wo er zu Lande und sie zu Wasser weiterreisen sollten: daß sie selber ihrem Mann so unmittelbar auf den Fersen blieben, wirkte bei Personen ihres Standes etwas befremdend. Unterwegs bekamen sie es mit der Angst. Als sie in Nevers in einer Herberge angelangt waren, fanden sie es unangebracht, sich ohne handfeste Sicherungen weiter vorzuwagen. Sie verweilten einen Tag in Nevers, und noch am selben Tag erschien der Herzog von Mantua. Mme. de Pompadour, die all ihre Schlauheit und Ziererei aufbot, um sich bei ihm lieb Kind zu machen und möglichst viel aus ihm herauszuschlagen, riet ihm, nicht länger zu zögern, die Hochzeit zu feiern und unverzüglich sein Eheglück zu genießen. Er wehrte sich, so gut er konnte. Während dieses unziemlichen Disputes ließ man beim Bischof um Erlaubnis nachsuchen, aber der lag im Sterben; der Großvikar, an den man sich wandte, lehnte ab, er erklärte, er kenne den Willen des Königs nicht, und eine auf solche Weise geschlossene Ehe entspreche in keiner Weise der Würde von Standespersonen, überdies entbehre sie derart der unumgänglich notwendigen Formalitäten, daß er sie gegen eine Ungültigkeitserklärung nicht schützen könne.

Eine so wohlerwogene und vernünftige Antwort erboste die Damen sehr, ohne sie deshab von ihrem Vorhaben abzubringen. Sie bestürmten den Herzog von Mantua, redeten auf ihn ein, stellten ihm vor, daß bei dieser Heirat keinerlei Widerstände zu fürchten seien, beruhigten ihn über die Tatsache, daß sie so mir nichts dir nichts in einer Provinzherberge vollzogen würde; der Respekt vor dem König, meinten sie, bleibe vollkommen gewahrt, und sie köderten den Herzog mit seiner Fürstenwürde, die ihn von gewöhnlichen Vorschriften und Gesetzen ausnehme; so brachten sie ihn durch ununterbrochene hartnäckige Belagerung schließlich dazu, daß er nachgab. Sie hatten gerade zu Mittag gegessen, und flugs ließen sie den Almosenier, der sie begleitete, heraufkommen, und der vermählte die beiden auf der Stelle. Sobald das geschehen war, ging jeder der in diesem Zimmer Anwesenden hinaus, um den Jungvermählten die Möglichkeit zu geben, die Ehe zu vollziehen, ungeachtet aller Einwände, die der Herzog von Mantua erhob, der unter allen Umständen dieses Tête-à-tête vermeiden wollte. Mme. de Pompadour blieb draußen auf dem Treppenabsatz stehen, um an der Tür zu horchen; sie vernahm nichts als die spärlichen Fetzen einer sehr gehemmten Unterhaltung, wobei die Ehegatten sich weit voneinander entfernt hielten. Sie verharrte einige Zeit auf ihrem Lauschposten, aber als sie schließlich einsah, daß nichts Besseres zu erwarten stünde und daß sich dieses ganze Tête-à-tête in jeder gewünschten Weise auslegen ließe, schenkte sie den Rufen, mit denen der Herzog von Mantua die Gesellschaft von Zeit zu Zeit aufforderte, zurückzukehren, endlich Gehör. Sie holte ihre Schwester, und beide gingen wieder hinein. Als sie dann alle wieder versammelt waren, fragte der Herzog, was sie sich eigentlich dabei gedacht hätten, sie beide so einfach allein zu lassen, und alsbald verabschiedete er sich von den Frauen, stieg, so spät es auch war, zu Pferd und sah sie, obwohl sie bis Lyon denselben Weg hatten, erst in Italien wieder.

Diese seltsame Hochzeitsfeier und die sie umrahmenden Lächerlichkeiten wurden allenthalben bekannt. Der König vermerkte es sehr übel, daß man sich erdreistet hatte, seine Verbote zu überschreiten. Die Lothringer, daran gewöhnt, alles zu wagen und hinterher mit der größten Frechheit alles zu überspielen, ohne deshalb mit dem König schlechter zu stehen, brachten auch dieses Unternehmen auf die übliche Weise zu Ende. Sie entschuldigten sich mit ihrer Furcht vor einem Affront; und es hätte wahrlich sein können, daß der Herzog von Mantua, der nur durch Listen und Schliche soweit gebracht worden war, es unter Umständen doch noch vorgezogen hätte, sich nach Italien abzusetzen, sich dann über sie lustig zu machen und nicht mehr nach ihnen zu fragen. Die Schande, die sie sich aufluden, indem sie hinter ihm herliefen, war ihnen immer noch lieber als die Schmach seiner Absage; und schließlich hatten sie ja schon so viele eigentümliche Eheschließungen erlebt.

Von Lyon reiste Mme. de Pompadour wieder zurück. Mme. d'Elbeuf und ihre Tochter begaben sich nach Toulon, um sich auf zwei Galeeren des Königs einzuschiffen. Diese Galeeren waren harten Verfolgungen afrikanischer Korsaren ausgesetzt, und es ist in der Tat ein Jammer, daß sie nicht geentert wurden, um diesem Roman die Vollendung zu geben. Als sie schließlich sicher gelandet waren, kam M. de Vaudémont ihnen entgegen. Er überredete den Herzog von Mantua dazu, seine Heirat durch eine neue Hochzeitsfeierlichkeit zu rehabilitieren, um dadurch alles Anstößige jener ersten, in Nevers gefeierten vergessen zu machen. Der Fürst hatte dieses Hochzeitszeremoniell, das den unmißverständlichen Verboten des Königs entgegen doch in Frankreich stattgefunden, selber so peinlich gefunden, daß er dem König durch einen Gesandten versichern ließ, alle Geschichten, die über seine Heirat umliefen, seien nichts als Gerüchte. Deshalb war er sehr bereit, Vaudémonts Ratschlag zu folgen; in Gegenwart der Duchesse d'Elbeuf, des Prince und der Princesse de Vaudémont wurde das Paar in Tortona öffentlich vom Bischof getraut.

Diese feine, von den Lothringern mit solchem Eifer betriebene und von dem Herzog von Mantua so lange vermiedene Heirat, die mit solcher Unziemlichkeit geschlossen und dann zur Sicherung des Standes der Mlle. d'Elbeuf abermals geschlossen worden war, zeitigte keine glücklichen Folgen. Sei es aus Ärger, daß er sich wider Willen zu diesem Schritt hatte treiben lassen, sei es aus Laune oder Eifersucht, jedenfalls sperrte der Herzog seine Frau nun ein und setzte sie unter so strenge Bewachung, daß sie niemanden sehen durfte, mit Ausnahme ihrer Mutter, und auch diese nur eine Stunde am Tag, und das während der ganzen vier oder fünf Monate, die Mme. d'Elbeuf dort verweilte. Ihre Kammerfrauen durften nur zu ihr, um ihr beim An- und Auskleiden zu helfen; er ließ ihre Fenster bis obenhin zumauern und sie von ein paar alten Italienerinnen streng bewachen. Es war also ein grausames Gefängnis. Diese Behandlung, die ich nicht erwartet hätte, dazu die geringe Achtung, um nicht zu sagen die Verachtung, die man diesem Fürsten gegenüber seit seiner Abreise hier bezeugte, trösteten mich ungemein im Gedanken an die Duchesse de Lesdiguières. Allerdings vermochte ich mir kaum vorzustellen, daß der Herzog, wenn er von ihr erhört worden wäre, sie die gleichen Härten hätte erdulden lassen, auch bezweifle ich, daß er selbst solche Behandlungen hätte hinnehmen müssen, wenn es sich nicht um eine Heirat gehandelt hätte, die der König so strikt ablehnte. Etwa sechs Monate später kehrte Mme. d'Elbeuf zurück; sie war tief beleidigt, aber, zu selbstbewußt, das merken zu lassen, schien sie vielmehr hocherfreut und ganz erfüllt von der Größe und dem Glanz ihres Schwiegersohns.

Bekehrte Hugenotten. – Verliebtheit der Duchesse de Bourgogne in Nangis. – Auftauchen eines Konkurrenten: Maulévrier. – Dieser wird nach Spanien abgeschoben. – Tod des Marschalls Duras.

In noch jugendlichem Alter starb die Comtesse d'Auvergne an einer tückischen Wassersucht. Der Comte d'Auvergne hatte, als er diese Holländerin heiratete, die Erlaubnis erhalten, sie, obwohl sie Kalvinistin, gegen alle Verbote und Erlasse nach Paris und an den Hof mitzubringen. Er hegte im stillen den Wunsch, daß sie katholisch würde. Ein berühmter Anwalt namens Chardon, der Anwalt meines Vaters und noch jetzt der meine, war auch Hugenotte gewesen und seine Frau gleichfalls. Sie hatten dem Schein nach abgeschworen, waren aber nie praktizierende Katholiken geworden. Man wußte das genau, sie machten auch keinen Hehl daraus. Aber Chardon schützte sein Ruf, und mächtige Fürsprecher, die er sich durch diesen Ruf erworben hatte, setzten sich für ihn ein. Sie alle hatten getan, was sie konnten, um das Ehepaar dazu zu bringen, ihnen wenigstens einmal zuzuhören, doch vergebens; der gottgewollte Augenblick war noch nicht gekommen. Doch endlich kam er. Das Ehepaar war tugendsam, äußerst gewissenhaft und von einer Frömmigkeit, die der wahren Religion zur Ehre gereicht hätte. Als die beiden eines Morgens in ihrer Kutsche ziemlich lange vor dem Krankenhaus auf einen Lakaien warteten, der ihnen eine Antwort bringen sollte, fiel Mme. Chardons Blick zufällig auf das Hauptportal von Notre-Dame. Allgemach versank sie in tiefe Träumerei, oder besser gesagt, in tiefes Nachdenken. Ihr Gemahl, der das schließlich bemerkte, fragte sie, worüber sie denn nachsinne, und er stieß sie sogar mit dem Ellbogen an, um sie zu einer Antwort zu bewegen. Sie deutete auf den Gegenstand ihrer Betrachtung und sagte zu ihm, all die Heiligenfiguren, die an diesem Portal stünden, seien doch viele Jahrhunderte vor Luther und Kalvin geschaffen worden und bewiesen doch, daß man schon damals Heilige angerufen habe; die Gegnerschaft der Reformatoren gegen einen so alten Glauben sei also eine Neuerung; und diese Neuerung ließe ihr nun auch die anderen Dogmen, die jene im Gegensatz zum alten katholischen Glauben lehrten, fragwürdig erscheinen; sie fühle sich sehr beunruhigt durch solche Überlegungen, die sie nie zuvor angestellt habe, und sie sei entschlossen, sich Klarheit zu verschaffen. Chardon fand, daß sie recht habe, und von diesem Tag an begannen sie, nach der Wahrheit zu suchen, dann nach Leuten, um sich beraten und unterrichten zu lassen. Das währte über ein Jahr, währenddessen beschwerten sich die Bekannten und Freunde Chardons, daß er nicht mehr arbeite und daß man weder ihn noch seine Frau zu sehen bekäme. Schließlich gaben beide, nachdem sie sich hinreichend instruiert und vollkommen überzeugt hatten, eine Erklärung ab. Sie traten nun wirklich über. Beide verbrachten ihr Leben fortan in Frömmigkeit, mit guten Werken, vor allem aber von glühendem Eifer beseelt, ihren früheren Glaubensgenossen dieselbe Gnade zu vermitteln, die ihnen widerfahren war. Mme. Chardon beherrschte die Kontroverse meisterlich und bekehrte noch viele Hugenotten. Der Comte d'Auvergne bat sie, seine Frau zu besuchen. Die Gräfin sah sie gern bei sich. Mme. Chardon nahm die Gelegenheit wahr und machte sie zu einer vorzüglichen Katholikin.

Da fällt mir eine Geschichte ein, die ich besser verschweigen würde, die aber für jemand, der die Dinge aus nächster Nähe erlebt hat, so verlockend zu erzählen ist. Kommt hinzu, daß die Tatsache als solche bekannt ist und daß dergleichen Abenteuer in den Herrscherfamilien aller Zeiten und Länder gang und gäbe sind. Also? – Wir hatten eine charmante Prinzessin, die sich durch ihre Liebenswürdigkeit, ihre Anmut und die ihr eigenen Umgangsformen die innige Zuneigung des Königs, der Madame de Maintenon und des Duc de Bourgogne erworben hatte. Der außerordentliche Ärger, den man mit Recht gegen den Herzog von Savoyen, ihren Vater, hegte, hatte dem zärtlichen Verhältnis zu ihr keinerlei Abbruch getan. Der König, der ihr nichts verbarg und der, wenn sie bei ihm eintreten und verweilen wollte, ruhig mit seinen Ministern weiterzuarbeiten pflegte, war stets bestrebt, jede Äußerung zu vermeiden, die ihren Vater betreffen könnte. Wenn sie unter sich waren, fiel sie dem König alle Augenblicke um den Hals, setzte sich zu ihm auf den Schoß, störte ihn mit allerlei Schabernack, durchstöberte seine Papiere, öffnete und las, oft gegen seinen Willen, in seiner Gegenwart seine Briefe und verhielt sich Madame de Maintenon gegenüber nicht viel anders. Trotz der ungewöhnlichen Freiheit, die sie genoß, äußerte sie niemals ein böses Wort gegen irgend jemanden: zu jedermann war sie liebenswürdig und suchte, wenn sie irgend konnte, drohendes Unheil abzuwenden; sie war freundlich zu den Kammerdienern des Königs und verachtete auch den Geringsten nicht; sie behandelte ihre eigenen gut und lebte mit ihren Damen, den jungen wie den alten, ganz ungezwungen wie mit Freundinnen. Sie war die Seele des Hofes, der sie anbetete; alle, ob groß oder klein, waren bestrebt, ihr zu Gefallen zu sein. War sie abwesend, so fehlte jedem etwas, bei ihrer Anwesenheit erfüllte sich alles mit Leben. Die außerordentliche Gunst, die sie genoß, verschaffte ihr großes Ansehen, und ihr Verhalten gewann ihr aller Herzen. Ihr eigenes Herz blieb auch nicht fühllos bei all diesem Glanz.

Nangis, den wir heute als recht mittelmäßigen Marschall von Frankreich einschätzen, gehörte damals zum Feinsten vom Feinen; er hatte ein hübsches Gesicht ohne alle Besonderheit, war gut, wenn auch nicht hervorragend gewachsen. Als Jüngling schon war er von seiner Großmutter, der Marschallin Rochefort, und seiner Mutter, Mme. de Blanzac, in Liebeshändeln unterwiesen und von ihnen in die große Gesellschaft, in der beide eine Art Mittelpunkt bildeten, eingeführt worden. Er verfügte nur über so viel Geist wie nötig ist, um den Damen zu gefallen, ihre Sprache zu sprechen und sich durch eine Diskretion, die weder zu seinem Alter noch zu seinem Jahrhundert paßte, die begehrenswertesten von ihnen zu erobern. Niemand war damals mehr in Mode als er. Als halbes Kind hatte er bereits ein Regiment bekommen, und im Kriege hatte er Willenskraft, Eifer und viel Mut bewiesen, welch letzteren die Damen besonders gern hervorhoben. Er gehörte zur engsten Umgebung des ungefähr gleichaltrigen Duc de Bourgogne, der ihm sehr zugetan war. Dieser so leidenschaftlich in seine Gemahlin verliebte Prinz sah keineswegs so gut aus wie Nangis, doch die Prinzessin erwiderte seine zärtliche Zuneigung so vollkommen, daß er bis an sein Lebensende niemals auch nur geargwöhnt hätte, sie könne einem anderen als ihm auch nur einen Blick gönnen. Und dennoch fiel ihr Blick auf Nangis, und zwar immer öfter. Nangis war nicht undankbar; doch fürchtete er ein Ungewitter, auch war sein Herz bereits vergeben. Mme. de La Vrillière, die ohne eigentlich schön zu sein, die Anmut der Liebesgötter besaß, hatte ihn erobert. Sie war die Tochter der Mme. de Mailly, einer Kammerfrau der Duchesse de Bourgogne. Die Eifersucht machte sie hellsichtig; weit davon entfernt, der Prinzessin das Feld zu räumen, setzte sie vielmehr ihre Ehre darein, ihre Eroberung für sich zu behalten und der Rivalin streitig zu machen. Dieser Wettkampf brachte Nangis in seltsame Verlegenheit; er fürchtete die Zornesausbrüche seiner Geliebten, die er zu den schrecklichsten Szenen für fähig hielt. Er liebte sie wirklich, überdies hätte ein solcher Auftritt seine Laufbahn beeinträchtigt, wenn nicht gar zerstört. Andererseits war Sprödigkeit gegenüber einer so mächtigen und eines Tages allmächtigen Prinzessin, die ihrerseits keine Rivalin dulden mochte, nicht minder gefährlich für ihn. Diese seine Ratlosigkeit bot den Eingeweihten ein interessantes Schauspiel.

Ich ging damals bei Mme. de Blanzac in Paris und bei der Marschallin Rochefort in Versailles ein und aus; ich war eng befreundet mit etlichen Hofdamen, die alles sahen und mir nichts verschwiegen; ich stand auf sehr vertrautem Fuß mit der Duchesse de Villeroy, und ich erfuhr auch einiges von der Duchesse de Lorge, meiner Schwägerin, die mir jeden Abend erzählte, was sie während des Tages gehört und gesehen hatte. Ich war also stets auf dem laufenden. Abgesehen davon, daß ich die Sache ganz unterhaltsam fand, konnten diese Vorgänge Folgen haben, so daß ihre Kenntnis für den Historiker unerläßlich war. Am Ende wußte der ganze Hof, was anfangs mit soviel Sorgfalt vertuscht worden war. Doch sei es aus Furcht, sei es aus Liebe zu der allgemein angebeteten Prinzessin, der Hof schwieg, sah alles, besprach alles untereinander, aber bewahrte das Geheimnis, wozu er nicht einmal verpflichtet gewesen wäre. Dieses seltsame Tauziehen, das seitens La Vrillière nicht einer gewissen Bitterkeit entbehrte, die sie die Prinzessin bei recht unpassenden Gelegenheiten zuweilen spüren ließ, worauf diese, die ihrerseits litt, mit einer gewissen Verstimmung reagierte, dieses ganze Tauziehen bot lange Zeit ein höchst seltsames Schauspiel. Doch sei es, daß Nangis, der seiner ersten Liebe allzu treu war, als Anreiz eine Prise Eifersucht brauchte, sei es daß sich die Sache ganz von selbst ergab, eines Tages jedenfalls fand er einen Rivalen vor. Maulévrier – ein Neffe Colberts, der fast vor Kummer gestorben wäre, daß er nicht gleichzeitig mit Villeroy auch zum Marschall von Frankreich ernannt worden war – hatte eine Tochter des Marschalls Tessé geheiratet. Sein Gesicht war nicht besonders einnehmend, seine Erscheinung ziemlich alltäglich, und Liebeshändel lagen ihm gänzlich fern. Sein wacher Verstand, der fähig war, ständig neue Intrigen auszubrüten, und sein maßloser, fast an Wahnsinn grenzender Ehrgeiz schreckten vor nichts zurück. Seine Frau war hübsch, recht beschränkt, überdies zänkisch und trotz ihres mädchenhaften Aussehens von bemerkenswerter Bosheit. Als Tochter Tessés hatte sie zu allem Zutritt; sie ging mit nach Marly und spielte eine große Rolle bei der Duchesse de Bourgogne, die Tessé gegenüber stets eine gewisse Dankbarkeit bewahrte, weil er seinerzeit den Frieden mit Savoyen ausgehandelt und ihren Heiratsvertrag zustande gebracht hatte. Maulévrier witterte schon sehr bald, was es mit Nangis auf sich hatte: er ließ sich also durch seinen Schwiegervater bei der Duchesse de Bourgogne einführen, machte ihr eifrig den Hof und wagte es, durch das Beispiel ermutigt, sie gleichfalls anzuschwärmen. Gekränkt, nicht erhört zu werden, erdreistete er sich, ihr zu schreiben. Man behauptete, daß Mme. Quentin, eine intime Freundin Tessés, sich von dessen Schwiegersohn habe täuschen lassen. So habe sie Maulévriers Briefe, in dem Glauben, es handele sich um Briefe des Schwiegervaters, ganz arglos der Duchesse de Bourgogne überbracht. Maulévrier wiederum empfing, so hieß es, anstelle seines Schwiegervaters aus derselben Hand die Antworten auf seine Briefe. Ich will nicht weiter ausführen, was man darüber hinaus noch vermutete, doch wie dem auch sei, man wurde auf Maulévrier aufmerksam wie zuvor auf Nangis. Aber man wahrte das gleiche Stillschweigen. Unter dem Vorwand der Freundschaft besuchte die Duchesse de Bourgogne zuweilen Mme. de Maulévrier, um diese zu trösten, wenn ihr Gemahl in den Krieg ziehen mußte; sie weinten zusammen. Der Hof lachte darüber, denn ob die Tränen Maulévrier oder Nangis galten, blieb ungewiß. Nangis jedenfalls, den dieser Rivale aufgestachelt hatte, bereitete Mme. de La Vrillière großen Kummer. Sie verfiel in Trübsinn, was sie nicht zu verbergen suchte. Jetzt fühlte Maulévrier sich ernstlich bedroht. Und worauf verfällt nicht ein Mann, der bis zum Übermaß von Liebe und Ehrgeiz besessen ist? Er spielte den Brustkranken, legte sich ins Bett und tat, als habe er die Stimme verloren; wobei er sich so in der Gewalt hatte, daß ihm ein ganzes Jahr lang kein einziges lautes Wort entschlüpfte; und folglich am Feldzug nicht teilnehmen konnte und bei Hofe blieb. Er war töricht genug, dieses Projekt und noch andere dem Duc de Lorge mitzuteilen, der sein Freund war und durch den ich es erfuhr. Weil er offenbar gezwungen war, mit jedermann nur zu flüstern, gelang es ihm in der Tat, sich die Freiheit herauszunehmen, ohne Indezenz und in Gegenwart des ganzen Hofes mit der Duchesse de Bourgogne auf dieselbe Weise zu sprechen, was keinerlei Verdacht erregte. Er wußte es so einzurichten, daß er alles sagen konnte; unter die alltäglichsten Fragen, die laut und vernehmlich beantwortet werden konnten, mischte er andere, die so leise beantwortet wurden, daß nur er sie verstehen konnte. Er hatte alle Welt so an dieses Verhalten gewöhnt, daß man gar nicht mehr auf ihn achtete oder höchstens, um ihn wegen seines beklagenswerten Zustandes zu bedauern. Doch jeder, der die Duchesse de Bourgogne näher kannte, wußte genug, um ihr fernzubleiben, sobald Maulévrier auftauchte. Dieses Versteckspiel dauerte über ein Jahr, und oft genug kam es zu Vorwürfen; aber Vorwürfe fördern die Liebe selten. Die schlechte Laune der Mme. de La Vrillière beunruhigte Maulévrier, er hielt Nangis für glücklich und war von Mißgunst erfüllt. Schließlich trieben Eifersucht und

Zorn ihn zu einer außerordentlichen Tollheit. Eines Tages ging er, als die Duchesse de Bourgogne der Messe beiwohnte, auf die Tribüne. Beim Hinausgehen gab er ihr die Hand; er wählte einen Tag, an dem Dangeau, der Ehrenritter der Prinzessin, abwesend war. Die Stallmeister, die seinem Schwiegervater, dem Großstallmeister unterstanden, hatten sich daran gewöhnt, ihm seiner erloschenen Stimme halber den Vortritt zu lassen, und zogen sich respektvoll zurück, damit er sich ungestört mit der Herzogin unterhalten konnte. Die Damen pflegten stets in gewissem Abstand zu folgen, so daß er mitten unter allen Leuten die Möglichkeit fand, auf dem Weg von der Kapelle bis zu den Gemächern der Prinzessin nach Belieben mit ihr zu reden, eine Gelegenheit, die er des öfteren wahrnahm. An diesem Tag nun beschimpfte er die Prinzessin wegen Nangis, überschüttete sie mit bösen Beleidigungen, drohte, das Ganze dem König, Mme. de Maintenon und ihrem Gemahl zu hinterbringen, zerquetschte ihr in seiner Wut fast die Finger und begleitete sie zornschnaubend bis zu ihren Gemächern. Zitternd und einer Ohnmacht nahe ging sie sofort in ihre Garderobe und rief Mme. de Nogaret, die sie »meine gute Kleine« zu nennen pflegte und die sie oft, wenn sie weder aus noch ein wußte, um Rat fragte. Dieser erzählte sie, was ihr zugestoßen war und daß sie gar nicht verstünde, wie sie überhaupt noch in ihre Gemächer gekommen und nicht tot zu Boden gesunken sei. Noch nie war sie derart außer sich gewesen. Noch am gleichen Tage erzählte es Mme. de Nogaret Mme. de Saint-Simon und mir unter dem Siegel tiefster Verschwiegenheit. Sie riet der Prinzessin, sich von einem so gefährlichen Narren zu distanzieren und vor allem jeden Streit mit ihm zu vermeiden. Das Schlimmste war, daß Maulévrier Nangis mit Drohungen verfolgte und böse Reden über ihn führte; er gebärdete sich wie jemand, der sich beleidigt fühlt und sich das Recht nimmt, den anderen fortwährend anzugreifen. Er begründete zwar sein Verhalten nie, aber der Grund war nur allzu ersichtlich. Man kann sich denken, wie erschrocken die Prinzessin war, sie fürchtete sich vor Mme. de La Vrillière, und sie fürchtete für Nangis. Nangis war zwar tapfer und willens, es mit jedem aufzunehmen; aber die Vorstellung, sich für eine so banale Sache in die Schanze zu schlagen, ließ ihn erschaudern. Er sah, daß seine Zukunft und sein Leben von einem wütenden Narren abhingen, und so entschloß er sich, ihm nach Möglichkeit aus dem Weg zu gehen, sowenig wie möglich bei Hofe zu erscheinen und vollkommen stillzuschweigen. Die Duchesse de Bourgogne schwebte die nächsten sechs Wochen ständig in Todesangst. Ich habe nie erfahren können, was geschah, noch wer Tessé gewarnt hat, aber er wurde gewarnt und verhielt sich äußerst geschickt. Er überredete seinen Schwiegersohn, mit ihm nach Spanien zu gehen, wo ihm, wie er sagte, der Himmel offenstände. Er besprach dies mit Fagon, der in seinem Zimmer verborgen und im Hintergrund des königlichen Kabinetts alles beobachtet hatte. Es war ein sehr gescheiter und überdies ein guter und ehrbarer Mann. Er verstand Tessés Andeutungen und war der Meinung, daß es für Maulévrier nach den vielen Heilmitteln, die er ausprobiert hatte, um seine Brustkrankheit zu heilen, nun keine andere Möglichkeit mehr gebe als einen Aufenthalt in warmen Ländern, da der bevorstehende Winter in Frankreich ihn unweigerlich ins Grab bringen würde. Spanien wäre ein heilsames Land. Also begab sich Maulévrier nach Spanien, wie man ins Bad reist. So wurde es dem ganzen Hof dargestellt, und auch dem König, von dem Fagon, wenn es sich um ärztliche Fragen handelte, keinen Widerspruch zu erwarten hatte, so wenig wie von Madame de Maintenon, die sich beide auf ihn völlig verließen. Nachdem dies einmal beschlossen war, hatte Tessé nichts Eiligeres zu tun, als seinen Schwiegersohn vom Hofe weg und aus Frankreich herauszubringen, um dessen Tollheiten und den tödlichen Schrecken, die diese verursachten, ein Ende zu setzen; und auch, um erst gar keine Gerüchte aufkommen zu lassen, ob ein angeblich so kranker Mann eine so weite Reise auch überstünde. Tessé nahm also in den ersten Oktobertagen Urlaub und reiste mit seinem Schwiegersohn nach Spanien ab.

Aber er war zu gewitzt, um sich geradenwegs dorthin zu begeben: er wollte dort Karriere machen, und er wußte, daß jeder Aufstieg in Spanien noch immer von Mme. des Ursins abhing. Deshalb hatte er Mme. de Maintenon gebeten, seinen Weg über Toulouse nehmen und Mme. des Ursins aufsuchen zu dürfen, um dergestalt den Aufgaben in diesem Land, in das der König ihn entsandte, besser gewachsen zu sein. Mme. de Maintenon war mit diesem Vorschlag einverstanden, denn das bot ihr die Möglichkeit, Tessé Briefe mitzugeben und, ohne ihn in das Geheimnis einzuweihen, ihm Dinge aufzutragen, die ihr wichtig waren. Der König, der inzwischen etwas milder gegen Mme. des Ursins gestimmt war, ging gleichfalls auf Tessés Vorschlag ein und gestattete ihm, in Toulouse Station zu machen. Tessé blieb drei Tage dort; er vergeudete seine Zeit nicht. Dieser erste Schimmer wiederkehrender Anerkennung bereitete Mme. des Ursins große Freude und machte ihr Tessé sehr sympathisch. Er erbot sich, ihr an beiden Höfen behilflich zu sein. Er nahm, als er Toulouse verließ, ihre Briefe und ihre Anordnungen für Madrid mit.

Um jene Zeit starb der um acht Jahre ältere Bruder meines Schwiegervaters, der Marschall Duras, der Doyen der Marschälle von Frankreich. Er war ein großer hagerer Mann mit einem majestätischen Gesicht, während seiner Jugend und auch lange Zeit nachher in körperlichen Übungen allen anderen überlegen: er war galant und stand mit allen Damen auf gutem Fuße; er hatte viel Geist, einen freien Geist, und steckte voller bissiger Bemerkungen, deren er sich keine einzige versagte; lebhaft und höflich, mit Sinn für Achtung, Gewähltheit und Würde; von großer Prachtentfaltung in seiner äußeren Lebenshaltung; sehr selbstbewußt und fern aller Kriecherei, ja sogar unnachgiebig; stets auf der Hut vor den Günstlingen und Ministern, die er ständig angriff und dazu zwang, stets mit ihm zu rechnen. Ich habe nie begriffen, wie er es trotz dieser Eigenschaften fertiggebracht hat, eine so große Karriere zu machen. Er legte sich in seinen Reden sogar den Prinzen von Geblüt und den Töchtern des Königs gegenüber keinerlei Zwang auf, ja nicht einmal dem König gegenüber, den er, wenn er mit ihm sprach, mehr als einmal, und zwar in aller Öffentlichkeit herausforderte, worauf er lachend die Gesellschaft ansah, die die Augen zu Boden schlug.

Als Neffe Turennes stand er von Anfang an in einem gespannten Verhältnis zu Louvois, und da ihn die Brandschatzung der Pfalz und verschiedene Befehle, die ihm beim Entsatz von Mainz erteilt wurden, anekelten, ließ er, obwohl er damals auf dem Gipfel seiner Laufbahn stand, alles fahren und hat seitdem keinen Dienst mehr getan. Als Armeeführer hatte er sich beim Krieg in Holland und bei den Eroberungen der Franche-Comté sehr ausgezeichnet. Um ihm seine Heirat mit Mlle. de Ventadour zu erleichtern, hatte der König ihm, obwohl er noch sehr jung war, ein Herzogspatent ausgestellt. Die Ehe war lange Zeit glücklich, doch ein Hausdrachen entzweite das Paar. In Besançon begegneten sie ihrer beider Tante, Mlle. de Bauffremont; sie war häßlich, liederlich, spielwütig, dennoch geistreich, und sie verstand es, ihnen so gut zu gefallen, daß sie sie mit sich nach Paris nahmen, wo sie sie etliche Jahre bei sich behielten. Die Hölle konnte nicht schwärzer und boshafter sein als dieses Geschöpf. Sie hatte sich in das Haus der Duras eingeführt und nahm das Herz des Marschalls gefangen, stiftete Unfrieden zwischen dem Ehepaar, was zu fortwährenden Szenen führte und die Marschallin bestimmte, sich aufs Land zurückzuziehen, wo in Einsamkeit zu leben sie dem Dasein vorzog, zu dem sie sich im Hôtel Duras gezwungen sah. Mademoiselle trieb es am Ende so arg, daß der Marschall sie fortschickte, aber nur um sich einer nächsten Hausdame auszuliefern, die um nichts besser war und die ihn mit viel Verstand, Kühnheit und einer unvergleichlichen Unverfrorenheit und der Ausdrucksweise von Garnisonsoldaten, vor allem aber mit dem Spiel derart beherrschte, daß er sie nicht mehr entbehren konnte, so daß sie ihm überallhin auf Schritt und Tritt folgte, sein Hauswesen, seine Kinder, seine Geschäfte überwachte und sich immer mehr herausnahm, bis sie ihn schließlich sogar vom Frühstück wegholen ließ.

Seit der Marschall zum Doyen der Marschälle von Frankreich geworden war, nannte man seine Dame nur mehr die Feldmarschallin. Sie lachte darüber und fand das ganz in Ordnung. Das währte bis zu Duras' Tode, als der Pfarrer von Saint-Paul sich aus Gewissensgründen verpflichtet fühlte, sie aus dem Haus zu jagen, anders als die Marschallin, die inzwischen herbeigeeilt war und die solchen Affront vermeiden wollte. Diese gefährliche und unverschämte Kreatur war die Tochter von Besmaus, dem Gouverneur der Bastille, und die Ehefrau von Saumery, dem zweiten Erzieher der königlichen Enkel, von dem sie viele Kinder hatte und der bei all seiner Arroganz vor ihr klein wie eine Ameise war und sie nach Gutdünken schalten und walten ließ. Was ihn betrifft, so wird er noch fernerhin auf der Bühne erscheinen. Seine Frau jedenfalls war ein langes Gerippe, bar aller Schönheit und Anmut, die mit über neunzig Jahren heute noch am Leben ist.

Im Grunde liebte Duras nur seine Brüder. Von seinen Kindern machte er nicht viel her. Nichts vermochte ihn jemals ernsthaft zu betrüben oder ihn auch nur einen Augenblick lang seiner Geistegegenwart und seiner natürlichen Heiterkeit zu berauben. Er erzählte das einmal dem König und forderte diesen auf zu versuchen, ob er ihm trotz all seiner Macht einen Kummer bereiten könne, der mehr als eine Viertelstunde dauere. Er war ein vorzüglicher Reiter, noch mit achtzig Jahren dressierte er unzugerittene Pferde. Als die königlichen Enkel ernstlich mit Reitunterricht begannen, bat der König Duras, er möge ihren Übungen zuschauen und ihnen Anweisungen geben. Duras ging also eine Zeitlang in die Manege und machte auch Ausritte mit den Knaben; dann erklärte er dem König, er gebe es auf, es sei verlorene Liebesmüh', seine Enkel würden – die Stallmeister könnten sagen, was sie wollten – niemals eine gute Figur zu Pferde machen. Er sollte recht behalten.

Ich erinnere daran, wie er sich seinerzeit über den Marschall Villeroy lustig machte, als jener von Flandern nach Italien ging; man fände kein Ende, wollte man all seine boshaften Scherze aufzählen, deshalb wurde er selbst von hochgestellten Persönlichkeiten geschont und von allen mehr gefürchtet als geliebt. Der König, der sich stets sehr gut mit ihm unterhielt, wollte immer alles von ihm erfahren. Ganz unverhofft bekam er die Wassersucht, an der er dann auch starb, er weigerte sich noch einige Zeit, sein Marschallsamt aufzugeben, aber schließlich mußte er sich fügen. Als er sich vom König in dessen Arbeitszimmer verabschiedete, überhäufte ihn dieser mit Freundschaftsbezeugungen und fragte ihn, was er noch für ihn tun könne. Aber Duras erbat nichts und bekam auch nichts. Es wäre ihm zweifellos möglich gewesen, die Nachfolge seines Amtes und seiner Statthalterschaft für seinen Sohn zu erhalten. Aber daran war ihm nicht das geringste gelegen. Kurze Zeit darauf weilte der König in Fontainebleau: dort ärgerte er sich, weil die Damen es verabsäumten, sich für die Komödie anzukleiden, und es sich ersparten, überhaupt hinzugehen, oder sich ganz abseits setzten, um nicht verpflichtet zu sein, Toilette zu machen. Aber zwei, drei Worte, die er darüber äußerte, und die Berichte, die er sich über die Ausführung seiner Anordnungen geben ließ, veranlaßten die eifrigen Damen, in großer Toilette zu erscheinen.

Währenddessen erreichte uns die Nachricht, daß Duras im Sterben liege. Die Gewohnheiten waren damals andere als heute: die Pflicht der regelmäßigen Anwesenheit, von der der König niemanden befreite, der zum Hof gehörte, hatte es Mme. de Saint-Simon und Mme. de Lauzun unmöglich gemacht, sich aus Fontainebleau zu entfernen. Aber als diese Nachricht eintraf, ließen sie der Duchesse de Bourgogne mitteilen, sie wollten am nächsten Morgen abreisen, und was die Komödie betreffe, so bäten sie, sie möchte sie an diesem Abend beim König entschuldigen. Die Prinzessin fand, daß sie recht hätten, meinte aber, daß der König kein Verständnis dafür haben werde, so daß die beiden sich anzukleiden begannen, um gleichzeitig mit der Prinzessin oder etwas nach ihr das Theater zu betreten, das sie aber unter dem Vorwand, keinen Platz mehr gefunden zu haben, alsbald wieder verlassen wollten, was die Prinzessin dann dem König erklären würde. Ich vermerke diese Bagatelle nur, um zu zeigen, in welchem Maße der König einzig und allein sich selbst sah und daß er unbedingten Gehorsam verlangte. Ein Verhalten, das man den Nichten des im Sterben liegenden M. de Duras an keinem anderen Ort verziehen hätte, galt hier als Pflicht, und es bedurfte, wenn man den Anstand zu wahren gedachte der Geschicklichkeit und der Protektion, um nicht in Schwierigkeiten zu geraten. Der Marschall Duras starb als guter Christ und in großer Standhaftigkeit. Seine Verwandtschaft, seine Freunde und viele andere, dazu sämtliche Konnètablen wohnten seiner Beisetzung in Saint-Paul bei.

Antagonismus zwischen Pontchartrain und dem Comte de Toulouse als Admiral im Mittelmeer. – Tod von Caylus.

Pontchartrain, Staatssekretär der Marine, deren Geißel er war, sowie er die Geißel all derjenigen war, die unter seiner harten Botmäßigkeit standen, war ein kluger, arbeitsamer Mann, aber ungeschickt in allem, unfreundlich und bis zum Exzeß pedantisch, spielte er ungefragt jedermanns Schulmeister, ein finsterer Geselle, der das Böse um des Bösen willen liebte, eifersüchtig sogar auf seinen Vater, der sich bei seinen nächsten Freunden bitter darüber beklagte; ein grausamer Tyrann sogar seiner Frau gegenüber, die verständig, wohlwollend, sanft, mitleidig, kurzum die Tugend selber und das Idol des Hofes war; barbarisch sogar seiner Mutter gegenüber, mit einem Wort, ein Unmensch, der sich beim König nur hielt durch seine detaillierten Greuelnachrichten über die Pariser Gesellschaft, und eine Bosheit, mit der verglichen d'Argenson fast engelhaft erschien. Sein schwarzes Schaf war ein Admiral. Dieser Admiral, ein Bastard des Königs, wurde sein Henker: es gibt nichts, was er nicht unternommen hätte, dessen Amt zu erschüttern, kein Hindernis, das er ihm nicht in den Weg gelegt hätte, nichts, das er unterlassen hätte, um ihn als Befehlshaber der Flotte zu schwächen, um dann eben diese Flotte außer Funktion zu setzen, wie ihm das im vorigen Jahr gelungen war. Er machte ihm all seine Ehren und Auszeichnungen und zumal seine Machtbefugnisse streitig. Das war äußerst kühn gegenüber einem natürlichen Sohn des Königs, weit kühner, als es gegen einen Thronerben gewesen wäre. Aber Pontchartrain kannte die Schwäche des Königs. Er verstand es, den natürlichen Vater und den Herrscher gegeneinander auszuspielen sich mit dem König zu identifizieren und diesen zu überzeugen, daß es sich nur hier um die Autorität zwischen dem König und dem Admiral handle. So entschwand das Kind der Liebe den Augen eines Vaters, bei dem das Gefühl, Herr und Meister zu sein, jedes andere Gefühl tausendmal überwog. Unter diesem Schleier war der Staatssekretär vollkommen Staatssekretär und speiste den Comte de Toulouse mit Falschmeldungen ab, um ihn zum Scheitern zu bringen, und mit Unannehmlichkeiten, um ihn in Verzweiflung zu stürzen, ohne daß jener sich nur im geringsten zu verteidigen vermochte. Das erregte auf dem Meer und in den Häfen, in denen die Flotte anlegte, öffentlichen Skandal, einen Skandal, der die ganze Marine empörte, von der Pontchartrain verabscheut, der Comte de Toulouse jedoch wegen seiner Zugänglichkeit, seiner Milde, seiner Fähigkeiten und seiner unbestechlichen Gerechtigkeit angebetet wurde. Der Marschall Cœuvres, Monsieur d'O und alle anderen hohen Offiziere wurden von Pontchartrain nicht besser behandelt, so daß sie alle den Comte de Toulouse anstachelten, zu dem, was er sich ohnehin vorgenommen, nämlich jenen zugrunde zu richten, indem er die Falschmeldungen und ihre Folgen aufdeckte, den Staatssekretär auch als Urheber dieser vorsätzlichen Bosheiten beim König unmöglich zu machen.

Es bedurfte der Unverfrorenheit eines Pontchartrain, um sich einer solchen von seinem klugen Vater sowie von seiner Mutter und seiner Frau ebenso oft wie nutzlos vorausgesehenen und beklagten Gefahr auszusetzen. Die Verblendung dauerte bis zur Rückkehr des Comte de Toulouse, bis die Familie von allen Seiten und auch Pontchartrain selbst durch den Empfang, den der Admiral und die ersten Offiziere der Flotte ihm bereiteten, vor dem Unwetter gewarnt worden waren. Da er, wenn Gefahr drohte, ebenso kriecherisch war, wie er sich hochfahrend gebärdete, wenn Ruhe herrschte, wandte er jedwedes Mittel an, um seinem Sturz zuvorzukommen, worauf er jedoch nur Verachtung erntete. Endlich war der Tag gekommen, an dem der Comte de Toulouse sich mit dem König unter vier Augen gründlich aussprechen sollte, um ihm Rechenschaft abzulegen und alles in Gang zu setzen, Pontchartrain zu Fall zu bringen: an diesem Tag nun gewann Mme. de Pontchartrain es trotz ihrer Bescheidenheit und Schüchternheit über sich, den Comte de Toulouse bei der Duchesse d'Orléans aufzusuchen und ihn zu veranlassen, sich mit ihr allein in ein Gemach zurückzuziehen. Tränenüberströmt gab sie alle unrechten Taten ihres Gemahls zu, schilderte dann unter Schluchzen, wie er sich ihr gegenüber verhalten würde, wenn er, wie er es verdiene, gestürzt werden würde; sie entwaffnete den Admiral tatsächlich, so daß er versprach, alles zu vergessen, vorausgesetzt, der Staatssekretär gebe ihm in Zukunft keinerlei Ursache mehr, sich der vergangenen Untaten zu erinnern. Später gestand der Comte de Toulouse, daß der Schmerz und die Sanftmut von Mme. de Pontchartrain ihn überwältigt hätten, so daß er anderen Sinnes geworden sei bei dem Gedanken an das Unglück, das diese arme Frau unter der Fuchtel eines ob seines Sturzes rasenden Zyklopen zu erdulden gehabt hätte, der in seinem Müßiggang nichts anderes zu tun gehabt hätte, als sie zu quälen. So also wurde Pontchartrain gerettet: aber es kam den Staat teuer zu stehen. Die Furcht, er könne dem Ruhm oder der Rachsucht eines zum Admiral gewordenen Königssohns zum Opfer fallen, bewog ihn dazu, die Marine zu vernachlässigen, damit der Admiral nie wieder zur See fahren könnte. Das hatte er sich geschworen, und er hielt sich selbst Wort. Der Comte de Toulouse bekam keinen Hafen und keine Schiffe mehr zu Gesicht und konnte nur noch mit ganz kleinen Geschwadern und nur höchst selten in See stechen. Pontchartrain besaß die Dreistigkeit, sich mir gegenüber dessen zu rühmen.

Anfang November starb an der Grenze Flanderns ein Mann, der mit seinem Tod all seinen Angehörigen eine Freude bereitete, nämlich Caylus. Er war ein Vetter von d'Harcourt und hatte die Tochter des Marine-Generalleutnants Villette geheiratet: dieser war ein Vetter der Mme. de Maintenon, die sich um dessen Tochter stets wie um ihre eigene Nichte gekümmert hatte. Kein Antlitz konnte reizvoller, rührender und von beredterem Ausdruck sein; keines von so unvergleichlicher Frische, Anmut und Heiterkeit; ein wirklich verführerisches Geschöpf. Mme. de Maintenon liebte sie so sehr, daß sie gar nicht ohne sie auskommen konnte und folglich ihren Lebenswandel, an dem seinerzeit schon Mme. de Montchevreuil Anstoß genommen hatte und der im Grunde nicht besser geworden war, nachsichtig zu übersehen geruhte. Ihr dünkelhafter, seit vielen Jahren von Wein und Schnaps stumpfsinnig gewordener Ehemann wurde gezwungen, sommers wie winters an der Grenze zu dienen, damit er sich weder seiner Frau noch dem Hofe näherte. Er seinerseits wünschte sich nichts anderes, wenn er sich nur immer volltrinken konnte. Sein Tod war also eine Erlösung, was weder seine Frau noch seine nächsten Anverwandten als solche zu bezeichnen sich scheuten.

Mme. de Caylus weinte, sooft sie konnte, bei Madame la Duchesse, wo sie stets Unterhaltung fand. Ohne die Mittel zu besitzen und es sich leisten zu können, liebte sie das Spiel, und noch mehr die Tafelfreuden. Sie besaß ausgesprochene schauspielerische Begabung, und auf der Bühne überbot sie selbst die berühmtesten Schauspielerinnen: sie glänzte in *Esther* und *Athalie*, als diese Werke in Gegenwart des Königs in Saint-Cyr aufgeführt wurden. Der König mochte sie dennoch eigentlich niemals leiden und verhielt sich ihr gegenüber stets zurückhaltend, ja streng, was Mme. de Maintenon erstaunte und betrübte. Drei oder vier Jahre zuvor hatte sie sich ein paar Unvorsichtigkeiten zuschulden kommen lassen; sie wurde, wie ich sagte, damals vom Hofe verbannt und mußte in Paris wohnen.

Bei der Belagerung von Verue kamen der Generalleutnant Bouligneux und der Brigadegeneral Wartigny ums Leben, zwei Männer von großer Tapferkeit, aber äußerst eigenartig im Wesen. Im vorausgegangenen Winter hatte man nach den Gesichtern einiger Höflinge etliche Wachsmasken angefertigt, die diese unter einer Maske trugen, so daß man bei der Demaskierung getäuscht wurde, da man die zweite Maske für das wirkliche Gesicht hielt, während dieses sich noch darunter befand, ein Scherz, über den man sich sehr amüsierte. Nun wollte man sich auch in diesem Winter daran ergötzen. Doch das Erstaunen war groß, als man alle Masken ganz so wiederfand, wie man sie nach dem Karneval weggepackt hatte, mit Ausnahme derjenigen, die Bouligneux und Wartigny darstellten; diese hatten zwar ihre Ähnlichkeit behalten, sahen jedoch so bleich und starr aus wie Personen, die soeben gestorben sind. So erschienen sie auf dem Ball und verbreiteten ein solches Entsetzen, daß man versuchte, sie mit etwas Rot aufzufrischen, aber das Rot verschwand auf der Stelle, und die Totenstarre ließ sich durch nichts beseitigen. Das erschien mir so außergewöhnlich, daß ich es der Erzählung für wert hielt, dennoch hätte ich es nicht getan, wäre nicht der ganze Hof ebenso wie ich mehrfach überraschter Zeuge dieser seltsamen Begebenheit gewesen. Schließlich warf man die beiden Masken weg.

**Bitte beachten Sie
die folgenden Seiten**

Theodor Fontane

Wanderungen durch die Mark Brandenburg

Vollständige Ausgabe
in 5 Bänden
zusammen 2468 Seiten

Herausgegeben von
Edgar Groß
unter Mitwirkung von
Kurt Schreinert

Bibliothek Ullstein

5 Bände in Kassette
Ullstein Buch 26206

Erster Teil

Die Grafschaft Ruppin
Band 1, Ullstein Buch 26201

Zweiter Teil

Das Oderland
Band 2, Ullstein Buch 26202

Dritter Teil

Havelland
Band 3, Ullstein Buch 26203

Vierter Teil

Spreeland
Band 4, Ullstein Buch 26204

Fünfter Teil

Fünf Schlösser
Band 5, Ullstein Buch 26205

Personen- und Ortsregister
für alle fünf Bände

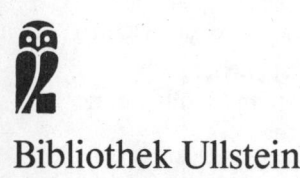

Teuflische Bücher

Herausgegeben
und mit einem Nachwort
von Monika Handschuch

Bibliothek Ullstein

6 Bände in Kassette
Ullstein Buch 26213

Erster Band
Gustav Roskoff

Geschichte des Teufels 1
Satanologie
Ullstein Buch 26207

Zweiter Band
Gustav Roskopf

Geschichte des Teufels 2
Satanologie
Ullstein Buch 26208

Dritter Band
Wilhelm Hauff

Mitteilungen aus den Memoiren des Satan
Prosabuch
Ullstein Buch 26209

Vierter Band
Jean Paul

Auswahl aus des Teufels Papieren
Satire
Ullstein Buch 26210

Fünfter Band
Johann Kaspar Lavater

Predigten über die Existenz des Teufels
Belehrungen
Ullstein Buch 26211

Sechster Band
Friedrich Maximilian Klinger

Fausts Leben, Taten und Höllenfahrt
Roman
Ullstein Buch 26212